# GESTÃO E ANÁLISE DE RISCO DE CRÉDITO

9ª edição revista e atualizada

Dados Internacionais de Catalogação na Publicação (CIP)

S586g    Silva, José Pereira da.

          Gestão e análise de risco de crédito / José Pereira
da Silva. - 9. ed., rev. e atual. - São Paulo, SP :
Cengage Learning, 2016.
460 p. : il. ; 26 cm.

          Inclui bibliografia.
ISBN 978-85-221-2674-3

          1. Administração de crédito. 2. Créditos.
3. Administração de risco. I. Título.

                                                     CDU 658.882
                                                     CDD 658.88

Índice para catálogo sistemático:

1. Administração de crédito 658.882
(Bibliotecária responsável: Sabrina Leal Araujo - CRB 10/1507)

# GESTÃO E ANÁLISE DE RISCO DE CRÉDITO

9ª edição revista e atualizada

José Pereira da Silva

Austrália • Brasil • Japão • Coreia • México • Cingapura • Espanha • Reino Unido • Estados Unidos

**Gestão e análise de risco de crédito**
**9ª edição revista e atualizada**
José Pereira da Silva

Gerente editorial: Noelma Brocanelli

Editora de desenvolvimento: Salete Del Guerra

Editora de aquisição: Guacira Simonelli

Supervisora de produção gráfica: Fabiana Alencar Albuquerque

Produtora gráfica: Raquel Braik Pedreira

Especialista em direitos autorais: Jenis Oh

Revisões: Adriane Gozzo, Marileide Gomes e Sandra Scapin

Diagramação: Triall Composição Editorial

Capa: Gabriel Cernic

Imagem da capa: Shutterstock/Yurii Andreichyn

Imagem da abertura de capítulo: Shutterstock/Kentoh

© 2017 Cengage Learning Edições Ltda.

Todos os direitos reservados. Nenhuma parte deste livro poderá ser reproduzida, sejam quais forem os meios empregados, sem a permissão por escrito da Editora. Aos infratores aplicam-se as sanções previstas nos artigos 102, 104, 106, 107 da Lei no 9.610, de 19 de fevereiro de 1998.

Esta editora empenhou-se em contatar os responsáveis pelos direitos autorais de todas as imagens e de outros materiais utilizados neste livro. Se porventura for constatada a omissão involuntária na identificação de algum deles, dispomo-nos a efetuar, futuramente, os possíveis acertos.

A Editora não se responsabiliza pelo funcionamento dos links contidos neste livro que possam estar suspensos.

Para informações sobre nossos produtos, entre em contato pelo telefone **0800 11 19 39**

Para permissão de uso de material desta obra, envie seu pedido para **direitosautorais@cengage.com**

© 2017 Cengage Learning. Todos os direitos reservados.

ISBN 13: 978-85-221-2674-3
ISBN 10-: 85-221-2674-7

**Cengage Learning**
Condomínio E-Business Park
Rua Werner Siemens, 111 – Prédio 11 – Torre A – conjunto 12
Lapa de Baixo – CEP 05069-900 – São Paulo –SP
Tel.: (11) 3665-9900 – Fax: (11) 3665-9901
SAC: 0800 11 19 39

Para suas soluções de curso e aprendizado, visite
**www.cengage.com.br**.

Impresso no Brasil
*Printed in Brazil*
9 10 11   18 17 16

A Adnir, Fernando, Luciana e Pietra.

*Aos colegas professores que adotam este livro, aos estudantes, profissionais e demais leitores.*

# Siglas utilizadas neste livro

| Sigla | Significado |
|-------|-------------|
| AC | Ativo circulante |
| ACC | Ativo circulante cíclico |
| ACF | Ativo circulante financeiro |
| ACO | Ativo circulante operacional |
| AFCP | Aplicação financeira de curto prazo |
| AH | Análise horizontal |
| al | Alíquota de imposto sobre o lucro |
| ANCO | Ativo não circulante operacional |
| AO | Alavancagem operacional |
| AOL | Ativo operacional líquido |
| AT | Ativo total |
| ATm | Ativo total médio |
| AV | Análise vertical |
| Bacen | Banco Central do Brasil |
| BP | Balanço patrimonial |
| C | Compras |
| CCL | Capital circulante líquido |
| CE | Composição do endividamento |
| CF | Ciclo financeiro |
| CGOL | Capital de giro operacional líquido |
| CGP | Capital de giro próprio |
| CIF | Custos indiretos de fabricação |

| Sigla | Significado |
|---|---|
| CMPC | Custo médio ponderado de capital |
| CMV | Custo das mercadorias vendidas |
| CO | Ciclo operacional |
| COL | Capital operacional líquido |
| CPC | Comitê de Pronunciamentos Contábeis |
| CPL | Capital permanente líquido |
| CPV | Custo dos produtos vendidos |
| CSP | Custo dos serviços prestados |
| CVM | Comissão de Valores Mobiliários |
| DA | Despesas administrativas |
| DD | Duplicatas descontadas |
| DF | Despesas financeiras |
| DFC | Demonstração dos fluxos de caixa |
| DISP | Disponibilidades |
| DMPL | Demonstração das mutações do patrimônio líquido |
| DO | Despesas operacionais |
| DR | Duplicatas a receber |
| DRE | Demonstração do resultado do exercício |
| DRL | Duplicatas a receber - líquidas |
| DRm | Duplicatas a receber (média), ou média de duplicatas a receber |
| DV | Despesas de vendas |
| Ebit | Earnings before interest and taxes (lucro antes dos juros e impostos) |
| Ebitda | Earnings before interest, taxes, depreciation and amortization (lucro antes dos juros, impostos, depreciações e amortizações) |
| EBT | Earnings before taxes (lucro antes dos impostos - mesmo que LAIR) |
| EF | Estoque final |
| EFSAT | Endividamento financeiro sobre o ativo total |
| EI | Estoque inicial |
| EST | Estoque |
| ESTm | Estoques médios |
| EVA | Economic value added (Valor econômico adicionado) |
| FCF | Free cash flow (Fluxo de caixa livre) |

| Sigla | Significado |
|---|---|
| FCL | Fluxo de caixa livre |
| FGV | Fundação Getulio Vargas |
| FORN | Fornecedor(es) |
| FORNm | Fornecedores (média), ou média de fornecedores |
| GA | Giro do ativo |
| ICJ | Índice de cobertura de juros |
| IFRS | International Financial Reporting Standard |
| IGP | Índice geral de preços |
| IMOB | Imobilizado |
| IMP | Impostos |
| INT | Intangível |
| INV | Investimentos |
| IOG | Investimento operacional em giro |
| IPL | Imobilização do patrimônio líquido |
| J | Juros |
| Lair | Lucro antes do imposto de renda (mesmo que EBT) |
| Lajir | Lucro antes dos juros e imposto de renda (mesmo que Ebit) |
| LB | Lucro bruto |
| LC | Liquidez corrente |
| LG | Liquidez geral |
| Loair | Lucro líquido operacional após os impostos (Equivale ao Nopat) |
| LS | Liquidez seca |
| NDD | Nível de descontos de duplicatas |
| NE | Notas explicativas |
| NF | Nota fiscal |
| Nopat | Net operating profit after taxes (Lucro operacional líquido após os impostos) |
| ONC | Outros passivos não cíclicos, não operacionais |
| ORTN | Obrigação Reajustável do Tesouro Nacional |
| P | Preço unitário |
| PA | Parecer dos auditores |
| PC | Passivo circulante |

| Sigla | Significado |
|---|---|
| PCC | Passivo circulante cíclico |
| PCF | Passivo circulante financeiro |
| PCGA | Princípios Contábeis Geralmente Aceitos |
| PCO | Passivo circulante operacional |
| PCT | Participação de capitais de terceiros |
| PDD | Provisão para devedores duvidosos (substituída por PECLD) |
| PECLD | Perdas estimadas em crédito de liquidação duvidosa (Antiga PDD) |
| PL | Patrimônio líquido |
| PLm | Patrimônio líquido médio |
| PMPC | Prazo médio de pagamento das compras |
| PMRE | Prazo médio de rotação dos estoques |
| PMRV | Prazo médio de recebimento das vendas |
| PNC | Passivo não circulante |
| PT | Passivo total |
| ROA | Return on Asset (Retorno sobre ativo) |
| ROE | Return on equity (Retorno sobre patrimônio líquido) |
| ROI | Return on investment (Retorno sobre investimento) |
| ROIC | Return on invested capital (retorno sobre o capital investido) |
| RSA | Retorno sobre ativo |
| RSPL | Retorno sobre patrimônio líquido |
| RSV | Retorno sobre vendas |
| SICG | Sistema de informação e controle gerencial |
| STSV | Saldo de tesouraria sobre vendas |
| SUSEP | Superintendência de Seguros Privados |
| T | Saldo de tesouraria |
| TJ | Taxa de juros |
| VL | Vendas líquidas |
| WACC | Weighted average cost of capital (Custo médio ponderado de capital) |

# Prefácio

Esta obra destina-se aos estudantes e profissionais de negócios, de crédito, de finanças e demais áreas envolvidas com a análise, a concessão, a formalização e o acompanhamento de operações de crédito, sendo uma forte aliada em atividades importantes, como:

- Definição de políticas de crédito;
- Realização de análise de crédito;
- Fixação de limites de crédito;
- Concessão de crédito, identificando risco e definindo garantias;
- Acompanhamento e controle de crédito.

Crédito é uma ferramenta utilizada pelas empresas e instituições financeiras para realizar negócios e serem competitivas. Destaque-se que as vendas efetuadas a prazo precisam ser respaldadas por uma adequada avaliação do risco do cliente. Esta nona edição de *Gestão e análise de risco de crédito* revisa e atualiza as edições precedentes, fornecendo conceitos e técnicas necessárias à análise, à decisão e ao acompanhamento dos créditos concedidos.

O livro foca a decisão racional do crédito às pessoas jurídicas e apresenta também uma adequada abordagem voltada para a concessão de crédito às pessoas físicas, incluindo a explanação sobre o uso de métodos quantitativos. Os Capítulos 8, 9 e 10, que tratam das demonstrações contábeis e da análise financeira, estão adequados às novas regras contábeis brasileiras, segundo os padrões internacionais, ou seja, IFRS.

A multidisciplinaridade do crédito é fascinante, de modo que mudanças nas regras de contabilidade levam à necessidade de readequação de um livro de crédito. O crédito envolve outros campos do conhecimento, como o contexto jurídico que trata de assuntos como falências e recuperação de empresas, bem como de contratos e garantias. Conceitos de economia e moeda, de normatização do mercado financeiro, de estatística, de percepção das necessidades e comportamento humano fazem parte do universo do crédito.

A atividade de gerir e analisar crédito tem um importante papel no contexto socioeconômico do país. A missão principal das empresas é satisfazer as necessidades humanas, respeitando-se princípios e compromissos das organizações.

Numa rápida análise de uma cadeia simplificada de produção, podemos identificar algumas atividades principais.

As empresas nas atividades extrativas, agrícolas, industriais e comerciais precisam de recursos financeiros que são supridos pelos seus proprietários e pelas instituições financeiras.

Essas mesmas empresas compram de seus fornecedores e vendem para seus clientes, podendo o crédito estar presente nas duas atividades, ou seja, na compra e na venda.

Na aquisição de equipamentos, por uma empresa, há uma tendência de que eles sejam financiados por instituições financeiras, especialmente aqueles de valores expressivos. É o caso de financiamento de projetos de expansão ou modernização.

As necessidades de capital de giro das empresas não cobertas com recursos internos também são atendidas com recursos provenientes de instituições financeiras, podendo ser bancos ou cooperativas de crédito, por exemplo. Note que a análise de crédito feita por um banco para um financiamento de bens (item anterior) será diferente da análise para capital de giro, por exemplo.

Uma empresa industrial, precisando de matéria-prima, buscará o seu fornecedor, que por sua vez fará a análise de crédito, também para avaliar sua capacidade de pagamento. O fornecedor de matéria-prima, portanto, deverá avaliar o risco de crédito da indústria compradora e essa análise de crédito tem foco diferente da análise feita por um banco ou por uma cooperativa de crédito para financiar bem ou fornecer recursos para capital de giro.

Na venda da indústria para o comércio ou para distribuidores, o papel do crédito também é relevante. A indústria quer avaliar o comércio (incluindo os distribuidores) para conhecer o risco de crédito decorrente de suas vendas a prazo. Também o distribuidor, quando vendendo ao comércio, fará sua análise de crédito.

Imaginemos agora uma loja de grande porte vendendo suas mercadorias ao consumidor final. Precisará avaliar o crédito dos clientes finais, pessoas físicas. Nesse caso, será uma análise massificada de crédito, que tende a ter grande quantidade de compradores envolvendo vendas de valores pequenos, situação em que habitualmente usam-se modelos de crédito massificado.

Em cada uma das atividades referenciadas nos itens precedentes, poderá haver variações que exigem formatação diferente para análise, decisão e controle de crédito. Isso quer dizer também que tanto a estrutura quanto a equipe de profissionais devem ser preparadas para uma atuação compatível com o perfil da carteira de clientes e dos produtos que vende, financia ou aluga.

A compreensão da atividade de um banco ou de uma empresa não bancária nos remete à busca de atuação cooperada e independente entre as áreas de crédito e de negócios em cada empresa. Daí ser necessário que os profissionais de negócios tenham compreensão do risco de crédito e de que os profissionais de crédito entendam que a empresa sobrevive de bons negócios.

A qualidade da carteira de crédito (de recebíveis) depende fundamentalmente de quatro fatores: (1) das políticas de crédito e de negócios da empresa (comercial, industrial, de serviços) ou da instituição financeira; (2) da qualidade dos seus recursos humanos; (3) dos recursos materiais que possibilitem decisões rápidas e seguras; e (4) do gerenciamento eficaz da carteira.

O crédito é um instrumento tão importante na vida das pessoas e das empresas que já é de certa forma habitual que as lojas estabeleçam preços para venda de seus produtos para pagamento em três ou quatro vezes. Para os bancos e instituições de crédito em geral, cujo principal produto é o dinheiro, não há a possibilidade de venda à vista, o que torna o crédito o próprio negócio da instituição. Para pessoas em geral, que necessitam comprar casa, automóvel, eletrodomésticos, móveis ou mesmo roupas e alimentos, sem que disponham de recursos suficientes, o crédito possibilita-lhes a oportunidade de adquirir esses bens mediante a promessa de que pagarão no futuro. Empresas que necessitam comprar equipamentos ou matéria-prima podem valer-se do crédito como uma forma de acionar o progresso de suas atividades, gerando empregos, impostos e o desenvolvimento no país, entre outros benefícios. Por outro lado, em que pese o seu efeito positivo, o crédito em escalas elevadas poderá levar uma empresa à quebra ou um indivíduo à insolvência. Da mesma forma como uma dose excessiva de medicação pode levar um indivíduo à morte, o crédito, isto é, o endividamento, leva à quebra.

Há o caso de pessoas que ao contraírem dívidas pagam taxas de juros altas, comparativamente ao preço do bem adquirido; nesse caso, o crédito pode não beneficiá-las; portanto, é necessário refletir sobre a hora e as condições de comprar. Isto requer a chamada educação financeira para o tomador de crédito.

Finalmente, cabe destacar que o propósito deste livro é apresentar os aspectos conceituais do crédito de forma integrada com os objetivos de negócios da organização. Este é um alicerce básico para compreensão das funções da área de crédito, para avaliação do risco das empresas, para estruturação de empréstimos e financiamentos, bem como para a gestão do crédito num contexto estratégico de negócios.

Buscando a apresentação de uma visão sistêmica do crédito, o texto abrange componentes externos como a moeda, os agentes econômicos, a intermediação financeira e alguns conceitos complementares relacionados ao banco e suas funções. Em relação ao crédito, a obra trata da parte conceitual, dos riscos e suas classificações, da análise financeira, do crédito ao consumidor, das garantias, da estruturação, da decisão e do acompanhamento. Desse modo, acredito que este livro seja útil para profissionais de empresas e de bancos, podendo ser utilizado como um roteiro sobre os diversos componentes da gestão do crédito, fornecendo instrumentos práticos e conceituais. Os componentes de administração e análise de crédito são abordados como partes integradas ao contexto dos negócios. Foram adicionadas as pesquisas sobre crédito e previsão de insolvência com comentários sobre diversos estudos desenvolvidos no Brasil e no Exterior.

Quanto à parte relativa à análise financeira (Capítulos 8, 9 e 10), havendo interesse do leitor por um maior aprofundamento, recomendo o livro *Análise financeira das empresas – 13ª edição revista e atualizada*, também de minha autoria, publicado pela Cengage Learning em 2016.

Tenho a expectativa, portanto, de que este livro preencha uma lacuna existente no mercado brasileiro sobre Gestão e Análise de Risco de Crédito, ao mesmo tempo em que agradeço aos leitores pelas sugestões que possam apresentar, enviando email para:

jose.pereira.silva@fgv.br e jpsilva357@gmail.com

*José Pereira da Silva*

# Sumário

**1.** Intermediação financeira ............................................................. 1
   1.1   Introdução à atividade bancária ........................................................ 1
   1.2   Iniciação à intermediação financeira ................................................. 2
         1.2.1   Noções sobre a moeda e sua utilidade ............................... 3
         1.2.2   Agentes econômicos e suas posições orçamentárias ........... 4
         1.2.3   Intermediários financeiros ................................................ 6
         1.2.4   Ofertadores de fundos ..................................................... 7
         1.2.5   Demandadores de fundos ................................................. 11
   1.3   Mercado de ativos financeiros .......................................................... 13
   1.4   Sistema financeiro nacional ............................................................. 16
         1.4.1   Subsistema normativo ..................................................... 17
         1.4.2   Subsistema operacional ................................................... 18
         Questões para resolução e discussão ............................................. 21

**2.** Banco múltiplo .......................................................................... 23
   2.1   Introdução ..................................................................................... 23
   2.2   Importância e funções de um banco ................................................ 24
         2.2.1   Importância dos bancos ................................................... 24
         2.2.2   Função de depósito e o fundo garantidor de créditos ......... 24
         2.2.3   Função de pagamento ..................................................... 26
         2.2.4   Função de crédito ........................................................... 26
         2.2.5   Função criadora de moeda ............................................... 27
   2.3   Riscos da atividade bancária ........................................................... 29
         2.3.1   Risco de liquidez e captação ............................................ 29
         2.3.2   Risco de crédito .............................................................. 30
         2.3.3   Risco da gestão dos fundos ............................................. 30
         2.3.4   Risco de administração e controle ................................... 30
         2.3.5   Riscos de mercado e das taxas de juros ........................... 31
         2.3.6   Risco da estrutura de capitais – acordos de Basileia .......... 31
   2.4   Balanço e demonstração do resultado de um banco .......................... 41
         Questões para resolução e discussão ............................................. 43

## 3. Conceito e relevância do crédito ..... 45
3.1 Introdução e conceituação do crédito ..... 45
3.2 Abrangência e utilidade do crédito ..... 46
    3.2.1 Crédito como negócio ..... 46
    3.2.2 Função social do crédito ..... 49
    3.2.3 Crédito no contexto de finanças ..... 50
    Questões para resolução e discussão ..... 54

## 4. Risco de crédito e *rating* ..... 55
4.1 Introdução ao risco ..... 55
4.2 Classificação do risco de crédito de um banco ..... 57
    4.2.1 Risco do cliente ou risco intrínseco (*intrinsic risk*) ..... 57
    4.2.2 Risco da operação (*transaction risk*) ..... 59
    4.2.3 Risco de concentração (*concentration risk*) ..... 59
    4.2.4 Risco da administração do crédito (*credit management risk*) ..... 60
    4.2.5 *Rating* para decisão de crédito ..... 60
    4.2.6 Agências internacionais de *rating* ..... 62
4.3 Histórico e investigação de crédito ..... 63
    4.3.1 Histórico e pontualidade ..... 63
    4.3.2 Protestos e outros desabonos ..... 64
    4.3.3 Convênios e fontes de informação ..... 64
    4.3.4 Agências de informações ..... 65
    4.3.5 O Sistema de Informações de Crédito do Banco Central (SCR) ..... 65
4.4 Capacidade administrativa ..... 65
    4.4.1 Decisões estratégicas da empresa ..... 66
    4.4.2 Estrutura organizacional da empresa ..... 67
    4.4.3 Pesquisa e desenvolvimento (P&D) ..... 68
    4.4.4 Idade e porte das empresas ..... 68
4.5 Condições externas ..... 69
    4.5.1 Sensibilidade dos ramos de atividade ..... 70
    4.5.2 Influência do ramo de atividade ..... 71
    4.5.3 Sazonalidade do produto ..... 71
    4.5.4 Moda e essencialidade ..... 72
    4.5.5 Porte da empresa ..... 72
    4.5.6 Região geográfica ..... 73
4.6 Capital ..... 73
4.7 Conglomerado ..... 74
4.8 Colateral ..... 74
    Questões para resolução e discussão ..... 75

## 5. Política de crédito ..... 77
5.1 Introdução ..... 77
5.2 Algumas considerações sobre estratégia empresarial ..... 78
    5.2.1 Macroambiente operacional de um banco ..... 79
    5.2.2 Definição estratégica da instituição financeira ..... 80
    5.2.3 Estrutura organizacional do banco ..... 81
5.3 Política de crédito ..... 82
    5.3.1 Normas legais ..... 83
    5.3.2 Definição estratégica do banco ..... 83

| | | | |
|---|---|---|---|
| | 5.3.3 | Objetivos a serem alcançados | 83 |
| | 5.3.4 | Delegação de poderes | 83 |
| | 5.3.5 | Limites de crédito | 91 |
| | 5.3.6 | Análise de crédito | 92 |
| | 5.3.7 | Composição e formalização dos processos | 92 |
| | 5.3.8 | Administração e controle do crédito | 93 |
| | 5.3.9 | Cooperativas de crédito | 93 |
| | | Questões para resolução e discussão | 94 |

## 6. O profissional e a estrutura de crédito ............95

6.1 Introdução ..................95
6.2 Profissional de crédito e profissional de negócios ..................96
    6.2.1 Características pessoais ..................99
    6.2.2 Habilidades profissionais ..................101
6.3 Estrutura organizacional de crédito ..................104
    6.3.1 Atribuições técnicas de análise e controle de crédito ..................105
    6.3.2 Atribuições especializadas e de apoio ..................108
    6.3.3 Atribuições de cadastro e investigação de crédito ..................112
    6.3.4 Uso da tecnologia da informação na atividade de crédito ..................113
    Questões para resolução e discussão ..................115

## 7. Informações para crédito ..................117

7.1 Introdução ..................117
    7.1.1 Métodos para a tomada de decisão ..................118
    7.1.2 Métodos quantitativos ..................118
    7.1.3 Simulações ..................118
    7.1.4 Experiência anterior ..................119
7.2 Pasta cadastral ..................120
    7.2.1 Propostas de negócios e posição de cliente ..................120
    7.2.2 Ficha cadastral e análises financeiras ..................121
    7.2.3 Grupo econômico, notícias e sinopses ..................121
    7.2.4 Informações e desabonos ..................121
    7.2.5 **Correspondências com o cliente** ..................121
    7.2.6 Balanços, relatórios e atas ..................121
7.3 Ficha cadastral ..................122
    7.3.1 Identificação da empresa ..................122
    7.3.2 Atividade ..................126
    7.3.3 Acionistas/sócios ..................127
    7.3.4 Diretores ou sócios-gerentes ..................128
    7.3.5 Conselho de administração ..................128
    7.3.6 Bens imóveis da empresa ..................129
    7.3.7 Participação em outras empresas ..................129
    7.3.8 Participações de acionistas, sócios e diretores ..................130
    7.3.9 Seguros contratados ..................130
    7.3.10 Referências comerciais ..................130
    7.3.11 Referências bancárias ..................131
7.4 Ficha de informações básicas de clientes ..................131
7.5 Investigação de crédito ..................133
7.6 Análise financeira ..................133
7.7 Análise setorial ..................133

7.8 Entrevista e visita de crédito e negócios..................................................................136
    7.8.1 Entrevista de crédito e negócios ...............................................................136
    7.8.2 Visitas a clientes.........................................................................................137
7.9 Proposta de negócio.....................................................................................................139
7.10 Relatório de análise de crédito ..................................................................................140
    Questões para resolução e discussão.................................................................140

## 8. Principais demonstrações contábeis .........................................141

8.1 Introdução.....................................................................................................................141
    8.1.1 Relatório da administração ......................................................................142
    8.1.2 Balanço patrimonial...................................................................................149
    8.1.3 Demonstração do resultado do exercício...............................................151
    8.1.4 Demonstração das mutações do patrimônio líquido.............................151
    8.1.5 Demonstração dos fluxos de caixa – DFC...............................................152
    8.1.6 Notas explicativas......................................................................................152
    8.1.7 Parecer dos auditores................................................................................152
8.2 Componentes do balanço............................................................................................153
    8.2.1 Ativo.............................................................................................................155
    8.2.2 Passivo e patrimônio líquido....................................................................162
8.3 Componentes da demonstração do resultado..........................................................165
    8.3.1 Receita operacional....................................................................................166
    8.3.2 Custos de produtos, mercadorias ou serviços vendidos........................166
    8.3.3 Lucro bruto.................................................................................................168
    8.3.4 Despesas operacionais...............................................................................168
    Questões para resolução e discussão.................................................................170

## 9. Análise financeira convencional..................................................173

9.1 Introdução.....................................................................................................................173
9.2 Análise vertical e horizontal.......................................................................................174
    9.2.1 Análise vertical...........................................................................................174
    9.2.2 Análise horizontal......................................................................................178
9.3 Análise por meio dos índices financeiros.................................................................180
    9.3.1 Análise da lucratividade e desempenho..................................................180
    9.3.2 Análise dos ciclos financeiro e operacional...........................................187
    9.3.3 Análise da estrutura de capitais e solvência...........................................193
    9.3.4 Análise da liquidez....................................................................................200
    9.3.5 Índices-padrões..........................................................................................207
    Questões para resolução e discussão.................................................................212

## 10. Análise financeira avançada........................................................215

10.1 Introdução...................................................................................................................215
10.2 Avaliação da operacionalidade da empresa...........................................................216
    10.2.1 Ativos operacionais e ativos não operacionais....................................216
    10.2.2 Conceituando o Ebitda e o Nopat..........................................................221
    10.2.3 Introdução ao Economic Value Added (EVA).....................................223
10.3 Conceitos de capital de giro.....................................................................................226
    10.3.1 Ativo circulante – AC..............................................................................227
    10.3.2 Capital circulante líquido – CCL...........................................................227

10.3.3 Capital permanente líquido – CPL ............................................................. 228
10.3.4 Capital de giro próprio – CGP ................................................................. 229
10.4 Análise da necessidade de capital de giro ............................................................. 230
10.4.1 Investimento operacional em giro – IOG ................................................. 230
10.4.2 Ciclo financeiro da empresa ..................................................................... 234
10.4.3 Saldo de tesouraria .................................................................................. 236
10.4.4 Análise da tendência do IOG ................................................................... 240
10.4.5 Efeito tesoura ........................................................................................... 243
10.4.6 Overtrade ................................................................................................. 244
10.5 Fluxo de caixa (*cash flow*) ...................................................................................... 245
10.5.1 Elaboração do fluxo de caixa ................................................................... 249
10.5.2 Fluxo de caixa livre (*free cash flow*) ......................................................... 256
10.5.3 Análise do fluxo de caixa ......................................................................... 259
Questões para resolução e discussão ............................................................. 261

## 11. Modelos quantitativos e previsão de insolvências ................... 263

11.1 Introdução .............................................................................................................. 264
11.1.1 Alguns estudos realizados no exterior ..................................................... 265
11.1.2 Alguns estudos realizados no Brasil ........................................................ 269
11.2 Modelo Pereira – classificação de empresas com vistas à concessão de crédito ..... 275
11.2.1 Objetivo e aplicabilidade dos modelos ..................................................... 276
11.2.2 Características dos modelos .................................................................... 276
11.2.3 Como utilizar os modelos ........................................................................ 277
11.2.4 Breve comentário sobre a aplicação dos modelos ................................... 286
11.2.5 Modelos como avaliação de crédito ......................................................... 287
11.2.6 Posição dos modelos no fluxo decisório .................................................. 288
11.2.7 Vantagens e limitações dos modelos ....................................................... 290
11.3 Metodologia e validade dos modelos ..................................................................... 292
11.3.1 Teste de validade dos modelos ................................................................ 292
11.3.2 Escolha da amostra e recursos utilizados ............................................... 295
11.3.3 Composição da amostra .......................................................................... 296
11.3.4 Total de empresas e suas características ................................................ 297
11.3.5 Algumas considerações teóricas acerca da escolha da amostra ............. 299
11.3.6 Recursos utilizados .................................................................................. 299
11.3.7 Demonstrativos contábeis ....................................................................... 300
11.3.8 Escolha das variáveis .............................................................................. 301
Questões para resolução e discussão ............................................................. 301
Apêndice: Análise discriminante ..................................................................... 302

## 12. Conglomerado (grupos e vínculos) ............................................. 311

12.1 Introdução ao conglomerado ................................................................................. 311
12.2 Coligadas e controladas ......................................................................................... 312
12.3 Grupo de sociedades .............................................................................................. 312
12.3.1 Controle de mais de uma empresa por uma pessoa física ...................... 313
12.3.2 Controle de mais de uma empresa por um mesmo grupo de pessoas ... 314
12.4 Demonstrações financeiras consolidadas ............................................................. 314
12.4.1 Técnicas de consolidação ........................................................................ 315
12.4.2 Efeitos da consolidação sobre os índices financeiros .............................. 325
12.5 Análise do conglomerado e das participações ...................................................... 327

| | | |
|---|---|---|
| 12.5.1 | Identificação do grupo ou conglomerado | 327 |
| 12.5.2 | Como escolher as empresas a serem analisadas | 328 |
| | Questões para resolução e discussão | 330 |

## 13. Garantias nas operações de crédito .........................................331

13.1 Introdução .................................................................................................331
13.2 Garantias pessoais .....................................................................................332
    13.2.1 Aval ...............................................................................................333
    13.2.2 Fiança ............................................................................................333
13.3 Garantias reais ..........................................................................................333
    13.3.1 Penhor ...........................................................................................334
    13.3.2 Hipoteca ........................................................................................336
    13.3.3 Anticrese .......................................................................................336
    13.3.4 Propriedade fiduciária ..................................................................336
    13.3.5 Alienação fiduciária de coisa imóvel .............................................337
13.4 Considerações gerais .................................................................................337
    Questões para resolução e discussão ..............................................................339

## 14. Crédito para pessoas físicas .........................................................341

14.1 Introdução ao crédito para pessoas físicas ................................................341
14.2 Tipos de financiamentos às pessoas físicas ................................................349
    14.2.1 Financiamento do próprio estabelecimento comercial .................349
    14.2.2 Financiamento de instituições financeiras ....................................350
    14.2.3 Uso de cartões de crédito ..............................................................351
14.3 Gestão de recursos humanos e tecnológicos .............................................351
    14.3.1 Recursos humanos ........................................................................352
    14.3.2 Tecnologia e base de dados ...........................................................352
14.4 Formas de avaliação de pessoas físicas .....................................................353
    14.4.1 Análise julgamental ......................................................................353
    14.4.2 *Credit scoring* ...............................................................................354
    14.4.3 Decisão e limite de crédito para pessoa física ...............................359
14.5 Gestão do ciclo do negócio com pessoas físicas ........................................360
    14.5.1 Estratégia e estrutura, controle gerencial e risco ..........................361
    14.5.2 Desenvolvimento do produto ........................................................362
    14.5.3 Plano de negócios .........................................................................362
    14.5.4 Gestão da carteira de crédito ........................................................363
    14.5.5 Gestão de cobrança de pessoas físicas ..........................................363
14.6 Considerações sobre fraude ......................................................................367
    Questões para resolução e discussão ..............................................................368

## 15. Estruturação do empréstimo .......................................................371

15.1 Introdução .................................................................................................371
15.2 Necessidades do cliente .............................................................................372
    15.2.1 Necessidade de capital de giro ......................................................372
15.3 Produtos do banco .....................................................................................375
    15.3.1 Contas garantidas .........................................................................376
    15.3.2 Hot money ....................................................................................376
    15.3.3 Desconto de duplicatas .................................................................377
    15.3.4 Desconto de notas promissórias ...................................................377

|  |  |  |
|---|---|---|
| 15.3.5 | Financiamento de tributos | 377 |
| 15.3.6 | Empréstimos de capital de giro | 377 |
| 15.3.7 | Vendor finance | 378 |
| 15.3.8 | ACC/ACE | 378 |
| 15.3.9 | Resolução 63 | 378 |
| 15.3.10 | Carta de crédito | 379 |
| 15.3.11 | *Factoring* | 379 |
| 15.3.12 | *Commercial paper* | 379 |
| 15.3.13 | *Leasing* | 379 |
| 15.3.14 | *Finame* | 380 |
| 15.3.15 | Outros fundos federais e estaduais | 380 |
| 15.3.16 | CDC | 380 |
| 15.3.17 | Crédito rural | 380 |

15.4 Condições do empréstimo .................. 381
   15.4.1 Finalidade do empréstimo .................. 381
   15.4.2 Modalidade e montante .................. 381
   15.4.3 Prazos e condições de pagamento .................. 381
   15.4.4 Capacidade de pagamento .................. 382
   15.4.5 Garantias .................. 382
   15.4.6 Preço do empréstimo ou do financiamento .................. 383
   15.4.7 Receitas das operações de crédito .................. 384
   15.4.8 Políticas do banco e formalização do empréstimo .................. 384
   Questões para resolução e discussão .................. 385

## 16. Decisão de crédito .................. 387

16.1 Introdução .................. 387
16.2 Níveis de risco *versus* retornos esperados .................. 388
   16.2.1 Nos bancos comerciais .................. 388
   16.2.2 Na empresa de *factoring* .................. 391
16.3 Limite de crédito .................. 394
   16.3.1 Alguns parâmetros para definição de crédito .................. 397
   16.3.2 Garantias e caráter .................. 404
   16.3.3 Rentabilidade de uma operação e rentabilidade do cliente .................. 405
   Questões para resolução e discussão .................. 406

## 17. Controle e qualidade de crédito .................. 407

17.1 Introdução .................. 407
17.2 Controle e acompanhamento de crédito .................. 408
   17.2.1 Serviços de auditoria de crédito .................. 408
   17.2.2 Serviços de revisão de crédito .................. 409
17.3 Créditos problemáticos .................. 409
   17.3.1 Causas dos créditos problemáticos .................. 410
   17.3.2 Consequências dos créditos problemáticos .................. 411
   17.3.3 Sinais de alarme dos créditos problemáticos .................. 412
   17.3.4 Atuação diante de créditos problemáticos .................. 415
   17.3.5 Caminhos legais .................. 418
   Questões para resolução e discussão .................. 424

## Referências bibliográficas .................. 425

## Índice remissivo .................. 431

capítulo 1

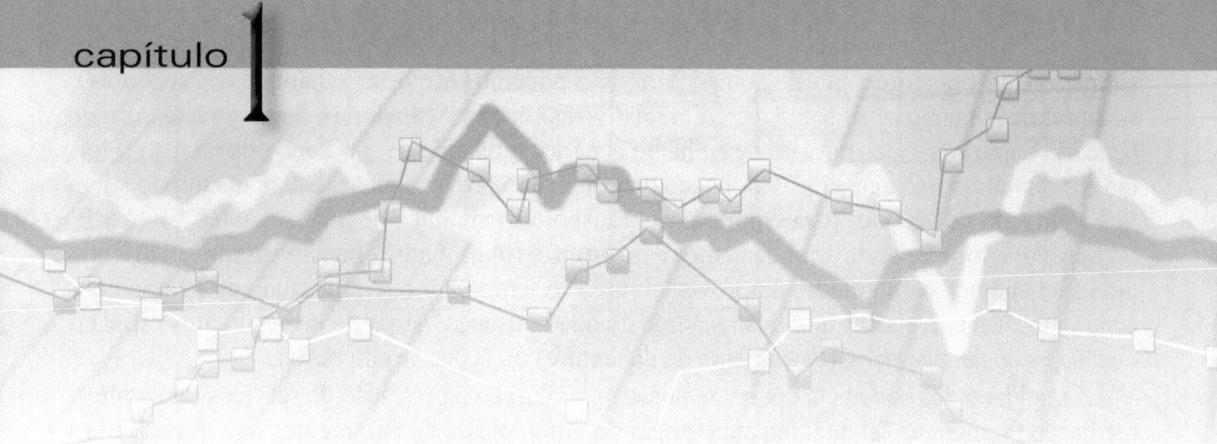

# Intermediação financeira

> **OBJETIVOS DE APRENDIZAGEM**
>
> Apresentar a atividade bancária e a intermediação financeira visando:
> - Fornecer o conceito e a utilidade da moeda
> - Apresentar os agentes econômicos
> - Apresentar o mercado de ativos
> - Comentar o Sistema Financeiro Nacional

## 1.1 Introdução à atividade bancária

Ao entrarmos em uma agência de um grande banco de varejo, podemos observar pessoas pagando contas, efetuando depósitos, sacando dinheiro, retirando talões de cheques ou cartões magnéticos. Conversando com os gerentes, pequenos empresários negociam a obtenção de empréstimos para capital de giro para suas empresas. Enquanto isso, os gerentes de plataforma visitam grandes empresas para discutir negócios, os quais podem compreender fornecimento de uma carta de crédito para importação de matéria-prima ou de equipamentos, operação de empréstimo externo, projetos de investimentos com recursos provenientes do BNDES[1] ou mesmo limites para operações de capital de giro. Outras empresas e pessoas físicas podem estar ligando para os gerentes para saber as taxas que o banco está pagando para depósitos a prazo fixo. Conectando os computadores do banco, clientes estão efetuando operações diversas ou

---

1. Banco Nacional de Desenvolvimento Econômico e Social – órgão oficial para operacionalização da política econômica do governo federal, por intermédio do suprimento de recursos de longo prazo para as empresas. Atua com ênfase no financiamento de investimentos em ativos permanentes, porém tem linhas para complementação de capital de giro relacionado aos projetos.

simplesmente tirando extrato de contas. Sim, não podemos esquecer as simpáticas senhoras e senhores que querem saber sobre o crédito relativo às suas aposentadorias. Seguramente, na rede bancária como um todo, trava-se semelhante cenário, mudando de um banco para outro a forma e a dimensão dos negócios. Um banco especializado provavelmente estará decidindo sobre financiamento de veículos para empresas de transportes pela linha de financiamento FINAME[2] ou mesmo de operação de arrendamento mercantil (*leasing*). Outros bancos estarão analisando grandes negócios para grandes empresas, ao mesmo tempo em que seus técnicos estarão concentrando suas energias na administração de grandes fortunas. Áreas de investimentos estudam operações de *underwriting* (lançamento de debêntures ou ações de empresas).

A atividade dos bancos faz parte de nossa vida diária, na prestação de serviços ou na intermediação financeira. Tal qual um supermercado, uma loja de departamentos ou um restaurante, os serviços bancários nos dizem respeito de forma direta. Afinal de contas, dinheiro, moeda e riqueza são assuntos que desde há muito tempo interessam ao público em geral e são motivo de reflexão por parte de estudiosos. Em meados do século XVII, o médico da corte francesa, Dr. Quesnay, estabeleceu relações entre a circulação da riqueza na economia e a circulação do sangue no corpo humano. Imaginava, na época, que, da mesma forma como o sangue circula pelo corpo e retorna ao coração, a riqueza retornava sempre à terra. Desse modo, seja nos dias atuais, no passado ou no futuro, o dinheiro estará presente na vida das pessoas. A evolução tecnológica propiciará outras formas mais simples de circulação de riqueza, porém os serviços financeiros, assim como a indústria, o comércio e a agricultura, continuarão sendo importantes na vida dos cidadãos. A satisfação das necessidades fundamentais, como alimentação, saúde, habitação e segurança, é facilitada pelos serviços financeiros.

As relações entre os agentes econômicos (pessoas, famílias e empresas, por exemplo) e os intermediários financeiros merecerão parte de nossa atenção nesse início do livro. A intermediação financeira consiste basicamente no fato de um banco receber depósitos de vários clientes e utilizar os recursos desses depósitos para efetuar empréstimos para outros clientes. Quando o cliente vai fazer um depósito, o banco normalmente tende a não estar preocupado com as qualidades (o cadastro) desse cliente, pois, grosso modo, o cliente é quem está assumindo o risco ao colocar seu dinheiro naquele banco. Entretanto, ao efetuar um empréstimo a um cliente, há a preocupação do banco em avaliar a capacidade de pagamento desse cliente, pois o recebimento daquele empréstimo é fundamental para manter a solidez e a reputação da instituição bancária (ou não bancária), de modo a garantir aos seus depositantes e aplicadores a segurança de que terão de volta o dinheiro relativo aos seus depósitos e suas aplicações. Os acionistas do banco também querem segurança de que terão retorno adequado sobre seus investimentos. Os funcionários do banco, todavia, terão maior garantia de seus empregos e melhores salários na medida em que seu banco esteja sólido financeiramente.

## 1.2 Iniciação à intermediação financeira

A intermediação financeira é o grande cenário do qual a atividade de crédito faz parte. As operações passivas de um banco consistem em captar dinheiro com os depositantes. As operações ativas consistem em emprestar o dinheiro captado. As funções de captar e emprestar caracterizam a atividade de intermediação financeira desenvolvida pelos bancos. Nos próximos tópicos, falaremos um pouco sobre moeda, sobre a posição orçamentária dos

---

2. Agência do BNDES destinada ao financiamento de projetos de longo prazo e de aquisição de equipamentos pelas empresas.

agentes econômicos, sobre os intermediários financeiros, bem como sobre o Sistema Financeiro Nacional.

## 1.2.1 Noções sobre a moeda e sua utilidade

Nossas necessidades são satisfeitas pela produção de bens e serviços. O Brasil de 2015 produziu algo da ordem de 209 milhões de toneladas de grãos (www.agricultura.gov.br, 30/5/2016). Considerando uma população em torno de 204 milhões de habitantes, em princípio não deveria haver fome no país, uma vez que teríamos cerca de 1 tonelada de alimento (grão) para cada brasileiro por ano. Pois bem, se dobrarmos a produção de grãos ou mesmo de alimentos em geral, haverá benefícios para a sociedade, porém se dobrarmos apenas a quantidade de dinheiro não melhorará a situação dos brasileiros. Ainda assim, temos certeza de que a moeda é o grande facilitador do sistema de trocas na sociedade, eliminando o escambo.

Moeda, num primeiro momento, lembra-nos dinheiro. Entretanto, os depósitos que efetuamos em bancos nos permitem que emitamos cheques e que utilizemos cartões magnéticos para pagar nossas compras, desempenhando o cheque e o cartão o mesmo papel do dinheiro. Daí ser necessário incluirmos no conceito de moeda também os depósitos à vista. Podemos ainda pensar que empresas e grandes negociadores podem usar transferências de dinheiro pela web. De modo geral, os economistas definem moeda como meio de troca, como padrão de valor ou como padrão de pagamento diferido, ou ainda como estoque de riqueza extremamente líquido. Vejamos algumas das funções da moeda:

- **A função de intermediária de troca** é que possibilitou a superação da economia de escambo, permitindo maior eficiência da economia com sensível acréscimo na produção de bens e serviços, por meio da facilitação da divisão do trabalho e de maior especialização. A utilização da moeda provoca significativa redução de tempo nas trocas, comparativamente a uma sociedade rudimentar, na qual prevalece o escambo. Adicionalmente, possibilita ao homem adquirir os bens que efetivamente deseja, criando-lhe condições de escolha e poupando-lhe tempo.
- **A moeda como medida de valor** serve como padrão de medida ao qual todos os bens têm seus valores convertidos, não sendo necessário precisarmos estabelecer comparação de valores entre os vários bens e serviços que produzimos ou de que necessitamos. A moeda é, portanto, o denominador comum dos preços dos produtos, tornando possível a contabilização das atividades econômicas e a administração das unidades produtivas, com ampliação do bem-estar social.
- **A moeda como reserva de valor** constitui-se numa espécie de reservatório de poder de compra, possibilitando ao seu detentor gastá-la no momento em que julgar conveniente. Não há dúvida de que esse papel de reserva de valor também poderia ser desempenhado por outros ativos, porém a moeda, por causa de sua liquidez,[3] é o que melhor desempenha. A liquidez dos demais ativos tende a ser variável e, por mais líquido que seja um ativo, nunca será tão líquido quanto a moeda. A *Teoria geral de Keynes* (1936) deu maior evidência a essa função da moeda como reserva de valor.

---

3. A liquidez de um ativo depende: (a) da facilidade com que ele pode ser comprado ou vendido, (b) de seus custos transacionais e (c) do grau de estabilidade e de previsibilidade de seu preço. Nesse sentido, a moeda tem liquidez perfeita.

Outro fator a ser considerado é a imprevisibilidade do valor futuro de outros bens, alguns dos quais, após serem adquiridos, são imediatamente desvalorizados. Essa reserva de valor da moeda pode ser corroída no caso de economias inflacionárias.

- **A moeda como poder liberatório** decorre de sua aceitação generalizada, que permite que seu detentor possa saldar dívidas e liquidar obrigações em geral. O poder do Estado impõe a aceitação da moeda como forma de pagamento. Adicionalmente a sua função liberatória, precisamos considerar também a aceitação generalizada da moeda pela população. Uma moeda em descrédito, em decorrência da inflação, pode levar os agentes econômicos a resistirem em aceitá-la, apesar da imposição do Estado.
- **A moeda como padrão de pagamentos diferidos** possibilita a antecipação de pagamentos, tornando viável às empresas a obtenção de empréstimos para capital de giro com os bancos ou mesmo antecipação de pagamentos a fornecedores. Os fluxos de produção e da renda são fundamentais na economia moderna, e, nesse contexto, o crédito desempenha importantíssimo papel, viabilizando os investimentos em produção e consumo. Imagine se, na construção de um navio, todos aqueles que trabalharam em seu desenvolvimento só recebessem seus direitos (salários e outros direitos) após a conclusão da embarcação. A moeda permite que o fluxo da renda possa andar de forma independente em relação ao fluxo da produção.
- **A moeda como instrumento de poder** é uma constatação. Não podemos menosprezar o fato de que a moeda é um instrumento de poder econômico, político e social. Os agentes econômicos que possuem maior quantidade de moeda possuem direitos de adquirir bens e serviços disponíveis no mercado, o que caracteriza um poder de decisão. Esse poder de decisão pode transformar-se num instrumento de pressão política.

Cremos que os comentários anteriores sobre moeda sejam suficientes para nos transmitir a ideia de sua importância num contexto econômico desenvolvido. Cabe ainda destacar que a existência de moeda é uma das condições necessárias para a ocorrência da intermediação financeira. Por sua vez, a análise do risco de crédito cumpre importante papel na avaliação feita pelo intermediário financeiro, no direcionamento dos recursos que está repassando aos agentes demandadores de fundos.

## 1.2.2 Agentes econômicos e suas posições orçamentárias

No ambiente econômico, temos os chamados agentes econômicos, que são representados pelas famílias, pelas empresas, pelo governo e por outras entidades, como as religiosas e as esportivas, entre tantas outras possíveis. A posição orçamentária de cada um desses agentes pode assumir (1) uma situação de equilíbrio, (2) uma situação superavitária ou (3) uma situação deficitária.

Nosso propósito neste capítulo está sendo mostrar, de forma breve e resumida, o contexto operacional dos bancos. Para isso, tornou-se necessário uma ligeira introdução à moeda, que é uma das condições necessárias para a existência dos chamados intermediários financeiros, entre os quais temos as instituições. De acordo com a abordagem de Gurley-Shawn,[4] para que se estabeleça a intermediação financeira, são necessárias as seguintes condições:

a. Existência de moeda, ou seja, superação do estágio primitivo de escambo.

---
4. Veja LOPES, João do Carmo; ROSSETTI, José Paschoal. *Economia monetária*. 6. ed. São Paulo: Atlas, 1993.

b. Criação de bases institucionais para funcionamento do mercado de intermediação financeira.
c. Existência de agentes econômicos deficitários e superavitários. Os agentes deficitários são os demandadores de fundos. Os agentes superavitários são os ofertadores de fundos.

Para compreendermos as posições orçamentárias (de *equilíbrio*, de *déficit* ou de *superávit*) dos agentes econômicos, vamos inicialmente expor os seguintes conceitos: Dispêndio ($D$), que é a soma dos gastos em consumo ($C$) e investimentos ($I$). Poupança ($S$), que é a diferença entre renda ($Y$) e consumo ($C$). Daí, temos:

$$D = C + I \quad \text{e} \quad S = Y - C$$

- **Agentes econômicos com orçamento equilibrado.** Esses agentes têm seus gastos correntes com consumo ($C$) e investimentos ($I$) iguais as suas rendas correntes recebidas ($Y$).

$$Y = C + I \quad \text{isto é} \quad Y = D$$

Portanto, sendo a renda ($Y$) igual ao dispêndio ($D$), é possível termos duas situações básicas. A primeira em que a poupança ($S$) é nula, ou seja, o consumo ($C$) é igual à renda ($Y$), e, portanto, o investimento ($I$) também é igual a zero. A segunda possibilidade é que o investimento seja positivo ($I > 0$) e igual à poupança. Nessa condição, está havendo financiamento interno, ou seja, o investimento ($I$) está sendo feito com recursos próprios.

- **Agentes econômicos com orçamento deficitário.** Esses agentes têm suas rendas correntes ($Y$) inferiores aos gastos correntes com consumo ($C$) e investimentos ($I$).

$$Y < C + I \quad \text{isto é} \quad Y < D$$

Nesse contexto, poderemos encontrar também duas situações, ou seja: a primeira em que a poupança ($S$) seja negativa, isto é, o consumo ($C$) é maior que a renda ($Y$); a segunda em que a poupança seja nula ou positiva ($S \geq 0$). O agente econômico com situação orçamentária deficitária é um demandador de fundos para financiar seu déficit. Note que o financiamento do consumo expande o dispêndio na economia no momento atual, enquanto o financiamento do investimento possibilita também a expansão da capacidade futura da economia.

- **Agentes econômicos com orçamento superavitário.** Esses agentes têm suas rendas correntes ($Y$) superiores aos seus dispêndios ($D$), ou seja, aos gastos correntes com consumo ($C$) e investimentos ($I$).

$$Y > C + I \quad \text{isto é} \quad Y > D$$

Nesse contexto, a renda corrente ($Y$) será sempre superior ao dispêndio ($D$) com bens e serviços correntes. Consequentemente, com base no agente, o investimento ($I$) também será inferior à poupança ($S$), possibilitando que este agente seja um ofertador de fundos, ou seja, ele pode trocar ativos monetários por outros ativos financeiros.

## 1.2.3 Intermediários financeiros

Nos tópicos precedentes, discutimos sobre a moeda e sobre a situação orçamentária dos agentes econômicos. Adicionalmente, é preciso destacar que nas economias desenvolvidas seus sistemas financeiros envolvem maior complexidade, de modo que a moeda é apenas um entre os diversos ativos financeiros.

O sistema financeiro consiste em um conjunto de instrumentos e instituições financeiras que funcionam como meios pelos quais as pessoas podem maximizar a riqueza, criando e trocando direitos de receber moeda ou outros ativos. Na ausência de um sistema financeiro, os poupadores teriam que guardar moedas ou comprar bens (ativos) para estocar. Adicionalmente, as empresas não teriam recursos para financiar a construção de fábricas. Caso o empresário quisesse construir ou ampliar sua capacidade de produção, teria que fazê-lo com recursos próprios ou sair à procura de vários poupadores que pudessem fornecer-lhe pequenos empréstimos. Haveria, ainda, nesta situação, o problema de compatibilizar as datas em que os emprestadores precisariam de seus recursos de volta com as datas em que o tomador teria condição de pagar. A maior produtividade da economia resulta do fato de que os potenciais poupadores (agentes superavitários) e os potenciais investidores (agentes deficitários) possam se complementar, de modo que ambos tenham suas necessidades atendidas. As instituições financeiras propiciam aos tomadores condições para obtenção dos recursos de que necessitam e aos emprestadores (compradores de promessas de pagamento) as condições para aplicarem seus recursos.

Os *intermediários financeiros* são instituições como os bancos, que emitem títulos contra si mesmos para obterem fundos com os agentes econômicos. Em seguida, usam esses fundos para fazer empréstimos a terceiros. Nisso consiste sua principal fonte de renda, ou seja, na diferença entre as taxas de juros pagas aos fornecedores de fundos e as taxas de juros cobradas dos demandadores.

Conforme já mencionamos, a situação orçamentária de cada um dos agentes pode assumir (1) uma situação de equilíbrio, (2) uma situação superavitária ou (3) uma situação deficitária. A intermediação financeira consiste em captar recursos com os agentes econômicos superavitários e emprestá-los aos agentes deficitários.

Vejamos alguns dos benefícios decorrentes da intermediação financeira:

- **Avaliação de risco.** Os agentes econômicos em geral não são especialistas em avaliar os riscos decorrentes das atividades econômicas. Nesse sentido, o intermediário financeiro deverá estar muito mais preparado para essa tarefa, propiciando maior segurança ao aplicador de recursos.
- **Custos de cobertura de riscos.** Dada a amplitude de atuação do intermediário financeiro, quanto às regiões geográficas e aos seguimentos de atuações econômicas, é possível que os custos de cobertura dos diversos riscos existentes sejam barateados.
- **Facilidade de obtenção de recursos.** A existência de intermediários financeiros facilita o processo de localização pelos agentes econômicos deficitários a encontrarem os recursos de que necessitam no momento exato e de forma adequada às suas necessidades, ou seja, quanto aos volumes, aos prazos e às formas de pagamento.
- **Incentivo à poupança.** Na esfera macroeconômica, é possível elevar o nível de formação de capital, estimulando a poupança. Pequenos valores, até grandes excedentes de capital, podem ser transacionados, possibilitando maior fluxo agregado de poupança e também maior nível de dispêndio.

- **Maiores ganhos de eficiência.** Para igual volume de formação de capital, a intermediação financeira pode conduzir a ganhos de eficiência de produção. Por meio do financiamento indireto, é possível melhor alocação de maior volume de recursos para obtenção de maior retorno.

O intermediário financeiro aproxima ofertadores e tomadores de recursos. Conforme dito, os ofertadores de fundos são os agentes que possuem uma situação orçamentária superavitária, enquanto os agentes com situação orçamentária deficitária são aqueles que são tomadores de fundos. Para simplificar o processo, vamos centrar nossa atenção em três agentes, ou seja, famílias, *empresas* e *governos*. Qualquer um desses três agentes pode ser ofertante ou tomador de fundos.

## 1.2.4 Ofertadores de fundos

Os agentes econômicos com situação orçamentária superavitária buscam alternativas para aplicação de seus recursos, ou seja, pretendem comprar promessas de pagamentos. Nessa condição, o ofertante de fundos deseja obter o melhor rendimento possível sobre suas aplicações, porém quer minimizar o risco que assume. Por exemplo, aplicar o dinheiro numa caderneta de poupança, recebendo 6% de juros ao ano, ou emprestar o mesmo dinheiro para uma pessoa que precisa de fundos e está disposta a pagar 10% ao mês? Seguramente, aquela pessoa que paga 10% ao mês propicia rendimento maior, no entanto o risco da caderneta de poupança deverá ser menor. O conceito de risco abrange as diversas probabilidades relacionadas a uma aplicação, ou seja, tanto as probabilidades de ganho quanto as de perda.

O conceito de risco, em finanças, é entendido como a instabilidade dos possíveis retornos obtidos pelo investidor num projeto de investimento. Muitas vezes, usamos as palavras risco e incerteza indistintamente, porém há diferença conceitual entre esses dois termos. No risco, as probabilidades de ocorrência de um dado evento são conhecidas, enquanto na incerteza não há dados suficientes para calcularmos tais probabilidades.

Supondo que um investidor tenha duas alternativas de investimento, cada uma delas com as seguintes características:

| \multicolumn{3}{c|}{Alternativa A} | \multicolumn{3}{c}{Alternativa B} |
|---|---|---|---|---|---|
| Fluxos de caixa possíveis ($A_{xt}$) | Probabilidades de ocorrência dos fluxos de caixa ($P_{xt}$) | ($A_{xt} \cdot P_{xt}$) | Fluxos de caixa possíveis ($A_{xt}$) | Probabilidades de ocorrência dos fluxos de caixa ($P_{xt}$) | ($A_{xt} \cdot P_{xt}$) |
| 4.500 | 0,10 | 450 | 3.000 | 0,10 | 300 |
| 5.250 | 0,20 | 1.050 | 4.500 | 0,25 | 1.125 |
| 6.000 | 0,40 | 2.400 | 6.000 | 0,30 | 1.800 |
| 6.750 | 0,20 | 1.350 | 7.500 | 0,25 | 1.875 |
| 7.500 | 0,10 | 750 | 9.000 | 0,10 | 900 |
| \multicolumn{2}{c|}{Valor esperado} | 6.000 | \multicolumn{2}{c|}{Valor esperado} | 6.000 |

Em cada uma das alternativas, multiplicamos cada um dos fluxos de caixa possíveis ($A_{xt}$) pela respectiva probabilidade ($P_{xt}$). Em seguida, somamos os produtos ($A_{xt} \cdot P_{xt}$) e obtemos o valor esperado. Note que na Alternativa A temos para o fluxo de caixa de $ 4.500 uma probabilidade de 10% (0,10). Multiplicando $ 4.500 por 0,10, temos $ 450. Procedendo a multiplicação de todos os valores ($A_{xt}$) pelas respectivas probabilidades ($P_{xt}$), temos os produtos ($A_{xt} \cdot P_{xt}$). A somatória de todos os valores da coluna ($A_{xt} \cdot P_{xt}$) nos dá o valor esperado na Alternativa A, que é de $ 6.000. Procedimento análogo é adotado para a Alternativa B, que também mostra uma valor esperado de $ 6.000.

Matematicamente, podemos indicar a fórmula de cálculo do valor esperado por meio da seguinte equação:

$$\overline{A} = \sum_{x=1}^{n} A_{xt} \cdot P_{xt}$$

sendo: $\overline{A}_t$ = valor esperado do fluxo de caixa no tempo $t$, ou seja, a esperança matemática
$x$ = $x$-ésima possibilidade
$A_{xt}$ = valor da $x$-ésima possibilidade de fluxo de caixa, no período $t$
$P_{xt}$ = probabilidade de ocorrência do $x$-ésimo fluxo de caixa no tempo $t$

Está demonstrado que as duas alternativas (A e B) têm o mesmo valor esperado, ou seja, $ 6.000,00.

Precisamos, agora, calcular o risco de cada uma das alternativas. Vamos entender o risco como o desvio-padrão, que é uma medida de dispersão em uma distribuição probabilística. Vejamos os cálculos para as duas alternativas:

| Alternativa A | | | | | |
|---|---|---|---|---|---|
| $A_{xt}$ | $\overline{A}_t$ | $A_{xt} - \overline{A}_t$ | $(A_{xt} - \overline{A}_t)^2$ | $P_{xt}$ | $(A_{xt} - \overline{A}_t)^2 \cdot P_{xt}$ |
| 4.500 | 6.000 | –1.500 | 2.250.000 | 0,10 | 225.000 |
| 5.250 | 6.000 | –750 | 562.500 | 0,20 | 112.500 |
| 6.000 | 6.000 | 0 | 0 | 0,40 | 0 |
| 6.750 | 6.000 | 750 | 562.500 | 0,20 | 112.500 |
| 7.500 | 6.000 | 1.500 | 2.250.000 | 0,10 | 225.000 |
| | | | | Variância | 562.500 |
| | | | | Desvio-padrão | 821,58 |

| Alternativa B | | | | | |
|---|---|---|---|---|---|
| $A_{xt}$ | $\overline{A}_t$ | $A_{xt} - \overline{A}_t$ | $(A_{xt} - \overline{A}_t)^2$ | $P_{xt}$ | $(A_{xt} - \overline{A}_t)^2 \cdot P_{xt}$ |
| 3.000 | 6.000 | –3.000 | 9.000.000 | 0,10 | 900.000 |
| 4.500 | 6.000 | –1.500 | 2.250.000 | 0,25 | 562.500 |
| 6.000 | 6.000 | 0 | 0 | 0,30 | 0 |
| 7.500 | 6.000 | 1.500 | 2.250.000 | 0,25 | 562.500 |
| 9.000 | 6.000 | 3.000 | 9.000.000 | 0,10 | 900.000 |
| | | | | Variância | 2.925.000 |
| | | | | Desvio-padrão | 1.710,26 |

sendo: $A_{xt}$ = valor da $x$-ésima possibilidade de fluxo de caixa, no período $t$
$\overline{A}_t$ = valor esperado do fluxo de caixa no tempo $t$, ou seja, a esperança matemática

$A_{xt} - \overline{A}_t$ = valor da *x*-ésima possibilidade menos o valor esperado
$(A_{xt} - \overline{A}_t)^2$ = quadrado do valor da *x*-ésima possibilidade menos o valor esperado
$P_{xt}$ = probabilidade de ocorrência do *x*-ésima fluxo de caixa no tempo *t*
Variância = somatória dos quadrados dos valores das *x*-ésimas possibilidades menos o valor esperado, multiplicados pelas respectivas probabilidades
Desvio-padrão = raiz quadrada da variância; indica-se pelo símbolo σ.

Note que a dispersão medida pelo desvio-padrão é muito maior na Alternativa B. Independentemente de fazermos qualquer interpretação do conceito estatístico, a "olho nu" é possível observarmos que, apesar das duas alternativas apresentarem o mesmo valor esperado (que é de $ 6.000), na Alternativa A o máximo que poderíamos esperar seria $ 7.500, enquanto o mínimo seria $ 4.500. Na Alternativa B, poderíamos esperar um máximo de $ 9.000, porém haveria chance de obtermos apenas $ 3.000.

Matematicamente, podemos indicar a fórmula de cálculo do desvio-padrão por meio da seguinte equação:

$$\sigma = \sqrt{\sum_{x=1}^{n} (A_{xt} - \overline{A}_t)^2 \cdot P_{xt}}$$

O grau de risco das Alternativas A e B, que acabamos de expor, permite a um ofertador de fundos saber o risco de cada uma daquelas alternativas, isoladamente. Muitas vezes, o ofertador de fundos tem um conjunto (uma carteira) de ativos. O risco de uma carteira não é apenas a média dos riscos de todos os ativos que compõem essa carteira. Numa carteira de ativos, cada um de seus componentes pode apresentar correlação matemática positiva ou negativa.[5] Quando há correlação matemática negativa entre dois ativos, se o retorno de um deles baixa, o do outro sobe. Quando há correlação matemática positiva, se o retorno de ativo aumenta, o do outro também aumenta (e vice-versa). Se um ofertador de fundos pode comprar dois ativos de alto risco, porém com correlações matemáticas negativas entre si, um ativo pode fazer a proteção do outro, ou seja, aquilo que chamamos de *hedge*. Daí, quando o ganho de um ativo aumenta, o do outro cai. Por meio da combinação de ativos arriscados em uma carteira, o ofertador de fundos pode obter uma taxa de retorno elevada, mantendo o risco da carteira em nível aceitável.

Os ofertadores de fundos desejam ativos que maximizem o rendimento e minimizem o risco total da carteira. O risco total de uma carteira pode ser desdobrado em duas partes, isto é, uma diversificável e outra indiversificável. O risco **diversificável** é aquele que pode ser eliminado por intermédio da diversificação. Todavia, o risco **indiversificável** não pode ser eliminado

---

5. GITMAN, Lawrence J. *Princípios de administração financeira*. São Paulo: Harbra, 1978. Correlação matemática é um indicador estatístico que compara o comportamento, isto é, a relação, se houver, entre duas variáveis. O chamado coeficiente de correlação assume valores numa faixa de + 1 (mais um), quando há correlação positiva, até − 1 (menos um), quando há correlação negativa. A correlação é positiva quando as duas variáveis se movem na mesma direção e negativa quando se movem em sentido oposto.

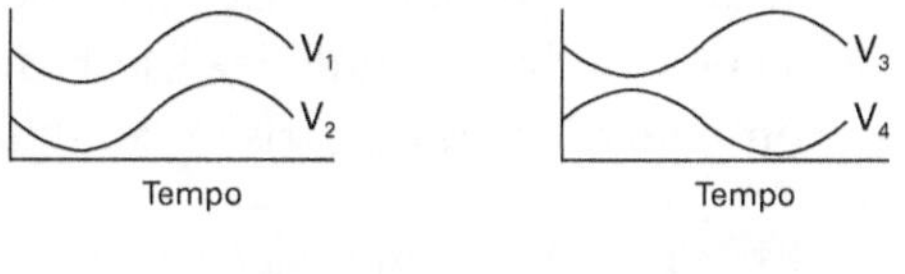

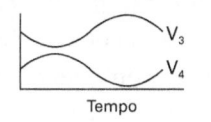

por meio da diversificação. Supondo que o ofertador de fundos queira fazer a proteção (*hedge*) contra as flutuações da taxa de juros, comprando ações de bancos e de empresas de um *Ramo X* da indústria. Nesse caso, a premissa é de que as ações dos bancos valorizem quando as taxas de juros estiverem elevadas, enquanto as empresas do *Ramo X* da indústria tenham prejuízo e suas ações caiam quando a taxa de juros estiver elevada. Com vários ofertadores de fundos pensando de forma semelhante, a demanda por essas ações aumentará e dificilmente alguém conseguirá ter um lucro muito elevado comprando tais ações. Entretanto, o risco do mercado de ações como um todo é um risco indiversificável, de modo que, mesmo comprando diferentes tipos de ações, se o "rendimento da Bolsa de Valores" cair, não adianta a diversificação. O ofertador de fundos só terá estímulo para compra de ações se o rendimento delas for superior ao rendimento de outros ativos.

Temos falado das duas variáveis, ou seja, o risco e o retorno, as quais orientam as decisões financeiras. Quanto maior o risco, maior será o retorno exigido pelo investidor.

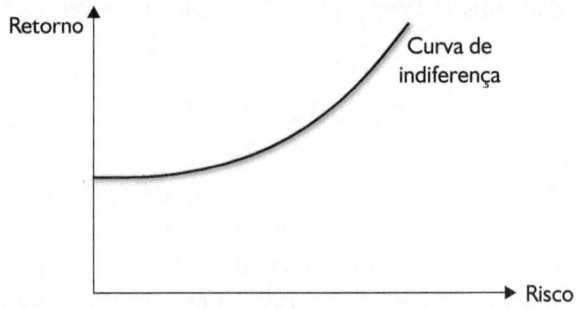

**FIGURA 1.1** Curva de indiferença.

Observe na Figura 1.1 que há um retorno mínimo exigido pelo investidor quando o risco sobre o investimento é externamente baixo. À medida que o risco vai aumentando, o investidor vai exigindo maior retorno para compensar o maior risco. A curva de indiferença é representada pelos pontos que, em tese, são indiferentes para os investidores, pois há um prêmio maior para o risco maior.

Na linguagem praticada no dia a dia do mercado financeiro, é comum ouvirmos propaganda de bancos afirmando que dispõem de oportunidade de aplicação para seus clientes, com **segurança**, **liquidez** e **rentabilidade**. O ofertador de fundos quer segurança e, para isso, analisa o risco que o ativo oferece. Quer o máximo retorno (rentabilidade) possível, mas quer também liquidez. A transação de um ativo envolve esses três fatores importantes, ou seja, a velocidade com que o ativo pode ser vendido (liquidez), o retorno esperado, em que consideramos inclusive os custos de transação para consecução de compra e de venda (rentabilidade), e a previsibilidade de seu valor no futuro, que é o valor esperado.

A ênfase na liquidez decorre dos ofertadores de fundos (indivíduos, famílias e empresas) também terem necessidades diárias ou periódicas a serem atendidas com dinheiro (ou outro equivalente). Se um ativo for rentável e seguro, porém não puder ser convertido em dinheiro (ou equivalente) no momento em que o ofertador precise, pode deixar de ser atrativo. As razões que levam o ofertador de recursos a buscar liquidez são basicamente o atendimento as suas necessidades de dinheiro (ou equivalente) ou o risco de algum prejuízo por não poder vender o ativo com rapidez.

## 1.2.5 Demandadores de fundos

Entre os agentes econômicos, os demandadores de fundos são dos mesmos grupos dos ofertadores, ou seja, os indivíduos, as famílias, as empresas e o governo. Há outros agentes. Porém, conforme já mencionamos, para nosso propósito, trataremos apenas das famílias, das empresas e do governo. A dívida é uma opção para esses agentes quando estão precisando de fundos, ou seja, quando seu dispêndio está superando sua renda. As empresas têm uma particularidade, que é a de poderem conseguir fundos vendendo ações ou quotas de participação no seu capital.

### 1.2.5.1 Famílias como demandadoras de fundos

As famílias, na condição de demandadoras de fundos, querem minimizar a um só tempo os custos dos fundos e o risco que a dívida representa, evitando a "falência" decorrente de possível incapacidade de pagamento. Fatores como renda das famílias, gastos de subsistência, dívidas contraídas com aquisição de bens (móveis ou imóveis) e prazos para pagamento das dívidas estão entre as variáveis importantes. Uma instituição financeira que queira financiar um veículo para determinada pessoa deverá compatibilizar o prazo desse financiamento com a capacidade de pagamento do cliente. É mais seguro financiar em 48 meses, com melhor expectativa da capacidade de pagamento do cliente, do que tentar reduzir o prazo para 24 meses e o cliente não ter volume de renda que seja capaz de satisfazer o valor da prestação. Todavia, à medida que alongamos o prazo, se as taxas de juros forem elevadas, a operação poderá ser inviabilizada. A aquisição de um imóvel precisa de prazos e juros adequados à condição de pagamento do indivíduo ou da família. Normalmente, os financiamentos de imóveis têm tido prazos da ordem de 5 a 20 anos, pelo Sistema Financeiro de Habitação (SFH). Se houver expectativa de que a taxa de juros crescerá em proporções superiores à renda da família, a contratação da compra de um imóvel a uma taxa de juros variável representará um risco maior do que se a referida contratação fosse feita a uma taxa fixa. O inverso é verdadeiro. Entretanto, se a família tiver seu rendimento protegido por uma moeda forte ou por um indexador que acompanhe as flutuações da taxa de juros, uma dívida constituída com taxas de juros variáveis pode não representar risco maior que a uma taxa fixa.

### 1.2.5.2 Governos como demandadores de fundos

A experiência brasileira mostra o governo como um grande demandador de fundos. Mostra que o endividamento do governo cresce de forma terrível quando as taxas de juros estão elevadas. Na literatura sobre Moeda e Bancos (especialmente de países desenvolvidos), encontramos afirmativas de que o crédito do governo é inquestionável e de que seus títulos não apresentam risco. Retomando a realidade brasileira, podemos verificar o volume da dívida interna do governo federal e constatar que este é um grande demandador de fundos. Nas esferas estaduais e municipais, não são poucos os estados e municípios com elevadíssimos níveis de endividamento. Ao longo de nossa história, temos tido várias situações de empresas que quebraram por serem credoras do governo. O risco de cada esfera de governo (federal, estadual ou municipal) precisa ser analisado de forma cuidadosa e de acordo com o momento e os governantes que tivermos.

### 1.2.5.3 Empresas como demandadoras de fundos

As fontes de fundos das empresas são basicamente de três tipos: (a) fundos provenientes de seus sócios ou acionistas, (b) lucros gerados pelas suas operações e (c) dívida contraída. Daí as decisões financeiras das empresas serem relativas aos investimentos (que ativos adquirir, qual o risco e o retorno esperados), à forma de financiamento (recursos próprios ou de terceiros) e à distribuição de dividendos. A decisão de tomar fundos emprestados dependerá do fato de que o preço desses fundos seja menor que o rendimento propiciado pela sua aplicação na empresa. É aquilo que chamamos de alavancagem financeira. Raciocinando desse modo, poderíamos afirmar que a empresa deveria estar se endividando infinitamente. Há, porém, o efeito que o crescimento do endividamento provoca no risco da empresa, tanto para os fornecedores de fundos quanto para seus proprietários. Teoricamente, se uma empresa com 30% de recursos de terceiros e 70% de recursos próprios tiver uma perda de seu valor em 50%, ainda restará ativos suficientes para pagar seus credores. Entretanto, se os fundos de terceiros forem de 70% e os dos sócios de 30%, uma perda de 50% de seu valor inviabilizaria o pagamento aos terceiros, fornecedores de fundos. De forma idêntica, podemos verificar o fluxo de pagamentos de uma empresa hipotética, que apresente os seguintes números:

| | |
|---|---:|
| Receita líquida | 15.000,00 |
| Custo dos produtos vendidos | − 9.000,00 |
| Lucro bruto | 6.000,00 |
| Despesas operacionais diversas | − 3.500,00 |
| Lucro antes das despesas financeiras | 2.500,00 |
| Despesas financeiras | − 1.300,00 |
| Lucro líquido antes do IR | 1.200,00 |

Note que, operando nessas condições, a empresa pagaria seus custos e suas despesas operacionais diversas e ainda restariam $ 2.500,00, que seriam suficientes para pagar as despesas financeiras de $ 1.300,00, e ainda restariam de lucro líquido para os seus sócios $ 1.200,00. Entretanto, se por qualquer razão de mercado o lucro antes das despesas financeiras vier a cair, por exemplo, para o nível de $ 500,00, a empresa não conseguirá pagar as despesas financeiras de $ 1.300,00. Isso piora à medida que o lucro antes das despesas financeiras vai sendo reduzido ou mesmo se transforme em prejuízo. Adicionalmente, cada vez que a empresa aumentar sua dívida, seu risco aumenta. No Brasil, de modo geral, os bancos dão grande importância ao nível de endividamento das empresas. Também não há dúvida de que entre as empresas insolventes encontramos elevados índices de endividamento. Daí, quanto maior o endividamento, maior o risco para seus credores e também para seus proprietários. À medida que a dívida vai aumentando, os credores passarão a cobrar taxas de juros maiores e a exigir garantias mais fortes. Deveremos considerar ainda que empréstimos com renovações sucessivas estão sujeitos a taxas de juros maiores e ainda vulnerabilizam a empresa diante de qualquer situação restritiva de crédito no mercado, ou seja, a não renovação pelo banco pode representar a quebra da empresa.

Cabe destacar que, ao falarmos do risco relacionado à estrutura de capitais, não podemos esquecer o famoso **teorema de Modigliani-Miller (MM)**,[6] segundo o qual não faz diferença se a empresa trabalha com recursos próprios ou com dívida. Conforme esses dois estudiosos, as oportunidades de negócio existem independentemente de como a empresa obtém fundos.

---

6. MODIGLIANI, Franco; MILER, Merton H. The cost of capital, corporation finance and the theory of investiment. *American Economic Review*, XLVIII, June 1958. Conforme, VAN HORNE, James C. *Política e administração financeira*. Rio de Janeiro: Livros Técnicos e Científicos, 1974.

Por exemplo, uma indústria de produtos alimentícios pode vender seus produtos pelo preço de mercado, incorrendo nos custos de produção (matéria-prima, mão de obra direta e custos indiretos) e nas despesas operacionais. A diferença entre a receita e os custos e as despesas é que definirá o lucro que a empresa obterá, independentemente da proveniência dos fundos utilizados. Segundo MM, a empresa terá riscos associados à demanda no mercado e ao gosto do consumidor. Esses riscos serão compartilhados entre donos e credores das empresas, e ambos vão querer retorno adequado. Para MM, é indiferente a forma como a empresa se financia. Partem da premissa de que, se a empresa pode obter recursos a preço inferior ao rendimento proporcionado pelos seus ativos, os acionistas, como pessoas físicas, também podem obter recursos ao mesmo custo para adquirir ações, e isso torna indiferente a estrutura de capitais adotada pela empresa. Havendo interesse do leitor pela abordagem de MM, recomendamos a leitura especializada na área de finanças.

## 1.3  Mercado de ativos financeiros

Apenas para situar melhor o contexto do mercado de ativos, convém destacar que esse mercado é muito amplo. Cada ativo é transacionado (comprado e vendido) num mercado próprio.

O mercado de ativos varia desde imóveis e propriedades, como terras agrícolas, até os de ativos financeiros. Foge ao escopo deste livro uma análise abrangente acerca do mercado de ativos. Para nosso propósito, vamos nos concentrar nos chamados ativos financeiros. O mercado financeiro pode ser dividido em duas partes: (1) um mercado de fundos de curto prazo, chamado *mercado monetário,* e (2) outro de fundos de longo prazo, denominado *mercado de capitais.*

Mercado monetário e mercado de capitais podem se inter-relacionar e estar presentes lado a lado. A Bolsa de Valores de São Paulo é um exemplo de localização física onde se realizam transações de ações. Numa agência do Banco do Brasil, por exemplo, pode ser possível adquirir-se ações do próprio banco, ao mesmo tempo em que uma empresa também pode obter um empréstimo para capital de giro.

Quanto aos fatores emissão e comercialização, os mercados podem ser classificados em primário e secundário.

- **Mercados primários.** São os mercados que lidam com títulos recém-emitidos, isto é, são responsáveis pela emissão desses títulos. Adicionalmente, convém destacar que o mercado primário é aquele que efetivamente transfere fundos dos agentes econômicos com situação superavitária para os agentes com situação deficitária.
- **Mercados secundários.** São os mercados que lidam com títulos de "segunda mão", isto é, com títulos já existentes. Os mercados secundários têm a função de dar liquidez aos haveres financeiros, isto é, aos títulos. Enquanto um bem físico (um automóvel, por exemplo) se deprecia com o passar do tempo, um título de "segunda mão" não perde seu valor nem seu *status*. Na verdade, o mercado secundário de títulos é maior que o mercado primário. Seguramente, se não houvesse o mercado secundário, aquela pessoa que adquirisse um título (haver financeiro) teria que retê-lo até seu vencimento.

Destaque-se que os intermediários financeiros, que operam nos mercados financeiros, podem ser classificados em bancários e não bancários.

- **Intermediários financeiros bancários.** Operam com ativos monetários, representados por papel-moeda e depósitos à vista.
- **Intermediários financeiros não bancários.** Operam com ativos financeiros não monetários, representados por outros títulos que dão sustentação às operações realizadas nos respectivos mercados de crédito e de capitais.

O mercado financeiro lida com quatro segmentos caracterizados pelos seus tipos de operações, a saber:

a. **Mercado monetário.** Onde se realizam as operações de curto e curtíssimo prazo. Tem a finalidade de suprir as necessidades dos agentes econômicos e até dos próprios intermediários financeiros com recursos de curto prazo. Esse segmento tem sua liquidez regulada pelas autoridades monetárias, por meio da colocação, da recompra e do resgate de títulos da dívida pública de curto prazo.

b. **Mercado de crédito.** Atende às necessidades dos agentes econômicos quanto a fundos de curto e médio prazo. Financiamento de bens de consumo duráveis para pessoas físicas e de capital de giro pelas empresas são exemplos de necessidades atendidas nesse segmento. O suprimento desses fundos tende a ser feito por meio de intermediários bancários.

c. **Mercado de capitais.** Atende às necessidades de financiamentos de médio e longo prazo, especialmente as relacionadas à aquisição de ativos permanentes. O suprimento desses fundos tende a ser feito por meio de intermediários financeiros não bancários. As operações com debêntures e com ações em bolsas de valores são exemplos.

d. **Mercado cambial.** Realiza operações de compra e venda de moedas estrangeiras conversíveis. Operações de antecipação de receitas (adiantamento sobre contrato de câmbio), fechamento de câmbio de importação ou de exportação são exemplos. Tais operações são realizadas por intermédio de instituições financeiras (bancárias ou não bancárias) autorizadas pelo Banco Central do Brasil.

Um aprofundamento nos diversos mercados financeiros foge ao escopo deste livro. Temos tão somente a pretensão de mostrar a abrangência do contexto operacional da intermediação financeira, para melhor visualização da atividade de crédito de modo particular e da análise de risco de modo mais geral. Por fim, cabe destacar que o contexto geral da economia, com seu grau de maturidade, é uma condição fundamental para o funcionamento da intermediação financeira.

Em cada um dos mercados, diversos ativos são transacionados. Cada um desses ativos tem características próprias, capazes de os diferenciar entre si.

O mercado financeiro é regulado e operacionalizado pelo chamado Sistema Financeiro Nacional (veja item 1.4). Nesse mercado financeiro, os intermediários financeiros aproximam os agentes econômicos com situação orçamentária superavitária dos agentes que têm situação orçamentária deficitária. Nesse contexto, o intermediário financeiro pode emitir títulos (haveres financeiros) contra si próprio. O agente econômico, ao adquirir um título emitido pelo intermediário financeiro, está comprando uma promessa de pagamento. Cada ativo financeiro tem suas características próprias, a saber:

- **Maturidade.** O vencimento dos diversos ativos varia desde a condição de disponibilidade imediata (depósitos à vista) até prazos mais longos que atendam aos interesses dos diversos agentes, segundo o prazo a que estejam dispostos a aplicarem seus recursos.

- **Risco e retorno.** Os riscos e os retornos dos ativos financeiros variam conforme as características e a solidez dos intermediários financeiros que os emitem. Um agente econômico pode optar por fazer um depósito a prazo fixo em um banco de primeira linha (baixo risco) que paga determinada taxa de juros ou fazer o depósito num banco que pague uma taxa maior, porém apresente risco mais elevado.
- **Comerciabilidade.** A forma como os diversos ativos financeiros são comercializados também varia. O lançamento e a comercialização de um título emitido pelo governo tendem a ter forma de comercialização (leilão etc.) diferente de um certificado de depósito bancário (CDB) emitido por um banco de investimento, por exemplo.
- **Tratamento fiscal.** De acordo com os objetivos da política econômica do governo, determinados ativos poderão receber tratamento fiscal diferenciado, visando atrair maior volume de recursos.

O Quadro 1.1 (dos autores Mayer, Duesenberry e Aliber) mostra a estrutura de classificação dos ativos financeiros.

**QUADRO 1.1** Classificação de ativos financeiros

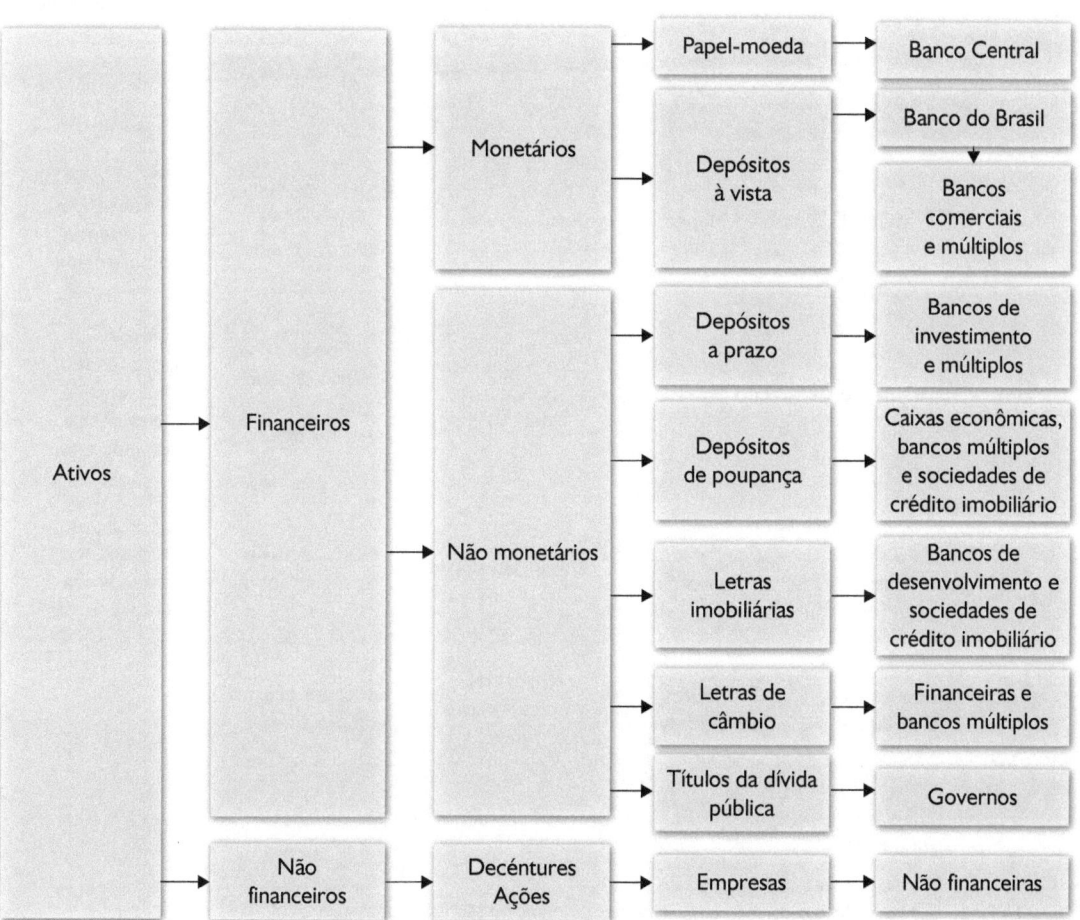

## 1.4 Sistema Financeiro Nacional

Nos tópicos precedentes, descrevemos um pouco sobre moeda, sobre os agentes econômicos e suas posições orçamentárias, sobre a intermediação financeira, bem como sobre os mercados financeiros. Cabe, também, acrescentarmos breves comentários acerca do Sistema Financeiro Nacional (SFN).

O Quadro 1.2 exemplifica a composição e a segmentação do SFN. Há três esferas principais de atuação, ou seja: Normativa (N), Supervisão (S) e Operação (O). Cada um dos três Conselhos (CMN, CNSP e CNPC) ocupa o papel normativo em sua respectiva área de atuação:

I. O Conselho Monetário Nacional (CMN) é o órgão superior do Sistema Financeiro Nacional e tem a responsabilidade de formular a política da moeda e do crédito, objetivando a estabilidade da moeda e o desenvolvimento econômico e social do país. Criado pela Lei nº 4.595, de 31 de dezembro de 1964, o CMN foi efetivamente instituído em 31 de março de 1965, uma vez que o art. 65 da Lei nº 4.595 estabeleceu que a lei entraria em vigor 90 dias após sua publicação.

**QUADRO 1.2** Composição e segmentação do SFN

| | Composição e segmentação do Sistema Financeiro Nacional | | | |
|---|---|---|---|---|
| | Moeda, crédito, capitais e câmbio | | Seguros privados | Previdência privada |
| N | CMN - Conselho Monetário Nacional | | CNSP - Conselho Nacional de Seguros Privados | CNPC - Conselho Nacional de Previdência Complementar |
| S | BCB - Banco Central do Brasil | CVM - Comissão de Valores Mobiliários | SUSEP - Superintendência de Seguros Privados | PREVIC - Superintendência Nacional de Previdência Complementar |
| O | Bancos e caixas econômicas | Administradoras de consórcios | Bolsas de valores | Seguradoras e resseguradoras | Entidades fechadas de previdência complementar |
| O | Cooperativas de crédito | Corretoras e distribuidoras* | Bolsas de mercadorias e futuro | Entidades abertas de previdência | |
| O | Instituições de pagamento** | Demais instituições não bancárias | | Sociedades de capitalização | |

\* Dependendo de suas atividades corretoras e distribuidoras, também são fiscalizadas pela CVM.
\*\* As instituições de pagamento não compõem o SFN, mas são fiscalizadas pelo BCB.
N = Normativo; S = Supervisão; O = Operação.
Fonte: www.bcb.gov.br. Acesso em: 28 maio 2016.

II. **Conselho Nacional de Seguros Privados (CNSP)** – órgão responsável por fixar as diretrizes e normas da política de seguros privados. Dentre as funções do CNSP estão: regular a constituição, a organização, o funcionamento e a fiscalização dos que exercem atividades relacionadas aos mercados de seguro, previdência privada aberta, capitalização e resseguro.

III. **Conselho Nacional de Previdência Complementar (CNPC)** – órgão colegiado que integra a estrutura do Ministério da Previdência Social e cuja competência é regular o regime de previdência complementar operado pelas entidades fechadas de previdência complementar (fundos de pensão).

Para o propósito deste livro, como foco na intermediação financeira, concentraremos maior atenção nas áreas supervisionadas pelo Banco Central do Brasil e pela Comissão de Valores Mobiliários.

Quanto ao crédito e ao risco de crédito, o Sistema Financeiro Nacional dispõe de um conjunto de instrumentos e instituições que funcionam como meio para realização da intermediação financeira. O sistema financeiro aproxima os agentes econômicos com situação orçamentária superavitária dos agentes com situação orçamentária deficitária. Os agentes econômicos em situação deficitária precisam de recursos para atender as suas necessidades de consumo e investimento, enquanto os agentes econômicos com situação superavitária precisam de alternativas para aplicar seus excedentes de recursos. Os instrumentos e as instituições do Sistema Financeiro Nacional propiciam condições para que os dois tipos de agentes econômicos (superavitários e deficitários) tenham suas necessidades atendidas, ao mesmo tempo em que estimulam a elevação das taxas de consumo e de investimentos. Daí, maior produção e maior demanda agregada.

Tradicionalmente, o Sistema Financeiro Nacional é dividido em dois subsistemas: um normativo e outro operacional. Destaque-se que o Banco Central do Brasil (Quadro 1.2) separa o subsistema normativo em duas partes, ou seja, uma normativa e outra de supervisão. Vejamos os dois subsistemas tradicionais.

### 1.4.1 Subsistema normativo

O subsistema normativo (e de supervisão) é responsável pela normatização e pelo controle das instituições que operam no mercado. É composto basicamente pelo Conselho Monetário Nacional, como órgão normativo; pelo Banco Central do Brasil, como supervisor do sistema bancário; e pela Comissão de Valores Mobiliários, como supervisora do mercado de capitais. O Banco do Brasil e o Banco Nacional de Desenvolvimento Econômico e Social exercem papéis específicos nesse subsistema. Portanto, o subsistema normativo (e de supervisão), compreende:

- **Conselho Monetário Nacional.** É o órgão normativo que fixa as diretrizes das políticas monetária, creditícia e cambial do país, não desempenhando função executiva. Entre as suas funções, estão a autorização para emissão de papel-moeda, a determinação das taxas de compulsório para as instituições financeiras, a regulamentação das taxas de redesconto, bem como os limites para remuneração dos serviços bancários, taxas básicas de juros e metas de inflação.
- **Banco Central do Brasil.** Órgão executivo de supervisão central do Sistema Financeiro Nacional que cumpre e faz cumprir as normas expedidas pelo Conselho Monetário Nacional, intervindo diretamente nas instituições que operam no sistema financeiro.

São de sua competência a emissão de papel-moeda, o recebimento de compulsório dos bancos comerciais, a realização das operações de redesconto e empréstimos às instituições financeiras, a realização das operações de compra e venda de títulos públicos federais, a fiscalização das instituições financeiras e diversas outras atividades. É, portanto, o executor da política monetária.

- **Comissão de Valores Mobiliários – CVM.** É o órgão de supervisão do mercado de capitais. Disciplina basicamente o mercado de ações e debêntures, assegurando o funcionamento das bolsas de valores, bolsas de mercadorias e futuros e demais instituições auxiliares. Fiscaliza a emissão, o registro e a negociação dos títulos emitidos pelas sociedades anônimas. Emite normas sobre demonstrações financeiras para as empresas de capital aberto, entre outras funções.
- **Banco do Brasil.** Tem papel especial no apoio a algumas atividades governamentais. É um banco múltiplo oficial que também tem a função de operacionalizar a política oficial do governo federal relativa ao crédito rural e ao crédito industrial. Adicionalmente, desempenha algumas funções governamentais, por exemplo, a câmara de compensação de cheques e o Departamento de Comércio Exterior (DECEX).
- **Banco Nacional de Desenvolvimento Econômico e Social – BNDES.** Responde pela política de investimentos a longo prazo, visando ao desenvolvimento econômico e social do país, ao fortalecimento da empresa nacional à criação de polos de produção, entre outras funções. Tem um conjunto de recursos, por exemplo, o FINAME, que visa atender às necessidades de investimento das empresas nacionais, na aquisição de máquinas e equipamentos. Presta também apoio às exportações brasileiras.

### 1.4.2 Subsistema operacional

O subsistema operacional é composto pelas instituições financeiras (bancárias e não bancárias) que operam diretamente na intermediação financeira. As normas operacionais das instituições financeiras constam do MNI (Manual de Normas e Instruções), elaborado pelo Banco Central do Brasil (Bacen). Entre as instituições que operam no mercado, podemos citar:

Os **Intermediários financeiros bancários,** que são as instituições que operam com ativos monetários, representados por papel-moeda e depósitos à vista, a saber:

- **Bancos comerciais.** Têm por finalidade o recebimento de depósitos à vista e o financiamento das necessidades de recursos de curto prazo das empresas. Captam também depósitos a prazo fixo, efetuam operações de câmbio (se autorizadas) e repasses de moeda nacional e internacional, além da prestação de diversos serviços financeiros.
- **Caixas econômicas.** Integram o Sistema de Poupança e o Sistema Financeiro da Habitação, financiando habitações. Todavia, equiparam-se aos bancos comerciais na captação de depósitos à vista e no atendimento às necessidades de recursos de curto prazo das empresas. Operam com crédito direto ao consumidor e empréstimos às pessoas físicas sob penhor de bens pessoais. A Caixa Econômica Federal (CEF) centraliza o recolhimento do Fundo de Garantia por Tempo de Serviço (FGTS) dos trabalhadores e têm ainda a função de administrar as loterias federais. Tem, portanto, uma função auxiliar ao governo federal, semelhante ao Banco do Brasil e ao BNDES.
- **Cooperativas de crédito.** São sociedades simples, conforme determina o Código Civil, e não podem ser constituídas sob a forma de sociedade anônima. A cooperativa de crédito é uma instituição financeira formada pela associação de pessoas para prestar

serviços financeiros exclusivamente aos seus associados. Os cooperados são ao mesmo tempo donos e usuários da cooperativa, participando de sua gestão e usufruindo de seus produtos e serviços. Nas cooperativas de crédito, os associados encontram os principais serviços disponíveis nos bancos, como conta corrente, aplicações financeiras, cartão de crédito, empréstimos e financiamentos. Os associados têm poder igual de voto, independentemente da sua cota de participação no capital social da cooperativa. O cooperativismo não visa lucros; os direitos e deveres de todos são iguais, e a adesão é livre e voluntária.

- **Bancos cooperativos** autorizados pela Resolução 2.193, de 31 de agosto de 1995, do BC, formado por cooperativas de crédito. São bancos comerciais ou bancos múltiplos constituídos, obrigatoriamente, com carteira comercial. Diferenciam-se dos demais bancos por terem como acionistas (controladores) as cooperativas centrais de crédito, as quais devem deter no mínimo 51% das ações com direito a voto.

Os **Intermediários financeiros não bancários,** que são as instituições que operam com ativos financeiros não monetários, representados por títulos que dão sustentação às operações realizadas nos respectivos mercados de crédito e de capitais.

- **Bancos de investimentos.** Tiveram, inicialmente, o objetivo de atender às necessidades de recursos de médio e longo prazo das empresas, para fins de capital de giro e para investimentos no ativo imobilizado. Não podem captar depósitos à vista, porém obtêm fundos por intermédio de Certificados de Depósitos Bancários (CDBs) e de Recibos de Depósitos Bancários (RDBs). Operam com repasses de moeda nacional e internacional e com as operações de *underwriting*, por meio do lançamento e da colocação de ações e debêntures de empresas no mercado, entre outras atividades.
- **Bancos de desenvolvimento.** O BNDES é o principal agente de fomento para financiar as necessidades de investimentos das empresas com recursos de longo prazo. O Banco do Nordeste do Brasil (BNB) e o Banco de Desenvolvimento da Amazônia (BASA) visam ao desenvolvimento das regiões do Nordeste e da Amazônia, respectivamente.
- **Agências de fomento.** (Criadas pela Resolução 2.828, de 30 de março de 2001, do BC). Grande número de Estados da Federação têm suas agências de fomento, que visam contribuir com o desenvolvimento de seu respectivo Estado. O papel da agência de fomento é semelhante ao do banco de desenvolvimento no financiamento de projetos. Normalmente (mas não necessariamente), prestam assistência de financiamento às pequenas e médias empresas, incluindo ativos fixos com maquinários e equipamentos e também o incremento da necessidade de capital de giro decorrente do próprio projeto.
- **Sociedades de crédito, financiamento e investimento (financeiras).** Atuam, basicamente, no financiamento de bens de consumo duráveis, por meio do chamado CDC (Crédito Direto ao Consumidor). Captam recursos por intermédio da emissão de letras de câmbio, junto ao público, bem como de Recibos de Depósitos Bancários – RDBs.
- **Sociedade de crédito ao microempreendedor e à empresa de pequeno porte (SCMEPP).** É uma instituição especializada em conceder financiamentos a pequenos negócios. Criada para ampliar o acesso ao crédito por parte dos microempreendedores (pessoas naturais) e empresas de pequeno porte (pessoas jurídicas). As SCMEPP são impedidas de captar, sob qualquer forma, recursos do público, bem como emitir títulos e valores mobiliários destinados à colocação e oferta públicas. Por outro lado, podem atuar como correspondentes no país. São supervisionadas pelo Banco Central.

- **Companhias hipotecárias.** Criadas pela Resolução 2.122, de 30 de novembro de 1994, do Bacen. Operam na concessão de financiamentos destinados à produção, reforma e comercialização de imóveis residenciais ou comerciais. Podem emitir letras hipotecárias, cédulas hipotecárias e debêntures, além de obtenção de empréstimos e financiamentos.
- **Sociedades de crédito imobiliário.** Criadas pela Resolução 2.735, de 28 de junho de 2000, do Bacen. Trata-se de um tipo de instituição financeira especializada no financiamento habitacional, integrante do Sistema Financeiro da Habitação (SFH). Seu foco consiste no financiamento para construção de habitações, na abertura de crédito para compra ou construção de casa própria e no financiamento de capital de giro a empresas incorporadoras, produtoras e distribuidoras de material de construção.
- **Associações de poupança e empréstimos.** São instituições criadas para facilitar aos seus associados a aquisição da casa própria e captar, incentivar e disseminar a poupança. Os associados podem participar da APE de duas formas básicas: ao adquirir financiamento imobiliário ou ao depositar seu dinheiro para formar poupança. Suas operações ativas são, basicamente, direcionadas ao mercado imobiliário, inclusive ao Sistema Financeiro de Habitação (SFH). Já as operações passivas, além dos depósitos de poupança, são constituídas de: letras hipotecárias; repasses e refinanciamentos contraídos no país; empréstimos e financiamentos contraídos no exterior, por exemplo.
- **Bancos de câmbio.** São instituições financeiras autorizadas a realizar, sem restrições, operações de câmbio e operações de crédito vinculadas às de câmbio, como financiamentos à exportação e importação e adiantamentos sobre contratos de câmbio, e ainda a receber depósitos em contas sem remuneração, não movimentáveis por cheque ou por meio eletrônico pelo titular, cujos recursos sejam destinados à realização das operações acima citadas.
- **Sociedades de arrendamento mercantil (*leasing*).** Por meio do *leasing*, é possível uma empresa utilizar um bem na produção ou nos serviços de apoio, sem precisar ter a propriedade desse bem. A empresa de *leasing* adquire o bem, que passa a fazer parte de seu ativo, e, por meio de um contrato de arrendamento mercantil, transfere a posse desse bem para uma empresa que pode utilizá-lo em suas atividades, pagando uma parcela mensal. Normalmente, há uma cláusula no contrato que permite que, ao final deste, a empresa possa adquirir o bem por um valor residual predefinido. As operações de *leasing* foram regulamentadas pela Lei nº 6.099, de setembro de 1974. Considerando que as empresas de *leasing* aplicam seus recursos na aquisição de bens por longo prazo, precisam também captar seus recursos mediante prazos compatíveis com os de suas aplicações, o que normalmente o fazem por meio da emissão de debêntures.

Há instituições que se enquadram nas duas condições, ou seja, são mistas (**bancárias** e **não bancárias**), considerando a abrangência de suas carteiras de operações, como é o caso dos bancos múltiplos.

- **Bancos múltiplos.** Como o próprio nome sugere, os bancos múltiplos atuam em múltiplas carteiras, ou seja, as que são operadas pelos bancos *comerciais,* pelos bancos de *investimentos,* pelos bancos de *desenvolvimento,* pelas sociedades de *crédito imobiliário,* pelas *financeiras* e pelas sociedades de arrendamento mercantil (*leasing*). A criação dos bancos múltiplos teve por finalidade a racionalização das estruturas administrativas e comerciais das instituições financeiras, possibilitando que uma única entidade (o banco múltiplo) possa desenvolver operações em diversas carteiras que antes envolveriam diversas empresas. Os comentários feitos para os bancos comerciais, de investimentos e de desenvolvimento, bem como para as sociedades de crédito imobiliário, quanto aos produtos e formas de captação, aplicam-se aos bancos múltiplos.

As **instituições do mercado de capitais,** que são as bolsas de valores e bolsas de mercadorias e futuro:

- **Bolsas de valores** são sociedades anônimas ou associações civis, com o objetivo de manter local ou sistema adequado aos seus membros e à realização entre eles de transações de compra e venda de títulos e valores mobiliários, em mercado livre e aberto, especialmente organizado e fiscalizado pelos próprios membros e pela Comissão de Valores Mobiliários. Possuem autonomia financeira, patrimonial e administrativa (Resolução CMN 2.690, de 2000).
- **As bolsas de mercadorias e futuros** são associações privadas civis, com o objetivo de efetuar o registro, a compensação e a liquidação, física e financeira, das operações realizadas em pregão ou em sistema eletrônico. Para tanto, devem desenvolver, organizar e operacionalizar um mercado de derivativos livre e transparente, que proporcione aos agentes econômicos a oportunidade de efetuarem operações de *hedging* (proteção) ante flutuações de preço de *commodities* agropecuárias, índices, taxas de juros, moedas e metais, bem como de todo e qualquer instrumento ou variável macroeconômica cuja incerteza de preço no futuro possa influenciar negativamente suas atividades. Possuem autonomia financeira, patrimonial e administrativa e são fiscalizadas pela Comissão de Valores Mobiliários.

As corretoras e as distribuidoras funcionam como instituições financeiras voltadas para títulos e valores mobiliários, ligados ao mercado de capitais.

- **Sociedades corretoras de títulos e valores mobiliários – CTVM.** Operam no mercado acionário, na compra, venda e distribuição de valores mobiliários por conta de terceiros. Fazem a intermediação com as bolsas de valores e mercadorias. Efetuam lançamentos públicos de ações e intermediam operações de câmbio, entre suas atividades. Dependem do Bacen para serem constituídas e da CVM para operarem.
- **Sociedades distribuidoras de títulos e valores mobiliários – DTVM.** Operam no mercado de ações e debêntures, de forma parecida com a CTVM. A partir de 2009 (decisão Bacen e CVM), passaram a ter acesso às bolsas de valores e de mercadorias. Operam com títulos e valores mobiliários de renda fixa ou variável, em nome próprio ou de terceiros. Participam ainda de consórcios de lançamentos de ações.

### QUESTÕES PARA RESOLUÇÃO E DISCUSSÃO

1. Descreva o que você entende por moeda e explique cinco de suas principais funções.
2. Explique o que são agentes econômicos e como podem ser suas situações orçamentárias.
3. Dê os conceitos de dispêndio e poupança.

4. Explique o que significa financiamento interno.
5. Dê o conceito de intermediário financeiro e explique sua utilidade.
6. Explique o que são ofertadores de fundos e que condições eles desejam obter.
7. Dê o conceito de risco.
8. O que são demandadores de fundos?
9. Descreva a condição em que é conveniente uma empresa operar com recursos de terceiros, destacando as vantagens e limitações.
10. Comente a diferença entre mercado primário e mercado secundário.
11. Estabeleça a diferença entre instituição financeira bancária e instituição financeira não bancária.
12. Descreva o que é o Sistema Financeiro Nacional.

# capítulo 2

# Banco múltiplo

### OBJETIVOS DE APRENDIZAGEM

Apresentar conceitos relevantes relativos às instituições financeiras, visando:
- Possibilitar a compreensão da função de depósito de um banco e o papel do Fundo Garantidor de Créditos;
- Apresentar a função de pagamento;
- Discutir os riscos da atividade bancária, compreendendo o risco de liquidez, o risco de crédito, o risco de gestão de fundos, o risco de administração e controle, o risco da estrutura de capitais e o chamado Acordo de Basileia.

## 2.1 Introdução

Conforme descrevemos no capítulo anterior, o Sistema Financeiro Nacional pode ser dividido em dois subsistemas, ou seja, um normativo e outro operacional. O subsistema normativo é responsável pela normatização e pelo controle das instituições que operam no mercado. É composto, basicamente, pelo Conselho Monetário Nacional, Banco Central do Brasil, Banco do Brasil, Banco Nacional de Desenvolvimento Econômico e Social e pela Comissão de Valores Mobiliários. O subsistema operacional é composto pelas instituições financeiras (bancárias e não bancárias) que operam diretamente na intermediação financeira.

Neste capítulo, pretendemos descrever com um pouco mais de abrangência o papel de um banco múltiplo, que deve operar pelo menos em duas entre as seis carteiras a seguir: (1) *comercial*, (2) *investimento*, (3) *desenvolvimento*, (4) *crédito imobiliário*, (5) *financeira* e (6) *leasing*. Desse modo, o banco múltiplo opera em diversas carteiras que antes envolveriam diversas empresas.

Um banco é, essencialmente, um intermediário financeiro que exerce o papel de aproximar os agentes econômicos (famílias, empresas e governos, entre outros) com situação orçamentária superavitária dos agentes econômicos com situação deficitária, visando atender às necessidades das duas partes. Adicionalmente, há uma gama de prestação de serviços de natureza financeira que complementam o atendimento às necessidades de seus clientes. Nosso propósito em relação aos bancos (ou ao banco múltiplo) é discutir alguns aspectos que facilitem o entendimento de seu contexto operacional e dos fatores relacionados ao risco de crédito.

## 2.2 Importância e funções de um banco

As funções de captar e aplicar recursos (intermediação financeira), associadas à prestação de serviços, são que propiciam o retorno para os acionistas dos bancos. Associado ao retorno, há o risco a que esses acionistas estão expostos. Adicionalmente, o risco representado por um banco interessa também e principalmente aos vários clientes depositantes e aplicadores. No balanço de um banco, as operações ativas consistem dos empréstimos efetuados e dos repasses de moeda. As operações passivas são representadas pelos depósitos efetuados pelos clientes, bem como por outras formas de captação de recursos.

### 2.2.1 Importância dos bancos

A economia de um país pode ser representada por setores que concentram diversas atividades. Cada um desses setores tem sua função e sua importância. O setor primário cumpre importante papel no fornecimento de alimentos e de matérias-primas para a indústria. A indústria, por sua vez, produz bens de consumo e bens de produção. O comércio leva os bens à população. O setor de serviços ganha, cada vez mais, espaço com o desenvolvimento econômico das nações. O segmento financeiro, como parte especializada do setor de serviços, tem participação representativa no Produto Interno Bruto (PIB) de um país. A função de intermediação financeira é, sem dúvida, facilitadora para a consecução dos objetivos de diversos outros segmentos da atividade econômica. É evidente que há um preço pago pelos serviços financeiros, o qual decorre também de determinados objetivos da política econômica adotada pelo governo e das regras de competitividade do mercado. A quantidade de instituições e seus respectivos pontos de atendimento, o total dos ativos, o volume de empregos, de salários e de impostos são outros referenciais utilizados para destacar a importância do segmento financeiro no contexto socioeconômico de um país. Esses dados variam com o decorrer do tempo. Seguramente, nos últimos anos (a partir de 1980, por exemplo), houve grande crescimento nos investimentos feitos em estrutura e sistemas para processamento de dados e autoatendimento, ao mesmo tempo em que caiu o volume de empregos. Na área de crédito, especificamente, tem havido cada vez mais consciência de que é preciso profissionais preparados tecnicamente para avaliarem os riscos dos negócios, ao mesmo tempo em que os sistemas e modelos informatizados prestam grande auxílio na avaliação de crédito. Veja o item 1.2.3 (capítulo anterior) sobre os benefícios decorrentes da intermediação financeira.

### 2.2.2 Função de depósito e o fundo garantidor de créditos

A função de depósito consiste na captação de recursos, pelos bancos, junto à sociedade (aos agentes econômicos). Muitas pessoas podem pensar que os bancos emprestam apenas seus recursos para atender às necessidades de consumo ou de investimento de seus clientes. Na verdade, um banco utiliza recursos próprios e recursos de terceiros. Entre os recursos de terceiros, estão os depósitos efetuados pelos seus clientes. Entre os depósitos, podemos citar:

- **Depósitos à vista.** São os depósitos de livre movimentação mantidos por pessoas físicas e por pessoas jurídicas, inclusive firmas individuais, condomínios, cartórios, clubes de serviços e entidades sem finalidade lucrativa, como instituições religiosas, de caridade, educativas, culturais, beneficentes e recreativas. Compreendem também os depósitos de instituições financeiras, públicas e privadas, quando permitidos pela legislação e regulamentação vigentes, entre outros tipos possíveis.
- **Depósitos de poupança.** São os depósitos de poupança de livre movimentação mantidos por pessoas físicas e por pessoas jurídicas.
- **Depósitos a prazo.** São os depósitos sujeitos a condições definidas de prazo, juros e atualização monetária, com ou sem emissão de certificado de depósito bancário. Também os depósitos em moedas estrangeiras efetuados no país, em bancos autorizados a operar em câmbio, por instituições credenciadas a operar no Mercado de Câmbio de Taxas Flutuantes, bem como por pessoas físicas e jurídicas residentes ou domiciliadas no exterior, sujeitos a condições definidas de prazo e rendimentos.

Seguramente, os depósitos cumprem importante papel na intermediação financeira e se constituem numa grande fonte de fundos para os bancos atenderem às necessidades de seus clientes tomadores de recursos. Os depósitos à vista são aqueles recursos que foram depositados no banco e que podem ser utilizados pelos seus depositantes no momento que bem entenderem, não podendo o banco alegar que não dispõe de fundos para atender aos saques. O uso de cheques, de transferência eletrônica ou de cartões magnéticos é um facilitador na vida econômica das pessoas que não precisam carregar moeda ou papel-moeda para pagar suas contas. Adicionalmente, o depositante acredita que seus recursos deixados no banco estão protegidos e que desfalques provocados por funcionários ou assaltos sofridos pelo banco não lhe acarretarão perda. A expectativa do cliente é de que o banco, na condição de responsável pela custódia do dinheiro do depositante, saberá aplicá-lo em empréstimos e financiamentos de forma prudente e rentável.

No Brasil, após algumas experiências negativas de depositantes e investidores que perderam dinheiro com quebra de bancos, foi criado o **Fundo Garantidor de Créditos – FGC** –, cujo estatuto foi aprovado por meio da Resolução nº 2.211, de 16-11-95, do Banco Central do Brasil. Trata-se de uma associação civil, sem fins lucrativos, com personalidade jurídica de direito privado. Conforme define o artigo 2º, do Anexo I, dessa Resolução, o FGC tem por objetivo prestar garantia de créditos contra instituições dele participantes, nas hipóteses de:

I. decretação da intervenção, liquidação extrajudicial ou falência da instituição;
II. reconhecimento, pelo Banco Central do Brasil, do estado de insolvência de instituição que, nos termos da legislação vigente, não estiver sujeita aos regimes referidos no inciso I.

São participantes do FGC todas as instituições financeiras e associações de poupança e de empréstimos responsáveis pelos créditos garantidos nos termos da Resolução, ou seja:

I. depósitos à vista ou sacáveis mediante aviso prévio;
II. depósitos de poupança;
III. depósitos a prazo, com ou sem emissão de certificados;
IV. letras de câmbio;

V. letras imobiliárias;
VI. letras hipotecárias.

O valor coberto, base de maio de 2016, é de R$ 250.000,00 (duzentos e cinquenta mil reais) e vale para todos os créditos de uma mesma pessoa (ou instituição), num mesmo conglomerado financeiro, sendo os cônjuges considerados separados, de modo que o casal tem o limite em dobro. Há algumas exceções que não são cobertas, como os créditos de titularidade de instituições financeiras, por exemplo. Os recursos para o FGC são obtidos a partir das contribuições mensais das instituições a ele vinculadas, à base de 0,0125% (cento e vinte e cinco décimos de milésimos por cento) do montante dos saldos das contas correspondentes às obrigações objeto da garantia.

A proteção de depósitos de clientes por meio de seguro é prática antiga nos Estados Unidos, tendo, em 1934, a Lei Glass-Steagall[1] autorizado a cobertura de seguro para todos os depósitos até US$ 2.500,00, limite que posteriormente foi alterado e em 1987 chegou a US$ 100.000,00.

Finalmente, cabe acrescentar que, enquanto os depósitos à vista destinam-se a atender às necessidades de gastos correntes dos depositantes, os depósitos a prazo visam atender às necessidades futuras, normalmente sendo atualizados monetariamente (em especial quando a inflação é relevante) e rendendo juros. Todavia, as contas de poupança não têm vencimento (exceto situações especiais que possam ser adotadas) e se destinam a atender às necessidades futuras ou emergenciais de seus depositantes. No caso da poupança, a atualização monetária e os juros normalmente são creditados todos os meses. Se o depositante fizer um saque em determinado dia do mês, diferente da data mensal de aniversário da conta, perde apenas os rendimentos relativos aos dias que excederem àquela data.

### 2.2.3 Função de pagamento

O cheque, o terminal, o caixa eletrônico ou o cartão magnético e a transferência eletrônica como instrumentos de pagamento dão ao seu portador maior segurança, evitando perda ou roubo de dinheiro. Para o recebedor, entretanto, o recebimento em dinheiro é inquestionável. Os recursos da tecnologia da informação estão dando cada vez mais segurança ao recebedor, porém o chamado "cheque sem fundo" ainda existe, sendo seu emitente incluído numa listagem do Bacen e perdendo o direito de uso de cheque no caso de reincidência ou do cheque continuar sem fundos após ser reapresentado. A tendência é de que, com os recursos da informática, os recebedores disponham cada vez mais de meios para atestarem a qualidade dos cheques recebidos. Os sistemas eletrônicos de transferências de fundos estão cada vez mais em uso. Adicionalmente, os bancos prestam serviços aos seus clientes para débitos automáticos em conta corrente, relativos a contas de telefones, de luz e de água, entre outras. A função de pagamento, desenvolvida pelo banco, tem, como premissa, o fato de que o cliente disponha de saldo em conta corrente ou de limites especiais para saques a descoberto.

### 2.2.4 Função de crédito

A função de crédito diz respeito de forma mais direta aos objetivos deste livro. Captar recursos junto aos agentes econômicos com posição orçamentária superavitária e financiar as

---
1. Conforme COMPTON, Eric N. *Princípios das atividades bancárias*. São Paulo: IBCB, 1990. Tradução da 3ª edição publicada pela American Bankers Association.

necessidades de investimentos e consumo dos agentes com situação orçamentária deficitária tem sido o papel histórico dos bancos. A função de crédito consiste em avaliar a capacidade de pagamento do tomador, visando assegurar a reputação e a solidez do banco. Dar segurança aos depositantes sobre os valores confiados ao banco e garantir o retorno aos acionistas são objetivos fundamentais.

A função de crédito é bastante antiga e alguns estudiosos[2] destacam que foram encontradas evidências escritas nas ruínas da antiga Babilônia sobre empréstimos feitos a um fazendeiro, o qual teria se comprometido a pagar os juros e o principal após sua colheita.

Por meio do crédito, as pessoas físicas podem satisfazer necessidades de consumo, bem como adquirir bens. As empresas também podem suprir suas necessidades de capital de giro ou de investimentos permanentes. Adicionalmente, as empresas podem obter recursos mediante venda de parcela de seu capital social ou mesmo da colocação de papéis (*commercial paper* e debêntures, por exemplo).

A intermediação financeira é, em essência, a principal atividade de um banco. Desse modo, emprestar dinheiro e financiar a aquisição de bens deve ser sua principal fonte de renda.

## 2.2.5 Função criadora de moeda

As funções de depósito e de crédito dão aos bancos um poder de criação de moeda. Suponhamos o seguinte exemplo, que se inicia com o cliente Antônio fazendo um depósito de $ 1.000,00 num determinado banco. Vamos admitir também que as reservas devam ser de 20% dos depósitos e que o banco possa emprestar o restante. Adicionalmente, todos os clientes que tomam empréstimos efetuam depósitos em conta corrente. Assim, teríamos as seguintes posições:

**Posição 1** – Situação inicial após o cliente Antônio efetuar o depósito de $ 1.000,00.

| Ativo | $ | Passivo | $ |
|---|---|---|---|
| Reservas | 200,00 | Depósitos | 1.000,00 |
| Livre para emprestar | 800,00 | | |
| Total do ativo | 1.000,00 | Total do passivo | 1.000,00 |

**Posição 2** – Partindo da posição inicial e considerando que a reserva será de 20%, o banco poderá fazer um novo empréstimo de $ 800,00 (80% de $ 1.000,00) ao cliente Bernardo, que manterá o referido valor depositado no banco. Daí, o depósito inicial de $ 1.000,00, mais o novo depósito de $ 800,00 feito pelo Bernardo, com o empréstimo que tomou, leva a uma nova posição:

| Ativo | $ | Passivo | $ |
|---|---|---|---|
| Reservas | 360,00 | Depósitos | 1.800,00 |
| Empréstimos | 800,00 | | |
| Livre para emprestar | 640,00 | | |
| Total do ativo | 1.800,00 | Total do passivo | 1.800,00 |

---

2. Idem.

**Posição 3** – Considerando que a reserva será de 20%, o banco poderá fazer um novo empréstimo de $ 640,00 (80% de $ 800,00) ao cliente Carlos, que manterá o referido valor depositado no banco. Isso leva a uma nova posição:

| Ativo | $ | Passivo | $ |
|---|---|---|---|
| Reservas | 488,00 | Depósitos | 2.440,00 |
| Empréstimos | 1.440,00 | | |
| Livre para emprestar | 512,00 | | |
| Total do ativo | 2.440,00 | Total do passivo | 2.440,00 |

**Posição 4** – Considerando que a reserva será de 20%, o banco poderá fazer um novo empréstimo de $ 512,00 (80% de $ 640,00) ao cliente Diogo, que manterá o referido valor depositado no banco. Isso leva a uma nova posição:

| Ativo | $ | Passivo | $ |
|---|---|---|---|
| Reservas | 590,40 | Depósitos | 2.952,00 |
| Empréstimos | 1.952,00 | | |
| Livre para emprestar | 409,60 | | |
| Total do ativo | 2.952,00 | Total do passivo | 2.952,00 |

**Posição 5** – Considerando que a reserva será de 20%, o banco poderá fazer um novo empréstimo de $ 409,60 (80% de $ 512,00) ao cliente Ernesto, que manterá o referido valor depositado no banco. Isso leva a uma nova posição:

| Ativo | $ | Passivo | $ |
|---|---|---|---|
| Reservas | 672,20 | Depósitos | 3.361,60 |
| Empréstimos | 2.361,60 | | |
| Livre para emprestar | 327,80 | | |
| Total do ativo | 3.361,60 | Total do passivo | 3.361,60 |

Note o efeito multiplicador obtido a partir da sequência de empréstimos e depósitos. Com um depósito inicial de $ 1.000,00, foi possível criar novos montantes de fundos da ordem de $ 3.361,60, após cinco operações consecutivas. Em decorrência desse poder de criação de moeda, as autoridades monetárias definem o nível de compulsório para terem maior controle sobre a liquidez do mercado. Esse efeito multiplicador leva a uma progressão geométrica infinita de razão $q$. Sendo $q = 1 - $ % de reserva compulsória. No exemplo, com reserva igual a 20%, $q$ é igual a 0,8, ou seja, 80%. Daí, temos que um depósito inicial de R$ 1.000,00 pode levar a um montante de fundos da ordem de $ 5.000,00, ou seja,

$$S_n = A1 / (1 - 0,8) \rightarrow S_n = \$ 1.000 / (1 - 0,80) = \$ 5.000$$

Segundo Samuelson,[3] numa situação prática, o dinheiro não ficará num único banco, porém os tomadores de empréstimos depositarão os valores em outros bancos e haverá o efeito multiplicador no sistema como um todo, envolvendo várias instituições bancárias.

## 2.3 Riscos da atividade bancária

Conforme mencionamos diversas vezes, a atividade bancária de intermediação financeira consiste em captar e emprestar recursos. Adicionalmente, os bancos prestam diversos serviços que complementam o atendimento de determinadas necessidades das pessoas. Existem diversas formas de classificarmos os riscos de uma atividade empresarial, porém o primeiro passo para entendermos os riscos de um empreendimento é entendermos o funcionamento do próprio empreendimento. Os produtos tradicionais de um banco são relativamente parecidos, ou seja, é o dinheiro com rótulos diferentes. Por outro lado, o desenvolvimento do mercado financeiro num mundo globalizado gera complexas transações financeiras que envolvem risco de perda que podem afetar rapidamente a vida financeira dos agentes envolvidos. Numa empresa industrial, por exemplo, a tecnologia está relacionada de forma mais direta ao produto, envolvendo qualidade e fontes de matéria-prima, processo e tecnologia de produção, formas de estocagem e distribuição, gosto do consumidor e diversos outros fatores que possam ser considerados. Claro que uma empresa industrial ou comercial também requer gestão financeira e gestão de riscos abrangendo diversas dimensões, inclusive risco de crédito e risco operacional. A intermediação financeira em suas operações básicas tem como matéria-prima os depósitos (dinheiro) efetuados pelos clientes, ao mesmo tempo em que os produtos finais são os empréstimos e financiamentos (dinheiro). O mercado financeiro torna-se cada vez mais sofisticado em termos de desenvolvimento tanto de novos produtos quanto nos instrumentos de gestão de risco. Faremos nos tópicos a seguir um resumo dos principais riscos da atividade bancária.

### 2.3.1 Risco de liquidez e captação

O risco de liquidez diz respeito à própria capacidade de solvência do banco, estando diretamente relacionado com a capacidade e facilidade da instituição em obter fundos, a um custo compatível, para cumprir os compromissos junto aos seus depositantes, bem como para efetuar novos empréstimos e financiamentos aos clientes demandadores de recursos. O risco de liquidez envolve o ativo e o passivo. Na parte do ativo, temos a facilidade e a rapidez com que um ativo (título, por exemplo) possa ser convertido em caixa. Na parte do passivo, temos a maior ou menor facilidade de *captação*. A desconfiança da população em relação a um banco poderá levar os depositantes a uma corrida de saques. Poderá inclusive levar o próprio sistema financeiro (os demais bancos) a fecharem as linhas de financiamento no mercado interbancário e com isso a sorte do banco poderá estar definida negativamente. A realidade brasileira tem demonstrado que "boatarias de mercado" podem ter impactos terríveis na vida de um banco. Quando um banco possui uma carteira de empréstimos saudável e atua de forma lucrativa, o risco de liquidez é extremamente reduzido. Para um banco, portanto, a liquidez é fundamental para garantir aos depositantes que eles poderão recuperar seus depósitos em certa data futura. O atendimento às necessidades de liquidez de um banco envolve complexidade no balanceamento entre empréstimos e depósitos, bem como análise das oscilações históricas do nível de depósito. Conforme mencionado no item 2.2.2, com base no macro, visando dar maior robus-

---

3. SAMUELSON, Paul A. *Introdução à análise econômica*. 8. ed. Rio de Janeiro: Agir, 1975. Traduzida da 9ª edição em inglês.

tez ao mercado financeiro, foi instituído o *Fundo Garantidor de Crédito* (FGC), que garante ao depositante a restituição de seu dinheiro até o limite de R$ 250.000,00, mesmo em caso de quebra do banco (valor-base maio/2013).

### 2.3.2 Risco de crédito

Cada vez que um banco concede um empréstimo ou um financiamento, está assumindo o risco de não receber, ou seja, o cliente pode não cumprir a promessa de pagamento. As razões que levam o cliente ao não cumprimento da promessa podem estar relacionadas ao seu caráter, a sua capacidade de gerir os negócios, aos fatores externos adversos ou a sua incapacidade de gerar caixa. Mesmo a garantia não devendo ser o fator decisivo para a concessão do empréstimo ou de um financiamento, alguns tipos de operações devem ser respaldados por garantias que equilibrem e compensem as fraquezas relacionadas às demais variáveis implícitas no risco de crédito. A boa qualidade da carteira de crédito do banco é, seguramente, um fator de segurança para seus acionistas e para seus depositantes. No Capítulo 4 tratamos com detalhes das variáveis relacionadas ao risco de crédito.

### 2.3.3 Risco da gestão dos fundos

O gerenciamento dos fundos de um banco deve levar a instituição a uma condição de ser segura, líquida e rentável, buscando sempre o equilíbrio entre essas três condições. Na prioridade da administração dos fundos, um banco deve enfocar *primeiramente a liquidez*, visando ao atendimento das necessidades previsíveis de recursos para atendimento dos saques de seus clientes (por conta dos depósitos), bem como das solicitações de empréstimos. O *segundo objetivo é a segurança*. Desse modo, o banco deve evitar riscos indevidos e que ameacem os depósitos a ele confiados. Operações de crédito imprudentes poderão prejudicar a reputação do banco e levá-lo à quebra. O *terceiro objetivo é a lucratividade*, que também não pode ser negligenciada. Os bancos, como outras empresas, são constituídos para serem lucrativos. Seus acionistas esperam um retorno compatível com os riscos que a atividade representa. Entretanto, uma valorização excessiva do lucro, negligenciando a liquidez e a segurança, pode ser desastrosa para o banco. Note que havíamos tratado a liquidez isoladamente como um tipo de risco que está relacionado à gestão financeira do banco. Adicionalmente, o crédito, que normalmente é gerido por outra diretoria, também tem seus componentes de risco. A integração e harmonização da liquidez ao crédito e à lucratividade constitui um centro de gerenciamento global do risco.

### 2.3.4 Risco de administração e controle

O outro grande centro de risco está relacionado à estrutura de administração, controle e apoio logístico de modo geral. O mundo moderno dos negócios está impondo cada vez mais estruturas "enxutas" e ágeis. No conjunto de variáveis relacionadas ao risco de administração e controle, podemos visualizar três grandes dimensões: (1) Uma dimensão estratégica, em que a direção do banco seja capaz de identificar e explorar de forma competente as oportunidades de negócios propiciadas pelo mercado, ao mesmo tempo em que identifique as ameaças que o próprio mercado oferece. (2) Uma dimensão organizacional que seja capaz de permitir a operacionalização das estratégias definidas, suprindo a direção com informações adequadas para avaliação de resultados e para um adequado controle. Mais que qualquer outra atividade, o banco, por ter o dinheiro como seu produto, requer formas seguras e competentes de controle, de modo a evitar desfalques, roubos e falhas administrativas e contábeis que comprometam sua segurança. Daí a necessidade de Políticas e Normas de Procedimentos claras, bem como de um adequado sistema de auditoria. (3) Uma dimensão tecnológica que dê respaldo operacional e poder de competição. Não há como sobreviver num mercado competitivo sem recursos tecnológicos adequados para uma prestação de serviços que satisfaça plenamente o cliente. Com base no Acordo de Basileia II, conforme descrito mais adiante neste capítulo, as instituições financeiras precisarão ter uma diretoria responsável pelo risco operacional.

## 2.3.5 Riscos de mercado e das taxas de juros

Os bancos, como as demais empresas, estão sujeitos ao impacto das mudanças na economia e na política de modo geral. As normas emanadas das autoridades monetárias alteram as regras relativas aos prazos de financiamentos de bens de consumo, aos níveis de depósitos compulsórios a serem feitos no Banco Central do Brasil, à capacidade de pagamento das empresas e às taxas de juros praticadas no mercado, entre outras consequências.

Quando um banco concede um empréstimo a um cliente, está cobrando uma taxa de juros, a qual deve ser suficiente para cobrir o custo de captação dos fundos, pagar suas despesas operacionais e ainda remunerar seus acionistas. Para captar recursos junto ao mercado, o banco precisa oferecer taxas de juros atraentes para os ofertadores de fundos. A flutuação das taxas de juros no mercado faz com que seja necessário que o banco capte recursos a preço inferior ao que aplica e ao mesmo tempo tenha os prazos de captação compatibilizados com os de aplicação. Se um banco fizer aplicações por prazos relativamente longos, e as taxas de juros subirem inesperadamente, é certo que os ofertadores (os depositantes) irão querer taxas maiores ou retirarão seus fundos do banco para aplicarem noutro banco ou noutra alternativa de investimento mais rentável. Daí ser necessário que os prazos de captação estejam compatibilizados com os de aplicação. No mercado brasileiro, temos o exemplo das companhias de crédito imobiliário que captam recursos de curto prazo (caderneta de poupança) e aplicam a longo prazo no financiamento de imóveis residenciais. Se o rendimento da poupança deixar de ser atraente para o aplicador e provocar uma corrida de saques, seguramente haverá problema na administração do caixa dessas instituições financeiras.

## 2.3.6 Risco da estrutura de capitais – acordos de Basileia

Ainda que os demais fatores de risco estejam aparentemente satisfatórios, há necessidade de que o banco mantenha determinado nível de recursos próprios em relação ao volume de recursos de terceiros, ou mesmo em relação ao seu ativo total. As autoridades monetárias têm definido esses limites, que hoje passam a seguir a "cartilha" de Basileia.

### Basileia I – O acordo de 1988

O Comitê de Basileia de Supervisão Bancária foi formado inicialmente por representantes seniores do chamado Grupo dos Dez Países (G-10), ou seja, Alemanha, Bélgica, Canadá, Estados Unidos, França, Holanda, Itália, Japão, Reino Unido e Suécia. Esse Comitê desenvolveu na cidade de Basileia (Suíça) estudo visando assegurar a convergência das normas relativas aos bancos internacionais. Os trabalhos tiveram dois objetivos fundamentais: (1) reforçar a solidez e estabilidade do sistema financeiro internacional e (2) definir uma estrutura com alto grau de consistência quanto a sua aplicabilidade em bancos de diferentes países, visando diminuir as fontes de desigualdade competitiva entre eles. O trabalho de julho de 1988 foi a primeira versão de um conjunto de orientações a serem adotadas pelos Bancos Centrais dos diversos países. Mesmo consciente do fato de que há divergências de tratamento fiscal e de apresentação contábil para fins tributários entre os diversos países, o Comitê acompanha tais características fiscais visando fazer com que não seja afetada a comparabilidade da adequação de capital nos sistemas bancários dos diversos países. No trabalho de julho de 1988, o Comitê definiu o capital mínimo dos bancos com base nos seus ativos.

A adequação das instituições financeiras brasileiras aos padrões recomendados pelo Comitê de Basileia veio por meio da Resolução nº 2.099, do Bacen, de 17-8-94, aprovada pelo Conselho Monetário Nacional, que definiu as normas relativas ao valor de patrimônio líquido ajustado, compatível com o grau de risco das instituições financeiras e demais instituições autorizadas a funcionar pelo Banco Central. A Circular nº 2.568, de 4-5-95, alterou a classificação dos fatores de risco, respeitando a seguinte relação inicialmente definida:

$$PLE = 0,08 \, (APR)$$

sendo: $PLE$ = Patrimônio Líquido Exigido em função do risco das operações ativas.

$APR$ = Ativo Ponderado pelo Risco = total do produto dos títulos (rubricas) do ativo circulante e realizável a longo prazo pelos fatores de risco correspondentes + produto do ativo permanente pelo fator de risco correspondente + produto dos títulos de coobrigações e riscos em garantias prestadas pelos fatores de risco correspondentes.

Como exemplo dos fatores de riscos divulgados pela Circular nº 2.568, do Bacen, podemos mencionar os da tabela a seguir:

| Fator de ponderação de risco | Itens |
|---|---|
| 0% | Exemplos de itens do ativo com fator de ponderação de 0%<br>• Valores em moeda corrente<br>• Reservas livres em espécies depositadas no Banco Central<br>• Depósitos voluntários no Banco Central de Sociedades de Crédito Imobiliário<br>• Aplicações em moeda estrangeira no Banco Central – câmbio<br>• Títulos Federais depositados no Banco Central<br>• Valores depositados no Banco Central |
| 20% | Exemplos de itens do ativo com fator de ponderação de 20%<br>• Depósitos bancários de livre movimentação mantidos em bancos<br>• Aplicações temporárias em ouro físico<br>• Depósitos e créditos, bem como cédulas e moedas estrangeiras<br>• Cheques e outros papéis encaminhados ao serviço de compensação |

*(continua)*

*(continuação)*

| Fator de ponderação de risco | Itens |
|---|---|
| 50% | Exemplos de itens do ativo com fator de ponderação de 50%<br>• Aplicações em depósitos interfinanceiros com recursos próprios em instituições financeiras, bem como sua provisão<br>• Aplicação em depósito de poupança pelas Cooperativas de Crédito<br>• Aplicações em moeda estrangeira no exterior<br>• Aplicações em títulos de renda fixa – carteira própria – títulos públicos estaduais e municipais e de instituições financeiras<br>• Aplicações em títulos e valores mobiliários no exterior |
| 100% | Exemplos de itens do ativo com fator de ponderação de 100%<br>• Operações de financiamentos e empréstimos<br>• Operações de arrendamento<br>• Operações de câmbio<br>• Operações de avais e fianças honradas<br>• Ativo permanente, menos as participações em instituições autorizadas a funcionar pelo Banco Central, no país e no exterior |

Supondo um banco hipotético com os seguintes ativos:

| Ativo | Valor $ | Fator | Produto |
|---|---|---|---|
| Caixa | 80,00 | 0% | 0,00 |
| Aplicações em ouro | 100,00 | 20% | 20,00 |
| Títulos estaduais | 200,00 | 50% | 100,00 |
| Financiamentos e empréstimos | 500,00 | 100% | 500,00 |
| Imobilizado de uso | 300,00 | 100% | 300,00 |
| Total do ativo | 1.180,00 | Soma | 920,00 |

Considerando que o *PLE* (patrimônio líquido exigido) deve ser igual a 8% do *APR* (ativo ponderado pelo risco), temos:

$$PLE = 0{,}08\,(APR) \Rightarrow PLE = 0{,}08 \cdot \$\,920{,}00 \Rightarrow PLE = \$\,73{,}60$$

Daí o patrimônio líquido exigido seria de no mínimo $ 73,60. É importante destacar que neste exemplo do patrimônio líquido exigido trabalhamos com o referencial inicial de 8%, previsto nas normas de maio/95. O percentual de patrimônio líquido exigido, em relação ao ativo ponderado pelo risco, pode sofrer (e já sofreu) alterações, que decorrem da atuação do Bacen, visando, em determinados momentos, manter maior solidez no sistema financeiro brasileiro, por meio de uma estrutura de capitais com maior participação de recursos próprios. Contudo, em outros momentos, é necessário possibilitar maior competitividade às instituições financeiras, permitindo que elevem suas aplicações por meio da captação de maior volume de depósitos. Recomendamos, aos interessados, examinar as normas posteriores sobre o assunto.

## Basileia II – O novo acordo

O chamado Acordo de Basileia II veio como aprimoramento do primeiro acordo e abrange metodologias mais sofisticadas, que passam a fazer parte inclusive do ambiente regulatório. Não custa lembrar que os bancos fazem parte do sistema financeiro e cumprem importante papel na vida dos agentes econômicos. Há, portanto, interesse dos governos em que os bancos sejam capazes de cumprir suas obrigações com a sociedade e com seus agentes econômicos. Desse modo, a estrutura de capitais nos bancos tem maior relevância que em outros setores por causa do papel ocupado pelas instituições financeiras como depositários dos recursos da própria sociedade. Nesse contexto, os principais objetivos do novo acordo são a manutenção da segurança e da solidez do sistema financeiro, fazendo com que os bancos mantenham um nível adequado de capital para suportar ocorrências internas ou macroeconômicas que possam afetar o interesse dos depositantes, dos investidores e dos governos. O novo acordo é estruturado em três pilares principais, conforme mostra a Figura 2.1.

| OS TRÊS PILARES | | |
|---|---|---|
| PILAR 1<br>Dimensionamento Mínimo de Capital | PILAR 2<br>Processo de Revisão pela Supervisão | PILAR 3<br>Exigência de Disciplina de Mercado |
| Abordagem de inadimplência que baseia pesos e risco em classificações externas ou internas de crédito | Visa assegurar que os bancos sigam processos que possibilitem uma medição rigorosa dos riscos | Busca divulgação dos níveis de capital e exposição ao risco para o mercado avaliar a solvência dos bancos |

**FIGURA 2.1** Três pilares de Basileia II.

### Primeiro pilar

Quanto ao **primeiro pilar**, relativo ao dimensionamento do capital, a metodologia pretende expressar o risco de cada tipo de instituição financeira no que se refere ao risco de crédito e ao risco operacional, uma vez que para o risco de mercado permaneceram as regras do *Market risk amendment,* publicado em 1996. O novo acordo buscou um conjunto de opções para o capital regulatório que atenda aos vários graus de complexidade operacional das instituições financeiras, das mais simples às mais sofisticadas. Apresenta ainda certa flexibilização para utilização de modelos internos. Cabe destacar que o primeiro pilar abrange os três tipos de risco: crédito, mercado e operacional.

Especificamente quanto ao risco de crédito, o novo acordo revisa e apresenta as formas principais que levam às opções de cálculo de capital, ou seja, (i) a abordagem padronizada e (ii) a abordagem baseada em modelos internos (*Internal Rating Based Approach* ou *IRB Approach*). Esta, por sua vez, desdobra-se no modelo básico (*Fundation*) e no avançado (*Advanced*), conforme ilustrado na Figura 2.2.

| Abordagem padronizada | |
|---|---|
| *Internal Risk Based Aproach* (IRB Aproach) | IRB Foundation |
| | IRB Advanced |

**FIGURA 2.2** Riscos para classificação do risco de crédito.

A **abordagem padronizada** visa melhorar a diferenciação dos vários créditos por intermédio de classificações externas. Possibilita, portanto, o uso de classificações de risco fornecidas por instituições externas (as chamadas agências de *Rating*), cabendo à supervisão bancária a validação da metodologia e o credenciamento das respectivas agências cujos *ratings* possam ser utilizados para fins de cálculo de capital.

A **abordagem da classificação interna** (*IRB Approach*), conforme ilustrado na Figura 2.2, desdobra-se em duas formas diferentes, ou seja, uma básica e outra avançada.

a) A *IRB Foundation* é a forma básica na qual compete à instituição financeira o cálculo da probabilidade de *default* relativa aos seus clientes tomadores de recursos. Isso requer que os sistemas internos de classificação sejam examinados cuidadosamente e que possam ligar o dimensionamento de capital à classificação de risco. Nesse caso, cabe à supervisão bancária a determinação de outros referenciais para fins de determinação do capital regulatório.

b) A *IRB Advanced*, na qual todos os parâmetros para fins de definição de capital são estimados internamente, também terá a avaliação da modelagem pela supervisão.

Tem alguns desafios como:

- busca de modelos sólidos e que capturem todas as dimensões do risco;
- produção de resultados similares para as mesmas carteiras;
- dados disponíveis para rodar os modelos.

Para as abordagens fundamentadas em sistemas internos de classificação (*IRB Approach*), o Comitê sugere, por exemplo, que as carteiras de crédito sejam classificadas em: grandes, médias e pequenas empresas, varejo, crédito especializado, investimentos e operações com instituições financeiras. Numa rápida reflexão acerca destes agrupamentos, cabe destacar que eles deveriam independer de exigências legais.

## Técnicas para mitigação de riscos

As técnicas de mitigação de risco podem compreender o uso de garantias reais (hipoteca, penhor e alienação fiduciária, por exemplo) ou pessoais (aval e fiança) e o uso de instrumentos de derivativos de crédito, entre outras possibilidades, sendo que tais condições podem ser consideradas na definição do capital necessário. Cabe lembrar que a legislação brasileira de falências e recuperação de empresas (Lei nº 11.101, de 9-2-2005) assegura ao credor com garantia real (hipoteca e penhor, por exemplo) prioridade no recebimento dos créditos em situação de falência. O credor que tem garantia real é o segundo na ordem de privilégio de recebimento de seus créditos, vindo logo após os créditos trabalhistas de até 150 salários mínimos. Nas operações de derivativos de crédito (SWAP de crédito), o credor pode comprar uma proteção de risco, por exemplo. São situações, portanto, em que há um processo de mitigação de risco que deve ser levado em consideração pelos modelos.

Vale destacar que o primeiro acordo considerava apenas o risco de crédito, enquanto Basileia II considera o risco da taxa de juros e os riscos operacionais, por exemplo.

## Segundo pilar

O segundo pilar tem como maior objetivo assegurar que a estratégia de capital do banco seja compatível com seu perfil de risco. Destaca ou fortalece o papel do regulador na determinação dos níveis de capital de cada instituição financeira. Nesse sentido, cabe enfatizar os seguintes pontos:

a) Os reguladores deverão exigir indicadores que excedam os regulatórios, desde que baseados em fatores como experiência, qualidade de processo de gerência e controles. Busca de consistência com o RAROC, índice que fornece o retorno ajustado ao risco.

b) Os bancos internacionalmente ativos devem desenvolver técnicas de autoavaliação interna de seu dimensionamento de capital, com testes de *stress* abrangentes e seguros.

c) Deve haver parceria entre bancos e supervisores no desenvolvimento de técnicas. É papel das agências reguladoras a busca de desenvolvimento e qualificação de novos supervisores.

d) A intervenção da supervisão no início do processo reflete na liquidez dos ativos do banco.

## Terceiro pilar

O terceiro pilar foca a transparência bancária, de modo que os bancos devem oferecer ao mercado informações atualizadas que possibilitem aos agentes maior conhecimento acerca do próprio banco e de seus procedimentos de gestão de risco. Não há dúvida de que os acionistas do banco e os seus detentores de risco possam ter interesses diferentes. Ao mesmo tempo, os detentores de risco têm seus interesses mais alinhados com os reguladores. A transparência bancária, assim como a transparência de uma empresa e de sua gestão, requer, por um lado, toda uma estrutura organizacional (incluindo políticas e tecnologia da informação) com elevado dispêndio de recursos. Por outro lado, um mercado desenvolvido tende a identificar as instituições que oferecem maior transparência e ao mesmo tempo menor risco, valorizando suas ações e atraindo os agentes ofertadores de recursos. Entre as questões a serem informadas, estão:

a) Desempenho financeiro.
b) Estratégias e práticas de gerência de risco.
c) Exposição de riscos, como: risco de crédito, risco de mercado, risco de liquidez, risco operacional e risco jurídico, entre outros.
d) Políticas contábeis.
e) Informações gerais sobre os negócios, gestão e governança corporativa.

Para um teste prático sobre a transparência bancária, o leitor pode começar procurando na *web* o *site* de um banco ou do seu banco (banco onde trabalha ou onde é cliente) para ver se as informações disponíveis sobre gestão de risco ajudam na decisão de comprar ações ou de aplicar seus recursos naquela instituição.

## Implementação do novo acordo – basileia ii

Está muito claro que o processo de implementação das providências decorrentes de Basileia II não é um processo simples. No mundo inteiro os países que pretendam adotar as regras do novo acordo terão um respeitável trabalho. Nesse contexto, cabe destacar alguns pontos: (i) a implementação das regras é obrigatória para os países que as adotarem, e, especificamente no Brasil, sua adoção não será uma opção para o banco, mas o cumprimento de uma exigência determinado pelas autoridades reguladoras; (ii) os custos de implementação são respeitáveis, considerando o grau de complexidade de cada instituição, bem como o desenvolvimento de metodologias e as adaptações que precisem ser feitas para atender às exigências; (iii) por um lado, algumas instituições perguntam qual o benefício que terão com a implementação de todo um conjunto de exigências decorrentes de Basileia II. Por outro lado, alguns afirmam que o banco deve ter uma estrutura de controle que lhe dê segurança na sua própria gestão e que o atendimento às exigências dos reguladores deveria ser um subproduto de suas ferramentas internas de gestão; (iv) do ponto de vista interno de cada instituição, a gestão organizacional requer mudança de cultura entre os diversos órgãos (departamentos, superintendências ou diretorias, por exemplo) em decorrência de possíveis conflitos de interesses entre as áreas de controle e as áreas de negócios ou de produtos, bem como da possibilidade de superposição de funções entre áreas de controle; (v) do ponto de vista do Bacen, aumentam o papel e a responsabilidade deste como supervisor, ou seja, cabe-lhe a responsabilidade pela supervisão bancária, pela homologação de modelos internos, pela definição de atributos complementares para determinação do capital, pelo credenciamento das chamadas agências de *rating* (cujas classificações de risco venham a ser utilizadas para determinar o nível de capital exigido).

## Agrupamento dos riscos

De conformidade com as regras de Basileia II, os riscos fazem parte do primeiro pilar e estão agrupados em três tipos, ou seja, crédito, mercado e operacional. A Resolução do Bacen nº 2.099, de 17-8-1994, determinou os níveis de capital ajustados ao risco. Posteriormente, a Resolução nº 2.682, de 1999, determinou os níveis de classificação de risco (AA, A, B, C, D, E, F, G e H) e os respectivos percentuais para provisão de perdas. Assim, temos:

## Risco de crédito

Conforme especificado no Capítulo 4, os riscos de crédito de um banco podem ser classificados em quatro grupos, ou seja, o risco do cliente (*Intrinsic risk*), o risco da operação (*Transaction risk*), o risco de concentração (*Concentration risk*) e o risco de administração de crédito (*Credit Management Risk*). A Resolução nº 2.682 iniciou um processo técnico de avaliação de risco no qual prevalece o risco intrínseco (do cliente) e o risco da transação (da operação), bem como definiu os percentuais para provisionamento de perdas segundo a classificação da operação. Esta, por sua vez, é influenciada pelas demais operações do mesmo cliente, bem como pela classificação de risco das operações das demais empresas que façam parte do grupo de empresas, quando for o caso. O novo acordo, conforme já mencionado, apresenta a abordagem padronizada focada no uso de modelos externos (das agências de *rating*) devidamente homologados pelo Bacen e pelo *IRB Approach*. Este, em sua versão mais simples, ou seja, *IRB Foundation*, possibilitará o uso de modelos internos, cabendo ao Bacen o papel de determinar os eventuais atributos complementares para cálculo do capital exigido. Na versão mais completa, que é o IRB Advanced, caberá à própria instituição financeira o cálculo das respectivas probabilidades de inadimplência de seus clientes para fins de determinação no volume de capital, mediante homologação de critérios pelo Bacen.

## Risco de mercado

O risco de mercado está relacionado às mudanças nos preços e nas taxas no mercado financeiro e que possam provocar redução das posições de um banco, ou seja, as variações que possam gerar prejuízo. O risco de mercado também inclui os chamados "riscos de base", termo utilizado para caracterizar o hiato entre o preço de um produto e o instrumento utilizado para seu *hedging* (proteção). A chamada metodologia *VaR* (*Value at Risk*) é uma medida estatística associada a um nível de confiança. Supondo o nível de confiança em 95%, tem-se a expectativa de que, em apenas 5% das vezes em que ocorra perda, estas serão superiores ao *VaR*. Portanto, o *VaR* é processo que procura capturar os diversos componentes do risco de mercado para determinação do respectivo nível de capital exigido. O risco de mercado pode incluir (i) o risco de capital, (ii) o risco de taxas de juros, (iii) o risco de moeda e (iv) o risco de *commodities*, por exemplo.

## Risco operacional

O risco operacional decorre da possibilidade de ocorrência de perdas resultantes de falha, deficiência ou inadequação de processos internos, pessoas e sistemas, ou de eventos externos. Em conformidade com o Comitê de Basileia para padronização da regulação e do controle de gestão de riscos no sistema bancário mundial, em 29 de junho de 2006 o Banco Central do Brasil (Bacen) emitiu a Resolução nº 3.380, que determina que as instituições financeiras brasileiras até 31 de dezembro de 2007 implementem uma estrutura dedicada ao gerenciamento do risco operacional.

É uma nova modalidade de controle dentro das instituições financeiras brasileiras que independe de outros órgãos de controle que essas organizações já possuam, como auditorias (interna e externa), *compliance* e controladoria, por exemplo.

Do ponto de vista do regulador, a Resolução nº 3.380/06 do Bacen determina que as instituições financeiras brasileiras implementem uma estrutura de gerenciamento do risco operacional até 31 de dezembro de 2007. O art. 2º dessa resolução define risco operacional como "a possibilidade de ocorrência de perdas resultantes de falha, deficiência ou inadequação de processos internos, pessoas e sistemas, ou de eventos externos", e lista que, dentre os eventos de risco operacional, incluem:

"I – fraudes internas;
II – fraudes externas;
III – demandas trabalhistas e segurança deficiente do local de trabalho;
IV – práticas inadequadas relativas a clientes, produtos e serviços;
V – danos a ativos físicos próprios ou em uso pela instituição;
VI – aqueles que acarretem a interrupção das atividades da instituição;
VII – falhas em sistemas de tecnologia da informação;
VIII – falhas na execução, cumprimento de prazos e gerenciamento das atividades na instituição".

Em relação à estrutura de gerenciamento do risco operacional, o Bacen determina no art. 3º que ela deve prever:

I – identificação, avaliação, monitoramento, controle e mitigação do risco operacional;

II – documentação e armazenamento de informações referentes às perdas associadas ao risco operacional;

III – elaboração, com periodicidade mínima anual, de relatórios que permitam a identificação e correção tempestiva das deficiências de controle e de gerenciamento do risco operacional;

IV – realização, com periodicidade mínima anual, de testes de avaliação dos sistemas de controle de riscos operacionais implementados;

V – elaboração e disseminação da política de gerenciamento de risco operacional ao pessoal da instituição, em seus diversos níveis, estabelecendo papéis e responsabilidades, bem como as dos prestadores de serviços terceirizados;

VI – existência de plano de contingência contendo as estratégias a serem adotadas para assegurar condições de continuidade das atividades e para limitar graves perdas decorrentes de risco operacional;

VII – implementação, manutenção e divulgação de processo estruturado de comunicação e informação.

Adicionalmente, conforme o art. 5º, "a estrutura de gerenciamento do risco operacional deve estar capacitada a identificar, avaliar, monitorar, controlar e mitigar os riscos associados a cada instituição individualmente, ao conglomerado financeiro [...], bem como a identificar e acompanhar os riscos associados às demais empresas integrantes do consolidado econômico-financeiro" e "deve também estar capacitada a identificar e monitorar o risco operacional decorrente de serviços terceirizados relevantes para o funcionamento regular da instituição, prevendo os respectivos planos de contingências".

Em relação aos prazos, o art. 9º determina:

"I – até 31 de dezembro de 2006: indicação do diretor responsável e definição da estrutura organizacional que tornará efetiva sua implementação;

II – até 30 de junho de 2007: definição da política institucional, dos processos, dos procedimentos e dos sistemas necessários à sua efetiva implementação;

III – até 31 de dezembro de 2007: efetiva implementação da estrutura de gerenciamento de risco operacional, incluindo os itens previstos no art. 3º, incisos III a VII".

Outros pontos que constituem a resolução dizem respeito:

- à obrigatoriedade de divulgação pública da descrição da estrutura de gerenciamento do risco operacional (art. 4º);
- à obrigatoriedade de a unidade de gestão do risco operacional ser única e desvinculada de outras unidades de controle e de auditora da organização (arts. 6º e 7º);
- à obrigatoriedade de indicação de um diretor responsável (art. 8º);
- às possibilidades de intervenção do Bacen caso as medidas adotadas pela organização se mostrem inadequadas ou insuficientes (art. 10);
- às publicações técnicas, aos eventos e encontros profissionais.

## Cronograma para implementação de Basileia II

Reproduzimos a seguir o Comunicado 12.746 do Banco Central do Brasil que trata do cronograma de implementação das regras de Basileia II, bem como destaca outras medidas adotadas.

## COMUNICADO 12.746

................

*Comunica os procedimentos para a implementação
da nova estrutura de capital – Basileia II.*

A Diretoria Colegiada do Banco Central do Brasil, em sessão realizada em 8 de dezembro de 2004, tendo em conta as recomendações do Comitê de Supervisão Bancária de Basileia (Comitê) contidas no documento "Convergência Internacional de Mensuração e Padrões de Capital: Uma Estrutura Revisada" (Basileia II), que trata do estabelecimento de critérios mais adequados ao nível de riscos associados às operações conduzidas pelas instituições financeiras para fins de requerimento de capital regulamentar, e objetivando observar tais diretrizes, adaptadas às condições, peculiaridades e estágio de desenvolvimento do mercado brasileiro, decidiu adotar os seguintes procedimentos para a implementação de Basileia II, ressaltando que as recomendações contidas no Pilar 2 (Processos de Supervisão) e no Pilar 3 (Transparência e Disciplina de Mercado) serão aplicadas a todas as instituições do Sistema Financeiro Nacional (SFN).

2. Quanto às diretrizes para requerimento de capital para fazer face ao risco de crédito, estabelecidas no Pilar I de Basileia II:

I – o Banco Central do Brasil não utilizará *ratings* divulgados pelas agências externas de classificação de risco de crédito para fins de apuração do requerimento de capital;

II – deverá ser aplicada à maioria das instituições financeiras a abordagem padrão simplificada, que consiste em um aprimoramento da abordagem atual mediante a incorporação de elementos que, a exemplo dos instrumentos específicos para mitigação de risco de crédito, possibilitem uma melhor adequação do requerimento de capital às características das exposições, considerando as demandas do Banco Central do Brasil relativamente a suas atribuições de órgão supervisor e a melhor alocação de recursos pelas instituições financeiras menores, com a consequente revisão dos fatores de ponderação de risco de crédito determinados pela tabela anexa à Resolução 2.099, de 17 de agosto de 1994;

III – às instituições de maior porte, com atuação internacional e participação significativa no SFN, será facultada a utilização de abordagem avançada, com base em sistema interno de classificação de risco, após período de transição, a ser estabelecido pelo Banco Central do Brasil, em que deverá ser adotada a abordagem padrão simplificada e, posteriormente, a abordagem fundamental (ou básica) de classificação interna de riscos.

3. Relativamente à nova parcela de requerimento de capital para cobrir riscos operacionais, prevista igualmente no Pilar I, estão em andamento estudos e testes que auxiliarão o Banco Central do Brasil a identificar a melhor forma de aplicação e a metodologia mais adequada ao SFN, sendo que a expectativa é de que as instituições elegíveis à utilização da abordagem avançada, com base em sistema interno de classificação de risco de crédito, se tornem elegíveis à utilização de abordagens avançadas de mensuração do risco operacional.

4. Em complementação, para a total aplicação das recomendações contidas na Emenda ao Acordo de Basileia de 1988, publicada em 1996, que não foi alterada por Basileia II, os requerimentos de capital para risco de mercado serão expandidos para incluir as exposições ainda não contempladas e permitida a utilização de modelos internos para as instituições que cumprirem os critérios de elegibilidade a serem divulgados.

5. As regras e critérios referentes à implementação de Basileia II serão os mesmos para instituições de capital nacional ou estrangeiro. Nesse sentido, os requisitos e exigências para validação de sistemas internos de classificação de risco de crédito, risco de mercado e risco operacional serão os mesmos para todas as instituições que operem no Brasil.

6. Assim, o Banco Central do Brasil deverá proceder a implementação da nova estrutura de acordo com o seguinte planejamento, ressaltando que, apesar de as ações aqui descritas voltarem-se primordialmente ao Pilar 1, a cada uma corresponderão ações equivalentes no âmbito do Pilar 2 (Processos de Supervisão) e Pilar 3 (Transparência e Disciplina de Mercado):

I – até o final de 2005: revisão dos requerimentos de capital para risco de crédito para adoção da abordagem simplificada e introdução de parcelas de requerimento de capital para risco de mercado ainda não contempladas pela regulamentação, bem como o desenvolvimento de estudos de impacto junto ao mercado para as abordagens mais simples previstas em Basileia II para risco operacional;

II – até o final de 2007: estabelecimento dos critérios de elegibilidade para adoção de modelos internos para risco de mercado e planejamento de validação desses modelos, estabelecimento dos critérios de elegibilidade para a implementação da abordagem baseada em classificações internas para risco de crédito e estabelecimento de parcela de requerimento de capital para risco operacional (abordagem do indicador básico ou abordagem padronizada alternativa);

III – 2008-2009: validação de modelos internos para risco de mercado, estabelecimento de cronograma de validação da abordagem baseada em classificações internas para risco de crédito (fundamental ou básica), início do processo de validação dos sistemas de classificação interna para risco de crédito e divulgação dos critérios para reconhecimento de modelos internos para risco operacional;

IV – 2009-2010: validação dos sistemas de classificação interna pela abordagem avançada para risco de crédito e estabelecimento de cronograma de validação para abordagem avançada de risco operacional;

V – 2010-2011: validação de metodologias internas de apuração de requerimento de capital para risco operacional.

Brasília, 9 de dezembro de 2004.

Sérgio Darcy da Silva Alves
Diretor

Paulo Sérgio Cavalheiro
Diretor

## 2.4 Balanço e demonstração do resultado de um banco

As demonstrações financeiras dos bancos múltiplos seguem os critérios definidos pelo Banco Central do Brasil, que tem a responsabilidade pela emissão e atualização das normas contábeis. O Cosif (Plano Contábil das Instituições do Sistema Financeiro Nacional) é o plano de contas que orienta o registro das transações e a elaboração das demonstrações financeiras dos bancos múltiplos.

No Quadro 2.1, estamos mostrando, apenas para exemplo, um balanço de banco múltiplo, com suas rubricas sintéticas.

**QUADRO 2.1** Exemplo de balanço de banco múltiplo.

| Ativo | $ mil | Passivo | $ mil |
|---|---|---|---|
| **Ativo circulante** | 12.696.851 | **Passivo circulante** | 13.940.328 |
| Disponibilidades | 572.741 | Depósitos | 10.389.440 |
| Aplicações interfinanceiras de liquidez | 742.462 | Captação no mercado aberto | 777.782 |
| Títulos e valores mobiliários | 1.590.515 | Recursos de aceites e emissão de | |
| Relações interfinanceiras | 3.177.000 | títulos | 24.764 |
| Relações de interdependências | 11.491 | Relações interfinanceiras | 3.434 |
| Operações de crédito | 5.029.654 | Relações de interdependências | 131.142 |
| Operações de arrendamento | | Obrigações por empréstimos | 899.467 |
| mercantil | 16.708 | Obrigações por repasses | 319.420 |
| Outros créditos | 1.541.490 | Outras obrigações | 1.394.979 |
| Outros valores de arrendamento | 14.790 | **Passivo não circulante\*\*** | **699.593** |
| **Ativo não circulante** | **5.610.710** | | |
| Realizável a longo prazo* | 2.542.232 | | |
| Investimentos | 2.048.946 | | |
| Imobilizado de uso | 827.647 | | |
| Imobilizado de arrendamento | 25.416 | | |
| Intangível | 166.469 | **Patrimônio líquido** | **3.667.640** |
| **Total geral do ativo** | **18.307.561** | **Total geral do passivo** | **18.307.561** |

\* Compreende os mesmos grupos do Ativo circulante, menos as Disponibilidades e Relações de interdependências.
\*\* Compreende os mesmos grupos do Passivo circulante, menos Captação no mercado aberto.

No Quadro 2.2, também para simples exemplo, apresentamos uma demonstração do resultado relativo a um banco múltiplo.

**QUADRO 2.2** Exemplo de uma demonstração do resultado de banco múltiplo.

| Demonstração do resultado | $ mil |
|---|---|
| **Receitas da intermediação financeira** | **3.327.674** |
| Operações de crédito | 1.486.029 |
| Operações de arrendamento mercantil | 33.117 |
| Resultado de operações com títulos e valores mobiliários | 586.739 |
| Resultado de operações de câmbio | 101.433 |
| Resultados de aplicações compulsórias | 133.208 |
| Ganhos com passivos s/encargos deduzidas perdas com ativos não remunerados | 987.148 |
| **Despesas com intermediação financeira** | **– 1.323.149** |
| Operações de captação no mercado | – 944.547 |
| Operações de empréstimos, cessões e repasses | – 62.706 |
| Operações de arrendamento mercantil | – 5.853 |
| Provisão para créditos de liquidação duvidosa | – 310.043 |

*(continua)*

(*continuação*)

| Demonstração do resultado | $ mil |
|---|---:|
| **Resultado bruto da intermediação financeira** | 2.004.525 |
| *Outras receitas/despesas operacionais* | – 1.492.210 |
| Receitas de prestação de serviços | 526.844 |
| Despesas com pessoal | – 1.350.758 |
| Outras despesas administrativas | – 1.039.894 |
| Despesas tributárias | – 62.954 |
| Resultado de participações em coligadas e controladas | 369.271 |
| Outras receitas operacionais | 119.054 |
| Outras despesas operacionais | – 53.773 |
| **Resultado operacional** | 512.315 |
| *Resultado não operacional* | – 26.388 |
| *Resultado antes da tributação e participações* | 485.927 |
| *Imposto de renda e contribuição social* | – 40.215 |
| *Participações estatutárias nos lucros* | 0 |
| **Lucro líquido** | 445.712 |

A descrição das contas que compõem o balanço e a demonstração do resultado foge ao escopo deste livro. Caso o leitor tenha interesse na contabilidade bancária, deverá procurar bibliografia especializada sobre o assunto.

## QUESTÕES PARA RESOLUÇÃO E DISCUSSÃO

1. Descreva a importância dos bancos para a economia e para a sociedade.
2. O que você entende por *função depósito* e por *Fundo Garantidor de Crédito*?
3. Comente a diferença entre *função pagamento* e *função de crédito*.
4. Explique de que modo os bancos podem criar moeda.
5. Comente os conceitos relativos aos riscos associados à (1) *liquidez e captação*, (2) ao *crédito* e (3) à *gestão dos fundos*.
6. Comente os conceitos relativos aos riscos associados à (1) *administração e controle*, (2) ao *mercado* e *taxas de juros* e (3) à *estrutura de capitais*. Acrescente considerações sobre o *Acordo de Basileia*.

capítulo 3

# Conceito e relevância do crédito

## OBJETIVOS DE APRENDIZAGEM

Apresentar a conceito e a relevância do crédito para os agentes econômicos, visando:
- A apresentação do conceito de crédito numa visão sistêmica;
- Comentar o crédito como parte importante dos negócios nas empresas em geral e nas instituições financeiras;
- Situar a função de crédito no contexto de finanças.

## 3.1 Introdução e conceituação do crédito

A palavra *crédito*, dependendo do contexto do qual se esteja tratando, tem vários significados. Num sentido restrito e específico, crédito consiste na entrega de um valor presente mediante uma promessa de pagamento.[1] Numa loja de calçados, uma venda a crédito é caracterizada pela entrega da mercadoria (calçados) ao cliente, mediante uma promessa de pagamento, em uma ou mais parcelas, num prazo futuro, definido de comum acordo entre as partes. Em um banco, que tem a intermediação financeira como sua principal atividade, o crédito consiste em colocar à disposição do cliente (tomador de recursos) certo valor sob a forma de empréstimo ou financiamento, mediante uma promessa de pagamento numa data futura. Na verdade, o banco está comprando uma promessa de pagamento, pagando ao tomador (vendedor) um de-

---
1. Encontramos, com frequência, a definição de crédito como sendo algo do tipo "... é a confiança de que a promessa de pagamento será honrada". Entendemos que a confiança é um elemento necessário, porém não é suficiente para uma decisão de crédito.

terminado valor para, no futuro, receber um valor maior. O Diagrama 3.1 ilustra a relação entre o banco e o tomador, identificando o significado restrito do crédito.

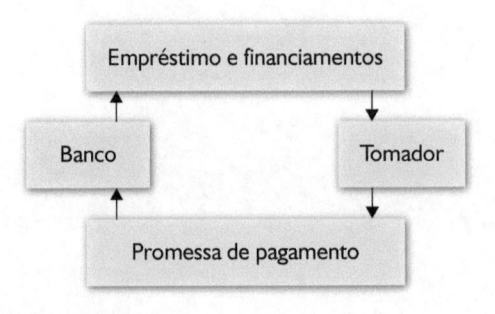

**DIAGRAMA 3.1** Representação do crédito.

## 3.2 Abrangência e utilidade do crédito

Vimos, no tópico de introdução a este capítulo, o conceito restrito do crédito. Agora, vamos examinar o papel do *crédito* como parte integrante do negócio da empresa, sua função social e seu posicionamento no contexto da administração financeira.

### 3.2.1 Crédito como negócio

Dentro de uma concepção mais abrangente, o crédito deve ser visto como parte integrante do próprio negócio da empresa.

É certo que tanto marketing quanto crédito se utilizam da informação. Conhecer o cliente é fundamental para orientar o relacionamento mercadológico visando atender as suas necessidades. Um bom cadastro e um sistema de crédito eficaz podem ser um excelente meio para alavancagem de negócios. O banco que tenha um bom sistema de *credit scoring* pode, frequentemente, selecionar clientes, pessoas físicas, e pré-aprovar linhas de crédito. Isso possibilita ao banco ser ao mesmo tempo mercadologicamente agressivo e seguro em suas decisões. Áreas de crédito com postura proativa, avaliando empresas, conhecendo a forma como essas empresas operam, bem como suas necessidades de recursos, podem dar a seus bancos condições de saírem na frente com vantagem competitiva. Isso é o oposto de uma situação em que o banco empresta dinheiro sem conhecer o cliente, não avaliando seu risco de crédito e nem conhecendo suas reais necessidades de produtos financeiros. Muitos gerentes de negócios, em vez de ficarem dizendo que os clientes não gostam de fazer cadastro, deveriam usar sua habilidade de vendas para vender ao cliente a conveniência de fornecer as informações para gerar uma relação de parceria mais clara e mais segura. Para estruturar e fundamentar uma operação, o banco precisará conhecer o cliente, sua forma de operar e suas necessidades. Precisará identificar entre seus produtos aqueles que se ajustam às necessidades do cliente. É evidente que precisará também, e principalmente, avaliar o risco de crédito. Então, está claro que crédito e marketing precisam estar muito próximos.

É fácil visualizar o crédito como parte integrante da atividade bancária, porque o banco capta recursos dos clientes aplicadores e empresta tais recursos aos clientes tomadores, porém o conceito de crédito como parte integrante do próprio negócio aplica-se a qualquer atividade.

*No comércio,* de modo geral, o crédito assume o papel de facilitador da venda. Possibilita ao cliente adquirir o bem para atender a sua necessidade, ao mesmo tempo em que incrementa as vendas do comerciante. Na propaganda, é comum vermos frases do tipo: "calçados em 'n' parcelas"; "aceitamos cheques para 'n' dias" e "aceitamos cartões de crédito", entre tantos outros possíveis apelos. Em algumas atividades comerciais, o ganho no financiamento das mercadorias chega a ser maior que a própria margem praticada em sua atividade principal.

*Na indústria,* também o crédito assume o papel de facilitador de venda. Um fabricante de equipamentos hospitalares, por exemplo, pode abrir linhas de crédito para vendas de seus produtos e com isso possibilitar a vários médicos, clínicas e hospitais a aquisição de seus equipamentos. Caso não houvesse a alternativa de crédito, a quantidade de compradores poderia ser muito menor e, consequentemente, o lucro do fabricante também seria reduzido. A facilidade do crédito, quer seja pelo financiamento direto pelo fabricante ou pela sua interveniência junto a uma instituição financeira, poderá ser um diferencial competitivo. Em muitas empresas, a força e a presença do crédito são de tal ordem que chega a ser comum encontrarmos preços estabelecidos em catálogos para pagamento a 30, 60, 90 dias ou outros prazos.

*Num banco,* o crédito é o elemento tradicional na relação cliente-banco, isto é, é o próprio negócio. Numa empresa comercial ou industrial, por exemplo, é possível vender à vista ou a prazo. Num banco, não há como fazer um empréstimo ou um financiamento à vista. A principal fonte de receita de um banco deve ser proveniente de sua atividade de intermediação.

**DIAGRAMA 3.2** Ciclo da intermediação financeira.

Note pelo Diagrama 3.2 que, quando o banco está captando recursos, quem assume o risco de crédito é o cliente. Nessa condição, para fins do depósito, o banco tende a não exigir cadastro do cliente. Entretanto, um aplicador mais esclarecido e com volume de recursos representativo, pode solicitar o cadastro e as demonstrações financeiras do banco para verificar se a instituição apresenta liquidez, rentabilidade, solidez e reputação compatíveis com seu grau de exigência e com as taxas de juros oferecidas.

Todavia, para o cliente tomador, é indispensável um completo processo de crédito que permita ao banco saber o risco que está assumindo com o cliente. Por mais sólido que possa ser um banco, no processo de intermediação financeira é necessário que não sejam assumidos riscos indevidos e que venham pôr em dúvida a solidez e a reputação do banco, deixando seus depositantes duvidosos quanto à possibilidade de terem seus recursos de volta nos prazos combinados.

Essas funções de depósito e crédito são que caracterizam a intermediação financeira e devem ser uma parcela representativa da receita do banco.

Daí, em finanças, o vocábulo *crédito* define um instrumento de política de negócios a ser utilizado por uma empresa comercial ou industrial na venda a prazo de seus produtos ou por banco comercial, por exemplo, na concessão de empréstimo, financiamento ou fiança.

O crédito de que alguém dispõe, portanto, é sua capacidade de obter dinheiro, mercadoria ou serviço mediante compromisso de pagamento num prazo tratado. Conforme já mencionamos, para um banco comercial, as operações de crédito se constituem em seu próprio negócio, na sua razão de ser.

Também já mencionamos que, na sociedade como um todo, temos pessoas cujas rendas excedem seus consumos e investimentos, o que resulta em situação orçamentária superavitária. Há, entretanto, outros agentes econômicos (famílias, empresas e governos) com situação orçamentária deficitária, necessitando de recursos para aproveitarem oportunidades de investimentos ou para financiarem consumo. A função do intermediário financeiro é de atuar como receptor de recursos, com o objetivo de canalizá-los para fontes produtivas. Numa sociedade em que os recursos são escassos, se determinado indivíduo guardar sua poupança no "colchão", esse dinheiro parado não estará gerando os benefícios que poderiam propiciar à sociedade se estivesse sendo canalizado para expansão dos meios de produção, onde poderia criar novos empregos, gerar impostos e trazer uma série de benefícios sociais, além de contribuir na produção de bens e serviços para satisfação das necessidades humanas.

Daí o crédito estar inserido no contexto da intermediação financeira, sendo parte relevante da atividade e da geração de receita do banco. Entre os papéis relevantes da intermediação, podemos destacar:

- *Volumes de recursos.* Capta em montantes diferentes, variando de unidades a milhões de reais, e aplica em volumes compatíveis com as necessidades dos tomadores.
- *Adequação de prazos.* Capta em prazos variados e aplica em prazos adequados à realidade e necessidade dos tomadores. Sem a intermediação financeira, seria difícil encontrar diversos ofertadores de recursos que atendessem aos tomadores em prazos compatíveis com suas necessidades.
- *Diversificação de risco.* Sendo o intermediário financeiro um especialista em avaliar risco e ao mesmo tempo diversificando suas aplicações, haverá sensível redução dos riscos.

- *Maior liquidez.* A facilidade com que os ativos dos ofertadores de fundos pode ser convertida em dinheiro é reforçada pela intermediação financeira. Quando alguém aplica certo valor por determinado prazo, quer naquele prazo contar com os fundos para atender as suas necessidades de consumo, investimento ou liquidação de dívida.
- *Menor custo.* Os intermediários financeiros são capazes de produzir ativos financeiros a um custo inferior ao que os indivíduos produziriam. O dinheiro tomado junto a um agiota tende a custar mais caro que o de uma instituição financeira.

Essa função de "intermediário financeiro" torna o crédito um dos fatores de maior importância num banco comercial. A concessão de crédito num banco comercial, portanto, consiste em emprestar dinheiro, isto é, colocar à disposição do cliente determinado valor monetário em determinado momento, mediante promessa de pagamento futuro, tendo como retribuição por essa prestação de serviço determinada taxa de juros, cujo recebimento poderá ser antecipado, periódico ou mesmo ao final do período, juntamente com o principal emprestado. Existem, além da operação de empréstimo, diversas outras operações de crédito, como financiamento de bens para os clientes, concessão de fianças, desconto de duplicatas, aplicações compulsórias, como no caso do crédito rural, em que o banco comercial é obrigado pelo Banco Central a aplicar, a taxas de juros reduzidas, certo percentual de seus depósitos à vista e repasses de moeda estrangeira, por exemplo.

É comum encontrarmos nos dicionários da língua portuguesa, a palavra "crédito" como sinônimo de "confiança". Destaco que, na prática do mercado financeiro, o "crédito" requer um conjunto de práticas formais (incluindo contratos e garantias) e de pesquisas sobre a vida do pretenso tomador de recursos, em que não prevalece qualquer tipo de confiança na relação. Talvez a confiança exista como uma condição necessária, mas totalmente insuficiente nas transações bancárias. O leitor poderá consultar bons dicionários da língua portuguesa para identificar os vários significados da palavra crédito.

### 3.2.2 Função social do crédito

O crédito, sem dúvida, cumpre importante papel econômico e social, a saber: (a) possibilita às empresas aumentarem seu nível de atividade; (b) estimula o consumo influenciando na demanda; (c) ajuda as pessoas a obterem moradia, bens e até alimentos; e (d) facilita a execução de projetos para os quais as empresas não disponham de recursos próprios suficientes. A tudo isso, entretanto, deve-se acrescentar que o crédito pode tornar empresas ou pessoas físicas altamente endividadas, assim como pode ser forte componente de um processo inflacionário.

### 3.2.3 Crédito no contexto de finanças

Neste tópico, pretendemos basicamente abordar os objetivos da administração financeira e situarmos a concessão de crédito no contexto de finanças como uma função de investimento de caráter operacional. Descrevemos, de forma resumida, aspectos relativos ao conceito de maximização do lucro, às funções financeiras de investimentos, financiamentos e distribuição de dividendos no contexto brasileiro.

### 3.2.3.1 Objetivos da administração financeira

Diversos autores têm falado e escrito a respeito dos objetivos da administração financeira na empresa, tendo, evidentemente, o assunto sido enfocado sob vários prismas. Alguns economistas afirmam que o objetivo da empresa privada é a maximização do lucro. Outras abordagens falam dos objetivos e das responsabilidades sociais da empresa nem sempre conciliáveis com o conceito de maximização.

Para os economistas que defendem o conceito da maximização do lucro, tal comportamento conduz a uma eficiente alocação de recursos, que resulta no bem-estar social. Temos notado que, nos últimos tempos, alguns empresários brasileiros têm-se manifestado no sentido de que há necessidade de desmistificar o lucro, pois é o atrativo básico para realização de investimentos, criação de empregos, pagamento de impostos, aumento das exportações e desenvolvimento socioeconômico. Não notamos, entretanto, que os empresários brasileiros tenham falado de maximização de lucro.

Há muitos anos, deparei com um texto divulgado em um jornal da época, que dizia o seguinte:

"[...] o empresário não pode ser levado a ter vergonha do lucro da sua empresa, já que é através desse lucro que ele vai cumprir o papel no sistema de economia de mercado, gerando mais riquezas, mais empregos e, acima de tudo, permitindo a criação e ampliação de programas de caráter social. É evidente que não me refiro ao lucro de origem ilegítima, decorrente do ganho fácil dissociado do risco inerente ao regime capitalista. Falo do lucro sadio, instituição fundamental no sistema de economia de mercado sem o qual o sistema simplesmente não existiria [...]".

Na mesma época, na indústria automobilística, surgiu um acordo entre uma empresa e seus empregados. Foi oferecida garantia de emprego pelo prazo de 120 dias e os empregados se comprometeram a não fazer greve durante esse período.

Disso podemos concluir que na sociedade capitalista prevalece o lucro como meta, porém não como objetivo único. O conceito de maximização do lucro, citado na teoria econômica, já não tem sua confirmação no meio social em que vivemos. Já em 1960, nos Estados Unidos, Robert N. Anthony contesta o conceito de maximização do lucro e sugere o conceito de lucro satisfatório. Para Anthony, o principal objetivo da empresa não é a maximização do lucro, uma vez que existem diversos outros objetivos e metas realistas, como distribuição justa de renda, responsabilidade social dentro da competitividade, uma comunidade saudável, satisfazendo as necessidades dos indivíduos.

Existem, entretanto, outros autores que defendem o conceito de maximização do lucro. Solomon e Pringle, por exemplo, citam algumas objeções ao conceito de maximização e as contra-argumentam, a saber:

   a. "... um sistema baseado na propriedade privada e na maximização do lucro poderia ser eficiente, mas levaria a uma série de desigualdades na distribuição de renda e de riqueza entre diferentes grupos. O argumento contrário é de que a sociedade como um todo é bem mais servida quando a produção de bens e serviços é tão eficiente quanto possível..."
   b. "uma segunda forma de crítica, associada à obra de Karl Marx, é a de que um sistema de propriedade privada e de maximização do lucro simplesmente não funcionará, ou seja, inevitavelmente entrará em crise. O contra-argumento é o de que tal sistema tem funcionado e, embora imperfeito, tem produzido padrões médios de vida bastante

superiores aos produzidos por qualquer sistema alternativo jamais experimentado, no presente ou no passado".

c. "uma terceira crítica é a de que as economias de mercado, ao atingirem sua maturidade, começam a produzir bens e serviços frívolos, desnecessários, ou desperdiçam recursos. O contra-argumento é o de que uma economia de mercado se baseia na soberania do consumidor..."

d. "uma quarta e mais séria corrente de críticas é a de que os preços de mercado podem não refletir os verdadeiros valores. Na prática, a concorrência em termos de preço é perfeita em apenas algumas indústrias e está longe de ser perfeita em outras... O argumento que podemos oferecer, em contrapartida, é o de que essas dificuldades existem, mas o remédio não reside no abandono da economia de mercado e da maximização do lucro como critério. Em vez disso, os efeitos de mercado devem ser corrigidos por meio de leis..."

Cabe-nos enfatizar que o assunto é complexo, pois uma política de maximização do lucro, a curto prazo, poderá trazer sérias consequências. Suponhamos que para aumentar o lucro uma empresa se utilizasse matéria-prima de baixa qualidade; nessa condição, poderia haver reação dos clientes e a longo prazo haveria perda de mercado.

De forma mais geral, adota-se o conceito de maximização da riqueza (visão de longo prazo) em substituição à maximização do lucro (visão de curto prazo).

Suponhamos, por exemplo, que determinado banco comercial tenha de optar entre cinco clientes que pretendam um empréstimo de $ 100.000,00, sendo que cada cliente se propõe a pagar uma taxa de juros diferente.

Vejamos:

| Classes de clientes | Taxas que pagarão |
|---|---|
| Cliente M paga apenas | 3,0% |
| Cliente N paga até | 3,5% |
| Cliente O paga até | 4,0% |
| Cliente P paga até | 4,5% |
| Cliente Q paga até | 5,0% |

Qual das alternativas maximiza o lucro para o banco? Baseada apenas nas informações acima, a resposta seria a que deveria o empréstimo ser feito ao cliente Q. Entretanto, o banco dispõe de registros históricos quanto ao seu percentual de incobráveis, segundo um critério que adota para classificar seus clientes em cinco categorias, de A a E. Vejamos:

| Categoria do clientes | % de incobráveis |
|---|---|
| A | 0,0 |
| B | 0,5 |
| C | 1,0 |
| D | 1,5 |
| E | 2,0 |

Essa nova informação muda o enfoque, pois, se determinada categoria de cliente costuma em 2% das vezes não pagar, o fator taxa de juros mais altos não necessariamente representará a maior rentabilidade. Em termos de esperança matemática (valor esperado), teríamos:

| Cliente | Categoria | Principal mais juros | Probabilidade de recebimento | Valor esperado |
|---------|-----------|----------------------|------------------------------|----------------|
| M | A | 103.000,00 | 1,000 | 103.000,00 |
| N | B | 103.500,00 | 0,995 | 102.982,50 |
| O | C | 104.000,00 | 0,990 | 102.960,00 |
| P | D | 104.500,00 | 0,985 | 102.932,50 |
| Q | E | 105.000,00 | 0,980 | 102.410,00 |

Pelo exemplo, observamos que a alternativa de emprestar ao cliente Q é a que apresenta o menor valor esperado. Por enquanto, o que pretendemos é mostrar que o conceito de maximização é falho se não incluir o fator risco. Contudo, resta a dificuldade de saber como maximizar quando se tomam decisões em condições de incerteza.

Para este trabalho, adotaremos o conceito de maximização com o sentido de que, em finanças, assim como em outros campos, tenderemos a escolher, entre as alternativas de que dispomos, aquela ou aquelas que nos ofereçam melhores resultados. Para fins de concessão de crédito, vender a prazo (ou emprestar dinheiro) e não receber representa um "passaporte" para a falência. Isso não quer dizer que devamos esquecer as diversas responsabilidades sociais da empresa. Sabemos, ainda, que para manter suas atividades a empresa deve apresentar liquidez suficiente para cobrir obrigações, uma vez que não o fazendo teria sua reputação prejudicada, ou mesmo chegaria à falência. À medida que uma empresa se preocupar excessivamente com sua liquidez, poderá deixar de aproveitar oportunidades que poderiam elevar sua rentabilidade; se se preocupar apenas com a rentabilidade, poderá prejudicar sua liquidez. Evidentemente, sua direção vai procurar a relação entre liquidez e rentabilidade que lhe seja possível e que seja compatível com sua política financeira.

A relação risco/retorno está implícita na concessão de crédito, que num banco comercial constitui-se em seu próprio negócio. O volume de incobráveis, assim como sua rentabilidade, são efeitos de sua política e de seus critérios de concessão de crédito. A otimização dos resultados, portanto, é decorrência de uma eficiente política de crédito, associada, evidentemente, à política de cobrança e às demais políticas da empresa.

Numa empresa industrial e/ou comercial, também a função creditícia contribui para a maximização de seus resultados, pois, se sua direção decidir que só venderá à vista, a empresa poderá perder mercado para seus concorrentes. Entretanto, vender fiado e não receber levará à falência.

### 3.2.3.2 Crédito como função de finanças

As funções de investimento, financiamento e distribuição de dividendos têm sido consideradas por diversos autores como sendo as funções básicas de finanças, de modo que a combinação ótima das decisões relativas a esse "tripé" de funções deve levar à maximização do valor da empresa. Adicionalmente, no Brasil, a realidade é caracterizada também pela existência de um grande número de empresas de porte médio, pequeno e até micro. Em muitas das situações, confunde-se o patrimônio das empresas com o de seus proprietários e não há distribuição de dividendos na forma como ocorre com grandes sociedades anônimas. A função financeira, que normalmente cabe ao dono da empresa, volta-se muito mais para a obtenção de recursos para sua sobrevivência e/ou para cobrir deficiência de caixa decorrente de decisões já tomadas do que propriamente para um adequado planejamento das origens e aplicações de recursos.

Nas grandes empresas brasileiras, entretanto, tende a haver melhor ordenação de funções, sendo possível a existência de políticas de:

- *Investimentos,* para orientar a composição de ativos, quanto a permanentes e circulantes, bem como para análise do risco e do retorno inerente a tais ativos.
- *Financiamentos,* no que diz respeito à estrutura de capitais, quanto à participação de recursos próprios e de terceiros, levando em consideração os custos destas fontes e os riscos que elas possam apresentar para a empresa.
- *Dividendos,* no sentido de definir os percentuais de lucros que serão distribuídos aos acionistas, atendendo aos interesses destes e respeitando a legislação específica.

Da mesma forma que o investimento em um grande projeto, as aplicações em ativos circulantes também apresentam risco. Os investimentos em novos projetos, em planos de expansão, em aquisições ou em incorporações estão relacionados às decisões estratégicas, enquanto as aplicações no ativo circulante decorrem basicamente das atividades operacionais da empresa. Nas instituições financeiras, por exemplo, as operações de empréstimos e financiamentos constituem suas aplicações de natureza operacional, as quais são identificadas nos respectivos balanços por "operações de crédito", como se pode observar no Quadro 2.1 (Capítulo 2). Todavia, as fontes dos recursos aplicados nas operações são basicamente os depósitos dos clientes. A eficiência da instituição financeira na aplicação de seus empréstimos e financiamentos, por meio de seus critérios de seleção de clientes e de avaliação dos respectivos riscos, é que determinará seu volume de incobráveis, afetando a solidez e a rentabilidade da instituição.

No Quadro 2.1, observamos que apenas a rubrica básica de *operações de crédito* do ativo circulante representou $ 5.029.654, quando o *patrimônio líquido* da instituição era de $ 3.667.640. Em outras situações práticas, essa comparação pode resultar em relações em que *operações de crédito* resultem em várias vezes o valor do *patrimônio líquido* do banco.

Ainda em relação ao Quadro 2.1, observamos que do lado do passivo encontram-se as contas que identificam as origens dos recursos aplicados no ativo. Note que, nesse exemplo, a rubrica de depósitos representou $ 10.389.440.

Também a título de ilustração, transcrevemos um balanço de uma empresa comercial atuante na comercialização de eletrodomésticos, conforme o Quadro 3.1 a seguir.

**QUADRO 3.1** Exemplo de balanço de empresa comercial.

| Ativo | $ mil | Passivo | $ mil |
|---|---|---|---|
| ▪ Disponibilidades | 8.280 | ▪ Instituições financeiras | 91.457 |
| ▪ Duplicatas a receber (**clientes**) | 103.126 | ▪ Fornecedores | 28.617 |
| ▪ Estoques | 31.038 | ▪ Salários e encargos sociais | 2.094 |
| ▪ Outros cíclicos | 4.591 | ▪ Outros cíclicos | 9.296 |
| **Ativo circulante** | 147.035 | **Passivo circulante** | 131.464 |
| **Realizável a longo prazo** | 1.131 | **Passivo não circulante** | 0 |
| **Ativo imobilizado** | 26.913 | **Patrimônio líquido** | 43.615 |
| **Ativo total** | 175.079 | **Passivo total** | 175.079 |

No Quadro 3.1, observa-se que a conta de "duplicatas a receber" representa um valor de R$ 103.126 mil, que corresponde a 59% do ativo total. Isso é um investimento de natureza operacional bastante relevante e caracteriza a importância do crédito como instrumento facilitador da venda. Carateriza também a função social do crédito, possibilitando às pessoas adquirirem bens para satisfação de suas necessidades.

A combinação dos ativos, bem como a disposição de assumir riscos, são decisões típicas de investimento, sendo que para os propósitos deste trabalho o investimento operacional em duplicatas a receber decorre da política de crédito que é parte do contexto de negócios da empresa.

Quanto à decisão de financiamentos, diz respeito à definição da estrutura de capital, isto é, à melhor composição entre capitais próprios e de terceiros. O passivo, portanto, expressa a decisão de financiamento. Quanto à distribuição (ou não) de dividendos, do ponto de vista teórico, seria decorrência das oportunidades de investimento e das fontes existentes para financiamento. Cabe enfatizar que foge ao escopo deste capítulo o estudo das decisões de financiamento e distribuição de dividendos.

### QUESTÕES PARA RESOLUÇÃO E DISCUSSÃO

1. Dê o conceito de crédito.
2. Destaque a importância do crédito como parte dos negócios de uma empresa comercial ou industrial.
3. Situe o crédito no contexto da intermediação financeira, mostrando quando e quem assume risco na intermediação.
4. Explique a função social do crédito.
5. Correlacione os objetivos da administração financeira com a função de crédito.
6. Como trabalho de complementação e atualização, escolha as demonstrações financeiras publicadas de dois grandes bancos e verifique quais as rubricas que compreendem os empréstimos, financiamentos, repasses e arrendamentos. Verifique a relevância dessas rubricas em relação ao ativo total, ao patrimônio líquido e aos depósitos de cada um dos bancos. Faça outras relações que julgar relevantes.

capítulo 4

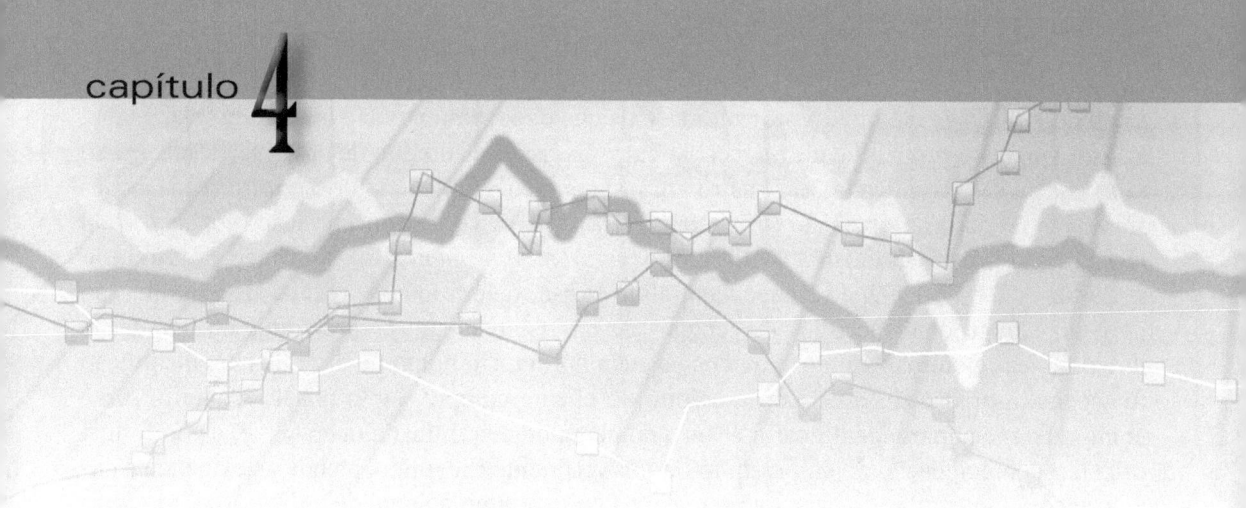

# Risco de crédito e *rating*

## OBJETIVOS DE APRENDIZAGEM

Abordar o conceito de risco de crédito e *rating*, tendo vista as classes de risco definidas pelo Bacen:
- Apresentação das classes de risco de crédito, dos fatores relevantes para determinação dessas classes de risco, bem como os respectivos percentuais de estimativa para crédito de liquidação duvidosa;
- Discutir as classificações de risco de crédito, compondo-as de risco do cliente (intrínseco), risco da operação, risco de concentração e risco de administração de crédito;
- Comentar sobre o *rating* de crédito e os fatores relevantes para sua determinação, incluindo os chamados Cs do crédito.

## 4.1 Introdução ao risco

Conforme descrito no capítulo anterior, o crédito, no sentido restrito, consiste na entrega de um bem ou de um valor presente mediante uma promessa de pagamento em data futura. Isso significa, em termos financeiros, a expectativa de recebimento de um montante de dinheiro numa data futura. Como promessa de pagamento, há um risco[1] de esta não ser cumprida. Des-

---

1. Em finanças, têm sido utilizados conceitos distintos para risco e para incerteza, segundo enfoques estatísticos. Resumidamente, podemos dizer que: (a) *Risco*: existe quando o tomador de decisões pode basear-se em probabilidades objetivas para estimar diferentes resultados, de modo que sua expectativa se baseia em dados históricos e, portanto, a decisão é tomada a partir de estimativas julgadas aceitáveis pelo tomador de decisões. (b) *Incerteza*: ocorre quando não se dispõe de dados históricos acerca de um fato, o que poderá exigir que o tomador de decisões faça uma distribuição probabilística subjetiva, isto é, baseado em sua sensibilidade pessoal. Para este livro, a expressão risco de crédito servirá para caracterizar os diversos fatores que poderão contribuir para que aquele que concedeu o crédito não receba do devedor o pagamento na época acordada.

se modo, o risco de crédito é a probabilidade de que o recebimento não ocorra, ou seja, é igual a 1 (um) menos a probabilidade de recebimento. Os riscos de crédito de um banco (*bank credit risk*) podem ser classificados em quatro grupos: (i) risco do cliente ou risco intrínseco (*intrinsic risk*); (ii) risco da operação (*transaction risk*); (iii) risco de concentração (*concentration risk*); e (iv) risco da administração do crédito (*credit management risk*). No Brasil, a Resolução nº 2.682, de 21-12-1999, do Banco Central do Brasil, determinou as escalas de classificação de risco e fixou os respectivos percentuais de provisionamento para créditos de liquidação duvidosa, entre outros assuntos tratados naquela norma. Do ponto de vista de uma instituição financeira, a graduação do risco de crédito do cliente cumpre duplo papel. Primeiro, serve como referencial para identificar a chance de perda de determinada operação e, dessa forma, orientar na precificação do empréstimo ou financiamento. Segundo, atende às exigências das autoridades monetárias do país, que segue uma prática internacional de utilização de sistemas de classificação de risco (*rating*) como forma de graduar o risco da carteira de crédito de banco (*portfolio risk*) e, consequentemente, orientar o provisionamento dos créditos de liquidação duvidosa. É importante destacar que não é nosso objetivo discutir neste capítulo se os percentuais legais de provisionamento são ou não adequados. Queremos destacar a importância para o público (especialmente para os depositantes), no sentido de que há uma preocupação do banco em avaliar de forma sistemática os tomadores de recursos. A classificação adotada pela Resolução nº 2.682/99 definiu as classes de risco e o respectivo provisionamento para as operações de crédito abrigadas em cada classe:

| Classes de risco | AA | A | B | C | D | E | F | G | H |
|---|---|---|---|---|---|---|---|---|---|
| Provisionamento | 0,0% | 0,5% | 1,0% | 3,0% | 10% | 30% | 50% | 70% | 100% |

Note que a classe *AA* é a que representa menor risco, para a qual não há provisionamento para crédito de liquidação duvidosa. No outro extremo, temos a classe *H*, para a qual há um provisionamento de 100%, ou seja, o Banco Central do Brasil está admitindo que operações com essas características devem ser provisionadas em sua totalidade.

A referida Resolução nº 2.682/99 definiu que a classificação das operações deve considerar, no mínimo, os seguintes fatores:

**Devedor/Garantidor**
- Situação econômico-financeira
- Grau de endividamento
- Capacidade de geração de resultado
- Fluxo de caixa
- Administração e qualidade dos controles
- Pontualidade e atrasos de pagamentos
- Contingências
- Setor de atividade econômica

**Operação**
- Natureza e finalidade
- Suficiência e liquidez das garantias
- Valor

O critério de classificação separa o risco do cliente (risco intrínseco) do risco da operação propriamente dita. No risco do cliente (no caso, pessoa jurídica), estão sendo considerados atributos como a situação econômico-financeira (e vários itens que fazem parte da análise financeira), administração e controle, pontualidade e atrasos de pagamento, contingências e o setor de atividade econômica. No risco da operação, estão sendo mencionados natureza, finalidade, valor e garantia (esta com ênfase na liquidez e suficiência). Isso significa, por exemplo, que um cliente com risco intrínseco $D$ poderá ter uma operação classificada como $C$ em decorrência de sua liquidez. É importante destacar que numa análise mais detalhada do espírito da referida norma, para chegarmos à classificação do conjunto das operações de um cliente junto a um banco, teremos de considerar quatro dimensões: (i) o risco intrínseco do cliente, (ii) o risco da operação que esteja sendo analisada; (iii) o risco de conjunto de operações do cliente; e (iv) o risco das operações com o conglomerado (grupo).

A Resolução nº 2.682/99 determina, também, que as operações sejam revisadas mensalmente, com base nos atrasos, e que os dias de atraso impõem automaticamente nova classificação de risco.

| Dias de atraso | Até 14 dias | De 15 a 30 dias | De 31 a 60 dias | De 61 a 90 dias | De 91 a 120 dias | De 121 a 150 dias | De 151 a 180 dias | Acima de 180 dias |
|---|---|---|---|---|---|---|---|---|
| Classes de risco | A | B | C | D | E | F | G | H |

Portanto, uma operação com mais de 180 dias de atraso necessariamente será classificada com risco $H$ e terá provisionamento de 100% para crédito de liquidação duvidosa. Essa rápida apresentação da Resolução nº 2.682/99 tem como finalidade nos auxiliar na compreensão das escalas de riscos (*rating*). Do ponto de vista conceitual, a referida Resolução cumpre importante papel. Por outro lado, do ponto de vista prático, o leitor deve ficar atento para possíveis modificações que possam nela ocorrer, em decorrência da dinâmica do mercado financeiro brasileiro.

## 4.2 Classificação do risco de crédito de um banco

Conforme já mencionamos na introdução a este capítulo, podemos classificar os riscos de crédito de um banco em quatro grupos: (i) risco do cliente; (ii) risco da operação; (iii) risco de concentração; e (iv) risco da administração do crédito. Essa forma de classificação é de grande auxílio ao administrador de risco de crédito, auxiliando na redução das perdas decorrentes da assunção de riscos indevidos, bem como propiciando a busca da maximização do valor do banco com base na tomada de decisão orientada pela avaliação da relação risco e retorno.

### 4.2.1 Risco do cliente ou risco intrínseco (*intrinsic risk*)

Esse tipo de risco é inerente ao tomador e decorre de suas características. Portanto, o não cumprimento da promessa de pagamento pelo devedor pode decorrer de um conjunto de fatores associados ao próprio devedor. Vejamos o Diagrama 4.1.

```
                        ┌─────────────────┐
                        │     Crédito     │
                        └────────┬────────┘
                                 │
                   ┌─────────────▼─────────────┐
                   │ Empréstimos e financiamentos │
                   └─────────────┬─────────────┘
              ▲                                    │
     ┌────────┴────┐                      ┌────────▼────┐
     │    Banco    │                      │   Tomador   │
     └────────▲────┘                      └────────┬────┘
              │                                    ▼
                   ┌───────────────────────────┐
                   │   Promessa de pagamento   │
                   └─────────────┬─────────────┘
```

| Risco |||| 
|---|---|---|---|
| Caráter | Capacidade | Condições | Capital |
| Conglomerado ||||

Classificação (*rating*)

Colateral (garantias colaterais)

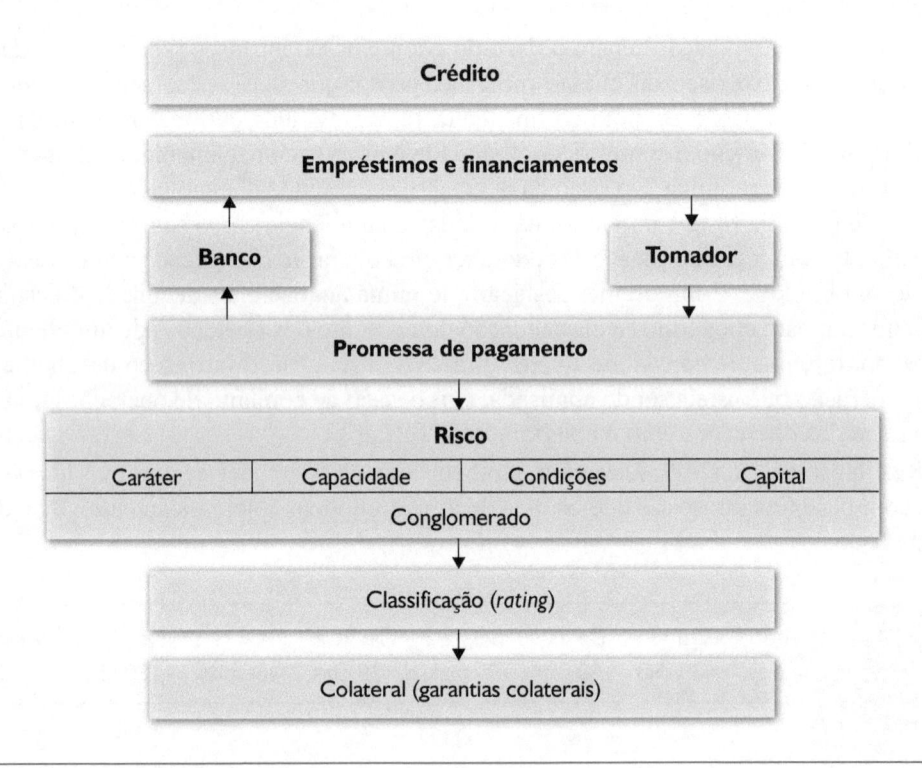

**DIAGRAMA 4.1** Representação do crédito associado ao risco.

Note, pelo Diagrama 4.1, que o crédito, conforme já exposto, consiste em o banco colocar à disposição do tomador determinado valor sob a forma de empréstimo ou financiamento, mediante promessa de pagamento. Isso implica o risco de que a promessa não seja cumprida. Os chamados *Cs do crédito* (caráter, capacidade, condições, capital e conglomerado) contêm as variáveis relacionadas ao risco do cliente (risco intrínseco), as quais poderão fornecer a base para a classificação do risco (*rating*). Essa classificação possibilitará melhor decisão na precificação do empréstimo ou financiamento e também deve levar a uma adequada escolha das garantias. Podemos encontrar na literatura que trata de crédito, normalmente no estudo da administração de contas a receber, os cinco *Cs* do crédito enumerados pelos autores Weston e Brigham.[2] Adicionalmente, acrescentamos um sexto *C*, que se refere ao fator conglomerado. Vejamos cada um dos chamados *Cs do crédito*.

O *caráter* refere-se à intenção do devedor (ou mesmo do garantidor) de cumprir a promessa de pagamento. A experiência do banco ou de uma empresa que esteja concedendo crédito, em termos de conhecimento de seu cliente, bem como informações obtidas junto a outros bancos e fornecedores, traduz-se no principal instrumento de conhecimento da pontualidade do devedor no cumprimento de suas obrigações. Cabe enfatizar, entretanto, que um indivíduo ou uma empresa pode atrasar um pagamento, ou mesmo deixar de pagar, em razão de não dispor de recursos, o que não é decorrência necessariamente de seu caráter. Dessa forma, a identificação do conjunto de boas ou más qualidades de um indivíduo em face do hábito de pagar suas contas é tarefa difícil. Poderíamos ter uma situação em que alguém não tenha intenção

---

2. WESTON, J. Fred; BRIGHAM, Eugene P. *Managerial finance*. New York: Holt, 1972.

de pagar, porém a continuidade de seu negócio depende de que cumpra suas obrigações para continuar recebendo crédito e subsistindo em suas atividades.

Adicionalmente, o fator tempo pode-nos mostrar que alguém é honesto até o dia em que deixa de ser. De qualquer forma, os dados relativos ao passado de uma pessoa podem ser instrumentos úteis para a decisão de crédito. Daí a razão de as áreas de crédito manterem registros relativos ao comportamento de crédito de seus clientes. Conforme salientamos, o atraso ou mesmo o não pagamento não é necessariamente uma questão de caráter.

A *capacidade administrativa* envolve o gerenciamento da empresa em sua plenitude, especialmente quanto à visão de futuro. A visão estratégica da direção, a preocupação com pesquisa e desenvolvimento (P&D) e a própria estrutura organizacional do cliente são pontos importantes na avaliação do risco. No item 4.4 estaremos desenvolvendo novas considerações sobre a capacidade administrativa. As *condições externas* referem-se aos fatores não controláveis pela empresa, como a concorrência, as flutuações econômicas e os eventos naturais, como inundações e secas, entre outros. No item 4.5, estaremos analisando mais detalhadamente as condições externas. O *capital* abrange a análise financeira e patrimonial do tomador de recursos, conforme estamos comentando no item 4.6. A análise do *conglomerado* abrange a apreciação dos fatores de risco relativos às coligações, aos controles e aos vínculos. No item 4.7, estaremos desenvolvendo maior aprofundamento acerca do conglomerado. As garantias (*colateral*) são tratadas como decorrência do risco que o cliente representa. Desse modo, à medida que o risco aumenta, deverá haver maior preocupação com a qualidade e liquidez das garantias. O risco intrínseco do cliente (*rating*) fornece uma graduação para precificação do empréstimo ou financiamento, bem como para determinação das garantias.

### 4.2.2 Risco da operação (*transaction risk*)

Um empréstimo ou financiamento específico carrega certas características de risco inerentes a sua finalidade e a sua natureza. Os principais componentes de uma operação são: (i) o produto; (ii) o montante; (iii) o prazo; (iv) a forma de pagamento; (v) as garantias; e (vi) o preço. Cada um desses componentes tem sua potencialidade de risco. A inadequação na determinação do produto ou do valor pode levar o tomador à inadimplência. O prazo de uma operação tem peso significativo no risco de crédito, pois é necessário que este seja compatível com a capacidade de pagamento do cliente. Por outro lado, à medida que aumenta o prazo, o futuro torna-se mais incerto e novos eventos poderão ocorrer e mudar o rumo da empresa, do país ou mesmo do mundo. A globalização da economia e a abertura às importações também são exemplos de fatores que comprovam que o tempo é um componente de risco. Adicionalmente, a inadequação do prazo (como dos demais fatores) pode levar o tomador à inadimplência. Merece destaque a garantia associada a cada operação de empréstimo ou financiamento, especialmente a liquidez e a suficiência desta. A separação do risco do cliente e da operação possibilita uma análise e decisão mais ajustada.

### 4.2.3 Risco de concentração (*concentration risk*)

No gerenciamento do crédito, a decisão de conceder ou não determinado limite ou operação a um cliente depende em grande parte de dois fatores principais, ou seja, do risco e do retorno esperados em relação ao negócio específico. A análise do *risco intrínseco* permite classificar o cliente numa escala de risco. A análise do *risco da operação* em si, compreendendo sua natureza e as garantias associadas, fornece o complemento de apreciação de risco necessário à tomada de decisão. Adicionalmente, a carteira de crédito do banco pode estar concentrada num determinado segmento de atividade econômica, numa região geográfica ou num produto específico, por exemplo. Portanto, o *risco de concentração* decorre da composição da carteira de recebíveis do banco, quanto à maior ou menor concentração que esta apresente. Uma administração estratégica de crédito requer uma política adequada de diversificação da carteira de recebíveis. O objetivo de uma política de diversificação é, sem dúvida, reduzir risco. O risco de uma carteira de crédito é diferente dos riscos de suas operações individuais, em razão das correlações que possam haver entre os diversos segmentos. Por outro lado, se, por exemplo, um banco distribuir suas aplicações em segmentos econômicos que tenham alta correlação positiva, isso, do ponto de vista de risco, não representará diversificação.

### 4.2.4 Risco da administração do crédito (*credit management risk*)

Muitas vezes, ouvimos menções relativas às causas dos créditos problemáticos nas empresas ou nos bancos. Fatores como crises econômicas e caráter dos devedores são frequentemente citados. Sabemos que muitos dos créditos problemáticos decorrem da capacidade e da seriedade do banco na avaliação do risco do cliente. Os recursos humanos e materiais do banco têm, portanto, importante papel nos níveis de inadimplência da carteira de crédito. A alta direção do banco tem responsabilidade na diversificação da carteira de crédito, no fornecimento de condições materiais e na manutenção de uma equipe de profissionais preparada e atualizada para analisar, avaliar, decidir, formalizar e acompanhar os créditos concedidos. A estrutura de crédito do banco deve ser dotada das diversas unidades especializadas na coleta, na organização, no armazenamento, na análise e no uso das informações sobre clientes atuais e potenciais. Deve ser dotada de capacidade de armazenamento de informações, de tecnologia de processamento, bem como de metodologia que assegure a obtenção das escalas de classificação de risco, como o *credit scoring* utilizado na avaliação de pessoas físicas e o *rating* para pessoas jurídicas. Os procedimentos de investigação de crédito devem possibilitar ao banco o maior conhecimento possível sobre o comportamento histórico de crédito do cliente. A estrutura jurídica do banco deve proporcionar condições para a adequada formalização dos contratos e das garantias, bem como deve ser capaz de responder em tempo hábil às questões levantadas pelos gerentes de negócios. Os gerentes de negócios precisam receber treinamento sobre os produtos e serviços do banco, avaliação de risco e negócios, formalização e acompanhamento dos créditos concedidos, entre outras áreas. Veja o Capítulo 6 sobre a estrutura de crédito de um banco e sobre o perfil gerencial.

### 4.2.5 *Rating* para decisão de crédito

O *rating* é uma avaliação de risco. Esta avaliação é feita por intermédio da mensuração e ponderação das variáveis determinantes do risco da empresa. O *rating* é apresentado por meio de um código ou de uma classificação que fornece uma graduação do risco. Os serviços de *rating* são utilizados normalmente por credores e investidores como medida de expectativa de cumprimento de uma obrigação numa data certa. Há as tradicionais agências de *rating*, que são empresas especializadas na análise e atribuição de uma graduação de risco, conforme veremos no tópico seguinte. Do ponto de vista dos bancos, há cada vez mais uma preocupação maior com a avaliação do risco dos clientes. Cada banco, na qualidade de depositário dos recursos dos agentes econômicos ofertadores de fundos, necessita avaliar cuidadosamente a capacidade de pagamento dos tomadores de recursos. Do lado das autoridades monetárias, é necessária a busca da solidez do sistema financeiro para assegurar um funcionamento saudável da economia e evitar o elevado custo social de qualquer impacto negativo sobre o chamado risco sistêmico. Do lado da comunidade financeira internacional, desde o início do funcionamento do chamado Comitê de Basileia, vem havendo uma preocupação internacional com a liquidez dos sistemas financeiros. A graduação do risco do cliente possibilita ao banco relativa uniformidade da identificação do risco de crédito do cliente e, consequentemente, na determinação do prêmio a ser cobrado pelo risco, bem como na exigência de garantias. Isso dará maior segurança e agilidade aos negócios, ao mesmo tempo que possibilita maior proteção dos recursos dos depositantes. Auxilia também no direcionamento das estratégias de negócios do banco. Do ponto de vista das autoridades monetárias, possibilita maior eficácia na fiscalização do sistema, especialmente na determinação do provisionamento necessário sobre a carteira de recebíveis dos bancos. Isso reduz o risco sistêmico.

Desse modo, os bancos precisam adotar uma metodologia que leve ao *rating*, para classificação dos riscos de seus clientes. Portanto, a análise das variáveis do risco deve levar a uma classificação do próprio risco. Pouco adianta um aprofundamento nas diversas metodologias de análise e nos diversos fatores relacionados ao risco se não soubermos dimensionar o efetivo risco de crédito que a empresa apresenta. No gerenciamento do crédito, a diferença é muito grande entre uma empresa classificada como risco mínimo e outra classificada como risco máximo numa determinada escala de avaliação. Uma empresa classificada como risco mínimo será necessariamente uma empresa saudável. Provavelmente, será uma empresa para a qual a maioria dos analistas gostaria de aprovar crédito, mas ela não precisa. A tendência é de que uma empresa do tipo risco mínimo, ao contrário, solicite o cadastro e as demonstrações financeiras do banco, para avaliar a qualidade e a solidez do próprio banco e poder decidir se ele lhe propicia o retorno e o risco compatíveis com o que ela está disposta a assumir. Por outro lado, uma empresa classificada como risco máximo tenderá a não ter muitas alternativas para obtenção de crédito. Um bom sistema de classificação de risco é fundamental para a decisão de crédito, orientando quanto ao nível de risco que está sendo assumido, quanto às expectativas de inadimplência, bem como quanto ao grau de exigência de garantias. Também será fundamental para determinar a periodicidade das revisões de crédito. Por enquanto, nossa tarefa primária será no sentido de deixar claro que a exigência e a graduação das garantias será muito facilitada à medida que tenhamos um bom sistema de classificação de risco. Os critérios de classificação podem assumir escalas diversas e ser baseados em critérios variados. Os recursos estatísticos podem prestar grande contribuição na classificação do risco das empresas, mas não devem desprezar o conhecimento específico do crédito. Em se tratando de instituição autorizada e fiscalizada pelo Banco Central do Brasil, o sistema de classificação deve conter as escalas de *AA* até *H*.

| Classes de risco | AA | A | B | C | D | E | F | G | H |
|---|---|---|---|---|---|---|---|---|---|

Na introdução a este capítulo, já comentamos essas escalas de classificação indicadas pelo Banco Central do Brasil.

Outras instituições poderão adotar escalas diferentes. O Diagrama 4.2 a seguir exemplifica uma forma de classificação em cinco escalas de risco.

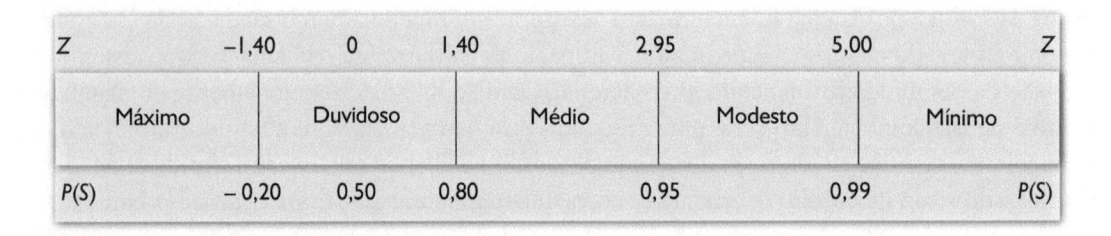

| Z | | −1,40 | 0 | 1,40 | | 2,95 | | 5,00 | | Z |
|---|---|---|---|---|---|---|---|---|---|---|
| | Máximo | | Duvidoso | | Médio | | Modesto | | Mínimo | |
| P(S) | | −0,20 | 0,50 | 0,80 | | 0,95 | | 0,99 | | P(S) |

**DIAGRAMA 4.2** Escalas de avaliação de risco.

Sendo:   Z = valor da função Z a ser obtido;
P(S) = probabilidade de solvência da empresa.

O Diagrama 4.2 oferece uma boa visualização acerca de cinco escalas de avaliações de risco. Como regra genérica, quando o valor de Z for maior que zero, a empresa será classificada como solvente; quando for menor, será classificada como tendo maior potencial para insolvência. O valor de 0 (zero) para Z significa uma probabilidade de solvência de 50%, ou seja, é indefinido. De acordo com a nota (valor de Z) na tabela de classificação, a empresa está associada a uma probabilidade de solvência. Quando o valor de Z é −1,4 (menos um vírgula quatro), a probabilidade de solvência é de apenas 20%; sendo a probabilidade de insolvência de 80%; quando Z é 2,95, a probabilidade de solvência é de 95% e a de insolvência é de 5%. O cálculo do valor de Z pode ser obtido pelo uso dos modelos apresentados no Capítulo 11. Adicionalmente, cabe lembrar que um bom critério de avaliação e classificação de risco de operações de crédito deve compreender pelo menos duas etapas principais. Uma primeira etapa, em que é atribuída uma classificação à empresa em si, ou seja, o risco intrínseco. Uma segunda etapa, em que é atribuída uma classificação à operação de crédito.

### 4.2.6 Agências internacionais de *rating*

As três maiores empresas de *rating* são a *Standard & Poors*, a *Moody's* e a *Fitch IBCA*. A *Moody's* e a *Standard & Poors* são norte-americanas, enquanto a *Fitch IBCA* resultou da fusão da *IBCA*, do Reino Unido, com a *Fitch Investors Service*, de Nova York.

Classificação fornecida pelas empresas *Standard & Poors* e *Moody's*:

| Standard & Poors | Moody's | Interpretação |
|---|---|---|
| AAA | Aaa | Melhor qualidade de risco, extremamente forte |
| AA+, AA, AA− | Aa1, Aa2, Aa3 | Alta qualidade de risco |
| A+, A, A− | A1, A2, A3 | Forte capacidade de pagamento |
| BBB+, BBB, BBB− | Bbb1, Bbb2, Bb3 | Adequada capacidade de pagamento |
| BB+, BB, BB− | Ba1, Ba2, Ba3 | Provável capacidade de pagamento, direção para incerteza |
| B+, B, B− | B1, B2, B3 | Alto risco |
| CCC+, CCC, CCC− | Caa1, Caa2, Caa3 | Vulnerabilidade e tendência para inadimplência |
| CC | Ca | Classificação ruim, como nos casos de falência ou inadimplência. |
| C | | |
| D | | |

O serviço de *rating* fornece vantagens para vários grupos de interessados. *Para uma empresa ou um banco* emissor de títulos ou tomador de recursos no mercado, o *rating* fornece ao investidor ou ao credor uma avaliação independente e externa dos riscos de sua empresa, ao mesmo tempo em que possibilita expansão do universo de investidores e fornecedores de fundos. *Para o investidor* ou fornecedor de fundos (credor), o *rating* fornece uma medida objetiva de avaliação de risco e propicia subsídios para definição do retorno desejado. Fornece também parâmetros homogêneos na classificação do risco de empresas ou bancos diferentes. Possibilita maior liquidez no mercado secundário de títulos. Os custos relativos aos serviços de *rating* são pagos pelo emitente ou tomador de recursos, que é quem contrata a empresa especializada para a prestação dos serviços. Uma dessas agências internacionais informou que leva (em média) de quatro a seis semanas para conclusão de um trabalho de determinação do *rating* de uma empresa ou um banco.

Para chegar à classificação de um banco, são necessárias as demonstrações financeiras auditadas dos últimos cinco anos, projeções financeiras e demais informações sobre o banco, o mercado e o país. Na análise são consideradas as seguintes áreas-chave: (i) risco da economia, de modo a identificar como esta afeta as instituições financeiras (a volatilidade da economia e o poder e a competência do governo para administrá-la em períodos de crescimento ou de recessão); (ii) risco da indústria, relacionado à dinâmica da indústria de serviços financeiros (aspectos como a estrutura do sistema financeiro, inclusive a qualidade e transparência do sistema contábil, de publicação de dados e qualidade da auditoria; considera também a base de clientes e os aspectos de regulamentação e desregulamentação, entre outros); (iii) posição no mercado, em termos de pontos fortes e fraquezas; (iv) diversificação quanto aos negócios, à área de atuação geográfica e aos segmentos econômicos, por exemplo; (v) administração e estratégia, avaliadas por meio da credibilidade e dos resultados alcançados; (vi) risco de crédito dos recebíveis; (vii) risco de mercado, relacionado às atividades de toda a instituição, compreendendo sua estrutura de ativos e passivos, bem como suas atividades e estratégias; (viii) captação e liquidez, no sentido de avaliar as fontes de fundos e os fatores que afetem a liquidez do banco.

## 4.3 Histórico e investigação de crédito

Cada instituição financeira (banco ou cooperativa de crédito) deve manter o histórico do relacionamento com o cliente. Isso possibilita melhor administração do relacionamento de crédito. A investigação de crédito deve possibilitar melhor conhecimento do comportamento de crédito do cliente junto aos demais credores.

### 4.3.1 Histórico e pontualidade

A pontualidade do cliente no cumprimento de suas obrigações é considerada fator relevante no seu conceito de crédito. Há casos em que clientes novos pagam com pontualidade para, gradativamente, irem almejando maiores limites de crédito, havendo situações em que, após atingirem consideráveis volumes de débitos, desaparecem e não pagam o credor. Entretanto, há empresas que têm por hábito pagar suas contas em cartório, objetivando maior folga em seu fluxo de caixa e, ao mesmo tempo, favorecem-se da redução dos encargos de mora, pois o fornecedor tende a cobrar a taxa de mercado pelos dias de atraso. O critério de pagamento em cartório poderá ter uma vida curta, pois os fornecedores tenderão a ser mais restritivos ao crédito se a empresa fizer uso frequente desse expediente.

A *identificação da pontualidade* pode ser feita por meio dos registros que o banco ou a empresa mantém no relacionamento comercial com seu cliente, bem como mediante o uso das chamadas informações comerciais e bancárias. Em determinadas situações, o mercado considera normal um atraso, por exemplo, de até 14 dias, não pesando, portanto, tal tipo de atraso no conceito do cliente. Contudo, a frequência de atraso pode indicar um processo de deterioração da saúde financeira do cliente.

É importante ressaltar que mesmo uma empresa em dificuldade financeira pode não atrasar os pagamentos junto a todos os seus credores, mantendo-se pontual em relação a alguns de seus fornecedores, especialmente aqueles em que haja maior dependência para suprimento de matéria-prima ou mesmo para utilizá-los como fontes de referência para consulta dos credores. Contudo, mesmo o cliente fornecendo algumas referências comerciais, a consulta deve abranger outras fontes além daquelas mencionadas pelo devedor.

### 4.3.2 Protestos e outros desabonos

O protesto ocorre por falta de pagamento, por falta de aceite ou para provocar o vencimento antecipado de um título nos casos de falência. O protesto é, pois, uma espécie de prova da falta do devedor perante o credor e passa (ou pode passar) a caracterizar aquele que tem títulos protestados como inadimplente. Para a avaliação de crédito, entretanto, um protesto isolado não quer dizer muita coisa, salvo se seu valor for representativo a ponto de colocar em dúvida a capacidade financeira da empresa para liquidá-lo. Todavia, grande número de protestos, ainda que de pequenos valores, na melhor das hipóteses, caracteriza desorganização da empresa que teve títulos protestados. Outro fato que ocorre com alguma frequência é o de algumas empresas em dificuldades financeiras fazerem "faturamento frio" contra outras empresas e, em seguida, descontarem as duplicatas nos bancos, as quais, muitas vezes, terminam protestadas e acarretando processos por parte do "sacado" contra o "cedente". Empresas de construção civil, com várias obras, muitas vezes são protestadas em razão do material ter sido entregue pelo fornecedor e o responsável pela obra não enviar os documentos para os escritórios providenciarem os respectivos pagamentos. Além dos protestos, pode haver outros tipos de restrições, como os atrasos (já comentados), a emissão de cheques sem provisão de fundos e as ações na justiça, por exemplo.

### 4.3.3 Convênios e fontes de informação

É comum muitas empresas organizarem-se em convênios para troca de informações comerciais, possibilitando detectar com certa rapidez quando um cliente começa a atrasar ou a entrar em dificuldade financeira. Os convênios facilitam também a consulta a outros fornecedores, diferentes daqueles escolhidos e indicados pelo cliente. Muitas vezes, inexiste uma organização formal para a troca de informações comerciais, porém os responsáveis pelas áreas de crédito mantêm frequentes contatos para troca de informações acerca da pontualidade dos clientes. Certa ocasião, num curso para gerentes de crédito, um dos participantes exemplificou que, em sua cidade, quando um pequeno empresário arranjava uma amante, era certa sua quebra. Outro participante informou que um de seus clientes praticava um esporte perigoso e falecera em decorrência de um acidente (no esporte), trazendo-lhe prejuízo como credor da empresa do falecido. Esses dois exemplos dão ao leitor uma ideia da amplitude a que podem chegar as "trocas de informações".

Outra grande fonte de informação sobre pessoas físicas são os Serviços de Proteção ao Crédito – SPCs –, que registram ("negativam") as pessoas que estão em atraso ou em falta de pagamento. Essas informações alimentam as empresas comerciais e instituições financeiras filiadas aos SPCs. Para o comércio, os SPCs são as grandes fontes de informação, pois o cliente, ao solicitar uma compra a prazo, tem seu nome consultado pela empresa comercial junto ao SPC, que responde sobre a existência ou não de registro negativo.

### 4.3.4 Agências de informações

As principais fontes de informações sobre protestos são os próprios cartórios e os jornais de grande circulação e especializados em matéria econômica, que divulgam diariamente relações de títulos protestados. Há, também, as empresas e as agências especializadas em registros negativos, que prestam serviços de informação sobre protestos e sobre outras restrições de crédito. Serasa e Boavista Serviços são exemplos de vendedores de informações.

### 4.3.5 O Sistema de Informações de Crédito do Banco Central (SCR)

De acordo com o próprio Bacen (maio de 2016), o Sistema de Informações de Crédito do Banco Central (SCR) é um banco de dados sobre operações e títulos com características de crédito e respectivas garantias contratados por pessoas físicas e jurídicas perante instituições financeiras no país. O SCR é alimentado mensalmente pelas instituições financeiras, mediante coleta de informações sobre as operações concedidas.

Até a data-base de março de 2012, eram armazenadas no banco de dados do SCR as operações dos clientes com responsabilidade total igual ou superior a R$ 5 mil, a vencer e vencidas, e os valores referentes às fianças e aos avais prestados pelas instituições financeiras a seus clientes. A partir da data-base de abril de 2012, esse valor foi reduzido para R$ 1 mil, sendo que para cooperativas de crédito e sociedades de crédito ao microempreendedor e à empresa de pequeno porte o valor muda apenas a partir da data-base de julho de 2012.

O SCR não é um cadastro restritivo, porque há informações tanto positivas quanto negativas. O SCR apresenta valores de dívidas a vencer (sem atraso) e valores de dívidas vencidas (com atraso), ou seja, na grande maioria dos casos é uma fonte de informação positiva, pois comprova a capacidade de pagamento e a pontualidade do cliente. Portanto, estar no SCR não é um fato negativo em si, não impede que o cliente pleiteie crédito perante as instituições financeiras, podendo, inclusive, contribuir positivamente na decisão da instituição em conceder o crédito.

Outro aspecto importante que diferença o SCR dos cadastros restritivos é que, diferentemente do que ocorre naqueles cadastros, existe no SCR uma exigência para que as instituições financeiras tenham autorização específica de seu cliente para a realização de consulta de seus dados.

O processamento de dados do SCR não é feito em tempo real. As instituições financeiras têm até o 9º dia útil de cada mês para enviar as informações relativas ao mês anterior. Após essa data, há ainda o prazo de processamento das informações pelo Banco Central. Por isso, é aconselhável que a consulta seja realizada a partir do final do mês subsequente à data-base desejada, quando o volume de informações processadas será maior.

## 4.4 Capacidade administrativa

A capacidade[3] refere-se à habilidade do indivíduo ou grupo de indivíduos de gerir estratégica e operacionalmente os negócios da empresa. A visão estratégica, o potencial de administração,

---

3. Alguns autores têm dado uma conotação ao fator capacidade no sentido de capacidade de pagamento. Entendemos que a capacidade deve estar relacionada aos fatores que contribuem para a empresa ser competente e competitiva. Isso facilitará sua condição de ser capaz de pagar suas dívidas, mas não é a condição de pagamento. É como um meio de transporte que nos leva a um lugar, mas não é o lugar. Daí, a capacidade de pagamento deve ser examinada por meio da análise financeira.

produção e comercialização da empresa fazem parte da análise da capacidade, que pode conter certa subjetividade e nem sempre é fácil de ser avaliada. No que diz respeito à capacidade física da empresa, por meio de uma visita podem-se conhecer suas instalações, seus métodos de trabalho, bem como o grau de tecnologia utilizado.

Quanto à habilidade administrativa ou técnica do pessoal, à disposição da empresa, pode ser feita uma análise do currículo de seus sócios ou administradores, visando identificar se são conhecedores do ramo em que atuam e das atribuições que exercem.

Vale ressaltar que, em determinadas situações, mesmo uma empresa nova pode contar com pessoal possuidor de experiência específica trazida de outras empresas. Constata-se, em geral, que as empresas mais tradicionais tendem a possuir um quadro de dirigentes com maior experiência no mercado e no ramo em que atuam. Ao mesmo tempo, a globalização da economia, a otimização dos processos de produção, os ganhos de escala, a evolução da tecnologia de informação, bem como a eficácia dos meios de transportes e armazenamento, possibilitam rápidas mudanças no desempenho e na solidez das empresas.

Verificaremos, a seguir, alguns aspectos atinentes às decisões estratégicas, à estrutura e às idades das empresas.

### 4.4.1 Decisões estratégicas da empresa

É fundamental ao analista de crédito o conhecimento acerca das decisões estratégicas adotadas pela empresa. Essa visão macro possibilita melhor assimilação dos vários fatores, como as decisões relativas à atuação num ou em vários segmentos do mercado. Por exemplo, há empresas que atuam na produção de alimentos, com base na concepção de que é fundamental para a humanidade a produção de alimentos e que sua carência tende a ser cada vez maior. Simultaneamente, a engenharia de alimentos e a genética, por exemplo, vêm desempenhando importante papel no crescimento da produção de alimentos. Ao mesmo tempo, é importante conhecer o vetor de crescimento da empresa quanto à diversificação de sua linha de produtos e à penetração em novos mercados para os produtos tradicionais.

Nas visitas e entrevistas de crédito, os empresários podem fornecer valiosas informações sobre os efeitos sinérgicos esperados em suas decisões, e que são propiciados em níveis operacional, de investimento, comercial e administrativo. Entretanto, a visão do empresário quanto aos prazos de maturação dos projetos e quanto a sua curva de aprendizado possibilitará ao analista de crédito um exame mais abrangente.

Quanto às decisões financeiras (investimento, financiamento e dividendos), é importante que o analista tenha uma visão integrada delas. Portanto, numa decisão de crescer, quer pela aquisição de uma empresa, quer pela construção de uma nova empresa, quer pela construção de uma nova unidade de produção a partir da aquisição de uma nova máquina, é necessário que se saiba como tal crescimento será financiado, isto é, qual a fonte dos recursos e se a própria atividade gerará dinheiro para liquidar os respectivos financiamentos. Ao mesmo tempo, é preciso que se conheça como ficará a estrutura de capitais da empresa após os investimentos efetuados no crescimento.

Outras informações importantes são aquelas relativas ao macroambiente, no que diz respeito à concorrência, à capacidade do mercado em absorver a produção adicional. Dessa forma, todo o plano amplo e integrado de que a empresa dispõe e que se destina a assegurar que seus objetivos sejam atingidos constitui sua estratégia, seu caminho de ação. O propósito, neste tópico, é alertar o analista quanto à necessidade de que os aspectos estratégicos sejam examinados, não pretendendo analisar em profundidade tais aspectos, uma vez que o assunto é bastante amplo e sua análise foge ao nosso objetivo.

### 4.4.2 Estrutura organizacional da empresa

O conhecimento da estrutura básica da empresa e entrevistas com os respectivos diretores titulares das áreas de finanças, produção, marketing e administração geral consolidarão o conceito do analista a respeito da empresa. Observamos que, no mundo moderno, as empresas estão cada vez mais conscientes de que uma administração aberta e disposta a prestar informações (ao mercado, aos acionistas, aos credores, ao governo e à comunidade em geral) possibilita desfrutar da confiança dos diversos segmentos da própria sociedade. A obtenção de informações pelo analista não pode ser interpretada como interferência na gestão da empresa nem deve possuir esse objetivo, mas deve ser encarada basicamente como uma forma de aproximação das partes, visando à atualização das informações de crédito e de cadastro e, consequentemente, maior agilização no processo decisório.

Dessa forma, resumiremos, a seguir, alguns aspectos importantes que devem ser analisados: na parte de produção, por exemplo, pode-se verificar o grau de modernização da produção, comparando-o com os concorrentes. Nesse caso, é difícil afirmar qual a melhor forma da produção: se um sistema moderno, que propicia elevado rendimento industrial, requerendo elevado investimento, ou se um sistema de produção com menor eficiência, porém com exigência de volumes de investimentos menores. Seguramente, a melhor estrutura é aquela que possa colocar o produto no mercado com qualidade e preços competitivos, ao mesmo tempo que seja capaz de gerar lucro para a empresa. Para sobreviver num mercado competitivo, é sempre importante que as empresas possuam tecnologia que lhes possibilitem vantagens (ou pelo menos igualdade) competitivas perante seus concorrentes.

Uma empresa bem organizada possuirá um eficiente sistema de informação gerencial (SIG), visando suprir sua direção de "ferramentais" que possibilitem decisões seguras e eficazes. O analista de crédito tem interesse nessas informações, as quais permitirão que o conceito sobre os riscos e as oportunidades da empresa seja sedimentado. Os orçamentos da empresa, suas projeções em geral, sua sistemática de custos, bem como a composição desses custos, propiciam valiosas informações. Quando se trata de grupo de empresas, em que umas fornecem matéria-prima ou componentes para outras, é importante que conheçamos como são estabelecidos os "preços de transferência".

A estrutura organizacional da empresa, a distribuição das funções, o processo sucessório e as pessoas-chave devem fazer parte dos itens a serem avaliados na análise de crédito.

Quanto às decisões de marketing, as relativas ao produto podem propiciar visão sobre a destinação de verbas para pesquisa[4] de alteração de produtos e para novos lançamentos, visando atender à demanda. Algumas vezes, alterações são introduzidas nos produtos com a finalidade de reduzir seus custos e torná-las mais competitivas. A globalização da economia exige cada vez mais qualidade, preço e atendimento.

Às vezes, há necessidade de retenção de lucros para investir em novos produtos visando à prosperidade da empresa. A diversificação da linha de produtos muitas vezes propicia efeito

---

4. No mundo dos negócios, a atitude (no sentido da consciência) voltada para investimentos em pesquisa e desenvolvimento é fundamental para a continuidade e evolução das empresas. Readequar os produtos atuais, desenvolver novos produtos e acompanhar o que o mundo da concorrência está fazendo é indispensável. Pouco adiantará produzir excelentes carburadores se a indústria automobilística está na época da injeção eletrônica.

sinérgico positivo, à medida que aproveita a flexibilidade da estrutura e dos equipamentos disponíveis. O ciclo de vida dos produtos pode indicar que é hora de retirar determinado produto em razão dos concorrentes já terem lançado similares melhores e mais baratos. A lucratividade dos produtos e a política seguida pela empresa, quanto à retirada ou inclusão de produtos, é muito importante.

No grupo de decisões sobre o canal de distribuição, é importante conhecermos qual o mercado coberto e como o produto está disponível para consumo. Outras informações, como pontos e formas de distribuição, podem ser úteis.

Aspectos relativos às decisões quanto aos preços dos produtos:

a. em decorrência de atuação da empresa em mercados monopolistas ou oligopolistas;
b. em função das características da composição e da evolução dos custos;
c. em função do poder aquisitivo do consumidor;
d. em decorrência do controle de preços exercido pelo governo, se houver;
e. devido à expansão da produção para reduzir os custos a partir da diluição de seus componentes fixos por um maior volume de produção.

Quanto às decisões promocionais, podem-se observar:

a. campanhas institucionais para colocação de novos produtos, visando torná-los conhecidos;
b. sistema de operações casadas, em que o comprador, na compra de determinado produto, leva junto outro de menor procura;
c. campanhas promocionais, contando com a presença de promotores de vendas nos pontos de distribuição, às vezes até para oferecer amostras grátis ao consumidor;
d. outras formas, como mala direta e venda pessoal, que oferecem o produto direto ao consumidor, podem ser adotadas.

Ainda com relação à estrutura organizacional, cabe destacar que as técnicas de administração evoluem com extrema rapidez. Conceitos como reengenharia, qualidade total, *benchmarking*, custo ABC e *balanced scorecard*, entre tantos outros, estão cada vez mais presentes na vida das organizações.

### 4.4.3 Pesquisa e desenvolvimento (P&D)

Determinadas atividades estão em permanente processo de transformação. Empresas atuantes em áreas de alta tecnologia precisam manter equipes de cientistas e pesquisadores acompanhando e criando novos métodos, processos e produtos. Isso requer o investimento de um percentual expressivo da receita em pesquisa e desenvolvimento. Na verdade, é difícil imaginarmos uma atividade que não requeira acompanhamento tecnológico. Na área hospitalar, a alta tecnologia utilizada nos procedimentos de diagnóstico por imagem tem evoluído de forma espetacular. A produção de alimentos (inclusive os transgênicos) tem evoluído muito. Da transmissão e armazenamento de dados à criação de camarões, seguramente o leitor vai identificar várias atividades e, nelas, muitas transformações.

### 4.4.4 Idade e porte das empresas

A análise da idade das empresas propicia-nos importantes informações, de forma que num conjunto de grande número de empresas insolventes, cuja amostra está representada no Gráfico

4.1, constatamos que a grande maioria das insolvências ocorreu na faixa de três a seis anos da data da fundação, enquanto mais de 50% delas se concentraram na faixa de até nove anos de idade. Em algumas oportunidades, temos observado que empresas antigas quebram após a mudança ocorrida na administração, isto é, na troca de geração de comando dos negócios.

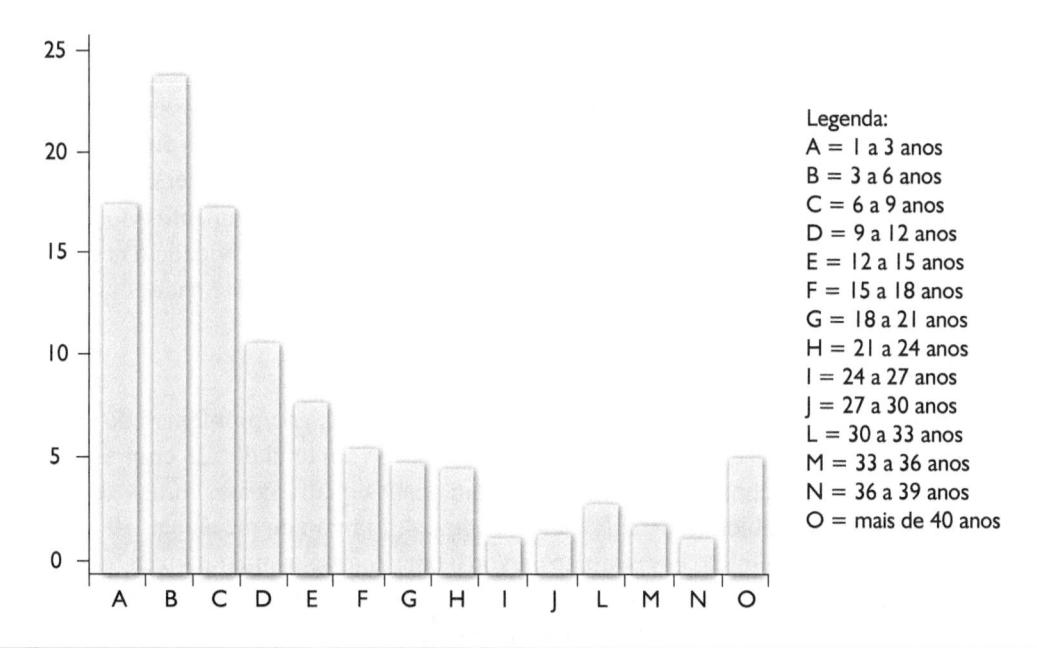

Legenda:
A = 1 a 3 anos
B = 3 a 6 anos
C = 6 a 9 anos
D = 9 a 12 anos
E = 12 a 15 anos
F = 15 a 18 anos
G = 18 a 21 anos
H = 21 a 24 anos
I = 24 a 27 anos
J = 27 a 30 anos
L = 30 a 33 anos
M = 33 a 36 anos
N = 36 a 39 anos
O = mais de 40 anos

**GRÁFICO 4.1** Representação das idades das empresas insolventes.

Os dados do Gráfico 4.1 são relativos a um grande número de empresas insolventes, cujas falências ou concordatas ocorreram em 1982. Em outros estudos, com dados anteriores (1978 a 1980) e posteriores (1987), constatamos comportamento análogo em relação às idades das empresas insolventes.

Cabe ressaltar que, mesmo que no grupo de empresas insolventes haja sua maior concentração na faixa de até nove anos de idade, não podemos negar que empresas antigas possam quebrar nem que empresas novas não possam ser saudáveis.

## 4.5 Condições externas

Neste tópico, analisaremos as condições, isto é, os fatores externos e macroeconômicos. O caráter se refere às pessoas que comandam as empresas; a capacidade decorre da qualidade da administração e da estrutura da empresa, sendo também uma espécie de variável interna. As condições, no entanto, englobam fatores externos, que em princípio não estão sob o controle da empresa. Mesmo sem a pretensão de desenvolver análise macroeconômica, cabe ressaltar que certas decisões de política econômica, por exemplo, o desaquecimento de determinado setor da economia, bem como o comportamento do mercado de forma geral, afetam o nível de atividade de determinados tipos de empresas. Há um macroambiente no qual a empresa está situada, que exerce forte influência na atividade empresarial. Nesse macroambiente, estão o governo, a conjuntura nacional e internacional, os concorrentes e a globalização, bem como a natureza e a ecologia, por exemplo. As forças desse macroambiente tanto se manifestam de forma positiva, representando oportunidades para as empresas, quanto como ameaças, trazendo dificuldades. Como exemplo, podemos citar as geadas ocorridas na Flórida (Estados Unidos) nos anos de 1981 a 1983 e em várias outras ocasiões, provocando grandes danos nos laranjais, o que trouxe para as empresas brasileiras de produção de suco cítrico resultados favoráveis, que decorreram da elevação dos preços do suco de laranja no mercado internacional. Entretanto, tem-se conhecimento da pressão dos segmentos de trabalhadores dos Estados Unidos (e até de empresários) sobre a entrada de produtos estrangeiros (japoneses e brasileiros, por exemplo) naquele país, forçando no sentido de que sejam dificultadas nossas exportações, o que às vezes se torna uma barreira para a expansão da atividade de algumas empresas brasileiras. Sobretaxa para entrada de produtos estrangeiros no Brasil é o lado inverso.

Com base no mercado interno, temos o exemplo de cortes nos orçamentos do governo, acarretando suspensão ou cancelamento de obras, o que gera queda na atividade das empresas de construção civil e traz como efeito colateral maior desemprego e problemas sociais.

### 4.5.1 Sensibilidade dos ramos de atividade

Existem alguns ramos de atividade que são altamente sensíveis aos problemas de liquidez. Numa das pesquisas que desenvolvemos, observamos que, de um total de 123 empresas insolventes no setor industrial composto por 24 ramos, em apenas quatro desses ramos se concentram 75 empresas com problemas de solvência, sendo: 24 do ramo de mecânica; 19 do têxtil; 20 da metalurgia; 12 da química. Esse fato nos levou a uma análise comparativa da quantidade de empresas existentes em alguns dos ramos frente aos valores dos protestos contra os mesmos ramos, bem como a incidência de concordatas (requeridas e deferidas) e de falências (requeridas e decretadas).

**QUADRO 4.1** Representatividade e insolvências segundo as atividades.

| Atividades | Representatividade e ocorrências** | | | | | |
|---|---|---|---|---|---|---|
| | PS*** | TP*** | CR*** | CD*** | FR*** | FD*** |
| Indústria mecânica | 7,4% | 7,8% | 7,4% | 8,1% | 7,8% | 7,8% |
| Indústria têxtil | 4,3% | 12,3% | 17,7% | 18,2% | 5,6% | 7,2% |
| Indústria metalúrgica | 15,6% | 16,3% | 18,2% | 15,8% | 22,2% | 20,5% |
| Indústria química | 7,4% | 3,5% | 4,7% | 5,5% | 3,7% | 3,7% |
| Indústria alimentícia | 3,1% | 9,2% | 3,1% | 3,8% | 7,7% | 5,2% |
| Indústria elétrica* | 4,6% | 3,2% | 5,3% | 5,9% | 3,8% | 4,3% |
| Ramo imobiliário | 7,8% | 3,2% | 5,3% | 4,5% | 6,1% | 6,1% |
| Construção civil | 4,9% | 13,7% | 16,3% | 16,8% | 11,7% | 12,5% |

\* inclui comunicação;
\*\* representatividade em 1978;
\*\*\* percentagem média referente ao período de 1977 a 1981.

Observando o Quadro 4.1, temos a coluna PS, que indica a participação das empresas do segmento em relação ao total de empresas na Grande São Paulo, tomando como base o Anuário Estatístico do Estado de São Paulo, em 1978. Daí, observa-se que, do total de estabelecimentos industriais na Grande São Paulo, o ramo de mecânica participava com 7,4%, o têxtil com 4,3%, e assim por diante, conforme a tabela demonstra. Na coluna de títulos protestados

(TP), são apresentados os percentuais (média referente 1977 a 1981) dos valores dos títulos protestados sofridos pelos ramos na cidade de São Paulo em relação ao total dos protestos também na cidade de São Paulo. Na coluna CR, temos os percentuais referentes às concordatas requeridas em relação ao número de concordatas requeridas na cidade de São Paulo. Idem em relação a CD (concordatas deferidas), FR (falências requeridas) e FD (falências decretadas).

Cabe acrescentar que os dados relativos a TP, CR, CD, FR e FD indicam as suas representatividades médias percentuais no período de 1977 a 1981 e se referem à cidade de São Paulo, tendo como fonte as tabulações do Instituto de Economia Gastão Vidigal, da Associação Comercial de São Paulo – IEGV/ACSP, enquanto os dados relativos à participação dos ramos no total de estabelecimentos industriais foram obtidos do Anuário Estatístico do Estado de São Paulo e referem-se à Grande São Paulo, em 1978.

Para a construção civil, utilizamos um parâmetro mais abrangente e consideramos os setores comércio, indústria e serviços, ao mesmo tempo em que incluímos as empresas ligadas à produção e comercialização de materiais de construção no Estado de São Paulo. Dessa forma, no setor industrial, incluímos o ramo de minerais não metálicos; no comércio, incluímos as empresas de materiais de construção e ferragens; no setor de serviços, constam as empresas de engenharia, as construtoras e as imobiliárias.

O leitor poderá comparar a participação e a sensibilidade dos segmentos especificados.

Cabe, evidentemente, enfatizar que existem empresas sólidas em mercados sensíveis, assim como existem empresas de elevado risco de insolvência atuando em mercados de relativa estabilidade. A sensibilidade do ramo têxtil, por exemplo, é decorrência de este apresentar grande número de pequenas empresas com elevado nível de endividamento, associado à alta dependência da moda e até de fatores climáticos. As grandes empresas têxteis, entretanto, podem apresentar níveis de endividamento inferiores às pequenas. Daí, caracteriza-se elevado grau de dispersão entre as empresas de diferentes portes. Na indústria química, por exemplo, a diferença da pequena para a grande empresa, quanto ao nível de endividamento, foi mínima.

Mesmo os dados sendo de até 1981, fornecem-nos certa sensibilidade acerca de cada um dos segmentos, especialmente para aquela época. Mais importante que isso é o fato de em cada momento e de acordo com cada contexto podermos avaliar a sensibilidade de cada segmento em face do próprio contexto. Por exemplo, podemos citar o impacto das taxas de juros elevadas e dos prazos reduzidos de financiamento sobre o segmento de revenda de veículos usados após o Plano Real (1995 e 1996, por exemplo), que trouxe terríveis dificuldades para aquele comércio.

### 4.5.2 Influência do ramo de atividade

As empresas cujo ramo de atividade está diretamente relacionado com outro sofrem suas influências. Desse modo, é importante conhecermos o comportamento dos diversos setores de atividade econômica e também a correlação entre setores. Isso será um importante direcionador no processo de diversificação de risco. Por exemplo, o desaquecimento do ramo de construção civil afeta diretamente o desempenho das empresas de materiais de construção, empreiteiras e olarias.

### 4.5.3 Sazonalidade do produto

Existem empresas cujos mercados em que atuam dependem de épocas específicas, como é o caso daquelas que produzem sorvetes (e apenas sorvetes), que devem orientar sua produção para atender às épocas de maior demanda. Outro exemplo é o caso das usinas de açúcar e das destilarias de álcool, cuja produção é desenvolvida durante cerca de seis meses, que é a época da safra de canas. No caso de uma usina de açúcar, a necessidade de manter estoques para atender à entressafra requer um adicional de capital de giro, que poderá tornar seu resultado (lucro ou prejuízo) vulnerável às variações das taxas de juros. É evidente que por meio das cooperativas de produtores de açúcar, bem como de obtenções de linhas de crédito específicas, esses problemas são atenuados. Empresas madeireiras, no Norte do Brasil, durante a época das chuvas, chegam a ficar cerca de seis meses inativas, devido à impossibilidade de extração e transporte da madeira.

### 4.5.4 Moda e essencialidade

Empresas que operam em ramos de atividade cujos produtos variam de acordo com a moda devem estar permanentemente com seus estoques atualizados, de forma a obter êxito na colocação deles no mercado. Por exemplo, uma empresa que fabrica calçados (especialmente linha feminina) deve manter sua linha sempre atualizada, de acordo com a época; caso contrário, não conseguirá vender sua produção, uma vez que esse tipo de produto, além de estar sujeito ao modismo, enfrenta bastante concorrência.

Medidas restritivas tomadas em relação a produtos cuja essencialidade não seja caracterizada podem afetar o desempenho das empresas que operam em tais atividades.

Por exemplo, a redução de prazo de pagamento para móveis e eletrodomésticos certamente afetará as vendas das empresas que operam com esse tipo de produto. Deve-se ressaltar que o maior ou menor impacto dessa decisão está diretamente ligado ao porte e à estrutura da empresa, bem como ao perfil de seu público consumidor.

### 4.5.5 Porte da empresa

Salvo as exceções, as empresas de porte menor são mais sensíveis. De certo modo, em épocas de crise, as pequenas empresas são as primeiras a enfrentar dificuldades financeiras, ao mesmo tempo em que são as últimas a sair da crise. Até devido ao fato de termos uma maior quantidade de empresas pequenas no universo empresarial, a representatividade dessas empresas no volume de concordatas e falências é também maior.

Em um estudo desenvolvido numa amostra com 318 empresas insolventes, foi constatado que as empresas menores foram as mais atingidas, conforme se pode ver no Quadro 4.2.

**QUADRO 4.2** Insolvência das empresas segundo o porte.

| Ocorrências | Concordatas | | Falências | | Somas | |
|---|---|---|---|---|---|---|
| | Quant. | % | Quant. | % | Quant. | % |
| Grandes | 28 | 18 | 7 | 4 | 35 | 11 |
| Médias | 33 | 21 | 18 | 11 | 51 | 16 |
| Pequenas | 95 | 61 | 137 | 85 | 232 | 73 |
| Totais | 156 | 100 | 162 | 100 | 318 | 100 |

Quant. = quantidade

Não significa que empresas grandes não quebrem, porém, historicamente, as pequenas têm sido mais sensíveis. Com a globalização da economia, está havendo, cada vez mais, maior exigência para as empresas serem competitivas. A internacionalização do comércio e o barateamento dos transportes tendem a fortalecer e favorecer as grandes corporações. Adicionalmente, há uma linguagem universal chamada *qualidade*, e quem desprezar essa realidade, seja grande ou pequeno, correrá o risco de desaparecer. Apesar das pequenas e médias empresas representarem a grande maioria no conjunto das empresas brasileiras, os pequenos e médios empresários continuam não possuindo a força política que lhes seria necessária.

Não há dúvida de que a participação das pequenas e médias empresas nas quebras são preponderantes, mesmo admitindo-se que pode haver empresas grandes em dificuldades. Mais uma vez, cabe enfatizar que a pequena empresa, em todos os ramos que observamos, caracteriza-se por uma maior dependência de recursos de terceiros, além de apresentar carência de um sistema de informação gerencial, que, ainda que simples, possibilite a seus proprietários tomadas de decisão mais seguras. Em muitos casos, a própria medida da relação de capitais de terceiros com capitais próprios é prejudicada em razão de não haver uma perfeita separação entre aquilo que pertence à empresa e o que constitui patrimônio de seus proprietários; é aquilo que em contabilidade chamamos de Princípio da Entidade.

### 4.5.6 Região geográfica

Temos observado também que os demonstrativos contábeis das empresas de algumas regiões geográficas retratam uma situação econômico-financeira melhor que as de outras regiões. Isso não significa, contudo, que não se deve necessariamente operar com tais empresas. É conveniente que conheçamos os fatores que determinam a baixa rentabilidade da região e, principalmente, o patrimônio pessoal de seus proprietários, pois, muitas vezes, apesar de os demonstrativos contábeis não indicarem boa saúde financeira, o patrimônio pessoal de seus proprietários pode ser altamente representativo. Da mesma forma que isso pode ocorrer com relação à região geográfica, pode ocorrer com determinados ramos de atividade. Entendemos, por outro lado, que as exigências das autoridades nas áreas monetária e fiscal levarão a uma redução dessas distorções. Do ponto de vista da atividade econômica, há as diferenças que precisam ser analisadas no direcionamento do crédito.

### 4.6 Capital

No estudo dos *Cs* do crédito, o capital refere-se à situação econômico-financeira da empresa, no que diz respeito a seus bens e recursos possuídos para saldar seus débitos. Portanto, o *C* de capital é medido mediante análise dos índices financeiros, tendo, evidentemente, um significado muito mais amplo do que aquele que é dado à conta de capital na contabilidade.

Pela análise dos demonstrativos contábeis, obtêm-se informações valiosas sobre o desempenho e a solidez de determinada empresa, constituindo-se numa eficiente ferramenta para o gestor de crédito.

A análise financeira meticulosa é, seguramente, um fator relevante para a decisão de crédito. O conceito de análise financeira transcende o conceito de "análise de balanço". É possível fazer análise financeira a partir do balanço e da demonstração do resultado. Adicionalmente, a análise da capacidade de pagamento do cliente pode ser feita com base em outras informações obtidas junto a este. Um caminhoneiro autônomo pode não apresentar demonstrações financeiras, mas o analista poderá e deverá fazer a análise de sua capacidade de pagamento.

Em resumo, o *C* de capital compreende a situação econômica, financeira e patrimonial do cliente. Nos capítulos sobre análise financeira, aprofundaremos a metodologia de análise e seu uso.

## 4.7 Conglomerado

Além dos *Cs* tradicionais (caráter, condições, capacidade, capital e colateral), julgamos que pode e deve ser adicionado mais um *C*, que é o de conglomerado, que se refere à análise não apenas de uma empresa específica que esteja pleiteando crédito, mas ao exame do conjunto, do conglomerado de empresas no qual a pleiteante de crédito esteja contida. Algumas vezes, deparamos com um conjunto de empresas controladas por uma família ou por um grupo de pessoas. Nessa condição, é preciso termos uma visão global (do conjunto), para sabermos qual o risco que esse conjunto representa e quais as transações existentes entre as empresas que o integram. Ocasionalmente, podemos encontrar situações de empresas que se apresentam com aparência aceitável para crédito e que fazem parte de um conjunto de empresas em fase de deterioração financeira. A tomada de recursos no mercado financeiro, por uma empresa, e o repasse interno desses recursos para outras empresas do grupo podem ser uma prática que acarreta perigo para os credores. No Capítulo 12, analisaremos com maior profundidade o conceito de conglomerado.

## 4.8 Colateral

O colateral[5] refere-se à capacidade do cliente em oferecer garantias complementares. A garantia é uma espécie de segurança adicional, e, em alguns casos, a concessão de crédito precisará dela para compensar as fraquezas decorrentes dos outros fatores de risco. Uma empresa com excelente classificação de crédito provavelmente não estará disposta a oferecer garantias em operações de curto prazo, podendo ocorrer o contrário, ou seja, a empresa solicitar o cadastro e as demonstrações financeiras do banco para avaliar se este é sólido o suficiente para merecer suas aplicações. Entretanto, mesmo a empresa merecendo uma excelente classificação de risco, em se tratando do financiamento de um projeto de longo prazo, a tendência é de que o banco solicite garantias, dada a incerteza em relação ao futuro. No outro extremo, entretanto, poderíamos encontrar uma situação cuja classificação de crédito da empresa é muito ruim, representando alto risco. Nesta situação, a garantia por si só poderia não justificar a decisão de crédito.

Alguns fatores são relevantes na definição da garantia: (a) o *risco* representado pela empresa e pela operação; (b) a *praticidade* em sua constituição; (c) os *custos* incorridos para sua constituição; (d) o *valor* da garantia em relação ao valor da dívida, isto é, deve ser suficiente para cobrir principalmente encargos e despesas eventuais; (e) a *depreciabilidade*; (f) o *controle* do credor sobre a própria garantia, e (g) a *liquidez*, ou seja, a facilidade com que a garantia pode ser convertida em dinheiro para liquidar a dívida.

---

5. Segundo os autores Weston e Brigham, *colateral is represented by assets that the customer may offer as a pledge for security of the credit extended to him*. No Direito brasileiro, entretanto, não é habitual o uso da palavra colateral para caracterizar garantia em operação de crédito; colateral indica apenas algo que está ao lado, em paralelo. Entretanto, a garantia é sempre uma obrigação acessória de uma obrigação principal, que pode ser uma operação de crédito.

O processo de análise, decisão e administração de crédito segue uma sequência lógica. Dentre as etapas principais, destacamos: (a) análise de crédito, (b) características da operação, (c) expectativa da capacidade de pagamento e (d) definição das garantias. As garantias classificam-se em: *reais* e *pessoais*. A garantia real ocorre quando, além da promessa de pagamento, o devedor (ou um garantidor) confere ao credor um direito especial de garantia sobre uma coisa ou uma universalidade de coisas, destacando-as de seu patrimônio para garantir o cumprimento da obrigação. Hipoteca, penhor (e caução), anticrese e alienação fiduciária serão estudadas nas garantias reais. No caso das garantias pessoais, o credor conta com a promessa de pagamento e com a garantia comum que o patrimônio atual e futuro de devedor (ou do garantidor) possa lhe dar. O aval e a fiança são garantias pessoais. No Capítulo 13, descreveremos as garantias reais e pessoais, bem como suas características.

## QUESTÕES PARA RESOLUÇÃO E DISCUSSÃO

1. Explique o motivo da existência de risco numa operação de crédito.
2. Cite as variáveis do risco.
3. Comente sobre a variável caráter e destaque de que modo podemos identificar a conduta de crédito de um cliente.
4. Comente sobre o protesto e justifique se a existência de um protesto deve ser motivo para não fazermos negócios com o cliente.
5. No estudo dos Cs do crédito, o fator capacidade abrange diversos aspectos relevantes, os quais interferem de forma significativa no risco representado pela empresa. Comente sobre isso.
6. Comente sobre o risco de crédito em face à idade das empresas.
7. O que devemos entender por condições?
8. O fato de uma empresa operar num segmento sensível é suficiente para que um banco corte seu crédito? Justifique.
9. O que devemos entender por capital, quando estamos tratando dos Cs do crédito?
10. Em que consiste o conceito de conglomerado para fins de análise e concessão de crédito?
11. O que você entende por *rating*?
12. Dê o conceito de colateral e correlacione com o *rating*.
13. Cite alguns pontos relevantes na escolha de uma garantia.

capítulo 5

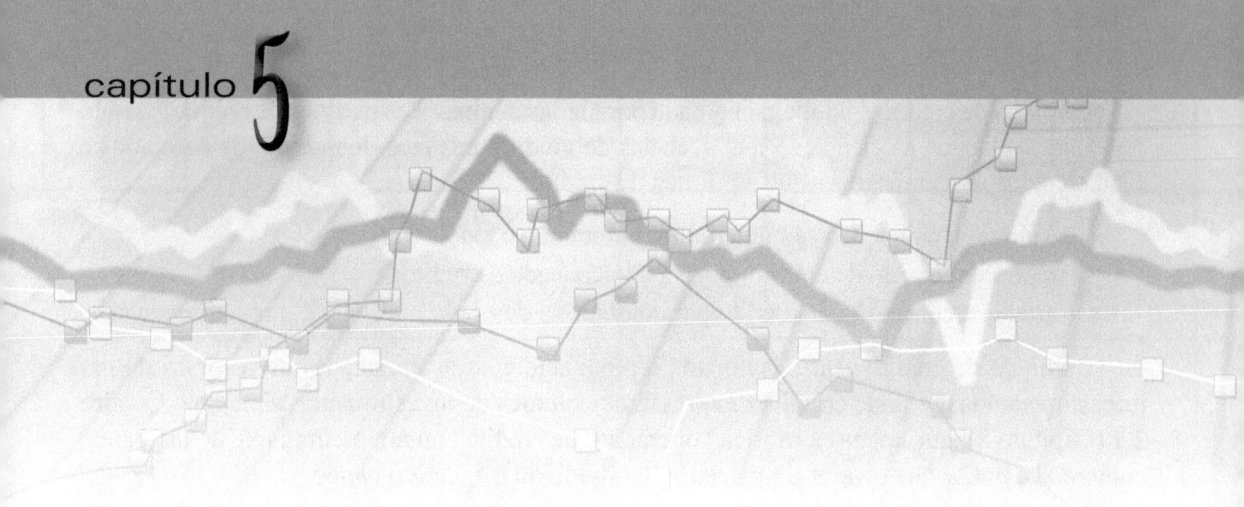

# Política de crédito

### OBJETIVOS DE APRENDIZAGEM

Abordar a relevância da política de crédito para as empresas e para instituições financeiras, compreendendo:
- Análise minuciosa da necessidade de integração da política de crédito às estratégias da empresa;
- Discutir sobre a delegação de poderes para decisão de crédito, por meio das alçadas de decisão;
- Expor e conceituar o chamado limite de crédito para clientes, bem como destacar a importância da análise de crédito.

## 5.1 Introdução

Políticas, em administração de empresas, são instrumentos que determinam padrões de decisão para resoluções de problemas semelhantes. Determinado problema que surge ocasionalmente pode exigir uma tomada de decisão singular, segundo suas peculiaridades, não sendo possível estabelecer-se políticas. Quando, entretanto, tratar-se de fatos repetitivos, recomenda-se a adoção de uma política de resolução.

Segundo Jucius e Schlender,[1] "... as políticas proporcionam orientação uniforme e consistente nos casos de problemas, questões ou situações que se repetem frequentemente".

---
1. JUCIUS, Michael J.; SCHLENDER, William E. *Introdução à administração*. São Paulo: Atlas, 1979.

A política de crédito é também chamada por alguns autores[2] de "padrões de crédito", sendo seu objetivo básico a orientação nas decisões de crédito, em face dos objetivos desejados e estabelecidos. Podemos dizer que a política de crédito:

- é um guia para a decisão de crédito, porém não é a decisão;
- rege a concessão de crédito, porém não concede o crédito;
- orienta a concessão de crédito para o objetivo desejado, mas não é o objetivo em si.

A política de crédito está relacionada diretamente com as aplicações de recursos de natureza operacional e pode envolver expressivos volumes de investimento. Vimos, no Quadro 2.1 (Capítulo 2), que apenas a rubrica "operações de crédito" no ativo circulante de um banco comercial é maior que o valor do patrimônio líquido do respectivo banco.

No Quadro 3.1 (Capítulo 3), que representa o balanço de uma empresa comercial, observa-se que sua rubrica de "duplicatas a receber" representa 235% do patrimônio líquido da empresa.

Pela sua importância, a política de crédito deverá estar reservada aos escalões hierárquicos mais altos (Conselho de Administração, Diretor-Presidente, Diretor Financeiro etc.) dentro das organizações. Para os bancos, normalmente, há um "Comitê de Crédito", que é uma espécie de órgão colegiado que responde pelas decisões de crédito. A política de crédito pode ser definida pelo Comitê máximo composto pela alta direção ou mesmo por um Conselho de hierarquia superior ao próprio Comitê. Entre as funções da Diretoria de Crédito de um banco, está a de propor às instâncias superiores as políticas de crédito a serem adotadas.

Ao se estabelecer uma política de crédito, diversos fatores deverão ser analisados. Numa empresa comercial ou industrial, por exemplo, uma política de crédito mais liberal poderá aumentar o volume de vendas, porém, ao mesmo tempo, exigirá maior investimento em "duplicatas a receber" e em "estoques". A maior ou menor flexibilidade da política de crédito, entretanto, deverá estar associada às características da empresa e de seus produtos, de forma que uma empresa que venda um produto com uma margem bruta[3] relativamente alta (40 ou 50%, por exemplo) terá condições de adotar uma política de crédito mais liberal e assumir um nível de risco maior. Uma empresa que trabalhe com margem bruta de lucro muito baixa, ainda que seu giro de estoques seja rápido, tenderá a ser mais rigorosa na seleção de seus clientes.

Os bancos, em geral, tendem a ter critérios rigorosos na concessão de crédito, pois o prejuízo decorrente do não recebimento de uma operação de crédito representará a perda do montante emprestado. Todavia, numa empresa, a perda com um incobrável concentra-se no custo da mercadoria vendida. Quanto maior for a margem bruta (na indústria ou no comércio), maior flexibilidade poderá ser adotada nos padrões de crédito.

## 5.2 Algumas considerações sobre estratégia empresarial

Conforme exposto no tópico precedente, a política de crédito refere-se a uma parte normativa, como uma condição facilitadora e orientadora na consecução dos empréstimos e financiamentos. Na intermediação financeira, o banco capta recursos dos clientes aplicadores e os repassa para os clientes tomadores, ou seja, aos agentes econômicos cujo dispêndio (consumo mais

---

2. Van Horne, Weston e Gitman, por exemplo.

3. Margem bruta = vendas menos o custo dos produtos ou das mercadorias vendidas.

investimentos) são superiores à renda. Antes de nos aprofundarmos na política de crédito, é necessário que comentemos um pouco sobre estratégia empresarial.

### 5.2.1 Macroambiente operacional de um banco

Conforme temos discutido nos Cs do crédito (Capítulo 4), há um conjunto de fatores (condições) externos e macroeconômicos que constituem o macroambiente no qual as empresas estão operando. Um banco é também uma empresa e deve estar preparado para aproveitar as oportunidades que o mercado oferece, ao mesmo tempo em que deve desenvolver mecanismos de proteção contra as ameaças que decorrem do próprio mercado. Entre os agentes participantes desse contexto, podemos citar o governo, a economia, a concorrência, a cultura do povo e o clima.

O regime de *governo* e seu maior ou menor grau de liberdade serão um dos pilares de sustentação do macroambiente em que opera o sistema financeiro. O empresário banqueiro tende a querer regras estáveis para operar. Provavelmente, não haverá coisa pior para um banqueiro que a incerteza quanto às regras políticas e econômicas e as ameaças que possam decorrer dessas incertezas. Para o governo, contudo, é necessário um sistema financeiro que dê aos milhões de depositantes que aplicaram seus recursos nos bancos a certeza de que terão tais recursos de volta no momento em que necessitarem ou ao final dos prazos convencionados. O sistema financeiro é sempre uma área sensível. Uma crise no sistema financeiro mexicano levou preocupações aos governos de diversos outros países.

A *economia* do país, da região, do estado ou do município é um fator determinante na forma de operação das instituições e do sistema financeiro, começando pelas necessidades que a comunidade tenha de produtos e serviços financeiros. Durante muito tempo, tivemos, no Brasil, uma grande rede de agências de bancos estaduais espalhada por todo o território nacional, sendo muitas dessas agências deficitárias para seus bancos. Problemas como a centralização das decisões em seus estados de origem, despreparo de sua equipe de profissionais e incapacidade técnica e financeira para concorrer com outros bancos nos grandes centros podem ser citadas entre as causas dos prejuízos. Aliás, isso ocorreu também com bancos privados de pequeno porte. Muitas vezes, mesmo os bancos privados ou públicos que possuem grandes redes, com pessoal preparado, tecnologia e recursos, enfrentam dificuldade em moldar produtos e até campanhas de propaganda em face das características econômicas e culturais das regiões. Essa dificuldade pode se multiplicar quando as coisas ocorrem em direção contrária, ou seja, o banco pequeno espalhando-se por várias regiões.

O estágio de desenvolvimento da economia leva o sistema financeiro a desenvolver e oferecer serviços compatíveis com as necessidades da comunidade. Provavelmente, uma agência bancária situada numa pequena comunidade de pescadores e seringueiros deverá oferecer linhas de financiamento voltada para a atividade pesqueira e de extração. Os padrões de análise de crédito também deverão ajustar-se a essa realidade. Um pequeno banco de determinado município deverá desenvolver seus produtos e serviços de modo a atender às necessidades da comunidade local. No Brasil, a partir de 1995, tem-se falado muito sobre a tendência dos bancos seguirem duas grandes linhas. Uma linha formada pelos bancos de grandes redes que obtenham efeitos sinérgicos favoráveis em suas estruturas e outra linha constituída pelos bancos especializados em determinados segmentos. Por exemplo, os bancos especializados em transportes ganham com a eficiência de seu conhecimento nesse segmento. A premissa de que a especialização otimiza os resultados tem seu cunho lógico, mas não leva em consideração o conceito de diversificação como forma de redução de risco. O banco especialista passa a depender totalmente do comportamento do segmento no qual se especializou, passando a haver uma correlação matemática positiva entre o comportamento do segmento e os resultados do banco. Se o segmento entra em crise, o banco recebe esse impacto de modo mais forte que outro banco cuja carteira de crédito esteja mais bem diversificada.

Muitas vezes, a especialização pode conter a diversificação. Um banco especializado na agroindústria, por exemplo, estará na dependência da atividade agrícola de forma mais genérica, entretanto poderá diversificar sua carteira na medida em que tenha clientes atuantes em diversas culturas como café, algodão, cana-de-açúcar e fruticultura, por exemplo. Nesse contexto, haveria um risco não diversificável, que seria o desempenho da agricultura de forma geral, enquanto haveria uma diversificação relativa à pulverização das operações em vários segmentos da própria agricultura.

Adicionalmente, a análise do macroambiente compreende também a *concorrência*. Um banco precisa identificar quem são seus concorrentes e em que áreas, produtos e serviços eles concorrem. Quais são seus pontos fortes e fracos comparativamente à concorrência. As áreas de planejamento e marketing trabalharão esses fatores visando identificar a participação dos concorrentes no mercado, com o objetivo de definir metas a serem alcançadas, produtos, serviços e atendimento a serem oferecidos, entre outros fatores.

A cultura da região ou do país é outro componente a ser analisado no estudo do macroambiente. Há casos de bancos estrangeiros que se instalaram no Brasil e tiveram insucessos por trazerem executivos de suas matrizes, sem conhecimento da realidade brasileira e sem facilidade para assimilação dos costumes e padrões locais. Esse fato muitas vezes leva no mínimo a perdas de negócios ou perdas com maus créditos. Mesmo dentro do próprio Brasil, transferências de executivos entre regiões chegam a gerar dificuldade de ambientação, prejudicando a *performance* operacional.

O *clima* e a natureza têm influência na economia, na agricultura e nos hábitos. São também um fator de análise.

## 5.2.2 Definição estratégica da instituição financeira

Nas poucas linhas que descrevemos no tópico anterior acerca do macroambiente, foi possível perceber sua importância na definição dos negócios financeiros. Identificar nesse ambiente externo as oportunidades de negócio, desenvolver produtos e serviços que satisfaçam às necessidades da comunidade é função da instituição financeira. Paralelamente, esse mercado também oferece ameaças, ou seja, os riscos inerentes ao próprio negócio.

Em sua definição estratégica, diversos aspectos precisam ser avaliados, como ser um banco de atacado ou um banco de varejo, ou as duas coisas. Esse tipo de definição, aparentemente simples, implica diferenças substanciais em nível de rede de pontos de venda, qualidade e formação de pessoal e estrutura financeira.

Se um banco pretende operar no atacado, precisará de uma estrutura e de uma equipe de profissionais com perfil e treinamento adequados para essa realidade.

O perfil de varejista ou de atacadista tem traços de diferenciação significativos, conforme podemos observar no Quadro 5.1, a seguir.

**QUADRO 5.1** Características de varejo *versus* atacado.

| Características | Varejo | Atacado |
|---|---|---|
| Tipo de cliente | Médias e pequenas empresas | Grande empresa |
| Quantidade de operações | Grande número | Pequeno número |
| Valores das operações | Pequenos valores | Grandes valores |
| Fidelidade do cliente | Maior fidelidade | Menor fidelidade |
| Taxas de juros | Quase não negocia | Negocia sempre |
| Produtos demandados | Produtos padronizados | Operações estruturadas |
| Processo de crédito | Simples e padronizado | Complexo |

A amplitude da área de atuação geográfica é outro fator importante. O banco pode atuar como um banco da comunidade local (no município), no estado, na região, no país ou mesmo internacionalmente. Há, ainda, outros fatores, como maior concentração em pessoas físicas ou jurídicas, especialização em administração de fortunas e de carteiras de investimentos. O banco pode, ainda, atuar como especialista num determinado segmento ou com uma carteira diversificada. O leitor poderá visualizar os diversos bancos que operam no mercado brasileiro e no mercado mundial, com seus diversos perfis, e concluir acerca do leque de opções de negócios oferecido pelos mercados. Nosso objetivo é mostrar que esses fatores serão preponderantes na definição de uma estrutura de crédito. Estamos recorrendo às atividades de planejamento e de marketing apenas para nos prestar apoio pedagógico na caracterização de sua importância na determinação da política de crédito.

## 5.2.3 Estrutura organizacional do banco

Segundo Richers,[4] a eficácia empresarial decorre da seguinte equação:

$$A + E_1 + E_2 = E_3$$

Sendo: $A$ = ambiente
$E_1$ = estratégia
$E_2$ = estrutura
$E_3$ = eficácia

Nesse contexto, a estrutura tem como finalidade a operacionalização das estratégias definidas, as quais, por sua vez, decorreram das oportunidades oferecidas pelo mercado. Essa percepção é facilitadora para entendermos a função da estrutura organizacional.[5] Pensando em termos de uma estrutura de crédito, não nos parece haver dúvida de que esta deverá ser ajus-

---

4. RICHERS, Raimar. Estratégia, estrutura e ambiente. *Revista de Administração de Empresas*, out./dez. 1981. Para o propósito de correlacionar os fatores ambiente e estratégico, a equação de Richers cumpre o papel. Cabe destacar que os estudos na área de Estratégia evoluíram e aprofundaram-se significativamente desde aquela época.

5. As ciências administrativas vêm passando rapidamente por transformações conceituais significativas. O conceito de empresa ou estrutura virtual tem encontrado seu espaço. É possível um banco ter as funções de análise de crédito sem uma estrutura interna voltada para esse fim.

tada à realidade operacional de cada instituição financeira. Copiar processos ou organogramas de um banco para outro pode não ser uma alternativa inteligente nem eficaz. Mesmo as funções sendo comuns, como as de cadastro e de análise de demonstrações financeiras, a forma como essas funções são desenvolvidas, suas abrangências, onde e quem as desenvolve, podem receber tratamentos bastante diferenciados de uma instituição para outra.

As estruturas levarão em consideração fatores como:

- **Aptidões e cultura.** De acordo com o perfil estratégico da instituição, haverá necessidade de um tipo de profissional com cultura e aptidões desenvolvidas para o desempenho das tarefas esperadas.
- **Recursos financeiros.** Os recursos financeiros constituem uma das condições fundamentais para pôr em prática as decisões estratégicas do banco. Para ser um banco de atacado, será necessário ter recursos suficientes para atender à demanda de grandes tomadores de recursos.
- **Recursos humanos.** Esta é outra área de extrema sensibilidade. Para cada perfil de cliente, é necessário um tipo de profissional preparado. O gerente de contas que atende a uma pequena empresa seguramente terá um perfil diferente do executivo de negócio que visitará uma grande empresa, reunindo-se com seu presidente ou com o vice-presidente financeiro. O analista de crédito atuante em um banco de varejo poderá não ter o perfil, o conhecimento, a postura e a habilidade para desenvolver uma análise para consecução de um grande negócio, sem antes passar por um processo de treinamento com essa finalidade. Em qualquer hipótese, uma empresa só terá qualidade em seus produtos, serviços e atendimento se tiver qualidade humana. Os produtos e serviços bancários, bem como os recursos tecnológicos, podem ser muito parecidos de um banco para outro. O diferencial deverá estar nas pessoas.
- **Recursos tecnológicos.** Esse tipo de recurso passa a ser um diferencial competitivo na medida em que o banco possa oferecer algo mais para facilitar a vida de seus clientes. Mesmo a tecnologia sendo uma condição de sobrevivência para o mundo dos negócios, em muitos bancos, os sistemas estão voltados para a própria organização. O banco se diz tecnologicamente evoluído, mas as filas são longas nas agências e quando o cliente precisa de alguma informação não consegue com a qualidade e a rapidez necessárias. Internamente, para o gerenciamento do crédito, por exemplo, não há como imaginar as funções de cadastro, análise e controle de operações e garantias sem sistemas de processamento de dados eficazes.
- **Políticas e normas.** As políticas e as normas em geral deverão estar ajustadas às condições operacionais do banco. O tipo de análise, a amplitude da análise, o valor das operações e o processo de delegação de poder (alçadas de decisão) deverão ser implementados para atender às necessidades da organização. Copiar isso de outra instituição tende a não ser eficaz.

## 5.3 Política de crédito

Nesse tópico, pretendemos resumir os principais componentes de uma política de crédito. Entre os fatores que interferem e os que devem ser abrangidos, podemos citar:

- As normas legais.
- A definição estratégica do banco.

- Os objetivos a serem alcançados.
- A forma de decisão e de delegação de poder.
- Os limites de crédito.
- A análise de crédito.
- A composição e a formalização dos processos.
- A administração e o controle de crédito.

### 5.3.1 Normas legais

Na fixação da política de crédito de um banco, haverá necessidade de observação das normas emitidas pelas autoridades monetárias. Como exemplo, podemos citar os parâmetros definidos na Resolução nº 2.099, do Banco Central do Brasil, que fixa o patrimônio líquido exigido (PLE) em função do ativo ponderado pelo risco (APR).[6] As normas para funcionamento das instituições financeiras não fazem parte da política de cada instituição, porém constituem-se em condicionantes para a forma de operar das instituições. Foge ao nosso objetivo o aprofundamento no estudo das referidas normas.

### 5.3.2 Definição estratégica do banco

Aqui reside a base para as políticas de crédito do banco. Fatores como o porte das empresas a serem atingidas, áreas de atuação geográfica, segmentação de mercado e produtos financeiros serão decisivos na determinação dos padrões de crédito. Operar com grandes empresas e grandes negócios requer padrões de avaliação de risco compatíveis.

### 5.3.3 Objetivos a serem alcançados

As metas de lucratividade e os objetivos de negócios a serem alcançados serão componentes da política geral do banco que, por sua vez, vão interferir na política de crédito.

### 5.3.4 Delegação de poderes

Uma das principais preocupações da política de crédito está relacionada aos poderes de decisão para concessão de crédito a clientes. A forma de decisão pode ser individual, conjunta ou colegiada.

#### 5.3.4.1 Formas de decisão de crédito

A principal fonte de receita de um banco deve ser a intermediação financeira. Adicionalmente, todos os bancos precisam e devem fazer empréstimos. Isso exige que cada banco esteja estruturado para decidir com rapidez e segurança, uma vez que as decisões de crédito envolvem o risco de que a promessa de pagamento não seja cumprida. Criar uma estrutura capaz de responder com rapidez às solicitações de empréstimos e financiamentos dos clientes é uma condição fundamental para a competitividade. A alçada de decisão é uma forma de delegação de poder. Vejamos as principais formas de decisão.

---

6. Ver item 2.3.6, Capítulo 2, sobre Acordo de Basileia.

- A **alçada individual** é aquela atribuída a um indivíduo em decorrência do cargo que ocupa na organização. Pode compreender desde a alçada de um gerente de uma agência bancária até a alçada do presidente do banco.
- A **alçada conjunta** ocorre quando duas ou mais pessoas podem assinar conjuntamente. Pode ocorrer de cada uma delas ter uma alçada individual e, à medida que forem sendo acrescentadas mais assinaturas, vá aumentando o poder de aprovação de crédito.
- A **alçada colegiada** é típica dos chamados *Comitês de Crédito*. Nessa categoria, pode haver desde comitês de agências bancárias, formados pelos gerentes, passando por comitês formados por membros das áreas técnicas de crédito, com ou sem participação das áreas comerciais, até ao comitê máximo do qual pode participar até o presidente do banco. A forma de aprovação colegiada também tem suas variações, podendo ser por unanimidade, por maioria simples ou por outro critério definido na política de crédito. Perde a essência de sua finalidade o Comitê em que um membro isoladamente (independentemente de seu cargo) tenha poder de aprovação ou de veto, especialmente quando esse elemento tenha interesse pessoal ou comercial na consecução do negócio. Um banco com administração moderna deveria proporcionar às diversas partes interessadas o acesso ao Comitê de Crédito para poderem prestar informações importantes para a decisão. Adicionalmente, o Comitê tem uma excelente função pedagógica. As estruturas podem ser diferentes de um banco para outro, porém as funções de negócio e de análise de crédito existem em qualquer banco, independentemente de quem as exerça. Também no Comitê de Crédito deve estar presente a qualidade humana, ou seja, um grupo de pessoas que não entendam de negócios bancários nem de análise de crédito têm grande chance de tomar decisões inadequadas. Situação pior é a de criar determinadas obrigatoriedades de decisões conjuntas ou colegiadas quando as pessoas responsáveis pela decisão não conhecem o cliente nem receberam treinamento sobre análise e decisão de crédito. Obrigar que a decisão de crédito contenha assinatura de dois gerentes, quando a agência só tem um, obriga que a proposta obtenha aprovação de alguém que não conhece o cliente, não dando segurança de crédito e tirando a competitividade do banco.

### 5.3.4.2 Alçadas de decisão de crédito

As alçadas são os limites de crédito, delegados pelas instituições aos órgãos e às pessoas gestoras de crédito, para decisão (aprovar ou recusar) sobre operações de crédito (empréstimos, financiamentos e fianças), sem a necessidade de aprovações superiores. Em termos de instituições financeiras bancárias, normalmente a alçada inicia-se na agência. Dependendo da instituição bancária, a alçada pode ser do gerente ou da agência. Em muitos casos, há mais de um gerente numa mesma agência e cada um deles tem a sua alçada; em outras situações, há uma alçada apenas para o gerente titular da agência, que pode (ou não) delegar aos demais gerentes níveis inferiores de decisão. A responsabilidade pelos créditos concedidos na agência tende a ser de seu titular. Entretanto, o nível mais alto de alçada tende a competir com o chamado Comitê de Crédito Principal, do qual pode participar inclusive o presidente do banco. Um dos objetivos principais das alçadas é permitir agilidade nas decisões e, portanto, auxiliar as áreas comerciais em sua capacidade de competir com os concorrentes, mantido o grau de segurança desejado.

Algumas instituições têm mais de um Comitê, e cada um desses órgãos colegiados tem sua própria alçada de aprovação de crédito. Tanto os Comitês de crédito quanto as alçadas de decisão são instituições internacionalizadas. Nas comparações que estabelecemos entre os limites de alçada de algumas instituições, constatamos ligeira tendência de as organizações que possuem quadro de pessoal com melhor formação técnica delegarem maior poder de decisão. Em épocas de normalidade econômica, alguns bancos, com pessoal que passou por programas de formação técnica e profissional, não têm Comitês de crédito, e os limites de decisão estão associados apenas ao cargo, isto é, ao nível hierárquico do gestor de crédito. Nessas instituições, normalmente de poucas agências e reduzido número de clientes, onde há delegação de autoridade para concessão de crédito, as atribuições de auditoria e revisão de crédito passam a ter uma atuação muito maior, pois isso possibilita à administração superior maior grau de segurança quanto às decisões tomadas e à qualidade dos créditos aprovados. Cabe também destacar que a maior centralização das decisões de crédito em órgãos colegiados não é apenas decorrência do nível de especialização técnica dos gestores individualmente, mas pode ser também efeito de uma filosofia de administração voltada para a centralização das decisões, normalmente visando a certa uniformidade nas decisões.

Muitas instituições, por terem grande número de gestores de crédito e por operarem muito no varejo, contam com áreas técnicas especializadas para prestar suporte às áreas comerciais. Em todos os casos, o nível de incobráveis de cada instituição pode ser um referencial para avaliar a eficiência de seus profissionais e de sua estrutura para concessão de crédito.

#### 5.3.4.3 Fatores que influenciam na determinação das alçadas

As alçadas são estabelecidas com base na política de crédito, levando em consideração diversos fatores de ordem operacional, como:

##### 5.3.4.3.1 *Estrutura das organizações e pessoal*

As estruturas das organizações têm forte influência no estabelecimento das alçadas de decisão de crédito. Dessa forma, os diversos níveis hierárquicos da organização, seus órgãos colegiados e o nível técnico de seu pessoal interferirão no estabelecimento dos limites de alçada. Como exemplo, podemos citar o caso de alguns bancos estrangeiros que operam no Brasil com poucas agências, concentrando suas aplicações em grandes pacotes para poucos clientes. Alguns desses bancos chegam a não possuir comitê de crédito, operando basicamente nas alçadas pessoais e contando com oficiais e gestores de crédito de elevada formação técnica. Os grandes bancos, que operam no varejo, entretanto, precisam, com maior frequência, de órgão de suporte para auxiliar os gerentes que não dispõem de tempo por estarem envolvidos simultaneamente com grande número de clientes. A avaliação de risco está cada vez mais sofisticada, envolvendo modelagem matemática e esta tem alterado a autonomia dos gerentes e o conceito de alçada.

##### 5.3.4.3.2 *Porte da agência*

Dentro de uma mesma instituição bancária, há agências de diversos portes e o gerente de cada agência precisa ter perfil compatível com a complexidade gerencial, quer no âmbito de depósitos ou de empréstimos e financiamentos, ou mesmo de prestação de serviços. Dessa forma, a alçada do gerente de uma pequena agência da periferia de uma capital tende a ser menor que a de um gerente de uma grande agência que opere com grandes empresas. Daí, o perfil técnico do gerente deve estar adequado às características da clientela, não devendo haver grande discrepância. Seria um desperdício manter um profissional de alto nível técnico e cultural atendendo a pequenos clientes, assim como seria inadequado colocar um gerente sem formação compatível para atender a grandes empresas. Em qualquer hipótese, ele precisa de conhecimento técnico para uma avaliação das operações que precisa decidir em sua alçada ou para fundamentar as propostas de negócios a serem enviadas para os escalões superiores de decisão. Daí, justifica-se a existência de alçadas em função da magnitude da agência. Há casos especiais em que um "bom gerente" tem sua vida centralizada em determinada cidade e não quer mudar por questões pessoais; nessas condições, o nível do gerente pode ser superior ao necessário para administrar sua agência e a alçada poderá ser baseada no gerente ou na agência, dependendo da política interna do banco.

### 5.3.4.3.3 *Garantias*

Mesmo a garantia não sendo a fonte primária de pagamento, esta tem peso na determinação das alçadas. A delegação de poder, implícita na alçada, requer ao mesmo tempo descentralização e agilidade nas decisões, sem, contudo, perder a segurança na qualidade dos créditos concedidos. Dessa forma, há operações cujas garantias são muito líquidas e contribuem para uma decisão favorável de crédito. Nas operações de curto prazo para atendimento de necessidades de capital de giro das empresas, por exemplo, é comum alguns bancos delegarem alçadas em dobro quando a garantia for duplicata. No caso das garantias por duplicatas, normalmente, os bancos definem que estas não sejam emitidas contra coligadas, controladas ou controladoras. Algumas instituições bancárias, ao estabelecerem limites de crédito para seus clientes, podem definir um limite global sem especificar as condições de uso de tais limites, ou podem definir limites em função de garantias; o mesmo pode ocorrer quanto às alçadas, isto é, alçadas para operações com aval, com duplicatas, com hipotecas, com alienação fiduciária e com valores mobiliários, por exemplo.

### 5.3.4.3.4 *Fontes dos recursos*

Algumas instituições bancárias, ao estabelecerem suas alçadas, levam em consideração as fontes principais dos recursos a serem aplicados. Dessa forma, as alçadas podem ser subdivididas, por exemplo, em:

- alçada na carteira comercial;
- alçada na carteira de investimento;
- alçada na carteira da financeira;
- alçada na carteira de *leasing*;
- alçada na carteira de crédito imobiliário;
- alçada na carteira de repasse de moeda nacional;
- alçada na carteira de repasse de moeda estrangeira;
- alçada na carteira de crédito rural.

Assim, a somatória de todas as alçadas constitui-se na alçada teórica global de cada gestor de crédito. Chamamos de alçada teórica em função da dificuldade real de um mesmo cliente operar em todas as linhas de crédito contidas nas subdivisões de alçadas; como exemplo, podemos citar as operações de crédito rural, que se destinam a empresas agrícolas, sendo que tais empresas dificilmente vão operar nas linhas de crédito de recursos da carteira de crédito imobiliário, cujo objetivo é financiar construções habitacionais. Muitas vezes, pode ocorrer do gestor de crédito ter alçada global, contanto que na soma das várias espécies não ultrapasse determinado montante. Tomando como base as carteiras desse exemplo citado, em que há oito tipos de alçadas, poder-se-ia adotar o limite de US$ 10.000 por tipo de alçada, desde que no total não ultrapasse US$ 50.000, por exemplo.

#### 5.3.4.3.5 Prazos

Os prazos das operações são fatores importantes, uma vez que, à medida que cresce o prazo, se eleva o risco de crédito. Uma operação pelo prazo de 90 dias tem um risco, em princípio, menor que uma de igual valor pelo prazo de cinco anos, mantidos constantes os demais fatores. Na prática, entretanto, não é frequente a classificação das alçadas segundo apenas os prazos das operações, porém esse fator (prazo) é de alguma forma considerado na apreciação do negócio. Adicionalmente, há a tendência de, quando se trata de operações de financiamento a longo prazo, ser dada ênfase à análise do projeto, ou seja, à análise prospectiva. Isso, normalmente, requer maior tempo para análise, e a decisão tende a não ter a mesma urgência das operações de capital de giro.

#### 5.3.4.3.6 Produto

Existem determinados produtos que são dirigidos a certas empresas e que estão sujeitos a regras próprias. As linhas de crédito rural são destinadas aos agricultores e às empresas agrícolas, não podendo, assim, ser concedidas a empresas comerciais. Linhas especiais de crédito com juros subsidiados, destinadas à pequena e média empresa, não podem ser concedidas às grandes empresas. Essas particularidades, portanto, restringem as alçadas e o poder de decisão dos gestores de crédito, uma vez que há uma orientação (lei ou norma do Banco Central) mais forte. Na grande maioria dos bancos, cada produto consta em circular específica que define taxas, prazos e garantias a serem seguidos. Dessa forma, mesmo que a operação seja de valor que esteja dentro da alçada do gestor, este tende a não poder alterar tais condições (taxas, prazos e garantias), precisando, para isso, de autorização superior de quem de direito.

#### 5.3.4.3.7 Limites de aplicação

Os limites máximos de aplicação, definidos pelas autoridades monetárias, também restringem o poder de decisão do gestor de crédito. Se, por exemplo, o Banco Central, em suas normas, definir que o limite máximo de aplicação de qualquer banco com um cliente não pode ultrapassar x% do total das aplicações ou do patrimônio líquido do banco, isso se sobrepõe às alçadas que são regras internas.

#### 5.3.4.3.8 Disponibilidade de recursos

Mesmo estando dentro de sua alçada de decisão e estando satisfeitas todas as condições para efetivação de uma operação, é necessário que haja recursos disponíveis naquela linha de crédito para que seja efetuada a operação. Caso os recursos não existam, nada feito.

#### 5.3.4.3.9 Aplicações globais

Ao analisar uma operação de crédito, mesmo que esteja dentro de sua alçada de decisão, o gestor deverá verificar se o cliente já possui débitos anteriores em cada tipo de operação ou subdivisão de alçada. Dessa forma, é comum uma operação de valor relativamente pequeno ser encaminhada para instância superior, em face do acúmulo de débito já atingido pelo cliente.

#### 5.3.4.3.10 Alçada individual e conjunta

Conforme abordamos, quando descrevemos sobre Comitê, há alçada de pessoas e de órgãos colegiados. Pode, também, haver um sistema de aprovação conjunta, em que, por exemplo, uma proposta de negócio que conte com assinatura de dois gestores seja aprovada e considerada o dobro (ou outro múltiplo) das alçadas individuais. Alguns bancos não possuem Comitês e julgam seguro e prático o sistema de assinatura conjunta. Outros, mesmo possuindo Comitês, adotam a sistemática de assinatura dupla (ou múltipla) como forma de agilizar o processo decisório e não prejudicar a capacidade de competitividade de suas áreas comerciais.

#### 5.3.4.3.11 Grupos de empresas

Nos casos de grupos ou conglomerados de empresas, as alçadas podem ser consideradas em relação ao grupo de empresas, e não em relação a cada uma das empresas. Com isso se pode evitar uma concentração excessiva de risco em determinados conglomerados. A vantagem desse enfoque é discutível e depende muito das características de cada grupo de empresas. Isso impõe a necessidade dos bancos possuírem técnicas e meios para identificação e cadastramento dos grupos.

#### 5.3.4.3.12 Classificação de risco e outras normas internas

A política de crédito deverá definir o tipo de risco que o banco está disposto a assumir. Nessa condição, mesmo que o valor esteja dentro da alçada de qualquer gestor de crédito, se a empresa não se enquadrar dentro do perfil de classificação de risco exigido, o poder de decisão estará prejudicado. Há ainda outras condições que restringem as alçadas, como falta de documentação e de informações atualizadas. Alguns bancos punem agências que têm elevados níveis de inadimplências, reduzindo ou cancelando as alçadas de seu corpo gerencial. Isso, muitas vezes, é inadequado, especialmente quando os créditos problemáticos não foram concedidos pelos gerentes atuais da unidade.

### 5.3.4.4 Atualização das alçadas

Numa economia em que haja inflação, é necessária a atualização periódica das alçadas. Em muitos casos, pode ser necessária a adoção de uma unidade de medida diferente da moeda local sujeita à inflação. Por exemplo: manter as alçadas em dólar ou vinculadas a um indexador que as atualize. De qualquer forma, mudanças na conjuntura econômica que afetem significativamente a saúde financeira das empresas, tornando a concessão de crédito mais difícil, podem fazer com que a administração superior do banco não pretenda reajustar as alçadas na proporção da inflação ou de qualquer outra medida, preferindo um acompanhamento mais de perto com decisões específicas para cada época de revisão dos limites de alçadas. Adicionalmente, muitas vezes, em contextos econômicos especiais, muitos bancos chegam a suspender as alçadas de suas agências, concentrando todas as decisões na administração central; ao sentirem que as coisas estão voltando à normalidade, devolvem as alçadas.

### 5.3.4.5 Exemplos de alçadas

O estabelecimento das alçadas em cada banco visará à agilização dos negócios, mas não deverá perder a segurança na decisão e no controle do crédito. Desse modo, uma sistemática de alçadas utilizada em determinado banco não serve para outro, por razões diversas já esclarecidas. Nas pesquisas que desenvolvemos, observamos alguns fatores importantes e diferenciadores nas alçadas dos bancos.

- Um *Banco Estrangeiro de Grande Porte (A)*, que opera no atacado, tem as seguintes alçadas:

  | | |
  |---|---|
  | Gerente de negócios | até US$ 500.000,00 |
  | Comitê de negócios | até US$ 3.000.000,00 |
  | Comitê superior no Brasil | até US$ 10.000.000,00 |

  Acima do valor de US$ 10.000.000,00, as propostas são enviadas para a matriz no exterior. Para nosso propósito didático, desprezamos algumas alçadas intermediárias.

- Um *Banco de Médio Porte (B)* tem como política a não existência de alçadas individuais. Em sua estrutura, tem um gerente de crédito em cada agência. Na alçada da agência, é necessária a assinatura conjunta do gerente de crédito e do gerente operacional. Conforme o porte da agência, as garantias e a carteira de negócios, a alçada conjunta começa em R$ 80.000,00 e pode chegar até R$ 250.000,00. Acima desse valor, vem a alçada do Diretor Regional, que chega a R$ 450.000,00. Na filosofia de decisão conjunta, para que o Diretor Regional aprove o crédito, é preciso que tanto o gerente de crédito quanto o gerente operacional tenham aprovado a operação anteriormente. Acima de R$ 450.000,00, requer assinatura das instâncias anteriores e vai para a Administração Central, onde há alçadas no Departamento de Crédito (Nível I, R$ 1.000.000,00; Nível II, R$ 1.800.000,00) e, posteriormente, no Comitê de Crédito da Direção.

- Um *Banco Brasileiro de Grande Porte Varejista (C)* tem as alçadas de suas agências variando de R$ 15.000,00 a R$ 180.000,00, dependendo do porte da agência, da carteira e das garantias. Acima da alçada da agência, vai para o Departamento de Crédito, onde há várias alçadas, conforme o cargo de quem vai decidir, podendo inclusive a proposta chegar ao Comitê Superior de Crédito.

- Outro *Banco Brasileiro de Grande Porte Varejista (D)* classifica suas agências em três níveis, ou seja, *A, B* e *C*. As agências categoria *A* são as que têm maiores alçadas. Adicionalmente, conforme o percentual de inadimplência, as agências assumem três níveis:

  I. para inadimplência até x% sobre a carteira;
  II. para níveis de inadimplências na faixa de x a y%;
  III. para inadimplências na faixa de y a z%.

  De modo que x é menor que y; e y é menor que z. Acima de z%, a agência perde a alçada. Todas as decisões são tomadas pelo Comitê da Agência, não havendo alçada individual.

  A maior alçada é de uma agência A, nível I, que chega a R$ 1.000.000,00. A menor alçada é de uma agência C, nível III, que é da ordem de R$ 250.000,00. Acima da alçada da agência, vem a alçada do Diretor Regional.

Exemplo de funcionamento de alçada

Para melhor entendimento sobre as alçadas, suponhamos o exemplo de um *Banco Fictício* que trabalha com cinco carteiras básicas:

- Carteira comercial.
- Carteira de investimentos.

- Carteira de *leasing* e Finame.
- Carteira da financeira.
- Carteira rural e outros.

Em cada carteira, há três níveis hierárquicos de alçadas, conforme o Quadro 5.2 a seguir:

**QUADRO 5.2** Alçadas por carteira de produtos.

| Funções | Alçadas | |
|---|---|---|
| | Com duplicatas R$ | Outras garantias R$ |
| Gerente comercial | 50.000,00 | 25.000,00 |
| Superintendente regional | 130.000,00 | 65.000,00 |
| Diretor de crédito | 300.000,00 | 200.000,00 |

As *alçadas globais* por níveis hierárquicos são as constantes do Quadro 5.3:

**QUADRO 5.3** Alçadas globais.

| Funções | Alçadas | |
|---|---|---|
| | Com duplicatas R$ | Outras garantias R$ |
| Gerente comercial | 150.000,00 | 75.000,00 |
| Superintendente regional | 400.000,00 | 200.000,00 |
| Diretor de crédito | 900.000,00 | 600.000,00 |

Note que nesse exemplo (situação fictícia), a alçada global de cada gestor (Quadro 5.3) é inferior ao valor de sua alçada em cada carteira (Quadro 5.2), multiplicada pelo número de carteiras. No exemplo, a alçada de um diretor de crédito para operações com duplicatas em uma carteira qualquer (em que a duplicata seja utilizada como garantia) é de R$ 300.000,00. Considerando que existem cinco carteiras, teríamos uma alçada global e teórica de R$ 1.500.000,00. Com sua política de delegação de poderes, o *Banco Fictício* restringe a alçada global do diretor de crédito para R$ 900.000,00 para operações com duplicatas. Procedimento análogo é adotado em relação às demais alçadas.

Apenas para assumirmos que o *Banco Fictício* não encerra suas operações na alçada do diretor de crédito, no valor de R$ 900.000,00, podemos supor que acima desse limite venha a alçada do Comitê de Crédito.

Agora vamos admitir que uma *Empresa Hipotética*, cliente do *Banco Fictício*, solicite uma operação de desconto de duplicatas no valor equivalente a R$ 50.000,00 numa agência onde o gerente tenha uma alçada de decisão para operações com recursos do Banco Comercial de R$ 50.000,00.

Nessa condição, considerando apenas a operação proposta para o desconto de duplicatas, o gerente comercial poderia aprovar, pois estaria decidindo dentro de sua alçada. Agora, vamos supor que o gerente consulte um terminal de computador e encontre a seguinte posição atual:

| Posição de débitos da *Empresa Hipotética* | | | |
|---|---|---|---|
| | Débitos | Vencimento | Garantias |
| Carteira comercial | 62.500 | xx.xx.xx | Duplicatas |
| Carteira de investimentos | 29.250 | xx.xx.xx | Duplicatas |
| *Leasing* e Finame | 1.250 | xx.xx.xx | Outras |
| Total | 93.000 | | |

A *Empresa Hipotética* já tem um débito global equivalente a R$ 93.000, o que obriga todas as novas operações a serem submetidas à apreciação das alçadas superiores à do gerente comercial. Somando as operações já existentes com garantia de duplicatas (R$ 62.500 + R$ 29.250,00 = R$ 91.750,00) à nova operação (também com garantia de duplicata) que está sendo proposta, atingirá o montante de R$ 141.750,00. Logo, considerando que a alçada do superintendente regional vai até R$ 130.000,00 para operações garantidas por duplicatas, a decisão será na alçada do diretor de crédito.

Poder-se-ia ainda supor outra condição em que a *Empresa Hipotética* esteja propondo o desconto de duplicata de R$ 50.000,00 e que tenha outra operação de apenas R$ 500,00 na carteira comercial. Nessa nova situação, em que não há nenhum outro tipo de operação nas outras carteiras (investimentos, repasses e *leasing* etc.), somando-se a operação proposta à existente, o resultado daria R$ 50.500,00 e, portanto, exigiria aprovação na alçada do superintendente regional.

Se, entretanto, a proposta para desconto de duplicatas, no valor equivalente a R$ 50.000,00, fosse apresentada numa situação em que o débito global da *Empresa Hipotética* em outras carteiras (fora da comercial) fosse de R$ 75.000,00 com garantia de duplicatas, o gerente poderia aprovar a operação de desconto de duplicatas, uma vez que o cliente ficaria com um débito total de R$ 125.000,00 garantido por duplicatas, estando, portanto, dentro de sua alçada global. Neste caso, estamos supondo também que as operações anteriores totalizando R$ 75.000,00 estejam dentro da alçada do gerente comercial. A tendência dos bancos é de que, quando uma operação vai para alçada superior, todas as decisões relativas ao cliente passa para a respectiva alçada superior.

## 5.3.5 Limites de crédito

A decisão de crédito pode ser restrita à análise de uma proposta específica para atender a uma necessidade de um cliente, ou pode ser mais abrangente, fixando-se um limite para atendimento ao cliente em diversos produtos e por um prazo determinado. A sistemática de trabalhar com limites requer uma análise mais completa e possibilita maior agilidade nas decisões. Na análise caso a caso, cada vez que o cliente precisa de um empréstimo ou de um financiamento, o banco analisa cada proposta e toma a decisão na alçada competente. No critério de limite de crédito, uma vez fixado o chamado limite rotativo, as operações poderão ser feitas com maior rapidez e sem depender de nova análise, desde que estejam enquadradas nas condições predefinidas.

O limite pode ser aprovado para uma empresa em particular ou para um grupo de empresas. Pode ser específico para linhas de produtos ou pode ter caráter global. Pode estar associado a determinado tipo de garantia ou não. Normalmente, os limites são fixados para atender às necessidades de recursos operacionais do giro das empresas, não sendo prática recomendável a fixação de limites de crédito para operações relevantes de investimento a longo prazo. Neste caso, há necessidade de análise do projeto de investimento quanto a sua viabilidade técnica, econômica e financeira, entre outros pontos relevantes. É importante não confundir limite com alçada. A política de crédito define quem tem poder para decisão em sua própria alçada e quem pode fixar limites de crédito. Uma vez fixado o limite de crédito, o gerente poderá efetuar operações dentro do limite, mas isso não representa que esta decisão seja uma alçada sua. Para pequenos negócios, os sistemas de *credit scoring* e de *rating* podem ser utilizados como facilitadores da fixação dos limites de crédito. Durante muito tempo, a análise de crédito vem prestando excelente contribuição às decisões de negócios bancários, porém muitas das análises de crédito carregam um vício terrível, uma vez que se baseia no resultado da empresa e esquece o processo. A globalização da economia vem mudando os processos e uma visão de mais longo prazo exige uma perfeita compreensão desses processos.

### 5.3.6 Análise de crédito

A definição do tipo de análise e sua abrangência são seguramente um dos pontos importantes na avaliação do risco dos clientes. Muitas vezes, alguns bancos copiam os formulários de análise de outros bancos e passam a usar os mesmos indicadores e a mesma forma de análise para uma carteira de clientes com perfil diferente. Isso pode levar ao uso de padrões e critérios inadequados. Quando um banco trabalha com clientes de atividades, portes e regiões diferentes, muitas vezes precisará ter critérios de análises também diferentes. O processo de crédito para uma decisão sobre um empréstimo de R$ 5.000.000,00 não pode ser o mesmo para uma operação de R$ 5.000,00. Se o banco estiver adotando o mesmo padrão, estará pedindo informações a mais para um cliente ou a menos para outro; ou poderá estar descalibrado nos dois.

### 5.3.7 Composição e formalização dos processos

As normas de crédito devem definir quais os documentos que compõem um processo de crédito. Podemos citar alguns exemplos:

- O *contrato social* e as alterações são utilizados para conhecermos quem são os sócios da empresa, qual a participação no capital social, quais os poderes e por quanto tempo, entre outras informações relevantes.
- A *ficha cadastral* da pessoa jurídica e as fichas cadastrais das pessoas físicas dos sócios fornecem diversas informações relevantes para a decisão de crédito.
- A *ficha de informações básicas* de cliente, que pode ser uma espécie de sofisticação da ficha cadastral, com melhor aparência e, preferivelmente, com maior qualidade no preenchimento.
- As *demonstrações financeiras,* assinadas pelos responsáveis pela empresa e pelo contador. Outras informações complementares de caráter financeiro.
- As *planilhas de análise* e demais relatórios com indicadores financeiros, evolução do patrimônio líquido, fluxo de caixa e IOG, por exemplo.

- O *relatório de análise de crédito,* que consolida as informações para subsidiar a decisão de crédito.
- O *relatório de visita,* especialmente quando acrescentar algo que não esteja nos outros documentos.
- A *pesquisa de restrições* sobre o cliente e as partes relacionadas, como empresas que compõem o conglomerado, diretores e sócios, por exemplo.
- As *propostas de operações,* caracterizando o negócio que está sendo proposto, bem como informando as operações e o relacionamento já existentes.

Muitas dessas informações podem e devem ser gerenciadas de forma integrada, devendo estar disponíveis por meio magnético. Entretanto, não devemos esquecer que os documentos competentes são importantes para comprovações de ordem legal e devem estar disponíveis para os devidos usos quando necessário. Não é suficiente possuir os dados das demonstrações financeiras; é necessário que estas contenham as assinaturas dos responsáveis pela empresa e do contador, com número de inscrição no CRC – Conselho Regional de Contabilidade.

Na parte relativa à formalização, a experiência tem demonstrado que muitos bancos têm tido prejuízos por desatenção no cumprimento de determinadas formalidades legais, como falta de assinatura pelos clientes nos contratos de empréstimos ou mesmo por falta de formalização das garantias.

### 5.3.8 Administração e controle do crédito

A evolução tecnológica no campo da informática trouxe grande facilidade para a administração e para o controle de crédito.

Os sistemas de computação têm condições de travarem muitas operações cujos processos não estejam de acordo com as normas do banco, bem como podem gerar relações de exceção para atuação da auditoria ou de outra área responsável pelo controle e pelo acompanhamento do crédito.

A política de crédito é quem vai definir os critérios de classificação de risco, as formas de acompanhamento e revisão de crédito, as alçadas de decisão para transferências de operações para crédito em liquidação, entre outros fatores relevantes.

### 5.3.9 Cooperativas de crédito

No que pese termos destacado os bancos, não podemos deixar de mencionar as cooperativas de crédito. O sistema bancário brasileiro é de altíssima concentração, num pequeno número de grandes bancos. Os bancos pequenos e médios têm cada vez menor participação no mercado. Adicionalmente, as cooperativas de crédito começam a ocupar um pequeno, mas importante, espaço no mercado de serviços financeiros.

Uma cooperativa é uma instituição que congrega um grupo de pessoas que usam esforços e recursos em busca de um objetivo comum. Durante muito tempo, as cooperativas de crédito eram compostas por cooperados ligados a determinados segmentos ou atividades. A partir do momento em que a regulação do Bacen permitiu a livre adesão, cada cooperativa assemelha-se a um banco e passa a requerer políticas e processos que sejam capazes de assegurar aos seus cooperados a segurança adequada para a gestão de seus recursos.

O Bacen tem dado suporte às cooperativas de crédito produzindo inclusive o manual de governança corporativa.

Considerando o perfil de gestão das cooperativas, seu grau de profissionalismo e suas estruturas organizacionais, suas políticas de crédito (e suas estratégias) precisam ser diferentes das dos bancos.

### QUESTÕES PARA RESOLUÇÃO E DISCUSSÃO

1. O que você entende por política de crédito?
2. Segundo os conceitos discutidos, comente as variáveis a serem consideradas na busca da eficácia empresarial.
3. Dê o conceito de alçada de decisão.
4. Qual a diferença entre alçada conjunta e alçada colegiada?
5. Cite e comente oito fatores relevantes para determinação da alçada de decisão de crédito.
6. Explique o motivo pelo qual a análise de crédito deve ser parte da política de crédito.
7. Comente sobre a necessidade de formalização do processo de crédito.
8. Explique o que é controle de crédito e a necessidade de este ser tratado na política de crédito.

capítulo 6

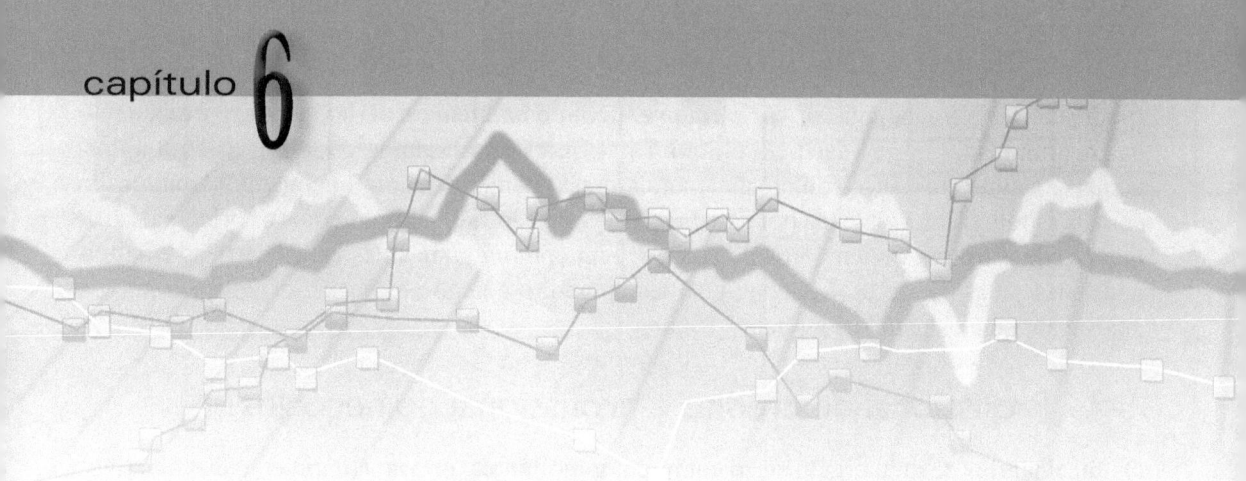

# O profissional e a estrutura de crédito

### OBJETIVOS DE APRENDIZAGEM

Analisar e refletir sobre o profissional de crédito e negócios, bem como sobre a estrutura organizacional necessária ao funcionamento da atividade de crédito, compreendendo:
- A descrição do perfil do profissional de crédito, incluindo características pessoais e habilidades profissionais necessárias ao bom desempenho das funções;
- A apresentação das atribuições técnicas de uma área de análise e controle de crédito;
- A discussão detalhada sobre atividades como investigação de crédito e uso de tecnologia na gestão de crédito.

## 6.1 Introdução

No Capítulo 5, tratamos da política de crédito integrada no contexto estratégico do banco. Esse contexto estratégico compreende os ambientes externo e interno. O primeiro é formado por concorrentes, clientes, fornecedores, regulamentação e fatores sociais e políticos (entre outros), oferecendo oportunidades e riscos. A identificação dessas oportunidades pode ser o ponto de partida para que o banco assuma um posicionamento estratégico visando definir que tipo de banco pretende efetivamente ser. Já o ambiente interno compreende os recursos humanos, financeiros e tecnológicos. Tais recursos e conhecimentos de que a organização dispõe são decorrentes das necessidades da organização para viabilizar e controlar a operacionalização das estratégias formuladas. É esse ambiente interno com suas capacidades fundamentais (pontos fortes e fracos) que se vai harmonizar com o ambiente externo, para aproveitamento das oportunidades oferecidas pelo último. Desse modo, precisamos visualizar a estrutura organizacional de um banco (ou de qualquer empresa) como elemento totalmente harmonizado com as estratégias formuladas por sua direção. Neste capítulo, abordaremos as principais atribuições da estrutura de uma área de crédito, bem como algumas das características e habilidades desejadas para o profissional atuante em crédito e negócios bancários. Portanto, nossa análise abrange os recursos humanos e materiais.

## 6.2 Profissional de crédito e profissional de negócios

Os funcionários de uma organização cumprem importante papel no atingimento dos objetivos definidos em seu plano estratégico. À medida que o funcionário evolui na escala hierárquica da empresa, maior percepção estratégica é necessária. Já a operacionalização dos objetivos estratégicos requer um conhecimento técnico e algumas habilidades específicas dos profissionais que atuam na avaliação de risco e na realização de negócios com os clientes. A qualidade humana é, sem dúvida, o fator mais relevante para obtenção da qualidade no crédito. Com estratégia bem formulada, política bem definida, estrutura organizacional adequada, tecnologia e uma equipe de profissionais de negócios e de análise de risco de crédito bem preparada, a organização tem um ambiente interno construído para manutenção de uma carteira de crédito saudável e lucrativa. Inicialmente, vamos examinar as descrições dos cargos de gerentes de negócios (*relationship manager*) e de crédito (*credit manager*) e, em seguida, as características e habilidades desejadas para o exercício desses cargos. Em que pese à descrição que analisaremos usar a denominação cargos de gerentes, tais conhecimentos e habilidades são necessários para os níveis mais elevados da escala hierárquica da organização, desde que os profissionais estejam envolvidos com crédito. A função de crédito envolve o aspecto da negociação e do relacionamento com o cliente e a análise do risco decorrente do próprio negócio. Com o objetivo de comparar os dois lados de uma moeda, estamos transcrevendo, com algumas adaptações, as descrições dos cargos relativos às funções de um *gerente de negócios sênior* e de um *gerente de crédito*, em um banco multinacional. Sabemos que de um banco para outro haverá diferenças fundamentais nas características dos profissionais, conforme o perfil estratégico do banco e sua estrutura funcional, mas a comparação que estamos desenvolvendo nos possibilitará excelente sentimento acerca de como as atribuições se complementam. Para isso, estamos agrupando os itens em quatro blocos: (i) resumo do cargo, (ii) desafios, (iii) responsabilidades principais e (iv) conhecimentos necessários. Vejamos:

**QUADRO 6.1** Resumo do cargo.

| Gerente de negócios sênior | Gerente de crédito |
|---|---|
| **Resumo do cargo**<br>Responsável por:<br>• contatar empresas já clientes e buscar novas empresas no perfil de mercado do banco;<br>• propor aprovação e manutenção de linhas de crédito e realização de negócios;<br>• dar assistência à diretoria com relação à determinação de políticas operacionais, visando ao cumprimento das metas preestabelecidas. | **Resumo do cargo**<br>Responsável por:<br>• coordenar as atividades de crédito e cadastro;<br>• desenvolver e observar estudos da situação econômico-financeira das empresas, visando à concessão de empréstimos dentro de políticas emanadas pela matriz. |

O Quadro 6.1 é um resumo do cargo, onde observamos que o homem de negócios tem sua função de contatar empresas, propor aprovação de crédito e subsidiar a direção na determinação das políticas operacionais. Entretanto, o homem de crédito está voltado para o fator análise de risco.

**QUADRO 6.2** Desafios para os ocupantes dos cargos.

| Gerente de negócios sênior | Gerente de crédito |
|---|---|
| **Desafios**<br>• Buscar permanentemente atualização de novos produtos e serviços bancários comercializados no mercado financeiro.<br>• Buscar informações estratégicas no mercado concorrente.<br>• Maximizar a rentabilidade da carteira e criar novas oportunidades de negócios. | **Desafios**<br>• Buscar adequado estudo econômico-financeiro das empresas clientes, visando à concessão de empréstimos e minimizando os riscos de crédito.<br>• Buscar constantemente o relacionamento com empresas e no mercado, objetivando obter informações adicionais importantes e necessárias à formulação de pareceres técnicos. |

Pelo Quadro 6.2, observamos que, para esse banco, o gerente de negócios busca informações para subsidiar as funções de marketing e planejamento do banco, além de buscar a maximização da rentabilidade da carteira de negócios. O gerente de crédito está buscando a minimização do risco.

**QUADRO 6.3** Responsabilidades principais.

| Gerente de negócios sênior | Gerente de crédito |
|---|---|
| **Responsabilidades principais**<br>• Assegurar a máxima rentabilidade das operações com clientes por meio da utilização de técnicas específicas de operações.<br>• Assegurar a constante atualização das informações dos clientes, por meio de contatos frequentes com eles.<br>• Assegurar a manutenção de limites de crédito ativos mediante o fornecimento de inputs no tempo adequado, a fim de possibilitar a elaboração de propostas de crédito.<br>• Contribuir para a perfeita administração da respectiva área de trabalho, fornecendo informações e subsídios referentes às alterações das condições de mercado.<br>• Contribuir para o processo decisório, subsidiando informações à alta administração do banco.<br>• Contribuir para a máxima utilização das linhas de trade finance por meio da obtenção de negócios que utilizem essas linhas.<br>• Contribuir para a elaboração dos relatórios gerenciais mediante o fornecimento de informações adequadas.<br>• Contribuir para o alcance das metas quantitativas e qualitativas estabelecidas para o departamento. | **Responsabilidades principais**<br>• Assegurar as análises de crédito das empresas clientes por meio de uma política adequada à minimização do risco das operações de crédito.<br>• Elaborar relatórios de crédito de clientes nacionais e multinacionais, visando à aprovação de limites operacionais.<br>• Elaborar análises de crédito de clientes, analisando a situação econômico-financeira e verificando a viabilidade das operações propostas.<br>• Elaborar relatórios no idioma inglês, registrando suas recomendações e opiniões, para contribuir para o processo decisório.<br>• Orientar analistas na emissão dos relatórios de crédito mediante a coordenação e conferência dos dados registrados.<br>• Administrar os recursos humanos sob sua supervisão, acompanhando e implementando programas de treinamento e desenvolvimento que atendam às necessidades e prioridades da organização.<br>• Cumprir as metas de trabalho compatíveis com a capacidade de seus recursos disponíveis.<br>• Acompanhar os créditos concedidos, observando o correto cumprimento das normas e dos procedimentos para a concessão de crédito, especialmente na renovação dos limites. |

As diferenças mencionadas em relação ao Quadro 6.2 são válidas para o Quadro 6.3.

**QUADRO 6.4** Conhecimentos necessários.

| Gerente de negócios sênior | Gerente de crédito |
|---|---|
| **Conhecimentos necessários** | **Conhecimentos necessários** |
| Experiência de 6 a 10 anos. | Experiência de 6 a 10 anos. |
| Curso superior em administração de empresas, ciências contábeis ou economia. | Curso superior em ciências contábeis, administração de empresas ou economia. |
| Experiência em instituição financeira e conhecimento de produtos bancários. | Domínio da língua inglesa, de técnicas de redação e comunicação verbal. |
| Domínio da língua inglesa, de técnicas de redação e comunicação verbal. | Conhecimento dos produtos do banco. |
| Conhecimentos de microinformática, relacionamento interpessoal e matemática financeira. | Conhecimentos de microinformática, de contabilidade e relacionamento interpessoal. |

O Quadro 6.4 mostra-nos que o tempo de experiência anterior é semelhante para os dois cargos. Para ocupar uma função de gerência, são exigidos no mínimo seis anos de vivência. Em ambos os casos, são exigidos curso superior, conhecimento da língua inglesa, redação, comunicação, microinformática e produtos bancários. Há outros conhecimentos específicos para cada um dos cargos, conforme podemos observar na descrição dos conhecimentos necessários.

Num mercado competitivo, o banco precisa operar para gerar receita e precisa de segurança na avaliação do risco do cliente. Nem todos os bancos precisam exigir conhecimento do idioma inglês ou de outro idioma estrangeiro para contratar um gerente ou um analista de crédito, ou mesmo um gerente comercial, por exemplo. No entanto, adotar uma postura oposta de promover profissionais sem formação adequada e sem treinamento para desempenhar essas funções pode caracterizar um nível de falta de atenção capaz de prejudicar a solidez e a reputação do banco.

O exemplo que transcrevemos relativo às duas descrições de cargos nos fornece uma ideia clara do nível de exigência para os ocupantes daquelas posições funcionais nas áreas de crédito ou de negócio. Isso nos ajuda a concluir que profissionais de negócios bancários e profissionais de análise de crédito devem possuir certas características pessoais, bem como habilidades profissionais que sejam facilitadoras de elevada *performance* em seus cargos.

Características aparentemente simples, como "saber ouvir com atenção", são particularmente importantes para uma inter-relação. A forma de solicitar a documentação para uma empresa pode ser um fator que facilita ou dificulta o relacionamento com o cliente. Muitos gerentes de negócios e muitos analistas de crédito não atentam para a importância de como pedir documentação ao cliente e geram desgastes desnecessários. A vivência adquirida no dia a dia, no próprio trabalho, a autoanálise, o interesse no desenvolvimento pessoal e o treinamento são fatores indispensáveis.

Relacionamos a seguir algumas características pessoais e habilidades necessárias para o profissional de negócios bancários e crédito. Algumas dessas características e habilidades podem ser mais ou menos importantes, conforme a função, o perfil da instituição, o mercado de atuação e o momento econômico.

## 6.2.1 Características pessoais

Nesse grupo de características pessoais, encontram-se as decorrentes da vivência adquirida no próprio trabalho, da autoanálise e do interesse no desenvolvimento pessoal.

### 6.2.1.1 Potencial

A empresa, durante muito tempo, tem utilizado alguns recursos para avaliação do potencial dos candidatos e dos funcionários. Esses recursos têm compreendido os chamados testes psicológicos, grafológicos, situacionais, estudos astrológicos e outros recursos possíveis de ser adotados pelos especialistas em comportamento ou em outras áreas. Independentemente das razões e da discussão da validade dos processos, o que as empresas pretendem são pessoas que sejam capazes de apresentar excelente *performance*. Para um gerente de negócios ou para um analista de crédito, a notícia em um jornal local de que os empregados de determinada empresa estão em greve leva a uma investigação da empresa e dos clientes do banco envolvido com aquela empresa, independentemente do que a análise financeira tenha mostrado. Perceber oportunidades de negócios e proteger-se dos riscos é para qualquer empresa uma atitude inteligente. Há um tripé de sustentação válido para vários tipos de dirigentes, ou seja, o primeiro ponto é o potencial do profissional, o segundo é a *performance* e o terceiro é o caráter. Um líder com elevado potencial, elevado desempenho e baixo caráter constitui-se num grande perigo para a organização.

### 6.2.1.2 Automotivação

Como em qualquer outra área da vida, o profissional de negócios bancários e o profissional de crédito precisam de motivação para atingir uma boa *performance*. A automotivação leva à busca de desempenho das tarefas sem que haja contínua cobrança, advertência ou incentivo por parte do superior ou da empresa. Não quer dizer, entretanto, que a empresa e a chefia não devam propiciar condições motivadoras para o desempenho dos profissionais. Esse *dinamismo* deve ser capaz de fazer canalizar os recursos e as energias para uma ação produtiva.

### 6.2.1.3 Estabilidade emocional

No mundo dos negócios e no trato com clientes e colegas em geral, cabeça fria e confiança inabalável são condições fundamentais para tratar casos difíceis. Os prejuízos causados pelo mau humor e pela instabilidade emocional vão desde a desmotivação e a insegurança interna da própria equipe de trabalho até a perda do cliente e o desgaste de imagem da instituição. Um clima favorável na organização é fator que leva à maior produtividade. No relacionamento com o cliente, a tolerância pode amenizar estados de tensão e não fechar as portas para situações futuras. Portanto, reagir com equilíbrio às diversas situações, mantendo o controle sobre as manifestações e os impulsos, é uma condição necessária.

### 6.2.1.4 Diplomacia e empatia

O relacionamento entre o profissional do banco e o cliente exige constante exercício de diplomacia. Clientes aborrecidos pela recusa de um pedido de empréstimo ou pela execução de um débito podem não estar amistosos. Uma atitude saudável por parte dos profissionais do banco é cultivar boas relações de negócios, em vez de desencorajar os clientes mediante uma demonstração de animosidade. Colocar-se no lugar do cliente e tratá-lo da mesma forma como desejaria ser tratado pode ser um exercício produtivo para o relacionamento e para a imagem do próprio banco. Importante destacar que diplomacia não é submissão, mas a busca para obter os resultados desejados de forma eficaz.

### 6.2.1.5 Habilidade de ouvir com atenção

Muitas vezes, encontramos gerentes de negócios e homens de crédito com muita vontade de falar sobre o poder que têm de tomar decisões para aprovar ou recusar crédito. Na realidade, é importante falarmos o que é necessário, e muito mais produtivos são os encontros em que o cliente é quem fala e o gerente de contas ou o profissional de crédito ouve. Devemos fazer perguntas bem elaboradas, bem como registrar sinais não verbalizados e comportamento inquieto de um cliente que possam nos prestar subsídios na relação de negócios e nas análises de crédito.

### 6.2.1.6 Habilidade de comunicação

A comunicação ocorre em vários níveis, inclusive internamente. Muitas vezes, o comitê de crédito do banco recusa uma operação de um cliente devido a uma fundamentação inadequada por parte do gerente de negócios. Algumas análises de crédito não dizem nada e, pior, ajudam a confundir o tomador de decisão. Fazer um parecer de crédito ou uma proposta de negócio é um trabalho que exige habilidade de comunicação. Quem escreve tem que se colocar no lugar de quem vai ler, para avaliar se ele mesmo seria capaz de entender aquela mensagem. O gerente de uma agência de uma cidade do interior conhece (ou deveria conhecer) a empresa que é sua cliente, mas os membros do comitê de crédito que estão distantes não têm a obrigação de conhecê-la. O gerente precisa entender que ele (o gerente) não é um anexo da proposta e que esta precisa ser autoexplicativa. Se o profissional de negócios emitir uma proposta de limite ou de operação e precisar fazer uma ligação telefônica para explicá-la, é a confirmação de que a proposta não foi bem formulada. O analista precisa saber identificar os pontos relevantes da análise, destacando-os e harmonizando-os, para uma fácil compreensão.

Na dimensão externa, grande parte do tempo do homem de negócios é dedicada para se comunicar com clientes, cujos níveis variam do presidente de uma grande companhia até o proprietário de um restaurante. A comunicação é a forma de entendermos a empresa e de sermos entendidos por seus representantes. Adicionalmente, é também a forma de transmitirmos uma imagem positiva de nossa organização.

A comunicação pode ser escrita ou verbal. Precisamos ser objetivos sem perdermos a polidez e a diplomacia. Precisamos ler e estarmos atualizados em vários contextos para uma boa comunicação e relacionamento com o cliente.

### 6.2.1.7 Atenção para detalhes

Muitas vezes, as pessoas criticam determinado indivíduo pelo fato de ele ser detalhista. Todavia, perceber detalhes importantes é fundamental para alcançarmos sucesso em várias situações. Numa partida de futebol, um time pode ganhar o jogo pela habilidade de seu técnico em observar um detalhe de uma falha ou fraqueza na defesa adversária. Um gerente de negócios pode observar um detalhe na atividade do cliente que lhe possibilite fazer novos negócios. O analista de crédito precisa ser capaz de observar detalhes e sutilezas que possam indicar pontos de fragilidade e risco na situação do cliente. Um simples pedido de informação de crédito por parte de um fornecedor de nosso cliente pode não ter maior relevância ou pode ser um sinal de alarme (*red flag*) de que as coisas não andam financeiramente favoráveis para nosso cliente.

### 6.2.1.8 Integridade

Mesmo numa época em que diversos valores morais e éticos são questionados, não há dúvida de que o cliente quer uma relação de compromisso e seriedade por parte do banco na preservação das informações sobre sua empresa. O banco tem acesso às informações passadas e presentes, bem como sobre expectativas futuras do cliente. Tanto o profissional de negócios quanto o de crédito são uma espécie de depositários das informações. O profissional representante do banco deve ter um comportamento ético e deve passar ao cliente uma imagem que retrate essa conduta. Cabe destacar que os profissionais do banco são também responsáveis pela guarda e administração de recursos financeiros, materiais e humanos. Muitas empresas têm seus próprios códigos de ética, que orientam o comportamento de seus funcionários nas relações com clientes, fornecedores e autoridades, entre outros agentes.

### 6.2.1.9 Habilidade para negociar

Durante muito tempo, negociar era "coisa" de pessoas ligadas às funções de vendas. Hoje, sabemos que a negociação está presente em nossa vida, no dia a dia, inclusive em nossas relações familiares.

Entender e respeitar os interesses da outra parte é fundamental para a manutenção de uma relação saudável e duradoura. Devemos atingir nossas metas e ao mesmo tempo satisfazer às necessidades de nossos clientes com nossos produtos e serviços. A negociação requer habilidade de comunicação e uma compreensão das exigências, dos pontos fortes e fracos das partes envolvidas na negociação. Na capacidade para negociar deve também estar contida uma boa dose de flexibilidade. Na negociação com o cliente entram fatores como montante do crédito, prazos, garantias e taxas. As relações de negócios podem ter pontos de interesses conflitantes entre o cliente e o banco, e as ações unilaterais podem trazer desgaste de relacionamento e perda de bons clientes. Adicionalmente, o cliente conta com uma série de direitos legais e ainda com o respaldo do *Código de Defesa do Consumidor Bancário*, aprovado pela Resolução nº 2.878, de 27-7-2001, cujo conteúdo deve fazer parte do conhecimento do profissional bancário. No entanto, o profissional deve ter conhecimento sobre as condições de um empréstimo que são negociáveis e as condições chamadas necessárias e que não admitem negociação.

### 6.2.1.10 Capacidade de decisão

Nossa vida é um constante exercício de tomada de decisão. A capacidade de um gerente de tomar decisões é fundamental para seu sucesso profissional e também para os resultados da empresa. Quando o cliente cota uma operação, precisamos de instrumentos que nos auxiliem na tomada de decisão, precisamos de conhecimento para avaliação do contexto e, principalmente, de coragem e capacidade para defendê-la. Idem na recusa de uma operação.

Um banco vive de fazer negócios e de ser um "tomador de risco". Os profissionais medrosos fazem o banco perder oportunidades de negócios. Os que emprestam errado fazem o banco perder dinheiro.

## 6.2.2 Habilidades profissionais

Nesse grupo, estamos incluindo uma série de conhecimentos adquiridos em bancos escolares e em treinamento específico fornecido pelo banco ou adquirido pelo próprio funcionário mediante seu interesse próprio.

#### 6.2.2.1 Formação escolar

No exercício da função de gerente de negócios ou de gerente de crédito, é necessária uma formação escolar compatível com os relacionamentos e as responsabilidades do cargo. Muitos dos profissionais atuantes nas áreas de negócios ou de crédito passaram por cursos, em cujos currículos constam as disciplinas de contabilidade, de análise financeira, matemática financeira, economia, marketing, vendas, direito bancário e atendimento ao cliente, entre outras. Espera-se das pessoas atuantes em banco, especialmente em crédito e negócios, um conhecimento mínimo dessas disciplinas. Quando os currículos de seus cursos não cobrirem tais conhecimentos, esses profissionais deverão suprir essa carência com algum tipo de treinamento eficaz. Ao visitar o diretor financeiro de uma grande empresa, seguramente o representante do banco deverá ter condição de desenvolver um diálogo em nível técnico elevado. Desse modo, entendemos que contabilidade, análise e matemática financeira (entre outras disciplinas) devem fazer parte da formação escolar dos referidos profissionais.

#### 6.2.2.2 Conhecimento bancário

O gerente de contas e o gerente de crédito devem possuir adequado conhecimento da instituição onde trabalham. Precisam compreender os objetivos da organização, seus produtos e suas diretrizes funcionais para desenvolverem suas atribuições. Primeiramente, todas as decisões ligadas ao crédito e à operação devem estar de acordo com a filosofia do banco. Para atender às necessidades do cliente com produtos e serviços adequados, é preciso conhecer os produtos que o banco tem. Um melhor aprofundamento do conhecimento bancário requer algum conhecimento do sistema financeiro em geral. O gerente de contas precisa conhecer os produtos, os serviços e as condições com que a concorrência direta opera.

#### 6.2.2.3 Conhecimento de economia e atualidades

Entender os principais fatos econômicos e avaliar a expectativa do impacto desses fatos na vida dos clientes do banco são uma condição indispensável para profissionais que atuam em crédito e negócio bancário. Um acontecimento local, como uma seca que prejudique a produção de soja (ou de outra cultura), merece atenção do banco. Da mesma forma, a produção nacional de soja poderá afetar o preço dela na próxima safra. Mas será que a cotação da soja no mercado internacional vai afetar meu cliente local, que é apenas um médio produtor rural? Esse conhecimento atualizado pode ser um identificador de negócios e ao mesmo tempo um denunciador de riscos.

#### 6.2.2.4 Conhecimento geral de negócios

A tendência geral do mercado é de que o banco possa atender cada vez melhor às necessidades de seus clientes. Para isso, é preciso compreender os fatores fundamentais que envolvem ser empresário e operar um negócio. O gerente não precisa ser um agricultor, mas, se seus clientes são agricultores, ele precisará ter adequada compreensão de como funciona a atividade agrícola que seu cliente desempenha. Financiar um produtor de soja requer conhecer o funcionamento dessa atividade, desde a preparação do solo até a colheita, venda e recebimento. Adicionalmente, um profissional que atua numa comunidade deve conhecer suas principais empresas, quem as dirige e como estão inter-relacionadas.

### 6.2.2.5 Compreensão de aspectos legais

Contratos de empréstimos, financiamentos e arrendamentos precisam ser feitos dentro das normas das autoridades monetárias e dos princípios de direito. Daí ser necessário que o profissional que atua em crédito e em negócios bancários acompanhe as mudanças ocorridas nas normas e nos regulamentos em vigor. É preciso, por exemplo, conhecer os critérios de classificação de risco e respectivos percentuais de provisionamento de perda. Também é preciso saber que tipo de garantia solicitar, como será sua formalização e quais as vantagens de sua exigência. Se, por exemplo, uma empresa cliente entra num processo de recuperação judicial, o gerente precisa saber quais as providências que o banco deve tomar. Até para dialogar com o departamento jurídico do próprio banco, as noções mínimas de direito facilitam o entendimento.

### 6.2.2.6 Conhecimento de técnicas de venda

Para o profissional de negócios, as etapas de entrevista de empréstimo e de investigação e análise de risco do cliente dão uma posição vantajosa para identificar as necessidades de produtos e serviços que o cliente tem. Isso possibilita detectar perspectivas de vendas, fazer uma sólida apresentação de todos os produtos e serviços que o banco tem a oferecer e, em seguida, acompanhar as contas depois que as vendas foram realizadas. O gerente de crédito também deve ser um vendedor e deve ser hábil para mostrar ao cliente a conveniência de este fornecer-lhe as informações que agilizarão as decisões de crédito de seu banco. A própria análise de crédito deve ser uma etapa facilitadora da identificação das necessidades do cliente que possam ser satisfeitas com os produtos e serviços do banco.

### 6.2.2.7 Habilidades administrativas e de recursos humanos

O gerente de negócios e o gerente de crédito também são administradores de recursos humanos e materiais. Desse modo, precisam de conhecimento e habilidade para planejar, organizar, controlar e decidir. Para ter a garantia de que as análises de crédito serão feitas com qualidade, o gerente de crédito deverá saber selecionar seus analistas, treiná-los e orientá-los. Deverá definir a abrangência da análise e cobrar os resultados dentro dos prazos estabelecidos.

### 6.2.2.8 Conhecimento de idiomas

Em nosso mundo globalizado, o conhecimento de outros idiomas (além do português) será um facilitador no relacionamento com empresas estrangeiras. Muitos executivos de empresas estrangeiras gostam de comunicar-se no idioma de seu país de origem. Isto hoje já não é um diferencial competitivo, porém a falta desta habilidade de comunicação poderá representar uma carência do profissional e dificultar uma relação mais produtiva. Muitos termos em inglês fazem parte do vocabulário empresarial.

### 6.2.2.9 Cultura e comportamento

Um bom nível cultural é uma condição necessária para o profissional bancário. Estudar e compreender os valores culturais e morais de nossos clientes deve ser um contínuo desafio. Ler é parte da solução. Certa ocasião, li a expressão de que "somos admitidos numa organização pela nossa competência e somos promovidos ou demitidos pelo nosso comportamento".

As relações com nossos clientes constituem verdadeiros encontros sociais. Nossa apresentação pessoal, a escolha do restaurante para um almoço de negócios, o uso de telefone celular durante uma reunião com um cliente e o ato de fumar estão entre um conjunto de comportamentos que requer adequado treinamento. Os chamados cursos de *etiqueta social* ganham cada vez mais espaço no mundo dos negócios. Certa ocasião, um gerente de negócio me contou que fora visitar um cliente numa segunda-feira pela manhã e durante a visita surgiu um diálogo na seguinte linha:

Gerente: – Bom dia, como foi de fim de semana?

Cliente: – Foi muito bom. Estive na *Praia X*, o tempo esteve muito agradável.

Gerente: – Eu também estive nesta praia. Encontrei um grupo de amigos e tomamos muitas cervejas. Fizemos muita farra. Hoje sinto ressaca. Mas valeu a pena. Eu gosto muito de tomar cerveja com os amigos.

O diálogo prosseguiu e depois de o gerente ter-se gabado de sua farra de fim de semana o cliente (diretor financeiro da empresa) foi buscar uma fita de vídeo e passou para o gerente. A fita retratava o fim de semana do cliente, que, apesar de ter estado na mesma praia, o motivo foi a participação em um encontro religioso. O gerente me confidenciou que seu desejo naquele momento era de que o chão se abrisse para ele sumir. Havia se vangloriado de sua bebedeira para alguém que tinha comportamento e valores diferentes. Sentia que ele, como representante do banco, deveria ter transmitido uma conduta que passasse a ideia de alta reputação tanto dele, gerente, quanto de seu banco.

## 6.3 Estrutura organizacional de crédito

Na introdução deste capítulo, mencionamos que a estrutura organizacional de uma empresa deve estar em sintonia com os planos estratégicos da organização. Quando nos referimos às instituições financeiras, devemos lembrar que os planos estratégicos estão condicionados às normas reguladoras, e essas normas determinam formas de avaliação de clientes, controle e transparência da organização, entre outros fatores. A ocorrência da intermediação financeira presume a existência de moeda, de agentes econômicos ofertadores e tomadores de recursos e de uma base institucional para funcionamento da própria intermediação financeira.

Um dos principais papéis do Sistema Financeiro Nacional (que compreende o Conselho Monetário Nacional e o Banco Central, entre outras instituições, conforme o Capítulo 1 deste livro) é o de dar segurança ao próprio sistema e ao depositante (agente ofertador de recursos). Esse papel do regulador tem forte interferência na estrutura organizacional das instituições financeiras. A preocupação com a solidez dos sistemas financeiros é universal, e o chamado Comitê de Basileia tem prestado grande contribuição na busca de certa universalização de conceitos e procedimentos. Por sua vez, o Banco Central do Brasil tem sido um agente modernizador do sistema financeiro brasileiro, do subsistema operativo composto pelas instituições financeiras. A gestão de risco vem merecendo profunda atenção e requerendo elevados volumes de investimento em inteligência, sistemas e processos.

O risco de crédito teve significativa atenção e evolução com a Resolução nº 2.682/99, obrigando os bancos a classificar suas operações de acordo com o risco delas (conforme Capítulo 4) e a efetuar a adequada provisão de perdas. O risco de mercado e o risco operacional também têm merecido a atenção dos reguladores.

A identificação e a quantificação de risco deve resultar em provisão suficiente para cobrir a respectiva perda ou valor esperado. Isso impacta em redução do patrimônio líquido da instituição e pode indicar a necessidade de aporte de capital para manter o nível mínimo exigido pelas autoridades monetárias.

Neste tópico, relativo à estrutura de crédito ou de gestão de risco de crédito, vamos discutir as atribuições de uma área de crédito, detalhando determinados serviços. Para uma visão geral acerca dos recursos para a tomada de decisão, a análise das atribuições da área de crédito é de grande valia. Quanto ao posicionamento hierárquico dessas atribuições no organograma, cada banco ou empresa, segundo suas características, estruturará sua área de crédito para atender a suas necessidades. Dessa forma, apresentaremos o que normalmente precisa ser feito, sem, entretanto, entrarmos no mérito de quem deva fazê-lo. Isso será decorrência da complexidade e da estrutura de cada banco ou empresa. Inicialmente, vamos resumir as atribuições de uma Diretoria de Risco de Crédito.

### Missão/Objetivos da Direção do Risco de Crédito

- participar na estruturação dos planos estratégicos do banco;
- contribuir na operacionalização dos planos estratégicos;
- estabelecer as políticas de crédito e operacionais;
- fazer cumprir as normas legais e exigências das autoridades monetárias;
- criar condições para avaliar risco e reduzir perdas com crédito;
- manter uma carteira de crédito saudável e diversificada;
- controlar a qualidade técnica e legal da carteira de crédito do banco;
- criar meios para atendimento às necessidades dos clientes;
- dar sustentação ao crescimento das operações;
- levar à maximização do valor do banco.

Para fins didáticos, vamos classificar as atribuições de uma área de risco de crédito em três grandes grupos: (i) atribuições técnicas de análise e controle de crédito, (ii) atribuições especializadas de apoio e (iii) atribuições de cadastro e investigação de crédito. Comentaremos também sobre a tecnologia da informação nos serviços de crédito.

### 6.3.1 Atribuições técnicas de análise e controle de crédito

A análise de crédito pode compreender as atribuições que levam à classificação do risco intrínseco do cliente. Neste grupo, temos os serviços especializados de análise de empresas, que compreende a análise tanto das demonstrações financeiras quanto de outros fatores que influenciem no desempenho das empresas de forma geral. Após a decisão de crédito, vêm o acompanhamento e o controle.

#### 6.3.1.1 Serviços de análise financeira para crédito

Antes da análise financeira, temos a etapa da chamada **padronização das demonstrações financeiras**. Os serviços de padronização[1] objetivam uniformizar os demonstrativos contábeis

---

1. Sobre padronização, recomendamos, como leitura complementar, SILVA, José Pereira da. *Análise financeira das empresas*. 11. ed. São Paulo: Atlas, 2012.

para permitir melhor comparabilidade desses demonstrativos. A comparabilidade deve ser feita para identificar a evolução dos dados de uma mesma empresa em diferentes exercícios, ou para confrontar dados de empresas diferentes (atuantes num mesmo segmento de atividade) num mesmo exercício social. Essa padronização se faz necessária mesmo que as demonstrações contábeis obedeçam às normas legais e aos Princípios Contábeis Geralmente Aceitos (PCGAS). Ao mesmo tempo, os padrões internos de análise e os indicadores e relatórios a serem gerados podem exigir critérios específicos e que são diferentes dos utilizados pelas empresas para divulgação do balanço e da demonstração do resultado. Outras atribuições do analista na fase de preparação dos demonstrativos para a análise são:

a) Identificação dos valores agrupados em rubricas genéricas, do tipo "outros ativos circulantes", permitindo, portanto, que se saiba a que se referem tais valores, que muitas vezes são expressivos.

b) Verificação da consistência da evolução de contas, principalmente as do patrimônio líquido, o que possibilita a identificação de eventuais irregularidades.

c) Análise dos dados disponíveis, bem como obtenção de informações complementares que possibilitem a identificação de eventuais despesas não apropriadas ao resultado.

d) Diversas outras falhas técnicas na elaboração dos demonstrativos contábeis, que estejam prejudicando a interpretação sobre a situação econômico-financeira da empresa, poderão ser detectadas pelo analista na fase de preparação dos demonstrativos para fins de análise. A inexistência dos serviços de padronização poderá levar os gestores de crédito a interpretações distorcidas acerca da saúde financeira e do risco de crédito de seus clientes.

Os **serviços de análise de empresas** vêm após a padronização dos demonstrativos contábeis e consistem em interpretar e analisar de forma conjunta os dados disponíveis de uma empresa e emitir parecer sobre sua situação econômico-financeira. O principal instrumento para desenvolvimento deste trabalho são os demonstrativos contábeis padronizados, de onde o analista vai avaliar a situação da empresa por meio da evolução das contas e da interpretação dos índices financeiros (atividade, lucratividade, ciclo financeiro, estrutura e liquidez), verificando os motivos das melhoras ou das pioras ocorridas na saúde financeira da empresa.

Ao mesmo tempo em que o analista examina os diversos fatores relativos a determinada empresa, deve necessariamente conhecer a situação das demais empresas do grupo, quando a empresa em questão pertencer a algum conglomerado.

Os serviços de análise exigem experiência, perspicácia, bem como conhecimento amplo de contabilidade e de aspectos gerais da conjuntura econômica e do mercado. A análise desenvolvida será a base para a tomada de decisão de crédito.

De forma geral, as análises para a tomada de decisão de crédito, para fornecimento de mercadorias e produtos a clientes, têm foco retrospectivo quanto ao desempenho do cliente. Algumas vezes, contam com dados prospectivos de tendência do mercado em que a empresa atua. Nas operações de crédito no curto prazo, feitas por instituições financeiras, mesmo prevalecendo o enfoque retrospectivo, a abrangência da análise poderá ser diferente, devido à tendência de maior rigor no crédito bancário. Nos casos de operações de longo prazo, para projetos expressivos, é necessária também uma análise prospectiva. As análises prospectivas compreendem o mercado, o volume de vendas, os custos e as despesas, a geração de caixa, a necessidade de capital de giro, os investimentos adicionais e suas fontes de financiamento, bem como os demais fatores que sejam relevantes.

O conteúdo de uma análise varia em função de diversos fatores, principalmente do volume de informações e detalhamento de que o gestor de crédito necessite para a tomada de decisão. Resumindo, podemos afirmar que, numa mesma instituição financeira, poderão ser desenvolvidos diversos tipos de análise ou processos para fins de exame de risco para concessão de crédito, dependendo do volume de crédito a ser concedido e do risco apresentado pelo cliente. Como exemplo, as análises desenvolvidas por um banco poderiam ser de três tipos, segundo a qualidade das informações disponíveis e a magnitude dos negócios:

I. **Pequenas empresas**: nesse caso, na maioria das vezes, os demonstrativos contábeis não expressam a realidade das empresas; os analistas dão maior ênfase ao cadastro da empresa e à análise das pessoas de seus sócios, quanto aos bens patrimoniais e ao caráter deles. Dados como margem do segmento, receitas, despesas e dívidas completam a análise. São as empresas que normalmente constituem o chamado *Small Business*.

II. **Empresas médias**: a partir de certo porte, em que os demonstrativos contábeis expressem certo grau de confiabilidade, o dossiê para análise do risco de crédito deve valorizar mais as demonstrações contábeis e agregar as demais informações de crédito. Essas empresas normalmente constituem o chamado *Middle Marketing*.

III. **Grandes empresas**: considerando que grandes empresas normalmente operam com grandes volumes de crédito, a tomada de decisão nesse nível necessita de um conhecimento mais profundo acerca da empresa com base em uma análise minuciosa e abrangente. Tais empresas constituem a chamada área *Corporate*.

Em todos os casos, deve-se chegar ao risco intrínseco da empresa, conforme conceito que apresentamos no Capítulo 4.

### 6.3.1.2 Análise de rentabilidade

Após a conclusão da análise da empresa e da obtenção de seu risco intrínseco, cabe analisar os aspectos relativos à rentabilidade da operação e do cliente. Empresas pequenas e em dificuldade financeira normalmente não dispõem de espaço de manobra para discutir taxas de juros; diz o ditado: "Dinheiro caro é aquele que não existe". Entretanto, as empresas com boa qualidade de risco e que dispõem de administração financeira atuante discutem taxas, negociam as condições e as reciprocidades oferecidas às instituições financeiras, como, por exemplo, os recolhimentos de tributos, o *float* gerado pelas duplicatas em cobrança, os saldos médios tanto da empresa quanto os gerados por eventuais postos de serviços, e assim por diante. Também nessa fase de análise dos negócios, é observada a adequacidade das garantias para as operações e a experiência anterior com o cliente em termos de pontualidade. É conveniente, ainda, que seja discutido com o cliente o tipo de produto, de modo a oferecer-lhe aquele que melhor se ajusta a suas necessidades em termos de taxas de juros, prazos e forma de pagamento. Essa fase, que é chamada de estruturação da operação, visa à sintonia da geração de caixa do cliente com o prazo de vencimento da operação.

A análise da rentabilidade do cliente compreende a receita gerada pela empresa nas operações de crédito comparativamente aos custos e às despesas gerados por ela. Na análise da rentabilidade, é necessário termos uma abordagem completa do relacionamento com o cliente em seu sentido mais amplo, o que compreende as operações ativas e passivas e os serviços prestados. Isso requer um bom sistema de gestão de lucratividade para que o banco possa conhecer o efetivo custo dos serviços que presta e possa gerenciar de forma inteligente a relação com o cliente.

### 6.3.1.3 Serviços de auditoria, controle e revisão de crédito

Nessa categoria de serviços, estão contidas principalmente as funções que devem ocorrer após a efetivação das operações de crédito, com o propósito de assegurar que estas foram processadas dentro das normas estabelecidas pela administração. Adicionalmente, o acompanhamento pós-concessão do crédito permite a adoção de medidas corretivas no caso de ocorrência de mudanças nas condições de empresa ou de seu mercado de atuação.

O processo de delegação de poder implica a atribuição de responsabilidades. À medida que um banco ou uma empresa delega a funcionários ou órgãos colegiados o poder para aprovação de créditos dentro de limites que julga compatíveis com sua política de descentralização de decisão, é necessária a implementação de uma sistemática de acompanhamento que possibilite à administração superior ter conhecimento e controle sobre as operações que são efetuadas. Esse conhecimento possibilitará à administração superior avaliar se os limites de alçada estão adequados para os respectivos tomadores de decisão e se as normas estabelecidas estão sendo cumpridas.

Quanto ao crédito, o exame das operações concedidas visa saber se foram efetuadas dentro dos padrões de qualidade de risco aceitáveis pela organização. Existem instituições financeiras que têm como política operar basicamente com clientes que apresentem baixo nível de risco, centralizando suas operações de grandes valores em poucos clientes, o que torna fundamental também a análise posterior dos créditos concedidos para confirmar que o grau de exigência na qualidade de crédito está sendo cumprido.

Já os serviços de **acompanhamento de crédito** podem ser totais ou parciais em relação à carteira. Quando se trata de poucos clientes, pode-se abranger uma amostra relativamente maior. No caso de uma carteira de aplicações pulverizada, caberia direcionar os trabalhos de acompanhamento para os clientes que concentram maiores volumes de crédito, bem como para os que apresentam maior risco de crédito e atuem em segmentos de mercado que estejam passando por dificuldades em face dos aspectos conjunturais da economia. Os recursos da tecnologia possibilitam maior amplitude do acompanhamento de crédito, sendo possível o cadastramento de determinados sinais de alarmes (*red flags*), para que eles disparem o processo automático de revisão quando necessário. Situações como mudança de controle acionário, processos de cisão, fusão ou incorporações, assim como aquisições de novas empresas ou desenvolvimento de grandes projetos, podem requerer uma análise dos impactos desses fatores na solidez da empresa. Feita a análise, poderá ou não haver novo direcionamento no relacionamento comercial com o cliente, resultando daí abertura de novas linhas de crédito ou mesmo redução dos atuais limites em face das mudanças ocorridas e dos impactos provocados na empresa (ou grupo), de modo a elevar seu nível de risco.

### 6.3.2 Atribuições especializadas e de apoio

As atribuições especializadas e de apoio são diferentes dos tradicionais serviços de cadastro e de análise técnica de crédito, porém são importantes para uma boa consecução das diversas atribuições que envolvem o processo decisório de crédito.

#### 6.3.2.1 Serviços de identificação e montagem de grupos econômicos

A identificação das ligações societárias, bem como do efetivo comando das empresas pertencentes aos conglomerados, é de fundamental importância no processo de análise e concessão de crédito. Após a identificação das participações acionárias e do poder de mando nas empresas, a decisão de crédito conta com um melhor conhecimento sobre o conglomerado de empresas e a malha de participações societárias, possibilitando a identificação da participação das pessoas físicas no controle acionário das empresas, as participações de empresas em outras empresas, as relações societárias entre empresas do exterior e empresas sediadas no Brasil (e vice-versa). Também é possível verificar as situações de controles exercidos por famílias.

As fontes de informações para identificação dos agrupamentos são as fichas cadastrais preenchidas pelas empresas, nas quais constam quem são seus acionistas, bem como suas participações em outras empresas. Também são fontes de informações os relatórios anuais e outras publicações das próprias empresas, assim como periódicos que trazem informações sobre empresas. A obtenção das informações diretamente das empresas é um caminho adequado. Para fins decisórios, o cadastramento do grupo econômico ou conglomerado no sistema de computação possibilita a amarração das operações em seu conjunto, facilitando o direcionamento da política de crédito, bem como a análise e decisão de operações e limites de crédito (ver Capítulo 12).

### 6.3.2.2 Serviços de análises setoriais

Os serviços de análises setoriais, como o próprio nome indica, compreendem a análise de setores e ramos da economia. Tais estudos abordam a análise retrospectiva, a análise da situação atual e a análise prospectiva, com o propósito de obter subsídios e expectativas com relação ao futuro.

A análise setorial tem relevante papel para orientar a política de diversificação da carteira de crédito, para o acompanhamento dos créditos concedidos e para subsidiar a análise financeira das empresas atuantes no respectivo segmento da economia. Podemos dizer que, entre duas empresas em idêntica situação financeira, a que atuar num segmento da economia que se encontre mais promissor terá maior possibilidade de sucesso.

Quanto à política de crédito, a expectativa que os administradores de crédito têm acerca dos diversos setores da economia lhes possibilitará o direcionamento de suas aplicações para os segmentos mais promissores, ao mesmo tempo em que tomarão medidas cautelosas em relação aos que apresentarem comportamento e tendências pessimistas. Fornecerá também subsídios para uma política de diversificação de risco mediante uma composição orientada da carteira de crédito.

Entre os pontos relevantes numa análise setorial, temos: caracterização do ramo ou sub-ramo, que proporciona o conhecimento da forma como ele se organiza, em termos de número de empresas; localização geográfica do parque produtivo; capacidade de produção e níveis de atividade; fatores determinantes da demanda; principais consumidores, mercados e preços. A abordagem retrospectiva e a análise da situação atual permitem-nos conhecer a evolução e os fatores que influenciaram a *performance* atual do setor. Finalmente, de posse dos dados anteriores, podem-se detectar as perspectivas futuras do setor, que serão utilizadas tanto pelos analistas quanto pelos gestores de crédito.

Entre as *fontes de informações* para desenvolvimento da análise setorial, temos as próprias empresas atuantes no segmento, os jornais e as revistas, as associações de classe e estudos desenvolvidos por instituições especializadas. A internet presta grande contribuição na divulgação de informações setoriais.

Como exemplo de utilização da análise setorial, suponhamos que esteja sendo desenvolvida a análise de uma empresa atuante no setor de construção civil pesada. Como se sabe, esse ramo de atividade é extremamente dependente da realização de grandes projetos governamentais e, numa conjuntura econômica que mostre elevado déficit público, este será combatido por meio de cortes nos orçamentos para investimentos das estatais, as quais, inclusive, chegam a atrasar o pagamento de obras já contratadas. Assim, até que diminua o déficit público, o governo tenderá a não realizar obras de vulto, levando as empresas atuantes no ramo a uma situação duplamente difícil, pois, por um lado, estão recebendo atrasados os pagamentos das obras que já concluíram e, por outro lado, não estão tendo encomendas para realização de novas obras.

Daí a análise setorial indica que o profissional de crédito deverá ser bastante criterioso quando analisar uma operação de crédito para uma empresa cujo ramo de atividade não esteja favorável, devendo procurar obter informações com os respectivos empresários sobre as estratégias que estão sendo utilizadas diante da nova realidade econômica.

### 6.3.2.3 Serviços de leitura de periódicos e elaboração de sinopses

O serviço de leitura de periódicos e elaboração de sinopses consiste na leitura detalhada e posterior extração dos pontos relevantes das notícias veiculadas pela imprensa sobre empresas e grupos de empresas. Considerando que o simples arquivamento de notícias em pastas cadastrais, além de ser volumoso, devido às repetições de uma mesma notícia em diferentes veículos de divulgação, ainda exige muito tempo de leitura, é recomendável a elaboração de resumos que exijam pouco tempo para leitura e que contenham as informações mais relevantes.

Diariamente poderão ser realizadas sinopses sobre vários fatores que possam auxiliar na análise e concessão de crédito, como as notícias sobre empresas abrangendo contratos firmados para exportação de produtos ou serviços, participações em concorrências internacionais, projetos de investimentos, participação no mercado, vendas no mercado interno e externo, metas de produção, aquisição de equipamentos, capacidade ociosa, diversificação da produção, abertura de capital, lançamento de debêntures, estratégias de atuação, greves de funcionários, mudança de razão social, fusões, cisões, incorporações, mudança de diretoria e de controle acionário, ocorrência de sinistros, falências, concordatas, protestos e qualquer outro evento relevante. Outras notícias, como as relativas a grupos de empresas, produtos e segmentos, completam as informações.

O objetivo básico desse trabalho é proporcionar aos analistas e gestores de crédito o acompanhamento das informações que são divulgadas sobre cada empresa ou grupo de empresas. Proporcionam o conhecimento de fatores positivos e de problemas.

Mesmo que o banco tenha uma área responsável por esse tipo de acompanhamento, é necessário que o gerente de contas, ao tomar conhecimento de qualquer notícia sobre seu cliente, adicione essa notícia ao cadastro do cliente.

### 6.3.2.4 Serviços de pesquisa e desenvolvimento de crédito

Dada a relevância da função de crédito para os bancos, é necessário e conveniente investir na atividade de pesquisa e desenvolvimento em crédito. Essa é uma das funções de apoio que trazem benefícios em termos de inteligência de crédito, porém de relativa dificuldade de ser mostrada sua importância, uma vez que o produto de tais pesquisas nem sempre é rápido e palpável. Muitos empresários e executivos têm a impressão de que contabilidade e finanças são disciplinas exatas e que seus resultados são precisos, simples e inquestionáveis, de modo que as empresas preparam suas demonstrações financeiras e cabe aos analistas apenas calcularem os índices financeiros.

A realidade, entretanto, prova que a dinâmica das empresas, seus tipos de atividades e operações, bem como as mudanças na legislação comercial, fiscal e tributária, por exemplo, requerem constante atualização dos analistas. No entanto, o avanço na área de tecnologia da informação e o uso de métodos quantitativos trouxeram e estão trazendo contribuições valiosas para a área de crédito.

Se o analista tiver um balanço de uma construtora, por exemplo, é necessário que conheça toda a sistemática de contabilização das operações desse tipo de empresa, compreendendo a forma de alocação de custos, de reconhecimento de receitas e correspondentes apropriações de despesas. Para essa atividade, a legislação tributária permite diferentes critérios de contabilização de receitas e despesas.

As pesquisas em crédito compreendem a busca de modelos de diversificação de risco, formas de definições de limites de crédito para empresas e grupos em diversos setores da economia, bem como os critérios de avaliação de empresas para fins de concessão de crédito. A Resolução nº 2.682/99 do Bacen levou os bancos a adotar critérios (estatísticos ou julgamentais) para atribuição do *rating* de crédito dos clientes. A utilização da metodologia de *credit scoring* e do *behaviour scoring* também é exemplo de métodos quantitativos utilizados na graduação de risco de clientes. Os serviços de pesquisa e desenvolvimento de crédito, portanto, requerem alto grau de especialização e tendem a trazer resultados positivos, desde que bem direcionados.

### 6.3.2.5 Serviços de treinamento e desenvolvimento de analistas

A necessidade de preparação de mão de obra especializada em termos de análise tem feito com que a maioria das instituições financeiras desenvolva programas para formação específica de pessoal em análise de crédito. Tais programas devem ser adequados às características de cada instituição, de modo que o programa adotado em determinado banco não assegura sucesso em outro. Por meio dos chamados *programas de trainees*, os bancos contratam estudantes dos últimos anos de faculdade (normalmente dos cursos de Contabilidade, Administração, Economia ou Engenharia) e os submete a treinamento, que vai de cerca de seis meses a até dois anos, intercalando sala de aula com estágio nas respectivas áreas do banco, para torná-los oficiais ou analistas de crédito.

Além dos programas estruturados internamente, os bancos podem contratar no mercado cursos que atendam a suas necessidades. Por melhor que seja o quadro de técnicos do banco, é sempre conveniente reciclar sua equipe de profissionais com programas externos. A qualidade dos cursos é um fator importante na preparação da equipe. Para que isso seja atingido, o banco precisa contratar os melhores profissionais de cada área para ministrarem programas inteligentes. Nos países desenvolvidos, os índices de horas de treinamento de funcionários estão cada vez maiores.

### 6.3.2.6 Outras atribuições de apoio

Os demais serviços de apoio compreendem desde digitação de dados para os sistemas de computação, controle e estatísticas de produção, acompanhamentos de processos, montagem de dossiês para os Comitês de Crédito,[2] manutenção de contatos com empresas para obtenção

---

2. É importante destacar que o conceito de dossiê de crédito, para nosso objetivo, deve abranger inclusive os recursos de comunicação visual, como o uso de sistemas de projeções ou de monitores de computadores.

de informações adicionais, até serviços especializados, como os de natureza jurídica, que são indispensáveis às áreas de crédito na elaboração de contratos de empréstimos e financiamentos. Contratos bem elaborados e garantias bem formalizadas dão maior segurança às operações do banco. Ao mesmo tempo, o apoio jurídico estende sua atuação na ocorrência de falências ou concordatas de clientes. Dessa forma, são várias as atividades de apoio às atribuições de crédito.

### 6.3.3 Atribuições de cadastro e investigação de crédito

Durante muito tempo, os serviços de suporte para decisão de crédito constituíram-se basicamente em órgãos de cadastro, que compreendia a guarda e manutenção de documentos, mais as funções de fornecimento e obtenção de informações cadastrais de clientes. Embora o cadastro ainda exista e seja importante, a área técnica de análise de risco de crédito tem ocupado posição mais decisiva na avaliação dos clientes. Vejamos, a seguir, algumas das chamadas atribuições das áreas de cadastros.

#### 6.3.3.1 Serviços de arquivos

Os serviços de arquivos nas áreas de cadastros são responsáveis pela manutenção e guarda das pastas cadastrais, bem como pelo arquivamento dos documentos em tais pastas. Os arquivos normalmente têm suas pastas organizadas em ordem alfabética, mas pode haver alguma variação. O critério de organização dos arquivos, bem como o tipo de móvel físico ou meio magnético, varia conforme os recursos disponíveis e utilizados pelo banco. Quando o banco usa arquivo físico, o controle de saída de pastas é importante para facilitar a localização delas.

#### 6.3.3.2 Serviços de prestação e obtenção de informações

É comum em qualquer segmento o fornecimento de informações comerciais e bancárias. Dessa forma, o pleiteante de crédito, ao preencher uma ficha cadastral em um banco ou em uma empresa comercial ou industrial, indica suas referências comerciais e bancárias, com as quais mantém operações de crédito. A empresa ou banco que analisa uma operação de crédito para o pleiteante consulta as fontes indicadas para saber sobre o conceito, a pontualidade e os limites de crédito do pleiteante.

As principais fontes para pesquisa sobre clientes são os fornecedores e bancos com os quais eles operam. Pode também haver consultas via agências especializadas, distribuidores, cartórios, fóruns, associações comerciais, registros internos e até publicações pela imprensa.

Os serviços de troca de informações podem ocorrer com abrangência internacional, pois muitas vezes a subsidiária de uma empresa estrangeira deseja efetuar uma operação de crédito no Brasil e isso torna necessário que se saiba quem é sua matriz e qual sua solidez e reputação no outro país. Situação análoga poderá ocorrer com empresas brasileiras que pretendam exportar e que não disponham de dados sobre os clientes no estrangeiro. Em ambos os casos, a empresa brasileira (banco, indústria ou comércio) deverá contratar empresas especializadas nesse tipo de trabalho. É comum, nos casos de bancos, a utilização dos chamados correspondentes no exterior.

#### 6.3.3.3 Serviços de acompanhamento e controle de desabonos

Inadimplências, protestos, recuperação judicial, falências, ações executivas e demais fatos desabonadores merecem acompanhamento pela empresa, para saber quando esses fatos atingem seus clientes. Daí por que, em muitos casos, esses serviços são isolados e há acompanhamento por meio de leitura dos principais jornais das praças onde a empresa mantém clientes, bem como manutenção de convênios com cartórios, distribuidores, fóruns, associações comerciais e agências de informações para obtenção de tais desabonos. O fornecimento de uma informação negativa sobre um cliente merece muito cuidado, já que pode prejudicar a imagem e causar prejuízo àquela pessoa. Os direitos do credor precisam ser preservados, mas os direitos do cidadão que cumpre seus deveres também precisam ser respeitados.

### 6.3.3.4 Serviços de análises de documentos

Os serviços de análises de documentos objetivam constatar se a documentação que faz parte do cadastro se encontra em ordem, ao mesmo tempo em que possibilitam uma pré-análise de tais documentos antes de eles serem enviados às áreas técnicas de análise financeira. Portanto, é um trabalho de análise crítica dos documentos que servirá para montagem da pasta cadastral de pessoa jurídica, tendo basicamente as seguintes finalidades:

I. Verificação do registro da empresa no órgão competente (Junta Comercial, Cartório de Registro Civil de Pessoas Jurídicas, por exemplo), visando constatar sua existência legal dentro das exigências do Código Civil Brasileiro, para poder realizar todas as transações com vista no atendimento dos objetivos sociais. Essa verificação é feita na análise do Contrato Social ou Estatuto Social.
II. Análise das alterações contratuais e atas de assembleias apresentadas, em relação às declarações confidenciais prestadas pela empresa, com a finalidade de conferir o capital social, a composição acionária, os sócios e diretores, bem como os prazos de mandatos.
III. Verificação das demonstrações contábeis para constatar se estão completas e em forma analítica, bem como se possuem assinaturas dos sócios ou dos diretores e do contador, com o respectivo número de registro no CRC.
IV. Identificação das pessoas legalmente habilitadas para assinar os contratos de empréstimos e outros documentos pela empresa.

## 6.3.4 Uso da tecnologia da informação na atividade de crédito

A tecnologia da informação (TI) constitui-se no grande ferramental para analistas e gestores de crédito, propiciando-lhes condições facilitadoras nos trabalhos de análise, decisão e administração de crédito. Por exemplo, a transmissão de propostas de negócios via meio magnético e decisões colegiadas a distância. Vejamos algumas aplicações da TI nas áreas de crédito:

### 6.3.4.1 Uso da tecnologia da informação na análise financeira

Grande parte do trabalho de análise financeira constitui-se em cálculos de índices e montagem de relatórios, como, por exemplo, o balanço, a demonstração de resultado, a demonstração do fluxo de caixa, a evolução do patrimônio líquido, o Investimento Operacional em Giro (IOG) e assim sucessivamente. Todos os quadros, relatórios e indicadores quantitativos podem ser sistematizados. Também pode ser automatizada a comparação dos índices de cada empresa com os padrões do ramo e da região geográfica, assim como a aplicação de modelos de previsão de insolvência e de classificação de empresas. Portanto, caberá ao analista a tarefa de padronização das demonstrações financeiras para imputar os valores no sistema; em seguida, o analista obterá os relatórios e adicionará suas considerações subjetivas, se for o caso. Ainda em relação à análise financeira, o analista contará com as facilidades da tecnologia da informação ou (TI) para desenvolvimento de projeções e análises de sensibilidade. Adicionalmente, a tecnologia da informação ou (TI) permite a disponibilidade das informações financeiras *on-line* pelos diversos usuários do banco ou da empresa, bem como possibilita a constituição de um banco de dados para desenvolvimento de estudos e padrões.

### 6.3.4.2 Uso da tecnologia da informação no cadastro

Dados cadastrais, como nome e endereço do cliente, data da fundação, acionistas e diretores, ligações acionárias e demais dados das fichas cadastrais, podem perfeitamente ser armazenados em sistema para gerar listagens e telas para auxiliarem os gestores de crédito e analistas no exame de operações e na identificação de características de grupos de clientes. Também a "amarração" das empresas pertencentes a conglomerados pode ser obtida. O cadastro informatizado e bem constituído é, sem dúvida, um grande banco de dados e possibilitará excelente alavancagem comercial.

### 6.3.4.3 Uso da tecnologia da informação no registro de desabonos

Informações de desabonos, como, por exemplo, as relativas a protestos, recuperação judicial, falências e ações executivas contra pessoas, empresas e grupos, podem ser armazenadas e classificadas para gerar listagens e telas com o objetivo de informar analistas, gerentes e gestores de crédito sobre tais ocorrências. Além dos registros internos, é possível acessar pelo computador os bancos de dados de agências de informações que ofereçam serviços de registros negativos. O registro do comportamento de crédito do cliente possibilitará a implementação de modelos de *behaviour scoring*.

### 6.3.4.4 Uso da tecnologia da informação na análise de operações

Na parte de análise de operações de crédito, a tecnologia da informação pode subsidiar no fornecimento do total de débitos do cliente, oferecendo listagens e telas com as operações classificadas por vencimento, por garantias ou por outra forma que seja necessária. Apresentará também as operações vencidas e as sem cobertura de garantias, bem como dados históricos sobre a pontualidade do cliente e seu relacionamento comercial. No momento da análise do negócio, o sistema pode fornecer ao gestor de crédito as telas de análise financeira, bem como as de desabonos e composição do grupo econômico. Auxiliará no cálculo da rentabilidade do cliente (ou da operação) e na sugestão de limites de crédito. Pode também bloquear operações que estejam fora das alçadas de decisões ou em desacordo com outras normas do banco. Informará sobre falta de documentação ou situações de cadastros ou análises vencidos. Permitirá respostas rápidas nos casos de uso de modelos de *credit scoring* e de *rating* para classificação de clientes.

### 6.3.4.5 Uso da tecnologia da informação no controle e revisão de crédito

Dados como classificação dos maiores devedores, volumes de empréstimos por ramos de atividade econômica, por regiões geográficas e administrativas poderão ser obtidos para propiciar aos gestores de crédito o acompanhamento das aplicações e o direcionamento da política de crédito quanto aos níveis de aplicação em empresas nacionais privadas, estrangeiras ou estatais, assim como pelos vários segmentos da atividade econômica. Um trabalho de auditoria das operações, quanto a taxas, prazos, garantias e outras condições, pode ser feito pelo computador, que gerará listagens de irregularidades para serem examinadas.

### 6.3.4.6 Uso da tecnologia da informação no desenvolvimento de crédito

A base de dados armazenados no computador permite o estabelecimento de índices-padrão por ramo de atividade, região geográfica e porte de empresas. Os dados de incobráveis, desabonos, atrasos, idade de empresas e outras características relevantes serão de grande valia para as atividades de pesquisa e desenvolvimento de crédito, cuja amplitude transcende os dados enumerados para exemplo. A capacidade de processamento e armazenamento de dados aumenta cada vez mais nos equipamentos. Dados projetados sobre a economia, assim como histórico da evolução dos diversos segmentos, são de grande utilidade para o desenvolvimento de modelos de análise, decisão e no estabelecimento da política de crédito.

### QUESTÕES PARA RESOLUÇÃO E DISCUSSÃO

1. Estabeleça a relação entre política de crédito e a estrutura de departamento de crédito.
2. Descreva o que faz um gerente de negócios.
3. Descreva o que faz um gerente de crédito.
4. Cite pelo menos seis das principais características pessoais e seis habilidades profissionais necessárias para um profissional atuante na atividade de negócios bancários. Idem para um profissional de crédito.
5. Justifique a necessidade de um gerente ou de um analista de ler jornais.
6. Descreva de forma sucinta as atribuições da área de crédito de um banco.
7. Justifique a necessidade do controle de crédito.
8. Quais as principais utilizações da tecnologia da informação nas áreas de gestão e análise de risco de crédito?

## capítulo 7

# Informações para crédito

### OBJETIVOS DE APRENDIZAGEM

Apresentar e analisar as informações necessárias à análise, à decisão e ao acompanhamento de crédito, compreendendo:
- A apresentação de alguns métodos para tomada de decisão de crédito;
- A descrição dos componentes de uma pasta cadastral de cliente, para fins de crédito, incluindo propostas de negócios, fichas cadastrais, grupos econômicos, restrições de crédito e outros;
- A apresentação de modelo de ficha cadastral e análise da relevância dos respectivos campos a serem preenchidos;
- O destaque da relevância da análise financeira e da análise setorial na análise e gestão de crédito;
- A apresentação e análise das principais etapas de uma visita de crédito.

## 7.1 Introdução

A matéria-prima para a decisão de crédito é a informação. A obtenção de informações confiáveis e o competente tratamento destas constituem uma base sólida para uma decisão de crédito segura. Adicionalmente, nesse tópico de introdução às informações para crédito, cabe descrever sobre a tomada de decisão e seus métodos.

A tomada de decisão pode ser entendida como a escolha entre alternativas. Todas as pessoas, todos os dias, tomam decisões, optando entre as alternativas de que dispõem e conhecem. A análise do processo decisório é algo complexo, envolvendo experiência anterior, conhecimento sobre o que está sendo decidido, método para tomar decisão e uso de instrumentos e técnicas que auxiliem o administrador.

Ao se tomar uma decisão, escolhendo entre alternativas, haverá um impacto sobre o objetivo que se pretende atingir. Conforme mencionamos no Capítulo 3 (item 3.2.3), ao tratarmos dos objetivos da administração financeira, a decisão de usar uma matéria-prima de baixa qualidade com o objetivo de maximizar o lucro poderá levar os clientes a reagirem e, a longo prazo, a empresa perder mercado. No entanto, há objetivos concorrentes entre si, pois poderá não ser possível maximizar as vendas e minimizar os incobráveis.

A decisão de conceder crédito numa empresa comercial ou industrial está relacionada ao volume de vendas que se quer atingir em determinado produto e em determinada época. Uma vez tomada a decisão de conceder o crédito, o administrador[1] não encerrou o processo decisório, sendo necessário tomar outras decisões, como as relativas à cobrança, por exemplo.

Numa instituição financeira, a decisão de crédito está diretamente relacionada a diversos outros fatores, como produto, montante, forma de pagamento, taxas, prazos e garantias.

## 7.1.1 Métodos para a tomada de decisão

Ao tomarmos uma decisão, normalmente, utilizamo-nos de um método (consciente ou inconsciente). A boa capacidade de julgamento[2] foi considerada durante muito tempo característica de um bom administrador. No mundo moderno, entretanto, apenas uma boa capacidade de julgamento não é suficiente. Isto porque a evolução da ciência e dos métodos científicos que vem sendo transmitida de geração para geração com aperfeiçoamento progressivo constitui-se numa ferramenta de grande utilidade na tomada de decisão. Vejamos alguns exemplos:

## 7.1.2 Métodos quantitativos

São considerados muito eficientes, pois se baseiam em registros e cálculos. O uso da estatística, da teoria das probabilidades, é um valioso instrumento para a tomada de decisão. Os modelos de previsão de insolvência e outras técnicas de classificação de risco desenvolvidas pelo autor[3] são resultados do tratamento e processamento de grande quantidade de informações, a partir de metodologia estatística (análise discriminante), com o objetivo de auxiliar na decisão de crédito. Outros recursos, como o teorema de Bayes, análise fatorial e pesquisa operacional, por exemplo, têm sua aplicabilidade nas áreas de crédito. Os índices-padrão apresentados no livro *Análise financeira de empresas*, deste mesmo autor, também exemplificam o uso da estatística para avaliação de empresas.

## 7.1.3 Simulações

As simulações constituem-se também em valiosos métodos para tomada de decisão, à medida que permitem ao tomador de decisões simular as situações prováveis e a obtenção de expectativas de resultados. Na área de análise e concessão de crédito, podem-se fazer simulações de diversas alternativas em determinada projeção para se fazer uma análise de

---

1. Para esse contexto, estamos utilizando a palavra administrador como sinônimo de tomador de decisões.

2. Na linguagem coloquial, muitas pessoas citam *bom-senso* como uma espécie de condição para tomada de decisão. A expressão *bom-senso* é indefinida, incompleta e infeliz. Cientificamente, não há como definir ou aceitar algo como verdadeiro ou como falso fundamentado apenas no *bom-senso*. Aquilo que é *bom-senso* para uma pessoa pode não ser para outra, uma vez que entra seu padrão de julgamento e de valores. Aquilo que é *bom-senso* hoje poderá não ser amanhã, na medida em que a ciência e o conhecimento tenham evoluído.

3. Veja modelos no Capítulo 11.

sensibilidade. Suponha-se que uma empresa projete crescimento real de suas vendas à base de 5% ao ano, para os próximos cinco anos, e que com isso seu projeto para obtenção de um financiamento a longo prazo possa ser aprovado. O gestor de crédito pode considerar tal projeção como otimista e desejar conhecer uma situação menos favorável, que seria queda real de 5% nas vendas para os próximos cinco anos, em face das tendências gerais da economia não indicarem boas perspectivas para o ramo de atividade no qual aquela empresa opera. Na alternativa pessimista, a empresa-cliente poderia não ser capaz de gerar recursos para satisfazer seus compromissos, o que poderia levar ao desenvolvimento de novas simulações a partir de outras alternativas prováveis. Pode também a simulação servir para indicar caminhos corretivos que sejam necessários. Outros fatores, como prazos de recebimento de vendas, rotação de estoques, variações de demanda em face de alterações de preço (elasticidade), crescimento dos custos em relação aos preços de vendas e a inflação, por exemplo, podem também ser simulados.

### 7.1.4 Experiência anterior

A decisão de crédito envolve diversos fatores, alguns objetivos e outros subjetivos. Dessa forma, a experiência do analista ou do gestor de crédito constitui-se poderoso instrumento. Para formação de um analista de empresas, leva-se cerca de dois anos para obter um profissional com razoável capacidade de interpretação das complexas e múltiplas facetas da atividade empresarial. Há casos, evidentemente, de profissionais com experiência nas áreas contábil e financeira que conseguem desenvolvimento relativamente rápido, como profissionais de crédito, em face da sua bagagem técnica acumulada. A visão de um gestor de crédito deve ser ampla, envolvendo, além da análise econômico-financeira, conhecimento na área de administração de empresas, bem como certo grau de domínio acerca dos fatores políticos e macroeconômicos, inclusive em nível internacional. Mesmo um analista com experiência, ao mudar de uma instituição para outra, precisa passar por um processo de integração e adaptação às características da nova empresa e de seu conjunto de clientes.

O chamado *feeling* é algo que só é adquirido com o tempo, e tal experiência é o que valoriza o analista. Há uma série de fatores na análise de crédito que não são necessariamente quantificáveis e que por si sós podem definir uma decisão de crédito. Certa ocasião, num curso para gestores de crédito, um dos participantes confidenciou-me que não conhecia análise financeira e que em sua carreira de gerente de banco nunca tomara um prejuízo, pois sua experiência e seu método de trabalho ("conhecia bem seus clientes") permitiam adequado gerenciamento de suas operações, de modo que, quando observava que o gerente financeiro de uma empresa-cliente começava a frequentar sua agência com maior intensidade, ele desconfiava de que aquela empresa não estava bem e procurava sair dela; normalmente, algum tempo depois, acontecia algo. No que pese tratar-se de uma observação pessoal, sem maior cunho científico, isso comprova que há muitos fatores que a experiência vai detectando; pode ser que o gerente de nosso exemplo não tenha tido incobráveis, porém tenha deixado de fazer negócios que seriam lucrativos para sua instituição, ou mesmo, à medida que desconfiava da empresa-cliente e cortava-lhe o crédito, estaria provocando sua quebra. Essa argumentação contrária, entretanto, não invalida a capacidade de observação e a experiência daquele gerente em sua instituição, com sua clientela, naquele local e naquela época.

A chamada experiência anterior é o método mais antigo e mais usado, mas muito importante; há apenas dificuldade de ser transferida para outras gerações, em face das diferenças de condições ao longo do tempo, pois a experiência de um gerente de crédito de duas décadas passadas poderá não ser adequada para os nossos dias. Daí a necessidade do gestor de crédito utilizar também outros métodos como simulações e recursos quantitativos que, adicionados a uma experiência atualizada, lhes propiciarão adequado domínio dos fatores envolvidos no processo decisório do crédito.

A tomada de decisão de crédito fundamenta-se em informações, e os métodos para tomada de decisão referem-se às formas de tratamento e à organização das informações. Os recursos que serão vistos no item a seguir complementarão a análise do processo de decisão.

## 7.2 Pasta cadastral

Inicialmente, é necessário destacarmos que o conceito de pasta também sofreu transformação. Normalmente, imaginamos uma pasta feita de plástico, de fibra ou de papel, mas ao abrirmos uma planilha eletrônica num *software* já encontramos a palavra *pasta* para caracterizar essa planilha. O leitor pode e deve entender as nossas descrições relativas à *pasta* dentro de uma concepção que vale tanto para as pastas convencionais quanto para arquivo e documento magnéticos. Geralmente, identificamos uma *pasta convencional* por meio de uma etiqueta, enquanto identificamos a *pasta magnética* por intermédio de um ícone.

A pasta cadastral (convencional ou magnética) de um cliente tem por objetivo agrupar e guardar as informações (e documentos) relativas a ele, necessárias para o gestor de crédito analisar e decidir sobre propostas de negócios. É fundamental que os documentos sejam arquivados na pasta de forma organizada e em bom estado de conservação. Deve estar sempre atualizada com os registros mais recentes, permitindo aos seus usuários decidirem com base em dados atualizados. Ao mesmo tempo, deve haver um sistema de expurgo para eliminação de documentos que já não sejam utilizados e que não contribuam com o processo decisório.

Os documentos devem ser classificados em divisões específicas, segundo sua natureza e frequência de uso, bem como devem ser arquivados em ordem cronológica, a fim de que seus usuários possam localizá-los com rapidez e facilidade. Não existe um critério único ou padrão para organização da pasta cadastral, devendo cada instituição estruturá-la segundo suas necessidades. Para fins didáticos, estamos apresentando um modelo de classificação dos documentos em diversas seções, a saber:

### 7.2.1 Propostas de negócios e posição de cliente

Nessa parte da pasta, arquivam-se em ordem cronológica as propostas de negócios, que já foram apreciadas, independentemente de terem sido aprovadas ou não. É importante a formação do histórico do cliente sobre as decisões adotadas em relação as suas propostas de negócio, sendo necessário que constem as causas que orientaram as decisões, a fim de permitir que cada gestor de crédito conheça os parâmetros considerados pelos demais gestores. A posição de créditos com o cliente normalmente é um resumo das operações em aberto (que ainda não foram liquidadas), que visa fornecer aos gestores o volume de crédito, bem como alguns detalhes (tipo de operação, vencimento, garantias, operações vencidas etc.) que ajudam na decisão. A maioria das instituições financeiras possui em bancos de dados essas informações, que podem ser obtidas a qualquer momento via terminais de computadores. Critério análogo poderá ser adotado por uma indústria, na organização da posição de contas correntes de seus clientes.

## 7.2.2 Ficha cadastral e análises financeiras

Nesse compartimento, devem estar os documentos que identificam a empresa e fornecem uma medida de seu desempenho e de sua solidez. A ficha cadastral identifica as diversas características da empresa, conforme comentário no item 7.3. As análises traduzem os aspectos econômico-financeiros. Podem também fazer parte deste grupo de documentos correspondências de conteúdo técnico que esclareçam dados das demonstrações financeiras, assim como análises desenvolvidas por empresas especializadas, inclusive aquelas relativas à matriz da empresa-cliente no exterior, quando for o caso. Em muitos casos, quando se tratar de empresa ligada a conglomerados, é importante que se tenha a análise das demonstrações consolidadas. Relações de bens imóveis e de seguros também podem fazer parte dessa divisão. Também essas informações podem ser arquivadas em meio magnético.

## 7.2.3 Grupo econômico, notícias e sinopses

Os diagramas de grupo econômico[4] fornecem uma boa visualização das participações acionárias e do poder de mando nas empresas e nos grupos, facilitando o direcionamento das políticas de relacionamento com o grupo, bem como as solicitações de avais e garantias em geral. Recortes e resumos de notícias importantes, que sejam divulgadas pela imprensa sobre a empresa e o grupo, bem como eventuais sinopses que sejam elaboradas, poderão integrar este conjunto de informações.

## 7.2.4 Informações e desabonos

Aqui, constarão as informações comerciais e bancárias sobre o cliente, além de informações sobre os desabonos, por exemplo: protestos, atrasos, ações executivas e outras informações sobre a empresa, o grupo e seus administradores.

## 7.2.5 Correspondências com o cliente

A troca de correspondência com o cliente pode fazer parte de sua pasta cadastral, o que permitirá aos gestores de crédito tomar conhecimento de eventuais pendências e assuntos que foram ou estejam sendo tratados.

## 7.2.6 Balanços, relatórios e atas

Balanços, relatórios anuais e atas de assembleias, recebidos do cliente, após servirem para elaboração das análises, poderão ser arquivados nesta divisão para eventuais consultas, cabendo acrescentar que é sempre desejável que as próprias análises supram as necessidades dos usuários sem ser preciso consulta aos documentos originais.

De forma geral, as pastas cadastrais são arquivadas numa unidade central de arquivos. Em algumas instituições, além do cadastro central, há os cadastros mantidos por outras unidades (departamentos, agências etc.) que podem ser organizados e controlados pela respectiva área usuária.

A tendência de um mercado cada vez mais competitivo leva as instituições financeiras e mesmo empresas de outras atividades a trabalharem com informações *on-line*, disponibiliza-

---

4. Como modelo, o leitor pode ver o Diagrama 12.1, do Capítulo 12, que exemplifica uma malha hipotética de participações acionárias.

das simultaneamente para todos os usuários. Quando, entretanto, a instituição utilizar pastas convencionais, é necessário que esta seja de fácil identificação e localização.

## 7.3 Ficha cadastral

A ficha cadastral constitui-se num valioso instrumento para auxiliar na análise e decisão de crédito, propiciando ao analista e aos gestores de crédito em geral diversas informações relevantes sobre a empresa e alguns fatores que afetam o seu desempenho. Não há um modelo único de ficha cadastral que seja o melhor para todas as empresas ou instituições financeiras durante todo o tempo, sendo necessário que cada instituição desenvolva e adapte seu próprio modelo de acordo com suas necessidades e com as características de seus clientes.

É necessário que a ficha cadastral contenha as informações efetivamente importantes para a análise e concessão de crédito. Entretanto, o excessivo número de informações pode, além de não ser usado no processo decisório, "irritar" o cliente, uma vez que o preenchimento de um cadastro é sempre um processo trabalhoso. Muitas empresas já adotam modelos de fichas cadastrais diferentes para determinados tipos de clientes, isto é, uma ficha relativamente simples para os clientes que são menores e que, consequentemente, têm menores volumes de crédito; outras para aqueles que compram grandes quantias a prazo e cujo cadastro precisa ser mais completo. Outras empresas, entretanto, adotam um modelo simples e básico, que contém as informações que são solicitadas a todos os clientes e, na medida do necessário, solicitam informações adicionais para os casos mais complexos.

O modelo que apresentamos no Quadro 7.1[5] tem o objetivo apenas de exemplificação, sem a pretensão de ser o mais completo ou de atender às necessidades de todas as empresas.

Comentamos, a seguir, os principais tópicos do modelo básico de ficha cadastral que apresentamos nos Quadros 7.1 e 7.2. De certo modo, os itens da ficha cadastral são autoexplicativos, e os analistas e gestores de crédito já habituados a utilizar tais informações estabelecem as relações entre elas com relativa facilidade.

### 7.3.1 Identificação da empresa

| I. IDENTIFICAÇÃO | | | | | |
|---|---|---|---|---|---|
| Razão Social | | | | CNPJ | |
| Nome Fantasia | | | Nome do grupo econômico | | |
| Endereço | | | | | |
| Bairro | Cidade | | Estado | CEP | Telefone |
| Endereço da filial | | | | | |
| Bairro | Cidade | | Estado | CEP | Telefone |
| Data de fundação | Número registro | Órgão | Último registro<br>Data:                      Núm.: | | |
| Capital social | Capital integralizado | Controle acionário<br>☐ Estatal   ☐ Nac. Privado   ☐ Estrangeiro | | | |
| Sucessora de | | | | | Data de sucessão |

---

5. O modelo de ficha cadastral que estamos apresentando é uma adaptação de um modelo recomendado pela Febraban.

# CAPÍTULO 7
## Informações para crédito — 123

**QUADRO 7.1** Modelo de ficha cadastral de pessoa jurídica (frente).

### 1. IDENTIFICAÇÃO

| Razão Social | | | CNPJ | |
|---|---|---|---|---|
| Nome Fantasia | | | Nome do grupo econômico | |
| Nome do Contato | Cargo | E-mail | Site | |
| Endereço | | | | |
| Bairro | Cidade | Estado | CEP | Telefone |
| Endereço da filial | | | | |
| Bairro | Cidade | Estado | CEP | Telefone |
| Data de fundação | Número registro | Órgão | Último registro<br>Data:              Núm.: | |
| Capital social | Capital integralizado | Controle acionário<br>☐ Estatal     ☐ Nac. Privado     ☐ Estrangeiro | | |
| Sucessora de | | | Data de sucessão | |

### 2. ATIVIDADE

| Ramo de atividade | | Nº empregados | Vendas último exercício |
|---|---|---|---|
| Principais produtos<br>(1) | | % s/faturamento | Compras último exercício |
| (2) | | | Importações último exercício |
| (3) | | | Exportações último exercício |
| Prazos médios:<br>Recebimento vendas:        Dias | Rotação estoques:                              Dias | | Pagamento compras:         Dias |

### 3. ACIONISTAS/SÓCIOS

| Nome | CPF ou CNPJ | Nacionalidade | Ações s/ voto | Ações c/voto (*)% |
|---|---|---|---|---|
| (1) | | | | |
| (2) | | | | |
| (3) | | | | |
| (4) | | | | |
| (5) | | | | |

(*) Identificar quantidade de % em relação ao capital volante.

### 4. DIRETORES OU SÓCIOS-GERENTES

| Nome | CPF | Cargo | Nacionalidade | Eleito em | Mandato até |
|---|---|---|---|---|---|
| (1) | | | | | |
| (2) | | | | | |
| (3) | | | | | |
| (4) | | | | | |
| (5) | | | | | |

### 5. CONSELHO DE ADMINISTRAÇÃO

| Nome | CPF | Cargo |
|---|---|---|
| (1) | | |
| (2) | | |
| (3) | | |
| (4) | | |

**QUADRO 7.2** Modelo de ficha cadastral de pessoa jurídica (verso).

### 6. BENS IMÓVEIS DA EMPRESA

| Tipo (1) | Valor mercado | Ônus | Localização | Data compra | Número registro | Cartório |
|---|---|---|---|---|---|---|
| (2) | | | | | | |
| (3) | | | | | | |
| (4) | | | | | | |

### 7. PARITICIPAÇÃO EM OUTRAS EMPRESAS

| Nome da empresa em que participa (1) | CNPJ | Cidade | Capital soc. | % capital |
|---|---|---|---|---|
| (2) | | | | |
| (3) | | | | |
| (4) | | | | |
| (5) | | | | |

### 8. PARTICIPAÇÕES (inclusive anteriores) de ACIONISTAS/SÓCIOS e DIRETORES

| Participante (1) | Empresa | Cargo | % participação |
|---|---|---|---|
| (2) | | | |
| (3) | | | |
| (4) | | | |

### 9. SEGUROS

| Modalidade (1) | Valor | Vencimento | Seguradora |
|---|---|---|---|
| (2) | | | |
| (3) | | | |

### 10. REFERÊNCIAS COMERCIAIS (FORNECEDORES)

| Empresa | Endereço | Maior débito | % compras |
|---|---|---|---|
| | | | |
| | | | |
| | | | |
| | | | |

### 11. REFERÊNCIAS BANCÁRIAS

| Bancos | Agência endereço | | Maior débito/limite |
|---|---|---|---|
| | | | |
| | | | |
| | | | |
| | | | |

Declaramos que as infirmações prestadas são expressão da verdade

_____,_____ de _____ de _____

ASSINATURA RESPONSÁVEL         ASSINATURA RESPONSÁVEL

No item de identificação da empresa, por exemplo, podemos comentar a utilidade de algumas dessas informações:

a. *Firma ou razão social*: serve para identificar a própria empresa.
b. *CNPJ da empresa*: constitui-se num dado importante, pois, além de ser o número da empresa no Cadastro Nacional de Pessoas Jurídicas, pode ser utilizado como código para identificação do cliente nos sistemas de computação internos do banco, por exemplo, os de cadastros do cliente, desabono e grupo.
c. *Nome comercial (fantasia)*: é o nome pelo qual a empresa é conhecida no mercado, tendendo a ser utilizado por meio da propaganda.
d. *Nome do grupo econômico*: é a designação que identifica o grupo econômico ao qual a empresa pertence. Muitas vezes uma empresa em si não é conhecida, porém, quando se diz que pertence a determinado grupo econômico, muda o seu conceito de crédito.
e. *Nome do contato, cargo e e-mail* facilitam a identificação da pessoa com quem a instituição financeira negocia. O *site* é o endereço na web e possibilita conhecermos a empresa de forma como ela se apresenta no mercado.
f. *Endereço da sede social*: é o item que indica o local onde a empresa possui seu endereço principal. Serve para comprovar se a empresa efetivamente existe (se não se trata de uma empresa fantasma) e também para análise de adequação de sua localização. Há empresas que estão localizadas em regiões distantes de seu mercado consumidor e os custos de transportes prejudicam sua competitividade. Pode-se, também, pelo endereço observar as características da região onde a empresa está localizada, o que nos possibilita efetuar a comparação da empresa com os padrões daquele local.
g. *Endereço da filial*: informa se a empresa possui filiais e, ao mesmo tempo, sua localização, o que pode ser tanto um indicador para negócios quanto uma fonte de pesquisa da conduta da empresa com relação a clientes, fornecedores, credores e governo, por exemplo.
h. *Data de constituição*: é um dado importante, podendo indicar a experiência e a tradição da empresa no mercado em que atua.
i. *Número do último registro*: informa o registro no órgão competente, bem como a última data em que a empresa efetuou alteração em seus estatutos. Isso possibilita verificar se ocorreram mudanças na delegação de poderes da empresa. Para isso, deve-se examinar a respectiva ata de assembleia.
j. *Empresa a que sucede e data de sucessão*: informa se a empresa é sucessora de outra companhia, bem como a data em que ocorreu a sucessão. Em caso positivo, é preciso que se conheça a qualidade da antiga empresa e sua conduta, bem como alguns efeitos jurídicos implícitos no processo de sucessão que possam afetar as relações com os credores.

Outras informações, como endereços das unidades fabris e dos escritórios, além do número de filiais, são encontradas com frequência em diversos modelos de fichas cadastrais usadas por instituições financeiras e por empresas industriais. Algumas instituições incluem também os dados relativos à evolução do capital social, discriminando se os aumentos foram baseados em incorporação de reservas, aporte de dinheiro ou entrega de bens pelos acionistas ou sócios. Informações sobre futuros aumentos de capital também são solicitadas.

## 7.3.2 Atividade

| 2. ATIVIDADE | | |
|---|---|---|
| Ramo de atividade | N° empregados | Vendas último exercício |
| Principais produtos (1) | % s/faturamento | Compras último exercício |
| (2) | | Importações último exercício |
| (3) | | Exportações último exercício |
| Prazos médios: Recebimento vendas: Dias | Rotação estoques: Dias | Pagamento compras: Dias |

a. *Ramo de atividade*: identifica o mercado em que a empresa atua, possibilitando ao analista a ponderação dos efeitos do poder aquisitivo da população sobre o ramo e a empresa, bem como os reflexos da política econômica sobre ambos. Serve também para, uma vez conhecido seu ramo, comparar a empresa com os respectivos padrões e para exame de características e padrões específicos de contabilidade. O Código Nacional de Atividade Econômica (CNAE) é essencial para fins de base de dados cadastrais e agrupamentos para fins de tomada de decisão.

b. *Número de empregados*: indica a quantidade de empregados da empresa, possibilitando ao analista ter uma ideia da sua relevância social. Existem algumas empresas sediadas em pequenas cidades, cuja economia local depende basicamente da atuação de uma empresa que praticamente emprega a população ativa local. Essas empresas, normalmente, têm forte poderio político e, em situações de dificuldade, tendem a utilizar tal prestígio. Também o número de empregados possibilita ao analista ter uma noção acerca do grau de modernização da empresa, bem como estabelecer alguns índices de eficiência, comparando, por exemplo, alguma medida de produtividade (unidades produzidas, faturamento etc.) com o número de funcionários. Oferta de produtos financeiros ou funcionários é outro uso viável.

c. *Principais produtos vendidos*: este item indica os principais produtos explorados pela companhia, possibilitando ao analista examinar os efeitos da demanda em face da situação econômica da população em geral e da competitividade dos produtos quanto à qualidade e ao preço, bem como se se trata de supérfluo ou de gênero de primeira necessidade.

d. *Percentual sobre o faturamento*: indica o percentual de participação de cada um dos principais produtos vendidos em relação ao faturamento total, o que mostra o grau de dependência do faturamento da empresa em relação a cada um dos produtos.

e. *Vendas do último exercício*: de forma geral, as vendas já aparecem nas demonstrações financeiras, porém seu destaque na ficha cadastral possibilita a sua checagem, ao mesmo tempo em que também permite a confrontação do volume de exportações com total de vendas para mostrar o grau de dependência da empresa em relação às exportações. Se, entretanto, esse dado for excluído da ficha, em princípio, não parece haver perda significativa.

f. *Compras do último exercício*: as compras do último exercício possibilitam ao analista imediata comparação das importações com as compras, bem como servirão de subsídios para cálculo de alguns índices financeiros, por exemplo, o prazo médio de pagamento das compras. Servirão também para checagem de outras informações.

g. *Importações do último exercício*: indica o nível de dependência de importação que a empresa tem. Possibilita ao analista avaliar os riscos decorrentes da política do governo em relação às importações, de eventuais medidas protecionistas, da balança cambial e do nível de reservas cambiais do país, por exemplo.

h. *Exportações do último exercício*: empresas que conseguem penetração no mercado internacional, principalmente em épocas em que o próprio governo estimula as exportações para gerar entrada de divisas, tendem a apresentar expectativas promissoras. Cabe ao analista saber o que está sendo exportado e em que condições. Outro parâmetro a ser observado é se a empresa tem experiência no mercado internacional ou se está em fase de aprendizado e exportando para empresas do exterior com baixa qualidade de crédito e em países sem condições de pagar. É importante, portanto, que se saiba o que e para onde a empresa está exportando.

Como parte dos dados relativos às atividades das empresas-clientes, muitas instituições solicitam informações sobre os equipamentos de produção, sobre volumes de estoques, de títulos a receber, de fornecedores e de contas a pagar e sobre faturamento previsto. Alguns bancos solicitam, via ficha cadastral, informações sobre planos de expansão, incluindo as datas previstas para início e para término do projeto, os valores orçados (de equipamentos, construção, capital de giro etc.).

## 7.3.3 Acionistas/sócios

| 3. ACIONISTAS/SÓCIOS | | | | |
|---|---|---|---|---|
| Nome (1) | CPF ou CNPJ | Nacionalidade | Ações s/ voto | Ações c/voto (*)% |
| (2) | | | | |
| (3) | | | | |
| (4) | | | | |
| (5) | | | | |
| (*) Identificar quantidade de % em relação ao capital volante. | | | | |

a. *Nome*: possibilita ao analista conhecer quem são os acionistas da empresa (pessoas físicas ou jurídicas). Isso é importante para análise das operações de crédito, para solicitação de garantias, bem como para identificação, montagem e cadastramento do grupo.

b. *CNPJ ou CPF*: são úteis também para pesquisa de restrições e para cadastramento das empresas e pessoas relacionadas ao conglomerado.

c. *Nacionalidade*: identifica o país de origem dos acionistas, quer sejam pessoas físicas, quer sejam outras empresas. Quando o controle acionário pertencer a empresas estrangeiras, pode-se pesquisar em revistas especializadas sobre a posição ocupada pela controladora em seu país de origem ou mesmo seu *status* mundial. A utilização das agências ou escritórios no exterior (quando o banco dispuser), de bancos correspondentes ou de agências internacionais de informações são meios que podem ser utilizados.

d. *Ações sem/com voto e %*: o percentual sem voto, bem como o percentual (em relação ao capital) com direito a voto, possibilita o conhecimento de quais os acionistas com participação significativa, bem como aqueles que têm o poder de mando da sociedade.

Outros dados, como a data de entrada dos sócios (na sociedade), podem ser importantes, uma vez que nos possibilitam saber se ocorreram mudanças recentes no controle acionário. Trata-se de um dado que envolverá certo grau de subjetividade, porém há situações reais de empresas que vinham sobrevivendo durante algum tempo com situação financeira razoável e passaram por processo de concordata após alterações significativas em seu controle acionário. Daí a análise requer que se saiba sobre o caráter e a experiência dos novos acionistas e sobre as alterações implementadas na administração da empresa. Essas mudanças podem ser obtidas mediante alterações contratuais.

### 7.3.4 Diretores ou sócios-gerentes

| 4. DIRETORES OU SÓCIOS-GERENTES | | | | | |
|---|---|---|---|---|---|
| Nome (1) | CPF | Cargo | Nacionalidade | Eleito em | Mandato até |
| (2) | | | | | |
| (3) | | | | | |
| (4) | | | | | |
| (5) | | | | | |

a. *Nome*: identifica os administradores. Numa etapa seguinte do relacionamento, é importante conhecermos sua formação, sua origem e sua tradição. É importante a identificação clara de quem na empresa é o homem de relacionamento com o banco, conforme já mencionado.

b. *CNPJ ou CPF*: são úteis também para pesquisa de restrições.

c. *Cargo*: o cargo de cada diretor é fundamental para conhecermos quem ocupa as posições básicas de comando (presidência, finanças, produção, marketing e recursos humanos, por exemplo). Em crédito, é importante conhecermos os pontos de vista dos homens que comandam a empresa, seus planos futuros, bem como suas estratégias e políticas.

d. *Data da eleição e mandato*: data da eleição e validade do mandato nos possibilitam saber desde e até quando irá a gestão da atual diretoria. Não são frequentes as mudanças na direção das empresas, de modo que, na maioria dos casos, tende a haver reeleição e em algumas situações ocorrem simples remanejamentos e trocas de alguns executivos. A troca de um "executivo-chave" pode trazer consequências sérias para uma empresa.

### 7.3.5 Conselho de administração

| 5. CONSELHO DE ADMINISTRAÇÃO | | | |
|---|---|---|---|
| Nome (1) | CPF | Cargo | |
| (2) | | | |
| (3) | | | |
| (4) | | | |

São válidos os comentários feitos para os acionistas/sócios e diretores quanto à capacidade das pessoas.

## 7.3.6 Bens imóveis da empresa

| 6. BENS IMÓVEIS DA EMPRESA | | | | | | |
|---|---|---|---|---|---|---|
| Tipo (1) | Valor mercado | Ônus | Localização | Data compra | Número registro | Cartório |
| (2) | | | | | | |
| (3) | | | | | | |
| (4) | | | | | | |

Esse módulo objetiva destacar os principais bens imóveis de propriedade da empresa, com algumas características como localização, área, valor de mercado e dados relativos de registro. De maneira geral, o valor de mercado dos imóveis tende a ser superior ao valor contábil. Muitas empresas, em situações de necessidade de melhoria de seu capital de giro, desenvolvem programas de desimobilização ou buscam operações de *leasing back*.[6]

As operações de *leasing* financeiro constam no balanço da empresa, inclusive as dívidas decorrentes, conforme normas atuais de contabilidade (CPC 06).

Algumas vezes, um programa de desmobilização pode ser necessário para capitalização da empresa, porém a venda de imóveis por preços compensadores pode não ser uma operação rápida. Nos casos de operações com garantias hipotecárias, o conhecimento dos bens imóveis é o ponto de partida. Pode haver a possibilidade da empresa vender os imóveis após o preenchimento da ficha cadastral e, nesse caso, a informação estará desatualizada. É hábito, quando necessário, solicitar as escrituras dos imóveis, bem como certidões complementares. Há casos, entretanto, de falsificações de escrituras e certidões, o que requer uma assessoria especializada nos casos em que se trabalhe com crédito e com garantia real de hipoteca.

Em muitos casos, solicitam-se também as fichas cadastrais das pessoas físicas (dos sócios) e pede-se também relação dos seus bens imóveis.

## 7.3.7 Participação em outras empresas

| 7. PARTICIPAÇÃO EM OUTRAS EMPRESAS | | | | |
|---|---|---|---|---|
| Nome da empresa em que participa (1) | CNPJ | Cidade | Capital social | % capital |
| (2) | | | | |
| (3) | | | | |
| (4) | | | | |
| (5) | | | | |

a. *Nome da empresa em que participa*: informa as outras empresas nas quais o cliente mantém participação, possibilitando que o analista e o gestor de crédito saibam a relevância dos investimentos e, se for o caso, procedam à análise das demais empresas. Constitui-se numa fonte de informação para montagem do conglomerado.

---

6. *Leasing back* é uma operação por meio da qual a empresa vende o imóvel para uma instituição financeira atuante em arrendamento mercantil e, em seguida, arrenda o próprio imóvel. Continua instalada e usando o mesmo imóvel, paga uma prestação mensal e ao final do prazo contratado ela pode readquirir o imóvel por um valor residual previamente estabelecido. Durante a fase de arrendamento, a empresa perde a propriedade do imóvel, mas mantém a posse.

b. *Capital social e % do capital*: possibilita a identificação do percentual de participação da empresa no capital de cada uma das outras.

### 7.3.8 Participações de acionistas, sócios e diretores

| 8. PARTICIPAÇÕES (inclusive anteriores) de ACIONISTAS/SÓCIOS e DIRETORES | | | |
|---|---|---|---|
| Participante (1) | Empresa | Cargo | % participação |
| (2) | | | |
| (3) | | | |
| (4) | | | |

Constitui-se numa espécie de fonte de referência atual e anterior quanto aos diretores e sócios.

### 7.3.9 Seguros contratados

| 9. SEGUROS | | | |
|---|---|---|---|
| Modalidade (1) | Valor | Vencimento | Seguradora |
| (2) | | | |
| (3) | | | |

Os dados relativos a seguros, no Brasil, ainda não conseguiram o *status* que têm em outros países, para fins de crédito. Trata-se, evidentemente, de um fator que protege os bens da empresa e que no âmbito de crédito soma pontos positivos. Para clientes atuantes em atividades com elevados níveis de exposição a incêndio, roubo ou inundações (por exemplo), é fundamental a proteção de seguros.

### 7.3.10 Referências comerciais

| 10. REFERÊNCIAS COMERCIAIS (FORNECEDORES) | | | |
|---|---|---|---|
| Empresa | Endereço | Maior débito acumulado | % compras |
| | | | |
| | | | |
| | | | |
| | | | |

As referências comerciais constituem uma fonte tradicional de informações para crédito e seguramente prestam grande contribuição no conhecimento da situação do cliente. É importante, entretanto, que o analista e o gestor de crédito estejam conscientes das limitações dessas informações. Dificilmente, o cliente indicará fontes com as quais ele esteja atrasando pagamento. Mesmo quando uma empresa está em dificuldade financeira, ela tende a manter-se pontual com alguns de seus fornecedores, a fim de manter o suprimento de materiais básicos e de ter ainda boas fontes de referência.

Temos conhecimento de exemplos curiosos em que a empresa está bem e indica um fornecedor como fonte de referência. Ao ser consultado pelo seu concorrente (o fornecedor), diz que a empresa é má pagadora; com isso pretende que sua cliente não consiga crédito com seu concorrente e continue comprando seus produtos.

É importante que, além das referências comerciais, conheçamos quais são os principais clientes da empresa, bem como a representatividade desses clientes em seu faturamento global. Muitas vezes é necessário que analisemos a saúde financeira dos clientes de nossos clientes, especialmente quando ocorre grande concentração de títulos a receber. Há muitos casos de empresas que se tornam insolventes em razão de serem credoras de outras empresas que entraram em crise financeira. O segundo tipo de risco implícito na concentração de vendas é que torna a empresa dependente do seu principal cliente, que por vezes pode tirar proveito dessa situação. Entretanto, as informações sobre os principais fornecedores (e a representatividade deles) permite-nos conhecer o grau de dependência que a empresa apresenta em relação às fontes de matéria-prima. Daí, poder-se-ia acrescentar no modelo de ficha cadastral o pedido de informações sobre os principais clientes e os principais fornecedores.

## 7.3.11 Referências bancárias

| 11. REFERÊNCIAS BANCÁRIAS | | |
|---|---|---|
| Bancos | Agência endereço | Maior débito/limite |
| | | |
| | | |
| | | |
| | | |

Também as referências bancárias fazem parte da tradição de análise de crédito, no Brasil. É necessário conhecermos quem são os outros banqueiros de nossos clientes e quais os produtos e serviços que fornecem. Isto nos dá também informações para busca de novos negócios.

Conforme já destacamos, trata-se de uma ficha cadastral bastante genérica e com um propósito definido. O ideal é que cada banco, cooperativa de crédito ou empresa desenvolva a ficha cadastral que melhor se ajuste as suas próprias necessidades. No caso de indústrias, as características de seus clientes podem exigir detalhamentos específicos sobre produtos e materiais, de modo que isso justifique a adequação de uma ficha cadastral para atender a tais necessidades. Em outros casos, sugere-se trabalhar com módulos, de forma que haja um módulo básico para todos os clientes e outros módulos complementares para necessidades especiais de determinados tipos de cliente.

Finalmente, reafirmamos que a ficha cadastral deve atender a duas condições antagônicas, isto é, deve ser a mais completa possível, ao mesmo tempo em que precisa ser simples e fácil de preencher. Portanto, informações que não sejam utilizadas ou que não atendam às características de nossos clientes devem ser excluídas.

## 7.4 Ficha de informações básicas de clientes

A ficha cadastral que discutimos no item anterior é um formulário padronizado utilizado pela maioria das instituições financeiras, muitas delas possuindo isto em arquivo magnético. A ficha de informações básicas do cliente (FIBC) é ao mesmo tempo um relatório mais simples e mais completo. Enquanto a ficha cadastral apresenta campos definidos, a FIBC apresenta campos para serem preenchidos de modo mais detalhado e elaborado. Seguramente, a FIBC exige maior preparo do gerente de negócios. Vejamos um modelo de FIBC no Quadro 7.3. Nada impede que boa parte da FIBC possa ser gerada pelo sistema e que o gerente a complete com sua interpretação subjetiva.

**QUADRO 7.3** Ficha de informações básicas de clientes.

| FICHA DE INFORMAÇÕES BÁSICAS DE CLIENTES | | |
|---|---|---|
| Data | Agência | Região |
| 1. IDENTIFICAÇÃO | | |
| Nome | | |
| Endereço | | Telefone |
| Ramo de atividade | | |
| Data de fundação | Demonstrações financeiras | |
| Como iniciou-se o relacionamento | | |
| 2. ACIONISTAS/SÓCIOS | | |
| 3. DIRETORIA/ADMINISTRAÇÃO | | |
| 4. COLIGADAS/CONTROLADAS | | |
| 5. BREVE HISTÓRICO DA EMPRESA | | |
| 6. PRODUTOS/PENETRAÇÃO NO MERCADO E CONCORRÊNCIA | | |
| 7. ESTRATÉGIA DE VENDA/MERCADO/PLANOS FUTUROS | | |
| 8. PRINCIPAIS CLIENTES E FORNECEDORES | | |
| 9. UNIDADES DE PRODUÇÃO/ESCRITÓRIOS E FILIAIS | | |
| 10. BANCOS E INFORMAÇÕES CADASTRAIS | | |

## 7.5 Investigação de crédito

A descrição e os comentários relativos à investigação do crédito constam no Capítulo 4. Em diversos outros tópicos (inclusive neste capítulo), já nos referimos às informações comerciais, bancárias e restrições de crédito de uma forma geral. Consultar os fornecedores e banqueiros do cliente, pesquisar os registros e agências de informações sobre sua situação de crédito é parte do processo que leva à análise e decisão.

## 7.6 Análise financeira

Nos Capítulos 4 (item 4.6, Capital) e 6 (item 6.3.1, Atribuições técnicas de análise), já tecemos alguns comentários acerca da análise financeira. Nos Capítulos de 8 a 11 estaremos detalhando os métodos de análise financeira. Por enquanto, é necessário acrescentar que a análise financeira é uma das partes mais importantes da análise de crédito. Muitas pessoas confundem análise financeira com análise de balanço e alegam que os balanços não correspondem à realidade das empresas. É importante termos consciência da existência de demonstrações financeiras irreais e enganosas, mas esse fato não pode constituir-se num abrigo para justificar o despreparo de um gerente de negócios quanto ao seu conhecimento de contabilidade e de análise financeira. Conhecer contabilidade e análise financeira deve ser parte de uma cultura técnica mínima necessária para um gerente de negócios dialogar com os executivos financeiros das empresas clientes do banco. Adicionalmente, o conceito de análise financeira deve abranger outros dados além das demonstrações financeiras tradicionais, como o balanço e a demonstração do resultado. Para financiar um utilitário para um transportador escolar autônomo, precisamos fazer a análise financeira sem dispormos de demonstrações financeiras. Podemos conversar com o transportador para sabermos se suas estimativas de receitas e de despesas nos dão segurança de que seu fluxo de caixa será suficiente para o pagamento das prestações.

Com relação à análise financeira em sua concepção mais firme e abrangente, diversas metodologias podem ser utilizadas visando à análise do risco do cliente e de sua capacidade de pagamento. Entre as metodologias, podemos destacar:

- Análise horizontal e vertical;
- Índices financeiros convencionais, como os relacionados à lucratividade, à estrutura e à liquidez;
- Índices-padrão;
- Fluxos de caixa e fluxos de recursos;
- Investimento operacional em giro;
- Capital de giro e capital permanente líquido; e
- Modelos quantitativos.

## 7.7 Análise setorial

A chamada análise setorial, conforme o próprio nome está sugerindo, consiste numa apreciação macroeconômica em relação a determinado segmento da economia. De modo simples, podemos resumir uma análise setorial nas seguintes etapas fundamentais:

a. Caracterização do segmento, descrevendo suas principais características.

b. Análise dos produtos, dos mercados (locais, regionais, nacionais e internacionais), das formas de concorrência e do perfil do público consumidor.
c. Identificação dos processos de produção das principais empresas atuantes no setor.
d. Análise retrospectiva do desempenho do setor, compreendendo os diversos mercados (locais, regionais, estaduais, nacional, internacional).
e. Análise da situação atual e prospectiva abrangendo empresas e mercados.
f. Posicionamento das principais empresas atuantes no segmento e um perfil das características do segmento.

Estes são alguns dos itens a serem considerados num estudo setorial. A relevância de cada um deles em cada estudo será função do propósito do próprio estudo setorial que esteja sendo desenvolvido.

Finalmente, o mais importante serão as expectativas em relação ao segmento, o posicionamento da empresa no segmento e o que se espera da própria empresa nos períodos futuros. No que pese a chamada análise setorial trazer informações importantes, não se deve ter grandes ilusões em relação a ela como instrumento de precisão em relação ao futuro. Ao mesmo tempo, temos que considerar que pode haver empresas ruins em segmentos bons e empresas boas em segmentos ruins. Resultará daí a principal questão, que é a de saber até que ponto uma empresa suportará as dificuldades de um segmento em crise. Vejamos o Quadro 7.4, que, para fins de exemplificação, relaciona a empresa e o segmento de atuação.

O Quadro 7.4 não pretende ser absoluto e conclusivo na classificação do risco em uma empresa, considerando o risco da própria empresa mais o risco de seu segmento de atuação, porém objetiva exercitar nosso raciocínio. Não parece haver dúvida de que uma empresa ruim, atuante num segmento ruim, representa alto risco. Também não é complicado entender que uma empresa saudável, atuante num segmento próspero, representa risco baixo. A questão será orientar as decisões relativas às empresas boas atuantes em segmentos ruins e às empresas ruins atuantes em segmentos bons. Do ponto de vista da apreciação do risco, é opinião do autor de que uma empresa ruim atuante num segmento bom representa um risco maior do que uma empresa boa atuante num segmento ruim. De modo geral, mesmo nos segmentos mais sensíveis, como os de construção civil e têxtil, por maior que seja o número de quebras, estas

**QUADRO 7.4** Risco da empresa *versus* o risco do segmento.

|  | Segmento ruim | Segmento bom |
|---|---|---|
| **Empresa boa** | Empresa boa segmento ruim → risco? | Empresa boa segmento bom → risco baixo |
| **Empresa ruim** | Empresa ruim segmento ruim → risco alto | Empresa ruim segmento bom → risco? |

Empresas ↑↓    Ruim ← Segmento de atuação → Bom

ainda representam percentual baixo em relação ao total de empresas atuantes no respectivo segmento. E, ainda assim, são as empresas de rating de pior qualidade em cada segmento que tendem a quebrar. As exceções serão os segmentos monopolistas ou oligopolistas. Se tivermos um segmento concentrado em 10 empresas, quebrando uma, houve 10% do setor em quebra. A análise setorial tende a ter maior peso na orientação de políticas de crédito que no dimensionamento do risco de uma empresa em particular.

Quanto à contribuição para entender o posicionamento da empresa no mercado, o analista poderá precisar estabelecer uma comparação direta entre uma empresa e seus principais concorrentes. Um padrão de comparação pode ser constituído por empresas atuantes no mesmo segmento (sub-ramo, por exemplo), sendo que algumas das empresas que compõem esse padrão são as principais empresas do segmento e concorrentes entre si, enquanto outras empresas que também compõem o referido padrão podem não ser expressivas e não trazerem contribuições importantes para fins de comparação. Vamos supor o caso da *Cia. Exemplo Didático*, que tem dois grandes concorrentes diretos, que são a *Internacional A* e a *American B*, além de várias outras empresas pequenas que atuam em seu segmento. Apresentamos, no Quadro 7.5, o comportamento do segmento nos últimos cinco anos.

**QUADRO 7.5** Quadro de participação no mercado.

| Anos | Cia. Exemplo Didático | | Internacional A | | American B | | Outras | |
|---|---|---|---|---|---|---|---|---|
| | Alimentos enlatados | Granel | Alimentos enlatados | Granel | Alimentos enlatados | Granel | Alimentos enlatados | Granel |
| 20X1 | 58% | 11% | 5% | 27% | 17% | 53% | 20% | 9% |
| 20X2 | 55% | 16% | 4% | 27% | 21% | 47% | 20% | 10% |
| 20X3 | 50% | 16% | 4% | 28% | 23% | 46% | 23% | 10% |
| 20X4 | 40% | 13% | 3% | 25% | 26% | 43% | 31% | 19% |
| 20X5 | 31% | 13% | – | 28% | 27% | 43% | 42% | 16% |

Pela análise do Quadro 7.5, pode-se observar que três empresas detinham mais de 80% do hipotético segmento de alimentos enlatados. Nesse caso, a comparação direta entre as três empresas é pelo menos tão importante quanto o uso de um referencial constituído pelo conjunto das empresas atuantes no segmento. Notamos, na análise do Quadro 7.5, que a *Cia. Exemplo Didático* vem reduzindo sua participação de ano para ano, enquanto a *American B* vem aumentando sua fatia. Note, por exemplo, que em 20X1, a *Cia. Exemplo Didático* tinha participação de 58% do mercado de enlatados, enquanto a *American B* participava apenas em 17%. Cinco anos depois, em 20X5, a participação da *Cia. Exemplo Didático* cai para 31%, enquanto a *American B* sobe para 27%. Os números do Quadro 7.5 indicam que a *Cia. Exemplo Didático* vem perdendo mercado durante os cinco anos ali relacionados. Caberá ao analista o aprofundamento necessário no exame das causas dessa perda de mercado.

A análise comparativa com os principais concorrentes pode abranger todas as demonstrações financeiras, incluindo, por exemplo, os índices financeiros convencionais, as vendas, o lucro, o ativo total, o capital circulante líquido, o investimento operacional em giro, o fluxo de caixa e ainda outros índices de produtividade (por funcionário, por metro quadrado etc.). A abrangência, portanto, será função do propósito da análise.

## 7.8 Entrevista e visita de crédito e negócios

A entrevista de crédito pode ser feita na instituição financeira ou em uma visita ao cliente. Vamos, inicialmente, tratar da entrevista em seus aspectos gerais e em seguida discutir sobre a visita.

### 7.8.1 Entrevista de crédito e negócios

As funções de crédito e de negócios são complementares. O analista de crédito não pode perder a ideia de que o banco vive de negócios, nem o gerente de negócios pode desprezar a necessidade da análise de risco.

Uma entrevista de crédito pode ser feita tanto por um gerente de negócios quanto por um analista de crédito. No momento da entrevista, podemos obter informações diretas com o cliente, conversar sobre essas informações e sentir o estado de espírito do cliente. Podemos entender o uso que o cliente pretende dar ao empréstimo ou financiamento, conhecer seu sentimento sobre o mercado atual e futuro e sobre as expectativas para seu próprio negócio. Podemos esclarecer dúvidas e solicitar informações complementares sobre a administração da empresa, o mercado de atuação, as demonstrações financeiras, o grupo econômico e os concorrentes. Para isso o gerente de negócios ou o analista de crédito deve estar preparado com informações atualizadas sobre a empresa e o mercado. Muitas dessas informações dependem diretamente do profissional, como as relativas ao próprio interesse pessoal pelo seu trabalho, a organização dos dados, o conhecimento dos produtos do banco e a leitura de periódicos. Outras informações dependerão do banco ser capaz de facilitar as ações de seus profissionais. Sistemas de computação, assinaturas de revistas e jornais e comunicação interna eficientes são fundamentais. Para a consecução da entrevista, o profissional representante do banco deve estar preparado. Com exceção da situação de um cliente novo, dados da empresa como denominação social, localização, data de fundação, produtos, mercados, concorrência, situação de restrições de crédito já devem ser do conhecimento do entrevistador. A entrevista visará à atualização dessas informações genéricas, com ênfase ao desempenho da empresa no mercado e às suas expectativas futuras. Do ponto de vista dos negócios, conhecer as necessidades do cliente e os produtos e serviços do banco que possam suprir tais necessidades. Verificar as necessidades de recursos e a forma como a empresa pretende efetuar o pagamento, ou seja, identificar as chamadas fontes primárias de pagamento. Do ponto de vista de crédito, esclarecer as dúvidas necessárias para permitir uma adequada avaliação do risco de crédito do cliente. Os chamados *Cs* do crédito (caráter, capacidade, condições, capital, conglomerado e colateral) tendem a ser suficientes para orientação da entrevista.

Em ambos os casos, negócios ou crédito, é preciso conhecer o relacionamento histórico do cliente com o banco. Na qualidade de representante do banco, o profissional deverá ter consciência da necessidade de conduzir a entrevista dentro de clima saudável e respeitoso. Conhecer o perfil do cliente ajudará na condução da entrevista. Um cliente formal não se sentirá bem com um tratamento informal e vice-versa. Envolvimento emocional com a empresa pode ser prejudicial na condução da entrevista. Saber ouvir e fazer perguntas bem estruturadas serão pontos fortes para obtermos sucesso na entrevista. Refletir sobre as respostas do cliente e, se necessário, repeti-las para que o cliente confirme seu entendimento pode ser necessário. Ao mesmo tempo, deverá haver espaço para um diálogo mais solto, sem que isso possa representar dispersão desnecessária e perda de objetividade. Evitar assumir compromissos que não possam ser cumpridos deve ser um cuidado do entrevistador. Se, por exemplo, o sentimento do entrevistador é de que o empréstimo possa não sair, não deve gerar expectativa positiva no cliente. Anotar as respostas é uma demonstração da seriedade que está sendo dada à entrevista. No tópico seguinte, relativo à visita a clientes, discutiremos outros aspectos relevantes para serem verificados.

### 7.8.2 Visitas a clientes

As visitas a clientes cumprem dupla missão. Primeiro, permitem o conhecimento mais de perto do cliente e de suas instalações, fornecendo subsídios para oportunidades de negócios e para avaliação de risco. Segundo, constituem uma oportunidade para o fortalecimento das relações de negócios e para o acompanhamento de crédito. A visita ao cliente ou potencial cliente compreende três fases principais:

- O planejamento;
- A realização;
- O acompanhamento.

#### 7.8.2.1 Planejamento da visita

Nessa fase, deveremos definir de forma clara *o objetivo da visita*. Fatores como conquista do cliente, fechamento de negócios, obtenção e complementação de informações financeiras ou cadastrais, renegociação de dívida, acompanhamento e manutenção de relacionamento podem justificar a visita.

O *planejamento* da visita propriamente dito envolve aspectos como análise do material e informações disponíveis em nossos arquivos, por exemplo: demonstrações financeiras, cadastros, restrições, produtos da empresa, seus clientes, fornecedores e concorrentes. Notícias recentes sobre a empresa, o grupo, o mercado de atuação podem fazer parte de nosso material de trabalho. A definição de com quem falar na empresa é outro fator relevante. De quais produtos que a empresa precisa e o que dispomos em nosso banco fazem parte da fase de preparação da visita. A fase de planejamento e organização para a visita é a "lição de casa". Elaborar uma relação com os tópicos a serem discutidos, após estudar detalhadamente a empresa e seus concorrentes principais.

#### 7.8.2.2 Realização da visita

Fatores como cumprimento de horário, apresentação e postura pessoal, preparação dos assuntos a serem discutidos e das informações e documentos a serem solicitados, conhecimento dos produtos e serviços do banco, sinceridade e transparência devem fazer parte do processo de realização da visita para conquistar a confiança e a respeitabilidade do cliente.

Vamos partir da premissa de que o banco já dispõe do cadastro do cliente e que a visita não seja para fazer perguntas óbvias como qual o nome da empresa ou seu endereço. Se se tratar de um primeiro contato com um cliente prospectivo, é evidente que precisaremos solicitar dados de identificação da empresa, entre outros. No geral, a visita deve possibilitar a complementação das informações sobre o cliente, detalhando os dados que efetivamente sejam necessários. Quando descrevemos sobre a ficha cadastral, já especificamos diversos itens a serem cobertos relativos ao cliente. Vejamos as principais áreas sobre as quais podemos completar informações durante uma visita:

- **Administração:** identificação dos administradores, de suas funções e de seu perfil técnico. Destaque de quem é o ponto de relacionamento com o banco.
- **Controle e conglomerado:** composição acionária e participações em outras empresas, inclusive dos sócios. Relações de negócios entre as empresas e estratégias de crescimento e diversificação.
- **Aspectos operacionais:** volumes de vendas, níveis de estoques e prazos de recebimento de vendas, políticas de crédito e cobrança, duplicatas a receber em atraso, volumes de compras, fornecedores e sua localização, prazos de pagamentos aos fornecedores, pedidos em carteira, capacidade instalada e níveis de utilização.
- **Aspectos mercadológicos:** identificação dos produtos e do público consumidor, pesquisa de mercado, desenvolvimento de produtos, canais de distribuição, mercado de atuação, canais de propaganda, canais de comunicação e de atendimento aos clientes, participação no mercado e principais concorrentes, bem como nível de satisfação dos clientes.
- **Aspectos de natureza estratégica:** características dos projetos de investimento, fontes de financiamento, relacionamento com o mercado de capitais, políticas de capitalização e de distribuição de dividendos. Localização das unidades. Análise dos fatores externos como governos, sindicatos, concorrência e meio ambiente.
- **Aspectos tecnológicos:** eficácia dos processos produtivos, *layout*, níveis tecnológicos da empresa e do segmento, idade e estado dos equipamentos, controle de qualidade e investimentos em pesquisa e desenvolvimento, bem como programas de qualidade de pessoas e produtos.
- **Aspectos administrativos:** formação e especialização das equipes, formas de delegação de poderes, políticas de pessoal, condições de trabalho, nível de satisfação dos funcionários, relacionamento interno entre as pessoas e entre as diversas áreas.
- **Relacionamento bancário:** quais as outras instituições com quem o cliente mantém negócios e que tipo de negócios.
- **Aspectos relativos ao empréstimo:** entendimento do uso dos fundos e da real necessidade do cliente quanto ao valor, aos prazos e às formas de pagamento; compreensão quanto às fontes primárias e secundárias de pagamento, análise da condição financeira e patrimonial dos garantidores; análise das garantias quanto à liquidez; controlabilidade, avaliação e perecibilidade.

A visita ou a entrevista deve ser também uma oportunidade para esclarecimento de dúvidas sobre as demonstrações financeiras, bem como para solicitar sua atualização e outros documentos que sejam necessários, como relação de faturamento, por exemplo.

### 7.8.2.3 Acompanhamento da visita

O acompanhamento compreende, do ponto de vista do banco, agendar tudo que tenha sido combinado com o cliente para dar respostas a ele sobre eventuais questões que tenham sido levantadas. Cobrar respostas ou documentos solicitados e que o cliente tenha se comprometido a fornecer. Se necessário, acionar outras áreas internas do banco que precisem acompanhar ou resolver questões relacionadas ao cliente. Se, por exemplo, durante a visita, o cliente demonstrou interesse em um produto especializado como Finame ou câmbio e o representante do banco não tinha determinados detalhes técnicos sobre o produto, deverá acionar a área especializada para que esta preste as informações ao cliente.

### 7.8.2.4 Relatório da visita

Os fatos observados e as informações relevantes colhidas durante a visita precisam ser registrados num Relatório de Visita. Mas esse relatório não deverá ter um objetivo em si próprio. As informações da visita, segundo sua natureza, devem ser agregadas aos respectivos instrumentos de crédito, como análise financeira, análise setorial, registro de restrições, e assim por diante. É inadequado vermos modelos de relatórios de visitas repetindo informações que já constam no cadastro ou em outros documentos. O Relatório de Visita deve ter caráter de complementação de informações. Desse modo, cada visita poderá ter um relatório de conteúdo diferente. Durante a visita, o representante do banco deve ter anotado os dados mais relevantes sobre esta. Após a visita, deverá emitir um relatório sucinto para não esquecer as respostas e informações obtidas com o cliente. Cópias do relatório devem ser distribuídas para outros departamentos que possam ter interesse e relacionamento com o cliente, especialmente quando couber-lhes ações específicas. Salvo se se tratar de algum tipo de visita padrão em que tenhamos um conjunto de itens a serem verificados, o Relatório de Visita deve ter uma estrutura que compreenda os seguintes tópicos:

- Cabeçalho sucinto com identificação do cliente.
- Objetivo da visita.
- Pessoas que efetuaram a visita.
- Pessoas contatadas na empresa.
- Resultados alcançados.
- Itens para acompanhamento.
- Data e assinatura.

## 7.9 Proposta de negócio

A proposta de negócio (PN) é também chamada de proposta de operação ou mesmo de proposta de operação de crédito. Ela deve caracterizar com clareza aquilo que está sendo proposto. A PN, normalmente, é acompanhada por outros documentos que completam as informações sobre o cliente, como a análise financeira, a posição relativa às consultas às restrições, o diagrama do grupo econômico e outros relatórios que possam complementar as informações necessárias à decisão de crédito. Entre os dados que habitualmente constam de uma PN, podemos mencionar:

- unidade de origem da PN e data;
- nome da empresa e do grupo;
- nome e dados dos garantidores;
- posição das operações já existentes com a empresa e com o grupo, especificando tipos de operações, prazos, garantias existentes, parcelas ou operações vencidas e deficiências de garantias, se for o caso;
- especificação do relacionamento já existente entre o cliente e o banco e a mensuração da rentabilidade do cliente;
- caracterização da operação proposta, com valor, prazos, formas de pagamento, taxas e garantias;

- a fundamentação da proposta, especificando os motivos da concessão e as fontes de repagamento.
- aprovações das alçadas competentes;
- classificação de risco da empresa e da operação e outros dados complementares.

## 7.10 Relatório de análise de crédito

Um Relatório de Análise de Crédito (RAC) pode ter diversos formatos. Muitos deles compreendem apenas a análise financeira e são agregados a outros documentos para comporem o processo de crédito que será apreciado na alçada competente. Outros, entretanto, são completos, trazendo os diversos itens de análise e investigação de crédito e ainda a proposta de operação ou de limites. O RAC pode ser elaborado pelo gerente de negócios, pelo analista de crédito ou ainda pode ter a participação das duas áreas. O modelo de RAC também deve ser adequado ao perfil da clientela do banco. O leitor, caso tenha interesse, poderá ver a estrutura e o modelo de relatório no livro *Análise financeira das empresas*, do mesmo autor.

### QUESTÕES PARA RESOLUÇÃO E DISCUSSÃO

1. Em sua opinião, o bom-senso é suficiente para uma decisão de crédito segura? Comente sua resposta.
2. Descreva o que é uma pasta cadastral, qual sua utilidade e como esta pode ser organizada.
3. Cite e comente as informações que você julga mais relevantes numa ficha cadastral de pessoa jurídica.
4. O que é uma FIBC?
5. O que devemos entender por investigação de crédito e qual sua utilidade?
6. Descreva a importância da análise setorial para a política e para a decisão de crédito.
7. Comente sobre as condições que você julga importantes para uma boa entrevista de crédito e negócio.
8. Cite e comente seis grupos de informações que devem ser cobertas numa visita de crédito e negócio.

capítulo 8

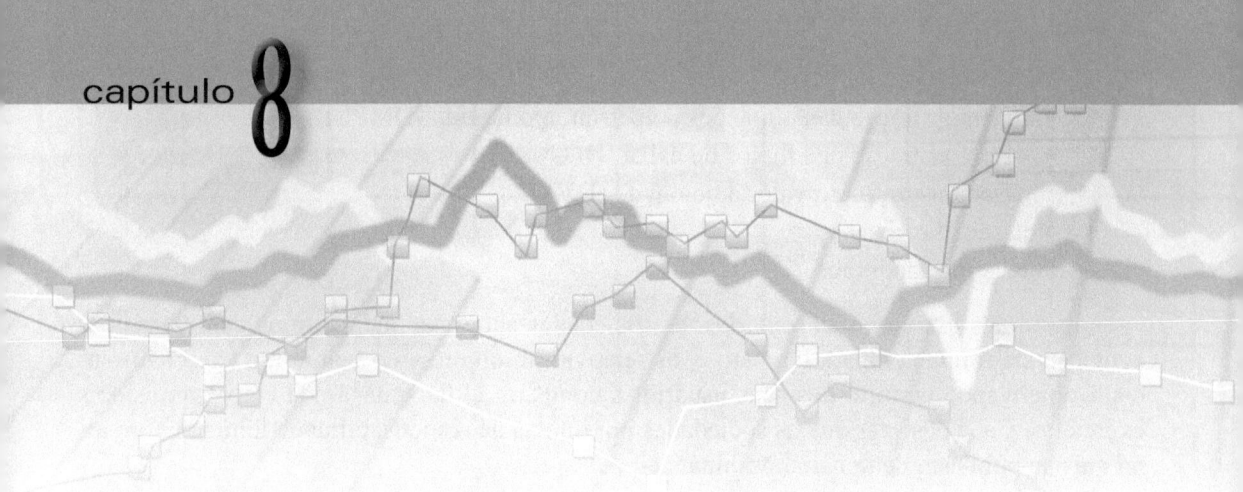

# Principais demonstrações contábeis

## OBJETIVOS DE APRENDIZAGEM

Apresentar as principais demonstrações contábeis, com ênfase para:
- Conceituação das principais demonstrações contábeis e dos grupos de informações divulgadas por uma empresa de capital aberto;
- Detalhamento dos grupos e das contas que compõem o balanço patrimonial da empresa;
- Detalhamento das contas de receitas, custos e despesas que compõem a demonstração do resultado do exercício;
- Destaque para a importância de cada conta e grupo de contas nas demonstrações publicadas, visando à sensibilização do leitor para fins de análise de crédito.

## 8.1 Introdução

As demonstrações contábeis constituem-se numa das grandes fontes de informações para decisão de crédito. Os principais conjuntos de informações que as empresas de capital aberto publicam, compreendem:

- Relatório da administração.
- Demonstrações contábeis:
  - Balanço patrimonial (BP).
  - Demonstração do resultado do exercício (DRE).

- Demonstração das mutações do patrimônio líquido (DMPL).
- Demonstração dos fluxos de caixa (DFC).
- Demonstração do valor adicionado (DVA).
- Notas explicativas.
- Parecer dos auditores.

Quanto aos *exercícios abrangidos*, as sociedades anônimas publicam as demonstrações contábeis de forma comparativa, isto é, as relativas ao último e ao penúltimo exercícios sociais, objetivando permitir aos seus usuários a comparação da situação da empresa nos dois exercícios. Cabe destacar que as sociedades por quotas de responsabilidade limitada normalmente não publicam demonstrações financeiras.

Quanto às *empresas abrangidas*, as empresas de capital aberto, além de publicar suas demonstrações contábeis, algumas vezes precisam publicar também as chamadas demonstrações consolidadas, ou seja, aquelas que incluem a controladora e suas controladas e coligadas. O principal objetivo da consolidação das demonstrações contábeis é propiciar aos usuários dessas demonstrações uma visão global acerca de um conjunto de empresas pertencentes a um mesmo grupo econômico, como se estas representassem uma única entidade (ver Capítulo 12).

Quanto à *frequência da divulgação*, as empresas, em geral, elaboram suas demonstrações anualmente e as fornecem aos investidores, credores e demais interessados. No caso das empresas de capital aberto, isto é, com ações negociadas em bolsas de valores, tais empresas divulgam também demonstrações semestrais e informações trimestrais (ITR). As empresas sujeitas a tributação com base no lucro real efetivo, mesmo não sendo de capital aberto, estão obrigadas, pela legislação fiscal, à apuração mensal do lucro.[1]

Nos tópicos seguintes, discutiremos cada um dos conjuntos de informações usualmente divulgadas pelas empresas, tomando como base os Quadros 8.1 a 8.8, que fornecem um exemplo real de demonstrações financeiras publicadas. Para fins didáticos, procedemos a algumas simplificações no Relatório da Administração e nas Notas Explicativas, ao mesmo tempo que adaptamos alguns dados da empresa, também visando maior facilidade didática. Adotamos o nome fictício de *Reciclando S.A.*

### 8.1.1 Relatório da administração

O Relatório da Administração também pode aparecer com a denominação de Mensagem aos Acionistas. O conteúdo dessa mensagem varia de empresa para empresa. Em linhas gerais, o relatório da administração deve funcionar como uma prestação de contas dos administradores aos acionistas, ao mesmo tempo que, também, pode fornecer uma análise prospectiva. Em alguns casos, tais relatórios apenas submetem as demonstrações financeiras à apreciação dos acionistas, sem apresentar qualquer informação relevante. Em outros, no entanto, trazem um valioso conjunto de informações, como histórico da empresa, suas principais estratégias de crescimento, seus planos futuros, suas políticas de recursos humanos e seus investimentos em pesquisa e desenvolvimento. Informam sobre o estágio em que se encontram determinados projetos importantes, analisam o ambiente em que a empresa opera e destacam as expectativas da administração para os próximos exercícios. Pode ainda fornecer uma análise interna sobre os resultados alcançados e sobre as políticas de investimento, de financiamento e de

---

1. A legislação fiscal obriga as empresas a apurarem seus resultados mensalmente, para fins de tributação, porém não as obriga a divulgarem tais informações.

distribuição de dividendos que foram adotadas no último exercício. É importante que gerentes de negócios e analistas leiam o Relatório da Administração para uma melhor compreensão da empresa; porém, é necessário que eles tenham espírito crítico para avaliar o conteúdo e a viabilidade das metas colocadas. Para um melhor entendimento sobre o Relatório da Administração, leia o conteúdo do exemplo relativo à *Reciclando S.A.*, no Quadro 8.1.

**QUADRO 8.1** Relatório da administração. RECICLANDO S.A. – CNPJ XX.XXX.XXX/0001-XX.

### Relatório da administração

**Senhores Acionistas,**

O ano de 20X3 nos apresentou importantes desafios. O primeiro foi a significativa queda dos mercados de calçados e têxteis que, dependendo do segmento, variou de 20% a 40%. O segundo foi a necessidade de reforçar nossas marcas próprias de calçados. O terceiro foi absorver os custos de ajustes na estrutura industrial de nossa empresa. A superação com sucesso desses obstáculos, com a geração de um lucro líquido, antes da equivalência patrimonial, representa um tributo à estrutura atual da companhia, resultante do processo de mudanças e do reposicionamento dos produtos dos últimos anos.

**Realizações:** A estratégia de expandir nossa presença no Cone Sul apresentou significativo progresso. Na Argentina, os produtos das marcas *X* e *Y* ganharam importante aceitação. A partir do meio do ano, iniciamos a distribuição dos produtos *Z* nesse mercado. A companhia assinou, em setembro, um contrato de licença com a empresa *XYZ* para distribuir suas linhas de produtos (calçados e vestuário) para o Mercosul e para outros países da América Latina. Essa aliança beneficiar-se-á do reconhecimento mundial dessa forte marca, associada à nossa experiência em calçados, confecções e varejo. Os investimentos em ativos imobilizados e propaganda de cerca de $ 60,0 milhões continuaram apoiando o crescimento de nossas linhas de produtos.

**Relações com a comunidade:** Além de aspectos operacionais, a companhia continuou atuando junto às comunidades das quais participa com dois projetos que se destacaram. O primeiro veio possibilitar à população de pequenos municípios o acesso à assistência médica, com atendimento médico especializado, até então inexistente. O segundo é o envolvimento no projeto de Qualidade de Ensino, voltado para a elevação do nível de educação das escolas primárias, que requerem uma significativa melhora para tornarem-se competitivas. Os primeiros resultados, embora restritos a um pequeno número de escolas, tornam-se expressivos em termos de qualidade. A companhia realizou reuniões com analistas de investimentos da Associação dos Analistas e Profissionais de Investimentos do Mercado de Capitais (Apimec), além de promover encontros com investidores institucionais no país e no exterior, no sentido de intensificar nossos esforços de estreitamento da relação com nossos investidores.

**Dividendos:** A Assembleia Geral Ordinária de Acionistas, a ser realizada em 29.3.X4, será solicitada a retificar a distribuição de dividendos de $ 9,1 milhões. Em agosto de 20X3, foram pagos $ 2,0 milhões, que serão complementados por $ 7,1 milhões, a serem pagos no final de março de 20X4.

**Perspectivas:** A economia do país alcançou sucesso durante o ano, ajustando-se continuamente às necessidades conjunturais. Simultaneamente, realizou as primeiras mudanças constitucionais na área econômica com impacto positivo, cujo processo prosseguirá durante 20X4. Esperamos, assim, um ano de crescimento para a economia compatível com 20X3, criando as condições para a expansão de nossas linhas de produtos no Brasil e no Mercosul. Nossa expectativa é de crescimento dos lucros, principalmente quando os primeiros efeitos da reestruturação da *RECICLANDO S.A.* forem sentidos.

Agradecemos aos nossos acionistas pelo apoio que recebemos durante o período. Agradecemos também aos nossos associados, funcionários, clientes e fornecedores que se envolvem com o progresso da companhia, e os convocamos a persistir no caminho traçado por nossa visão com crescimento e melhoria contínua.

São Paulo, 28 de fevereiro de 20X4, Presidente.

**QUADRO 8.2** Balanços patrimoniais. RECICLANDO S.A. – CNPJ XX.XXX.XXX/0001-XX.

## BALANÇOS PATRIMONIAIS EM 31 DE DEZEMBRO
Valores em milhares de $

| | 20X3 | 20X2 | | 20X3 | 20X2 |
|---|---|---|---|---|---|
| **ATIVO CIRCULANTE** | | | **PASSIVO CIRCULANTE** | | |
| Caixa e bancos | 1.525 | 154 | Fornecedores | 14.460 | 22.486 |
| Aplicações financeiras | 40.467 | 45.354 | Financiamentos | 15.727 | 14.684 |
| Clientes | 74.917 | 75.058 | Salários e encargos sociais | 14.762 | 19.622 |
| Estimativa de perda com clientes | (2.460) | (860) | Contas a pagar | 7.461 | 7.892 |
| Estoques | 50.223 | 51.189 | Dividendos propostos | 7.084 | 12.072 |
| Contas a receber por venda de ativo permanente | 2.943 | | Imposto sobre lucros (IR + CSLL) | 6.183 | 266 |
| Outros ativos | 19.759 | 14.540 | Impostos sobre vendas | 6.407 | 7.694 |
| | 187.374 | 185.435 | | 72.084 | 84.716 |
| **ATIVO NÃO CIRCULANTE** | | | **PASSIVO NÃO CIRCULANTE** | | |
| REALIZÁVEL A LONGO PRAZO | | | Empresas controladas | 1.134 | 473 |
| Empresas controladas | | 41.172 | Financiamentos | 14.837 | 23.056 |
| Contas a receber por venda de ativo fixo | 14.053 | 4.852 | Outros passivos | 4.721 | |
| Outros realizáveis de longo prazo | 8.093 | | | 20.692 | 23.529 |
| | 22.146 | 46.024 | **PATRIMÔNIO LÍQUIDO** | | |
| INVESTIMENTOS | | | Capital realizado | 304.618 | 304.618 |
| • Empresas controladas e coligadas | 97.220 | 103.199 | Reservas de capital | 6.591 | 9.417 |
| • Outros | 981 | 945 | Reserva de lucros | 82.839 | 64.617 |
| IMOBILIZADO | 163.011 | 144.297 | | 394.048 | 378.652 |
| INTANGÍVEL | 16.092 | 6.997 | | | |
| | 277.304 | 255.438 | | | |
| TOTAL DO ATIVO | 486.824 | 486.897 | TOTAL DO PASSIVO + PATRIMÔNIO LÍQUIDO | 486.824 | 486.897 |

**QUADRO 8.3** Demonstração do resultado do exercício – Reciclando S.A.

| DEMONSTRAÇÃO DO RESULTADO FINDO 31 DE DEZEMBRO (milhares $) | 20X3 | 20X2 |
|---|---|---|
| RECEITA OPERACIONAL BRUTA | 523.571 | 679.489 |
| Deduções e impostos sobre vendas | – 79.701 | – 97.879 |
| RECEITA OPERACIONAL LÍQUIDA | 443.870 | 581.610 |
| Custo dos produtos vendidos | – 293.883 | – 359.069 |
| LUCRO BRUTO | 149.987 | 222.541 |
| DESPESAS OPERACIONAIS | | |
| • Com vendas | –81.068 | – 87.890 |
| • Gerais e administrativas | – 68.798 | – 64.043 |
| • Honorários da administração | – 1.246 | – 1.500 |
| • Amortização de deságio | 3.539 | 2.453 |
| • Outras receitas operacionais | 18.282 | 862 |
| RESULTADO DA ATIVIDADE DA EMPRESA | 20.696 | 72.423 |
| EQUIVALÊNCIA PATRIMONIAL | 8.011 | 1.679 |
| RESULTADO ANTES DO EFEITO FINANCEIRO | 28.707 | 74.102 |
| • Receitas (despesas) financeiras | 6.985 | 2.072 |
| RESULTADO ANTES DOS IMPOSTOS | 35.692 | 76.174 |
| • Impostos sobre o lucro | – 8.364 | – 16.780 |
| LUCRO LÍQUIDO DO EXERCÍCIO | 27.328 | 59.394 |
| Lucro líquido por lote de 1.000 ações | 14,01 | 30,45 |

**QUADRO 8.4** Demonstração dos fluxos de caixa – Reciclando S.A.

| DEMONSTRAÇÃO DOS FLUXOS DE CAIXA (milhares $) | 20X3 | 20X2 |
|---|---|---|
| **Atividades operacionais** | | |
| LUCRO LÍQUIDO | 27.328 | 59.394 |
| Ajustes: itens que não afetaram o caixa | | |
| • Depreciações | 17.805 | 20.047 |
| • Amortização de ágio (deságio) | – 3.539 | – 2.453 |
| • Equivalência patrimonial | – 8.011 | – 1.679 |
| • Devedores duvidosos | 1.600 | 636 |
| Lucro líquido ajustado | 35.183 | 75.945 |
| Variações no capital circulante | | |
| • Variação de clientes | 141 | – 17.333 |
| • Variação de estoques | 966 | 21.492 |
| • Variação de outras contas ativas | – 8.162 | – 6.733 |
| • Variação de fornecedores | – 8.026 | 12.360 |
| • Variação de contas a pagar | – 6.578 | – 7.152 |
| Caixa das atividades operacionais | 13.524 | 78.579 |
| **Atividades de investimentos** | | |
| • Variação do realizável a longo prazo | 23.878 | – 28.382 |
| • Variação de investimentos | 13.954 | -84.864 |
| • Variação do imobilizado | – 32.980 | 84.646 |
| • Variação do intangível | – 9.095 | – 4.276 |
| • Aquisição de ações próprias | – 2.826 | |
| Caixa das atividades de investimentos | – 7.069 | – 32.876 |
| **Atividades de financiamento** | | |
| • Redução de passivos circulantes | – 2.837 | – 4.091 |
| • Pagamento de dividendos | – 9.106 | – 14.111 |
| • Redução de dívidas financeiras CP | 1.972 | – 32.046 |
| **Caixa das atividades de financiamento** | – 9.971 | – 50.248 |
| Variação de caixa e bancos | – 3.516 | – 4.545 |
| Caixa e bancos no início do ano | 45.508 | 50.053 |
| Caixa e bancos no final do ano | 41.992 | 45.508 |

**QUADRO 8.5** Mutações do patrimônio líquido. RECICLANDO S.A – CNPJ XX.XXX.XXX/0001-XX.

| Demonstração das mutações do patrimônio líquido (milhares $) | Capital social | Reserva de capital | Reservas de lucro | | Ações em tesouraria | Lucros acumulados | Total |
|---|---|---|---|---|---|---|---|
| | | | Reserva legal | Reserva estatutária | | | |
| Saldo em 31.12.20X1 | 304.618 | 9.449 | 1.468 | 17.866 | – 32 | | 333.369 |
| Lucro líquido do exercício 20X1 | | | | | | 59.394 | 59.394 |
| Distribuição do lucro líquido | | | | | | | 0 |
| ▪ Reserva legal | | | 2.972 | | | – 2.972 | 0 |
| ▪ Reserva estatutária | | | | 42.311 | | – 42.311 | 0 |
| ▪ Dividendos antecipados/propostos | | | | | | – 14.111 | – 14.111 |
| Saldo em 31.12.20X2 | 304.618 | 9.449 | 4.440 | 60.177 | – 32 | 0 | 378.652 |
| Aquisição de ações preferenciais | | | | | – 2.826 | | – 2.826 |
| Lucro líquido do exercício 20X2 | | | | | | 27.328 | 27.328 |
| Distribuição do lucro líquido | | | | | | | 0 |
| ▪ Reserva legal | | | 1.366 | | | – 1.366 | 0 |
| ▪ Reserva estatutária | | | | 16.856 | | – 16.856 | 0 |
| ▪ Dividendos antecipados/propostos | | | | | | – 9.106 | – 9.106 |
| Saldo em 31.12.20X3 | 304.618 | 9.449 | 5.806 | 77.033 | – 2.858 | 0 | 394.048 |

**QUADRO 8.6** Demonstração do valor adicionado – Reciclando S.A.

| DEMONSTRAÇÃO DO VALOR ADICIONADO 31 DE DEZEMBRO (milhares $) | 20X3 | 20X2 |
|---|---|---|
| RECEITA OPERACIONAL BRUTA | 523.571 | 679.489 |
| (–) Estimativa de devedores duvidosos | – 1.600 | – 636 |
| INSUMOS ADQUIRIDOS DE TERCEIROS | – 181.609 | – 209.298 |
| VALOR ADICIONADO BRUTO | 340.362 | 469.555 |
| RETENÇÕES | | |
| (–) Depreciações/Amortizações | – 14.266 | – 17.594 |
| VALOR ADICIONADO LÍQUIDO | 326.096 | 451.961 |
| (+) Equivalência patrimonial | 8.011 | 1.679 |
| VALOR ADICIONADO A DISTRIBUIR | 334.107 | 453.640 |
| Remuneração do trabalho | – 58.616 | – 130.240 |
| Remuneração do governo | – 255.058 | – 266.078 |
| Remuneração dos acionistas | – 9.106 | – 14.111 |
| Remuneração de financiamentos | 6.895 | 2.072 |
| Reinvestimento de lucros | – 18.222 | – 45.283 |
| TOTAL DO VALOR ADICIONADO DISTRIBUÍDO | – 334.107 | – 453.640 |

**QUADRO 8.7** Notas explicativas. RECICLANDO S.A. – CNPJ XX.XXX.XXX/0001-XX.

### NOTAS EXPLICATIVAS DA ADMINISTRAÇÃO ÀS DEMONSTRAÇÕES FINANCEIRAS EM 31 DE DEZEMBRO DE 20X2 E 20X3

#### 1. CONTEXTO OPERACIONAL

As principais atividades operacionais da companhia e suas controladas diretas e indiretas são a fabricação e a comercialização de: (a) calçados e respectivos componentes; (b) artigos de vestuário, artefatos têxteis e respectivos componentes; (c) artigos de couro, de resina e de borracha natural ou artificial; e (d) artigos esportivos.

#### 2. PRINCIPAIS PRÁTICAS CONTÁBEIS

Apresentação das demonstrações contábeis.

As demonstrações contábeis dos exercícios findos em 31 de dezembro de 20X2 e de 20X3 estão de acordo com as novas práticas contábeis, emitidas pelo CPC, e homologadas pelos órgãos competentes.

- O resultado foi apurado pelo regime de competência.
- Etc.

#### 3. ESTOQUES

| | $ mil | |
|---|---|---|
| | 20X3 | 20X2 |
| Produtos acabados | 22.537 | 20.659 |
| Produtos em processo | 7.925 | 11.108 |
| Matérias-primas | 18.622 | 17.476 |
| Outros | 1.139 | 1.946 |
| | 50.223 | 51.189 |

Os estoques estão demonstrados líquidos de provisão para ajuste ao valor de realização, no montante de $ 2.727 (20X1 – $ 5.077).

#### 4. INVESTIMENTOS EM EMPRESAS CONTROLADAS/COLIGADAS

(Este espaço continha o quadro, como é praticamente padrão, das empresas nas quais há participação, destacando-se o percentual de participações, o capital social, o resultado do exercício e o patrimônio líquido, o valor contábil do investimento e o resultado de equivalência patrimonial.)

#### 5. FINANCIAMENTO A LONGO PRAZO

Sobre os financiamentos em moeda nacional, totalizando $ 9.684 (20X2 – $ 12.049), incidem variação monetária e juros de 8% a 12% a. a., sendo garantidos por bens do imobilizado. Sobre os financiamentos em moeda estrangeira, no montante de $ 5.160 (20X2 – $ 11.022), incidem variação cambial, juros de 7% a 10% a. a. e comissão de 1,5% a. a. A composição por ano de vencimento dos financiamentos é a seguinte, em 31 de dezembro de 20X3: 20X4, $ 8.651; 20X5, $ 3.925; 20X6, $ 2.192; 20X7, $ 69.000, totalizando $ 14.837.

#### 6. OUTRAS INFORMAÇÕES

**QUADRO 8.8** Parecer dos auditores. RECICLANDO S.A. – CNPJ XX.XXX.XXX/0001-XX.

| PARECER DOS AUDITORES INDEPENDENTES | |
|---|---|
| 23 de fevereiro de 20X4<br><br>Aos administradores e acionistas<br>RECICLANDO S.A.<br><br>1. Examinamos as demonstrações contábeis da RECICLANDO S.A. e empresas controladas em 31 de dezembro de 20X3 e 20X2, elaboradas sob a responsabilidade da sua administração. Nossa responsabilidade é a de emitir parecer sobre essas demonstrações contábeis.<br><br>2. Nossos exames foram conduzidos de acordo com as normas de auditoria que requerem que os exames sejam realizados com o objetivo de comprovar a adequada apresentação das demonstrações contábeis em todos os seus aspectos relevantes. Portanto, nossos exames compreenderam, entre outros procedimentos: (a) o planejamento dos trabalhos, considerando a relevância dos saldos, o volume de transações e os sistemas contábil e de controles internos da companhia, (b) a constatação, com base em testes, das evidências e dos registros que suportam os valores e as informações contábeis divulgados, e (c) a avaliação das práticas e estimativas contábeis mais representativas adotadas pela administração da companhia, bem como da apresentação das demonstrações contábeis tomadas em conjunto.<br><br>3. Somos de parecer que as referidas demonstrações contábeis apresentam, adequadamente, em todos os aspectos relevantes, a posição patrimonial e financeira da RECICLANDO S.A. e empresas controladas em 31 de dezembro de 20X3 e 20X2 e o resultado das operações, as mutações do patrimônio líquido e os fluxos de caixa dos exercícios findos nessas datas, de acordo com Princípios Contábeis Geralmente Aceitos.<br><br>ABC Auditores Independentes      Nome<br>CRC-SP XXXXX      CRC-SP XXXXX | CONSELHO DE ADMINISTRAÇÃO<br><br>Presidente<br>Nome<br><br>Vice-Presidentes<br>Nome<br>Nome<br><br>Conselheiros<br>Nome<br>Nome<br>Nome<br>Nome<br>Nome<br><br>DIRETORIA<br>Nome<br>Nome<br>Nome<br><br>CONTADOR<br>Nome<br>CRC-SP XXXXX |

## 8.1.2 Balanço patrimonial

O balanço retrata a posição patrimonial da empresa em determinado momento, composta por bens, direitos, obrigações e patrimônio líquido. O ativo mostra em que a empresa aplicou os recursos, ou seja, os bens e direitos que possui. O lado passivo e do patrimônio líquido mostra de onde vieram os recursos, isto é, os recursos provenientes de terceiros (passivos) e os recursos próprios (patrimônio líquido). Os recursos próprios podem ser originários de capital colocado na empresa pelos sócios ou de lucro gerado pela empresa.

Esquematicamente, podemos representar o balanço conforme o Quadro 8.9.

**QUADRO 8.9** Estrutura conceitual do balanço patrimonial.

| ativo | passivo + patrimônio líquido |
|---|---|
| Indica ONDE a empresa APLICA os recursos de que dispõe.<br><br>Portanto, compreende:<br>BENS e DIREITOS | Indica DE ONDE provêm os recursos utilizados pela empresa, isto é, quais são as FONTES que os fornecem.<br><br>Portanto, os recursos podem ser provenientes de:<br>• Terceiros (dívidas).<br>• Próprios: dos sócios e dos lucros. |

No Brasil, o balanço patrimonial apresenta o ativo do lado esquerdo e o passivo mais o patrimônio líquido do lado direito. No lado do passivo, constam as dívidas da empresa (passivo circulante mais o passivo não circulante) e os recursos próprios (patrimônio líquido).

Portanto, vamos trabalhar com a equação adaptada à prática brasileira, ou seja:

$$\text{ATIVO} = \text{PASSIVO} + \text{PATRIMÔNIO LÍQUIDO}$$

Veja no exemplo da Reciclando S.A., Quadro 8.2, que o ativo total da empresa para a data de 20X3, é igual a $ 486.824. O passivo circulante (PC), que é a dívida de curto prazo (vencimento até um ano), é igual a $ 72.084. O passivo não circulante (PNC), que é a dívida a longo prazo (vencimento acima de um ano), é de $ 20.692. O patrimônio líquido, que são os recursos próprios, é de $ 394.048.

| ATIVO | = | PC | + | PNC | + | PL |
|---|---|---|---|---|---|---|
| 486.824 | = | 72.084 | + | 20.692 | + | 394.048 |

A aplicação de recursos em bens e direitos pela *Reciclando S.A.* representa $ 486.824. Os recursos utilizados são $ 92.776 ($ 72.084 + $ 20.692) de terceiros e $ 394.048 próprios.

Podemos detalhar também o ativo da *Reciclando S.A.* em seus principais grupos, conforme segue:

| AC | + | ANC | = | PASSIVO + PL |
|---|---|---|---|---|
| 187.374 | + | 299.450 | = | 486.824 |

O ativo circulante (AC) de $ 187.374 mil é o que a empresa tem de dinheiro em caixa e nos bancos, os bens e direitos que ela pode realizar no prazo inferior a um ano, mais as despesas pagas e que se referem ao exercício seguinte.

O ativo não circulante (ANC), de $ 299.450, compreende o realizável a longo prazo (RLP), os investimentos (INV), o imobilizado (IMO) e o intangível (INT).

O realizável a longo prazo, no valor de $ 22.146, é composto por direitos realizáveis em prazo superior a um ano.

O subgrupo investimentos, no valor de $ 98.201, compreende as participações da *Reciclando* em outras empresas, ou seja, as ações ou quotas que adquiriu com a intenção de permanecer como acionista ou quotista das empresas.

O subgrupo imobilizado, no valor de $ 163.011, compreende os bens de uso da empresa, ou seja, imóveis, maquinário, veículos e instalações, por exemplo.

O subgrupo intangível, no valor de $ 16.092, compreende os bens incorpóreos, como marcas e patentes, por exemplo.

Desse modo, o balanço representa a situação patrimonial da empresa num dado momento. O ativo retrata onde a empresa aplicou os recursos, enquanto o passivo e o patrimônio líquido indicam a proveniência desses recursos. Podemos observar no balanço compactado da *Reciclando S.A.* a igualdade entre ativo e passivo mais patrimônio líquido.

| Ativo | $ mil | Passivo + Patrimônio Líquido | $ mil |
|---|---|---|---|
| Circulante (AC) | 187.374 | Circulante (PC) | 72.084 |
| Ativo não circulante (ANC) | 299.450 | Passivo não circulante (PNC) | 20.692 |
| • Realizável a longo prazo (RLP) | 22.146 | Patrimônio líquido (PL) | 394.048 |
| • Investimentos (INV) | 98.201 | | |
| • Imobilizado (IMO) | 163.011 | | |
| • Intangível (INT) | 16.092 | | |
| Total do Ativo | 486.824 | Total do Passivo + PL | 486.824 |

### 8.1.3 Demonstração do resultado do exercício

A demonstração do resultado do exercício, conforme o próprio nome sugere, demonstra o resultado obtido pela empresa no período, isto é, o lucro ou o prejuízo. É importante notar que, enquanto o balanço patrimonial representa a posição da empresa em determinado momento, a demonstração do resultado acumula as receitas, os custos e as despesas relativas a um intervalo de tempo, mostrando o resultado e possibilitando conhecermos seus componentes principais.

Veja no Quadro 8.3, da *Reciclando S.A.*, que a Receita operacional bruta (primeira linha) relativa ao exercício de 20X3 foi de $ 523.571. Depois de deduzir os custos e as despesas, a empresa chegou a um lucro líquido (última linha) de $ 27.328. Portanto, este é o resultado do período encerrado em 20X3. Ainda neste Capítulo, trataremos da composição da demonstração do resultado de uma forma mais detalhada.

### 8.1.4 Demonstração das mutações do patrimônio líquido

Conforme podemos observar no Quadro 8.5, da *Reciclando S.A.*, a demonstração das mutações do patrimônio líquido indica as ocorrências que o modificaram bem como as movimentações entre as próprias contas do patrimônio líquido. Veja que, em 31.12.X1, o patrimônio líquido da *Reciclando S.A.* era de $ 333.369. A empresa teve um lucro de $ 59.394 no exercício de 20X2 e declarou dividendos de $ 14.111. Isso levou a um patrimônio líquido de $ 378.652 em 31.12.X2; portanto, as causas que afetaram o patrimônio líquido da empresa em 20X2 foram apenas o lucro obtido e os dividendos declarados. Adicionalmente, observamos que houve transferência da conta *lucros acumulados* para a *reserva legal*, sem que isso tenha modificado o patrimônio líquido.

Daí, em termos gerais, temos que fatores como lucro, aumento de capital com integralização pelos sócios ou distribuição de dividendos modificam o patrimônio líquido da empresa. Todavia, um aumento de capital com a utilização de reservas representa apenas uma movimentação contábil entre as contas do patrimônio líquido, sem modificar o próprio patrimônio líquido.

### 8.1.5 Demonstração dos fluxos de caixa – DFC

A DFC demonstra a variação de caixa e equivalentes de caixa entre o início e o final do período. Note no Quadro 8.2, balanço patrimonial, que, em dezembro de 20X2, o saldo de caixa e banco era de $ 154 o de aplicações financeiras era de $ 45.354, totalizando $ 45.508. Em dezembro de 20X3, o saldo de caixa e bancos era de $ 1.525 e o de aplicações financeiras era de $ 40.467, totalizando $ 41.992. A variação de caixa e bancos mais aplicações financeiras no período de 20X3 foi de $ 3.516 ($ 45.508 – $ 41.992).

O Quadro 8.4 representa a demonstração dos fluxos de caixa no período. A empresa apresentou sua DFC pelo método indireto, que parte do lucro líquido contábil e efetua um conjunto de ajustes com o intuito de retratar apenas os efeitos das operações que movimentaram caixa no período. Note que a DFC é estruturada em três conjuntos de atividades: (i) as atividades operacionais, que em 20X3 geraram caixa de $ 13.524, (ii) as atividades de investimento, que absorveram $ 7.069, e (iii) as atividades de financiamento, que absorveram $ 9.971, resultando uma variação negativa de $ 3.516 no período.

### 8.1.6 Notas explicativas

As demonstrações contábeis são complementadas por notas explicativas e outros quadros analíticos ou demonstrações contábeis necessários ao esclarecimento da situação patrimonial e dos resultados do exercício. Veja, no exemplo da *Reciclando S.A.*, que as notas explicativas dão informações gerais sobre o contexto operacional da empresa, mostrando suas principais atividades. Adicionalmente, detalha itens do balanço, por exemplo, como a composição dos estoques, a fim de facilitar o entendimento do usuário das informações contábeis. No exemplo do Quadro 8.7, excluímos algumas notas explicativas para simplificar a ilustração. O leitor pode, entretanto, obter demonstrações contábeis atualizadas e observar as notas explicativas em sua plenitude. O Capítulo 10 aborda de forma mais detalhada a demonstração dos fluxos de caixa.

### 8.1.7 Parecer dos auditores

As demonstrações contábeis das companhias abertas são, obrigatoriamente, auditadas por auditores independentes, registrados na Comissão de Valores Mobiliários. Daí o parecer dos auditores integrar as demonstrações publicadas, constituindo-se num importante instrumento para o analista. É conveniente que toda a análise de uma empresa inclua a leitura do parecer dos auditores. Em geral há um padrão seguido pelas empresas de auditoria, mas o mais importante no âmbito da análise é quando o parecer destaca alguma anormalidade. O parecer relativo à *Reciclando S.A.* (**Quadro 8.6**) é um exemplo da estrutura e do conteúdo desse tipo de informação.

Do ponto de vista do analista, uma empresa cujo parecer dos auditores traga ressalvas, seja adverso ou haja negativa de opinião é, seguramente, uma empresa de maior risco, até porque dificulta ou impossibilita sua avaliação pelo analista, que estará trabalhando com informações não confiáveis. É importante destacar que, dependendo do objetivo da análise, caberá ao analista avaliar se, mesmo com as considerações levantadas pelos auditores, as peças contábeis poderão ser utilizadas e para quê.

Em resumo, os principais grupos de informações divulgadas pelas empresas podem ser demonstradas no diagrama a seguir:

| Relatório da Administração |
|---|
| Apresenta e comenta a empresa, seus resultados, as expectativas da direção e outros dados relevantes. |

| Balanço Patrimonial | Demonstração das Mutações do Patrimônio Líquido |
|---|---|
| "Fotografia" da empresa em determinado momento. Bens, direitos e obrigações. | Detalha os principais fatores que modificaram o Patrimônio Líquido no período. |
| **Demonstração do Resultado do Exercício** | **Demonstração dos Fluxos de Caixa** |
| Acumula receitas, custos e despesas de um período. É a "história" do resultado do período. | Mostra o movimento líquido de caixa operacional, de investimento e de financiamento. |
| **Notas Explicativas** | **Demonstração do Valor Adicionado** |
| Ajudam a esclarecer (explicar) as próprias demonstrações financeiras. | Demonstra a distribuição do valor adicionado pela empresa para os diversos agentes. |
| **Parecer do Conselho Fiscal** | **Parecer dos Auditores** |
| Opina sobre o relatório anual e sobre as demonstrações contábeis. | Opina sobre a veracidade das demonstrações financeiras. |

## 8.2 Componentes do balanço

Este tópico pretende transmitir uma ideia básica daquilo que representa cada uma das contas que aparecem com maior frequência nos balanços elaborados pelas empresas, para que o analista possa melhor fundamentar seu entendimento acerca da empresa que estiver analisando.

Já sabemos que o balanço patrimonial representa a posição da empresa num determinado momento, sendo composto de dois grandes blocos, isto é, o ativo e o passivo mais o patrimônio líquido. O ativo mostra onde a empresa aplicou os recursos, ou seja, quais são os bens e direitos de que dispõe. Por seu lado, o passivo retrata de onde vieram os recursos, ou seja, quais são as obrigações da empresa.

O Quadro 8.10 apresenta a estrutura básica de um balanço patrimonial.

**QUADRO 8.10** Estrutura legal do balanço patrimonial.

| ATIVO | PASSIVO + PATRIMÔNIO LÍQUIDO |
|---|---|
| Ativo Circulante<br>- Disponibilidades<br>  - Caixa e bancos<br>  - Aplicações de liquidez imediata<br>- Direitos realizáveis no exercício social subsequente<br>  - Contas a receber de clientes<br>  - (–) Créditos de liquidação duvidosa<br>  - Estoques<br>  - Adiantamento a fornecedores<br>  - Aplicações de liquidez não imediata<br>  - Outros valores a receber<br>- Despesas do exercício seguinte<br>  - Seguros antecipados<br><br>Ativo não circulante<br>- Realizável a longo prazo<br>- Direitos realizáveis após o término do exercício subsequente<br>  - Depósitos judiciais<br>  - Impostos a recuperar<br>- Valores a receber de coligadas/controladas<br>  - Valores a receber de coligadas<br>  - Valores a receber de acionistas<br><br>- Investimentos<br>  - Aplicações permanentes em outras sociedades<br>    - Controladas e coligadas<br>    - Outras participações<br>  - Direitos não classificáveis no ativo circulante e que não se destinam à atividade da empresa<br>    - Outros investimentos<br><br>- Imobilizado<br>  - Imóveis e terrenos<br>  - Máquinas e equipamentos<br>  - Veículos<br>  - Móveis, utensílios e instalações<br>  - Imobilizações em andamento<br><br>- Intangível<br>Direitos sobre bens incorpóreos<br>  - Marcas e patentes | Circulante<br>- Fornecedores<br>- Salários e encargos sociais<br>- Impostos e taxas<br>- Dividendos a pagar<br>- Imposto de renda a recolher<br>- Instituições de crédito<br><br>Passivo não circulante<br>- Financiamentos<br>- Debêntures<br>- Impostos parcelados<br><br>Patrimônio Líquido<br>- Capital<br>  - Capital subscrito<br>  - (–) Capital a integralizar<br>- Reservas de capital<br>  - Ágio na emissão de ações<br>  - Produto da alienação de partes beneficiárias<br>  - Prêmio na emissão de debêntures<br>- Reservas de lucros<br>  - Reserva legal<br>  - Reservas estatutárias<br>  - Reservas para contingências<br>  - Reservas de lucro a realizar<br>- (–) Ações em tesouraria<br>- Prejuízos acumulados |

## 8.2.1 Ativo

Podemos entender um ativo como um bem ou direito com capacidade ou potencial de oferecer benefício futuro a uma empresa. Benefício futuro é a capacidade de gerar entradas de caixa ou de reduzir saídas. As contas do ativo estão dispostas segundo uma suposta ordem de liquidez; desse modo, as contas mais líquidas aparecem na parte superior do ativo, enquanto aquelas de menor liquidez vêm na parte inferior. Por exemplo, o dinheiro (que é o ativo mais líquido) que a empresa possui em caixa na data do balanço é classificado no ativo circulante, enquanto os equipamentos que a empresa usa na produção são classificados no ativo imobilizado. Esse é o critério adotado no Brasil e em alguns outros países para classificar os bens e direitos do ativo.

### 8.2.1.1 Ativo circulante

O ativo circulante compreende as disponibilidades, os direitos realizáveis no exercício social subsequente e as aplicações de recursos em despesas do exercício seguinte.

#### 8.2.1.1.1 *Caixa*

O caixa é o valor mais líquido existente na empresa, representando dinheiro em espécie ou cheques recebidos de clientes, que serão depositados para crédito em conta-corrente bancária. Como o balanço representa a situação da empresa em determinado momento, a conta de caixa também se refere ao saldo existente na data do encerramento do balanço.

#### 8.2.1.1.2 *Bancos conta movimento*

A rubrica com a denominação "Bancos conta movimento" compreende os saldos bancários em conta-corrente na data do balanço, disponíveis para saque ou outro uso que a empresa pretenda.

#### 8.2.1.1.3 *Aplicações de liquidez imediata*

Compreendem as aplicações financeiras de liquidez imediata, ou seja, aquelas que facilmente são convertidas em dinheiro e, desse modo, são consideradas disponibilidades. São exemplos os fundos que possibilitam resgate imediato.

Esses três primeiros itens (8.2.1.1.1 a 8.2.1.1.3) compõem as *disponibilidades* que são os recursos financeiros possuídos pela empresa e que podem ser utilizados imediatamente, sem restrições. Também aparecem com a denominação de *caixa e equivalentes de caixa*.

#### 8.2.1.1.4 *Contas a receber de clientes*

*Contas a receber de clientes* pode aparecer também com a denominação *clientes*, *recebíveis de clientes* ou *duplicatas a receber*. Essa conta representa os valores a receber de clientes, decorrentes dos produtos, mercadorias ou serviços vendidos pela empresa e ainda não recebidos.

#### 8.2.1.1.5 *Duplicatas descontadas*

Durante muito tempo, na classificação apresentada pelas empresas, as duplicatas descontadas apareciam como uma parcela redutora de duplicatas a receber. As novas regras contábeis mandam classificá-las no passivo circulante. Sob a perspectiva de análise de risco, é necessário que se entenda o desconto de duplicatas como uma fonte onerosa de recursos, caracterizando uma necessidade de a empresa recorrer às instituições financeiras.

#### 8.2.1.1.6 Perda estimada em crédito de liquidação duvidosa (PECLD)

Durante muito tempo utilizou-se a denominação *Provisão para devedores duvidosos* como conta redutora de duplicatas a receber. Para o CPC n. 25 (Provisões, Passivos Contingentes e Ativos Contingentes), "provisão é um passivo de prazo ou valor incerto". Nessa linha, tem sido sugerida a denominação *Perda estimativa para crédito de liquidação duvidosa* (PEPCLD), para que a empresa possa estimar possíveis perdas com inadimplência de clientes. Adicionalmente, a legislação do imposto de renda não permite a dedutibilidade da estimativa para fins tributários; há um conjunto de regras para fins de dedutibilidade das perdas com crédito, segundo a legislação do imposto de renda.

#### 8.2.1.1.7 Estoques

Nas empresas comerciais, os estoques são representados basicamente pelas mercadorias adquiridas para venda.

As empresas industriais costumam apresentar três tipos básicos de estoques:

i. **matéria-prima** e componentes a serem utilizados na produção dos bens que são fabricados pela empresa;
ii. **produtos em processo**, que compreendem as matérias-primas que estão na linha de produção, a mão de obra direta apropriada até o estágio em que se encontre o processo, mais os custos indiretos de fabricação rateados e atribuídos; e
iii. **produtos acabados**, que correspondem às unidades produzidas e ainda não faturadas, isto é, não vendidas.

Nos exemplos citados, relativamente a empresas comerciais e industriais, referimo-nos àqueles estoques que são diretamente ligados às atividades comerciais das empresas. Há, no entanto outros tipos de estoque que devem ser classificados separadamente, como: almoxarifados e peças para reposição de equipamentos, por exemplo.

#### 8.2.1.1.8 Aplicações de liquidez não imediata

São aplicações feitas pelas empresas, cujo resgate ocorrerá durante o exercício social subsequente. Os exemplos mais comuns são as aplicações em Certificados de Depósito Bancário (CDBs), Recibos de Depósitos Bancários (RDBs) e Letras de Câmbio. Essas aplicações são classificadas no ativo circulante se o vencimento for durante o exercício social subsequente à data de encerramento do balanço; caso contrário, isto é, se tiverem prazos de vencimento superiores a um ano, serão classificadas no realizável a longo prazo.

#### 8.2.1.1.9 Adiantamento a fornecedores

Algumas empresas efetuam adiantamentos aos seus fornecedores por conta de entrega futura de matéria-prima, de produtos, de mercadorias ou de serviços. São classificados como adiantamento a fornecedores apenas aqueles para suprimento de matéria-prima, produtos, mercadorias e serviços que irão integrar a atividade operacional da empresa; desse modo, eventuais adiantamentos a fornecedores de equipamentos deverão ser classificados no ativo imobilizado.

### 8.2.1.1.10 Outros valores a receber

A quantidade de rubricas e a relevância de cada uma delas na composição do ativo circulante dependem da atividade da empresa. Em geral, a tendência é de que estoques e contas a receber de clientes sejam as contas mais representativas, podendo algumas empresas apresentar também disponibilidades e aplicações de liquidez não imediata com valores expressivos. Outras contas, como adiantamentos a empregados, impostos a recuperar ou outros valores a receber podem também aparecer nos balanços. Se, eventualmente, qualquer rubrica com denominação genérica tiver valor que possa representar, por exemplo, 10% ou mais do próprio ativo circulante, é necessário que o analista busque explicação sobre tal rubrica.

Os itens mencionados de 8.2.1.1.4 a 8.2.1.1.10 estão contidos nos chamados *Direitos realizáveis no exercício social subsequente,* ou seja, os bens e direitos que podem ser convertidos em dinheiro num prazo inferior a 360 dias ou ao ciclo operacional da empresa.

### 8.2.1.1.11 Despesas do exercício seguinte

Estas são despesas antecipadas, que já foram pagas, mas que se referem ao exercício seguinte. Como exemplo de despesas do exercício seguinte podemos citar um prêmio de seguro, cuja apólice tenha o prazo de um ano e que tenha sido contratada em 1º, 7.X1. Quando a empresa encerrar o balanço em 31.12.X1, terá direito à cobertura de seguro pelo prazo de mais seis meses, devendo, dessa forma, registrar o valor dessa despesa ainda não incorrida como despesa do exercício seguinte, ou seja, do ano de X2. Entretanto, as parcelas do referido prêmio, referentes aos meses de julho/X1 a dezembro/X1, serão contabilizadas como despesas do exercício de X1, em conformidade com o chamado regime de competência contábil dos exercícios.

### 8.2.1.2 Ativo não circulante

O ativo da empresa apresenta dois grandes grupos, ou seja, o ativo circulante, já comentado, e o ativo não circulante. Este, por sua vez, é decomposto em quatro subgrupos: (i) realizável a longo prazo, (ii) investimentos, (iii) imobilizado e (iv) intangível.

### 8.2.1.2.1 Realizável a longo prazo

Quanto às contas que compõem o realizável a longo prazo, com exceção das disponibilidades, serão as mesmas contas que integram o ativo circulante. Ou seja, quando os prazos para realização forem de até um ano, as contas integram o ativo circulante. Quando os prazos para recebimento forem superiores a um ano,[2] as contas integram o realizável a longo prazo.

Conforme o texto legal, também serão classificados no realizável a longo prazo, independente de seu vencimento, os direitos de vendas, os adiantamentos ou os empréstimos a sociedades coligadas ou controladas, diretores, acionistas ou participantes do lucro da companhia que não constituírem negócios usuais na exploração de seu objeto.

---

2. Conforme a legislação comercial (Lei nº 6.404/76), quando o ciclo operacional da empresa tiver prazo superior a um ano, este prazo servirá como base para a classificação no circulante ou no longo prazo.

Há uma tendência de que, para a maioria das empresas comerciais e industriais, o valor do realizável a longo prazo não seja expressivo, se comparado com o ativo circulante e com o ativo imobilizado. Casos excepcionais deverão ser analisados.

#### 8.2.1.2.2 Investimentos

Conforme o artigo 179 (III), da Lei n. 6.404/76, são classificados em investimentos "[...] as participações permanentes em outras sociedades e os direitos de qualquer natureza não classificados no ativo circulante e que não se destinem à manutenção da atividade da companhia ou da empresa".

**a. Participações permanentes em outras sociedades**

São participações que a empresa mantém no capital de outras sociedades. A natureza permanente é definida pela intenção da investidora em manter tal participação. Portanto, se a empresa adquire ações em Bolsa de Valores com a intenção de negociá-las em pouco tempo, não poderá classificar tais ações como investimentos, mas como ativo circulante, como valores mobiliários.

As participações permanentes em outras sociedades incluem aquelas em controladas e coligadas, que podem ser avaliadas pelo chamado método de equivalência patrimonial. Adicionalmente, há as participações que são avaliadas pelo custo de aquisição.

**b. Direitos não classificados no ativo circulante**

Além das participações permanentes em outras sociedades, apresentadas no item *a* anterior, a Lei n. 6.404/76 inclui em investimentos "os direitos de qualquer natureza não classificados no ativo circulante, e que não se destinem à manutenção da atividade da companhia ou da empresa".[3]

Como exemplo de valores que podem ser agrupados nessa categoria de investimentos, temos os bens não destinados à venda e que também não são utilizados na manutenção da atividade da empresa, como obras de arte. É também o caso de terrenos ou imóveis que a empresa não venha utilizando em suas atividades, mas que os possua por razões próprias, como expansão futura, por exemplo.

#### 8.2.1.2.3 Imobilizado

O ativo imobilizado é parte integrante do ativo não circulante da empresa. Conforme o artigo 179, IV, da Lei n. 6.404/76, compreende os direitos que tenham por objeto bens corpóreos destinados à manutenção das atividades da companhia e da empresa, ou exercidos com essa finalidade, inclusive os decorrentes de operações que transfiram à companhia os benefícios, os riscos e o controle desses bens. Por essa definição, os bens objeto de *leasing* financeiro passam a integrar o ativo imobilizado da empresa. Essa interpretação está alinhada como o princípio contábil da "Primazia da essência sobre a forma".

O imobilizado é representado por bens tangíveis, tendo as seguintes características básicas:

---

3. Cabe uma observação com referência ao texto da Lei n. 6.404/76, artigo 179, III, quando diz "[...] e os direitos de qualquer natureza não classificados no ativo circulante, e que não se destinem a manutenção da atividade da companhia ou da empresa". Entendemos, juntamente com outros autores, que o texto legal deveria referir-se aos direitos não classificáveis no ativo circulante nem no realizável a longo prazo [...] (o texto legal omitiu o realizável a longo prazo), para que tais direitos sejam classificados como investimentos.

1. utilização nas atividades da empresa;
2. não estarem destinados à venda;
3. vida útil superior a um ano;
4. relevância do valor.

O tipo de imobilizado varia de acordo com a atividade operacional de cada empresa. Numa empresa de transporte rodoviário, a tendência é de que a frota de veículos seja um componente expressivo de seu ativo imobilizado. Num determinado tipo de indústria, as aplicações de recursos em sua planta industrial tenderão a ser o principal absorvedor de recursos no ativo permanente.

Os bens do imobilizado sofrem depreciação, amortização ou exaustão diante da sua expectativa de vida útil ou do seu potencial de produção.

Dos itens que habitualmente compõem o ativo imobilizado, destacamos:

- imóveis e terrenos;
- máquinas e equipamentos;
- veículos;
- móveis e instalações;
- imobilizações em andamento;
- outros.

**Teste de Recuperabilidade ou *Impairment***

É possível que, na maioria das aquisições de bens novos, não haja grande dificuldade na atribuição do valor contábil. Como regra, os itens componentes do ativo imobilizado são avaliados pelo custo de aquisição mais os gastos necessários à sua colocação em condição de funcionamento. Ao mesmo tempo, os bens do imobilizado sofrem depreciação, amortização ou exaustão diante da sua expectativa de vida útil, ou seja, de sua duração.

À medida que os ativos imobilizados são utilizados, mais complexa se torna sua avaliação. Fatores como permanência de tais bens por prazos longos no balanço da empresa, evolução tecnológica, dificuldade de estabelecimento de uma taxa efetiva de depreciação, além da necessidade de uma estimativa de seu valor recuperável, que é o valor pelo qual o ativo poderá ser vendido num determinado momento, independente de seu valor contábil residual. Suponha um imóvel adquirido há 25 anos, com depreciação de 4% ao ano e sem estimativa de um valor residual: o valor contábil desse imóvel passado esse período seria zero. O hipotético imóvel, certamente, teria um valor de mercado (valor justo = *fair value*), mas a contabilidade não estaria demonstrando isso.

Adicionalmente, a nova legislação brasileira não permite reavaliações de ativos. Para ajustar o valor dos "ativos imobilizados" e das "propriedades para investimento" ao chamado valor justo na primeira adoção das novas regras do CPC (e somente nesse momento), foi criado o custo atribuído (*deemed cost*), a fim de evitar fortes distorções nas demonstrações contábeis. A contrapartida dos valores lançados como custo atribuído foi uma conta do patrimônio líquido, denominada "Ajuste de Avaliação Patrimonial".

As regras contábeis internacionais, por outro lado, definem que será necessário fazer uma verificação, no mínimo anual, para saber se o valor do ativo reconhecido na contabilidade está acima de seu valor recuperável; se isso estiver ocorrendo, a contabilidade deverá reconhecer a perda por desvalorização, de forma a poder representar mais adequadamente o valor econômico do bem. O teste de recuperabilidade do ativo (*Impairment*)[4] é utilizado para que nenhum ativo permaneça contabilizado por valor superior ao seu valor recuperável.

Segundo a Resolução CFC n. 1.110/07, para avaliar se o ativo sofreu desvalorização, a entidade deve verificar, no mínimo, algumas fontes externas e internas. Nas **fontes externas**: (a) diminuição sensível do valor do bem no mercado, acima do que seria esperado; (b) mudanças tecnológicas, de mercado ou legais; (c) aumento das taxas de retorno exigidas sobre o investimento, provocando efeito na taxa de desconto a ser utilizada sobre o valor do ativo; (d) valor contábil do patrimônio líquido da entidade é maior que o valor de suas ações. Nas **fontes internas**: (a) evidência de obsolescência ou dano físico do ativo; (b) mudanças significativas que tornam o ativo inativo, planos para a descontinuidade ou a reestruturação de operação, plano para baixa do ativo antes da data inicialmente esperada, reavaliação da vida útil do bem; (c) evidência de que o desempenho econômico do ativo é ou será pior que o esperado.

#### 8.2.1.2.4 *Depreciações, amortizações e exaustões*

Os bens tangíveis, que estão sujeitos ao desgaste ou à deterioração pelo uso ou pelo transcorrer do tempo, devem ser depreciados. A depreciação precisa ser focada sobre dois prismas diferentes: (i) para fins tributários, conforme regras da Receita Federal, e (ii) para fins contábeis.

Pelas regras contábeis, a empresa, ao adquirir um bem para integrar o seu ativo imobilizado, deve estimar: (i) a vida útil; (ii) o tempo em que deve permanecer com este bem em seu ativo (em suas atividades); e (iii) o valor recuperável ao final do período. O valor a ser depreciado será o custo de aquisição mais os gastos para colocar o bem em condição de funcionamento, menos o valor líquido recuperável ao final do período.

Portanto, o valor contábil da depreciação poderá ser diferente do valor da depreciação para fins tributários.

Por outro lado, a legislação fiscal estabelece regras para depreciação baseadas em taxas determinadas pela Secretaria da Receita Federal, as quais já são consagradas pela jurisprudência administrativa. Como exemplo, podemos citar:

| Tipo de imobilizado | Taxa de depreciação | Vida útil estimada |
|---|---|---|
| Prédios e construções | 04% | 25 anos |
| Máquinas e equipamentos | 10% | 10 anos |
| Veículos | 20% | 05 anos |
| Móveis e utensílios | 10% | 10 anos |
| Instalações em geral | 10% | 10 anos |
| Ferramentas (alicates, facas etc.) | 20% | 05 anos |
| Microcomputadores | 20% | 05 anos |

A legislação fiscal admite que as taxas sejam ajustadas em razão do número de turnos em que a empresa trabalhe, isto é:

---

4. *Impairment*, em inglês, é usado para designar "prejuízo", "dano", "perda", "diminuição". Na realidade, o "Teste de *Impairment*" visa a identificação da perda com o ativo.

| Turnos de 8 horas | Multiplicador para as taxas habituais |
|---|---|
| Um turno | 1,0 |
| Dois turnos | 1,5 |
| Três turnos | 2,0 |

A utilização dos bens do imobilizado por mais de um turno, portanto, permite a chamada depreciação acelerada, conforme acabamos de mencionar.

Quanto às **amortizações**, elas, de modo geral, são aplicadas sobre os intangíveis, como marcas e patentes, ou sobre benfeitorias em propriedade de terceiros.

A **exaustão**, todavia, é utilizada no caso de florestas e de jazidas de minérios, por exemplo.

### 8.2.1.2.5 Ativo intangível

O intangível é parte do ativo não circulante e compreende "os direitos que tenham por objeto bens incorpóreos destinados à manutenção da companhia ou exercidos com essa finalidade, inclusive o fundo de comércio adquirido", conforme a Lei n. 6.404/76, artigo 179, item VI.

Anteriormente às modificações introduzidas pela Lei n. 11.638/07 e pela Lei n. 11.941/09, havia um subgrupo chamado "diferido", que compreendia os itens intangíveis decorrentes de gastos que iriam contribuir para gerar receita no futuro. Com as mudanças visando à convergência internacional, desapareceu o diferido. Também desapareceu o grupo que era denominado ativo permanente e compreendia os tópicos de investimentos, imobilizado e diferido. O ativo imobilizado também abrigava itens de natureza intangíveis.

Os pronunciamentos CPC 04 (Ativo Intangível) e CPC 15 (Combinação de Negócios), combinados com outros pronunciamentos do CPC, tratam dos ativos intangíveis. Esses pronunciamentos deram origem às Deliberações CVM 553/08 e 580/09, assim como às Resoluções CFC n. 1.139/08 e 1.175/09, respectivamente.

Segundo o Pronunciamento Técnico CPC 04, "*Ativo intangível* é um ativo não monetário identificável sem substância física". Ainda segundo o referido CPC, o ativo intangível deve satisfazer as condições de ser identificável, controlável e capaz de gerar benefícios econômicos futuros.

Para que o ativo intangível seja identificável, deve ser separável e possível de ser vendido, transferido, licenciado, alugado ou trocado, ao mesmo tempo que deve resultar de direitos contratuais ou de outros direitos legais.

Entre os ativos intangíveis, destacam-se:

- **Marcas e patentes** – Compreende os gastos necessários para o registro de marcas e invenções próprias. Abriga também os pagamentos efetuados a terceiros por contratos de uso de marcas, patentes ou processos de fabricação.
- **Licenças e franquias** – Compreendem o pagamento a terceiros por contratos de licenças ou de franquias.
- **Pesquisa e desenvolvimento** – Os gastos com pesquisa devem ser classificados como despesas do período em que elas ocorrerem. Na fase de desenvolvimento, os gastos podem ser considerados ativos intangíveis se atenderem a um conjunto de condições que assegurem sua viabilidade técnica, a possibilidade de uso ou de venda e a identificação da forma como o gasto irá gerar benefícios econômicos, por exemplo.

- **Outros itens**, como fórmulas, modelos, *softwares* e direitos autorais, podem incorporar o ativo intangível.

O ativo intangível pode ser adquirido pela empresa separadamente ou em uma combinação de negócios. Quando for adquirido separadamente, sua avaliação é feita pelo seu custo de aquisição mais os gastos necessários para o seu funcionamento e registro. Quando adquirido em uma combinação de negócios, deve ser mensurado pelo seu valor justo.

### 8.2.2 Passivo e patrimônio líquido

O lado do passivo e do patrimônio líquido representa as fontes de recursos utilizadas pela empresa, podendo estes ser provenientes de terceiros (dívidas) ou dos sócios, mediante aporte de capital ou de lucro gerado pela própria empresa.

#### 8.2.2.1 Passivo circulante

Compreende as obrigações vencíveis no exercício social seguinte. As mais frequentes são:

##### 8.2.2.1.1 *Fornecedores*

A conta de fornecedores representa as compras a prazo efetuadas pela empresa. Tais compras compreendem mercadorias, matérias-primas, componentes utilizados na produção e outros materiais de consumo.

##### 8.2.2.1.2 *Salários e encargos sociais*

Em geral os salários relativos a cada mês são pagos no início do mês seguinte, devendo ser contabilizados como despesa do período e como obrigação (dívida) junto aos funcionários.

Como decorrência da legislação brasileira, há uma série de encargos sociais, como FGTS e INSS, que deverão ser recolhidos no mês seguinte ao de sua competência. Há ainda outras obrigações que, mesmo que a empresa não tenha de pagá-las no mês seguinte, deverá contabilizá-las. A cada mês de trabalho, o empregado adquire direito a uma fração de férias e de 13º salário, constituindo, dessa forma, obrigação a ser reconhecida contabilmente pela empresa.

##### 8.2.2.1.3 *Impostos e taxas*

Neste item, são agrupados os tributos (impostos, taxas e contribuições) a recolher, como:

- ICMS a recolher;
- IPI a recolher;
- ISS a recolher;
- PIS a recolher;
- Imposto de renda retido na fonte;
- ISS retido na fonte.

##### 8.2.2.1.4 *Instituições financeiras*

Em instituições financeiras, são classificados os empréstimos obtidos pela empresa junto a bancos comerciais, bancos de investimentos e instituições financeiras, de forma geral. A expressão "financiamentos" (ou financiamento bancário) é utilizada para identificar operações que a empresa faz junto a uma instituição financeira para financiar a compra de um bem específico (imobilizado, por exemplo), enquanto a expressão "empréstimo" serve para designar, de modo genérico, a obtenção de recursos, sem que haja a identificação destes com determinado bem.

Adicionalmente, os financiamentos que a empresa obtém por prazos superiores a um ano são classificados no exigível a longo prazo. E as parcelas que vencem no exercício seguinte, isto é, as que vão se aproximando do vencimento, são transferidas para o passivo circulante.

#### 8.2.2.1.5  Debêntures a curto prazo

Debêntures são títulos lançados pelas empresas com a finalidade de captar recursos a longo prazo, normalmente pagando uma taxa de juros e possibilitando ao debenturista a conversibilidade das debêntures em ações no final do período. É importante que o analista conheça as características relativas às debêntures, como: data da emissão, valores, taxas de juros, conversibilidade em ações, garantias e épocas de repactuação dos juros junto aos debenturistas.

Mesmo se tratando de títulos de longo prazo, à medida que o vencimento das debêntures se torna igual ou inferior a um ano, seus valores são transferidos para o passivo circulante.

### 8.2.2.2  Passivo não circulante

As obrigações de longo prazo são caracterizadas por ter vencimento após o término do exercício seguinte, isto é, num prazo superior a um ano. Durante muito tempo, as obrigações com vencimento superior a um ano receberam a denominação de *exigível a longo prazo*. Com as novas regras, passaram a ser denominadas de *passivos não circulantes*, dos quais, os mais frequentes são:

#### 8.2.2.2.1  Financiamentos

A tendência geral é que os financiamentos de longo prazo sejam obtidos pelas empresas com a finalidade de financiar bens do ativo imobilizado. Como exemplo, podemos citar o Finame, que é uma linha de financiamento com recursos do Banco Nacional de Desenvolvimento Econômico e Social (BNDES), destinado a financiar projetos de expansão de empresas.

Mesmo se tratando de financiamentos de longo prazo, à medida que o vencimento das parcelas se torna igual ou inferior a um ano, seus valores são transferidos para o passivo circulante.

#### 8.2.2.2.2  Debêntures de longo prazo

Conforme comentário no item 8.2.2.1.5, as debêntures são títulos de longo prazo, lançados pelas empresas com a finalidade de captar recursos e, em geral, são conversíveis em ações ao final do período.

#### 8.2.2.2.3  Tributos

Por vezes, os balanços apresentam parcelamentos de tributos que podem decorrer de tributos não pagos pela empresa em seus respectivos vencimentos e que foram negociados com os poderes competentes para pagamento dentro de nova programação. Imposto de renda, IPI, ICMS, ISS e INSS podem ser exemplos.

**Resultado de exercícios futuros**

Com as novas regras, deixou de existir o grupo *resultado de exercícios futuros*, que classificava as receitas de exercícios futuros, diminuídas dos custos e das despesas a elas correspondentes.

### 8.2.2.3 Patrimônio líquido

No balanço patrimonial, o patrimônio líquido representa a parte da empresa que pertence aos seus proprietários. As principais contas ou grupos de contas que compõem o patrimônio líquido são: capital, reservas de capital, reservas de lucros e prejuízos acumulados. Deixou de existir, portanto, a conta lucros acumulados. Deduz-se daí que a empresa, ao apresentar suas demonstrações contábeis, deverá indicar a destinação que pretende dar ao lucro do período.

#### 8.2.2.3.1 *Capital social*

O capital de uma empresa pode ser representado por ações, no caso das sociedades anônimas, ou por quotas, quando se trata de uma sociedade limitada, por exemplo. Desse modo, inicialmente, os acionistas ou sócios subscrevem determinada quantidade de ações ou quotas, conforme o caso, e as integralizam. Na subscrição, o acionista ou o sócio assume, perante a própria empresa, o compromisso de participar do seu capital social, adquirindo determinada quantidade de suas ações ou de suas quotas. Cada ação ou cada quota pode ter um valor unitário previamente determinado. A integralização do capital ocorre quando o sócio ou o acionista efetua o pagamento à empresa pelas ações ou pelas quotas que havia subscrito. A integralização pode ocorrer em dinheiro ou bens.

#### 8.2.2.3.2 *Capital a integralizar*

A conta capital a integralizar representa a parcela de capital subscrita pelos acionistas ou proprietários da empresa e ainda não integralizada. É uma conta redutora do "capital social".

#### 8.2.2.3.3 *Reservas de capital*

De modo geral, as reservas constituem-se numa espécie de reforço ao capital social. O ágio, isto é, a contribuição do subscritor de ações que ultrapassar o valor nominal e a parte do preço de emissão das ações sem valor nominal que ultrapassar a importância destinada à formação de capital social, deve ser classificado como reserva de capital (artigo 182, da Lei nº 6.404/76 modificada).

#### 8.2.2.3.4 *Reservas de lucros*

As reservas de lucros, conforme sugere o próprio nome, são constituídas a partir do lucro da empresa. Entre elas destacamos:

- Reserva legal
- Reservas estatutárias
- Reservas para contingências
- Reservas de lucros a realizar

**Reservas de reavaliação**

Deixaram de existir as chamadas reservas de reavaliação de ativos, que eram constituídas como decorrência da reavaliação de bens do ativo permanente. Entendia-se por reavaliação de bens aqueles ajustes processados em seus valores como decorrência de laudos de avaliações elaborados por especialistas. A reavaliação tinha um caráter espontâneo (não era obrigatória) e consistia na atribuição de um novo valor a um bem do imobilizado, maior que seu valor residual na contabilidade, com o objetivo de aproximar o valor contábil ao de mercado.

### 8.2.2.3.5 Prejuízos acumulados

Em *prejuízos acumulados*, encontramos eventuais prejuízos que a empresa apresentou e que ainda não foram cobertos com novos resultados positivos.

A Lei das S.A. (artigo 176) obriga as empresas de capital aberto e sociedades anônimas, em geral, à publicação da *demonstração das mutações do patrimônio líquido*. Esse relatório facilita a visualização das mudanças ocorridas no patrimônio líquido das empresas.

## 8.3 Componentes da demonstração do resultado

Este tópico trata dos componentes da demonstração do resultado, que são as receitas, as despesas e os custos dos produtos, mercadorias ou serviços vendidos no período. Conforme o próprio nome sugere, a demonstração do resultado demonstra o lucro ou o prejuízo obtido pela empresa no período.

**QUADRO 8.11** Estrutura legal da demonstração do resultado do exercício.

| Demonstração do Resultado do Exercício |
|---|
| RECEITA OPERACIONAL BRUTA |
| (–) Vendas canceladas |
| (–) Abatimentos sobre vendas |
| (–) Impostos sobre vendas |
| RECEITA OPERACIONAL LÍQUIDA |
| (–) Custo dos produtos, mercadorias ou serviços vendidos |
| LUCRO BRUTO |
| (–) Despesas com vendas |
| (–) Despesas administrativas |
| (–) Despesas gerais |
| (–) Outras despesas e receitas operacionais |
| RESULTADO DAS ATIVIDADES DA EMPRESA |
| (+/–) Resultado de equivalência patrimonial |
| RESULTADO ANTES DAS DESPESAS E RECEITAS FINANCEIRAS |
| (+/–) Despesas financeiras, líquidas das receitas |
| RESULTADO (–) ANTES DOS TRIBUTOS SOBRE O LUCRO |
| (–) Imposto sobre renda |
| (–) Contribuição social |
| (–) Participações |
| LUCRO LÍQUIDO DO EXERCÍCIO |
| LUCRO LÍQUIDO POR AÇÃO |

A demonstração do resultado da empresa abriga (i) as receitas, (ii) os custos dos produtos, mercadorias ou serviços e (iii) as despesas relativas a determinado período, que, normalmente, é de um ano.

Cabe lembrar que, enquanto o balanço patrimonial apresenta a posição de ativos e passivos em determinado momento, a demonstração do resultado agrupa valores relativos a um período.

Vejamos, a seguir, as principais rubricas que compõem a demonstração do resultado:

### 8.3.1 Receita operacional

A receita operacional é aquela que decorre das operações normais e habituais da empresa. Numa indústria, a receita operacional decorre das vendas dos produtos que a empresa fabrica. Numa empresa comercial, decorre das vendas de mercadorias. Nas empresas de prestação de serviços, logicamente, será decorrente dos serviços prestados.

#### 8.3.1.1 Receita operacional bruta

Receita operacional bruta representa o faturamento bruto da empresa, podendo aparecer também com a denominação *vendas brutas*.

#### 8.3.1.2 Vendas canceladas

As vendas canceladas são aquelas decorrentes das devoluções efetuadas pelos clientes, em razão de os produtos não atenderem as especificações, apresentarem defeitos, ou por qualquer outra razão.

#### 8.3.1.3 Abatimentos sobre vendas

Os abatimentos são decorrentes de descontos especiais concedidos aos clientes em razão de defeitos apresentados.

#### 8.3.1.4 Impostos incidentes sobre vendas

Impostos incidentes sobre vendas são valores pagos ou a pagar pela empresa para os governos federal (IPI), estadual (ICMS) ou municipal (ISS), por exemplo. Desse modo, parte dos valores que a empresa recebe de seus clientes é repassada ao governo, não constituindo uma receita efetiva para a própria empresa.

#### 8.3.1.5 Receita operacional líquida

A receita operacional líquida é, efetivamente, a parte da receita que ficará para a empresa cobrir seus custos e despesas e para gerar lucro. Em resumo, a receita operacional bruta, menos devoluções, abatimentos e impostos incidentes sobre vendas, gera a receita operacional líquida.

### 8.3.2 Custos de produtos, mercadorias ou serviços vendidos

Os quatro grandes grupos de atividades são:

- As indústrias, que têm a função de produzir, transformando matéria-prima em bens para a satisfação das necessidades humanas ou, ainda, produzindo bens ou máquinas que serão utilizados para a produção de outros bens.

- O comércio, que tem a função de intermediação, isto é, de compra e venda, sem participar diretamente no processo de transformação, como é o caso da indústria.
- O segmento de prestação de serviços.
- A agricultura, a pecuária e a extração, que não serão objetos de análise neste livro.

### 8.3.2.1 Custo dos produtos vendidos

Custo dos produtos vendidos (CPV) é a denominação utilizada no caso de empresas industriais. O cálculo do custo dos produtos vendidos envolve técnicas e conceitos de contabilidade de custos mais abrangentes. Conceitualmente, o custo de fabricação de um produto compreende todos os gastos necessários à obtenção desse produto. Em resumo, temos:

$$\text{Custo de produção} = \text{Matéria-prima} + \text{componentes} + \text{Mão de obra direta} + \text{Custos indiretos de fabricação}$$

### 8.3.2.2 Custo das mercadorias vendidas

Custo das mercadorias vendidas (CMV) é utilizado no caso de empresas comerciais. Há duas formas básicas para o seu cálculo. A primeira refere-se às empresas que não dispõem de um controle permanente de seus estoques e que, ao final de cada período, fazem o levantamento físico das quantidades de mercadorias existentes. Neste caso, o cálculo do CMV é o seguinte:

$$\text{Custo das mercadorias vendidas} = \text{Estoque inicial} + \text{Compras} - \text{Estoque final}$$

A segunda refere-se às empresas que mantêm controle permanente de seus estoques, registrando todas as entradas e saídas de mercadorias. Nesse caso, a obtenção do CMV ocorre diretamente pelos registros contábeis, e uma eventual contagem física servirá apenas para verificação da eficiência dos controles.

Cabe ainda lembrar que o método utilizado pela empresa para avaliar os estoques[5] afetará: (i) o valor do custo dos produtos vendidos (CPV), na indústria, e (ii) o custo das mercadorias vendidas (CMV), no comércio. Consequentemente, em ambos os casos, o lucro será afetado.

### 8.3.2.3 Custos dos serviços prestados

No caso de empresas de prestação de serviços, os custos dos serviços prestados (CSP) compreendem todos os gastos necessários à produção destes. Na prática, entretanto, muitas pequenas empresas de prestação de serviços tratam todos os seus gastos como despesas do período (despesas operacionais), sem fazer distinção entre os custos necessários à obtenção dos serviços e as despesas relativas ao exercício.

---

5. Sobre o impacto do método de avaliação dos estoques na análise financeira, recomendamos a leitura de *Análise financeira das empresas*, do mesmo autor.

## 8.3.3 Lucro bruto

O lucro bruto é a diferença entre a receita líquida e o CMV, CPV ou CSP. A chamada margem bruta é a relação percentual entre o lucro bruto e a receita líquida. Em geral, o analista verifica como vem sendo o comportamento histórico dessa relação.

## 8.3.4 Despesas operacionais

Segundo a legislação fiscal, são operacionais as despesas não computadas nos custos, necessárias à atividade da empresa e à manutenção da respectiva fonte produtora, ou seja, as despesas necessárias às atividades da empresa.

### 8.3.4.1 Despesas com vendas

São as despesas operacionais necessárias às atividades comerciais da empresa, como: comissões de vendas, salários e encargos, aluguéis relativos aos escritórios de vendas, material de escritório, comunicações, promoção e propaganda, entre outras, necessárias às atividades da empresa e relacionadas com as funções de comercialização das mercadorias, dos produtos ou dos serviços da empresa.

### 8.3.4.2 Despesas administrativas

Despesas administrativas são parte das despesas operacionais. Dessa forma, compreendem os gastos incorridos com as atribuições da administração geral, como: salários e encargos de pessoal administrativo, aluguéis, despesas legais e judiciais, material de escritório e outras com as mesmas características.

### 8.3.4.3 Despesas gerais

As despesas com vendas e as administrativas, mencionadas nos tópicos precedentes, constituem as principais despesas operacionais da empresa. Portanto, nos casos excepcionais em que as despesas gerais sejam elevadas, será necessário que o analista busque esclarecimentos sobre sua natureza.

### 8.3.4.4 Outras despesas e receitas

Cabe destacar que a nova estrutura contábil não adota as despesas e receitas não operacionais, possibilitando seu agrupamento em "outras despesas e receitas". Para fins de análise de crédito, avaliação de empresas e tomada de decisão, as despesas e as receitas, quando recorrentes, devem ser tratadas como operacionais. Desse modo, nos casos em que a rubrica outras despesas e receitas operacionais apresentarem valores relevantes, será necessário uma adequada investigação por parte do analista, a fim de confirmar seu caráter de operacionalidade.

### 8.3.4.5 Resultados das atividades da empresa

Parece importante que a empresa demonstre o resultado de suas atividades estritamente operacionais (ou das atividades continuadas), ou seja, parece importante que o faça antes de computar o impacto da sua estrutura de capitais (refletido no resultado financeiro), dos investimentos em outras sociedades (a equivalência patrimonial) e, principalmente, dos itens não recorrentes. O resultado das atividades operacionais da empresa é aquilo que chamamos de *Ebit (Earnings before Interest and taxes)*, ou Lajir (Lucro Antes dos Juros e Imposto de Renda). Na realidade, na sigla Lajir, o imposto de renda (IR) tem uma conotação de imposto sobre o lucro. Portanto, poderia ser apenas Laji, em que o "imposto" compreenda o imposto de renda e a contribuição social sobre o lucro, ou qualquer tributo que tenha o lucro como base de cálculo.

#### 8.3.4.6 Resultado de equivalência patrimonial

É importante entender o chamado resultado de equivalência patrimonial. De acordo com o artigo 248, da Lei n. 6.404/76, é obrigatório o uso do método de equivalência patrimonial para a avaliação dos investimentos relevantes em sociedades coligadas.

É sempre importante que o analista saiba como foram gerados os lucros nas coligadas e controladas que deram origem à equivalência na investidora.

Desse modo, se uma empresa tiver participação em outra e atender às condições para a avaliação dos investimentos pelo método de equivalência patrimonial, a empresa investidora irá reconhecer em sua demonstração de resultado uma parcela do lucro ou do prejuízo da empresa na qual tem o investimento, na proporção da sua participação no capital da outra, conforme já comentamos no capítulo anterior.

Quando o resultado de equivalência patrimonial for positivo, isso quer dizer que está havendo lucro na empresa na qual foi feito o investimento; equivalência patrimonial negativa, por outro lado, significa prejuízo da empresa investida. Quando o resultado de equivalência patrimonial decorrer das atividades operacionais da empresa coligada ou controlada, o analista deve entendê-lo como fruto positivo da participação de uma empresa em outra. No entanto, quando a equivalência patrimonial decorrer de algo não recorrente da coligada ou controlada, sob a perspectiva de análise, não há razão para considerá-la operacional na investidora. Mesmo que o resultado de equivalência possa ser entendido como operacional, é importante que o analista saiba que, do ponto de vista de caixa, a tendência é que o dinheiro fique na empresa investida, que, no máximo, distribuirá para a investidora uma parcela de seus lucros, sob a forma de dividendos.

Adicionalmente, é importante destacar que o resultado de equivalência patrimonial apresentado na demonstração do resultado pode consolidar o resultado de diversas empresas cujos investimentos estejam sendo avaliados pelo método de equivalência patrimonial. Normalmente, as notas explicativas relacionam todas as empresas e os valores que compõem o total especificado na demonstração do resultado da investidora.

#### 8.3.4.7 Resultado antes das receitas e despesas financeiras

Este totalizador é sugerido na norma da CVM já mencionada e sua finalidade é expressar o resultado antes de computar o resultado financeiro.

#### 8.3.4.8 Despesas e receitas financeiras (resultado financeiro)

As despesas financeiras decorrem dos empréstimos e financiamentos que a empresa tem ou teve no período junto a credores. As dívidas da empresas podem ser contratadas com encargos prefixados (taxas de juros fixas) ou pós-fixados (taxas sujeitas a ajustes com base em indicadores predefinidos). Em geral as despesas financeiras são publicadas na demonstração do resultado, líquidas das receitas financeiras. Estas decorrem fundamentalmente das aplicações financeiras feitas pela empresa no período. Também são contabilizados como receitas financeiras pelas empresas os descontos financeiros obtidos por antecipação de pagamento a fornecedores.

### 8.3.4.9 Resultado antes dos impostos e participações

Este totalizador indica o resultado antes dos respectivos impostos e das participações nos lucros.

### 8.3.4.10 Imposto sobre o lucro

Representa o Imposto de Renda do exercício, que é uma porcentagem do lucro tributável. Cabe destacar que o lucro tributável (chamado pela Receita Federal de lucro real) pode diferir do lucro contábil que aparece na demonstração de resultado. Segundo a legislação fiscal, o lucro real (tributável) é o lucro líquido do exercício, mais as despesas não dedutíveis (consideradas na apuração do lucro líquido), menos os valores autorizados pela legislação tributária que não tenham sido computados na apuração do lucro líquido, menos as receitas não tributáveis.

A provisão para Imposto de Renda constituída pela empresa é debitada no resultado do exercício e creditada como obrigação no passivo circulante ou no passivo não circulante, conforme o prazo em que os impostos sobre o lucro tenham de ser recolhidos à Receita Federal. Considerando que a legislação fiscal é muito dinâmica no Brasil, apresentando mudanças com relativa frequência, é recomendável que o analista procure acompanhá-la com atenção para conhecer as possíveis mudanças. Pode, portanto, haver despesas e receitas que não sejam computadas para fins de tributação.

A contribuição social é outra parcela que é calculada com base no lucro da empresa, sendo recolhida ao governo federal, conforme prevê a Constituição.

### 8.3.4.11 Participações

Compreende as participações estatutárias que representem parcelas dos lucros destinadas a empregados, diretores, debenturistas ou portadores de partes beneficiárias, por exemplo.

### 8.3.4.12 Lucro líquido do exercício

Por fim, o lucro líquido indica o resultado do exercício após computar a totalidade das receitas de vendas, a dedução dos custos dos produtos, mercadorias ou serviços vendidos, a dedução das despesas operacionais, as receitas e despesas financeiras em geral, o resultado de equivalência patrimonial, as receitas e despesas eventuais, o imposto de renda, a contribuição social e as participações. Portanto, o lucro líquido é a parcela do resultado do período que sobra para os acionistas. Parte dos lucros poderá ser distribuída sob a forma de dividendos.

Para uma análise mais abrangente sobre o DRE e o resultado abrangente, recomendo o livro *Análise financeira das empresas*, publicado pelo Cengage.

#### QUESTÕES PARA RESOLUÇÃO E DISCUSSÃO

1. Com relação à publicação de demonstrações financeiras, comente sobre as exigências decorrentes de:
   - Exercícios abrangidos.
   - As empresas abrangidas.
   - Frequência da divulgação.

# CAPÍTULO 8 — Principais demonstrações contábeis

2. O que você entende por balanço patrimonial e como é sua estrutura legal quanto ao agrupamento das contas?
3. Diga o que representa uma demonstração do resultado e faça um esquema demonstrando a disposição das receitas, dos custos e das despesas, bem como intercalando os vários conceitos de lucro que aparecem nesse demonstrativo.
4. Descreva sobre a utilidade da demonstração das mutações do patrimônio líquido.
5. O que você entende por demonstração dos fluxos de caixa (DFC)? Fale sobre a utilidade dessa peça contábil.
6. O que você entende por ativo? Mencione os grupos que compõem o ativo.
7. Dê o conceito de ativo circulante e mencione, pelo menos, duas contas de cada um dos principais subgrupos que o compõem.
8. Quando uma aplicação financeira pode ser considerada uma disponibilidade?
9. O que você entende por "perdas estimadas para crédito de liquidação duvidosa"? Como é constituída?
10. O que são despesas do exercício seguinte? Dê exemplos.
11. Conceitue o realizável a longo prazo e mencione alguns itens que possam compor esse grupo.
12. Conceitue o ativo não circulante e cada um dos subgrupos que o compõem.
13. Cite as principais características dos bens que devem ser classificados como ativo imobilizado.
14. Qual a diferença entre depreciação, amortização e exaustão?
15. Em sua opinião, a taxa de depreciação é a mesma para qualquer tipo de bem que compõe o imobilizado, independente do tipo de bem e do número de turnos em que os bens sejam utilizados na produção? Explique.
16. Dê o conceito de ativo intangível.
17. Qual a diferença entre capital social, capital a integralizar e capital integralizado?
18. O que é Reserva? Qual a diferença entre reserva de capital e reserva de lucro?
19. Explique a diferença entre receita operacional bruta e receita operacional líquida. Partindo da receita operacional bruta em direção à receita operacional líquida, detalhe cada uma das rubricas constantes nesse trajeto.
20. Quais os principais componentes para a determinação do custo dos produtos vendidos de uma empresa industrial?
21. Qual a diferença entre controle permanente e controle periódico dos estoques? Explique como se calcula o CMV em cada um deles.
22. No caso de uma empresa industrial que utiliza um microcomputador, a depreciação desse equipamento será uma despesa ou um custo? Explique.
23. Qual a diferença entre lucro bruto, lucro operacional e lucro líquido? Explique.

capítulo 9

# Análise financeira convencional

### OBJETIVOS DE APRENDIZAGEM

Apresentar as técnicas convencionais para análise financeira em geral aplicadas à análise de crédito, compreendendo:
- Detalhamento e apresentação das análises vertical e horizontal como importantes ferramentas de leitura e análise financeiras;
- Conceituação e análise dos principais índices financeiros relacionados à lucratividade e ao desempenho da empresa, aos ciclos financeiro e operacional, à estrutura de capitais e solvência, bem como à liquidez;
- Apresentação dos índices-padrões, bem como de sua utilidade no processo de classificação de risco e de análise de crédito.

## 9.1 Introdução

Este capítulo trata da análise das demonstrações contábeis. As análises vertical e horizontal e os índices financeiros, que são a base para a iniciação na análise financeira, serão tratados neste capítulo. A capacidade operacional da empresa para gerar resultado, a análise do capital de giro e de sua necessidade, o fluxo de caixa da empresa e os modelos de previsão de insolvência, que constituem um importante conjunto de ferramentas para a compreensão do desempenho, da solidez e da liquidez de uma empresa, serão vistos nos próximos capítulos. Uma vez padronizadas[1]

---

1. A padronização das demonstrações financeiras consiste no processo de distribuir as contas que são apresentadas nas demonstrações contábeis elaboradas pelas empresas, segundo os critérios internos que são adotados para análise. Sobre esse assunto, recomendamos a leitura de *Análise financeira das empresas*, deste autor. No Quadro 9.3, há três conceitos de lucro operacional desenvolvidos por este autor com a finalidade de facilitar o processo de análise, sendo tais conceitos usados com frequência por outros autores e por profissionais de análise de crédito.

as demonstrações contábeis, é possível desenvolver as análises utilizando as diversas metodologias. Com os avançados recursos da tecnologia da informação, tanto as análises vertical e horizontal, quanto os índices financeiros e outros quadros úteis ao processo interpretativo e decisório podem ser obtidos com precisão e rapidez, por meio do processamento eletrônico de dados.

Podemos conceituar **análise financeira** como o exame das informações obtidas por meio das demonstrações contábeis, com o intuito de compreender e avaliar aspectos como: (1) capacidade de pagamento da empresa por intermédio da geração de caixa; (2) capacidade de remunerar os investidores gerando lucro em níveis compatíveis com suas expectativas; (3) nível de endividamento, motivo e qualidade do endividamento; (4) políticas operacionais e seus impactos na necessidade de capital de giro da empresa; e (5) diversos outros fatores que atendam ao propósito do objetivo da análise. A análise financeira, no entanto não pode ser restrita às demonstrações contábeis, devendo abranger todos os demais fatores que possam ter interferência na situação financeira da empresa, daí a necessidade de que o analista financeiro tenha uma adequada compreensão de outras disciplinas, como economia, administração geral, marketing e algumas particularidades do direito, entre outros conhecimentos.

## 9.2 Análise vertical e horizontal

Os métodos de análises vertical e horizontal prestam valiosas contribuições na interpretação da estrutura e da tendência dos números de uma empresa, podendo, ainda, auxiliar na análise dos índices financeiros e em outros métodos de análise. De certa forma, análise vertical e análise horizontal complementam-se e até sobrepõem-se entre si.

### 9.2.1 Análise vertical

O primeiro propósito da análise vertical (AV) é mostrar a participação relativa de cada item de uma demonstração financeira em relação a determinado referencial. No balanço, por exemplo, é comum determinarmos o percentual de representação de cada rubrica (e grupo de rubricas) em relação ao ativo total.

Em cada ano, para calcular os percentuais da coluna da análise vertical (AV), dividimos o valor da rubrica que queremos calcular pelo valor base e multiplicamos por cem. O valor base no balanço patrimonial é o ativo total, e, na demonstração do resultado, é a receita líquida de vendas.

$$AV_n = \frac{Rubrica_n}{Base} \times 100$$

Vejamos a análise vertical em 20X3, para a companhia *Reciclando* (Quadro 9.1), que tem o ativo total de $ 486.824, representando a totalidade dos recursos aplicados na empresa, isto é, 100%. As disponibilidades, no valor de $ 1.525, correspondem a 0,3% do ativo total. No ativo circulante, a empresa comprometeu $ 187.374, que correspondem a 38,5% do total dos recursos, isto é, do ativo total. Raciocínio análogo deve ser adotado em relação às demais contas do ativo circulante e do ativo não circulante, do realizável a longo prazo, investimentos, imobilizado e intangível. Na análise vertical do passivo e do patrimônio líquido, verificamos quanto cada fonte ou grupo de fontes de recursos representa em relação ao passivo total mais patrimônio líquido (que equivalem ao ativo total). Note que, em 20X3, o patrimônio líquido, que indica a parte da empresa que pertence aos seus proprietários, é $ 394.048, representando 80,9% do total dos recursos aplicados pela empresa nos ativos.

QUADRO 9.1 Reciclando S.A. Análise vertical do balanço patrimonial.

| ATIVO | 20X1 | | 20X2 | | 20X3 | |
|---|---|---|---|---|---|---|
| | VALOR | % | VALOR | % | VALOR | % |
| Disponibilidades | 32 | 0,0 | 154 | 0,0 | 1.525 | 0,3 |
| Aplicações financeiras | 50.021 | 10,6 | 45.354 | 9,3 | 40.467 | 8,3 |
| Duplicatas a receber | 57.725 | 12,2 | 75.058 | 15,4 | 74.917 | 15,4 |
| (–) Contas de realização duvidosa | –224 | (0,0) | –860 | (0,2) | –2.460 | (0,5) |
| Duplicatas a receber líquidas | 57.501 | 12,2 | 74.198 | 15,2 | 72.457 | 14,9 |
| Estoques | 72.681 | 15,4 | 51.189 | 10,5 | 50.223 | 10,3 |
| Outros créditos | 7.807 | 1,7 | 14.540 | 3,0 | 22.702 | 4,7 |
| **Ativo circulante** | **188.042** | **39,8** | **185.435** | **38,1** | **187.374** | **38,5** |
| Realizável a longo prazo | 17.642 | 3,7 | 46.024 | 9,5 | 22.146 | 4,5 |
| Investimentos | 17.601 | 3,7 | 104.144 | 21,4 | 98.201 | 20,2 |
| Imobilizado | 246.537 | 52,2 | 144.297 | 29,6 | 163.011 | 33,5 |
| Intangível | 2.721 | 0,6 | 6.997 | 1,4 | 16.092 | 3,3 |
| **Ativo não circulante** | **284.501** | **60,2** | **301.462** | **61,9** | **299.450** | **61,5** |
| ATIVO TOTAL | 472.543 | 100,0 | 486.897 | 100,0 | 486.824 | 100,0 |

| PASSIVO + PL | 20X1 | | 20X2 | | 20X3 | |
|---|---|---|---|---|---|---|
| | VALOR | % | VALOR | % | VALOR | % |
| Instituições financeiras | 51.646 | 10,9 | 14.684 | 3,0 | 15.727 | 3,2 |
| Duplicatas descontadas | 0 | 0,0 | 0 | 0,0 | 0 | 0,0 |
| Outros não cíclicos | 7.422 | 1,6 | 12.338 | 2,5 | 13.267 | 2,7 |
| Fornecedores | 10.126 | 2,1 | 22.486 | 4,6 | 14.460 | 3,0 |
| Salários e encargos | 19.476 | 4,1 | 19.622 | 4,0 | 14.762 | 3,0 |
| Impostos sobre vendas | 12.382 | 2,6 | 7.694 | 1,6 | 6.407 | 1,3 |
| Outros cíclicos | 10.502 | 2,2 | 7.892 | 1,6 | 7.461 | 1,5 |
| **Passivo circulante** | **111.554** | **23,6** | **84.716** | **17,4** | **72.084** | **14,8** |
| Instituições financeiras | 27.509 | 5,8 | 23.056 | 4,7 | 14.837 | 3,0 |
| Outros passivos não circulantes | 111 | 0,0 | 473 | 0,1 | 5.855 | 1,2 |
| **Passivo não circulante** | **27.620** | **5,8** | **23.529** | **4,8** | **20.692** | **4,3** |
| Capital social integralizado | 304.617 | 64,5 | 304.618 | 62,6 | 304.618 | 62,6 |
| Reservas | 28.752 | 6,1 | 74.034 | 15,2 | 89.430 | 18,4 |
| **Patrimônio líquido** | **333.369** | **70,5** | **378.652** | **77,8** | **394.048** | **80,9** |
| PASSIVO TOTAL + PL | 472.543 | 100,0 | 486.897 | 100,0 | 486.824 | 100,0 |

A simples identificação da representatividade de um item do ativo, do passivo ou do patrimônio líquido em relação a um determinado referencial pode não ser suficiente para possibilitar ao analista tirar uma conclusão sobre a situação da empresa. Observar a tendência da representatividade de um item ao longo de dois ou mais exercícios é um processo que ajuda o analista a visualizar mudanças ocorridas na estrutura do demonstrativo que estiver analisando. Note que, de 20X1 para 20X2, a conta de investimentos da *Reciclando*, no Quadro 9.1, cresceu, em valores absolutos, de $ 17.601 para $ 104.144, enquanto sua representatividade, em relação ao ativo total, passou de 3,7% para 21,4% no período. Por outro lado, o imobilizado, que era de $ 246.537 em 20X1 (52,2%), caiu para $ 144.297 em 20X2 (29,6%). A tarefa principal do analista é buscar esclarecimento para tais mudanças expressivas nos valores. No caso específico da redução no imobilizado com crescimento equivalente de investimentos, é possível que tenha ocorrido um processo como uma cisão, com o surgimento de uma nova empresa, da qual a *Reciclando* se tornou acionista e integralizou sua parcela de capital com ativos fixos.

Desse modo, o analista precisa estar atento para, além de visualizar o crescimento relativo de um determinado item, não perder a ideia de sua grandeza absoluta.

Ainda em relação aos percentuais obtidos pela análise vertical, para saber se estes estão compatíveis com a realidade da empresa, o analista poderá comparar os dados da empresa em questão com os de outras empresas atuantes no mesmo segmento, preferivelmente que sejam do mesmo porte e estejam localizadas em região geográfica de características semelhantes.

Enquanto no balanço tomamos como base o ativo total para comparar os demais itens, na demonstração do resultado costuma-se tomar como base de cálculo as receitas líquidas (representando 100%) para identificar a representatividade de cada uma das demais rubricas de receitas, custos ou despesas, conforme demonstramos no Quadro 9.2.

Podemos utilizar a análise vertical também na demonstração do resultado, de três formas:

I. *Pela representatividade de um item em relação à receita líquida de vendas do respectivo período.* No exemplo do Quadro 9.2, o custo dos produtos vendidos em 20X3, no valor de $ 293.883, representou 66,2% da receita líquida de vendas.

II. *Pela observação do comportamento histórico, ou seja, ao longo de mais de um exercício.* Note que o custo dos produtos vendidos correspondeu a 64,1% da receita líquida no período encerrado em 20X1, a 61,7% em 20X2, e foi de 66,2% em 20X3. Veja que o lucro líquido em 20X1 foi de 5,2%, em 20X2, foi de 10,2%, e em 20X3 foi de 6,2%, tudo em relação à receita líquida de vendas. No geral, fica relativamente fácil identificar que os itens que mais contribuíram para redução do lucro em 20X3, comparativamente a 20X2, foram a elevações do custo dos produtos vendidos, das despesas administrativas e de vendas. Sem a análise vertical, isto é, somente com os números absolutos, seria difícil visualizar a contribuição do impacto de cada item no resultado da empresa.

III. *Pela comparação dos percentuais apresentados pela empresa com dados de outra empresa que seja de atividade semelhante e de preferência da mesma região geográfica.*

**QUADRO 9.2** Reciclando S.A. Análise vertical da demonstração do resultado.

| DRE | 20X1 | | 20X2 | | 20X3 | |
|---|---|---|---|---|---|---|
| | VALOR | % | VALOR | % | VALOR | % |
| Receita operacional bruta | 664.805 | 118,5 | 679.489 | 116,8 | 523.571 | 118,0 |
| **Receita operacional líquida** | **561.187** | **100,0** | **581.610** | **100,0** | **443.870** | **100,0** |
| CPV (– Depreciação no Custo) | – 328.520 | (58,5) | – 339.022 | (58,3) | – 276.078 | (62,2) |
| Depreciação incluída no custo | – 31.022 | (5,5) | – 20.047 | (3,4) | – 17.805 | (4,0) |
| Custo dos produtos vendidos | – 359.542 | (64,1) | – 359.069 | (61,7) | – 293.883 | (66,2) |
| **Lucro bruto** | **201.645** | **35,9** | **222.541** | **38,3** | **149.987** | **33,8** |
| Despesas administrativas | – 61.885 | (11,0) | – 64.043 | (11,0) | – 68.798 | (15,5) |
| Despesas com vendas | – 77.386 | (13,8) | – 87.254 | (15,0) | – 79.468 | (17,9) |
| Crédito de liquidação duvidosa | – 519 | (0,1) | – 636 | (0,1) | – 1.600 | (0,4) |
| Despesas gerais | – 1.580 | (0,3) | – 1.500 | (0,3) | – 1.246 | (0,3) |
| Depreciação e amortização* | – 511 | (0,1) | 2.453 | 0,4 | 3.539 | 0,8 |
| Outras receitas/despesas | – 4.946 | (0,9) | 862 | 0,1 | 18.282 | 4,1 |
| **Lucro operacional I (EBIT)** | **54.818** | **9,8** | **72.423** | **12,5** | **20.696** | **4,7** |
| Receitas financeiras | 0 | 0,0 | 2.072 | 0,4 | 6.985 | 1,6 |
| Despesas financeiras | – 4.056 | (0,7) | 0 | 0,0 | 0 | 0,0 |
| **Lucro operacional II** | **50.762** | **9,0** | **74.495** | **12,8** | **27.681** | **6,2** |
| Equivalência patrimonial | – 13.063 | (2,3) | 1.679 | 0,3 | 8.011 | 1,8 |
| **Lucro operacional III** | **37.699** | **6,7** | **76.174** | **13,1** | **35.692** | **8,0** |
| Resultado não operacional | | 0,0 | | 0,0 | | 0,0 |
| **Lucro antes dos impostos** | **37.699** | **6,7** | **76.174** | **13,1** | **35.692** | **8,0** |
| Impostos sobre o lucro | – 8.292 | (1,5) | – 16.780 | (2,9) | – 8.364 | (1,9) |
| Participações | 0 | 0,0 | 0 | 0,0 | 0 | 0,0 |
| **LUCRO LÍQUIDO** | **29.407** | **5,2** | **59.394** | **10,2** | **27.328** | **6,2** |

* Inclui amortização de deságio.

No exemplo relativo ao Quadro 9.2, o custo dos produtos vendidos, que foi de 61,7% em 20X2, subiu para 66,2% em 20X3. Nota-se que a análise vertical indicou a ocorrência, mas não explicou as causas. A função do analista será buscar as causas das variações, quando expressivas.

## 9.2.2 Análise horizontal

O propósito da análise horizontal (AH) é permitir o exame da evolução histórica de uma série de valores. O Quadro 9.3 ilustra os dados das demonstrações dos resultados relativos aos exercícios de 20X1, 20X2 e 20X3, mantendo os indicadores da análise vertical (AV) já vista e adicionando novas colunas com a análise horizontal (AH).

**QUADRO 9.3** Reciclando S.A. – Análise horizontal da demonstração do resultado.

| DRE | 20X1 VALOR | AV % | 20X2 VALOR | AV % | AH | 20X3 VALOR | AV % | AH |
|---|---|---|---|---|---|---|---|---|
| Receita operacional bruta | 664.805 | 118,5 | 679.489 | 116,8 | 102,2 | 523.571 | 118,0 | 78,8 |
| **Receita operacional líquida** | **561.187** | **100,0** | **581.610** | **100,0** | **103,6** | **443.870** | **100,0** | **79,1** |
| CPV (– Depreciação no Custo) | – 328.520 | (58,5) | – 339.022 | (58,3) | 103,2 | – 276.078 | (62,2) | 84,0 |
| Depreciação incluída no custo | – 31.022 | (5,5) | – 20.047 | (3,4) | 64,6 | – 17.805 | (4,0) | 57,4 |
| Custo dos produtos vendidos | – 359.542 | (64,1) | – 359.069 | (61,7) | 99,9 | – 293.883 | (66,2) | 81,7 |
| **Lucro bruto** | **201.645** | **35,9** | **222.541** | **38,3** | **110,4** | **149.987** | **33,8** | **74,4** |
| Despesas administrativas | – 61.885 | (11,0) | – 64.043 | (11,0) | 103,5 | – 68.798 | (15,5) | 111,2 |
| Despesas com vendas | – 77.386 | (13,8) | – 87.254 | (15,0) | 112,8 | – 79.468 | (17,9) | 102,7 |
| Crédito de liquidação duvidosa | – 519 | (0,1) | – 636 | (0,1) | 122,5 | – 1.600 | (0,4) | 308,3 |
| Despesas gerais | – 1.580 | (0,3) | – 1.500 | (0,3) | 94,9 | – 1.246 | (0,3) | 78,9 |
| Amortização de deságio | – 511 | (0,1) | 2.453 | 0,4 | | 3.539 | 0,8 | |
| Outras receitas/despesas | – 4.946 | (0,9) | 862 | 0,1 | | 18.282 | 4,1 | |
| **Lucro operacional I (Ebit)** | **54.818** | **9,8** | **72.423** | **12,5** | **132,1** | **20.696** | **4,7** | **37,8** |
| Receitas financeiras | 0 | 0,0 | 2.072 | 0,4 | | 6.985 | 1,6 | |
| Despesas financeiras | – 4.056 | (0,7) | 0 | 0,0 | 0,0 | 0 | 0,0 | 0,0 |
| **Lucro operacional II** | **50.762** | **9,0** | **74.495** | **12,8** | **146,8** | **27.681** | **6,2** | **54,5** |
| Equivalência patrimonial | – 13.063 | (2,3) | 1.679 | 0,3 | | 8.011 | 1,8 | |
| **Lucro operacional III** | **37.699** | **6,7** | **76.174** | **13,1** | **202,1** | **35.692** | **8,0** | **94,7** |
| **Lucro antes dos impostos** | **37.699** | **6,7** | **76.174** | **13,1** | **202,1** | **35.692** | **8,0** | **94,7** |
| Impostos sobre o lucro | – 8.292 | (1,5) | – 16.780 | (2,9) | 202,4 | – 8.364 | (1,9) | 100,9 |
| Participações | 0 | 0,0 | 0 | 0,0 | | 0 | 0,0 | |
| **LUCRO LÍQUIDO** | **29.407** | **5,2** | **59.394** | **10,2** | **202,0** | **27.328** | **6,2** | **92,9** |

Tradicionalmente, na análise horizontal, tomamos o primeiro exercício como base 100 e estabelecemos a evolução dos demais exercícios comparativamente a essa base inicial. Portanto, como no ano inicial (no caso 20X1) cada um dos valores da DRE representa uma base 100, não será necessário indicar tal base, pois, por definição, já sabemos qual será essa base. Veja que a receita líquida de vendas em 20X1 foi de $ 561.187, representando a base 100 (não explicitada). Em 20X2, a referida receita líquida de vendas subiu para $ 581.610, o que resulta o índice 103,6 (equivalente a 103,6%) em relação a 20X1. Em 20X3, a receita líquida de vendas foi de $ 443.870, que corresponde ao índice de 79,1 (ou 79,1%), comparativamente ao ponto de partida que foi o ano inicial de 20X1. Note, portanto, que os anos de 20X2 e 20X3 estão sendo comparados sempre com a base inicial de 20X1, para permitir a identificação da evolução histórica da receita líquida de vendas ao longo dos três anos. Procedimento análogo deve ser adotado para cada uma das demais rubricas, em que, no primeiro ano da série histórica, isto é, 20X1, a base é sempre 100.

Para calcular o índice relativo à receita líquida de vendas em 20X2, temos:

$$\frac{\text{Receita líquida de vendas}_{20X2}}{\text{Receita líquida de vendas}_{20X1}} \times 100 \Rightarrow \frac{581.610}{561.187} \times 100 = 103,6$$

Para obter o índice relativo a 20X3, temos:

$$\frac{\text{Receita líquida de vendas}_{20X3}}{\text{Receita líquida de vendas}_{20X1}} \times 100 \Rightarrow \frac{443.870}{561.187} \times 100 = 79,1$$

Procedimento análogo deve ser adotado no cálculo dos índices relativos às demais rubricas, isto é:

AH em 20Xn = (rubrica em análise em 20Xn: Rubrica em análise em 20X1) × 100

Cada um desses índices obtidos por meio da análise horizontal fornece a ideia da sua própria evolução ao longo do período considerado, isto é, sua medida de crescimento. Podemos observar que, em 20X2, o índice representativo da receita líquida das vendas foi 103,6, enquanto o índice que representa o custo dos produtos vendidos foi 99,9, demonstrando que a receita cresceu em proporção superior ao custo dos produtos vendidos. Em 20X3, o índice representativo da receita líquida de vendas foi 79,1, enquanto o índice do custo dos produtos vendidos foi 81,7, caracterizando que no período de três anos, ou seja, de 20X1 a 20X3, a receita líquida de vendas teve evolução semelhante ou pouco inferior ao custo dos produtos vendidos. Para fins de reclassificação, no Quadro 9.3, separamos a parcela de depreciação (parte do custo) dos demais custos dos produtos vendidos. Como consequência do decréscimo do CPV ser inferior ao decréscimo da receita líquida, o lucro bruto em 20X3 decresceu em relação a 20X1.

Raciocínio análogo pode ser aplicado a cada uma das contas de despesas ou de receitas da demonstração do resultado, porém é sempre importante que o analista procure concentrar maior atenção nos itens mais relevantes.

Todo esse conceito de análise horizontal que acabamos de desenvolver fundamentou-se na ideia de análise da evolução histórica de cada item ao longo do período considerado, isto é, todos os demais anos comparados com o primeiro ano. Nada impede, entretanto, que seja feita a análise do último ano em relação ao penúltimo. Em momentos de instabilidade econômica e elevados índices de inflação, algumas vezes pode ser mais importante saber o comportamento das vendas do último ano em relação ao ano anterior, do que desenvolver uma série histórica muito longa. De qualquer modo, o período a ser considerado deve ser em relação ao propósito da análise que estiver sendo desenvolvida.

## 9.3 Análise por meio dos índices financeiros

Os índices financeiros são relações entre contas ou grupos de contas das demonstrações contábeis, que têm por objetivo fornecer-nos informações que não são facilmente visualizáveis de forma direta nas demonstrações contábeis. Por exemplo, se alguém nos diz que o passivo circulante de uma empresa é de $ 100.000, essa informação isolada não é relevante, pois esse valor pode ser grande ou pequeno, dependendo do porte da empresa e do referencial com que estiver sendo comparado. Numa pequena empresa, que tenha vendas anuais da ordem de $ 50.000, uma dívida no curto prazo da ordem de $ 100.000 equivaleria a duas vezes o seu faturamento anual e representaria um valor expressivo, enquanto para uma empresa de um porte maior, $ 100.000 pode ser um número muito pequeno ou compatível com a sua realidade.

Ao longo deste capítulo, iremos verificar como calcular e interpretar os índices financeiros.

Como medida relativa de grandeza, o índice permite que, numa mesma empresa, possamos compará-lo ano a ano para observarmos a sua tendência ou o seu comportamento. Adicionalmente, é possível compararmos, em determinado momento ou período, o índice de uma empresa com o mesmo índice relativo a outras empresas de mesma atividade, para sabermos como está a empresa em relação às suas principais concorrentes ou em relação aos padrões do seu segmento de atuação.

Ainda como medida relativa de grandeza, o índice fornece a ideia quantitativa das relações estabelecidas, sem, no entanto, fornecer os elementos qualitativos contidos nessas relações. Como exemplo, podemos dizer que o índice de liquidez corrente compara o ativo e o passivo circulantes, embora não nos forneça detalhes sobre a qualidade das contas que compõem os itens circulantes do ativo e do passivo. De qualquer modo, a grandeza relativa fornecida pelo índice será um facilitador para entendermos o seu significado.

A questão sobre a quantidade de índices a serem utilizados na análise de uma empresa é outro ponto importante. Uma grande quantidade de índices pode confundir o analista, enquanto uma quantidade muito pequena pode não ser suficiente para que ele tire conclusões acerca da saúde financeira de uma empresa. A tendência é que o analista mais experiente saiba quais os pontos que tendem a indicar maior vulnerabilidade da empresa.

### 9.3.1 Análise da lucratividade e desempenho

Antes de analisarmos a lucratividade, é necessário falarmos sobre o desempenho comercial da empresa. Na análise do desempenho, damos ênfase às vendas da empresa no período, comparativamente ao período anterior e ao desempenho de seus concorrentes. A análise horizontal é um excelente instrumento para medir a evolução das receitas. Adicionalmente, os estudos setoriais possibilitam compararmos a evolução das vendas da empresa com a evolução dos concorrentes. Esse conhecimento prévio, seguramente, será um facilitador para o entendimento da lucratividade da empresa. Por certo, o lucro é o principal estímulo do empresário e uma das formas de avaliação do êxito de um empreendimento. Os índices de retorno, também conhecidos por índices de lucratividade ou de rentabilidade, indicam qual retorno o empreendimento está propiciando. Por meio da análise das demonstrações contábeis, podemos obter os indicadores de retorno sobre o investimento, retorno sobre as vendas e o retorno sobre o capital próprio, entre outros.

A análise por meio de índices financeiros é uma das técnicas tradicionais de análise de empresa. Um índice é uma relação entre valores, e seu objetivo principal é facilitar a compreensão dos dados de uma empresa a partir de uma medida relativa de grandeza. Tomando como base a receita líquida da *Reciclando* (Quadro 9.2) no ano de 20X3, no valor de $ 443.870, pergunta-se: qual é o significado desse volume de vendas? A resposta torna-se mais simples e mais útil se compararmos o volume de vendas com algum referencial, como o ativo total da empresa.

Para o desenvolvimento do cálculo dos indicadores, utilizaremos as informações constantes no balanço patrimonial (Quadro 9.1) e na demonstração do resultado (Quadro 9.2).

### 9.3.1.1 Giro do ativo (GA)

O giro do ativo estabelece relação entre as vendas efetuadas no período e os investimentos totais da empresa.

$$GA = \frac{VL}{ATm}$$

sendo: VL = vendas líquidas (ou receita líquida)
ATm = ativo total médio (ano atual + ano anterior dividido por dois).

Para a *Reciclando S.A.*, em 20X3, o total de vendas líquidas foi de $ 443.870, que, dividido pelo total do ativo médio, $ 486.861, nos dá um giro de 0,91. Isso significa que, para cada $ 100 de ativo total, a empresa vendeu $ 91 durante o ano. O ativo médio é obtido pela média aritmética entre o ativo total do ano atual e seu correspondente no ano anterior. Vejamos, na tabela a seguir, o cálculo do giro do ativo para os anos de 20X2 e 20X3.

| Giro do ativo (GA) | 20X1 | 20X2 | 20X3 |
|---|---|---|---|
| (a) Receita operacional líquida | 561.187 | 581.610 | 443.870 |
| (b) Ativo total (ano atual) | 472.543 | 486.897 | 486.824 |
| (c) Ativo total (ano anterior) | x | 472.543 | 486.897 |
| (d) Ativo total (médio) | x | 479.720 | 486.861 |
| (e) GA = [(a)/(d)] | x | 1,21 | 0,91 |

A interpretação isolada do índice de giro do ativo é no sentido de "*quanto maior, melhor*", indicando o nível de eficiência que são utilizados os investimentos na empresa, isto é, o ativo total. Note que, no ano de 20X3, o giro do ativo da *Reciclando* foi inferior ao ano anterior.

Note que podemos utilizar o índice financeiro de três modos básicos:

1) Um primeiro uso do índice está associado à compreensão de seu valor intrínseco, isto é, de seu significado. No caso, em 20X2, para cada $ 100 de ativo total a empresa vendeu $ 121.
2) Um segundo uso do índice pode ser pela sua evolução histórica, ou seja, comparando o comportamento do índice da própria empresa para compreender o seu desempenho em diferentes anos. Note que, em 20X3, o desempenho da empresa foi inferior, ou seja, para cada $ 100 de ativo, a empresa vendeu apenas $ 91. A queda do desempenho pode estar associada a uma queda nas vendas, em decorrência de uma retração de mercado ou de perda de competitividade da empresa. Pode, ainda, ser uma situação em que o ativo da empresa tenha crescido de forma significativa, sem que as vendas tenham acompanhado tal crescimento. No caso da *Reciclando*, notamos que o ativo médio praticamente se manteve, enquanto as vendas caíram.
3) O terceiro uso requer a comparação do índice de uma empresa específica com o de outra de idêntica atividade em um mesmo período. Para quem dispõe de uma boa base de informações de empresas, é possível calcular um padrão de comparação para cada tipo de índice, conforme veremos no final deste capítulo. Suponha que o padrão para o segmento têxtil, em que a *Reciclando* atua, seja de 1,05, ou seja, para cada $ 100 de ativo, as vendas tenham de ser de $ 105 para que a empresa alcance o desempenho padrão do segmento.

### 9.3.1.2 Retorno sobre as vendas (RSV)

O índice de retorno sobre as vendas compara o lucro líquido em relação às vendas líquidas do período, fornecendo o percentual de lucro que a empresa está obtendo em relação ao seu faturamento.

$$RSV = \frac{LL}{VL} \times 100$$

sendo: LL = lucro líquido
VL = vendas líquidas (ou receita líquida)

Para a *Reciclando*, em 20X3, o lucro líquido foi de $ 27.328 e as vendas líquidas, de $ 443.870, representando um ganho de 6,16%, ou seja, para cada $ 100,00 de vendas líquidas sobrou para a empresa $ 6,16. A tabela a seguir apresenta os cálculos do RSV, para os três anos:

| Retorno sobre vendas (RSV) | 20X1 | 20X2 | 20X3 |
|---|---|---|---|
| (a) Receita operacional líquida | 561.187 | 581.610 | 443.870 |
| (b) Lucro líquido | 29.407 | 59.394 | 27.328 |
| (c) RSV = [(b)/(a)] | 5,24% | 10,21% | 6,16% |

A interpretação do índice de retorno sobre as vendas é no sentido de *"quanto maior, melhor"*.

Note que o RSV foi de 5,24% em 20X1 e de 10,21% em 20X2, e que, 20X3, caiu para 6,16%. Neste ano, as vendas da empresa caíram significativamente em comparação a 20X2. Conforme verificamos ao fazer a análise vertical da DRE, o CPV cresceu em decorrência da distribuição dos custos fixos pelo menor volume de produção e vendas. No que pese o RSV ter caído em 20X3, a empresa ainda obteve um excelente lucro, considerando o retorno padrão para as empresas do segmento têxtil que, naquele ano, foi de 2,10%.

Na prática, a maioria dos leitores não disporá do índice-padrão para comparar o desempenho da empresa que estiver analisando; porém, aqueles que tiverem maior interesse e tempo, poderão comparar o desempenho de determinada empresa com o de uma concorrente, por exemplo.

### 9.3.1.3 Retorno sobre o ativo (RSA) – Método *Du Pont*

O retorno sobre o ativo indica a lucratividade que a empresa propicia em relação aos investimentos totais.[2]

$$RSA = \frac{LL}{ATm} \times 100$$

sendo: LL = lucro líquido
ATm = ativo total médio no período

Para a *Reciclando S.A.*, em 20X3, o lucro líquido foi de $ 27.328 e o ativo médio, de $ 486.861, representando um retorno de 5,61%, ou seja, para cada $ 100,00 de ativo total, a empresa gerou um lucro líquido de $ 5,61. No exemplo, podemos indicar os cálculos do retorno sobre os ativos, conforme segue:

| Retorno sobre o AT médio (RSATm) | 20X1 | 20X2 | 20X3 |
|---|---|---|---|
| (a) Lucro líquido | 29.407 | 59.394 | 27.328 |
| (b) Ativo total (ano atual) | 472.543 | 486.897 | 486.824 |
| (c) Ativo total (ano anterior) | x | 472.543 | 486.897 |
| (d) Ativo total médio {[(b) + (c)]/2} | x | 479.720 | 486.861 |
| (e) RSATm = [(a)/(d)] | x | 12,38% | 5,61% |

A interpretação do retorno sobre o ativo é no sentido de *"quanto maior, melhor"*.

> **Autoteste**
> Considerando que o padrão para o RSA foi de 2,30%, o leitor, como autoteste, poderá fazer a análise do valor intrínseco do RSA para 20X3, a partir de sua evolução de X2 para X3, assim como comparar o desempenho da empresa com o padrão.

---

2. Por investimentos totais, neste contexto, devemos entender o ativo total. Para um aprimoramento no índice, deveríamos excluir do ativo total os ativos não operacionais. Do mesmo modo, deveríamos excluir do lucro líquido o efeito das despesas e receitas não operacionais. Logo, é fundamental que o analista esteja atento à relevância dos valores que não sejam de cunho operacional, para orientar o seu trabalho.

Devemos observar que o RSA trabalha com o conceito de lucro líquido contábil, que inclui as despesas financeiras (custo do capital de terceiros). Por outro lado, o custo do capital próprio não é considerado. O conceito de EVA (*Economic Value Added*) considera o custo do capital próprio.

**Sistema *Du Pont* de análise financeira**

O chamado Sistema Du Pont de análise consiste na decomposição do retorno sobre o ativo total (lucro líquido dividido pelo ativo total).

$$\frac{LL}{ATm} = \frac{VL}{ATm} \times \frac{LL}{VL}$$

sendo: LL = lucro líquido
ATm = ativo total
VL = vendas líquidas (ou receita líquida)

O retorno sobre o investimento é um conceito bastante utilizado na área de análise financeira. O lucro é o prêmio do empresário pelo risco assumido na atividade empresarial. A representação do *Sistema Du Pont* por meio de um diagrama facilita a visualização dos componentes que determinam o retorno sobre investimento, a partir da integração entre os índices de atividade (giro do ativo) e a margem líquida.

**QUADRO 9.4** Diagrama do método Du Pont.

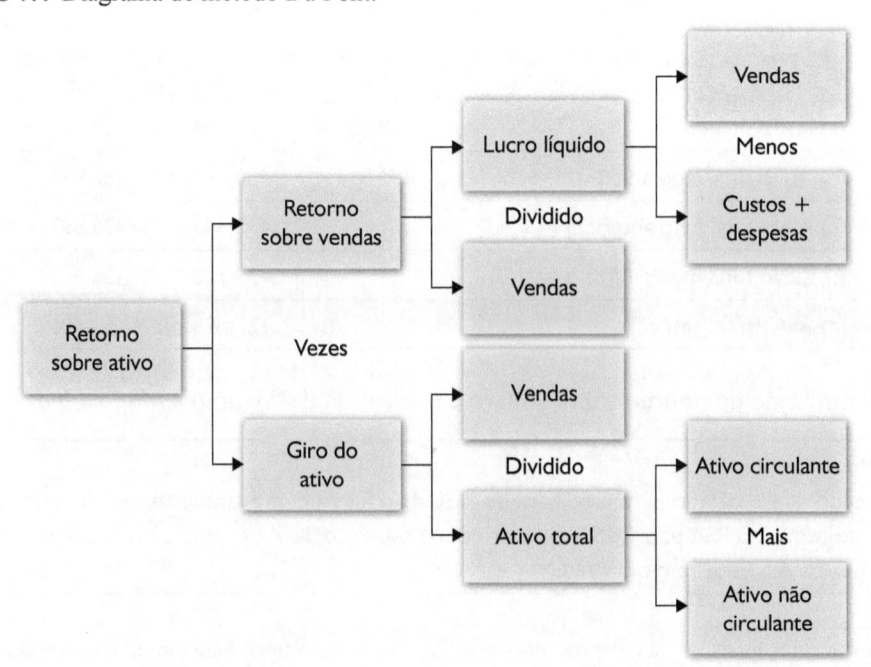

Nota-se, portanto, que o retorno sobre o ativo (RSA) pode ser obtido multiplicando-se o giro do ativo (GA) pelo retorno sobre as vendas (RSV). Tomando-se os dados da *Reciclando*, para 20X3, temos:

$$GA \times RSV = RSA$$

$$0{,}91 \times 6{,}16\% = 5{,}61\%$$

### 9.3.1.4 Retorno sobre o patrimônio líquido (RSPL)

O índice de retorno sobre o patrimônio líquido indica quanto de prêmio os acionistas ou proprietários da empresa estão obtendo em relação aos seus investimentos no empreendimento. O lucro, portanto, é o prêmio do investidor pelo risco de seu negócio.

O retorno sobre o patrimônio líquido requer certo cuidado em seu cálculo. Podemos simplesmente dividir o lucro líquido do período pelo patrimônio líquido do final do período. No caso da *Reciclando*, teríamos:

$$LL/PL = 27.328/394.048 \rightarrow LL/PL = 6{,}94\%$$

Esse cálculo tem algumas inconveniências:

a) o próprio lucro está contido no patrimônio líquido final, o que, por si só, já distorce o resultado;
b) na ocorrência de aumento de capital durante o período, o cálculo supõe que a entrada dos respectivos recursos ocorra no início do período;
c) também, na ocorrência de distribuição de dividendos, é como se supusesse o acontecimento no início do período.

Uma alternativa com relativa simplicidade seria subtrair o lucro líquido do patrimônio líquido final. Nesse caso, se não tiver ocorrido aumento de capital nem distribuição de dividendos no período, o cálculo estará adequado. No caso da *Reciclando*, teríamos:

$$LL/(PL - LL) = 27.328/(394.048 - 27.328) \rightarrow LL/(PL - LL) = 7{,}45\%.$$

Considerando que o analista externo nem sempre tem todas as informações de que precisa para desenvolver o seu trabalho, podemos trabalhar com um conceito de patrimônio líquido médio, imprimindo um maior rigor na técnica de cálculo, conforme segue:

$$RSPL = \frac{LLn}{\frac{PL(n-1) + PLn - LLn}{2}} \times 100$$

sendo: LLn = lucro líquido no ano $n$
  PLn = patrimônio líquido no ano $n$
  PL (n – 1) = patrimônio líquido no ano $(n-1)$, ou seja, no ano anterior a $n$

Para a *Reciclando*, em 20X3, o lucro líquido foi de $ 27.328. O patrimônio líquido em 20X2 foi de $ 378.652 e, em 20X3, foi de $ 394.048. Aplicando a fórmula, temos:

$$RSPL = 27.328/[(378.652 + 394.048 - 27.328)/] 2 = 7,33\%$$

Seguem os cálculos do RSPL para os dois exercícios, relativos à Reciclando:

| Retorno sobre o PL médio (RSPLm) | 20X1 | 20X2 | 20X3 |
|---|---|---|---|
| (a) Lucro líquido | 29.407 | 59.394 | 27.328 |
| (b) Patrimônio líquido (ano atual) | 333.369 | 378.652 | 394.048 |
| (c) Patrimônio líquido (ano anterior) | x | 333.369 | 378.652 |
| (d) PL médio [(b + c − a)/2] | x | 326.314 | 372.686 |
| (e) RSPLm = [(a)/(d)] | x | 18,20% | 7,33% |

A interpretação do índice de retorno sobre o patrimônio líquido é no sentido de *"quanto maior, melhor"*. Considerando que em 20X2 e em 20X3 o patrimônio líquido médio não apresentou diferenças significativas em seu valor, a queda do RSPL decorreu essencialmente da redução do lucro no último ano, comparativamente ao ano anterior.

Da mesma forma, como o retorno sobre o ativo foi representado por intermédio do chamado *Sistema Du Pont*, o retorno sobre o patrimônio líquido também pode ser representado como o produto de três fatores básicos:

$$\text{Retorno sobre o patrimônio líquido} = \text{Retorno sobre as vendas} \times \text{Giro do ativo} \times \text{Ativo sobre patrimônio líquido}$$

$$\frac{LL}{PLm} = \frac{LL}{VL} \times \frac{VL}{ATm} \times \frac{ATm}{PLm}$$

sendo: LL   = lucro líquido
        PLm = patrimônio líquido médio
        VL   = vendas líquidas (ou receita líquida)
        ATm = ativo total médio

Portanto, temos:

a) O retorno sobre as vendas como uma medida de indicação da lucratividade das operações da empresa.
b) O giro do ativo como indicador do nível de atividade, isto é, como referencial da eficiência no uso dos recursos investidos na empresa.
c) A estrutura de capitais como indicador do volume de recursos investidos na empresa, comparando com os recursos próprios aplicados ou mantidos por seus acionistas.

Conferindo a equação anterior:

| RSPL = GA × RSV × ASPL |
|---|
| RSPL = 0,91 × 6,15% × 1,31 → RSPL = 7,33% |

O ASPL, que compara ativo total (média) com o patrimônio líquido (média), será visto no tópico 9.3.1.5, a seguir.

### 9.3.1.5 Ativo total sobre patrimônio líquido (ASPL)

O RSPL é um dos principais índices de retorno, que pode ser decomposto em três outros indicadores, conforme vimos no tópico precedente. Na verdade, o ASPL não pode ser entendido como um índice essencialmente de retorno, pois se trata de um indicador de estrutura de capitais, que compara o ativo da empresa com o patrimônio líquido. A diferença entre o ativo (numerador) e o patrimônio líquido (denominador) é exatamente a dívida da empresa, ou seja, o capital de terceiros. Por outro lado, o ASPL contribui para explicar mudanças ocorridas no RSPL.

| AT médio / PL médio = (Atm / PLm) | 20X1 | 20X2 | 20X3 |
|---|---|---|---|
| (a) Lucro líquido | 29.407 | 59.394 | 27.328 |
| (b) Ativo total (ano atual) | 472.543 | 486.897 | 486.824 |
| (c) Ativo total (ano anterior) | x | 472.543 | 486.897 |
| (d) AT médio {[(a) + (b)]/2} | x | 479.720 | 486.861 |
| (e) Patrimônio líquido (ano atual) | 333.369 | 378.652 | 394.048 |
| (f) Patrimônio líquido (ano anterior) | x | 333.369 | 378.652 |
| (g) PL médio {[(e) + (f) − (a)]/2} | x | 326.314 | 372.686 |
| (h) Atm/PLm = (d)/(g) | x | 1,47 | 1,31 |

A decomposição do índice de retorno sobre o patrimônio líquido mostra uma inter-relação lógica dos três índices. É fundamental ter em mente que os três índices são variáveis dependentes entre si, de modo que cada um deles pode interagir com os outros.

### 9.3.2 Análise dos ciclos financeiro e operacional

Os prazos de rotação constituem uma categoria de elevada importância para o analista. O balanço da empresa representa sua situação patrimonial em determinado momento, ou seja, é como se fosse uma fotografia que mostra algo de forma estática, sem refletir sua mobilidade, seu dinamismo. A empresa, em suas operações, compra, fabrica, estoca, vende, paga e recebe, num processo dinâmico e contínuo. Gestão de estoque, duplicatas a receber e fornecedores demandam tempo e atenção do administrador financeiro em seu dia a dia de trabalho. O volume de recursos que a empresa necessitará para a manutenção de seu capital de giro será função da gestão de seu ciclo financeiro e de seu volume de vendas.

### 9.3.2.1 Prazo médio de rotação dos estoques (PMRE)

O prazo médio de rotação dos estoques indica quantos dias, em média, os produtos ficam armazenados na empresa antes de serem vendidos. O volume de estoques mantido por uma empresa decorre fundamentalmente do seu nível de vendas e da sua política de estocagem. Há duas formas principais de se interpretar os estoques: primeiro, vendo o montante de estoques da empresa como algo com potencial de ser transformado em dinheiro. Segundo, é entendendo os estoques como aplicação de recursos no ativo circulante. Quanto maiores forem os estoques, mais recursos a empresa estará comprometendo com os mesmos. Além dos custos de aquisição ou fabricação dos estoques, há uma série de outros gastos, como transportes, armazenagens e seguros. A administração financeira caminha em direção a uma gestão em que os estoques tenham seu giro rápido. Provavelmente, a forma como a empresa vem financiando seus estoques, isto é, com recursos próprios e de fornecedores ou com endividamento bancário, é uma questão fundamental para o analista de empresas. Se uma empresa estiver mantendo estoques relativamente elevados, porém financiando-os com recursos próprios ou de fornecedores, isso pode não ser muito crítico, desde que não esteja limitando sua competitividade no mercado. Porém, manter estoques elevados com empréstimos bancários tende a ser uma situação crítica, representando alto risco.

A fórmula para cálculo do prazo médio de rotação dos estoques (PMRE), é:

$$PMRE = \frac{ESTm}{CMV} \times DP$$

sendo: ESTm = estoque médio
CMV = custo da mercadoria (ou produto) vendido
DP = dias do período considerado, ou seja, 360 dias para um ano

Vejamos o cálculo do PMRE para a *Reciclando S.A.*, no exercício de 20X3:

$$PMRE = \{[(51.189 + 50.223)/2]/293.883\} \times 360 = 62 \text{ dias}$$

Conforme é de nosso conhecimento, o valor dos estoques é obtido do balanço reclassificado (Quadro 9.1), e o valor relativo ao custo dos produtos vendidos é obtido da demonstração do resultado, também reclassificada (Quadro 9.2). Note que somamos o estoque de 20X2 ($ 51.189) ao de 20X3 ($ 50.223) e dividimos por dois para obter o estoque médio.

Do ponto de vista de análise de risco, o prazo médio de rotação dos estoques é um índice do tipo *"quanto maior, pior"*. No entanto, convém analisá-lo juntamente com os prazos de recebimento das vendas e pagamento das compras.

Cabe sempre lembrar que, em razão de trabalharmos na fórmula de cálculo do PMRE com os estoques das datas de encerramento dos balanços, caso a empresa tenha algum tipo de sazonalidade em suas atividades, o resultado obtido poderá carregar alguma distorção. O ideal seria dispor dor valores dos estoques mensais para o cálculo da média. A inflação também pode contribuir para distorcer os cálculos. Seguem os cálculos para os dois anos.

| Prazo médio de rotação dos estoques | 20X1 | 20X2 | 20X3 |
|---|---|---|---|
| (a) Estoque (ano atual) | 72.681 | 51.189 | 50.223 |
| (b) Estoque (ano anterior) | x | 72.681 | 51.189 |
| (c) Estoque médio | x | 61.935 | 50.706 |
| (d) Custo do produto vendido | 359.542 | 359.069 | 293.883 |
| (e) Dias do período | x | 360 | 360 |
| (f) PMRE = {[(c)/(d)] × (e)} | x | 62 | 62 |

**Autoteste**
Faça uma análise dos prazos de rotação dos estoques da *Reciclando* nos dois anos, considerando que, em 20X3, o padrão seja de 103 dias para o segmento têxtil.

### 9.3.2.2 Prazo médio de recebimento das vendas

O prazo médio de recebimento das vendas indica quantos dias, em média, a empresa leva para receber suas vendas. O volume de duplicatas a receber é decorrência de dois fatores básicos: (a) montante de vendas; e (b) prazo concedido aos clientes para pagamento.

As vendas a prazo seguem uma política de crédito adotada pela empresa, que seja adequada ao seu tipo de atividade. Há diferenças nos padrões para a concessão de crédito utilizados por empresas diferentes, especialmente quando atuantes em ramos de atividades diferentes. Para empresas de atividades semelhantes, os padrões de crédito tendem a ser parecidos, exceto se uma das empresas detiver grande parcela do mercado e tiver produtos diferenciados em sua qualidade, o que lhe possibilita maior rigor nos critérios de apreciação do crédito. Muitas vezes, porém com o objetivo de conquistar novos mercados, a empresa diminui seu grau de exigência na análise do risco de seus clientes, o que pode trazer maior volume de vendas, com crescimento dos incobráveis, acarretando o crescimento de gastos com cobrança e outras funções administrativas.

A fórmula para o cálculo do prazo médio de recebimento das vendas (PMRV) é a seguinte:

$$\text{PMRV} = \frac{\text{DRm}}{\text{VL} + \text{IMP}} \times \text{DP}$$

sendo: DRm = duplicatas a receber (média do período)
     VL  = vendas líquidas[3]
     IMP = impostos sobre vendas
     DP  = dias do período considerado

---
3. A "receita bruta" equivale à "receita líquida" mais "impostos" mais "devoluções e abatimentos". Considerando que, no exemplo do Quadro 9.3, não há "devoluções e abatimentos", a "receita bruta" equivale à "receita líquida" mais os "impostos".

Vejamos o cálculo do PMRV para a *Reciclando S.A.*, no exercício de 20X3:

$$PMRV = \{[(75.058 + 74.917)/2]/523.571\} \times 360 = 52 \text{ dias}$$

Do ponto de vista de análise de risco, o prazo médio de recebimento das vendas é um índice do tipo *"quanto maior, pior"*. Contudo, convém analisá-lo juntamente com os prazos de rotação de estoques e de pagamento das compras.

As considerações feitas no índice anterior sobre sazonalidades e variações de preços são aplicadas também ao PMRV. Seguem os cálculos do PMRV para os dois exercícios.

| Prazo médio de recebimento de vendas | 20X1 | 20X2 | 20X3 |
|---|---|---|---|
| (a) Duplicatas a receber (ano atual) | 57.725 | 75.058 | 74.917 |
| (b) Duplicatas a receber (ano anterior) | x | 57.725 | 75.058 |
| (c) Duplicatas a receber (média) | x | 66.392 | 74.988 |
| (d) Receita operacional bruta | 664.805 | 679.489 | 523.571 |
| (e) Dias do período | x | 360 | 360 |
| (f) PMRV = {[(c)/(d)] × (e)} | x | 35 | 52 |

**Autoteste**
Faça uma análise dos prazos de recebimento de vendas da *Reciclando* nos dois anos, considerando que, em 20X3, o padrão seja de 103 dias para o segmento têxtil.

### 9.3.2.3 Prazo médio de pagamento das compras

O prazo médio de pagamento das compras indica quantos dias, em média, a empresa demora para pagar seus fornecedores. A fórmula é a seguinte:

$$PMPC = \frac{FORNm}{C} \times DP$$

sendo: FORNm = fornecedores (média no período)
C = compras
DP = dias do período considerado

O valor relativo à conta de fornecedores é obtido facilmente do balanço, exceto o saldo inicial para o primeiro período, que deve ser solicitado à empresa. Os dias do período também não apresentam maior dificuldade; todavia, é necessário calcular o valor das compras. Nas empresas comerciais, o cálculo do valor das compras é mais simples que nas empresas industriais.

## Cálculo das compras nas empresas comerciais

Para as empresas comerciais, o cálculo das compras é desenvolvido a partir da tradicional fórmula de cálculo do custo da mercadoria vendida (CMV), isto é:

$$CMV = EI + C - EF \quad \Rightarrow \quad C = CMV + EF - EI$$

sendo: CMV = custo da mercadoria vendida
 EI = estoque inicial
 C = compras
 EF = estoque final

Dessa forma, nas empresas comerciais, as compras correspondem ao custo da mercadoria vendida mais a variação dos estoques. A variação dos estoques é igual ao estoque final menos o estoque inicial.

## Cálculo das compras nas empresas industriais

Nas empresas industriais, há maior complexidade para o analista externo calcular o volume de compras efetuadas no período. Enquanto as empresas comerciais adquirem os produtos e os comercializam, a empresa industrial adquire matérias-primas, materiais secundários, componentes e embalagens, adicionando mão de obra direta e outros custos indiretos de fabricação, para produzir um novo produto. Portanto, tanto o custo do produto vendido (CPV) quanto os estoques das empresas industriais são formados por diversos componentes de custos, muitos deles sem se originar da conta de fornecedores, o que torna a fórmula tradicional (Compras = CMV + estoque final estoque inicial) inadequada para o cálculo das compras para empresas industriais.

A forma mais simples e direta de obter as compras anuais é solicitando-as à empresa; porém o analista não deve se assustar se algumas não tiverem essa informação. A outra forma seria desenvolver um estudo por segmentos de atuação das empresas para saber a representatividade dos custos de mão de obra, mais outros custos de fabricação, em relação aos custos totais. Desenvolvemos uma simulação[4] e encontramos algo da ordem de 38%; daí, os custos relacionados à matéria-prima, componentes, materiais secundários e embalagens, representaram algo da ordem de 62%. Em resumo, destacamos que, na simulação citada, admitimos como custo de produção os seguintes itens:

| Itens do custo de produção | Tipos de itens | % |
|---|---|---|
| • Matérias-primas;<br>• Componentes;<br>• Materiais secundários;<br>• Embalagens. | Relacionam-se com fornecedores | 62 |
| • Mão de obra direta;<br>• Depreciações, luz, água, energia, comunicações e outros componentes do custo de produção. | Não se relacionam com fornecedores | 38 |

---

4. Havendo interesse, ver *Análise financeira das empresas*, 13. ed., do mesmo autor.

Vale destacar que essa distribuição (62% e 38%) não é um número mágico que atenderá com precisão o desenvolvimento do cálculo das compras de todo e qualquer tipo de empresa industrial. Vamos entendê-la como uma metodologia que pode ser adaptada conforme o tipo de empresa que se pretenda analisar. Pode haver outras formas de estimativas estabelecidas a partir de outras relações que o analista julgue adequadas. Por exemplo, há instituições que usam como padrão algo da ordem de 10% das vendas para estimar os itens não relacionados aos fornecedores. Por outro lado, muitos analistas desprezam ou desconhecem a necessidade de excluir do cálculo das compras os itens não relacionados à conta de fornecedores, o que pode levar à obtenção de valores bastante distorcidos.

Para fins didáticos, adotaremos a seguinte fórmula para o cálculo das compras para empresas industriais:

$$C = (CPV + EF - EI) \times 0{,}62$$

sendo: C = compras
CPV = custo dos produtos vendidos
EI = estoque inicial
EF = estoque final

Considerando que a *Reciclando S.A.* é uma empresa industrial, podemos calcular as compras para o ano de 20X3, conforme segue:

$$\text{Compras} = (293.883 + 50.223 - 51.189) \times 0{,}62 = 181.608{,}54$$

Daí, podemos obter o cálculo do PMPC:

$$\text{PMPC} = \{(22.486 + 14.460)/2]/181.608{,}54\} \times 360 = 37 \text{ dias.}$$

O prazo médio de pagamento das compras é um índice do tipo *"quanto maior, melhor"*, desde que o volume de fornecedores não se mantenha alto por atraso nos pagamentos. Seguem os cálculos para os dois anos.

| Prazo médio de pagamento das compras | 20X1 | 20X2 | 20X3 |
|---|---|---|---|
| (a) Custo dos produtos vendidos | 359.542 | 359.069 | 293.883 |
| (b) Estoque final | 72.681 | 51.189 | 50.223 |
| (c) Estoque final | X | 72.681 | 51.189 |
| (d) Redutor para indústria | 0,62 | 0,62 | 0,62 |
| (e) Compras estimadas = (a + b − c) × d | X | 209.297,74 | 181.608,54 |
| (f) Fornecedores (ano atual) | 10.126 | 22.486 | 14.460 |
| (g) Fornecedores (ano anterior) | X | 10.126 | 22.486 |
| (h) Fornecedores (média) | X | 16.306 | 18.473 |
| (i) Dias do período | X | 360 | 360 |
| (j) PMPC = {[(h)/(e)] × (i)} | X | 28 | 37 |

As considerações feitas no PMRE sobre sazonalidades e variações de preços são aplicadas também ao PMPC.

A conjugação dos três índices de rotação (PMRE, PMRV e PMPC) leva ao ciclo financeiro da empresa:

| Indicadores | 20X3 |
|---|---|
| PMRE | 62 |
| PMRV | 52 |
| Ciclo operacional (CO) = PMRE + PMPC | 114 |
| PMPC | – 37 |
| Ciclo financeiro (CF) = CO – PMPC | 77 |

Esses dados exemplificam o ciclo financeiro básico da empresa; eles contêm os itens mais expressivos do capital de giro, podendo carregar pequena distorção relativa às contas a pagar, que são operacionais e que não estão incluídas em fornecedores.

Temos, portanto, uma boa estimativa do ciclo financeiro da empresa que, em 20X3, foi de 77 dias, isto é, a empresa compra no momento t0; paga em t1, 37 dias depois (PMPC); vende em t2, 62 dias após a compra (PMRE); recebe em t3, que é 52 dias depois de ter vendido (PMRV). Daí, grosso modo, o dinheiro sai da empresa em t1 e retorna em t3. O diagrama a seguir ilustra os ciclos operacional e financeiro.

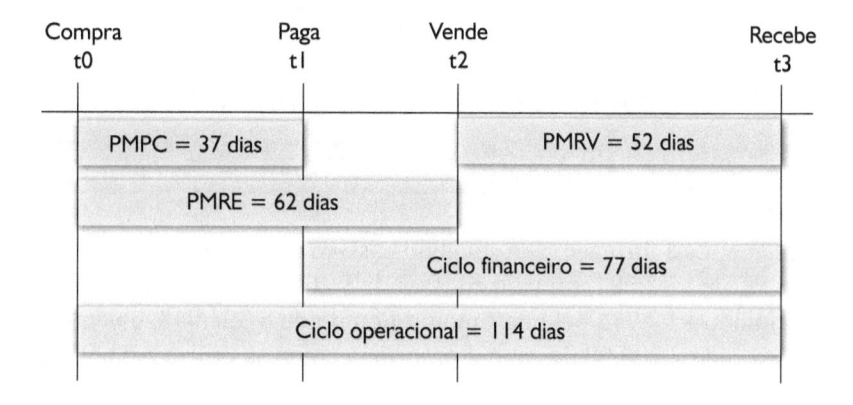

```
Compra          Paga          Vende                    Recebe
  t0             t1             t2                       t3
  |              |              |                        |
  |  PMPC = 37 dias |           |   PMRV = 52 dias       |
  |      PMRE = 62 dias         |                        |
  |                             |  Ciclo financeiro = 77 dias |
  |         Ciclo operacional = 114 dias                 |
```

Quanto maior o ciclo financeiro, mais dias o dinheiro demora para retornar ao caixa da empresa, após sair na forma de pagamentos efetuados. Empresas com ciclos financeiros elevados têm maior necessidade de capital de giro para desenvolver suas operações, ao mesmo tempo que precisam operar com maiores margens de ganho para cobrir o custo do dinheiro que utilizam no financiamento de suas transações operacionais.

### 9.3.3 Análise da estrutura de capitais e solvência

Estamos considerando como índices de estrutura aqueles relacionados à composição de capitais (próprios e de terceiros), que medem os níveis de imobilização de recursos e buscam relações na estrutura da dívida da empresa. De certa forma, esses índices estão ligados às decisões financeiras de financiamento e investimento, assim como podem depender dos resultados das operações da empresa.

### 9.3.3.1 Participação de capitais de terceiros (PCT)

O índice de participação de capitais de terceiros, também conhecido por índice de endividamento, indica o percentual de capital de terceiros em relação ao patrimônio líquido, retratando a dependência da empresa em relação aos recursos externos.

$$PCT = \frac{PC + PNC}{PL} \times 100$$

sendo: PC  = passivo circulante
       PNC = passivo não circulante
       PL  = patrimônio líquido

Para a *Reciclando*, no ano de 20X3, podemos visualizar sua participação de capitais de terceiros conforme segue:

| ATIVO | 20X2 | 20X3 | PASSIVO + PL | 20X2 | 20X3 |
|---|---|---|---|---|---|
| ATIVO CIRCULANTE (AC) | 185.435 | 187.374 | PASSIVO CIRCULANTE (PC) | 84.716 | 72.084 |
| | | | PASSIVO NÃO CIRCULANTE (PNC) | 23.529 | 20.692 |
| ATIVO NÃO CIRCULANTE (ANC) | 301.462 | 299.450 | PATRIMÔNIO LÍQUIDO (PL) | 378.652 | 394.048 |
| ATIVO TOTAL | 486.897 | 486.824 | PASSIVO TOTAL + PL | 486.897 | 486.824 |

O capital de terceiros é formado pela soma do passivo circulante com o passivo não circulante. Note que o PC de $ 72.084, somado ao PNC de $ 20.692, resulta um capital de terceiros de $ 92.776. Dividindo $ 92.776 pelo patrimônio líquido de $ 394.048, obtém-se 23,5%, significando que, para cada $ 100,00 de capital próprio, a empresa utiliza $ 23,50 de recursos de terceiros.

Para a empresa, internamente, é importante o uso de capitais de terceiros na medida em que o lucro gerado pelos ativos seja superior ao custo da dívida. Desse modo, se a empresa usa recursos de terceiros pagando x% ao mês, será preciso que ela aplique tais recursos de modo a obter um ganho acima de x%. Para o analista externo à empresa, seu foco de análise incluirá o risco provocado pelo endividamento. Um endividamento elevado será sempre um risco maior para os credores, até pelo fato de que "só quebra quem deve".

Para o analista financeiro, cujo objetivo é avaliar o risco da empresa, a interpretação do índice de participação de capitais de terceiros, isoladamente, é no sentido de *quanto maior, pior*, mantidos constantes os demais fatores. Para a empresa, entretanto, pode ocorrer que o endividamento lhe permita melhor ganho por ação; porém, associado ao maior ganho estará um maior risco.

Seguem os cálculos relativos à participação de capitais de terceiros, ou endividamento, para os três anos:

| Participação de capitais de terceiros (PCT) | 20X1 | 20X2 | 20X3 |
|---|---|---|---|
| (a) Passivo circulante | 111.554 | 84.716 | 72.084 |
| (b) Passivo não circulante | 27.620 | 23.529 | 20.692 |
| (c) Capital de terceiros (a + b) | 139.174 | 108.245 | 92.776 |
| (d) Patrimônio líquido | 333.369 | 378.652 | 394.048 |
| (e) PCT = [(c)/(d)] | 41,75% | 28,59% | 23,54% |

**Autoteste**
Faça uma análise do índice de PCT da *Reciclando* nos três anos, considerando que, em 20X3, o índice-padrão para endividamento seja de 111% para o segmento têxtil.

### 9.3.3.2 Composição do endividamento (CE)

Indica quanto da dívida total da empresa deve ser pago a curto prazo, isto é, as obrigações a curto prazo comparadas com as obrigações totais; portanto, representa o perfil da dívida da empresa relativamente ao seu vencimento.

$$CE = \frac{PC}{PC + PNC} \times 100$$

sendo: PC = passivo circulante
PNC = exigível a longo prazo

Para a *Reciclando*, no ano de 20X3, podemos representar a composição do endividamento da seguinte forma:

| ATIVO | 20X2 | 20X3 | PASSIVO + PL | 20X2 | 20X3 |
|---|---|---|---|---|---|
| ATIVO CIRCULANTE (AC) | 185.435 | 187.374 | PASSIVO CIRCULANTE (PC) | 84.716 | 72.084 |
| | | | PASSIVO NÃO CIRCULANTE (PNC) | 23.529 | 20.692 |
| ATIVO NÃO CIRCULANTE (ANC) | 301.462 | 299.450 | PATRIMÔNIO LÍQUIDO (PL) | 378.652 | 394.048 |
| ATIVO TOTAL | 486.897 | 486.824 | PASSIVO TOTAL + PL | 486.897 | 486.824 |

A dívida total é representada pelo PC de $ 72.084 mais o PNC de $ 20.692, totalizando $ 92.776. Desse valor, $ 72.084, que é o PC, vence no curto prazo. Dividindo $ 72.084 por $ 92.776, obtém-se 77,7%, significando o percentual da dívida total que vence a curto prazo.

Desse modo, para cada $ 100,00 de dívida total da empresa, $ 77,70 vencem a curto prazo, ou seja, num período inferior a um ano.

A interpretação do índice de composição do endividamento é no sentido de *quanto maior, pior*, mantidos constantes os demais fatores.

Seguem os cálculos relativos aos três exercícios sociais, da CE, para a *Reciclando*.

| Composição do endividamento (CE) | 20X1 | 20X2 | 20X3 |
|---|---|---|---|
| (a) Passivo circulante | 111.554 | 84.716 | 72.084 |
| (b) Passivo não circulante | 27.620 | 23.529 | 20.692 |
| (c) Capital de terceiros (a + b) | 139.174 | 108.245 | 92.776 |
| (d) CE = [(a)/(c)] | 80,15% | 78,26% | 77,70% |

Vale destacar que, mesmo que o índice CE seja igual a 100%, não quer dizer que seja necessariamente ruim, mas apenas que a dívida da empresa está totalmente concentrada no curto prazo. Por outro lado, numa situação de elevado endividamento (PCT), é sempre conveniente conhecer o tipo de dívida e a distribuição de seus vencimentos.

### 9.3.3.3 Imobilização do patrimônio líquido (IPL)

O índice de imobilização do patrimônio líquido indica quanto do patrimônio líquido da empresa está aplicado em ativos de natureza permanente, ou seja, investimentos, imobilizado e intangível.

$$IPL = \frac{INV + IMOB + INT}{PL} \times 100$$

sendo: INV  = investimentos
IMOB = imobilizado
INT  = intangível
PL   = patrimônio líquido

Para a *Reciclando S.A.*, no ano de 20X3, seu nível de imobilização pode ser representado conforme segue:

| ATIVO | 20X2 | 20X3 | PASSIVO + PL | 20X2 | 20X3 |
|---|---|---|---|---|---|
| ATIVO CIRCULANTE (AC) | 185.435 | 187.374 | PASSIVO CIRCULANTE (PC) | 84.716 | 72.084 |
| Realizável a longo prazo (RPL) | 46.024 | 22.146 | | | |
| Investimentos (INV) | 104.144 | 98.201 | PASSIVO NÃO CIRCULANTE (PNC) | 23.529 | 20.692 |
| Imobilizado (IMO) | 144.297 | 163.011 | | | |
| Intangível (INT) | 6.997 | 16.092 | | | |
| ATIVO NÃO CIRCULANTE (ANC) | 301.462 | 299.450 | PATRIMÔNIO LÍQUIDO (PL) | 378.652 | 394.048 |
| ATIVO TOTAL | 486.897 | 486.824 | PASSIVO TOTAL + PL | 486.897 | 486.824 |

Em 20X3, a soma de INV ($ 98.201) mais IMO ($ 163.011) mais INT ($ 16.092 mil) totaliza $ 277.304. Dividindo $ 277.304 pelo patrimônio líquido de $ 394.048, obtém-se 70,37%, significando que, para cada $ 100,00 de capital próprio, a empresa tem aplicado $ 70,37 em ativos de natureza permanente.

A interpretação do índice de imobilização do patrimônio líquido é no sentido de *quanto maior, pior*, mantidos constantes os demais fatores.

Por fim, cabe destacar que o índice de imobilização envolve importantes decisões estratégicas da empresa quanto a expansão, aquisição de participações e aluguel ou *leasing* de equipamentos. São os investimentos que caracterizam o risco da atividade empresarial.

Seguem os cálculos do IPL da Reciclando para os três exercícios.

| Imobilização do patrimônio líquido (IPL) | 20X1 | 20X2 | 20X3 |
|---|---|---|---|
| (a) Investimentos | 17.601 | 104.144 | 98.201 |
| (b) Imobilizado | 246.537 | 144.297 | 163.011 |
| (c) Intangível | 2.721 | 6.997 | 16.092 |
| (d) Soma (a + b + c) | 266.859 | 255.438 | 277.304 |
| (e) Patrimônio líquido | 333.369 | 378.652 | 394.048 |
| (f) IPL = [(d)/(e)] | 80,05% | 67,46% | 70,37% |

**Autoteste**
Faça uma análise do índice de IPL da *Reciclando* nos três anos, considerando que, em 20X3, o respectivo índice-padrão seja de 59% para o segmento têxtil.

### 9.3.3.4 Endividamento financeiro sobre ativo total (EFSAT)

Este índice indica a participação do passivo financeiro (PF) no financiamento do ativo da empresa, mostrando essencialmente a dependência da empresa junto a instituições financeiras. O ativo total representa a totalidade dos recursos aplicados na empresa, enquanto a dívida financeira representa os recursos provenientes de bancos ou outras fontes com custos financeiros.

$$EFSAT = \frac{DD + IF + ONC + PNC}{AT} \times 100$$

sendo: DD  = duplicatas descontadas
       IF   = instituições financeiras
       ONC = outros não cíclicos
       PNC = passivo não circulante[5]
       AT  = ativo total

---
5. Estamos admitindo que todo o passivo não circulante seja financeiro. Dificilmente há uma dívida a longo prazo que não esteja sujeita a atualização monetária ou cambial, mais uma taxa de juros. Até os impostos em atraso sofrem atualização.

Para a *Reciclando,* no ano de 20X3, o EFSAT pode ser representado conforme segue:

| ATIVO | 20X2 | 20X3 | PASSIVO + PL | 20X2 | 20X3 |
|---|---|---|---|---|---|
| Disponibilidades | 154 | 1.525 | Instituições financeiras | 14.684 | 15.727 |
| Aplicações financeiras | 45.354 | 40.467 | Duplicatas descontadas | 0 | 0 |
| Duplicatas a receber | 75.058 | 74.917 | Outros não cíclicos | 12.338 | 13.267 |
| (–) Contas de realização duvidosa | – 860 | – 2.460 | Fornecedores | 22.486 | 14.460 |
| Duplicatas a receber líquidas | 74.198 | 72.457 | Salários e encargos | 19.622 | 14.762 |
| Estoques | 51.189 | 50.223 | Impostos sobre vendas | 7.694 | 6.407 |
| Outros créditos | 14.540 | 22.702 | Outros cíclicos | 7.892 | 7.461 |
| **ATIVO CIRCULANTE (AC)** | **185.435** | **187.374** | **PASSIVO CIRCULANTE (PC)** | **84.716** | **72.084** |
| | | | Instituições financeiras | 23.056 | 14.837 |
| Realizável a longo prazo | 46.024 | 22.146 | Outros passivos não circulantes | 473 | 5.855 |
| Investimentos | 104.144 | 98.201 | **PASSIVO NÃO CIRCULANTE (PNC)** | **23.529** | **20.692** |
| Imobilizado | 144.297 | 163.011 | | | |
| Intangível | 6.997 | 16.092 | PATRIMÔNIO LÍQUIDO (PL) | 378.652 | 394.048 |
| **ATIVO CIRCULANTE (ANC)** | **301.462** | **299.450** | | | |
| **ATIVO TOTAL** | **486.897** | **486.824** | **PASSIVO TOTAL + PL** | **486.897** | **486.824** |

Com base no balanço da *Reciclando*, devemos, inicialmente, obter o total do item que denominamos passivo financeiro, conforme segue:

| Itens | $ mil |
|---|---|
| • Instituições financeiras (IF) | 15.727 |
| • Duplicatas descontadas (DD) | 0 |
| • Outros não cíclicos (ONC) | 13.267 |
| • Passivo não circulante (PNC) | 20.692 |
| Soma do passivo financeiro | 49.686 |

O endividamento financeiro sobre o ativo total é obtido pela divisão do passivo financeiro pelo ativo total, cujos valores, em 20X3, foram de $ 49.686 e $ 486.824, respectivamente.

Portanto, para a *Reciclando*, em 20X3, o endividamento financeiro representou 10,21% do ativo total, ou seja, para cada $ 100,00 de aplicação no ativo, a empresa utilizava $ 10,21 de recursos provenientes de instituições financeiras ou de outras fontes consideradas financeiras.

Considerando o enfoque de risco, a interpretação da relação da dívida financeira com o ativo total tem sido no sentido de *quanto maior, pior*, indicando que quanto menos a empresa depender de recursos remunerados para financiar seu ativo, melhor será a qualidade da sua estrutura de capitais. Vale destacar a possibilidade de a empresa conseguir elevar o seu lucro por ação a partir do uso de capitais de terceiros, a um custo inferior ao rendimento de seus ativos e em níveis adequados.

Seguem os cálculos relativos ao EFSAT da *Reciclando* para os três exercícios.

| Endividamento financeiro/AT (EFSAT) | 20X1 | 20X2 | 20X3 |
|---|---|---|---|
| (a) Instituições financeiras | 51.646 | 14.684 | 15.727 |
| (b) Duplicatas descontadas | 0 | 0 | 0 |
| (c) Outros não cíclicos | 7.422 | 12.338 | 13.267 |
| (d) Passivo circulante financeiro | 59.068 | 27.022 | 28.994 |
| (e) Passivo não circulante | 27.620 | 23.529 | 20.692 |
| (f) Ativo total | 472.543 | 486.897 | 486.824 |
| (g) EFSAT = [(d + e)/f] | 18,34% | 10,38% | 10,21% |

**Autoteste**
Faça uma análise do índice de EFSAT da *Reciclando* nos três anos, considerando que, em 20X3m o respectivo índice-padrão seja de 39% para o segmento têxtil.

### 9.3.3.5 Nível de desconto de duplicatas (NDD)

O nível de desconto de duplicatas indica o percentual de duplicatas (Recebíveis de clientes) descontadas em relação ao total de duplicatas a receber.

$$NDD = \frac{DD}{DR} \times 100$$

sendo: DD = duplicatas descontadas
DR = duplicatas a receber

Em suas atividades operacionais, as empresas vendem (produtos, mercadorias ou serviços) a prazo aos seus clientes e emitem as duplicatas, que são títulos representativos dos direitos que têm sobre os clientes. Muitas vezes, as empresas precisam de dinheiro e procuram os bancos para descontar as referidas duplicatas. Nesse processo, os bancos adquirem esses títulos e antecipam os respectivos valores às empresas, mediante a cobrança de uma determinada taxa de juros. No vencimento, os sacados (os devedores) efetuam os pagamentos e a operação se encerra. Todavia, se o sacado não efetuar o pagamento do título, o cedente (a empresa que emitiu a duplicata) deverá pagá-lo ao banco, uma vez que o cedente costuma assumir o papel de avalista da operação.

Considerando que as empresas só descontarão duplicatas quando estiverem precisando de dinheiro, a interpretação desse índice é no sentido de "*quanto maior, pior*". Ainda assim, o fato isolado de uma empresa descontar duplicatas não pode ser entendido como algo ruim. Comparativamente a outras fontes de recursos financeiros de curto prazo, o desconto de duplicatas tende a ser uma das fontes de recursos mais baratas para a empresa.

A *Reciclando S.A.* não recorreu ao desconto de duplicatas, nos três exercícios em análise.

| Nível de desconto de duplicatas (NDD) | 20X1 | 20X2 | 20X3 |
|---|---|---|---|
| (a) Duplicatas descontadas | 0 | 0 | 0 |
| (b) Duplicatas a receber (ano atual) | 57.725 | 75.058 | 74.917 |
| (c) NDD (a/b) | 0,00% | 0,00% | 0,00% |

### 9.3.4 Análise da liquidez

Os índices de liquidez visam fornecer uma medida, ou melhor, um indicador da capacidade de a empresa pagar suas dívidas, a partir da comparação entre os direitos realizáveis e as exigibilidades.

#### 9.3.4.1 Liquidez geral (LG)

Indica quanto a empresa possui em dinheiro, bens e direitos realizáveis a curto e a longo prazos, para fazer frente às suas dívidas totais.

$$LG = \frac{AC + RLP}{PC + PNC}$$

sendo: AC = ativo circulante
RLP = realizável a longo prazo
PC = passivo circulante
PNC = passivo não circulante

Para a *Reciclando*, no ano de 20X3, podemos indicar sua liquidez geral, conforme segue:

| ATIVO | 20X2 | 20X3 | PASSIVO + PL | 20X2 | 20X3 |
|---|---|---|---|---|---|
| **ATIVO CIRCULANTE (AC)** | 185.435 | 187.374 | **PASSIVO CIRCULANTE (PC)** | 84.716 | 72.084 |
| Realizável a longo prazo (RPL) | 46.024 | 22.146 | | | |
| Investimentos | 104.144 | 98.201 | **PASSIVO NÃO CIRCULANTE (PNC)** | 23.529 | 20.692 |
| Imobilizado | 144.297 | 163.011 | | | |
| Intangível | 6.997 | 16.092 | **PATRIMÔNIO LÍQUIDO (PL)** | 378.652 | 394.048 |
| **ATIVO NÃO CIRCULANTE (ANC)** | 301.462 | 299.450 | | | |
| ATIVO TOTAL | 486.897 | 486.824 | PASSIVO TOTAL + PL | 486.897 | 486.824 |

Dividindo o AC mais o RLP ($ 187.374 + $ 22.146) pelo PC mais o PNC ($ 72.084 + 20.692), obtém-se 2,26, significando que, para cada $ 1,00 de dívida (curto e longo prazo), a empresa dispõe de $ 2,26 em disponibilidades mais direitos realizáveis a curto e a longo prazos.

A interpretação do índice de liquidez geral é no sentido de *quanto maior, melhor*, mantidos constantes os demais fatores. Vale destacar que um elevado índice de liquidez pode indicar que a empresa tem boa capacidade de pagamento, mas a manutenção de uma liquidez elevada pode representar perda de ganhos.

Seguem os índices de liquidez geral da *Reciclando* nos três exercícios.

| Liquidez geral | 20X1 | 20X2 | 20X3 |
|---|---|---|---|
| (a) Ativo circulante | 188.042 | 185.435 | 187.374 |
| (b) Realizável a longo prazo | 17.642 | 46.024 | 22.146 |
| (c) Soma (a + b) | 205.684 | 231.459 | 209.520 |
| (d) Passivo circulante | 111.554 | 84.716 | 72.084 |
| (e) Passivo não circulante | 27.620 | 23.529 | 20.692 |
| (f) Soma (d + e) | 139.174 | 108.245 | 92.776 |
| (g) LG = (c/f) | 1,48 | 2,14 | 2,26 |

**Autoteste**
Faça uma análise do índice de LG da *Reciclando* nos três anos, considerando que, em 20X3, o respectivo índice-padrão seja de 1,28 para o segmento têxtil.

### 9.3.4.2 Liquidez corrente (LC)

O índice de liquidez corrente é um dos índices mais conhecidos e indica quanto a empresa possui de ativos circulantes (caixa e equivalentes de caixa, direitos realizáveis no curto prazo e despesas antecipados) em comparação com suas dívidas a serem pagas no mesmo período, ou seja, passivos circulantes.

$$LC = \frac{AC}{PC}$$

sendo: AC = ativo circulante
PC = passivo circulante

Para a *Reciclando S.A.*, no ano de 20X2, podemos indicar sua liquidez corrente, conforme segue:

| ATIVO | 20X2 | 20X3 | PASSIVO + PL | 20X2 | 20X3 |
|---|---|---|---|---|---|
| ATIVO CIRCULANTE (AC) | 185.435 | 187.374 | PASSIVO CIRCULANTE (PC) | 84.716 | 72.084 |
| | | | PASSIVO NÃO CIRCULANTE (PNC) | 23.529 | 20.692 |
| ATIVO NÃO CIRCULANTE (ANC) | 301.462 | 299.450 | PATRIMÔNIO LÍQUIDO (PL) | 378.652 | 394.048 |
| ATIVO TOTAL | 486.897 | 486.824 | PASSIVO TOTAL + PL | 486.897 | 486.824 |

Em 20X3, dividindo-se o AC de $ 187.374 pelo PC de $ 72.084, obtém-se um índice de 2,60, significando que, para cada $ 1,00 de dívida a curto prazo, a empresa possui $ 2,60 de ativos circulantes.

A interpretação do índice de liquidez corrente é no sentido de *quanto maior, melhor*, mantidos constantes os demais fatores.

Destaque-se que o índice de liquidez corrente é, certamente, o mais famoso dos índices, sendo utilizado por alguns profissionais como medidor da saúde financeira das empresas. Alguns autores mencionam que o índice tem de ser maior que 1, enquanto outros consideram que acima de 1,5 já é muito bom. Entendemos que o índice de liquidez corrente tem sua validade como instrumento comparativo entre empresas do mesmo porte, da mesma atividade e da mesma região geográfica; porém, como medida isolada, não é possível afirmar que liquidez corrente acima ou abaixo de 1 ou de 1,5 seja boa ou ruim; tudo dependerá do tipo de atividade da empresa, especialmente de seu ciclo financeiro, que deve considerar os prazos de vencimentos das dívidas e de recebimentos dos ativos. No capítulo seguinte, analisaremos o conceito de IOG (investimento operacional em giro), que nos ajudará em uma análise crítica da liquidez.

Seguem os índices de liquidez corrente da *Reciclando* para os três exercícios.

| Liquidez corrente | 20X1 | 20X2 | 20X3 |
|---|---|---|---|
| (a) Ativo circulante | 188.042 | 185.435 | 187.374 |
| (b) Passivo circulante | 111.554 | 84.716 | 72.084 |
| (c) LG = (a/b) | 1,69 | 2,19 | 2,60 |

Note que a *Reciclando* mantém elevado índice de LC. Em 20X3, último ano, para cada $ 1,00 de dívida, a empresa dispõe de $ 2,60 de ativos circulantes, o que é uma liquidez extraordinária. Pela análise do Quadro 9.1, notamos que apenas o valor líquido de duplicatas a receber cobre o total das dívidas de curto prazo. Adicionalmente, a empresa mantém elevados volumes de aplicações financeiras.

### 9.3.4.3 Liquidez seca (LS)

Indica quanto uma empresa possui em dinheiro, em aplicações financeiras de curto prazo e em duplicatas a receber líquido de expectativa de perda com créditos de liquidação duvidosa, para fazer face ao seu passivo circulante.

$$LS = \frac{DISP + AF + DRL}{PC}$$

sendo: DISP = disponibilidades
AF = aplicações financeiras de curto prazo
DRL = duplicatas a receber (líquidas de provisão para devedores duvidosos)
PC = passivo circulante

Para a *Reciclando S.A.*, no ano de 20X3, podemos indicar sua liquidez seca conforme segue:

| ATIVO | 20X2 | 20X3 | PASSIVO + PL | 20X2 | 20X3 |
|---|---|---|---|---|---|
| Disponibilidades | 154 | 1.525 | Instituições financeiras | 14.684 | 15.727 |
| Aplicações financeiras | 45.354 | 40.467 | Duplicatas descontadas | 0 | 0 |
| Duplicatas a receber líquidas | 74.198 | 72.457 | Outros não cíclicos | 12.338 | 13.267 |
| Estoques | 51.189 | 50.223 | Fornecedores | 22.486 | 14.460 |
| Outros créditos | 14.540 | 22.702 | Salários e encargos | 19.622 | 14.762 |
| ATIVO CIRCULANTE (AC) | 185.435 | 187.374 | Impostos sobre vendas | 7.694 | 6.407 |
| | | | Outros cíclicos | 7.892 | 7.461 |
| | | | PASSIVO CIRCULANTE (PC) | 84.716 | 72.084 |
| | | | PASSIVO NÃO CIRCULANTE (PNC) | 23.529 | 20.692 |
| ATIVO NÃO CIRCULANTE (ANC) | 301.462 | 299.450 | PATRIMÔNIO LÍQUIDO (PL) | 378.652 | 394.048 |
| ATIVO TOTAL | 486.897 | 486.824 | PASSIVO TOTAL + PL | 486.897 | 486.824 |

Para a *Reciclando*, em 20X3, as disponibilidades, aplicações financeiras e duplicatas a receber líquidas totalizam $ 114.449 ($ 1.525 + 40.467 + $ 72.457), que, dividido pelo passivo circulante de $ 72.084, resulta uma liquidez seca de 1,59, ou seja, para cada $ 1,00 de dívida a curto prazo, a empresa dispõe de $ 1,59 de disponibilidades, aplicações financeiras e duplicatas a receber líquidas. A empresa demonstra, portanto, alta capacidade de pagamento.

A interpretação do índice de liquidez seca segue o mesmo raciocínio dos índices de liquidez geral e corrente, isto é, *quanto maior, melhor*, mantidos constantes os demais fatores.

O índice de liquidez seca busca um aprimoramento em relação ao índice de liquidez corrente. No final do século XIX e início do século XX, muitas empresas quebravam em decorrência de seus produtos não serem aceitos pelo mercado, o que levou alguns estudiosos a excluir da liquidez corrente os estoques, buscando um índice que fosse teoricamente menos vulnerável à qualidade dos produtos ou mercadorias da empresa. Para os dias atuais, este autor excluiu, além dos estoques, outros valores considerados mais difíceis de serem realizados, como as despesas antecipadas.

Os três índices de liquidez (geral, corrente e seca) são complementares entre si e permitem ao analista certo aprofundamento no exame do risco da empresa. São parâmetros cuja observação é necessária, mas não suficiente para a conclusão acerca da robustez financeira da empresa. Destaque-se, ainda, que os três índices de liquidez mantém entre si alta correlação matemática positiva, segundo estudos desenvolvidos pelo autor.

Seguem os índices de liquidez seca da *Reciclando* para os três exercícios.

| Liquidez seca (LS) | 20X1 | 20X2 | 20X3 |
|---|---|---|---|
| (a) Disponibilidades | 32 | 154 | 1.525 |
| (b) Aplicações financeiras | 50.021 | 45.354 | 40.467 |
| (c) Duplicatas a receber líquidas | 57.501 | 74.198 | 72.457 |
| (d) Soma (a + b + c) | 107.554 | 119.706 | 114.449 |
| (e) Passivo circulante | 111.554 | 84.716 | 72.084 |
| (g) LS = (d/e) | 0,96 | 1,41 | 1,59 |

**Autoteste**
Faça uma análise do índice de LS da *Reciclando* nos três anos, considerando que, em 20X3, o respectivo índice-padrão seja de 0,80 para o segmento têxtil.

### 9.3.4.4 Saldo de tesouraria sobre vendas (STSV)

O saldo de tesouraria sobre vendas é um indicador da relação entre a posição financeira da empresa, num determinado momento, e seu volume de vendas, num período. Na realidade, o conceito de saldo de tesouraria está relacionado com as contas do balanço patrimonial da empresa, que, de forma direta, são administradas pelo tesoureiro. O tesoureiro administra o caixa da empresa; quando há sobra de dinheiro, ele aplica os recursos excedentes no curto prazo; quando falta dinheiro, ele desconta duplicatas, obtém empréstimos de curto prazo ou usa algum limite disponibilizado pelos bancos. Do ponto de vista de análise financeira, vamos admitir como integrantes do saldo de tesouraria, além das contas de disponibilidades, aplicações financeiras, duplicatas descontadas e empréstimos de curto prazo, outras contas do passivo circulante que não decorram de forma direta do ciclo operacional da empresa.[6] Assim, tomando como base os dados da *Reciclando*, do Quadro 9.2, temos:

---

6. O conceito de saldo de tesouraria que estamos adotando é fundamental, do ponto de vista da análise financeira, porque assume uma posição conservadora. Entretanto, do ponto de vista da administração financeira interna da empresa, recomendamos uma melhor reflexão acerca da forma como devem ser tratados os itens não operacionais do ativo e do passivo circulantes.

| Rubricas do balanço | 20X3 ($ mil) |
|---|---|
| • Disponibilidades | 1.525 |
| • Aplicações financeiras | 40.467 |
| • Ativo circulante financeiro | 41.992 |
| • Duplicatas descontadas | 0 |
| • Instituições de crédito | 15.727 |
| • Outros não cíclicos | 13.267 |
| • Passivo circulante financeiro | 28.994 |
| • Saldo de tesouraria | 12.998 |

A fórmula para o cálculo do saldo de tesouraria sobre vendas é:

$$STSV = \frac{ST}{VL + IMP}$$

sendo: ST = saldo de tesouraria
VL = vendas líquidas (ou receita líquida)
IMP = impostos incidentes sobre vendas

O saldo de tesouraria sobre vendas é obtido pela divisão do próprio saldo de tesouraria pelas vendas líquidas mais impostos (vendas brutas, se não existirem devoluções e abatimentos). Em 20X3, o saldo de tesouraria foi de $ 12.998 mil, enquanto as vendas líquidas mais os impostos totalizaram $ 523.571.[7] Portanto, para a *Reciclando S.A.*, em 20X3, o saldo de tesouraria representou 2,48% das vendas líquidas mais impostos, ou seja, para cada $ 100,00 de receita mais impostos, durante o período, a empresa tinha, na data de encerramento do exercício, $ 2,48 de saldo de tesouraria. Empresas com saldo de tesouraria positivo são tipicamente aplicadoras de recursos em instituições financeiras e, normalmente, não são tomadoras de recursos de curto prazo, exceto em situações muito particulares.

O índice do saldo de tesouraria sobre vendas (STSV) vai ser positivo ou negativo em razão do próprio saldo de tesouraria. É um índice do tipo *quanto maior, melhor*. Sempre que for negativo, o índice indica que a empresa tem dívidas financeiras no curto prazo superiores às suas disponibilidades e aplicações financeiras. Se o índice chegar a *–100%*, significa que o saldo de tesouraria é negativo e equivale a um ano de vendas da empresa, o que pode representar uma situação terrivelmente difícil. Já se for de *–50%*, significa que o saldo de tesouraria é negativo e equivale a seis meses de vendas da empresa.

Seguem os índices de STSV da *Reciclando* para os três exercícios.

---

7. Cabe destacar que, no caso da *Reciclando*, a soma das vendas líquidas com os impostos é igual às vendas brutas, em razão de a empresa não apresentar valores relativos a abatimentos e devoluções. Para fins práticos, podemos utilizar as vendas brutas no cálculo do STSV, exceto em situações em que as devoluções e os abatimentos sejam expressivos.

| Saldo de tesouraria sobre vendas (T/V) | 20X1 | 20X2 | 20X3 |
|---|---|---|---|
| (a) Disponibilidades | 32 | 154 | 1.525 |
| (b) Aplicações financeiras | 50.021 | 45.354 | 40.467 |
| (c) Ativo circulante financeiro (a + b) | 50.053 | 45.508 | 41.992 |
| (d) Instituições financeiras | 51.646 | 14.684 | 15.727 |
| (e) Duplicatas descontadas | 0 | 0 | 0 |
| (f) Outros não cíclicos | 7.422 | 12.338 | 13.267 |
| (g) Passivo circulante financeiro (d + e + f) | 59.068 | 27.022 | 28.994 |
| (h) Saldo de tesouraria (c – g) | – 9.015 | 18.486 | 12.998 |
| (i) Receita operacional bruta | 664.805 | 679.489 | 523.571 |
| (j) T/vendas (h/i) | – 1,36% | 2,72% | 2,48% |

**Autoteste**
Faça uma análise do índice de STSV *Reciclando* nos três anos. Explique o motivo de o índice ser negativo no primeiro ano.

### 9.3.4.5 Índice de cobertura de juros (ICJ)

O índice de cobertura de juros relaciona o Ebit ou Lajir (lucro antes dos juros e impostos) com as despesas financeiras da empresa no período, como forma de identificar sua capacidade de pagar as despesas financeiras, ou seja, pagar o custo da dívida.

$$ICJ = \frac{Lajir}{DF}$$

sendo: Lajir = lucro antes dos juros e impostos
DF = despesas financeiras

Os índices de cobertura são utilizados por empresas especializadas em prestação de serviços de classificação, bancos, investidores e analistas. Pode-se estabelecer índice de cobertura para qualquer grupo de despesas (ou para o endividamento) que se queira, porém o índice de cobertura de juros é um dos mais conhecidos.

No caso da *Reciclando*, em 20X1, o Ebit (ou Lajir) foi de $ 54.818, enquanto as despesas financeiras líquidas foram de $ 4.056, resultando ICJ de $ 13,52. Isso indica que a empresa gerou lucro operacional antes dos juros e impostos sobre lucro, equivalente a 13,52 vezes o valor de suas despesas financeiras. Portanto, uma situação bastante confortável para aquele momento.

O índice de cobertura de juros é do tipo *quanto maior, melhor*. Seguem os dados da *Reciclando* para os três exercícios sociais.

| Índice de cobertura de juros (ICJ) | 20X1 | 20X2 | 20X3 |
|---|---|---|---|
| (a) Lucro operacional I (Ebit) | 54.818 | 72.423 | 20.676 |
| (b) Despesas financeiras | 4.056 | x | x |
| (c) ICJ = (a/b) | 13,52 | NC | NC |

Considerando a finalidade principal do ICJ, que é indicar a capacidade operacional da empresa para pagar suas despesas financeiras, cabe ao analista interpretar seus dois componentes para situações especiais, porém não excepcionais, como:

a) No caso do Ebit ser negativo, o que caracteriza a não capacidade de cobrir juros, mas também pode ocorrer uma situação em que o Ebit seja negativo e a empresa apresente receitas financeiras líquidas, em vez de despesas financeiras.

b) No caso de a empresa apresentar receitas financeiras em vez de despesas financeiras. O caso de Ebit positivo com receita financeira será outra medida, que não o ICJ, como ocorreu para a empresa *Reciclando* nos anos de 20X2 e 20X3.

A tendência internacional tem sido de dividir o Lajir pelas despesas financeiras, para calcular o índice de cobertura de juros. Entendemos, entretanto, que, se, em vez do Lajir, utilizarmos o Ebitda, teremos outra medida para estimar a capacidade de pagamento das despesas financeiras, por estarmos adicionando a depreciação ao Lajir (Ebit).

## 9.3.5 Índices-padrões

Um índice-padrão é um referencial de comparação. A comparação de um determinado índice de uma empresa em particular com o respectivo índice-padrão indica, por exemplo, se a empresa que estamos analisando está enquadrada no padrão ou se está melhor ou pior que aquele referencial. Podemos visualizar três tipos de padrões básicos:

I. **Padrão interno** – Definido pela direção da empresa como uma meta a ser perseguida e mantida. Por exemplo, em termos de estrutura de capitais (relação da dívida total com o patrimônio líquido), a direção da empresa pode definir que, para cada unidade monetária ($) de capital próprio, utilizará igual montante de recursos de terceiros. Esse tipo de padrão funciona como uma meta interna.

II. **Características da concorrência** – Identificação de características fundamentais dos principais concorrentes. Nesse enfoque, a empresa identifica quem são seus principais concorrentes, em que linhas de produtos e em que regiões geográficas eles operam, e passa a acompanhar e comparar seus indicadores internos com os dos concorrentes, visando a ações internas de melhoria. Destaque-se que esse tipo de acompanhamento tem relevância estratégica em termos de desempenho e competitividade.

III. **Padrão setorial** – Padrão externo, que é um referencial constituído a partir de um conjunto de empresas que sejam representativas das características relevantes para a formação do padrão. Há, pelo menos, três características que precisam ser consideradas na elaboração de um padrão: (a) o segmento de atuação; (b) a região geográfica; e (c) o porte da empresa.

O Quadro 9.5 apresenta alguns índices-padrões, os quais foram obtidos de uma amostra de 122 empresas do segmento têxtil, do Estado de São Paulo, relativas a um determinado exercício social (20X3).

**QUADRO 9.5** Índices-padrões.

| Índices | 1º decil | 2º decil | 3º decil | 4º decil | Padrão 5º decil | 6º decil | 7º decil | 8º decil | 9º decil |
|---|---|---|---|---|---|---|---|---|---|
| **Retorno** | | | | | | | | | |
| • Giro do ativo | 0,58 | 0,74 | 0,84 | 0,95 | 1,05 | 1,16 | 1,31 | 1,40 | 1,76 |
| • Retorno sobre vendas | -8,0% | -1,2% | 0,60% | 1,6% | 2,10% | 3,00% | 3,80% | 5,30% | 8,40% |
| • Retorno sobre ativo | -5,8% | -1,3% | 0,80% | 1,8% | 2,30% | 3,40% | 4,20% | 6,00% | 11,00% |
| • Retorno sobre patrimônio líquido | -19,4% | -3,8% | 3,00% | 5,0% | 8,00% | 12,00% | 17,40% | 22,00% | 32,90% |
| **Prazos médios** | | | | | | | | | |
| • Rotação dos estoques | 37 | 50 | 72 | 88 | 103 | 115 | 138 | 177 | 246 |
| • Recebimento de vendas | 53 | 68 | 76 | 94 | 103 | 117 | 130 | 143 | 164 |
| • Pagamento de compras | 46 | 69 | 92 | 106 | 121 | 143 | 169 | 169 | 243 |
| **Estrutura** | | | | | | | | | |
| • Endividamento | 39,0% | 60,0% | 75,0% | 88,0% | 111,1% | 149,0% | 192,0% | 233,0% | 298,0% |
| • Composição endividamento | 71,0% | 90,0% | 95,0% | 98,0% | 100,0% | 100,0% | 100,0% | 100,0% | 100,0% |
| • Imobilização do PL | 19,0% | 35,0% | 44,0% | 50,0% | 59,0% | 69,0% | 78,0% | 89,0% | 108,0% |
| • Endividamento financeiro/AT | 15,0% | 21,6% | 29,0% | 33,0% | 39,0% | 43,0% | 47,1% | 52,4% | 59,0% |
| • Nível de desconto duplicatas | 5,0% | 9,0% | 13,0% | 19,0% | 21,0% | 26,0% | 29,0% | 33,0% | 44,0% |
| **Liquidez** | | | | | | | | | |
| • Geral | 0,92 | 1,05 | 1,11 | 1,19 | 1,28 | 1,41 | 1,63 | 1,89 | 2,32 |
| • Corrente | 1,01 | 1,08 | 1,16 | 1,21 | 1,32 | 1,50 | 1,73 | 2,06 | 2,45 |
| • Seca | 0,42 | 0,55 | 0,67 | 0,71 | 0,80 | 0,87 | 1,00 | 1,21 | 1,58 |

Vale destacar que o Quadro 9.5 tem um caráter didático e ilustrativo, uma vez que seus valores podem estar desatualizados, ou seja, refletem uma realidade pretérita. A Serasa foi quem iniciou o uso de índices-padrões em grande escala no Brasil, a partir de sua base de dados de empresas.

A coluna relativa ao padrão (5º decil) é representada pela mediana. Os demais decis servem para indicar a dispersão que os índices da empresa apresentam em relação aos padrões. Com base na dispersão apresentada, pode-se atribuir conceitos aos índices. Note que o índice de retorno sobre o ativo da *Reciclando,* em 20X3, foi de 5,61%. Na tabela constante do Quadro 9.5, observamos que o padrão é de 2,3%. Portanto, o retorno da empresa foi melhor que o padrão do seu segmento. A empresa teve um lucro sobre o ativo total de 5,61%, que está próximo do 8º decil (6,0%) na tabela-padrão, ou seja, o retorno da empresa está entre os maiores retornos alcançados pelas empresas atuantes no segmento têxtil.

No Quadro 9.6, demonstramos os índices relativos à *Reciclando S.A.,* bem como os respectivos padrões do segmento.

**QUADRO 9.6** Resumo dos índices da Reciclando S.A.

| Tópicos | Índices | 20X1 | 20X2 | 20X3 | Padrão | X2 → X3 | Interpretação |
|---|---|---|---|---|---|---|---|
| | **Retorno** | | | | | | |
| 9.3.1.1 | • Giro do ativo | NC | 1,21 | 0,91 | 1,05 | ↘ | Maior, melhor |
| 9.3.1.2 | • Retorno sobre vendas | 5,24% | 10,21% | 6,15% | 2,10% | ↘ | Maior, melhor |
| 9.3.1.3 | • Retorno sobre ativo | NC | 12,38% | 5,61% | 2,30% | ↘ | Maior, melhor |
| 9.3.1.4 | • Retorno sobre patrimônio líquido | NC | 18,20% | 7,33% | 8,00% | ↘ | Maior, melhor |
| 9.3.1.5 | • Ativo sobre patrimônio | NC | 1,47 | 1,31 | ND | | |
| | • **Prazos médios** | | | | | | |
| 9.3.2.1 | • Rotação dos estoques | NC | 62 | 62 | 103 | → | Maior, pior |
| 9.3.2.2 | • Recebimento de vendas | NC | 35 | 52 | 103 | ↗ | Maior, pior |
| 9.3.2.3 | • Pagamento de compras | NC | 28 | 37 | 121 | ↗ | Maior, melhor |
| | **Estrutura** | | | | | | |
| 9.3.3.1 | Endividamento | 41,75% | 28,59% | 23,54% | 111,00% | ↘ | Maior, pior |
| 9.3.3.2 | Composição endividamento | 80,15% | 78,26% | 77,70% | 100,00% | ↘ | Maior, pior |
| 9.3.3.3 | • Imobilização do PL | 80,05% | 67,46% | 70,37% | 59,00% | ↗ | Maior, pior |
| 9.3.3.4 | • Endividamento financeiro/AT | 18,34% | 10,38% | 10,21% | 39,00% | ↘ | Maior, pior |
| 9.3.3.5 | • Nível de desconto duplicatas | 0,00% | 0,00% | 0,00% | 21,00% | → | Maior, pior |
| | **Liquidez** | | | | | | |
| 9.3.4.1 | • Geral | 1,48 | 2,14 | 2,26 | 1,28 | ↗ | Maior, melhor |
| 9.3.4.2 | • Corrente | 1,69 | 2,19 | 2,6 | 1,32 | ↗ | Maior, melhor |
| 9.3.4.3 | • Seca | 0,96 | 1,41 | 1,59 | 0,8 | ↗ | Maior, melhor |
| 9.3.4.4 | • Saldo de tesouraria/vendas | −1,36% | 2,72% | 2,48% | n/d | ↘ | Maior, melhor |
| 9.3.4.5 | • Índice de cobertura de juros | 13,52 | NC | NC | NC | | Maior, melhor |

NC = não calculado
ND = não disponível

Note, no Quadro 9.6, que: a primeira coluna (Tópico) identifica os itens neste capítulo que trataram conceitualmente dos respectivos índices; a segunda (Índice) identifica os nomes dos índices; a terceira (20X1), a quarta (20X2) e a quinta (20X3) mostram os valores dos índices para os anos de 20X1 a 20X3, respectivamente; a sexta (Padrão) mostra os padrões do segmento para que possamos comparar os índices do ano de 20X3 com os respectivos padrões; a sétima (X2 → X3) indica a tendência dos índices no período de 20X2 para 20X3, ou seja, se o índice está crescendo, decrescendo ou mantendo-se estável; e a última (Interpretação) dá a interpretação dos índices no sentido de *quanto maior, melhor* ou *quanto maior, pior*. É sempre bom destacar que a interpretação de *quanto maior, melhor* ou *quanto maior, pior* deve respaldar-se na condição de "mantidos constantes os demais fatores" (*coetearis paribus*) e que seu foco é voltado para análise de risco. Com base no Quadro 9.6, o leitor pode estruturar um parecer sobre a *Reciclando*.

O Quadro 9.7, a seguir, resume os 16 índices financeiros, apresentando fórmulas, significado e interpretações.

**QUADRO 9.7** Resumo dos índices financeiros.

| ÍNDICE | FÓRMULA | INDICA* | INTERPRETAÇÃO** |
|---|---|---|---|
| Giro do ativo | GA = VL/Atm | Quanto a empresa vendeu, comparado com ativo total | Quanto maior, melhor |
| Retorno sobre vendas | RSV = LL/VL | Percentual de LL sobre as vendas | Quanto maior, melhor |
| Retorno sobre ativo | RSA = LL/Atm | Percentual de LL sobre o ativo médio | Quanto maior, melhor |
| Retorno sobre patrimônio líquido | RSPL = LL/PLm | Percentual de LL sobre o patrimônio líquido | Quanto maior, melhor |
| Ativo sobre patrimônio líquido | ASPL = Atm/PLm | Relação entre o ativo total e o patrimônio líquido | Quanto maior, pior |
| Prazo médio de rotação de estoques | PMRE = (Estm/CMV) 360 | Tempo que a empresa demora para girar o estoque | Quanto maior, pior |
| Prazo médio de recebimento das vendas | PMRV = (DRm/V) 360 | Tempo que a empresa demora para receber vendas | Quanto maior, pior |
| Prazo médio de pagamento das compras | PMPC = (Form/C) 360 | Tempo que a empresa demora para pagar as compras | Quanto maior, melhor |
| Participação de capitais de terceiros | PCT = (PC + PNC)/PL | Percentual de capital de terceiro em relação ao patrimônio líquido | Quanto maior, pior |
| Composição do endividamento | CE = PC/(PC + PNC) | Percentual da dívida que vence no curto prazo | Quanto maior, pior |
| Imobilização do patrimônio líquido | IPL = (INV + IMO + INT)/PL | Percentual de recursos próprios aplicados em caráter permanente | Quanto maior, pior |
| Endividamento financeiro s/ ativo total | EFSAT = (PCF + PNC)/AT | Percentual do ativo financiado com recursos de natureza financeira | Quanto maior, pior |
| Nível de desconto de duplicatas | NDD = DD/DR | Percentual das duplicatas a receber descontadas | Quanto maior, pior |

(*continua*)

CAPÍTULO 9 — Análise financeira convencional

*(continuação)*

| ÍNDICE | FÓRMULA | INDICA* | INTERPRETAÇÃO** |
|---|---|---|---|
| Liquidez geral | LG = (AC + RLP)/(PC + PNC) | Relação entre os direitos de curto e de longo prazo com a dívida total | Quanto maior, melhor |
| Liquidez corrente | LC = AC/PC | Relação entre os direitos de curto prazo e a dívida de curto prazo | Quanto maior, melhor |
| Liquidez seca | LS = (DISP + AF + DRI)/PC | Relação entre os recursos financeiros + recebíveis com a dívida de curto prazo | Quanto maior, melhor |
| Saldo de tesouraria sobre vendas | ST/Vendas | Percentual do saldo de tesouraria em relação às vendas | Quanto maior, melhor |
| Índice de cobertura de juros | ICJ = Ebit/DF | Capacidade operacional de pagamento dos encargos financeiros | Quanto maior, melhor |

\* A coluna INDICA é um lembrete daquilo que o índice representa, não é um conceito.
\*\* A coluna TIPO é uma interpretação sob a perspectiva de risco, devendo ser vista com o devido cuidado.

## QUESTÕES PARA RESOLUÇÃO E DISCUSSÃO

1. Dê os conceitos de análises horizontal e vertical.
2. Quanto à análise vertical, podemos afirmar:
   a) ( ) Análise vertical é menos informativa que a horizontal, e só podemos utilizá-la no balanço patrimonial.
   b) ( ) A análise vertical possibilita a identificação do crescimento real do ativo em razão da política de verticalização da produção ao longo do tempo.
   c) ( ) A análise vertical permite identificar a representatividade de um item em relação a um referencial, que no balanço patrimonial costuma ser o valor do ativo, enquanto na demonstração do resultado é a receita líquida de vendas.
   d) ( ) A análise vertical é muito conflitante com a análise horizontal e, em razão disso, convém usar análise horizontal apenas para calcular a evolução das vendas. Para os demais itens da demonstração do resultado e do balanço patrimonial, devemos usar análise vertical.
3. O que é um índice financeiro?
4. Cite as formas como podemos utilizar os índices financeiros no processo de análise de empresas e exemplifique.
5. Cite três exemplos de índices de estrutura, de liquidez, de rotação, de retorno e relacionados à dívida financeira.
6. Qual a diferença entre os índices de liquidez corrente e de liquidez seca?
7. O índice de retorno sobre o ativo pode ser decomposto em dois outros índices. Demonstre isso.
8. Explique em detalhes o significado do índice endividamento financeiro sobre ativo total.

9. Explique o significado do índice representado pela relação entre o saldo de tesouraria e as vendas. Qual o significado desse índice se ele for de –100%?

10. Assinale com "M" os índices do tipo quanto maior melhor e com "P" os do tipo quanto maior pior.

   a) (  ) Participação de capitais de terceiros
   b) (  ) Composição do endividamento
   c) (  ) Imobilização do patrimônio líquido
   d) (  ) Liquidez geral
   e) (  ) Liquidez corrente
   f) (  ) Liquidez seca
   g) (  ) Prazo médio de rotação dos estoques
   h) (  ) Prazo médio de recebimento das vendas
   i) (  ) Prazo médio de pagamento das compras
   j) (  ) Giro do ativo
   k) (  ) Retorno sobre as vendas
   l) (  ) Retorno sobre o ativo
   m) (  ) Retorno sobre o patrimônio líquido
   n. ____ Endividamento financeiro sobre ativo total
   o. ____ Saldo de tesouraria sobre vendas
   p. ____ Nível de desconto de duplicatas

11. Suponha que determinada empresa pague o aluguel do mês de dezembro/X1 em janeiro/X2 e que tenha deixado de contabilizar o referido aluguel com base no princípio da competência dos exercícios. Descreva qual o impacto da não contabilização do aluguel sobre os índices: participação de capitais de terceiros, liquidez corrente e rentabilidade do patrimônio líquido.

12. Dado o quadro de Balanço Patrimonial, a seguir, responda

| Ativo | | Passivo | |
|---|---|---|---|
| • Disponibilidades | 100 | • Fornecedores | 1.000 |
| • Duplicatas a receber | 1.500 | • Impostos/Taxas | 400 |
| • Estoques | 2.000 | • Empréstimos Bancários | 700 |
| • Outros Créditos | 50 | • Outros Débitos | 150 |
| ATIVO CIRCULANTE | 3.650 | PASSIVO CIRCULANTE | 2.250 |
| REAL. LONGO PRAZO | 200 | EXIG. LONGO PRAZO | 300 |
| ATIVO PERMANENTE | 4.000 | PATRIMÔNIO LÍQUIDO | 5.300 |
| TOTAL | 7.850 | TOTAL | 7.850 |

a) Os índices de liquidez geral e corrente são, respectivamente, de:
   a) 1,43 e 1,62;
   b) 1,71 e 1,62;
   c) 1,51 e 0,73;
   d) 1,51 e 1,62;
   e) Nenhuma das alternativas.
b) Os índices de participação de capitais de terceiros e de composição do endividamento são, respectivamente, de:
   a) 32% e 88%;
   b) 48% e 88%;
   c) 19% e 88%;
   d) 48% e 42%;
   e) Nenhuma das alternativas.

capítulo 10

# Análise financeira avançada

> **OBJETIVOS DE APRENDIZAGEM**
>
> Apresentar técnicas de análise financeira avançada úteis na avaliação do risco de crédito, a fim de:
> - Discutir a aplicação dos conceitos de ativos operacionais, Ebitda, Nopat e *Economic Value Added* (EVA) como fatores relevantes na análise de crédito;
> - Desenvolver os conceitos relacionados a capital de giro, incluindo o investimento operacional em giro (IOG), o capital permanente líquido (CPL) e o saldo de tesouraria (T), e sua aplicação na análise de crédito;
> - Desenvolver a, chamada, análise dinâmica, observando sua tendência ao longo de vários exercícios sociais, e observar se a empresa caminha em direção ao chamado efeito tesoura;
> - Apresentar as técnicas de elaboração da demonstração dos fluxos de caixa, bem como apresentar o conceito de fluxo de caixa livre.

## 10.1 Introdução

No Capítulo 8, apresentamos as principais demonstrações contábeis brasileiras, e no Capítulo 9 apresentamos a parte de análise financeira convencional. Neste capítulo, veremos alguns conceitos de análise financeira avançada, compreendendo Ebitda, Nopat, EVA, capital de giro, análise da necessidade de capital de giro da empresa e fluxos de caixa e de recursos. Tais conceitos são imprescindíveis para uma boa análise e decisão de crédito. Compreender a situação financeira da empresa, as causas que a afetaram, suas necessidades de recursos e sua capacidade de pagamento é o ponto de partida para um bom desempenho como analista de crédito ou profissional de negócios.

## 10.2 Avaliação da operacionalidade da empresa

Nesta fase da análise financeira, é importante trabalharmos o conceito de "ativo operacional" e de sua produtividade como insumo para a avaliação e decisão de crédito.

### 10.2.1 Ativos operacionais e ativos não operacionais

O Quadro 10.1 nos auxiliará na explanação de alguns conceitos relativos aos ativos operacionais e não operacionais.

**QUADRO 10.1** Balanço patrimonial da *Reciclando S. A.* (valores em mil $).

| ATIVO | 20X1 VALOR | % | 20X2 VALOR | % | 20X3 VALOR | % |
|---|---|---|---|---|---|---|
| Disponibilidades | 32 | 0,0 | 154 | 0,0 | 1.525 | 0,3 |
| Aplicações financeiras | 50.021 | 10,6 | 45.354 | 9,3 | 40.467 | 8,3 |
| Duplicatas a receber líquidas | 57.501 | 12,2 | 74.198 | 15,2 | 72.457 | 14,9 |
| Estoques | 72.681 | 15,4 | 51.189 | 10,5 | 50.223 | 10,3 |
| Outros créditos | 7.807 | 1,7 | 14.540 | 3,0 | 22.702 | 4,7 |
| **ATIVO CIRCULANTE** | **188.042** | **39,8** | **185.435** | **38,1** | **187.374** | **38,5** |
| Realizável a longo prazo | 17.642 | 3,7 | 46.024 | 9,5 | 22.146 | 4,5 |
| Investimentos | 17.601 | 3,7 | 104.144 | 21,4 | 98.201 | 20,2 |
| Imobilizado | 246.537 | 52,2 | 144.297 | 29,6 | 163.011 | 33,5 |
| Intangível | 2.721 | 0,6 | 6.997 | 1,4 | 16.092 | 3,3 |
| **ATIVO NÃO CIRCULANTE** | **284.501** | **60,2** | **301.462** | **61,9** | **299.450** | **61,5** |
| **ATIVO TOTAL** | **472.543** | **100,0** | **486.897** | **100,0** | **486.824** | **100,0** |

Note, no Quadro 10.1, que o ativo total da *Reciclando* em 20X3 é de $ 486.824, o que representa a totalidade dos recursos aplicados na empresa. Podemos começar nossa atividade de análise financeira refletindo sobre os componentes do ativo da *Reciclando*. A primeira pergunta é: todos os ativos constantes no Quadro 10.1 são ativos operacionais? A resposta é não. Precisamos analisar a contribuição de cada um dos ativos para a realização das atividades-fins da empresa. Busquemos, portanto, uma nova classificação que compreenda os ativos operacionais e os não operacionais. Ativos operacionais são aqueles utilizados pela empresa para a consecução de suas atividades operacionais, propriamente ditas, compreendendo a aplicação de recursos de caráter permanente na capacidade de produção instalada (equipamentos, máquinas e outros itens necessários) e no capital de giro. Essa classificação é importante do ponto de vista do analista externo e também para fins de gestão interna da empresa. Há um custo dos fundos utilizados para a manutenção dos ativos, de modo que a existência de ativos improdutivos ou subutilizados acarreta custos indevidos e prejudica o retorno dos proprietários. Do ponto de vista da gestão de uma empresa, o sistema de remuneração dos executivos deve premiar os gestores operacionais pelos resultados obtidos com a utilização dos recursos que estiverem sendo controlados por eles.

**QUADRO 10.2** Ativos operacionais da *Reciclando S. A.* (valores em mil $).

| ATIVO | 20X1 | | 20X2 | | 20X3 | |
|---|---|---|---|---|---|---|
| | VALOR | % | VALOR | % | VALOR | % |
| Disponibilidades | 32 | 0,0 | 154 | 0,0 | 1.525 | 0,3 |
| Duplicatas a receber líquidas | 57.501 | 14,8 | 74.198 | 25,5 | 72.457 | 22,2 |
| Estoques | 72.681 | 18,8 | 51.189 | 17,6 | 50.223 | 15,4 |
| Outros créditos | 7.807 | 2,0 | 14.540 | 5,0 | 22.702 | 7,0 |
| **ATIVO CIRCULANTE OPERACIONAL** | **138.021** | **35,6** | **140.081** | **48,1** | **146.907** | **45,1** |
| Imobilizado | 246.537 | 63,7 | 144.297 | 49,5 | 163.011 | 50,0 |
| Intangível | 2.721 | 0,7 | 6.997 | 2,4 | 16.092 | 4,9 |
| **ATIVO NÃO CIRCULANTE** | **249.258** | **64,4** | **151.294** | **51,9** | **179.103** | **54,9** |
| **ATIVO OPERACIONAL** | **387.279** | **100,0** | **291.375** | **100,0** | **326.010** | **100,0** |

O Quadro 10.2 mostra os ativos operacionais da *Reciclando*. Tomemos como exemplo o ano de 20X3. Note que o *ativo circulante operacional* (ACO) totaliza $ 146.907, o que difere do ativo circulante total da empresa no mesmo período, quando o valor foi $ 187.374 (Quadro 10.3). A diferença, no valor de $ 40.467, refere-se ao total de aplicações financeiras de curto prazo. Note, portanto, que, mesmo que esse volume de aplicações financeiras possa refletir uma situação de liquidez positiva para a empresa, tais recursos não têm a mesma essencialidade para suas operações, comparativamente a itens como estoques e duplicatas a receber, por exemplo. Para simplificar, admitamos que os demais itens do ativo circulante (Quadro 10.2) satisfaçam as condições operacionais. Em relação ao Quadro 10.1, admitimos que, pela natureza da atividade da empresa, o *realizável a longo prazo*, totalizando $ 22.146, não seja de natureza operacional. No ativo não circulante, o item *investimentos*, ou seja, a participação da empresa em outras empresas, totalizando $ 98.201, também não é de natureza operacional e tem um caráter mais estratégico na vida da empresa. O imobilizado de $ 163.011 e o intangível de $ 16.092 são aplicações de recursos destinados à sua atividade de produção.

**QUADRO 10.3** Ativos totais *versus* ativos operacionais da *Reciclando S. A.* (valores em mil $).

| ATIVO | 20X3 | | 20X3 | |
|---|---|---|---|---|
| | VALOR | % | VALOR | % |
| Disponibilidades | 1.525 | 0,3 | 1.525 | 0,5 |
| Aplicações financeiras | 40.467 | 8,3 | | |
| Duplicatas a receber líquidas | 72.457 | 14,9 | 72.457 | 22,2 |
| Estoques | 50.223 | 10,3 | 50.223 | 15,4 |
| Outros créditos | 22.702 | 4,7 | 22.702 | 7,0 |
| **ATIVO CIRCULANTE** | **187.374** | **38,5** | **146.907** | **45,1** |
| Realizável a longo prazo | 22.146 | 4,5 | | |
| Investimentos | 98.201 | 20,2 | | |
| Imobilizado | 163.011 | 33,5 | 163.011 | 50,0 |
| Intangível | 16.092 | 3,3 | 16.092 | 4,9 |
| **ATIVO NÃO CIRCULANTE** | **299.450** | **61,5** | **179.103** | **54,9** |
| **ATIVO TOTAL** | **486.824** | **100,0** | **326.010** | **100,0** |

De acordo com o Quadro 10.3, notamos que o ativo operacional da empresa é de $ 326.010, o que corresponde a 67% do ativo total, o que quer dizer que cerca de ⅓ do ativo da empresa em 20X3 não prestou contribuição direta ao seu resultado operacional. Cabe destacar que apenas essa particularidade, decorrente da separação dos ativos em operacionais e não operacionais, afeta de forma significativa os indicadores financeiros de análise.

**Ativo operacional líquido ou capital operacional líquido**
Na etapa precedente, neste capítulo, apresentamos os ativos operacionais, que são aqueles recursos aplicados na empresa que, de forma direta, vão participar e contribuir para a geração de resultados operacionais. O Quadro 10.4 mostra o passivo circulante e o passivo não circulante que compõem a dívida total da empresa. A soma da dívida total, que é o capital de terceiros com o patrimônio líquido, compõem a totalidade de recursos que financiam os ativos à disposição da empresa. Os credores, para fornecerem recursos na forma de empréstimos, exigem uma remuneração na forma de juros, e em muitas situações, querem garantias. Os acionistas da empresa (seus proprietários) também exigem um retorno adequado ao risco do empreendimento. Desse modo, tanto o capital de terceiros, quanto o capital próprio têm seus respectivos custos, o que faz os ativos da empresa terem de ser produtivos para compensar os custos de seus financiamentos. Há um grupo de itens do passivo circulante que chamamos de passivos espontâneos, cíclicos ou operacionais, conforme veremos.

**QUADRO 10.4** Passivos e patrimônio líquido da *Reciclando S. A.* (valores em mil $).

| PASSIVO + PL | 20X1 | | 20X2 | | 20X3 | |
|---|---|---|---|---|---|---|
| | VALOR | % | VALOR | % | VALOR | % |
| Instituições financeiras | 51.646 | 10,9 | 14.684 | 3,0 | 15.727 | 3,2 |
| Duplicatas descontadas | 0 | 0,0 | 0 | 0,0 | 0 | 0,0 |
| Outros não cíclicos | 7.422 | 1,6 | 12.338 | 2,5 | 13.267 | 2,7 |
| Fornecedores | 10.126 | 2,1 | 22.486 | 4,6 | 14.460 | 3,0 |
| Salários e encargos | 19.476 | 4,1 | 19.622 | 4,0 | 14.762 | 3,0 |
| Imposto sobre vendas | 12.382 | 2,6 | 7.694 | 1,6 | 6.407 | 1,3 |
| Outros cíclicos | 10.502 | 2,2 | 7.892 | 1,6 | 7.461 | 1,5 |
| **PASSIVO CIRCULANTE** | **111.554** | **23,6** | **84.716** | **17,4** | **72.084** | **14,8** |
| Instituições financeiras | 27.509 | 5,8 | 23.056 | 4,7 | 14.837 | 3,0 |
| Outros passivos não circulantes | 111 | 0,0 | 473 | 0,1 | 5.855 | 1,2 |
| **PASSIVO NÃO CIRCULANTE** | **27.620** | **5,8** | **23.529** | **4,8** | **20.692** | **4,3** |
| Capital social integrado | 304.617 | 64,5 | 304.618 | 62,6 | 304.618 | 62,6 |
| Reservas | 10.886 | 2,3 | 13.857 | 2,8 | 12.397 | 2,5 |
| Lucros acumulados | 17.866 | 3,8 | 10.177 | 12,4 | 77.033 | 15,8 |
| **PATRIMÔNIO LÍQUIDO** | **333.369** | **70,5** | **378.652** | **77,8** | **394.048** | **80,9** |
| PASSIVO TOTAL + PL | 472.543 | 100,0 | 486.897 | 110,0 | 486.824 | 100,0 |

Alguns itens do passivo circulante (fornecedores, salários e encargos sociais e outros cíclicos), no Quadro 10.4, surgem naturalmente da atividade da empresa. Desse modo, a empresa conta com fontes ditas espontâneas de recursos, também de natureza operacional. Em 20X3, tais recursos foram da ordem de $ 43.090 (passivo circulante cíclico, no Quadro 10.5), decorrente de fornecedores, salários e encargos e outros cíclicos.

**QUADRO 10.5** Ativos operacionais líquidos da *Reciclando S. A.* (valores em mil $).

| Ativos operacionais líquidos | 20X1 | | 20X2 | | 20X3 | |
|---|---|---|---|---|---|---|
| | VALOR | % | VALOR | % | VALOR | % |
| **Ativo operacional (Quadro 10.2)** | **387.279** | **100,0** | **291.375** | **100,0** | **326.010** | **100,0** |
| Fornecedores | 10.126 | 2,6 | 22.486 | 7,7 | 14.460 | 4,4 |
| Salários e encargos | 19.476 | 5,0 | 19.622 | 6,7 | 14.762 | 4,5 |
| Impostos sobre vendas | 12.382 | 3,2 | 7.694 | 2,6 | 6.407 | 2,0 |
| Outros cíclicos | 10.502 | 2,7 | 7.892 | 2,7 | 7.461 | 2,3 |
| **Passivo circulante operacional** | **52.486** | **13,6** | **57.694** | **19,8** | **43.090** | **13,2** |
| Ativo operacional líquido | 334.793 | 86,4 | 233.681 | 80,2 | 282.920 | 86,8 |

Note, no Quadro 10.5, que, em 20X3, o ativo operacional foi de $ 326.010. Por outro lado, as fontes de recursos de natureza operacional ou espontânea (passivo circulante cíclico) foram da ordem de $ 43.090, equivalentes a 13,2% dos ativos operacionais. Decorre daí um ativo operacional líquido de $ 282.920 (também chamado capital operacional líquido), que é o volume de recursos que a empresa precisa para conduzir seus negócios. A metodologia de análise também serve para os exercícios de 20X1 e 20X2.

| Ativos Operacionais | Passivos + PL |
|---|---|
| Ativo circulante operacional (ACO) $ 146.907 | Passivo circulante operacional (PCO) $ 43.090 |
| (Imobilizado + Intangível) $ 179.103 | Capital operacional líquido $ 282.920 (Capital próprio + Capital de terceiros) |
| Soma = $ 326.010 | Soma = $ 326.010 |

**FIGURA 10.1** Estrutura de ativos e passivos operacionais.

Conforme ilustração na Figura 10.1, a empresa deve compor o valor do capital operacional líquido com recursos próprios e com financiamento obtido junto a terceiros. Quanto ao uso de capital de terceiros para financiar parte do capital operacional líquido, sabemos que os fornecedores de fundos querem receber uma justa recompensa pelo uso de seu capital, na forma de juros. Quanto ao uso de capital próprio (patrimônio líquido), os sócios ou acionistas têm sua remuneração baseada nos dividendos e nos ganhos de capital. Desse modo, considerando que o capital aplicado nos ativos tem um custo médio ponderado, a empresa deve manter níveis de ativos compatíveis com sua efetiva necessidade para evitar custos indevidos. Adicionalmente, a empresa precisa ser capaz de gerar lucro para cobrir o custo de capital próprio e de terceiros. Nos itens seguintes, veremos a produtividade desses ativos operacionais.

### Capital de giro operacional líquido (CGOL)

Note, na Figura 10.1, que o ativo operacional é composto de duas partes: o *ativo circulante operacional* (ACO) e a parte permanente (o imobilizado mais o intangível). Do lado passivo + patrimônio líquido, encontramos o *passivo circulante operacional* (PCO). O capital de giro operacional líquido (CGOL) é a diferença entre o ACO e o PCO, conforme segue:

$$\text{CGOL} = \text{ACO} - \text{PCO} \rightarrow \text{CGOL} = \$ 146.907 - \$ 43.090 \rightarrow \text{CGOL} = \$ 103.817$$

O conceito de CGOL é uma importante ferramenta de gestão financeira, que indica o volume de aplicação de recursos que a empresa precisa fazer em decorrência de suas operações. Mantidos constantes os demais fatores, quanto menor o CGOL, melhor uso a empresa estará fazendo de seus recursos. Note que a soma do CGOL com as contas não circulantes de natureza operacional (imobilizado + intangível) resultará o ativo operacional líquido (AOL).

$$\text{AOL} = \text{CGOL} + \text{ANCO} \rightarrow \text{AOL} = \$ 103.817 + \$ 179.103 \rightarrow \text{AOL} = \$ 282.920$$

No item 10.3, apresentaremos vários conceitos de capital de giro, como capital circulante líquido e capital de giro próprio. Cabe destacar que tais conceitos tendem para uma análise de liquidez.

## 10.2.2 Conceituando o Ebitda e o Nopat

Muitas vezes, nos concentramos nas análises da evolução do faturamento e do comportamento do lucro líquido. Isso é importante, mas precisamos estar atentos à qualidade do lucro gerado pela empresa. Devemos, portanto, analisar a natureza operacional das receitas, dos custos e das despesas. O Quadro 10.6 mostra os resultados da empresa durante os três anos consecutivos. Vimos, no item 10.2.1, que nem todos os ativos são operacionais no balanço patrimonial. Podemos dizer que, também na demonstração do resultado, nem todas as suas rubricas são efetivamente operacionais. Conforme demonstrado no Quadro 10.6, se olharmos a DRE, notaremos que os itens operacionais são aqueles que formam o *lucro operacional I*, compreendendo as receitas, os custos e as despesas operacionais. O *lucro operacional I* pode ser entendido como o Lajir (Lucro antes do juros e imposto de renda) ou Ebit (*Earnings before interest and taxes*), e servirá para obtermos outros conceitos de análise.

**QUADRO 10.6** Demonstração dos resultados de 20X1 a 20X3 da *Reciclando S. A.* (valores em mil $).

| DRE | 20X1 | | 20X2 | | 20X3 | |
|---|---|---|---|---|---|---|
| | VALOR | % | VALOR | % | VALOR | % |
| Receita operacional bruta | 664.805 | 118,5 | 679.489 | 116,8 | 523.571 | 118,0 |
| **Receita operacional líquida** | **561.187** | **100,0** | **581.610** | **100,0** | **443.870** | **100,0** |
| CPV (– Depreciação no custo) | – 328.520 | (58,5) | – 339.022 | (58,3) | – 276.078 | (62,2) |
| Depreciação incluída no custo | – 31.022 | (5,5) | – 20.047 | (3,4) | – 17.805 | (4,0) |
| Custo dos produtos vendidos | – 359.542 | (64,1) | – 359.069 | (61,7) | – 293.883 | (66,2) |
| **Lucro bruto** | **201.645** | **35,9** | **222.541** | **38,3** | **149.987** | **33,8** |
| Despesas administrativas | – 61.885 | (11,0) | – 64.043 | (11,0) | – 68.798 | (15,5) |
| Despesas com vendas | – 77.386 | (13,8) | – 87.254 | (15,0) | – 79.468 | (17,9) |
| Crédito de liquidação duvidosa | – 519 | (0,1) | – 636 | (0,1) | – 1.600 | (0,4) |
| Despesas gerais | – 1.580 | (0,3) | – 1.500 | (0,3) | – 1.246 | (0,3) |
| Depreciação e amortização* | – 511 | (0,1) | 2.453 | 0,4 | 3.539 | 0,8 |
| Outras receitas/despesas | – 4.946 | (0,9) | 862 | 0,1 | 18.282 | 4,1 |
| **Lucro operacional I (Ebit)** | **54.818** | **9,8** | **72.423** | **12,5** | **20.696** | **4,7** |
| Receitas financeiras | 0 | 0,0 | 2.072 | 0,4 | 6.985 | 1,6 |
| Despesas financeiras | – 4.056 | (0,7) | 0 | 0,0 | 0 | 0,0 |
| **Lucro operacional II** | **50.762** | **9,0** | **74.495** | **12,8** | **27.681** | **6,2** |
| Equivalência patrimonial | – 13.063 | (2,3) | 1.679 | 0,3 | 8.011 | 1,8 |
| **Lucro operacional III** | **37.699** | **6,7** | **76.174** | **13,1** | **35.692** | **8,0** |
| Resultado não operacional | | 0,0 | | 0,0 | | 0,0 |
| **Lucro antes dos impostos** | **37.699** | **6,7** | **76.174** | **13,1** | **35.692** | **8,0** |
| Impostos sobre o lucro | – 8.292 | (1,5) | – 16.780 | (2,9) | – 8.364 | (1,9) |
| Participações | 0 | 0,0 | 0 | 0,0 | 0 | 0,0 |
| **LUCRO LÍQUIDO** | **29.407** | **5,2** | **59.394** | **10,2** | **27.328** | **6,2** |

*Inclui amortização de deságio.

Pelo Quadro 10.6, podemos observar que a empresa obteve um lucro líquido de $ 27.328 em 20X3. Também na demonstração do resultado, é importante separarmos os componentes operacionais, a fim de termos uma adequada compreensão acerca da capacidade da empresa gerar lucro e caixa em suas operações. Note que, até o *lucro operacional I*, não tivemos interferência de itens que não sejam efetivamente operacionais. Já no *lucro operacional II*, temos a interferência das receitas e despesas financeiras (contidas no "resultado financeiro"), que decorrem de dívidas e de aplicações financeiras e no *lucro operacional III*, temos a interferência da equivalência patrimonial, que decorre das participações da empresa em outras empresas sujeitas à avaliação pelo método de equivalência patrimonial. Portanto, dentro de um critério mais rigoroso, a tendência é de que apenas o *lucro operacional I* seja efetivamente aquele que foi decorrente das operações da empresa. O Quadro 10.7 detalha o conceito de operacional e exibe outros conceitos.

**QUADRO 10.7** Cálculo do Ebitda e do Nopat.

| Resultado operacional líquido | 20X3 |
|---|---|
| Lucro operacional I (Lajir ou Ebit) | 20.676 |
| Depreciações ($ 17.805 – $ 3.539) | 14.266 |
| Ebitda (*Earnings before interest, taxes, depreciation and amortization*)<br>Lajirda (Lucro antes dos juros, impostos, depreciação e amortização) | 34.942 |
| Depreciações | – 14.266 |
| Ebit (*Earnings before interest and taxes*)<br>Lajir (Lucro antes dos juros e impostos) | 20.676 |
| Imposto de renda e contribuição social* | – 7.030 |
| Nopat (*Net operating after taxes*)<br>LOLDIR (Lucro operacional líquido depois dos impostos) | 13.646 |

* Para fins didáticos, consideramos uma alíquota de IR de 15%, mais um adicional de 10% sobre o lucro antes do IR, mais uma alíquota de 9% de contribuição social.

O chamado Ebitda (ou Lajirda, conforme Quadro 10.7) é um conceito financeiro relativamente controvertido, que alguns profissionais adoram, enquanto outros detestam. Daí, perguntamos: e para nós, no papel de analistas de crédito, qual a relevância do Ebitda? O Ebitda é uma medida de desempenho operacional que considera as receitas operacionais líquidas menos os custos e as despesas operacionais, exceto as depreciações e amortizações. Ou seja, equivale ao *lucro operacional I* (Quadro 10.6) mais as depreciações. Sem muita análise, podemos concluir que, se a empresa apresentar um Ebitda negativo, sua situação tende a ser crítica. Por outro lado, se o Ebitda for positivo, isso, isoladamente, não é um dado conclusivo, fica difícil tirar conclusões. É errado entender o Ebitda como uma forma de fluxo de caixa, especialmente se a análise for para fins de concessão de crédito. A dificuldade para uso do Ebitda para a análise de risco de crédito reside em dois pontos básicos: (i) o Ebitda despreza totalmente a dívida da empresa, não considerando os encargos financeiros incidentes sobre ela; (ii) e despreza as depreciações dos bens utilizados e desgastados de seu ativo imobilizado para gerar o resultado. Tais ativos devem ser repostos no futuro. Como regra geral, o grande problema da empresa em processo de deterioração tende a ser seu endividamento. Ainda que a análise de crédito tenha um propósito mais abrangente, que vise a uma possível reestruturação da empresa, o Ebitda também não será suficiente.

Muitas empresas estabelecem a remuneração de executivos a partir de metas de Ebitda. Nesse sentido, os executivos estão sendo avaliados pelo desempenho operacional, não computando o efeito dos investimentos em imobilizado nem da estrutura de capitais. Para algumas atividades, em que as estruturas das empresas possam ser muito parecidas, o Ebitda pode fornecer uma medida comparativa de desempenho em relação à concorrência.

Por outro lado, o Nopat (*Net operating profit after taxes* – lucro operacional líquido após os impostos) é um conceito mais elaborado, por considerar o impacto do desgaste do imobilizado e os impostos incidentes sobre o resultado operacional. Por considerar a depreciação e a amortização, o Nopat permite estimar a capacidade de a empresa repor seus ativos desgastados em suas operações, além de considerar os impostos incidentes sobre o lucro operacional. Portanto, o Nopat é igual ao Ebit menos os respectivos impostos incidentes. Note que a *Reciclando* teve um Ebitda de $ 34.942, o que é um número positivo e que não diz muita coisa. Poderíamos utilizar o Ebitda para comparar com as despesas financeiras da empresa (Índice de cobertura de juros) ou com o mesmo referencial de uma empresa semelhante. Após computarmos o efeito das depreciações, a empresa apresentou um EBIT de $ 20.767, de modo que, operacionalmente, a empresa gerou resultado. O Nopat é aquilo que sobra do resultado operacional após o pagamento dos impostos incidentes sobre os referidos lucros operacionais. Considerando que a empresa teve um Ebit de $ 20.767, tirando os impostos de 34% restará um Nopat de $ 13.646. A questão principal agora é: o Nopat é suficiente para premiar o capital operacional líquido utilizado no período, no valor de $ 282.920? No item seguinte, analisaremos o custo médio ponderado de capital (CMPC).

## 10.2.3 Introdução ao Economic Value Added (EVA)

O conceito de EVA (*Economic Value Added* – valor econômico adicionado), que apesar de ser antigo foi patenteado pela empresa de consultoria *Stern Stewart & Company*, trouxe sua contribuição para a análise financeira por despertar a necessidade de considerarmos o custo de oportunidade do capital próprio. O lucro líquido contábil é obtido após considerar as receitas, os custos e as despesas (incluído as despesas financeiras), mas não considera o custo do capital próprio. Segundo o EVA, a empresa só gera valor para os acionistas se seus lucros forem superiores ao custo de todo o capital utilizado em suas operações.

**QUADRO 10.8** Cálculo do EVA.

| Cálculo do EVA | $ mil |
|---|---|
| Capital operacional líquido (Quadro 10.5) | 282.920 |
| Ebit *(Earnings before interest and taxes)* <br> Lajir (Lucro antes dos juros e impostos) | 20.676 |
| Imposto de renda e contribuição social (34%) | – 7.030 |
| Nopat *(Net operating after taxes)* <br> LOLDIR (Lucro operacional líquido depois do imposto de renda) | 13.646 |
| Taxa de Custo Médio Ponderado de Capital (15,084%, após o IR e CS) | 15,084% |
| Custo de Capital (15,084% × $ 282.920) | 42.676 |
| EVA *(Economic Value Added)*, valor econômico adicionado | – 29.030 |

O EVA é o NOPAT menos o custo do capital utilizado, próprio e de terceiros, para financiar as aplicações nos ativos operacionais líquidos. O custo de capital é obtido pela multiplicação do percentual do custo médio ponderado de capital, que no exemplo foi de 15,084%, pelo valor do capital operacional líquido. Para calcular o custo médio ponderado de capital (CMPC) (*Weighted average cost of capital* – WACC) utiliza-se o conceito de média ponderada, considerando os custos de capitais, próprios e de terceiros, pelos respectivos percentuais de recursos que financiam o capital operacional líquido.

O **custo do capital próprio** é o retorno que os investidores poderiam obter em alternativas de investimento de igual risco, ou seja, é o custo de oportunidade ou a taxa de retorno requerida. Desse modo, se a empresa utilizasse apenas capital próprio, seu custo de capital seria a taxa de retorno exigida pelos acionistas. Como a empresa utiliza várias fontes de recursos, a taxa de retorno exigida de cada uma dessas fontes é chamada de custo componente. Adicionalmente, as empresas fixam sua estrutura de capital, definindo as participações que julgam ideais em termos de composição de uso de capital próprio e de terceiros.

As dívidas das empresas podem ser compostas de recursos contratados com taxas prefixadas ou pós-fixadas. O **custo da dívida**, $K_d (1 - T)$, onde $K_d$ é o custo do capital de terceiros antes de computar o benefício da dedutibilidade das despesas financeiras na tributação do lucro e $T$ é a alíquota de tributação incidente sobre o lucro, ou seja, o Imposto de Renda (IR) e a Contribuição Social (CS). No caso da *Reciclando*, o resultado financeiro em 20X3 foi de $ 6.985 positivo, pelo fato de a empresa ser aplicadora de recursos (Quadro 10.6). A *Reciclando* é uma situação particular, em razão de ser uma empresa não tomadora de recursos financeiros.

Para fins de exemplificação, suponhamos uma empresa que tome de empréstimo $ 100.000 com taxa nominal de contrato a 18% a. a. e que esteja sujeita a uma alíquota de 34% (IR + CS). Então, teremos:

| Itens | Valores |
|---|---|
| Empréstimos | 100.000 |
| Juros (18%) | 18.000 |
| Benefício fiscal (34%) | 6.120 |
| Taxa efetiva de juros [18% (1 – 0,34) = 11,88)] | 11.880 |

Nesse exemplo hipotético do empréstimo de $ 100.000 com juros nominais de 18% a. a., notamos que as despesas de juros seriam de $ 18.000. Adicionalmente, as despesas financeiras reduziram a carga tributária em $ 6.120. Após computar o benefício tributário, a taxa de juros efetiva passaria para 11,88%.

Quanto ao custo do capital próprio, apesar de um aprofundamento sobre o assunto fugir ao escopo deste livro, cumpre-nos tecer alguns comentários. Supondo que os acionistas da *Reciclando* esperem uma taxa de retorno compatível com o risco que estão assumindo, em razão de poderem comprar ações de outras empresas com risco similar. Há três métodos básicos de cálculo do custo de capital próprio (Kp): (i) o modelo de precificação de ativos (CAPM – *Capital Asset Price Model*); (ii) a abordagem do rendimento de títulos da dívida de longo prazo, mais um prêmio de risco; e (iii) o método do fluxo de caixa descontado (DCF – *Discounted*

*Cash Flow*). Esses métodos não são mutuamente excludentes e nenhum deles se sobrepõe aos demais, estando qualquer um deles sujeito a imprecisão, em termos práticos. Vamos supor que, pela aplicação de um desses métodos, tenhamos chegado a um $K_p$ de 19%, para calcular um suposto custo médio ponderado de capital. Vamos também admitir que a estrutura de capitais perseguida pela empresa seja de 55% de capitais de terceiros e 45% de capital próprio. Nessas condições, temos o seguinte custo médio ponderado de capital (CMPC):

$$CMPC = W_d K_d (1 - T) + W_p K_p$$

Sendo:

$W_d$ = percentual de dívida em relação à totalidade dos recursos utilizados pela empresa;
$W_p$ = percentual de capital próprio em relação à totalidade dos recursos utilizados pela empresa;
  (Nota: $W_d + W_p$ = 100% ou 1,0)
$K_d$ = Custo do capital de terceiros, ou seja, da dívida;
$K_p$ = Custo do capital próprio, ou seja, retorno exigido pelos acionistas;
$T$ = Alíquota de tributação sobre o lucro (IR + CS).

Daí, temos: CMPC = 0,55 × 0,18(1 − 0,34) + 0,45 × 0,19 → *CMPC* = 0,15084

Logo, a *Reciclando* terá um custo médio ponderado de capital de 15,084%, se as suposições utilizadas para suprir a ausência das informações reais forem aceitáveis. Nesse nível de CMPC (WACC), a empresa não está gerando valor. Considerando que o Nopat foi de $ 13.646 e que o custo de capital utilizado seria da ordem de $ 42.676, a empresa teria destruído riqueza na ordem de $ 29.030, conforme demonstrado no Quadro 10.8.

**ROIC – *Return on Invested Capital* (retorno sobre o capital investido)**
Dispondo do Nopat e do COL, podemos calcular o índice ROIC. Utilizando os dados da *Reciclando*, chegamos ao retorno de 4,83% sobre o capital investido.

| ROIC = Nopat / Capital Operacional Líquido → ROIC = $ 13.646 / $ 282.290 = 4,83% |
|---|

Quando o ROIC for superior ao CMPC (WACC), a empresa gera valor. No caso da *Reciclando*, para um WACC de 15,08%, o ROIC de 4.83% foi insuficiente e a empresa destruiu riqueza no período.

Para resumir, destacamos que o uso dos conceitos relativos à parte operacional da empresa nos mostrou um lado bastante interessante na vida da *Reciclando*, conforme segue:

a) A empresa apresenta um Ebitda positivo de $ 34.942.
b) Mesmo apresentando Ebit, Nopat positivos em 20X3, o EVA foi negativo, ou seja, o Nopat, mesmo sendo positivo, foi insuficiente para cobrir o custo médio de capital, caracterizando fragilidade na sua capacidade de gerar riqueza no último ano. Por outro lado, sua situação de liquidez é muito boa, dispondo de aplicações financeiras em valores significativos. O leitor poderá calcular o Ebit, o Nopat e o EVA para os exercícios anteriores.

c) O ano de 20X3 apresentou uma queda no faturamento da empresa, fato que afetou também seu segmento de atuação, o que leva a requerer uma análise em maior profundidade sobre as expectativas futuras da empresa, não concentrando a análise no ano de 20X3, isoladamente.
d) Na situação atual, a empresa continua merecedora de recursos financeiros de curto prazo, sendo possível uma instituição financeira operar com ela dentro de limites e operações adequadas às suas possíveis necessidades e conveniências. A questão crucial é que, apesar de seus resultados operacionais insuficientes, a empresa não é tomadora de recursos de curto prazo.

Para a aprovação de financiamentos de longo prazo deve haver uma análise prospectiva, mostrando que a empresa reverterá sua situação de 20X3 e que será capaz de gerar riqueza em períodos futuros. É importante destacar que, em linhas gerais, os acionistas buscam a geração de riqueza, enquanto os credores se contentam com a capacidade de a empresa honrar suas dívidas.

## 10.3 Conceitos de capital de giro

No item 10.2.1, apresentamos o conceito de *capital de giro operacional líquido* (CGOL), que reflete uma aplicação de recursos caso seu valor seja positivo. Neste tópico, pretendemos fornecer mais alguns conceitos de capital de giro que fazem parte do dia a dia de trabalho do analista e do profissional de negócios. Nos dois tópicos seguintes (10.4 e 10.5), trataremos do investimento operacional em giro (IOG) e do fluxo de caixa.

O principal objetivo da análise da liquidez de uma empresa reside na identificação da sua capacidade de honrar seus compromissos de curto prazo. O tradicional índice de liquidez corrente, que relaciona o ativo circulante com o passivo circulante, não é um indicador eficaz para avaliar a capacidade da empresa pagar seus compromissos imediatos, por razões que comentaremos no estudo do IOG. Neste tópico de iniciação ao capital de giro, o analista deverá adquirir uma visão mais integrada sobre a liquidez da empresa e sua estrutura de capital.

Algumas pessoas, inclusive especialistas, argumentam que as empresas "quebram" por terem problemas de liquidez, o que é óbvio, pois se não houver dificuldade financeira não haverá razão para quebrar. O relevante, no entanto, é identificar as causas que levam uma empresa a ter problemas de liquidez.

A expressão **capital de giro** pode ter vários significados, e mesmo sendo utilizada por profissionais atuantes na área financeira, poderá, em cada contexto, assumir um significado diferente. Muitas vezes, ouvimos um "gerente de banco" falar de capital de giro quando está se referindo a um produto do banco em que trabalha, ou seja, a um tipo de empréstimo de curto prazo. No Quadro 10.9, apresentamos uma estrutura básica de um balanço, segundo a Lei n. 6.404/76 (e modificações posteriores). Esse quadro nos ajudará a entender os conceitos de capital de giro com os quais vamos trabalhar.

**QUADRO 10.9** Estrutura legal do balanço patrimonial.

| Ativo | Passivo + Patrimônio líquido |
|---|---|
| **Ativo Circulante (AC)** | **Passivo Circulante (PC)** |
| • Disponibilidades | • Fornecedores |
| • Direitos realizáveis no exercício seguinte | • Salários e encargos sociais |
| • Contas a receber de clientes | • Impostos e taxas |
| • Estoques | • Dividendos a pagar |
| • Adiantamento a fornecedores | • Imposto de renda a recolher |
| • Aplicações de liquidez não imediata | • Instituições de crédito |
| • Outros valores a receber | |
| • Despesas do exercício seguinte | **Passivo Não Circulante (PNC)** |
| • Seguros antecipados | • Financiamentos |
| | • Debêntures |
| **Ativo Não Circulante (ANC)** | • Impostos parcelados |
| • Realizável a longo prazo (RPL) | |
| • Investimentos (INV) | **Patrimônio Líquido (PL)** |
| • Imobilizado (IMOB) | • Capital |
| • Intangível (INT) | • Reservas |

Note que, juntamente com o nome de cada um dos grupos de contas do ativo e do passivo, colocamos a abreviatura que utilizaremos para trabalhar os diversos conceitos relacionados ao chamado capital de giro.

## 10.3.1 Ativo circulante – AC

Algumas vezes, a expressão capital de giro aparece na literatura de administração financeira como sinônimo do ativo circulante, isto é, compreendendo, basicamente, o estudo das disponibilidades, das duplicatas a receber e dos estoques. No Quadro 10.9, o leitor encontra diversas contas que podem compor o ativo circulante, e no Capítulo 8, foram descritas as principais contas que compõem o ativo circulante. No caso da empresa *Reciclando*, o AC em 20X3 foi de $ 187.374, conforme Quadro 10.1.

## 10.3.2 Capital circulante líquido – CCL

$$CCL = AC - PC$$

Este conceito baseia-se na diferença entre os ativos e passivos circulantes. Muitas pessoas afirmam que, quanto maior for o CCL, melhor será a condição de liquidez da empresa. No que possa pesar certo cunho de verdade nessa afirmativa, é preciso destacar que a qualidade da liquidez, tomando como base o CCL, dependerá do segmento em que a empresa atua. Para uma empresa em funcionamento, é possível encontrarmos CCL negativo com boa liquidez, como ocorre com muitos supermercados, que compram a prazo e vendem a vista. Entretanto, uma empresa pode ter CCL positivo e apresentar dificuldade financeira, dependendo apenas da incompatibilidade dos prazos de realização dos ativos circulantes diante dos vencimentos de suas obrigações de curto prazo. A condição de liquidez, medida pelo CCL, para duas empresas com porte e características operacionais semelhantes será no sentido de que, aquela que apresentar maior CCL, será a que terá maior liquidez.

Vejamos o CCL da *Reciclando* em 20X3:

$$CCL = AC - PC \rightarrow CCL = \$ 187.374 - \$ 72.084 \rightarrow CCL = \$ 115.290$$

### 10.3.3 Capital permanente líquido – CPL

Considerando que o balanço é uma igualdade matemática em que as aplicações são iguais às fontes, temos:

$$AC + ANC = PC + PNC + PL$$

Daí, podemos obter a igualdade:

$$AC - PC = PNC + PL - ANC$$

Isso demonstra que, matematicamente, podemos obter o valor do CCL também pela diferença entre as contas não circulantes, isto é, entre o passivo não circulante (PNC) e o patrimônio líquido (PL) menos o ativo não circulante (ANC). Porém, tendo em vista o propósito de usar a denominação "circulante" para indicar coisas que sejam "circulantes", passaremos a chamar a diferença entre os grupos não circulantes de **capital permanente líquido (CPL)**. Utilizaremos esse conceito de CPL para fins da chamada análise dinâmica.

$$CPL = (PNC + PL) - ANC$$

Com base nos conceitos apresentados, examinaremos a aplicação destes para os dados apresentados no Quadro 10.10.

**QUADRO 10.10** Balanço de 20X3 da *Reciclando S. A.*

| Ativo | $ mil | Passivo + Patrimônio Líquido | $ mil |
|---|---|---|---|
| ▪ Disponibilidades | 1.525 | ▪ Instituições financeiras | 15.727 |
| ▪ Aplicações financeiras | 40.467 | ▪ Outros não cíclicos | 13.267 |
| ▪ Duplicatas a receber líquidas | 72.457 | ▪ Fornecedores | 14.460 |
| ▪ Estoques | 50.223 | ▪ Salários e encargos sociais | 14.762 |
| ▪ Outros valores a receber | 22.702 | ▪ Impostos sobre vendas | 6.407 |
| **Ativo Circulante (AC)** | **187.374** | ▪ Outros cíclicos | 7.461 |
| | | **Passivo Circulante (PC)** | **72.084** |
| **Ativo Não Circulante (ANC)** | **299.450** | **Passivo Não Circulante (PNC)** | **20.692** |
| | | **Patrimônio Líquido (PL)** | **394.048** |
| **Ativo Total** | **486.824** | **Passivo Total + Patrimônio Líquido** | **486.824** |

No tópico anterior, vimos que o CCL da *Reciclando* para 20X3 foi de $ 115.290, ou seja:

$$CCL = AC - PC \rightarrow CCL = \$ 187.374 - \$ 72.084 \rightarrow CCL = \$ 115.290$$

Considerando que o ativo circulante do exemplo do Quadro 10.10 é representado por disponibilidades mais direitos realizáveis no exercício subsequente e que o passivo circulante é composto por obrigações vencíveis no exercício social subsequente, o valor de $ 115.290 indica em quanto os ativos de curto prazo superam os passivos de curto prazo. Se todos os realizáveis e todas as obrigações de curto prazo tivessem o mesmo vencimento, o valor de $ 115.290 seria uma espécie de folga financeira, daí ser preciso que as dívidas tenham seus vencimentos compatíveis com os vencimentos dos recebíveis, a fim de que exista a "folga matemática" de $ 115.290.

Conforme já afirmamos, o valor do CPL é igual ao valor do CCL. Vejamos:

$$CPL = (PNC + PL) - (ANC) \rightarrow CPL = (20.692 + 394.048) - (299.450) \rightarrow CPL = 115.290$$

No que pese o valor do CPL ser de $ 115.290, que é exatamente igual ao valor do CCL, sua interpretação é diferente. De um lado, trabalhamos com itens circulantes em que muitos deles estão associados às atividades operacionais, que é o caso do CCL. De outro, no caso do CPL, estamos trabalhando com os itens permanentes e que são decorrentes das decisões estratégicas da empresa em termos de investimento em ativos de natureza permanente, de fontes de financiamentos por meio de recursos de longo prazo (PNC) e de recursos próprios (PL).

---

**Autoteste**
Reflita sobre a seguinte afirmativa:
O CCL, quando positivo, é uma aplicação líquida de recursos, enquanto o CPL, também se positivo, é uma fonte líquida de recursos de natureza estratégica. Matematicamente, os dois conceitos levam ao mesmo valor.

---

### 10.3.4 Capital de giro próprio – CGP

$$CGP = PL - ANC$$

Por esse conceito, capital de giro próprio é a parcela do ativo circulante que é financiada com recursos próprios, ou seja, é o que sobra do patrimônio líquido após o comprometimento dos recursos próprios com o ativo não circulante. Observe que, se adicionarmos o PNC ao CGP, teremos o CPL.

Podemos, com base nos dados do Quadro 10.10, calcular o CGP, conforme segue:

$$CGP = PL - ANC \rightarrow CGP = 394.048 - 299.450 \rightarrow CGP = 94.598$$

Veja que o capital de giro próprio é de $ 94.598. Isso significa que os recursos próprios (patrimônio líquido) foram suficientes para cobrir as aplicações em ativos não circulantes e ainda sobrou $ 94.598 para financiar as necessidades de giro da empresa. Conforme já mencionado, a soma do CGP com o PNC é igual ao CPL.

> CGP + PNC = CPL → $ 94.598 + 20.692 = 115.290

## 10.4 Análise da necessidade de capital de giro

Nos tópicos precedentes, desenvolvemos alguns conceitos relativos ao capital de giro, como ativo circulante, capital circulante líquido, capital permanente líquido e capital de giro próprio. Tais conceitos, seguramente, nos auxiliarão no entendimento do investimento operacional em giro, que é um indicador da necessidade de capital de giro de uma empresa.

### 10.4.1 Investimento operacional em giro – IOG

O chamado "investimento operacional em giro", ou simplesmente IOG, é uma metodologia de análise de relativa simplicidade e de grande utilidade no auxílio da determinação da saúde financeira de uma empresa, que fornece uma visão sistêmica sobre o impacto das principais áreas de decisão da empresa e sobre suas interações.

A expressão "investimento operacional em giro" tornou-se amplamente divulgada entre os analistas desde que essa metodologia foi introduzida na análise de crédito, inicialmente pelos bancos norte-americanos que operavam no Brasil e, atualmente, pelas instituições financeiras que possuem áreas de análise de empresas com razoável qualidade técnica. É importante destacar que, nas bibliografias, podemos encontrar três denominações que podem designar o mesmo conceito, podendo trazer apenas pequenas variações, quais sejam:

- Investimento operacional em giro – IOG[1]
- *Working Investment* – WI
- Necessidade de Capital de Giro – NCG

O IOG está contido (encravado) no CCL, sendo representado por aplicações de recursos que, embora pertencentes ao ativo circulante, têm uma comportamento de aplicações permanentes. Tais aplicações estão relacionadas de forma direta com a atividade operacional da empresa, como duplicatas a receber, estoques, adiantamentos a fornecedores e despesas antecipadas. Há, adicionalmente, algumas fontes de recursos que se relacionam diretamente com as atividades da empresa e se renovam espontaneamente, à medida que suas operações se desenvolvem. São exemplos dessas fontes: fornecedores, salários e encargos a pagar, tributos a recolher e adiantamentos de clientes, quando habituais e inerentes ao tipo de atividade desenvolvida pela empresa. Vejamos o Quadro 10.11, que exemplifica um balanço estruturado com o objetivo de calcularmos o IOG.

---

1. O Investimento Operacional em Giro, quando positivo, tem uma conotação do investimento líquido, ou seja, é obtido pela diferença entre as contas cíclicas do ativo e do passivo circulantes. Alguns autores, por desconhecer a origem desse conceito e viver distante do mercado, vêm fazendo confusão com o seu uso e afirmando que o IOG compreende apenas as aplicações. Adicionalmente, quando o IOG tiver saldo negativo, ele representa uma liberação de recursos, conforme explicado no texto.

**QUADRO 10.11** Estrutura do balanço patrimonial para fins de IOG.

| Ativo | Passivo + Patrimônio Líquido |
|---|---|
| **Ativo Circulante Financeiro (ACF)**<br>• Disponibilidades<br>• Aplicações de liquidez não imediata | **Passivo Circulante Financeiro (PCF)**<br>• Instituições de crédito<br>• Duplicatas descontadas<br>• Impostos sobre lucro<br>• Dividendos a pagar |
| **Ativo Circulante Cíclico (ACC)**<br>• Contas a receber de clientes<br>• Estoques<br>• Adiantamentos a fornecedores<br>• Outros valores a receber<br>• Despesas do exercício seguinte | **Passivo Circulante Cíclico (PCC)**<br>• Fornecedores<br>• Salários e encargos sociais<br>• Impostos e taxas |
| **Ativo Não Circulante (ANC)**<br>• Realizável a Longo Prazo (RLP)<br>• Investimentos (INV)<br>• Imobilizado (IMOB)<br>• Intangível (INT) | **Passivo Não Circulante (PNC)**<br>• Financiamentos<br>• Debêntures<br>• Impostos parcelados<br>**Patrimônio Líquido (PL)**<br>• Capital<br>• Reservas |
| **Total do Ativo** | **Total do Passivo + Patrimônio Líquido** |

A estrutura do Quadro 10.11 permite a análise de empresas usando tanto o IOG, propriamente dito, quanto outros conceitos a ele integrados, como a chamada Análise Dinâmica. Daí, podemos notar:

a) Que o ativo circulante foi desmembrado em duas partes: (i) uma parte cíclica, que contém os itens relacionados de forma direta com o ciclo operacional da empresa, o ACC, e (ii) outra, que diz respeito à parte de cunho mais financeiro, isto é, a parte que chamamos de ativo circulante financeiro, o ACF. Ao mesmo tempo, também desdobramos o passivo circulante em duas partes: (i) uma diretamente relacionada ao ciclo operacional da empresa, o PCC, e (ii) outra de natureza financeira, que compreende empréstimos bancários, descontos de títulos e outras rubricas que não decorrem de forma direta do ciclo operacional da empresa, como dividendos e impostos sobre lucros.

b) Que nos itens não circulantes, o ativo não circulante, naturalmente, já agrupa as aplicações de recursos de longo prazo e as aplicações de caráter permanente; que o passivo não circulante agrupa as fontes de recurso de longo prazo; e que o patrimônio líquido agrupa os recursos próprios.

Essa nova ordenação das contas facilitará a estruturação de três conceitos básicos:

$$IOG = ACC - PCC$$
$$CPL = PNC + PL - ANC$$
$$T = ACF - PCF$$

Vamos, inicialmente, analisar o IOG e, nos próximos tópicos, discutiremos os outros dois conceitos.

O ACC, como qualquer item ou grupo de ativo, é uma aplicação de recursos, enquanto o PCC também, como qualquer item ou grupo do passivo, é uma fonte de recursos. Tanto o ACC quanto o PCC decorrem de forma direta do ciclo das operações da empresa. A tendência é que o IOG seja uma aplicação líquida de recursos, que será função do tipo de atividade desenvolvida pela empresa. Podemos, no entanto, encontrar situações em que o PCC seja maior que o ACC e, portanto, em vez de o IOG ser uma aplicação líquida (investimento, no sentido de aplicação), será uma fonte líquida de recursos (financiamento de caráter operacional). Para fins do uso do IOG como instrumento de análise, vamos tratá-lo a partir da equação (IOG = ACC – PCC), representando-o com sinal negativo quando o PCC for maior que o ACC. Daí, quando falarmos que o IOG é negativo, significa que, em vez de um *investimento operacional em giro*, seu sentido é de um *financiamento operacional do giro*.

Vejamos os dados da *Reciclando S.A.* relativos a 20X2, conforme demonstra o Quadro 10.12.

**QUADRO 10.12** Balanço de 20X2 da *Reciclando S. A.*

| Ativo | $ mil | Passivo + Patrimônio líquido | $ mil |
|---|---|---|---|
| • Disponibilidades | 1.525 | • Duplicatas descontadas | 0 |
| • Aplicações financeiras | 40.467 | • Instituições financeiras | 15.727 |
| **Ativo Circulante Financeiro (ACF)** | **41.992** | • Outros não cíclicos | 13.267 |
| • Duplicatas a receber líquidas | 72.457 | **Passivo Circulante Financeiro (PCF)** | **28.994** |
| • Estoques | 50.223 | • Fornecedores | 14.460 |
| • Outros valores a receber | 22.702 | • Salários e encargos sociais | 14.762 |
| **Ativo Circulante Cíclico (ACC)** | **145.382** | • Impostos sobre vendas | 6.407 |
| **Ativo Circulante (AC)** | **187.374** | • Outros cíclicos | 7.461 |
| Realizável a longo prazo | 22.146 | **Passivo Circulante Cíclico (PCC)** | **43.090** |
| Investimentos | 98.201 | **Passivo Circulante (PC** | **72.084** |
| Imobilizado | 163.011 | **Passivo Não Circulante (PNC)** | **20.692** |
| Intangível | 16.092 | **Patrimônio Líquido (PL)** | **394.048** |
| **Ativo Não Circulante (ANC)** | **299.450** | **Passivo Não Circulante + Patr. Líquido** | **414.740** |
| Ativo Total | 486.824 | Passivo Total + Patrimônio Líquido | 486.824 |

Na verdade, o que observamos no Quadro 10.12 é uma separação entre as contas do ativo e do passivo circulantes em dois grupos: (a) as contas que estão mais relacionadas com as atividades operacionais e (b) as contas que são de natureza financeira, envolvendo as funções de tesouraria. Com base nos dados do Quadro 10.4, vejamos o desdobramento do CCL em duas partes: (i) a parte cíclica, que é o IOG, e (ii) a parte financeira, que é o saldo de tesouraria.

|  | Total | = | Cíclico | + | $ mil Financeiro |
|---|---|---|---|---|---|
| Ativo circulante → | 187.374 | = | 145.382 | + | 41.992 |
| Passivo circulante → | (72.084) | = | (43.090) | + | (28.994) |
| Diferença → | 115.290 | = | 102.292 | + | 12.998 |
| Conceitos → | CCL | = | IOG | + | Saldo de tesouraria |

O diagrama anterior apresenta tanto o ativo quanto o passivo circulantes divididos em duas partes, sendo uma cíclica ou operacional e outra de natureza financeira. O CCL é a diferença entre o ativo e o passivo circulantes, representando $ 115.290. O IOG é a diferença entre o ativo circulante cíclico e passivo circulante cíclico, representando $ 102.292. O saldo de tesouraria é a diferença entre o ativo circulante financeiro e o passivo circulante financeiro, representando $ 12.998. O conceito de saldo de tesouraria decorre, de certo modo, do fato de as contas de natureza financeira comporem o que chamamos de tesouraria. Posteriormente, voltaremos a discutir o saldo de tesouraria. Por enquanto, observemos que o IOG mais o saldo de tesouraria representam o CCL.

Interpretando o IOG da *Reciclando,* vemos que as atividades operacionais da empresa exigiram a aplicação de recursos no ACC de $ 145.382 em duplicatas a receber, estoques e outros circulantes. Ao mesmo tempo, a empresa conta com fontes cíclicas no total de $ 43.090, proveniente de fornecedores, salários e encargos, impostos e taxas, mais outros circulantes. Das aplicações de $ 145.382, tirando as fontes de $ 43.090, resta uma aplicação líquida, que é o IOG, de $ 102.292.

Provavelmente, a análise financeira pela metodologia do IOG é a que trabalha com um enfoque mais dinâmico entre os diversos métodos, porque decorre do volume de vendas da empresa e dos prazos de rotação. Quanto maiores forem as vendas, maior será a necessidade de estoques e maior será o volume de duplicatas a receber. Se, para aumentar as vendas, a empresa conceder maiores prazos de pagamento aos seus clientes, haverá dupla pressão para elevar o volume de duplicatas a receber, ou seja, aumento das vendas mais aumento do prazo. Da mesma forma, o crescimento das vendas eleva o volume de fornecedores, de salários (em decorrência de aumento do quadro de pessoal ou de horas-extras), de encargos e de tributos. Portanto, o IOG é função, basicamente, das vendas e dos prazos.

O volume de recursos que cada empresa necessita para financiar o IOG relaciona-se com o tipo de atividade que desenvolve, conforme veremos no tópico seguinte.

## 10.4.2 Ciclo financeiro da empresa

A magnitude do investimento operacional em giro decorre do tipo de atividade de cada empresa. Cada atividade tem suas características próprias. O ciclo de operação de uma empresa agrícola que produz milho, seguramente, será diferente do ciclo de outra empresa, também agrícola que produza café. O ciclo de produção de um navio é diferente do ciclo de produção de uma caneta esferográfica. Neste livro, vamos concentrar nossos estudos em empresas comerciais e industriais.

As atividades normais de uma empresa comercial, por exemplo, compreendem as seguintes fases:

Compra → Estocagem → Venda

As compras podem ser à vista ou a prazo, e as mercadorias adquiridas podem ser vendidas rapidamente ou podem demorar nos estoques, assim como as vendas também podem ser à vista ou a prazo.

Suponhamos um supermercado que trabalhe com as seguintes condições:

Prazo médio de rotação dos estoques = 34 dias
Prazo médio de recebimento das vendas = à vista
Prazo médio de pagamento das compras = 51 dias

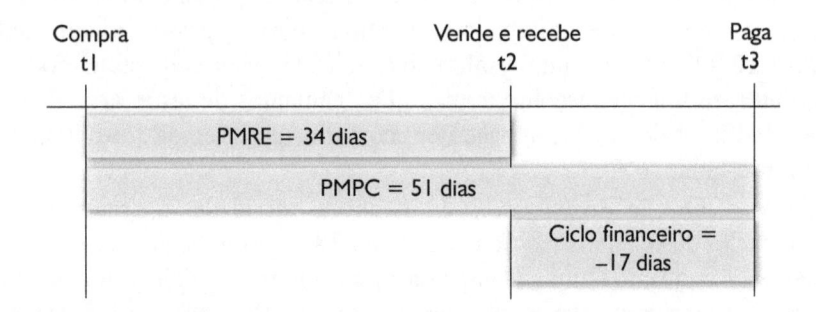

```
Compra              Vende e recebe         Paga
 t1                       t2                t3

        PMRE = 34 dias
        PMPC = 51 dias
                         Ciclo financeiro =
                              -17 dias
```

O prazo médio de rotação dos estoques compreende, em média, o tempo que a mercadoria permanece na empresa após ser adquirida.

O prazo médio de pagamento das compras compreende, em média, o período que a empresa tem para pagar suas compras após ter recebido a mercadoria.

O prazo médio de recebimento das vendas compreende, em média, o período que o cliente tem para pagar a empresa que efetuou a venda, após o recebimento das mercadorias. Nesse exemplo do supermercado, as vendas são à vista.

O ciclo financeiro é o período que a empresa leva para que o dinheiro volte ao caixa, isto é, compreende o prazo médio de rotação do estoque mais o prazo médio de recebimento das vendas, menos o prazo médio de pagamento das compras. No exemplo, temos: 34 dias + 0 dias – 51 dias = – 17 dias.

Para este supermercado, observamos que sua atividade permite trabalhar 17 dias, com o dinheiro do fornecedor, isto é, ele recebe antes de pagar. Nessas condições, o IOG, em vez de ser um "investimento", funciona como um "financiamento". Portanto, em tais condições, o supermercado não precisará de recursos próprios para financiar sua atividade, podendo, inclusive, ter CCL negativo (dentro de determinados limites) e ainda ser financeiramente saudável.

Enquanto na empresa comercial a ênfase de sua atividade está na intermediação, ou seja, na compra e na venda de mercadorias, numa empresa industrial ocorre uma transformação da matéria-prima em produtos destinados ao uso ou ao consumo, ou mesmo à produção de outros bens. Em resumo, o processo, numa indústria, tem a seguinte sequência:

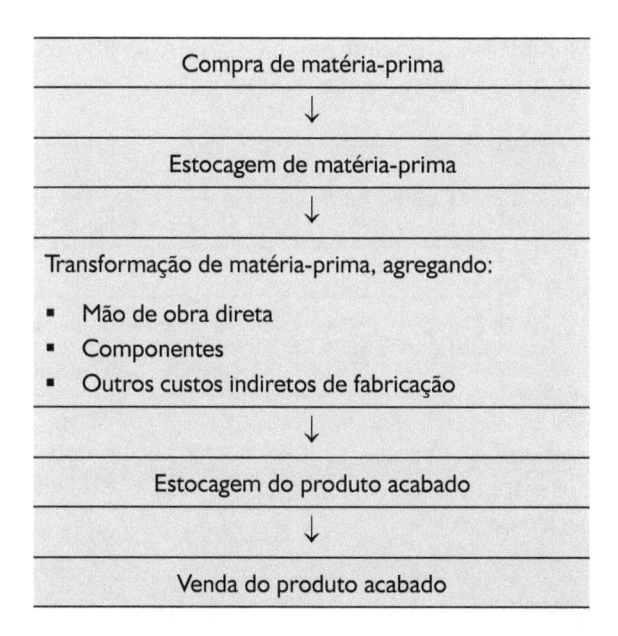

| Compra de matéria-prima |
|---|
| ↓ |
| Estocagem de matéria-prima |
| ↓ |
| Transformação de matéria-prima, agregando:<br>• Mão de obra direta<br>• Componentes<br>• Outros custos indiretos de fabricação |
| ↓ |
| Estocagem do produto acabado |
| ↓ |
| Venda do produto acabado |

Nesse esquema relativo a uma empresa industrial, o ciclo da operação começa na aquisição da matéria-prima e termina na venda do produto acabado. O tempo envolvido dependerá do tipo de atividade da empresa, do grau de modernização de seus processos e da sua administração. Além das etapas esquematicamente representadas, há as ocorrências de pagamento das compras e de recebimento das vendas.

Suponhamos uma empresa industrial que trabalhe com as seguintes condições:

Prazo médio de rotação dos estoques = 523 dias
Prazo médio de recebimento das vendas = 128 dias
Prazo médio de pagamento das compras = 93 dias

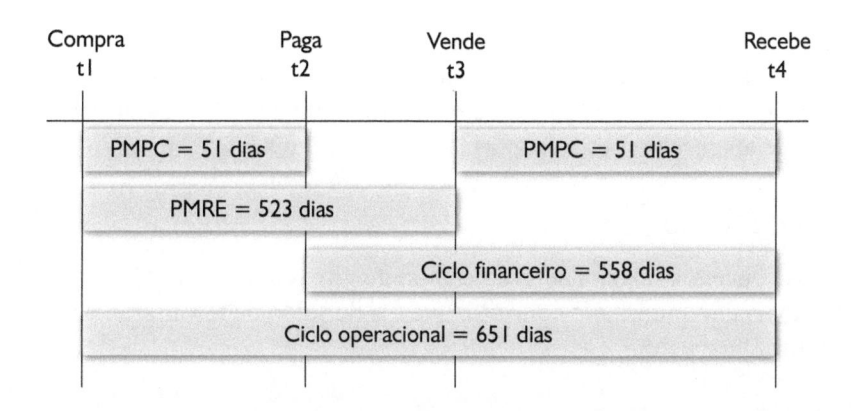

```
Compra        Paga         Vende                    Recebe
  t1           t2           t3                        t4
  |            |            |                         |
       PMPC = 51 dias              PMPC = 51 dias
            PMRE = 523 dias
                      Ciclo financeiro = 558 dias
              Ciclo operacional = 651 dias
```

Observamos que, após a entrada das matérias-primas e dos componentes, a empresa os transforma em produtos acabados e, posteriormente, os vende. O prazo médio de rotação dos estoques é de 523 dias. O fornecedor de matéria-prima recebe, em média, 93 dias após a entrega. Depois de efetuada a venda, os clientes levam aproximadamente 128 dias para pagar. Dessa forma, a empresa financia o período compreendido entre o momento em que paga ao fornecedor (t2) até quando recebe do cliente (t4), o que, no caso, equivale a 558 dias. Uma empresa com ciclo financeiro dessa magnitude requer elevado volume de recursos para financiar o IOG.

Tanto nas empresas comerciais quanto nas industriais, as atividades básicas podem ser sintetizadas em quatro grandes eventos, quais sejam:

| Eventos | | |
|---|---|---|
| | Comerciais | Ocorrência da compra |
| | | Ocorrência da venda |
| | Financeiros | Ocorrência do pagamento |
| | | Ocorrência do recebimento |

De acordo com a maneira que esses eventos ocorrem no tempo, isto é, em decorrência dos prazos de rotação dos estoques, de recebimento das vendas e de pagamento de compras, é possível ter três tipos básicos de IOG:

| 1º | Aplicações no ACC | > | Fontes do PCC | → | IOG > 0 |
| 2º | Aplicações no ACC | < | Fontes do PCC | → | IOG < 0 |
| 3º | Aplicações no ACC | = | Fontes do PCC | → | IOG = 0 |

No primeiro tipo, em que ACC > PCC, a empresa aplicará recursos no IOG, como é o caso da empresa industrial da nossa ilustração de ciclo financeiro.

No segundo tipo, em que o ACC < PCC, é como no caso do supermercado, que também utilizamos como ilustração de ciclo financeiro, no qual o IOG é negativo e ocorre uma liberação de recursos em razão de a empresa receber antes de pagar.

No terceiro tipo, em que ACC = PCC, o IOG é nulo, ou seja, não toma nem libera recursos. Essa tende a ser uma situação hipotética.

É importante destacar que, apesar de termos citado apenas contas a receber de clientes (duplicatas a receber), estoques e fornecedores, há outras contas que integram o IOG. De qualquer modo, a tendência é que essas três constituam o carro-chefe do IOG. Posteriormente, traremos exercícios em que aparecerão outras contas integrantes do IOG.

### 10.4.3 Saldo de tesouraria

Já vimos alguns conceitos relacionados ao capital de giro, como CCL, CPL, CGP e IOG. Vamos adicionar mais um importante conceito, que é o de saldo de tesouraria, e que refere-se às contas de natureza financeira.

Tomando como exemplo os dados do Quadro 10.12, vamos mostrar os valores que expressam esses conceitos para a *Reciclando*, conforme segue:

| CCL = AC − PC | → | CCL = 187.374 − 72.084 | → | CCL = 115.290 |

| IOG = ACC − PCC | → | IOG = 145.382 − 43.090 | → | IOG = 102.292 |

| CPL = PNC + PL − ANC | → | CPL = 414.740 − 299.450 | → | CPL = 115.290 |

| T = CPL − IOG | → | T = 115.290 − 102.292 | → | T = 12.998 |

| T = ACF − PCF | → | T = 41.992 − 28.994 | → | T = 12.998 |

Os conceitos relativos ao CCL, CPL e IOG já foram discutidos.

O conceito de CPL leva ao mesmo valor que o CCL, porém trabalha com as contas de natureza permanente. O CPL será o conceito com o qual vamos trabalhar para caracterizar as fontes de recursos que financiam o IOG. Portanto, enquanto o IOG caracteriza uma necessidade, o CPL será a fonte para financiá-lo. Note, no Quadro 10.12, que, quando trabalhamos com as contas que compõem o IOG e o CPL, restam no balanço patrimonial apenas ACF e o PCF, que compõem o que vamos chamar de "saldo de tesouraria" (T). O T pode ser obtido tanto pela diferença entre CPL e o IOG quanto pela diferença entre ACF e o PCF.

Em resumo, os três conceitos principais são:

| IOG | = | ACC | − | PCC | → | Aplicação de natureza operacional |
| CPL | = | PL + PNC | − | ANC | → | Fonte de natureza estratégica |
| T | = | CPL | − | IOG | → | Variável dependente do CPL e do IOG |

O saldo de tesouraria pode ser maior ou menor que zero. Quando for menor que zero significa que a empresa tem débitos de curto prazo junto a instituições financeiras ou mesmo outras dívidas de curto prazo não relacionadas ao seu ciclo operacional superiores aos seus recursos financeiros de curto prazo.

Portanto, os valores relativos ao CPL e ao IOG é que vão definir o saldo de tesouraria. Daí, temos as duas configurações básicas de relação entre CPL e IOG:

| CPL | > | IOG | → | T > 0 |

| CPL | < | IOG | → | T > 0 |

Convém reafirmar que convencionamos tratar o IOG como aplicação e o CPL como a fonte de financiamento, que é o que tende a ocorrer em condições normais com a maioria das empresas. Há, porém, algumas considerações a serem feitas:

a) Quando o IOG for negativo, em vez de ser um "investimento", estará sendo um "financiamento", ou seja, em vez de absorver recursos, o IOG estará liberando recursos.
b) Quando o CPL for negativo, em vez de ser uma "fonte", será uma "aplicação líquida" de recursos.
c) Se ambos (IOG e CPL) forem negativos, significa que o IOG está financiando o CPL, ou seja, a empresa está financiando aplicações de caráter permanente com recursos decorrentes de suas atividades operacionais. Em qualquer hipótese, prevalece a regra matemática, considerando os sinais positivos ou negativos nas equações, resultando um saldo de tesouraria (T) maior ou menor que zero, conforme a magnitude do CPL e do IOG. No caso de IOG e CPL negativos, há um risco financeiro da empresa associado às suas operações, significando que uma retração em sua atividade reduzirá as entradas de dinheiro e que os compromissos da empresa começarão a vencer, sem que o caixa seja suficiente para efetuar os pagamentos.

Ao longo do tempo, ou seja, no decorrer de um exercício social para outro, as variações sofridas poderão provocar mudança na saúde financeira da empresa. Desse modo, temos:

a. Variação do saldo de tesouraria ($\Delta T$)
$\Delta CPL > \Delta IOG \rightarrow T$ cresce
$\Delta CPL < \Delta IOG \rightarrow T$ diminui

b. Variação no IOG ($\Delta IOG$)
$\Delta ACC > \Delta PCC \rightarrow IOG$ cresce
$\Delta ACC < \Delta PCC \rightarrow IOG$ diminui

c. Variação no CPL ($\Delta CPL$)
$\Delta PNC > \Delta ANC \rightarrow CPL$ cresce
$\Delta PNC < \Delta ANC \rightarrow CPL$ diminui

O CPL cresce quando a variação da soma do passivo não circulante com o patrimônio líquido for superior à variação do ativo não circulante. Quando ocorrer o inverso, o CPL diminui.

As fontes não circulantes, por sua vez, crescem em razão de:

- *Obtenção de novos financiamentos/empréstimos de longo prazo.* Cabe destacar que a obtenção de financiamento de longo prazo para a compra de imobilizado não melhora o CPL, visto que ocorre o acréscimo tanto no PNC quanto no ANC. Na verdade, o empréstimo de longo prazo só deve ser obtido para a melhoria do CPL quando a análise das projeções indicarem que a empresa será capaz de gerar lucro para amortizar o referido empréstimo em seu vencimento. Caso contrário, o problema estará apenas sendo postergado. Sob uma perspectiva de risco de crédito, recursos próprios seria a maneira mais segura para aumentar o CPL.
- *Aumento de capital com aporte de recursos.* Essa é alternativa para elevar o CPL, caracterizando a confiança dos acionistas no empreendimento.

- *Geração de lucros pela empresa.* Essa alternativa é fundamental, devendo a empresa, em cada período, gerar lucro suficiente para cobrir a variação positiva do IOG, quando for o caso. Se a empresa tiver empréstimos de longo prazo vencendo, sua geração de lucro deverá ser suficiente para, ao menos, cobrir a variação do IOG mais as parcelas de tais financiamentos que venceram no período. Na verdade, os lucros gerados, em termos de caixa, devem ser suficientes para:
  a. cobrir os acréscimos de aplicação no IOG;
  b. pagar as parcelas de empréstimos de longo prazo que estejam vencendo;
  c. pagar os dividendos e as participações que normalmente são porcentagens dos lucros; e
  d. pagar os impostos sobre lucro.

Destacamos, portanto, que as três alternativas citadas, isto é, recursos dos sócios ou acionistas, recursos de longo prazo e os lucros, são as principais soluções para elevação das fontes de recursos ligadas ao CPL.

O ativo não circulante cresce em razão de:

- Aquisição, reformas ou ampliações do imobilizado, visando à elevação da capacidade produtiva.
- Aquisição de participações acionárias em outras empresas.
- Aumento do ativo intangível, em decorrência de ativos dessa natureza.
- Aumento do realizável a longo prazo.

Como regra geral, o crescimento do ativo não circulante deve ser financiado com recursos próprios ou com financiamento de longo prazo. Quando ocorrer imobilizações a partir de financiamento de longo prazo, é necessário que os estudos de viabilidade indiquem que a empresa tem potencial para gerar lucros suficientes para amortizar os respectivos financiamentos em seus vencimentos.

O CPL, como fonte de recurso, está relacionado às decisões financeiras básicas, quais sejam:

- Investimento ou desinvestimento, em decorrência da política estratégica quanto à expansão, retração ou manutenção de seu nível de atividade ou do redirecionamento de produtos e mercados que impliquem aquisição de ativos.
- Financiamento, em razão das necessidades e da adequação da estrutura de capitais próprios e de terceiros (curto e longo prazos).
- Distribuição de dividendos, em razão do lucro gerado pela empresa e da política de retenção e distribuição de resultado que tenha sido adotada. A política de dividendos, dessa forma, poderá ser orientada com base em uma estrutura de capitais definida e das oportunidades de investimento. Se as oportunidades de investimento forem superiores ao lucro retido, deverá ser feita nova chamada de capital em volume necessário para readequar a relação entre capital próprio e de terceiros.

A deficiência do CPL em relação ao IOG é financiada com empréstimos bancários de curto prazo, cabendo ao analista avaliar qual o risco apresentado pela evolução dessa diferença (CPL – IOG) em face do nível de vendas da empresa.

## 10.4.4 Análise da tendência do IOG

A análise da tendência do IOG e do CPL ao longo de um período igual ou superior a dois anos permite um melhor entendimento acerca dos fatores que estão interferindo na saúde financeira da empresa. Vejamos os dados de duas empresas ao longo do período de três anos.

O Quadro 10.13 resume o balanço patrimonial das duas empresas fictícias num período de três anos, enquanto o Quadro 10.14 mostra a respectiva demonstração do resultado.

**QUADRO 10.13** Balanço patrimonial das empresas *Industrial A* e *Comercial B* (valores em mil $).

| Itens do balanço | Empresa Industrial A | | | Empresa Comercial B | | |
|---|---|---|---|---|---|---|
| | 20X1 | 20X2 | 20X3 | 20X1 | 20X2 | 20X3 |
| • Disponibilidades | 29,9 | 55,3 | 327,2 | 48,4 | 39,6 | 143,4 |
| • Duplicatas a receber | 268,4 | 535,7 | 1.256,6 | 7,3 | | |
| • Estoques | 313,5 | 1.002,7 | 1.829,9 | 222,8 | 336,0 | 751,1 |
| • Outros cíclicos | 60,9 | 115,7 | 251,1 | 26,9 | 143,6 | 15,7 |
| ATIVO CIRCULANTE | 672,7 | 1.709,4 | 3.664,8 | 305,4 | 519,2 | 910,2 |
| ATIVO NÃO CIRCULANTE | 211,1 | 372,1 | 1.031,0 | 395,5 | 549,6 | 1.258,4 |
| ATIVO TOTAL | 883,8 | 2.081,5 | 4.695,8 | 700,9 | 1.068,8 | 2.168,6 |
| • Instituições financeiras | 147,2 | 463,6 | 1.837,9 | 46,3 | 37,8 | 36,7 |
| • Descontos de duplicatas | 84,5 | 151,6 | 381,8 | | | |
| • Outros não cíclicos | 29,2 | 60,0 | 129,0 | | | |
| • Fornecedores | 173,1 | 317,7 | 294,8 | 11,7 | 405,3 | 881,9 |
| • Salários e encargos sociais | 14,5 | 50,1 | 109,3 | 44,0 | 92,2 | 179,4 |
| • Impostos e taxas | | | | | | |
| • Outros cíclicos | 6,0 | 19,0 | 159,7 | 322,0 | 37,3 | 69,8 |
| PASSIVO CIRCULANTE | 454,5 | 1.062,0 | 2.912,5 | 424,0 | 572,6 | 1.167,8 |
| PASSIVO NÃO CIRCULANTE | 34,5 | 64,1 | 56,4 | | | 111,9 |
| PATRIMÔNIO LÍQUIDO | 394,8 | 955,4 | 1.726,9 | 276,9 | 496,2 | 888,9 |
| PASSIVO TOTAL + PATR. LÍQ. | 883,8 | 2.081,5 | 4.695,8 | 700,9 | 1.068,8 | 2.168,6 |

**QUADRO 10.14** Demonstração do resultado das empresas *Industrial A* e *Comercial B* (valores em mil $).

| Itens | Empresa Industrial A | | | Empresa Comercial B | | |
|---|---|---|---|---|---|---|
| | 20X1 | 20X2 | 20X3 | 20X1 | 20X2 | 20X3 |
| Receita líquida de vendas | 568,5 | 1.077,4 | 2.528,0 | 2.187,2 | 3.796,9 | 7.161,8 |
| CPV/CMV | (242,0) | (285,5) | (974,8) | (1.824,7) | (3.085,2) | (5.780,2) |
| Lucro bruto | 326,5 | 791,9 | 1.553,2 | 362,5 | 711,7 | 1.381,6 |
| Despesas operacionais diversas | (115,2) | (228,8) | (736,7) | (304,4) | (621,7) | (1.132,0) |
| Despesas/receitas financeiras | (106,8) | (138,7) | (423,1) | (12,7) | (7,1) | |
| Lucro antes do imposto sobre renda | 104,5 | 424,4 | 393,4 | 45,4 | 82,9 | 249,6 |
| Lucro líquido | 98,0 | 397,4 | 364,1 | 45,4 | 82,9 | 137,7 |

Com base nos balanços patrimoniais e nas demonstrações do resultado dos quadros 10.13 e 10.14, apresentamos, no Quadro 10.15, alguns indicadores para o desenvolvimento de uma análise comparativa das duas empresas.

**QUADRO 10.15** Evolução do IOG e do CCL das empresas *Industrial A* e *Comercial B* (valores em mil $).

| Itens | Empresa Industrial A | | | Empresa Comercial B | | |
|---|---|---|---|---|---|---|
| | 20X1 | 20X2 | 20X3 | 20X1 | 20X2 | 20X3 |
| Receita líquida de vendas | 568,5 | 1.077,4 | 2.528,0 | 2.187,2 | 3.796,9 | 7.161,8 |
| Análise horizontal das vendas | 100,0 | 189,5 | 444,7 | 100,0 | 173,6 | 327,4 |
| Margem bruta | 57,4% | 73,5% | 61,4% | 16,6% | 18,7% | 19,3% |
| Lucro líquido sobre vendas | 17,2% | 36,9% | 14,4% | 2,1% | 2,2% | 1,9% |
| Lucro líquido sobre o patrimônio líquido | 33,0% | 71,2% | 26,7% | 19,6% | 20,1% | 18,3% |
| Liquidez corrente | 1,48 | 1,61 | 1,26 | 0,72 | 0,91 | 0,78 |
| Participação de capitais de terceiros | 123,9% | 117,9% | 171,9% | 153,1% | 115,4% | 144,0% |
| • Ativo circulante cíclico | 642,8 | 1.654,1 | 3.337,6 | 257,0 | 479,6 | 766,8 |
| • Passivo circulante cíclico | 193,6 | 386,8 | 563,8 | 377,7 | 534,8 | 1.131,1 |
| IOG | 449,2 | 1.267,3 | 2.773,8 | (120,7) | (55,2) | (364,3) |
| • Ativo não circulante | 211,1 | 372,1 | 1.031,0 | 395,5 | 549,6 | 1.258,4 |
| • Passivo não circulante | 429,3 | 1.019,5 | 1.783,3 | 276,9 | 496,2 | 1.000,8 |
| CPL | 218,2 | 647,4 | 752,3 | (118,6) | (53,4) | (257,6) |
| Saldo de tesouraria (T) | (231,0) | (619,9) | (2.021,5) | 2,1 | 1,8 | 106,7 |

Numa análise rápida dos dados do Quadro 10.15, podemos observar alguns pontos:

a. A receita líquida de vendas da *Industrial A*, ao longo dos três últimos anos, teve crescimento maior que a da *Comercial B*, conforme observamos pela análise horizontal.
b. A margem bruta da *Industrial A* é muito superior à da *Comercial B*.
c. Tanto o lucro líquido sobre as vendas quanto o lucro líquido em relação ao patrimônio líquido são muito maiores na *Industrial A*.
d. No índice de participação de capitais de terceiros, nos últimos dois anos, a *Industrial A* apresenta valores superiores aos da Comercial B.
e. Quanto ao IOG, notamos que a *Industrial A* mantém níveis muito superiores aos da *Comercial B*, ou seja, esta última tem IOG negativo, o que significa que, em vez de o IOG ser uma necessidade de capital de giro, é uma liberação de recursos.
f. Quanto ao CPL, notamos que a *Comercial B* tem CPL negativo, enquanto os valores da *Industrial A* são positivos, ou seja, esta tem capital para financiar parte de suas necessidades de giro.
g. O saldo em tesouraria da *Industrial A* é negativo e em valores expressivos, significando que a empresa depende de recursos bancários de curto prazo para financiar suas necessidades de giro, enquanto a *Comercial B* tem sobra de recursos, apesar de não ter CPL positivo. O Quadro 10.16 mostra as relações percentuais do IOG, do CPL e do saldo de tesouraria (T) em relação à receita de vendas.

**QUADRO 10.16** O IOG, o CPL e o T como função das vendas.

| Itens | Empresa Industrial A | | | Empresa Comercial B | | |
|---|---|---|---|---|---|---|
| | 20X1 | 20X2 | 20X3 | 20X1 | 20X2 | 20X3 |
| Receita de vendas | 100% | 100% | 100% | 100% | 100% | 100% |
| Investimento operacional em giro (IOG) | 79% | 118% | 110% | – 6% | – 1% | – 5% |
| Capital permanente líquido (CPL) | 38% | 60% | 30% | – 5% | – 1% | – 4% |
| Saldo de tesouraria (T) | – 41% | – 58% | – 80% | 0% | 0% | 1% |

As figuras 10.2 e 10.3, a seguir, ilustram o comportamento das curvas representativas da receita de vendas, do IOG, do CPL e do T.

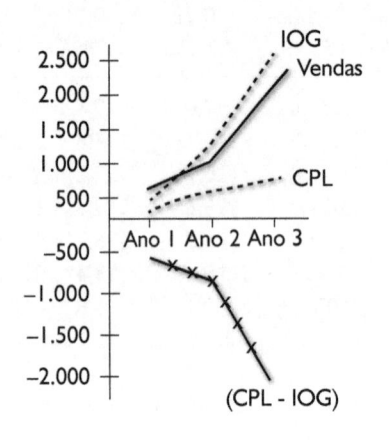

**FIGURA 10.2** Gráfico da *Industrial A*.

**FIGURA 10.3** Gráfico da *Comercial B*.

O leitor, a esta altura, já domina o conceito de que o IOG é função do volume de vendas e dos prazos de rotação. A *Industrial A*, portanto, teve uma evolução de vendas superior à da *Comercial B*. Seu IOG, a partir do ano 2, superou as vendas, caracterizando um ciclo financeiro extremamente elevado. Apesar de as operações da *Industrial A*, gerarem lucro, este é insuficiente para equilibrar o CPL ao nível da necessidade da empresa, o que no último ano, a levou a uma posição negativa de tesouraria da ordem de 80% de suas vendas. O crescimento do IOG em níveis superiores ao do CPL, conforme se pode observar no gráfico da Figura 10.2, é denominado Efeito Tesoura, em razão de assemelhar-se a uma tesoura aberta, como verificaremos no Figura 10.3. Tal comportamento é um valioso indicativo de que a empresa caminha para a insolvência.

Veja, no entanto, que a *Comercial B* teve um crescimento de vendas menor que a *Industrial A*, e teve CPL negativo, embora o saldo de tesouraria tenha sido positivo. Por se tratar de um supermercado, a *Comercial B* tem um IOG negativo, ou seja, as fontes de fornecedores e outros passivos cíclicos são superiores às suas aplicações no ativo cíclico. Essa liberação de recursos é decorrente da característica de seu ciclo financeiro, ou seja, compra a prazo, venda à vista e prazo de rotação dos estoques inferior ao prazo de pagamento das compras.

## 10.4.5 Efeito tesoura

No gráfico da Figura 10.2, observamos o comportamento das curvas representativas do IOG, das vendas, do CPL e do T. É fácil notar que o IOG está em níveis elevados, ou seja, supera as vendas da empresa a partir do segundo ano. Ao mesmo tempo, o CPL é positivo, ou seja, a empresa tem recursos de caráter permanente para financiar parte das suas necessidades de giro, porém tais recursos não são suficientes. O hiato entre as curvas representativas do IOG e do CPL apresenta-se cada vez maior, assumindo o formato de uma tesoura aberta, caracterizando o chamado "efeito tesoura", como se pode ver na Figura 10.4, a seguir.

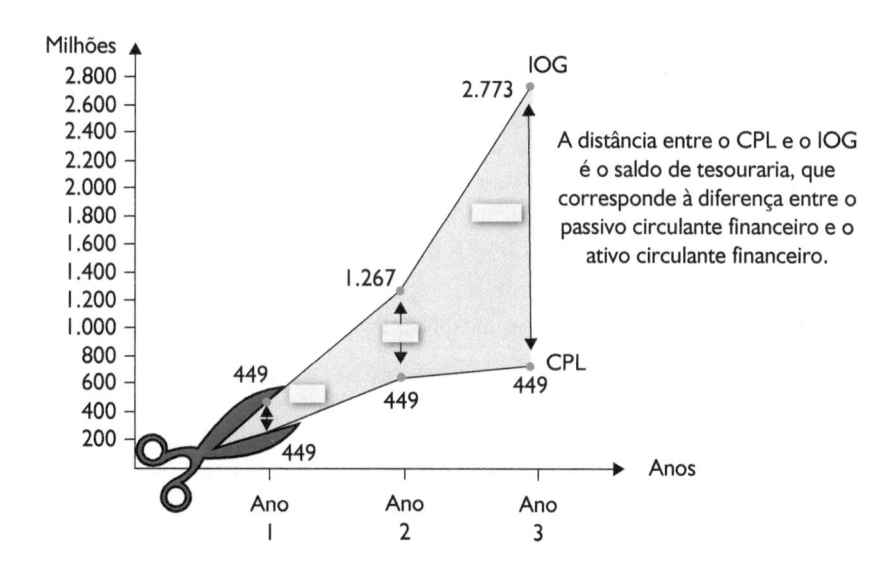

**FIGURA 10.4** Gráfico do efeito tesoura.

O efeito tesoura, representado na Figura 10.4, ocorreu em razão da elevada aplicação de recursos no IOG sem que o nível do CPL fosse suficiente para financiar a aplicação. Então, mesmo a empresa apresentando resultados positivos, o ganho que vinha obtendo não foi suficiente para financiar uma administração inadequada de seu ciclo financeiro, no qual o prazo de rotação de estoques foi de 523 dias[2] no último ano. Isso ocorreu em razão de a empresa ter adotado uma política que objetivava especular com estoques sem possuir recursos para isso, o que a obrigou a tomar empréstimos de instituições financeiras no curto prazo. A curva que representa o saldo de tesouraria (T) é a diferença entre o CPL e o IOG. Veja que a curva T é cada vez mais negativa, dado o peso dos recursos bancários de curto prazo tomados pela empresa. Adicionalmente, o custo da dívida passa a interferir nos resultados da empresa quando o nível de endividamento é muito elevado.

Uma empresa entra no efeito tesoura quando, ao longo de uma série de exercícios sociais, a variação do IOG é superior à variação do CPL, isto é:

$$\Delta \text{IOG} > \Delta \text{CPL} \rightarrow \text{Tesoura}$$

---

2. O prazo médio de rotação dos estoques, de 523 dias, pode ser calculado a partir dos valores dos estoques (Quadro 10.13) e do custo dos produtos vendidos (Quadro 10.14).

A tendência de crescimento do IOG em níveis superiores ao do CPL pode ser um indicativo do efeito tesoura. É importante destacar que esse efeito só constitui um alerta de tendência para insolvência quando ocorre em níveis expressivos, comparativamente às vendas da empresa. Veja que, no caso da *Industrial A*, no exemplo do Quadro 10.8, o saldo em tesouraria foi de – 41% das vendas em 20X1, de – 58% em 20X2 e de – 80% em 20X3. Se tivesse sido de – 2,0%, – 2,8% e – 3,0%, por exemplo, isso não seria motivo de preocupação. No entanto, um saldo de tesouraria negativo, da ordem de 80% das vendas anuais, significa que a empresa tem uma deficiência de recursos para financiar suas necessidades operacionais superior a nove meses de vendas, por exemplo.

Principais razões que levam uma empresa a entrar no chamado efeito tesoura:

a) Elevado ciclo financeiro, como no caso da *Industrial A*, demonstrado no gráfico da Figura 10.4. Nesse caso, mesmo a empresa tendo CPL positivo e sendo lucrativa, a inadequação da administração de seus itens de giro, especialmente dos estoques, foi mais forte e a empresa pediu concordata alguns meses após aquele último exercício social.

b) Até mesmo empresas lucrativas e com o IOG bem administrado podem entrar no efeito tesoura em razão de decisões de imobilização para as quais não têm recursos próprios ou de fontes de longo prazo, ou seja, optam por imobilizações com recursos de instituições financeiras de curto prazo.

c) Empresas com IOG bem administrado, mas que estão dando prejuízo, podem reduzir o CPL em níveis insuficientes para financiar o IOG, obrigando a tomada de recursos de instituições financeiras de curto prazo.

d) Qualquer outra combinação que envolva uma ou mais das três condições a seguir: níveis elevados de IOG, níveis baixos de CPL e prejuízos, desde que resulte um crescimento da magnitude do hiato entre as curvas representativas do IOG e do CPL.

Desse modo, à medida que a abertura da tesoura cresce, a empresa tende a quebrar, situação que pode ser antecipada com uma restrição na obtenção de empréstimos bancários.

## 10.4.6 Overtrade

A palavra *overtrade* significa o ato de uma empresa fazer negócios superiores aos seus recursos financeiros; daí *overtrade* indicar que uma empresa vem efetuando grande volume de negócios sem dispor de recursos suficientes para financiar suas necessidades de capital de giro, ou seja, a variação de seu CPL vem correndo em proporções inferiores à variação do IOG.

As razões pelas quais uma empresa busca a elevação de seus volumes de vendas podem ser várias. Algumas vezes, o fato de a empresa dispor de certo nível de ociosidade em sua capacidade instalada de produção pode levá-la a dinamizar suas vendas, admitindo, inicialmente, que a diluição dos custos fixos por maior volume de produção fará o custo unitário de seu produto ser reduzido e portanto, seu lucro ser aumentado. Entretanto, quando o aumento das vendas provoca maior volume de investimentos em duplicatas a receber, estoques e outros ativos cíclicos, de modo que o crescimento dos passivos cíclicos e a geração adicional de recursos operacionais não são capazes de compensar os investimentos, dependendo da magnitude do crescimento do IOG frente ao crescimento do CPL, temos uma tendência para o *overtrade*.

## 10.5 Fluxo de caixa (*cash flow*)

O fluxo de caixa (*cash flow*) é considerado por muitos analistas um dos principais instrumentos de análise, propiciando a identificação do processo de circulação do dinheiro por meio da variação das disponibilidades mais as aplicações financeiras. No mundo moderno, muitas das transações das empresas não envolvem o caixa, propriamente dito, uma vez que os pagamentos podem ser feitos com cheques e os recebimentos podem ser depositados diretamente nos bancos, sem que precisem transitar pelo caixa.[3] A expressão fluxo de caixa, portanto, deve ter uma amplitude maior, envolvendo os pagamentos e os recebimentos em geral. A análise do fluxo de caixa examina a origem e a aplicação do dinheiro que transitou pela empresa. A expressão fluxo de caixa pode ainda ter duas grandes dimensões de compreensão: (a) o fluxo de caixa passado, isto é, aquele que já foi realizado; e (b) o fluxo de caixa previsto, ou seja, a previsão de caixa que abrange um período futuro. Dentro da própria empresa, uma das funções do administrador de caixa será comparar o fluxo de caixa previsto com o realizado, objetivando identificar eventuais variações e as causas de suas ocorrências. A análise do fluxo de caixa auxiliará no entendimento da proveniência e do uso do dinheiro na empresa. Porém, na maioria das vezes, o analista externo à empresa não tem acesso aos pormenores relativos ao caixa, exceto quando se trata de análise de um projeto de longo prazo, cujo estudo do fluxo de caixa é parte integrante do processo de análise. Quanto ao fluxo de caixa retrospectivo, é possível reconstruí-lo com razoável grau de detalhamento, partindo do balanço patrimonial, da demonstração do resultado e de algumas informações adicionais.

Para fins de exemplo, vamos mostrar um fluxo de caixa retrospectivo, tomando como base os dados de uma empresa hipotética à qual demos o nome de *Exemplo Simples*, cujo balanço e demonstração do resultado constam respectivamente nos Quadros 10.17 e 10.18, a seguir.

---

3. A tendência é que se use cada vez menos dinheiro ou equivalente para pagamento de gastos. O cheque vai gradativamente sendo substituído pelas transferências eletrônicas de fundos.

**QUADRO 10.17** Balanço patrimonial da empresa *Exemplo Simples*.

| Ativo | 20X3 | 20X4 |
|---|---|---|
| **Ativo Circulante** | | |
| Disponível | 207,00 | 157,00 |
| Duplicatas a receber | 3.248,00 | 9.732 |
| (–) PEPCLD(*) | – 97,44 | – 291,96 |
| Duplicatas a receber líquidas | 3.150,56 | 9.440,04 |
| Estoques | 1.348,00 | 4.223 |
| **Total do Ativo Circulante** | **4.705,56** | **13.820,04** |
| **Ativo Não Circulante** | | |
| Realizável a longo prazo | | |
| Imobilizado | 5.644,00 | 8.244,00 |
| (–) Depreciação acumulada | – 282,20 | – 846,60 |
| Imobilizado líquido | 5.361,80 | 7.397,40 |
| **Total do Ativo Não Circulante** | **5.361,80** | **7.397,40** |
| **Total do Ativo** | **10.067,36** | **21.217,44** |
| Passivo + Patrimônio Líquido | 20X3 | 20X4 |
| **Passivo Circulante** | | |
| Fornecedores | 701,00 | 2.211,00 |
| Salários e encargos sociais | 246,00 | 787,00 |
| Contas a pagar | 70,00 | 221,00 |
| Provisão para IR a recolher | | 852,46 |
| **Total do Passivo Circulante** | **1.017,00** | **4.071,46** |
| **Passivo Não Circulante** | | |
| Empréstimos | 3.825,00 | 6.090,00 |
| **Patrimônio líquido** | | |
| Capital | 5.225,36 | 6.225,36 |
| Lucros acumulados | | 4.830,62 |
| **Total do Patrimônio Líquido** | **5.225,36** | **11.055,98** |
| **Total do Passivo + Patrimônio Líquido** | **10.067,36** | **21.217,44** |

(*) PEPCLD, sigla para "perdas estimadas para crédito de liquidação duvidosa", equivale à antiga provisão para devedores duvidosos.

**QUADRO 10.18** Demonstração de resultado da empresa *Exemplo Simples*.

| Demonstração de resultado | 20X4 |
|---|---|
| Vendas | 26.810,00 |
| CMV | (13.405,00) |
| Lucro bruto | 13.405,00 |
| Despesas de salários e encargos | (4.573,00) |
| Despesas gerais | (1.625,00) |
| Despesa provisão devedores duvidosos | (194,52) |
| Depreciações | (564,40) |
| Despesas financeiras | (765,00) |
| Lucro operacional | 5.683,08 |
| Provisão para IR | (852,46) |
| Lucro líquido | 4.830,62 |

**Informações adicionais**

Adicionalmente, temos as seguintes informações:

a. Em 31.12.X4, os sócios subscreveram e integralizaram um aumento de capital, em dinheiro, no valor de $ 1.000.

b. Em 31.12.X4, a empresa obteve um financiamento de $ 1.500 para pagamento em três parcelas, com vencimento para 18, 24 e 30 meses.

c. Em 31.12.X4, a empresa adquiriu bens do ativo imobilizado no valor de $ 2.600, pagando à vista ao fornecedor.

d. A totalidade das despesas financeiras de 20X4, no valor de $ 765 foi incorporada à dívida de longo prazo que a empresa já mantinha no início do período.

Note que, durante o ano de 20X4, as disponibilidades mais as aplicações financeiras da *Exemplo Simples* tiveram uma variação de menos $ 50.

| | 20X3 | 20X4 | Variação |
|---|---|---|---|
| Disponibilidades | 207 | 157 | (50) |

Por meio do fluxo de caixa, verificaremos quais itens provocaram a referida redução de $ 50. O Quadro 10.19, a seguir, ilustra um fluxo de caixa elaborado para a *Exemplo Simples*, mostrando as diversas entradas e saídas de dinheiro, que resultaram a variação de menos $ 50.

**QUADRO 10.19** Fluxo de caixa da empresa *Exemplo Simples* – Método direto.

| Itens | 20X4 |
|---|---|
| **ATIVIDADES OPERACIONAIS** | |
| Vendas | 26.810,00 |
| Duplicatas a receber (inicial) | 3.248,00 |
| Duplicatas a receber (final) | – 9.732,00 |
| (a) Recebido de clientes | 20.326,00 |
| Custo da mercadoria vendida | 13.405,00 |
| Estoque (final) | 4.223,00 |
| Estoque (inicial) | – 1.348,00 |
| (=) Compras | 16.280,00 |
| Fornecedores (inicial) | 701,00 |
| Fornecedores (final) | – 2.211,00 |
| (b) Pagamento a fornecedores | 14.770,00 |
| Despesas de salários e encargos | 4.573,00 |
| Despesas gerais | 1.625,00 |
| Salários e encargos sociais (inicial) | 246,00 |
| Salários e encargos sociais (final) | – 787,00 |
| Contas a pagar (inicial) | 70,00 |
| Contas a pagar (final) | – 221,00 |
| (c) Pagamento de despesas | 5.506,00 |
| (d) Caixa operacional (a – b – c) | 50,00 |
| **ATIVIDADES DE INVESTIMENTO** | |
| Compra de imobilizado | 2.600,00 |
| (e) Caixa líquido das atividades de investimentos | – 2.600,00 |
| **ATIVIDADES DE FINANCIAMENTO** | |
| Aumento de capital | 1.000,00 |
| Financiamentos de longo prazo | 1.500,00 |
| (f) Caixa líquido das atividades de financiamento | 2.500,00 |
| (g) Variação das disponibilidades (d + e + f) | – 50,00 |

O Quadro 10.19 transmite-nos uma excelente ideia do fluxo do dinheiro na empresa durante o período. O fluxo de caixa ou Demonstração dos Fluxos de Caixa compreende três grupos básicos de atividades: (i) atividades operacionais; (ii) atividades de investimento; e (iii) atividades de financiamento.

Fica claro que todo o dinheiro proveniente das atividades operacionais da empresa, ou seja, recebidos de clientes, é de $ 20.326. Todavia, a empresa pagou a fornecedores $ 14.770 enquanto o pagamento de despesas absorveu $ 5.506. O caixa operacional foi de $ 50. Do ponto de vista das decisões de investimento relacionadas às aplicações de recursos no ativo imobilizado, notamos que a empresa adquiriu bens no valor de $ 2.600. Na parte de financiamento, a empresa contou com aporte de capital proveniente dos sócios, no valor de $ 1.000 mais financiamentos de longo prazo, no valor de $ 1.500, resultando uma entrada líquida decorrente das atividades de financiamento no valor de $ 2.500. Portanto, as chamadas decisões estratégicas (investimento e financiamento) absorveram o valor líquido de $ 100. A variação negativa das disponibilidades, em $ 50 em 20X4, decorreu da diferença entre o caixa operacional positivo de $ 50, a saída de $ 2.600 decorrente de investimentos no ativo imobilizado, além da captação de $ 2.500 de recursos junto aos sócios e credores.

Nos tópicos seguintes, examinaremos as técnicas para reconstituição do fluxo de caixa da empresa.

## 10.5.1 Elaboração do fluxo de caixa

Há duas formas básicas de apresentação do fluxo de caixa: (a) o método direto e (b) o método indireto. No Quadro 10.19 vimos o fluxo de caixa da *Exemplo Simples* pelo método direto.

Para fins de exemplo sobre elaboração de um fluxo de caixa retrospectivo, vamos utilizar uma situação hipotética com a *Exemplo Simples*. Para nos posicionarmos sobre os números a serem utilizados, temos:

- Balanços patrimoniais (Quadro 10.17)
- Demonstração do resultado (Quadro 10.18)
- Informações adicionais
- Fluxo de caixa (Quadro 10.19)

Note que o Quadro 10.19 é o próprio fluxo de caixa. A partir de agora, iremos mostrar como ele foi elaborado. Os itens de natureza operacional que compõem o fluxo de caixa são obtidos, basicamente, dos balanços patrimoniais (Quadro 10.17) e da demonstração do resultado (Quadro 10.18). Todavia, os dados adicionais nos fornecem as informações sobre os itens relacionados às decisões de investimento no ativo imobilizado, bem como sobre a forma como a empresa financiou tais investimentos.

Vamos trabalhar com um conceito modular de fluxo de caixa, em que cada módulo representará uma etapa importante para o analista entender e analisar o desempenho da empresa e sua situação no âmbito das grandes decisões tomadas pela sua direção.

O conceito de fluxo de caixa está relacionado à entrada e saída de dinheiro na empresa. Desse modo, a primeira etapa no fluxo de caixa será saber quanto a empresa recebeu de seus clientes no período.

## Recebimento de clientes

| Recebimento de clientes | $ mil |
|---|---|
| Vendas (ou receita de vendas) | 26.810 |
| Duplicatas a receber (inicial) | 3.248 |
| Duplicatas a receber (final) | (9.732) |
| (a) Recebido de clientes | 20.326 |

No início de 20X3, a empresa tinha para receber de seus clientes $ 3.248 decorrentes das vendas a prazo realizadas em 20X2, devendo receber esse valor nos primeiros meses de 20X3. Durante o ano de 20X3, as vendas da empresa somaram $ 26.810, mas não foram realizadas totalmente à vista, de modo que, em 31.12.X3, a empresa tinha $ 9.732 para receber de seus clientes, decorrentes de vendas a prazo em 20X3, que seriam pagos em 20X4. Em tal condição, a empresa recebeu de seus clientes, durante 20X3, o valor de $ 20.326, o que corresponde às vendas do período menos a variação apresentada pela conta de duplicatas a receber entre o início e o fim do ano.[4]

Conforme podemos verificar, o cálculo do valor recebido de clientes é fácil. A receita líquida mais os impostos são obtidos da demonstração do resultado (Quadro 10.18), enquanto os valores relativos a duplicatas a receber são obtidos dos balanços patrimoniais (Quadro 10.17).

Em nosso exemplo, a empresa não teve perda com incobráveis. Para conciliar os valores relativos à provisão para devedores duvidosos, bem como os incobráveis do período, que afetariam o valor recebido de clientes, vamos montar a seguinte equação:

| Perdas estimadas para créditos de liquidação duvidosa (inicial) | PDDi |
|---|---|
| (–) Baixas referentes aos incobráveis | INC |
| (+) Nova estimativa líquida (despesa) | PDD |
| (=) Perdas estimadas para crédito de liquidação duvidosa (final) | PDDf |

Os saldos inicial e final de *perda estimada para crédito de liquidação duvidosa* são obtidos diretamente dos balanços, nos quais constam como valores redutores de duplicatas a receber (veja Quadro 10.17). A nova estimativa líquida, ou despesa de provisão para devedores duvidosos, corresponde ao valor contabilizado pela empresa no período menos a eventual reversão da estimativa constituída no exercício anterior e que não foi absorvida por incobráveis no período. Pode-se obter, por diferença, o montante das baixas com incobráveis. No entanto se a demonstração do resultado não especificar quanto foi contabilizado como despesa de estimativa para créditos de liquidação duvidosa,[5] não será possível calcular o montante de incobráveis,

---

[4]. Da mesma forma que uma empresa vende a prazo, pode ocorrer uma situação inversa, isto é, de ela receber adiantado. Nessa condição, o cliente, ao fazer um pedido, antecipa parte ou a totalidade de seu pagamento por conta dos produtos, mercadorias ou serviços que serão entregues num futuro combinado. Muitas vezes, ocorrem, simultaneamente, as duas formas de recebimento, isto é, alguns clientes compram a prazo e outros efetuam antecipações de pagamentos de pedidos. As antecipações, ou melhor, os adiantamentos recebidos dos clientes, devem ajustar o fluxo de caixa da empresa, sendo adicionados pelo montante equivalente à sua variação.

[5]. Caso a demonstração do resultado não especifique o valor correspondente às despesas com provisão para devedores duvidosos nem haja menção nas notas explicativas, o último recurso é solicitar a informação à empresa.

o que acarretaria uma pequena imprecisão no valor referente ao recebimento de clientes. Porém, essa imprecisão não deve nos preocupar, pois será compensada automaticamente no item referente ao pagamento das despesas. Veja que, no caso da *Exemplo Simples,* há identificação do montante com despesas de provisão para devedores duvidosos, de forma que, efetuando-se os cálculos conforme demonstramos, constatamos que não houve baixas referentes a duplicatas incobráveis, no período:

| Itens | $ |
|---|---|
| Perdas estimadas com crédito de liquidação duvidosa em 31.12.X3 | 97,44 |
| (–) Baixas referentes aos incobráveis | – |
| (+) Estimativa líquida (despesa 20X4) | 194,52 |
| (=) Perdas estimadas com crédito de liquidação duvidosa em 31.12.X4 | 291,96 |

No Capítulo 8 (item 8.2.1.1.6), constam os comentários sobre *perdas estimadas para créditos de liquidação duvidosa.*

**Pagamento a fornecedores**

| Pagamento a fornecedores | $ mil |
|---|---|
| Custo da mercadoria vendida | 13.405 |
| Estoque (final) | 4.223 |
| Estoque (inicial) | (1.348) |
| Compras/custos | 16.280 |
| Fornecedores (inicial) | 701 |
| Fornecedores (final) | (2.211) |
| (b) Pagamento fornecedores/custos | 14.770 |

Numa empresa comercial, as compras correspondem à soma do *custo das mercadorias vendidas* com a variação dos estoques. No caso de empresas industriais, tanto os *estoques* quanto o *custo dos produtos vendidos* contêm apropriação de mão de obra direta e de custos indiretos não relacionados com fornecedores.

No caso de pagamento a fornecedores, o raciocínio é análogo ao que desenvolvemos para explicar o montante que a empresa recebeu de seus clientes em decorrência das vendas. Note que o custo da mercadoria vendida mais o estoque final e menos estoque inicial corresponde às compras (mais custos) do período, totalizando $ 16.280.

As compras de um período podem ser efetuadas à vista ou a prazo. No exemplo, o montante pago aos fornecedores é representado pelas compras do período de $ 16.280 menos a variação da dívida da empresa junto aos fornecedores (fornecedores no final, de $ 2.211, menos fornecedores no início, $ 701).

## Pagamento de despesas e impostos

| Pagamento de despesas e impostos | $ mil |
|---|---|
| Despesas de salários e encargos | 4.573 |
| Despesas gerais | 1.625 |
| Salários e encargos sociais (inicial) | 246 |
| Salários e encargos sociais (final) | (787) |
| Contas a pagar (inicial) | 70 |
| Contas a pagar (final) | (221) |
| (c) Pagamento de despesas e impostos | 5.506 |

Durante 20X4, a empresa pagou o valor de $ 5.506 a título de despesas e impostos.[6] A lógica é a mesma adotada para os itens anteriores: em cada período, a empresa paga despesas que foram da competência contábil do exercício anterior. Ao mesmo tempo, parte das despesas do próprio exercício é paga no exercício seguinte, daí considerarmos as despesas de salários e encargos, mais as despesas gerais (trazidas do Quadro 10.18), e acrescentarmos os respectivos valores a pagar no final do ano anterior, bem como subtrairmos as despesas a pagar no final do ano em questão (dados dos respectivos balanços patrimoniais do Quadro 10.18).

Nesse exemplo, não tivemos "despesas antecipadas" no ativo circulante. Entretanto, quando a empresa apresentar aquela rubrica, precisaremos considerá-la para efeito de fluxo de caixa. O procedimento é o seguinte: primeiro a empresa paga as despesas, para, depois, apropriá-las na proporção do consumo. Daí adicionarmos como saídas os saldos finais e subtrairmos os saldos iniciais, para que prevaleça apenas a variação das despesas.

## Caixa operacional antes das despesas e receitas financeiras

| Caixa operacional | $ |
|---|---|
| (a) Recebido de clientes | 20.326 |
| (b) Pagamento a fornecedores e custos | (14.770) |
| (c) Pagamento de despesas e impostos | (5.506) |
| (d) Caixa operacional antes das despesas e receitas financeiras | 50 |

A *linha d* totaliza o movimento financeiro operacional antes de computar o pagamento e o recebimento de despesas e receitas financeiras. É uma forma prática de visualizar a geração de caixa decorrente das atividades-fins da empresa.

---

6. Além das despesas pagas, no caso de indústrias, pode haver pequenas parcelas de custos, como mão de obra do pessoal da produção.

## Pagamento de despesas financeiras

Nesse exemplo, não apareceram despesas financeiras no fluxo de caixa, em razão de tais encargos financeiros não terem sido pagos no período, ou seja, foram adicionados à respectiva dívida no passivo não circulante. Entretanto, na existência de despesas financeiras, a lógica é análoga ao que temos feito até agora com as demais despesas, mas com uma dificuldade adicional, pelo fato de os juros não pagos serem adicionados às respectivas dívidas e, portanto, não termos como calcular a variação de juros (despesas financeiras) a pagar. Daí, o item de instituições financeiras representa, em cada período, aquilo que a empresa deve para os bancos a título do empréstimo principal mais os juros já incorridos e não pagos. O critério mais adequado é solicitar à empresa os valores relativos às despesas financeiras que foram apropriadas ao exercício e que não foram pagas. Pode-se considerar, para fins de simplificação, que todos os juros foram pagos no período e compensados na variação da dívida, como se os juros embutidos tivessem entrado como novos empréstimos.

## Receitas financeiras

Com as receitas financeiras temos a mesma lógica das despesas financeiras, ou seja, não há identificação de receitas financeiras não recebidas, uma vez que estas são agregadas às aplicações financeiras.

## Aumento de capital

Note que o valor de $ 1.000 relativo ao aumento de capital em aporte feito pelos sócios, constante no fluxo de caixa, foi obtido das informações adicionais, descritas após a demonstração do resultado (Quadro 10.18).

## Financiamentos de longo prazo

O valor de $ 1.500 refere-se aos novos financiamentos de longo prazo obtidos pela empresa no período. A tendência é que as linhas de financiamento de longo prazo sejam destinadas ao financiamento de bens do ativo imobilizado. Veja que o valor de $ 1.500 do fluxo de caixa também consta das informações adicionais.

## Caixa das atividades de investimentos

Conforme podemos observar, também nas informações adicionais, a empresa comprou ativo imobilizado no período, no valor de $ 2.600, cujo valor veio para a DFC como caixa líquido das atividades de investimento, como se vê no item (e) do Quadro 10.22.

## Caixa das atividades de financiamento

| Efeito das decisões de financiamento | $ |
|---|---|
| Aumento de capital | 1.000 |
| Financiamentos de longo prazo | 1.500 |
| (f) Caixa estratégico | 2.500 |

As decisões de investimento e financiamento fazem parte de um contexto estratégico das empresas. Desse modo, investir na aquisição de bens do ativo imobilizado é decorrência de uma política de expansão ou de modernização da empresa. Adicionalmente, a forma como a empresa financiará seus investimentos, seja com recursos próprios, seja de terceiros, também é parte do contexto estratégico relacionado à sua estrutura de capitais. Essa associação entre as aplicações de caráter permanente em equipamentos e forma de seu financiamento resultou uma variação líquida de caixa de menos $ 100.

**Variação das disponibilidades**

| Variação das disponibilidades | $ |
|---|---|
| (d) Caixa operacional | 50 |
| (e) Caixa das atividades de investimentos | 2.500 |
| (f) Caixa das atividades de financiamento | (2.600) |
| (g) Variação das disponibilidades | (50) |

Conforme mencionamos no início do tópico 10.5.1, o fluxo de caixa retrospectivo pode ser desenvolvido pelos métodos direto ou indireto. O método direto, que acabamos de verificar, possibilita-nos uma visão analítica das entradas e saídas de dinheiro na empresa. O método indireto, por sua vez, checa a variação de caixa, mas com menos riqueza de informação. Vejamos o método indireto no Quadro 10.23.

**DFC pelo método indireto**

A demonstração dos fluxos de caixa elaborada pelo método indireto é iniciada a partir do lucro líquido, fazendo-se uma série de ajustes relativos aos itens que estão contidos no próprio lucro líquido, mas que não provocaram movimentação de caixa no período (como depreciação, por exemplo), para chegar ao fluxo de caixa líquido decorrente das atividades operacionais, cujo valor é igual ao obtido pelo método direto que vimos na parte precedente. Os itens relacionados a atividades de investimento, como aquisição de imobilizado, assim como a parte relativa às atividades de financiamento, como o aporte de capital dos sócios e a tomada de financiamento de longo prazo, não precisam mudar sua forma de apresentação, comparativamente ao método direto.

Note, portanto, pelo Quadro 10.20, que o método indireto também leva ao fluxo de caixa líquido do período, ou variação das disponibilidades.

**QUADRO 10.20** Fluxo de caixa da empresa *Exemplo Simples* – Método indireto.

| | Itens | Valores $ |
|---|---|---|
| LL | Lucro líquido do período | 4.830,62 |
| A1 | Encargos da dívida de Longo Prazo | 765,00 |
| | Depreciações | 564,40 |
| GEO | Geração Operacional de Recursos | 6.160,02 |
| A2 | Imposto de Renda a pagar (variação no | 852,46 |
| | Fluxo de caixa operacional antes da | 7.012,48 |
| | Duplicatas a receber (inicial) | – 3.150,56 |
| | Duplicatas a receber (final) | 9.440,04 |
| | Estoque (inicial) | – 1.348,00 |
| | Estoque (final) | 4.223,00 |
| | Fornecedores (inicial) | 701,00 |
| Δ IOG | Fornecedores (final) | – 2.211,00 |
| | Salários e encargos sociais (inicial) | 246,00 |
| | Salários e encargos sociais (final) | – 787,00 |
| | Contas a pagar (inicial) | 70,00 |
| | Contas a pagar (final) | – 221,00 |
| | Variação IOG | 6.962,48 |
| FC LAO | Caixa líquido das atividades operacionais | 50,00 |
| FCLAI | Compra de imobilizado | |
| | Caixa líquido das atividades | – 2.600,00 |
| FCLAF | Integralização de capital | 1.000,00 |
| | Empréstimos de longo prazo | 1.500,00 |
| | Caixa líquido das atividades de | 2.500,00 |
| FCGL | Fluxo de caixa global líquido no período | – 50,00 |

Para fins da *Exemplo Simples*, construímos o Quadro 10.20, para ilustrar o método indireto. A primeira coluna identifica as etapas básicas para elaboração da DFC pelo método indireto. Com maior frequência, as empresas divulgam a DFC pelo método indireto. No caso de empresas de capital aberto ou de qualquer outra que divulgue a DFC, o trabalho do analista é facilitado em razão do demonstrativo ser disponibilizado pronto para uso. Por outro lado, há muitos casos em que o analista precise elaborar uma DFC. Os exemplos dos dois modelos que apresentamos (direto e indireto) o ajudarão na estruturação de um fluxo de caixa; porém, dada a amplitude de possibilidades, muitas transações novas podem surgir e exigir adequada compreensão e enquadramento nos respectivos grupos relacionados na primeira coluna do Quadro 10.20.

Usamos a expressão fluxo de caixa global líquido no período (FCGL) para designar a variação de caixa e equivalentes de caixa, entre 20X3 e 20X4, conforme equação a seguir.

$$FCGL = LL + A1 + A2 - \Delta IOG + FCLAI + FCLAF$$

| FCGL | = | LL | A1 | A2 | Δ IOG | FCLAI | FCLAF | = | FCGL |
|---|---|---|---|---|---|---|---|---|---|
|  |  | 4.830,62 | 1.329,40 | 852,46 | – 6.962,48 | – 2.600,00 | 2.500,00 |  | – 50,00 |

Sendo:

FCGL = Fluxo de caixa global líquido no período, ou seja, a variação das disponibilidades.
LL = Lucro líquido do período.
A1 = Ajustes relativos aos itens que não afetaram o CCL e que estão contidos no lucro líquido do período, como os encargos da dívida de longo prazo (não pagos) e as depreciações. Note que o LL + A1 leva à geração operacional de recursos.
A2 = Ajustes relativos à variação dos impostos sobre o lucro, que não foram pagos durante o período de X4, e que está contida no passivo circulante financeiro.
Δ IOG = Variações nas contas que integram o IOG. Note que duplicatas a receber e estoque integram o chamado ativo circulante cíclico (ACC), enquanto as contas de fornecedores, salários e encargos sociais e contas a pagar integram o passivo circulante cíclico (PCC). A diferença entre o ACC e o PCC é o IOG. Os ajustes relativos aos ativos e passivos circulantes de natureza operacional também foram feitos na DFC pelo método direto, só que a alocação dessas rubricas na DFC aparece de forma diferente, conforme o leitor poderá observar, comparando as duas.
FCLAI = Fluxo de caixa líquido das atividades de investimento. No exemplo, ocorreu aquisição de bens do ativo imobilizado no valor de $ 2.600. O FCLAI compreende as aquisições e as baixas ocorridas no período, quando for o caso.
FCLAF = Fluxo de caixa líquido das atividades de financiamento. No exemplo, ocorreu integralização de capital pelos sócios, no valor de $ 1.000, mais a obtenção de um financiamento bancário de $ 1.500.

### 10.5.2 Fluxo de caixa livre (*free cash flow*)

Vamos apresentar resumidamente os conceitos de fluxo de caixa operacional líquido (*net operating cash flow*) e de fluxo de caixa livre (*free cash flow*), que diferem dos conceitos utilizados na DFC. Vejamos alguns dos conceitos utilizados na bibliografia norte-americana, para melhor compreendermos as correlações deles com o que temos apresentado e com o que é praticado em termos de empresas brasileiras.

## Capital de giro operacional líquido (*net operating working capital*)

O conceito de capital de giro operacional líquido foi apresentado no item 10.2.1[7] e equivale ao ativo circulante operacional (ACO) menos o passivo circulante operacional (PCO). Vejamos o cálculo do CGOL para a *Exemplo Simples* nos exercícios de 20X3 e 20X4, conforme o Quadro 10.21, a seguir.

**QUADRO 10.21** Capital de giro operacional líquido.

| Contas | 20X3 | 20X4 |
|---|---|---|
| Caixa (no caso disponibilidades) | 207,00 | 157,00 |
| Duplicatas a receber | 3.150,56 | 9.440,04 |
| Estoques | 1.348,00 | 4.223,00 |
| (a) Ativos circulantes operacionais (ACO) | 4.705,56 | 13.820,04 |
| Fornecedores | 701,00 | 2.211,00 |
| Salários a pagar | 246,00 | 787,00 |
| Contas a pagar | 70,00 | 221,00 |
| (b) Passivos circulantes operacionais (PCO) | 1.017,00 | 3.219,00 |
| ▪ Capital operacional líquido – CGOL (a – b) | 3.688,56 | 10.601,04 |
| ▪ Variação do CGOL | | 6.912,48 |

Note que o CGOL foi de $ 3.688,56 em 20X3 e de $ 10.601,04 em 20X4, decorrendo daí uma variação de $ 6.912,48. Foram usados os números do Quadro 10.17 para construção do Quadro 10.21.

## Lucro operacional líquido após o Imposto de Renda (Loair ou Nopat)

O chamado Nopat (*Net Operating Profit after Taxes*) é um conceito relativamente simples, já apresentado no item 10.2.2 quando falamos do EVA.

$$\text{Nopat} = \text{Ebit} \times (1 - \text{Alíquota de IR})$$

Sendo:

Ebit (*Earnings Before Interest and Taxes*), ou seja, lucro antes dos juros e Imposto de Renda (Lair).

---

7. Na realidade, os autores mencionados não usam o termo *cíclico* para os itens do ativo e passivo circulantes, mas relacionam as contas que, segundo os conceitos que temos usado no IOG, têm características cíclicas.

Vejamos o Nopat para o caso da *Exemplo Simples*:

Pelo Quadro 10.18, notamos que o lucro operacional (que equivale, no caso, a lucro antes do Imposto de Renda) foi de $ 5.683,08; se somarmos as despesas financeiras de $ 765,00, chegaremos a $ 6.448,08, que é o Ebit.

$$\text{Nopat} = \$ 6.448{,}08 \times (1 - 0{,}15) \rightarrow \text{Nopat} = \$ 5.480{,}87$$

Portanto, o Nopat é de $ 5.480,87, considerando uma alíquota hipotética de 15%, para fins didáticos.

**Fluxo de caixa operacional (operating cash flow)**

O fluxo de caixa operacional (FCO) é o Nopat mais a depreciação. Aplicando o conceito para *Exemplo Simples*, teremos:

$$\text{FCO} = \text{Nopat} + \text{Depreciação}$$

Daí, FCO = $ 5.480,87 + $ 564,40 → FCO = $ 6.045,27.

Note que o FCO aqui obtido difere significativamente do caixa líquido das atividades operacionais obtido nas DFCs (Quadros 10.19). Nesse FCO, de $ 6.045,27, o conceito de caixa inclui também a variação de recebíveis de clientes, de estoques e de fornecedores, por exemplo; portanto, a variação do IOG está sendo entendida como caixa e, ao mesmo tempo, exclui o Imposto de Renda, que será pago no exercício seguinte.

**Investimento bruto de capital operacional (gross investment in operating capital)**

A soma da variação do capital de giro operacional líquido (CGOL) com as aquisições de ativos imobilizados para a reposição da capacidade de produção instalada constitui o investimento bruto de capital operacional (IBCO).

$$\text{IBCO} = \text{variação do capital de giro operacional} + \text{aquisições de ativos fixos}$$

IBCO = $ 6.912,48 + $ 2.600,00 → IBCO = $ 9.512,48.

Vê-se, portanto, que a empresa teve investimento bruto de capital operacional no valor de $ 9.512,48, composto de duas partes: uma relativa à variação do capital de giro operacional líquido, que foi de $ 6.912,48, conforme cálculos já efetuados (Quadro 10.19), e outra relativa à aquisição de ativos fixos, no valor de $ 2.600,00 (ver informações adicionais, após Quadro 10.18).

**Fluxo de caixa livre (*free cash flow*)**

O fluxo de caixa livre (FCF) é o FCO (fluxo de caixa operacional) menos o investimento bruto de capital operacional (IBCO).

$$\text{FCF} = \text{FCO} - \text{IBCO}$$

FCF = $ 6.045,27 − $ 9.512,48 → − $ 3.467,21.

Note que o FCF para a *Exemplo Simples* foi negativo em $ 3.467,21. Vale destacarmos que mesmo que, uma empresa apresente fluxo de caixa positivo em suas operações, há a necessidade de reposição dos ativos utilizados por ela. No longo prazo, os fluxos de caixa só serão mantidos se a empresa repuser os ativos depreciados. Nesse sentido, a empresa não pode dispor livremente dos fluxos de caixa para distribuí-los. Daí o fluxo livre de caixa representar o que a empresa pode distribuir a seus acionistas após ter feito os investimentos de reposição de ativos permanentes e suprido os acréscimos de necessidade de capital de giro. Note que o fluxo livre de caixa foi negativo em $ 3.467,21. Essa é uma informação relevante, demonstrando que não há caixa para ser distribuído aos acionistas sob a forma de dividendos.

Por outro lado, numa análise convencional do fluxo de caixa, a primeira ideia que se pode ter é que a situação da empresa não é boa em razão de haver um fluxo de caixa livre negativo. O fluxo livre de caixa negativo não é necessariamente algo ruim. Nesse exemplo, a empresa financiou a aquisição de ativos permanentes basicamente com recursos dos sócios, que fizeram um aporte de capital de $ 1.000, e com financiamento de longo prazo, no valor de $ 1.500. Do ponto de vista operacional, a empresa vem sendo lucrativa e gerando caixa. Adicionalmente, suas decisões estratégicas foram conduzidas de forma correta, financiando a reposição de ativos e o crescimento de sua capacidade de produção com recursos provenientes dos sócios, com linhas de longo prazo, com caixa operacional (gerado em suas atividades) e com o uso de recursos financeiros de que já dispunha. O *free cash flow* pode nos fornecer uma excelente visão acerca da capacidade futura de pagamento de dívidas, a partir de projeções de resultados futuros.

## 10.5.3 Análise do fluxo de caixa

No item 10.5.1 foi apresentada a metodologia de elaboração do fluxo de caixa, tomando como base as informações das demonstrações financeiras publicadas pela empresa, isto é, balanço patrimonial, demonstração do resultado e informações adicionais. O Quadro 10.19 mostra as diversas movimentações financeiras. Os cálculos relativos a cada uma das linhas detalham as diversas conciliações necessárias à reconstituição do fluxo de caixa, uma vez que, partindo de suas informações, é possível reordenar os valores segundo o critério que melhor convier ao usuário de tais informações.

O conjunto de entradas e saídas que compõe o fluxo de caixa permite-nos analisá-lo também sob três perspectivas (operacional, estratégico e tático), bem como, em cada grupo, detalhar seus componentes. Temos, portanto:

a. Na parte operacional:
- Recebimento de clientes em decorrência do volume de vendas e da política de prazos concedidos. Pode mostrar, ainda, os adiantamentos recebidos dos clientes, os abatimentos e os incobráveis, quando for o caso.
- Pagamento aos fornecedores, volume de compras, variação de fornecedores. Representatividade das despesas com administração e vendas, bem como a variação dessas fontes espontâneas de recursos. Despesas, valores a pagar e desembolsos relativos aos impostos.

b. Na parte estratégica:
- O comprometimento de recursos com novas aquisições de imobilizado ou a liberação de recursos provenientes das desmobilizações, como parte do caixa líquido decorrente das atividades de investimentos.

- As aquisições de novas participações acionárias em outras empresas e os investimentos que foram alienados.
- Identificação da política de dividendos da empresa, levando-nos a saber quanto dos recursos estão sendo destinados aos acionistas por meio de pagamento de dividendos ou de juros sobre o capital.
- No fluxo de caixa líquido, das atividades de financiamento, podemos identificar o montante de capital aportado pelos acionistas, assim como o volume de recursos captados de terceiros (vencimento no longo prazo), averiguando suas origens e características.

Por fim, é possível verificar se as decisões financeiras estão comprometendo a saúde financeira da empresa, no curto prazo, ou se a estratégia parece correta.

c. Na parte tática:
- O volume de empréstimo bancário de curto prazo e desconto de duplicatas que ingressou na empresa e qual a razão.
- Quanto a empresa desembolsou para efetuar pagamento de juros e qual a razão.
- As receitas financeiras do período.

E, finalmente, pode-se compor a variação das disponibilidades.

d. Em geral, o entendimento é facilitado pelos motivos seguintes:
- As variações ocorridas no CCL em decorrência das mudanças no passivo e no ativo não circulantes, assim como no patrimônio líquido.
- As variações no IOG em consequência das vendas, dos prazos concedidos aos clientes e dos prazos recebidos de fornecedores.
- De que modo a liquidez da empresa foi alterada e o que foi feito com o lucro.
- De que modo eventuais prejuízos afetaram a posição de tesouraria.
- Qual a tendência da empresa, cruzando-se diversas fontes com as respectivas aplicações de caixa. Segundo a necessidade do interessado e em cada caso especificamente podem-se compor vários tipos de análises.

Para maior aprofundamento no estudo do fluxo de caixa, na comparação entre fluxo de caixa, fluxo de recursos e lucro contábil, o leitor poderá utilizar-se do livro *Análise financeira das empresas*, Editora Atlas, do mesmo autor.

## QUESTÕES PARA RESOLUÇÃO E DISCUSSÃO

1. Comente a afirmativa a seguir: "O CCL (AC – PC) representa, quando positivo, um valor do ativo circulante superior ao passivo circulante, o que é entendido por muitos analistas como uma folga financeira da empresa. Logo, toda empresa que tem ativo circulante maior que o passivo circulante é uma empresa financeiramente sólida e de boa liquidez".
2. Explique a diferença entre os conceitos de capital de giro próprio (CGP) e de capital circulante líquido (CCL). Diga qual deles você considera que é o melhor para medir a liquidez de uma empresa.

3. Dê os conceitos de ativo e passivo circulantes cíclicos, de ativo circulante financeiro e de passivo circulante financeiro.
4. Dê o conceito de IOG e explique o que representa um IOG negativo.
5. Estabeleça a diferença entre CCL e CPL e explique a razão de confrontarmos o IOG com o CPL, em vez do CCL.
6. O que você entende por efeito tesoura? Cite algumas das causas que podem levar uma empresa ao efeito tesoura.
7. O que é *overtrade*?
8. Discorra sobre a abrangência da análise financeira com a utilização da metodologia do IOG e dos demais conceitos decorrentes (CPL e T).
9. Em sua opinião, o ciclo financeiro calculado com base nos três prazos médios (recebimento das vendas, rotação dos estoques e pagamento das compras) retrata o IOG em dias de vendas? Comente.
10. Aprendemos nos cursos de "análise de balanço" que o índice de liquidez corrente é do tipo quanto maior melhor. No Quadro 10.15, consta o índice de liquidez corrente das empresas *Industrial A* e *Comercial B*. No que pese o índice de liquidez corrente ser menor que 1 na *Comercial B*, o saldo em tesouraria dessa empresa é positivo nos três anos, enquanto no caso da *Industrial A*, o índice de liquidez corrente é maior do que 1 e a empresa tornou-se concordatária. Explique a razão dessas aparentes discrepâncias.
11. O que você entende por fluxo de caixa? Descreva a forma como o fluxo de caixa pode ajudá-lo na análise de crédito.

capítulo 11

# Modelos quantitativos e previsão de insolvências

## OBJETIVOS DE APRENDIZAGEM

Apresentar o uso de modelos e técnicas quantitativas aplicáveis na análise de crédito de pessoas jurídicas, compreendendo:
- Descrição dos principais estudos desenvolvidos no Brasil e no exterior, utilizando diferentes técnicas de análise financeira para fins de previsão de saúde financeira de empresas;
- Apresentação dos modelos quantitativos desenvolvidos pelo autor (Modelo Pereira), bem como a eficácia destes;
- Utilização dos modelos quantitativos para a tomada de decisão de crédito;
- Principais etapas do desenvolvimento de um modelo quantitativo, tendo como base importante base de dados;
- Apresentação de Apêndice com a descrição detalhada da análise discriminante, que é uma importante técnica quantitativa para fins de classificação de riscos.

## 11.1 Introdução

O uso de métodos quantitativos tem sido muito divulgado nos últimos tempos, levando muitos bancos a uma corrida em busca desses recursos para a avaliação de risco de crédito de clientes.[1] Na discussão desses métodos, queremos destacar que eles podem prestar grande contribuição ao processo de análise, mas não devem ser entendidos como uma receita milagrosa, capaz de resolver todos os problemas de análise de risco em todas as circunstâncias. A análise de crédito envolve variáveis quantitativas e qualitativas e, ao mesmo tempo, há uma tendência de as empresas de maior porte apresentarem demonstrações financeiras mais informativas. Essas empresas de grande porte tendem a operar com os bancos em volumes elevados de recursos, o que determina a necessidade de uma análise de crédito com um maior nível de profundidade, daí a necessidade de um adequado entendimento dos aspectos estratégicos e operacionais da empresa, para possibilitar a avaliação da sua capacidade de pagamento e a estruturação do empréstimo ou financiamento. Em empresas muito pequenas, as informações quantitativas tendem a ser deficientes, e essas deficiências precisam ser compensadas por informações qualitativas. É por isso que, tanto na grande empresa quanto na pequena, a decisão de crédito envolve os fatores quantitativos e qualitativos.

Na pequena empresa, porém, a sistematização das decisões tem uma aplicabilidade maior. Já na análise de crédito para pessoa física, as variáveis discretas tendem a se sobrepor às contínuas. Nas decisões massificadas de crédito para pessoas físicas, muitas instituições vêm valendo-se dos chamados sistemas de *credit scoring*. Também para pessoas jurídicas, podemos definir critérios quantitativos para uma pré-classificação das empresas. O mundo dos negócios caminha cada vez mais em direção a um maior aprofundamento no conhecimento das atividades dos clientes e isso faz os métodos quantitativos passarem a ter um papel de instrumentos auxiliares. Conforme o perfil do cliente, os modelos podem ter uma importância maior ou menor. Muitas instituições financeiras, praticamente por não dispor de critérios para avaliação de clientes e para concessão de crédito, fizeram muita bobagem. O uso de métodos quantitativos prestará uma valiosa contribuição ao crédito, mas não eliminará a necessidade de os bancos terem claras definições políticas e estratégicas e de seus profissionais serem treinados em créditos e negócios bancários.

Neste tópico de introdução, faremos um breve comentário sobre os principais trabalhos que se valeram dos índices financeiros como barômetros para avaliar o comportamento das empresas. Durante todo o tempo, investidores e emprestadores de dinheiro têm-se apoiado nos índices financeiros como instrumento para avaliar a perspectiva de sucesso da empresa, enquanto estudiosos de finanças e contabilidade os utilizaram como preditores de falência. Neste capítulo, faremos uma breve análise sobre quais, efetivamente, são os índices que apresentaram maior capacidade de predizer situações financeiras difíceis. Queremos também saber se esses índices representam verdades absolutas ou se apenas fornecem expectativas, o que, a nosso ver, é mais importante que a própria metodologia utilizada pelos respectivos pesquisadores.

---

1. O uso da metodologia de análise discriminante para a previsão de insolvência e classificação de empresas iniciou-se em 1968, com Altman, nos Estados Unidos. Em 1978, Kanitz divulgou seu livro *Como prever falências*. Em 1982, desenvolvemos os *Modelos para classificação de empresas com vistas à concessão de crédito (modelo Pereira)*. Neste estudo, introduzimos avanços metodológicos no desenvolvimento de novos índices, segmentamos a aplicação dos modelos, bem como testamos o horizonte de tempo. A essência desses estudos encontra-se neste capítulo.

A análise financeira foi, é e continuará sendo utilizada por muito tempo para subsidiar decisões de investir e de emprestar, entre outras. É necessário, entretanto, que, em benefício da própria análise financeira, determinados instrumentos, como os índices financeiros, sejam questionados e submetidos a testes, a fim de que se conheça sua capacidade de nos permitir a fazer algumas previsões, o que, efetivamente, representa o teste crucial de qualquer teoria.

No item 11.1.1 veremos alguns estudos realizados no exterior, enquanto no item 11.1.2 abordaremos alguns estudos realizados no Brasil. A partir do 11.2, apresentaremos nossos modelos e seus excelentes resultados.

## 11.1.1 Alguns estudos realizados no exterior

Vejamos, de forma resumida, alguns trabalhos desenvolvidos no exterior, com base em observações sistemáticas sobre os índices financeiros.

### 11.1.1.1 Estudo de Fitz Patrick

Em 1932, Paul J. Fitz Patrick selecionou, aleatoriamente, 19 empresas que haviam falido no período de 1920 a 1929, com o objetivo de compará-las com 19 outras empresas bem-sucedidas. Tendo como objetivo básico detectar se: "[...] os índices das companhias bem-sucedidas eram satisfatórios, ou não, quando os índices das empresas falidas eram desfavoráveis [...]" e se "[...] a maioria dos índices das companhias bem-sucedidas eram favoráveis ou desfavoráveis, e em que condições".

Tendo comparado os índices dos dois grupos de empresas com um padrão mínimo estabelecido, Fitz Patrick observou que os índices das empresas bem-sucedidas os ultrapassa, na maioria dos casos, enquanto as empresas falidas estiveram abaixo daquele padrão mínimo fixado. Entre um conjunto de índices examinados, os mais significativos foram patrimônio líquido sobre passivo e lucro líquido sobre patrimônio líquido.

### 11.1.1.2 Estudo de Winakor e Smith

O estudo de Winakor foi baseado em 183 empresas que faliram no período de 1923 a 1931. Foram analisados os 10 anos que antecederam as respectivas falências, tendo sido examinados e computados 21 índices que foram montados com base na padronização dos demonstrativos financeiros. Foram usados os índices médios da metade de todas as empresas, com a finalidade de comparar as mudanças individuais em todo o grupo. Observou-se que, à medida que se aproximava o ano da falência, os índices iam se deteriorando. Para a mostra de 183 empresas, o índice de capital de giro sobre ativo total foi o melhor preditor.

### 11.1.1.3 Estudo de Merwin

Charles L. Merwin desenvolveu estudo com pequenas sociedades anônimas manufatureiras (ativos totais abaixo de $ 250.000), tendo examinado apenas três tipos de índices e concluído que o capital de giro sobre o ativo total foi o melhor indicador de falência. Ele usou duas abordagens, sendo uma delas para determinar uma faixa de variação (máxima e mínima) para cada índice em todos os anos, baseando-se em empresas sobreviventes como parâmetro. Quanto à segunda abordagem utilizada, foi uma "média calculada", também refletindo o sucesso das empresas sobreviventes. As empresas em extinção foram consideradas muito abaixo da "média calculada" e fora do limite da faixa de variação (máxima e mínima) estabelecida a partir das empresas sobreviventes. Esse comportamento foi detectado seis anos antes da interrupção das atividades das empresas em extinção.

### 11.1.1.4 Estudo de Tamari

O estudo de Tamari é citado como o primeiro a usar uma espécie de "composto ponderado" de vários índices, com vistas a prever falência ou insolvência. Nos seis índices utilizados, foram atribuídos pesos cuja soma foi 100. Para cada um dos índices, a empresa obtém certos valores que, multiplicados pelos seus respectivos pesos, levam a uma pontuação para integrar uma escala particular. O maior peso foi dado a tendência do lucro e capital social mais reservas sobre o passivo total, considerados como os melhores indicadores de falência. O teste do "índice-risco" de Tamari foi feito para empresas um ano antes da falência, comparados aos índices de todas as empresas industriais (norte-americanas) no período de 1956 a 1960. Os resultados revelaram que 75% das empresas falidas tinham menos de 35 pontos, e 50% delas tinham menos de 25 pontos. As demais empresas utilizadas para compor o índice tinham mais que 46 pontos durante 75% do tempo de observação e mais que 63 pontos em 50%, também durante o tempo de observação. Tamari, em seus estudos, concluiu que os índices eram indicadores, de modo que os baixos não necessariamente indicariam falência, pois apenas 50% das empresas com menos de 30 pontos faliram e apenas 3% das empresas com mais de 30 pontos chegaram à falência.

### 11.1.1.5 Estudo de Beaver

Em seu estudo, em 1966, Beaver coletou dados sobre falência, não pagamento de dividendos e inadimplência com debenturistas de 79 empresas, no período de 1954 a 1964, e comparou-os com dados de 79 empresas com boa saúde financeira, dos mesmos ramos e volume de ativo. Os demonstrativos contábeis das empresas insolventes foram agrupados por ano, durante cinco anos antes da insolvência, para serem comparados com as do grupo de empresas solventes. Tendo iniciado seus estudos com 30 índices, Beaver concluiu que os mais significativos foram seis, a saber: geração de caixa sobre dívida total; lucro líquido sobre ativo total; exigível total sobre ativo total; capital de giro sobre ativo total; liquidez corrente; capital circulante líquido menos estoque sobre desembolsos operacionais previstos. Beaver usou um teste de classificação dicotômico, cuja técnica é a seguinte: "[...] As empresas são aleatoriamente divididas em duas subamostras. Para um dado índice, os dados da primeira amostra são dispostos em ordem crescente. A disposição é examinada para se encontrar um índice limite (crítico), ideal, um ponto crítico que minimize a percentagem de predições incorretas. Se o índice de uma empresa está abaixo do índice limite (crítico), ela é classificada como não falida [...]".

O ponto crítico ideal para a primeira subamostra foi usado para predizer a situação de falência das empresas na segunda subamostra. De modo semelhante, um ponto crítico ideal foi derivado para a segunda subamostra e usado para predizer a situação de falência das empresas na primeira subamostra. Completado esse processo, o resultado é a capacidade de predição dos índices. Com apenas dois índices – geração de caixa sobre exigível total e lucro líquido sobre ativo total –, considerados de maior capacidade de predição, o erro de classificação da amostra de Beaver foi de 13% para um ano antes da falência.

### 11.1.1.6 Estudo de Altman

Edward Altman construiu seu modelo com base no uso de instrumentos estatísticos mais evoluídos, como a análise discriminante múltipla. Da mesma forma que o modelo de Tamari, o de Altman tentou superar as deficiências das análises baseadas em um único índice. O uso da análise discriminante leva a um grupo de índices com capacidade de separar empresas boas de empresas ruins e, ao mesmo tempo, determina o peso relativo de cada índice, sem que para isso prevaleçam critérios arbitrários. A função inicial desenvolvida por Altman em 1968 tem a seguinte forma:

$$Z = 0{,}012X_1 + 0{,}014X_2 + 0{,}033X_3 + 0{,}006X_4 + 0{,}0999X_5$$

sendo: $X_1$ = (ativo circulante − passivo circulante)/ativo total
$X_2$ = lucros retidos/ativos total
$X_3$ = lucros antes dos juros e impostos/ativo total
$X_4$ = valor de mercado do *equity*\*/exigível total
$X_5$ = vendas/ativo total

\* valor de mercado do *equity* = número de ações × preço de mercado

Para essa função inicial, Altman obteve as seguintes médias:

Grupo das empresas falidas:            − 0,29
Grupo das empresas não falidas:         5,02

Conforme se pode observar na função Z de Altman, quatro dos cinco índices utilizados retratam a relação de contas ou de grupo de contas com o ativo total, sendo que apenas $X_4$ trabalha com exigível total no denominador, em vez de ativo total. O próprio Altman vem desenvolvendo novos estudos e criando novos modelos. No item 11.1.2, comentaremos o trabalho desenvolvido por Altman a partir de empresas brasileiras.

### 11.1.1.7 Estudo de Backer e Gosman

Os autores Backer e Gosman,[2] em seu livro *Financial reporting and business liquidity*, abordam suas pesquisas sobre o nível de liquidez das empresas norte-americanas, tendo concluído que, no período de 1947 a 1975, houve uma queda nos índices das empresas. Para Backer e Gosman, os fatores responsáveis pelo declínio da liquidez foram insuficiência de fluxo de caixa para satisfazer o pagamento de dividendos e as necessidades de investimentos, bem como o esforço consciente das empresas para elevar o ganho por ação a partir do aumento do nível de endividamento. No período de 1947 a 1970, o total de fundos gerado internamente por todas as indústrias norte-americanas foi inferior aos novos investimentos de capital, uma diferença de cerca de $ 200 bilhões. Backer e Gosman abrangeram análises voltadas para debêntures, crédito comercial e empréstimos bancários. Mantiveram entrevistas com bancos, agências de informações e companhias de seguro, com vistas a obter respostas para uma série de perguntas, como: Qual a importância dos índices financeiros em suas avaliações de crédito? Quais os índices mais importantes? Há um nível mínimo para os índices? Quais as informações adicionais necessárias? O público deveria ser alertado das situações de insolvência? Quem deveria alertar? Quanto aos índices financeiros, os entrevistados atribuíram graus de importância, numa faixa que ia de "moderado" a "muito importante", ao mesmo tempo que consideraram necessárias outras informações, como qualidade da administração, produto e condições econômicas gerais. Na parte relativa à existência de um nível mínimo para os índices financeiros, as entrevistas não admitiram a existência de padrões (níveis) rígidos. Para as informações

---

2. BACKER, Morton, GOSMAN, Martin. *Financial reporting and business liquidity*. New York: National Association of Accountants, 1978.

complementares necessárias às decisões, as mais frequentes foram: vencimento das contas a receber; passivo contingente; efeito no lucro em face das disparidades dos métodos contábeis; composição e prazo de renovação de estoques; projeção de fluxo de caixa e custo de reposição. Quanto à necessidade de alertar ao público para situações de insolvência, a maioria dos entrevistados foi de opinião de que tais informações deveriam aparecer nos relatórios dirigidos ao público, enquanto alguns foram favoráveis à ideia de que o contador ou a SEC[3] anunciasse as deficiências de liquidez.

Neste trabalho, seus autores consideraram como parâmetros para insolvência o seguinte:

a. *Debêntures:* declínio de pontuação da avaliação da capacidade de cumprir os compromissos das obrigações de uma empresa pela Standard and Poor's (S&P).
b. *Crédito comercial:* declínio da avaliação de crédito, de bom para regular, segundo a agência de informações Dun & Bradstreet (D&B).
c. *Empréstimos bancários:* dificuldade na obtenção de novos empréstimos bancários, em face da posição dos analistas de crédito.

A amostra de empresas insolventes teve a seguinte composição:

- *Debêntures:* 18 empresas com suas obrigações desvalorizadas e 18 mantidas em boa categoria, segundo a S&P.
- *Crédito comercial:* 19 empresas consideradas em declínio e 19 comparáveis com boa classificação.
- *Empréstimos bancários:* 81 empresas que tiveram seus empréstimos diminuídos pelos analistas dos bancos. Neste caso, não existiram empresas comparáveis.

Os autores do estudo trabalharam com 33 índices financeiros, cujo critério de seleção foi: que tivessem sido citados nas entrevistas; que fossem encontrados em pesquisas na literatura específica; que fossem relatados pelas agências de informações ou que fossem acentuados em outras condições de crédito. Tais índices foram classificados pelos autores em quatro categorias: operacionais, alavancagem financeira, liquidez e fluxo de caixa. Os recursos estatísticos utilizados foram: teste T, análise fatorial e análise discriminante.

### 11.1.1.8 Estudo de Letícia E. Topa

Em seu livro *La gestión de créditos: bancaria y mercantil*,[4] Topa seguiu uma linha diferente da de Altman, ao trabalhar com o conceito de probabilidade subjetiva. Topa classificou os fatores a serem analisados para fins de concessão de crédito em duas categorias:

a. *Fatores determinantes:* aqueles que por si só podem definir a validade ou não do crédito e que são os primeiros a serem observados. São eles:
   - caráter;
   - conceito de praça;
   - experiência anterior;
   - seguros.

---

3. A SEC, nos Estados Unidos, é o órgão com atribuições semelhantes às da Comissão de Valores Mobiliários (CVM) no Brasil, ou seja, a regulamentação do mercado de capitais.

4. TOPA, Letícia E. *La gestión de créditos:* bancaria y mercantil. Buenos Aires: Depalma, 1979.

Segundo Topa, se um desses fatores for negativo, rejeita-se a proposta. Se todos forem favoráveis, deve-se passar aos fatores complementares.

b. *Fatores complementares:* são diversos fatores que receberão pesos específicos e que, somados, deverão atingir uma pontuação que irá quantificar o risco de crédito como aceitável ou não.

No Quadro 11.1 encontramos os diversos fatores complementares, seus pesos, suas qualificações, suas ponderadas, o nível ótimo de risco e o risco mínimo aceitável.

Enquanto o instrumento estatístico de análise discriminante é capaz de atribuir os pesos por processos objetivos, como no caso do estudo de Altman, Topa usou critérios subjetivos. Para Topa, o peso de cada fator deve ser responsabilidade direta e indelegável dos dirigentes máximos da área de crédito, que se apoiam não apenas em frequências experimentais, mas também em fatores sociológicos, como a experiência passada do indivíduo, sua intuição, seus sentimentos ou qualquer outra informação ainda que não quantificável. Para seu modelo de probabilidade subjetiva, Topa valeu-se do Teorema de Bayes, também conhecido como regra das probabilidades das causas. Segundo a autora, seu modelo foi submetido a uma comprovação empírica, tendo sido constatada sua validade num teste com 55 empresas.

## 11.1.2 Alguns estudos realizados no Brasil

No item 11.1, analisamos alguns estudos desenvolvidos no exterior. Neste analisaremos alguns dos estudos realizados no Brasil, também com o propósito de detectar ou prever situações de insolvência. Uma das principais barreiras para o desenvolvimento da análise dos trabalhos realizados no Brasil é a relativa escassez de pesquisas desenvolvidas com o propósito de encontrar parâmetros para a previsão de insolvências ou para servir de guia à concessão de crédito. Também não há uma forma eficiente de divulgação de eventuais estudos não publicados.

### 11.1.2.1 Estudo de Stephen C. Kanitz

Stephen C. Kanitz foi pioneiro no uso de análise discriminante no Brasil e construiu o chamado "termômetro da insolvência", seguindo uma linha semelhante à dos trabalhos de Altman.[5] Em seu livro *Como prever falências*, Kanitz apresenta a fórmula de cálculo do fator de insolvência:

$$FI = 0,05X_1 + 1,65X_2 + 3,55X_3 - 1,06X_4 + 0,33X_5$$

sendo: FI = fator de insolvência
$X_1$ = lucro líquido/patrimônio líquido
$X_2$ = (ativo circulante + realizável a longo prazo)/exigível total
$X_3$ = (ativo circulante − estoques)/passivo circulante
$X_4$ = ativo circulante/passivo circulante
$X_5$ = exigível total/patrimônio líquido

---

5. Kanitz não faz referência a Altman na metodologia, porém, diante das características de seu trabalho e da sua abordagem, estamos supondo que seu trabalho seja semelhante ao de Altman.

**QUADRO 11.1** Fatores complementares na concessão de crédito.

| Análises | Valor Relativo | Qualificação Ponderada ||||||| Risco ||| Risco Máximo Aceitável |||
|---|---|---|---|---|---|---|---|---|---|---|---|---|---|
| | | Classe | Pontos | Classe | Pontos | Classe | Pontos | Ótimo | Classe | Pontos | Classe | Pontos | Qual. Ponderada |
| Situação financeira | 6 | Comprometida | −2 | Aceitável | 4 | Boa | 7 | Muito Boa | 10 | 60 | Aceitável | 4 | 24 |
| Situação econômica | 8 | Deficiente | −2 | Regular | 4 | Boa | 7 | Muito Boa | 10 | 60 | Regular | 4 | 32 |
| Capital mais colateral | 10 | Insuficiente | −5 | Escasso | 4 | Adequado | 7 | Muito Solvente | 10 | 100 | Adequado | 7 | 70 |
| Confiabilidade dos demonstrativos contábeis como fontes de informação | 3 | Pobre | −1 | Média | 5 | Ótima | 10 | | | 30 | Média | 5 | 15 |
| Grupo econômico | 4 | Efeito Negativo | −2 | Não há grupo | 0 | Efeito Positivo | 10 | | | 40 | Não há grupo | 0 | 0 |
| Direção (capacidade) | 4 | Pobre | −1 | Média | 5 | Sobressalente | 10 | | | 40 | Média | 5 | 20 |
| Conceito na praça | 5 | Boa | 1 | Muito boa | 10 | | | | | 50 | Boa | 1 | 5 |
| Condições do ramo e setor de atividade de risco de negócio | 6 | Perigosas | −4 | Normal | 4 | Dinâmicas | 7 | Excepcional | 10 | 60 | Normal | 4 | 24 |
| Organização e controles | 4 | Deficiente | −1 | Boa | 5 | Muito Boa | 10 | | | 40 | Boa | 5 | 20 |
| Antiguidade no ramo (anos) | 4 | 0/2 | −2 | 2/5 | 3 | 5/10 | 7 | 10 | 10 | 40 | 2/5 | 3 | 12 |
| | | | | | | | | | | 540 | | | 222 |

Para o modelo de Kanitz, uma empresa classificada (pelo fator insolvência) entre 0 e 7 está na faixa de solvência, enquanto outra classificada entre 0 e – 3 estará na região penumbra, isto é, indefinida. Já a empresa que estiver entre – 3 e – 7 estará na zona de insolvência.

Analisando os cinco índices utilizados por Kanitz, observamos que três deles são índices de liquidez, a saber:

$X_2$ = liquidez geral, com peso igual a 1,65
$X_3$ = liquidez seca, com peso igual a 3,55
$X_4$ = liquidez corrente, com peso igual a menos 1,06

Vê-se, portanto, que, enquanto o modelo Kanitz se baseia na liquidez, o de Altman tem como base o ativo total. Mesmo estando seu modelo composto por três índices de liquidez, afirma Kanitz: "Por fim, é hora de jogar a última pá de cal nos 'famosos' índices de liquidez [...]"[6] Com isso, Kanitz chama atenção para o fato de que os modelos apresentam melhor desempenho que os índices, isoladamente.

### 11.1.2.2 Estudo de Altman com empresas brasileiras

No item 11.1.1.6, apresentamos o estudo desenvolvido por Altman em 1968, nos Estados Unidos. Vamos mencionar neste tópico algumas informações relativas ao trabalho com empresas brasileiras. A *Revista de Administração de Empresas* (RAE), de jan./mar. de 1979, publicou o trabalho "Previsão de problemas financeiros em empresas", desenvolvido por Altman e mais dois professores da Pontifícia Universidade Católica do Rio de Janeiro.[7]

Inicialmente, os autores abordaram as estatísticas recentes (para a época), com base no nível de endividamento sobre o patrimônio líquido de uma amostra de empresas brasileiras, tendo observado que a média desse índice cresceu de 85% para 110,5%, no período de 1970 a 1975. Observaram ainda que as despesas financeiras tiveram crescimento percentual superior ao do lucro líquido antes do imposto sobre a renda. Por essas informações, observa-se que as empresas, de modo geral, vinham se endividando em escala crescente, e que as despesas financeiras estavam corroendo seus resultados. Analisaram ainda os registros de falências e concordatas em São Paulo e Rio de Janeiro, e observaram que houve uma queda no período de 1973 a 1976. Outras estatísticas foram feitas e analisadas pelos autores, como número e valor dos títulos protestados em São Paulo, por exemplo. A metodologia de trabalho foi análise discriminante, tendo sido utilizadas 23 empresas com problemas financeiros (PS) e 35 empresas de mesmo porte e mesmo ramo sem problemas financeiros (NP); trabalharam com balanços de três exercícios, utilizando, para as empresas PS, o balanço do ano anterior ao exercício em que ocorreu a falência ou problemas, e para as NP, os balanços dos anos correspondentes. Foram utilizadas cinco variáveis, da mesma forma que o modelo original de Altman.

Quanto à escolha da amostra, consideraram empresas PS aquelas com pedidos formais de falência ou concordata, com soluções extrajudiciais com intervenção do credor na reorganização da empresa ou encerramento das atividades sem recorrer a meios legais. Para as empresas NP, selecionaram 200 firmas privadas, estatais e subsidiárias de multinacionais, cobrindo 30

---

6. KANITZ, Stephen Charles. *Como prever falências.* São Paulo: McGraw-Hill, 1978.

7. ALTMAN, Edward I; BAIDYA, Tara K. N.; DIAS, Luiz Manoel Ribeiro. Previsão de problemas financeiros em empresas. *RAE*, 19 (1), 17-8, jan./mar. 1979.

setores, para tirar uma ou duas firmas de cada setor da amostra PS, o que reduziu a amostra (NP) a 35 empresas.

As variáveis explicativas basearam-se no modelo desenvolvido pelo próprio Altman, em 1968, nos Estados Unidos, com algumas adequações, diante da necessidade de compatibilização do modelo com os demonstrativos financeiros das empresas brasileiras.

Os modelos, ou funções, obtidos foram:

$$Z_1 = -1,44 + 4,03X_2 + 2,25X_3 + 0,14X_4 + 0,42X_5$$

ou

$$Z_2 = -1,84 - 0,51X_1 + 6,32X_3 + 0,71X_4 + 0,52X_5$$

sendo: $X_1$ = (ativo circulante – passivo circulante)/ativo total
$X_2$ = (não exigível – capital aportado pelos acionistas)/ativo total*
$X_3$ = lucros antes dos juros e impostos/ativo total
$X_4$ = patrimônio líquido/exigível total**
$X_5$ = vendas/ativo total

\* Não exigível menos capital aportado pelos acionistas corresponde a Reservas mais Lucros acumulados.
\*\* Variável ajustada em relação ao modelo original.

Ambos os modelos, $Z_1$ e $Z_2$, segundo os autores, apresentaram resultados análogos e têm o ponto crítico em zero. Quanto ao modelo $Z_1$, os autores comentam que a variável $X_1$ não contribuía para o seu poder explicativo, além de apresentar sinal contrário à lógica e à intuição. No entanto, $Z_2$ não inclui a variável $X_2$, em razão da dificuldade de quantificar os lucros retidos com base apenas nos balanços recentes, além da semelhança entre $X_2$ e $X_4$, após as adaptações.

Foi observado, pelo uso de $Z_1$, comentado pelos autores, que a faixa crítica está entre – 0,34 e 0,20. Acima de 0,20 estão as empresas NP, enquanto abaixo de – 0,34 estão as PS.

Os resultados citados pelos autores mostram que o modelo, quando utilizado um ano antes da constatação de problema financeiro, teve uma precisão de 88% na classificação de empresas, quando aplicado com três anos de antecedência, teve precisão de 78%.

### 11.1.2.3 Trabalho de Elizabetsky

Em 1976, Roberto Elizabetsky desenvolveu "Um Modelo Matemático para decisão de Crédito no Banco Comercial". Nesse trabalho, para o curso de Engenharia de Produção, da Escola Politécnica da USP, Elisabetsky usou análise discriminante para um grupo de 373 empresas, sendo 99 ruins e 274 boas. Essas empresas foram escolhidas no ramo de confecções (artigos para vestuário), que foi o setor com maiores problemas de liquidez na época. Iniciou o trabalho com 60 índices, tendo usado um processo de análise de correlação entre grupos de índices com objetivos de reduzir a quantidade de variáveis.

O autor do estudo chegou a um grupo de 38 índices, que foram utilizados para fins de análise discriminante. Os resultados obtidos no teste com 54 empresas, conforme Quadro 11.2, segundo o autor, foram diferentes, dependendo da quantidade de variáveis empregadas, a saber:

## CAPÍTULO 11 — Modelos quantitativos e previsão de insolvências

**QUADRO 11.2** Quantidade de variáveis que influenciaram os resultados obtidos com 54 empresas.

| Amostra | Quantidade | Acertos | | | | | |
|---|---|---|---|---|---|---|---|
| | | 5 variáveis | | 10 variáveis | | 15 variáveis | |
| | | Quantidade | % | Quantidade | % | Quantidade | % |
| Empresas Boas | 27 | 20 | 74,07 | 21 | 77,87 | 22 | 81,48 |
| Empresas Más | 27 | 17 | 62,96 | 23 | 85,19 | 24 | 88,89 |
| SOMA | 54 | 37 | – | 44 | – | 46 | |

O conjunto de variáveis obtidas por Elizabetsky e seus respectivos coeficientes, constam nos Quadros 11.3, 11.4 e 11.5. Nesses Quadros, podemos observar que os índices que constam no primeiro grupo de 5 variáveis se repetem no grupo de 10 variáveis, assim como os 10 índices do grupo de 10 variáveis se repetem no modelo formado pelo grupo de 15 variáveis. Isso quer dizer que, nesse caso, à medida que aumentou a quantidade de variáveis, não surgiram novas combinações de índices com peso suficiente para eliminar alguns dos índices que estavam nos modelos anteriores. Vejamos os modelos:

**QUADRO 11.3** Modelo com cinco variáveis.

| | Variáveis | Coeficiente |
|---|---|---|
| $X_{32}$ | Lucro líquido/Vendas | 1,93204 |
| $X_{33}$ | Disponível/Imobilizado total | – 0,20583 |
| $X_{35}$ | Contas a receber/Ativo total | 1,020377 |
| $X_{36}$ | Estoques/Ativo total | 1,33354 |
| $X_{37}$ | Exigível a curto prazo/Ativo total | – 1,12899 |

**QUADRO 11.4** Modelo com dez variáveis.

| | Variáveis | Coeficiente |
|---|---|---|
| $X_2$ | Disponível/Vendas | 7,74383 |
| $X_5$ | Contas a receber/Vendas | – 2,04106 |
| $X_{14}$ | Realizável total a c. prazo/Vendas | 1,27843 |
| $X_{18}$ | Exigível Total/Ativo operacional | 0,31727 |
| $X_{29}$ | Vendas/Ativo total | 0,37193 |
| $X_{32}$ | Disponível/Imobilizado total | – 0,72175 |
| $X_{33}$ | Lucro líquido/Vendas | 3,05126 |
| $X_{35}$ | Contas a receber/Ativo total | 2,95924 |
| $X_{36}$ | Estoques/Ativo total | 1,86822 |
| $X_{37}$ | Exigível a curto prazo/Ativo total | – 1,12871 |

**QUADRO 11.5** Modelo com quinze variáveis.

| | Variáveis | Coeficiente |
|---|---|---|
| $X_2$ | Disponível/Vendas | 5,77079 |
| $X_5$ | Contas a receber/Vendas | – 2,02175 |
| $X_7$ | Imobilizado total/Vendas | 6,04369 |
| $X_{11}$ | Lucro líquido/Ativo operacional | – 10,27186 |
| $X_{13}$ | Disponível/Exigível a curto prazo | 0,4349 |
| $X_{14}$ | Realizável total a curto prazo/Vendas | 6,96247 |
| $X_{18}$ | Exigível total/Ativo operacional | 0,08142 |
| $X_{23}$ | Ativo operacional/Vendas | – 6,20810 |
| $X_{29}$ | Vendas/Ativo total | 0,24777 |
| $X_{31}$ | Lucro líquido/Ativo total | 10,28776 |
| $X_{32}$ | Disponível/Imobilizado total | 3,44095 |
| $X_{33}$ | Lucro líquido/Vendas | – 0,46091 |
| $X_{35}$ | Contas a receber/Ativo total | 2,37839 |
| $X_{36}$ | Estoques/Ativo total | 1,11983 |
| $X_{37}$ | Exigível a curto prazo/Ativo total | – 0,81013 |

Quanto aos sinais dos coeficientes, observa-se que aqueles índices que aparecem com sinal negativo num dos três modelos mantêm o sinal nos demais, daí o fato de o aumento da quantidade de variáveis não alterar o sinal dos coeficientes. Convém enfatizar que o sinal dos coeficientes pode, em princípio, não parecer lógico, como no caso de $X_{11}$ no modelo de Elizabetsky, que aparece com sinal negativo. Como explicar que o coeficiente de um índice ($X_{11}$) representando a relação Lucro Líquido/Ativo Operacional possa ser negativo? A explicação que nos ocorre é de que a análise discriminante usa um processo de compensação de pesos em face do maior ou menor grau de dispersão apresentado por determinado índice num conjunto de empresas. Elizabetsky chama atenção para "variáveis inadequadas" e comenta que, em sua mostra, o índice Realizável a Longo Prazo/Ativo Total apresentou alta dispersão nos dois conjuntos de empresas, de modo que a relação entre o desvio-padrão e a média para esse índice assumiu valores de 0,0001 a 0,2334. Comenta Elizabetsky:[8]

"Este tipo variável vem distorcer bastante o processo de regressão: se umas poucas empresas de determinado grupo têm um índice com valor bastante diferenciado em relação às outras, este passa por si só a ser um fator discriminante, e a variável é incluída na equação; desta forma, a equação procura ajustar os coeficientes das demais variáveis de modo a compensar esta inclusão para as demais empresas da amostra."

### 11.1.2.4 Trabalho de Alberto Matias

Em 1978, Alberto Borges Matias, ao desenvolver um trabalho usando a técnica estatística de análise discriminante, trabalhou com 100 empresas de diversos ramos de atividade, sendo 50

---

8. ELIZABETSKY, Roberto. "Um modelo matemático para decisão de crédito no banco comercial". (Trabalho apresentado ao Departamento de Engenharia de Produção da Escola Politécnica da USP.) São Paulo: [s.n.], 1976, Cap. 7.

solventes e 50 insolventes. Para Matias,[9] "[...] empresas solventes são aquelas que desfrutam de crédito amplo pelo sistema bancário, sem restrições ou objeções a financiamentos ou empréstimos", enquanto "empresas insolventes são aquelas que tiveram processos de concordata, requerida e/ou diferida, e/ou falência decretada". Segundo Matias, o "índice de endividamento, sozinho, aloca corretamente 93 das 100 empresas". A função discriminante final do modelo de Matias, após ter testado diversos índices, foi:

$$Z = 23{,}792X_1 - 8{,}260X_2 - 8{,}868X_3 - 0{,}764X_4 + 0{,}535X_5 + 9{,}912X_6$$

sendo: $X_1$ = patrimônio líquido/ativo total
$X_2$ = financiamentos e empréstimos bancários/ativo circulante
$X_3$ = fornecedores/ativo total
$X_4$ = ativo circulante/passivo circulante
$X_5$ = lucro operacional/lucro bruto
$X_6$ = disponível/ativo total

As médias da função discriminante foram de 11,176 para as empresas solventes e de 0,321 para as insolventes, enquanto, em ambos os casos, o desvio-padrão foi de 3,328. Das 50 empresas solventes, 44 foram classificadas corretamente, uma incorretamente e cinco ficaram na região de dúvida. Das 50 insolventes, 45 foram classificadas corretamente, duas erradamente e três ficaram na região de dúvida.

## 11.2 Modelo Pereira – classificação de empresas com vistas à concessão de crédito

Em 1982, ao desenvolver a dissertação para mestrado em administração financeira pela Fundação Getúlio Vargas de São Paulo, o autor utilizou a ferramenta estatística de análise discriminante, inovando na metodologia financeira.[10] Após pesquisar os trabalhos existentes, introduziu novos índices financeiros e testou outros fatores, como segmentação das empresas e horizonte de tempo. Neste tópico, apresentaremos cada um dos nossos modelos, que consistem de um conjunto de índices financeiros, cujo processo de escolha foi baseado em métodos estatísticos para selecionar, entre os índices existentes, aqueles que, em conjunto, têm maior representatividade para classificar empresas com probabilidade de serem boas ou insolventes. Cada um dos índices, em cada um dos modelos, recebe um peso, que é decorrência de sua ordem de grandeza e de sua importância relativa no conjunto. Esse peso é calculado por meio do uso de uma metodologia estatística, denominada análise discriminante. Nesse processo de cálculo, os pesos são obtidos por um método objetivo, em que não entra a subjetividade do analista. Podemos representar os modelos pela seguinte equação básica:

---

9. MATIAS, Alberto Borges. "Contribuição às técnicas de análise financeira: um modelo de concessão de crédito". (Trabalho apresentado ao Departamento de Administração da Faculdade de Economia e Administração da USP.) São Paulo: [s.n.], 1978, p. 82, 83, 90.

10. No que pese esses modelos terem sido desenvolvidos em 1982, eles têm apresentado bons resultados em diversos contextos, classificando corretamente empresas que se tornaram insolventes. Entretanto, queremos destacar que nosso propósito neste livro é apresentar a metodologia, e não uma solução pronta. Para fins empresariais, o autor tem desenvolvido vários modelos para atender às necessidades específicas de bancos e empresas, utilizando essa ferramenta combinada com outros instrumentos. As aplicações práticas e as pesquisas têm referendado a eficácia dessas combinações.

$$Z = \text{Constante} + X_1 a_1 + X_2 a_2 + X_3 a_3 + X_4 a_4 + X_5 a_5 + X_n a_n$$

sendo: Z = o valor da função, que servirá para classificar a empresa
$a_1$ = coeficiente do índice $X_1$, ou seja, o peso de $X_1$
$a_2$ = coeficiente do índice $X_2$, ou seja, o peso de $X_2$
$a_n$ = coeficiente do índice $X_n$, ou seja, o peso de $X_n$
$X_1, X_2, X_3, X_4, X_5$, e $X_n$ = representam cada um dos índices selecionados

## 11.2.1 Objetivo e aplicabilidade dos modelos

O objetivo básico dos modelos é mostrar aos analista e aos gestores de crédito uma ferramenta avançada que lhes possibilite obter uma classificação quanto à saúde financeira das empresas. A sua aplicabilidade, visada inicialmente, são as operações de curto prazo para empresas médias e grandes. O modelo pode ser utilizado para análises de operações de longo prazo; porém, julgamos que para tais operações ele não é suficiente, pois; para análises de longo prazo, é preciso uma análise mais abrangente e prospectiva, principalmente se se tratar de valores relevantes.

Ao desenvolvermos os modelos, visualizávamos sua aplicabilidade para empresas de médio e grande porte.[11] Nossa principal restrição quanto ao seu uso para pequenas empresas está ligada à qualidade dos demonstrativos contábeis de tais empresas. Se, entretanto, mesmo sendo empresa pequena, seus demonstrativos forem confiáveis, o modelo pode ser aplicado, ainda que admitamos que a pequena empresa possa ter características muito particulares. Com isso, não queremos dizer que os demonstrativos contábeis de qualquer empresa média ou grande sejam plenamente confiáveis, mas que, dentro de limites razoáveis de confiabilidade dos demonstrativos, os modelos vêm apresentando bons resultados.

Os modelos podem ser aplicados por empresas industriais e comerciais, para a avaliação da saúde financeira de clientes, fornecedores e até mesmo concorrentes.

O principal ponto em comum entre a atividade do analista de crédito e do analista de mercado de capitais é a busca da avaliação da empresa quanto ao seu risco. Nesse sentido, para medir a situação atual e de curto prazo da empresa, os modelos também se prestam ao analista de mercado de capitais, podendo e devendo, evidentemente, ser complementados com as análises prospectivas e com outros parâmetros que possam auxiliar.

## 11.2.2 Características dos modelos

Podemos, portanto, resumir as principais características adicionais de nossas pesquisas que originaram os nossos modelos em:

a) *Características setoriais:* em face das características operacionais das empresas atuantes em setores diferentes (indústria ou comércio, por exemplo), desenvolvemos modelos específicos para empresas industriais e para empresas comerciais. Em todos os nossos testes, essa separação propiciou maior eficácia nos resultados.

---

11. No que pese a amostra utilizada para o desenvolvimento dos modelos compreender também grandes empresas, a análise de crédito para esse universo de clientes deve compreender outros instrumentos de análise, além de envolver fatores de ordem estratégica do banco, nem sempre sistematizáveis. São os fatores julgamentais.

b) *Características temporais:* à medida que uma empresa se aproxima da insolvência, muda o conjunto de índices que melhor separa as empresas prováveis de serem insolventes das prováveis de serem boas, daí apresentarmos um modelo para fornecer uma classificação para os dois próximos anos.
c) *Características regionais:* considerando que as diversas regiões geográficas possuem características próprias e diferentes, observamos em nossos testes que os modelos se tornam mais eficientes à medida que também são regionalizados.
d) *Características dos índices:* além de testarmos os índices tradicionais, desenvolvemos novos índices, que objetivam medir aspectos dinâmicos ligados ao ciclo financeiro das empresas e à sua capacidade de crescimento e de geração de recursos, bem como aos aspectos relativos às suas estruturas de capitais. O leitor observará que esses novos índices aparecerão nos modelos.

## 11.2.3 Como utilizar os modelos

Neste tópico, estamos apresentando quatro modelos para a classificação de empresas como boas ou como insolventes. Conforme já afirmamos, nossas pesquisas mostraram que os índices que melhor discriminam, isto é, que melhor classificam empresas um ano antes da ocorrência da insolvência não são os mais eficazes dois anos antes desse evento. Outro fator de grande relevância é o setor de atividade, pois um modelo ou conjunto de índices que seja eficiente na classificação de empresas industriais não apresenta a mesma eficiência para empresas comerciais e vice-versa. A região geográfica também é importante, uma vez que nossos testes mostraram que, quando trabalhamos com empresas (industriais ou comerciais) de São Paulo, a margem de acerto era superior à dos testes que continham empresas de São Paulo e de outros Estados, conjuntamente. Os modelos que são apresentados nos tópicos 11.2.3.1 e 11.2.3.2 foram desenvolvidos, respectivamente, para empresas industriais e comerciais do Estado de São Paulo; se aplicados para empresas de outros Estados, poderão não apresentar o mesmo grau de eficiência que comprovaram para as empresas do Estado de São Paulo. Para alguns casos isolados, e mesmo para a amostra com que trabalhamos, o modelo das empresas do Estado de São Paulo chegou a apresentar bons resultados quando estendido a outros Estados.

Feito esse primeiro esboço acerca dos modelos, vejamos:

a. Quando a empresa é classificada como insolvente?

Nos modelos que serão apresentados nos itens 11.2.3.1 e 11.2.3.2, o ponto de separação entre empresas insolventes e boas é zero. Isso quer dizer que devemos calcular os índices que fazem parte dos modelos, e em cada modelo, multiplicar seus índices pelos respectivos pesos; se a soma final dos produtos dos índices pelos pesos for maior que zero, a empresa será classificada como boa; se for menor que zero, será classificada como insolvente.

b. Qual o exercício a ser utilizado?

Nesta pesquisa, trabalhamos com dados do último e do penúltimo exercício, tendo chegado a modelos específicos para cada situação. De modo geral, os modelos baseados nos dados do último exercício apresentaram maior capacidade de previsão. Na prática, entretanto, a princípio não sabemos se determinada empresa terá sua possível insolvência no prazo de um ou dois anos. Nossa sugestão é que se apliquem os dois modelos ($Z_1$ e $Z_2$) simultaneamente sobre os dados dos demonstrativos contábeis do último exercício disponível.

O modelo $Z_1$ indicará a possibilidade de insolvência para o primeiro (próximo) exercício, e o modelo $Z_2$, para até os dois próximos exercícios, sempre tomando por base a data dos demonstrativos contábeis que estamos utilizando. Dessa forma, relativamente à análise da proposta de crédito, temos:

- se a empresa tiver sido classificada como boa com base na aplicação dos dois modelos, tem-se sinal verde;
- se a empresa tiver sido classificada como insolvente com base na aplicação dos dois modelos, tem-se sinal vermelho;
- se a empresa tiver sido classificada como boa com base na aplicação de um modelo e como insolvente com base na aplicação do outro, tem-se sinal amarelo e, portanto, requer uma análise complementar.

Resumindo, temos o Quadro 11.6:

**QUADRO 11.6** Conjugação de modelos $Z_1$ e $Z_2$.

| Modelos | | Classificação para ambos os modelos | Sinal |
|---|---|---|---|
| $Z_1$ | $Z_2$ | | |
| Boa | Boa | Boa | Verde |
| Insolvente | Insolvente | Insolvente | Vermelho |
| Insolvente | Boa | Duvidosa | Amarelo |
| Boa | Insolvente | Duvidosa | Amarelo |

Durante os nossos testes, o uso simultâneo dos modelos $Z_1$ e $Z_2$, tanto para empresas industriais quanto para empresas comerciais, propiciou baixíssimas margens de erro. Vejamos os resultados do Quadro 11.7.

**QUADRO 11.7** Empresas industriais – classificação a partir de $Z_1$ e $Z_2$.

| Empresas | Acertos | Erros | Dúvida | Soma |
|---|---|---|---|---|
| Boas | 147 | 11 | 36 | 194 |
|  | 75,77% | 5,67% | 18,56% | 100,00% |
| Insolventes | 41 | 4 | 16 | 61 |
|  | 67,21% | 6,56% | 26,23% | 100,00% |
| Total | 188 | 15 | 52 | 255 |
|  | 73,73% | 5,88% | 20,39% | 100,00% |

Para as empresas comerciais, o uso simultâneo dos modelos $Z_1$ e $Z_2$ está no Quadro 11.8.

**QUADRO 11.8** Empresas comerciais – classificação a partir de $Z_1$ e $Z_2$.

| Empresas | Acertos | Erros | Dúvida | Soma |
|---|---|---|---|---|
| Boas | 33 | 0 | 7 | 40 |
| | 82,50% | 0,00% | 17,50% | 100,00% |
| Insolventes | 12 | 1 | 5 | 18 |
| | 66,67% | 5,56% | 27,77% | 100,00% |
| Total | 45 | 1 | 12 | 58 |
| | 77,59% | 1,72% | 20,69% | 100,00% |

Pela análise dos resultados dos quadros 11.7 e 11.8, observamos que o uso simultâneo de $Z_1$ e $Z_2$ minimizou os erros em relação aos demais testes feitos apenas para $Z_1$ ou $Z_2$, isoladamente, assim como para os demais testes indicados no Quadro 11.10.

Cabe acrescentar que o uso simultâneo de $Z_1$ e $Z_2$ minimizou os erros; porém, a conveniência de sua utilização estará condicionada às características da operação a ser analisada.

### 11.2.3.1 Modelos para empresas industriais

De posse dos demonstrativos contábeis de uma empresa, devemos identificar se se trata de uma empresa comercial ou industrial. No caso de uma empresa industrial, aplicaremos os modelos $Z_{1i}$ e $Z_{2i}$. Para todos os casos, "Z" indica a função discriminante, isto é, a função que classifica uma empresa como boa ou como insolvente. $Z_{1i}$ indica a função "Z" que, aplicada aos dados dos demonstrativos contábeis do último exercício disponível melhor classificará a empresa como boa ou insolvente para o primeiro (próximo) exercício. $Z_{2i}$ refere-se à função "Z" que, aplicada aos mesmos dados, melhor classificará a empresa como boa ou insolvente para os dois próximos exercícios, sempre em relação à data dos demonstrativos utilizados. Vejamos as funções:

**MODELO PARA EMPRESAS INDUSTRIAIS – Próximo Exercício**

$$Z_{1i} = 0,722 - 5,124E23 + 11,016L19 - 0,342L21 - 0,048L26 + 8,605R13 - 0,004R29$$

| | |
|---|---|
| 0,722 = | Constante |
| E23 = | duplicatas descontadas/duplicatas a receber |
| L19 = | estoques/(custo do produto vendido) |
| L21 = | fornecedores/vendas |
| L26 = | (estoque médio/custo dos produtos vendidos) x 360 |
| R13 = | (lucro operacional + despesas financeiras)/(ativo total médio – investimentos médios)* |
| R29 = | (capital de terceiros)/(lucro líquido + 0,1 imobilizado médio – saldo de correção monetária)** |

\*Ativo total médio = (ativo total no ano + ativo total no ano anterior)/2
  Investimentos médios = (saldo de investimentos no ano + saldo de investimentos no ano anterior)/2
\*\* Quando o denominador de R29 for negativo, considere seu módulo (como denominador) e acrescente também esse módulo ao numerador.

**MODELO PARA EMPRESAS INDUSTRIAIS** – Próximos dois Exercícios

$$Z_{2i} = 5{,}235 - 9{,}437E3 - 0{,}010E9 + 5{,}327E10 - 3{,}939E13 - 0{,}681L1 + 9{,}693R13$$

| | |
|---|---|
| 5,235 = | constante |
| E3 = | (passivo circulante + exigível a longo prazo)/ativo total |
| E9 = | (variação do imobilizado)/(LL + 0,1 imobilizado médio – saldo da CM + variação do ELP)* |
| E10 = | fornecedores/ativo total |
| E13 = | estoques/ativo total |
| L1 = | ativo circulante/passivo circulante |
| R13 = | (lucro operacional + despesas financeiras)/(ativo total médio – investimento médio)** |

*LL = lucro líquido; CM = correção monetária; ELP = exigível a longo prazo
Quando o denominador de E9 for negativo, considere o seu módulo (como denominador) e acrescente também o seu módulo ao numerador. A regra é análoga à que citamos para R29 em $Z_{1i}$.
**Ativo total médio = (ativo total no ano + ativo total no ano anterior)/2
Investimentos médios = (saldo de investimentos no ano + saldo de investimentos no ano anterior)/2

Façamos uma aplicação prática com $Z_{1i}$ e $Z_{2i}$ para a empresa *Industrial A*, cujos dados transcreveremos a seguir:

Balanço da empresa *Industrial A* (valores em mil $)

| Ativo | | Passivo | |
|---|---:|---|---:|
| **Ativo Circulante** | | **Passivo Circulante** | |
| • Disponibilidades | 327.182 | • Fonecedores | 294.846 |
| • Duplicatas a receber | 1.256.575 | • Duplicatas descontadas | 381.786 |
| • Estoques | 1.829.929 | • Financiamentos. inst. de crédito | 1.837.894 |
| • Impostos a recuperar | 136.447 | • Salários, Tributos e Contribuições | 109.273 |
| • Outros créditos | 114.680 | • Dividendos e participações | 128.988 |
| Total do ativo circulante | 3.664.813 | • Outros débitos | 159.712 |
| **Ativo Realizável a Longo Prazo** | | Total do passivo circulante | 2.912.499 |
| • Depósitos compulsórios | 107 | **Passivo Exigível a Longo Prazo** | |
| Total do ativo realizável a longo prazo | 107 | • Financiamentos inst. de crédito | 56.436 |
| **Ativo Permanente** | | Total do passivo exigível a longo prazo | 56.436 |
| • Investimentos | 17.279 | **Patrimônio Líquido** | |
| • Imobilizado | 916.244 | • Capital social | 975.426 |
| • Diferido | 97.381 | • Reservas | 751.463 |
| Total do ativo permanente | 1.030.904 | Total do patrimônio líquido | 1.726.889 |
| Total do Ativo | 4.695.824 | Total do Passivo | 4.695.824 |

Nota: Estrutura do balanço patrimonial prevalecente na época da pesquisa.

## Capítulo 11 — Modelos quantitativos e previsão de insolvências

Demonstração de resultados da empresa *Industrial A* (valores em mil $)

| | |
|---|---:|
| Vendas | 2.527.990 |
| CMV | (974.843) |
| Lucro bruto | 1.553.147 |
| Despesas financeiras | (423.080) |
| Outras despesas operacionais | 500.460 |
| Lucro operacional | 629.607 |
| Saldo da correção monetária | (236.203) |
| Lucro antes do imposto de renda | 393.404 |
| Imposto de renda | 29.259 |
| Lucro líquido | 364.145 |

Dados adicionais (valores em mil $)

| Rubrica | Inicial | Final | Médio |
|---|---:|---:|---:|
| Estoques | 1.002.721 | 1.829.929 | 1.416.325 |
| Investimentos | 3.464 | 17.279 | 10.371 |
| Imobilizado | 301.720 | 916.244 | 608.982 |
| Exigível a longo prazo | 64.075 | 56.436 | 60.255 |
| Ativo total | 2.081.469 | 4.695.824 | 3.388.646 |

Na Figura 11.1, temos a aplicação prática da função $Z_{1i}$, isto é, do modelo que chamamos de base para classificar a empresa no próximo exercício em relação ao que dispomos.

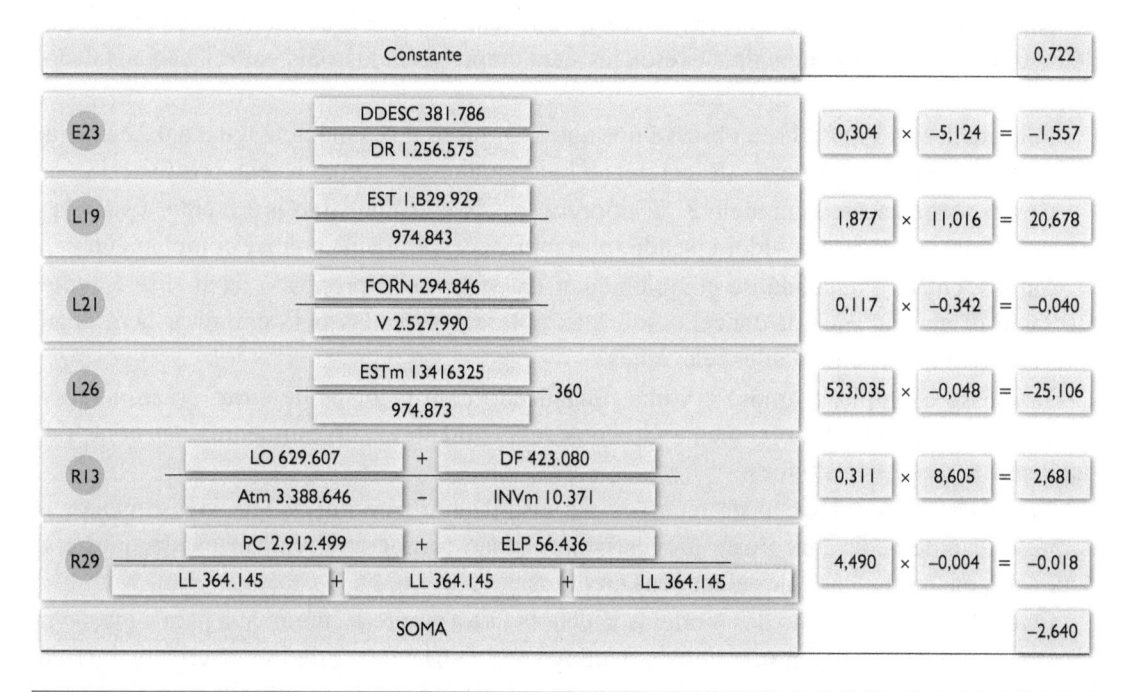

| | | | | | | |
|---|---|---|---|---|---|---|
| | Constante | | | | | 0,722 |
| E23 | DDESC 381.786 / DR 1.256.575 | | | 0,304 × −5,124 | = | −1,557 |
| L19 | EST 1.829.929 / 974.843 | | | 1,877 × 11,016 | = | 20,678 |
| L21 | FORN 294.846 / V 2.527.990 | | | 0,117 × −0,342 | = | −0,040 |
| L26 | ESTm 13416325 / 974.873 · 360 | | | 523,035 × −0,048 | = | −25,106 |
| R13 | (LO 629.607 + DF 423.080) / (Atm 3.388.646 − INVm 10.371) | | | 0,311 × 8,605 | = | 2,681 |
| R29 | (PC 2.912.499 + ELP 56.436) / (LL 364.145 + LL 364.145 + LL 364.145) | | | 4,490 × −0,004 | = | −0,018 |
| | SOMA | | | | | −2,640 |

**FIGURA 11.1** Modelo $Z_{1i}$ aplicado à empresa *Industrial A*.

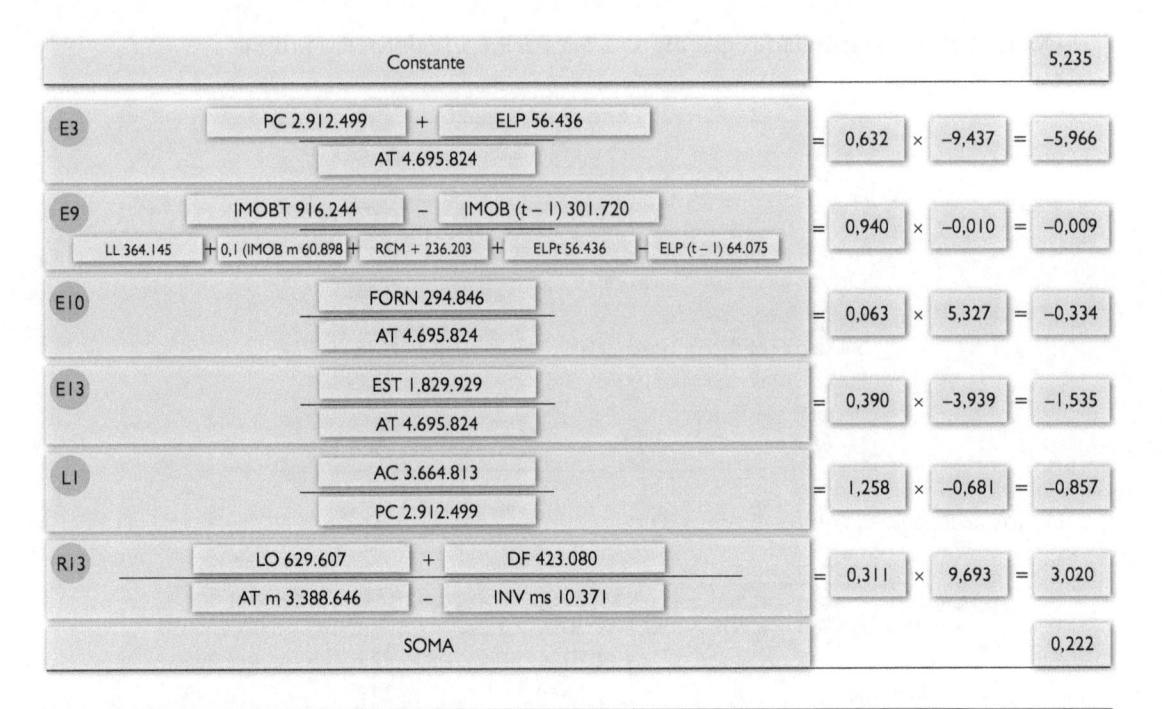

| | | | | | |
|---|---|---|---|---|---|
| Constante | | | | | 5,235 |
| E3 | PC 2.912.499 + ELP 56.436 / AT 4.695.824 | = 0,632 | × −9,437 | = −5,966 |
| E9 | IMOBT 916.244 − IMOB (t − 1) 301.720 / LL 364.145 + 0,1 (IMOB m 60.898) + RCM + 236.203 + ELPt 56.436 − ELP (t − 1) 64.075 | = 0,940 | × −0,010 | = −0,009 |
| E10 | FORN 294.846 / AT 4.695.824 | = 0,063 | × 5,327 | = −0,334 |
| E13 | EST 1.829.929 / AT 4.695.824 | = 0,390 | × −3,939 | = −1,535 |
| L1 | AC 3.664.813 / PC 2.912.499 | = 1,258 | × −0,681 | = −0,857 |
| R13 | LO 629.607 + DF 423.080 / AT m 3.388.646 − INV ms 10.371 | = 0,311 | × 9,693 | = 3,020 |
| SOMA | | | | | 0,222 |

**FIGURA 11.2** Modelo $Z_{2i}$ aplicado à empresa *Industrial A*.

Pela análise da Figura 11.1, observamos que a empresa *Industrial A* obteve uma nota igual a − 2,640, o que a classifica como insolvente. Como dissemos anteriormente, quando a nota for menor que zero, portanto, negativa, a empresa será classificada como insolvente, enquanto seria classificada como boa se tivesse obtido uma nota maior que zero.

Na Figura 11.2, temos a aplicação prática da função $Z_{2i}$, isto é, do modelo que chamamos de base para até os próximos dois exercícios para empresas industriais em relação aos dados disponíveis.

Pela análise da Figura 11.2, observamos que a Empresa teve uma nota igual a 0,222, o que a classifica como boa, em razão de sua nota ter sido maior que zero, ou seja, positiva.

Como na aplicação do modelo $Z_{1i}$ a empresa foi classificada como insolvente, a sua classificação final será como duvidosa, sendo, portanto, necessária uma análise complementar.

Vamos, então, a uma análise complementar da empresa. O propósito da análise complementar é firmar um melhor conceito sobre as políticas adotadas pela empresa, bem como conhecer outras particularidades relevantes.

No nosso exemplo, a empresa vinha financiando com recursos de curto prazo uma expansão de suas atividades e aumentando consideravelmente os investimentos nas contas de duplicatas a receber e estoques.

Em razão de sua geração de recursos ser insuficiente para cobrir tais investimentos, a empresa teve de pedir concordata preventiva, pois não conseguiria realizar os estoques e as duplicatas em tempo hábil de saldar seus credores.

O resultado da aplicação dos modelos já denota que a empresa caminhava para a insolvência, pois o modelo $Z_{1i}$ apontou resultado negativo (− 2,640) para o próximo exercício, ou seja, insolvência. $Z_{2i}$ a classificou com uma nota de 0,222, que é um número próximo de zero, e que não representaria uma ótima classificação.

## 11.2.3.2 Modelos para empresas comerciais

De posse dos demonstrativos contábeis de uma empresa comercial, aplicaremos os modelos $Z_{1c}$ e $Z_{2c}$. Para todos os casos "Z" indica a função discriminante, isto é, a função que classifica uma empresa como boa ou como insolvente. $Z_{1c}$ indica a função "Z" que, aplicada aos dados dos demonstrativos contábeis do último exercício que dispomos, melhor classificará a empresa como boa ou insolvente para o primeiro (próximo) exercício. $Z_{2c}$ refere-se à função "Z" que, aplicada aos mesmos dados, melhor classificará a empresa como boa ou insolvente para até os dois próximos exercícios, sempre em relação à data dos demonstrativos que utilizamos. Vejamos as funções:

**MODELO PARA EMPRESAS COMERCIAIS – Próximo Exercício**

$$Z_{1c} = -1,327 + 7,561E5 + 8,201E11 - 8,546L17 + 4,218R13 + 1,982R23 + 0,091R28$$

| | |
|---|---|
| 1,327 = | constante |
| E5 = | (reservas + lucros suspensos)/ativo total |
| E11 = | disponível/ativo total |
| L17 = | (ativo circulante – disponível – passivo circulante + fic + duplicatas descontadas)/vendas* |
| R13 = | (lucro operacional + despesas financeiras)/(ativo total médio – investimento médio)** |
| R23 = | lucro operacional/lucro bruto |
| R28 = | (patrimônio líquido/capital de terceiros)/(margem bruta/ciclo financeiro)*** |

* Fic = financiamentos instituições de crédito
** Ativo total médio = (ativo total no ano + ativo total no ano anterior)/2
   Investimentos médios = (saldo de investimentos no ano + saldo de investimentos no ano anterior)/2
*** Quanto à soma dos três itens do ciclo financeiro, isto é, dos prazos médios, resultarem negativo, considere o módulo de todo o denominador de R28.

**MODELO PARA EMPRESAS COMERCIAIS – Próximos dois Exercícios**

$$Z_{2c} = 2,368 - 1,994E5 + 0,138E9 - 0,187E25 - 0,025L27 - 0,184R11 + 8,059R23$$

| | |
|---|---|
| 2,368 = | constante |
| E5 = | (reservas + lucros suspensos)/ativo total |
| E9 = | (variação do imobilizado)/(LL + 0,1imobilizado médio – saldo da CM + variação do ELP)* |
| E25 = | disponível/ativo permanente |
| L27 = | duplicatas a receber x 360/vendas |
| R11 = | (ativo total médio – salários, tributos e correções médios)/patrimônio líquido médio** |
| R23 = | lucro operacional/lucro bruto |

* LL = lucro líquido; CM = correção monetária; ELP = exigível a longo prazo
  Quando o denominador de E9 for menor que zero, considere o seu módulo como denominador e acrescente também o seu módulo ao denominador (conforme exemplo usado para R29 no modelo $A_{1i}$)
** Para R11, quando o patrimônio líquido médio for negativo, proceder como em E9, isto é, considere seu módulo no denominador e acrescente-o ao numerador.

Vamos a uma aplicação prática com as funções $Z_{1c}$ e $Z_{2c}$ para a empresa *Comercial B*, cujos dados transcrevemos a seguir:

Balanço da empresa *Comercial B* (valores em mil $)

| Ativo | | Passivo | |
|---|---|---|---|
| **Ativo Circulante** | | **Passivo Circulante** | |
| • Disponibilidades | 143.429 | • Fonecedores | 881.930 |
| • Duplicatas a receber | – | • Duplicatas descontadas | – |
| • Estoques | 751.090 | • Financiamentos. inst. de crédito | 36.728 |
| • Outros créditos | 15.692 | • Salários, Tributos e Contribuições | 179.437 |
| Total do ativo circulante | 910.211 | • Outros débitos | 69.742 |
| **Ativo Realizável a Longo Prazo** | | Total do passivo circulante | 1.167.837 |
| • Contas Correntes | 286.342 | **Passivo Exigível a Longo Prazo** | |
| Total do ativo realizável a longo prazo | 286.342 | • Tributos e contribuições | 111.905 |
| **Ativo Permanente** | | Total do passivo exigível a longo prazo | 111.905 |
| • Investimentos | 3.692 | **Patrimônio Líquido** | |
| • Imobilizado | 968.368 | • Capital social | 480.000 |
| • Diferido | – | • Reservas | 408.871 |
| Total do ativo permanente | 972.060 | Total do patrimônio líquido | 888.871 |
| Total do Ativo | 2.168.613 | Total do Passivo | 2.168.613 |

Demonstração de resultados da empresa *Comercial B* (valores em mil $)

| | |
|---|---|
| Vendas | 7.161.817 |
| CMV | 5.780.215 |
| Lucro bruto | 1.381.602 |
| Despesas financeiras | – |
| Outras despesas operacionais | 1.122.941 |
| Lucro operacional | 258.661 |
| Resultados extraoperacionais | (16.992) |
| Saldo da correção monetária | 7.909 |
| Lucro antes do imposto de renda | 249.578 |
| Imposto de renda | 111.905 |
| Lucro líquido | 137.673 |

Dados adicionais (valores em mil $)

| Rubrica | Inicial | Final | Médio |
|---|---|---|---|
| Ativo Total | 1.068.834 | 2.168.613 | 1.618.723 |
| Investimentos | 104.953 | 3.692 | 54.322 |
| Imobilizado | 444.635 | 968.368 | 706.501 |
| Exigível a Longo Prazo | – | 11.905 | – |
| Salários, Tributos e Contribuições | 92.222 | 179.437 | 135.829 |
| Patrimônio Líquido | 496.218 | 888.871 | 692.544 |

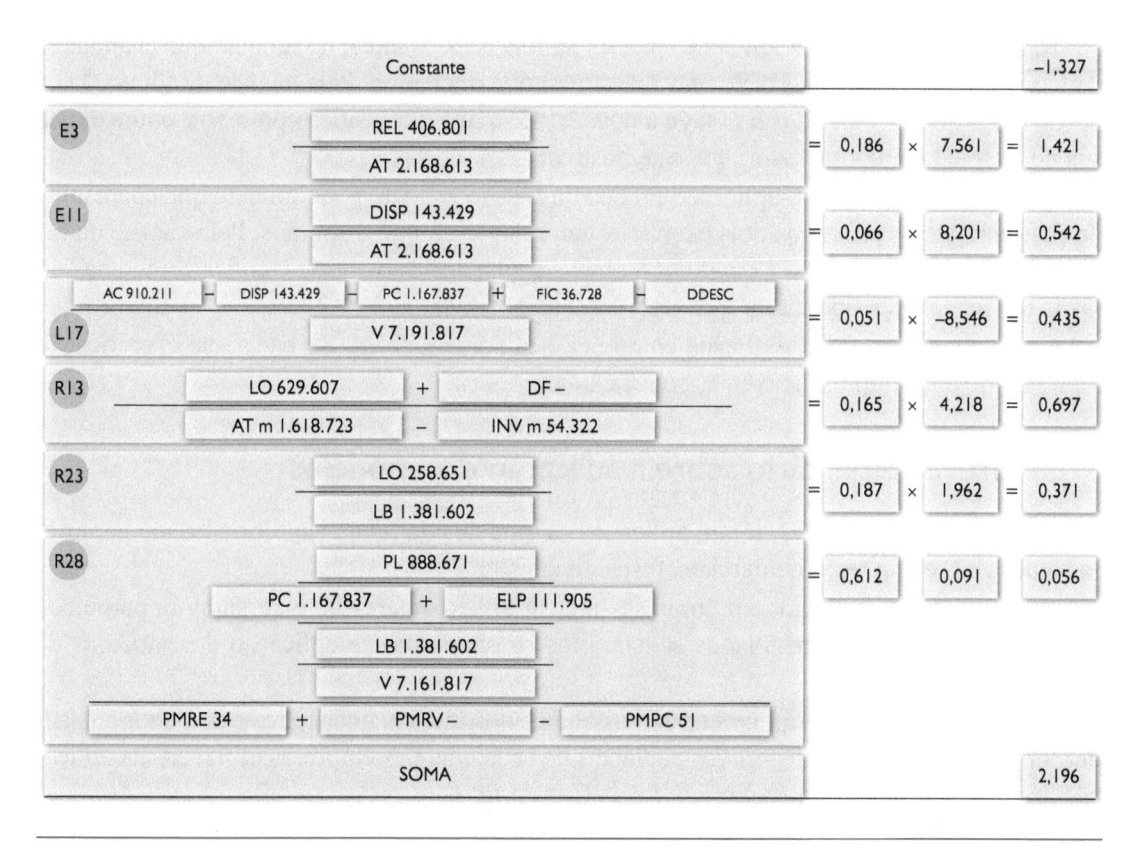

# Modelos quantitativos e previsão de insolvências

| | |
|---|---|
| Constante | −1,327 |
| E3: REL 406.801 / AT 2.168.613 | = 0,186 × 7,561 = 1,421 |
| E11: DISP 143.429 / AT 2.168.613 | = 0,066 × 8,201 = 0,542 |
| L17: (AC 910.211 − DISP 143.429 − PC 1.167.837 + FIC 36.728 − DDESC) / V 7.191.817 | = 0,051 × −8,546 = 0,435 |
| R13: (LO 629.607 + DF −) / (AT m 1.618.723 − INV m 54.322) | = 0,165 × 4,218 = 0,697 |
| R23: LO 258.651 / LB 1.381.602 | = 0,187 × 1,962 = 0,371 |
| R28: PL 888.671 / (PC 1.167.837 + ELP 111.905) ; LB 1.381.602 / V 7.161.817 ; PMRE 34 + PMRV − − PMPC 51 | = 0,612 × 0,091 = 0,056 |
| SOMA | 2,196 |

**FIGURA 11.3** Modelo $Z_{1c}$ aplicado para a empresa *Comercial B*.

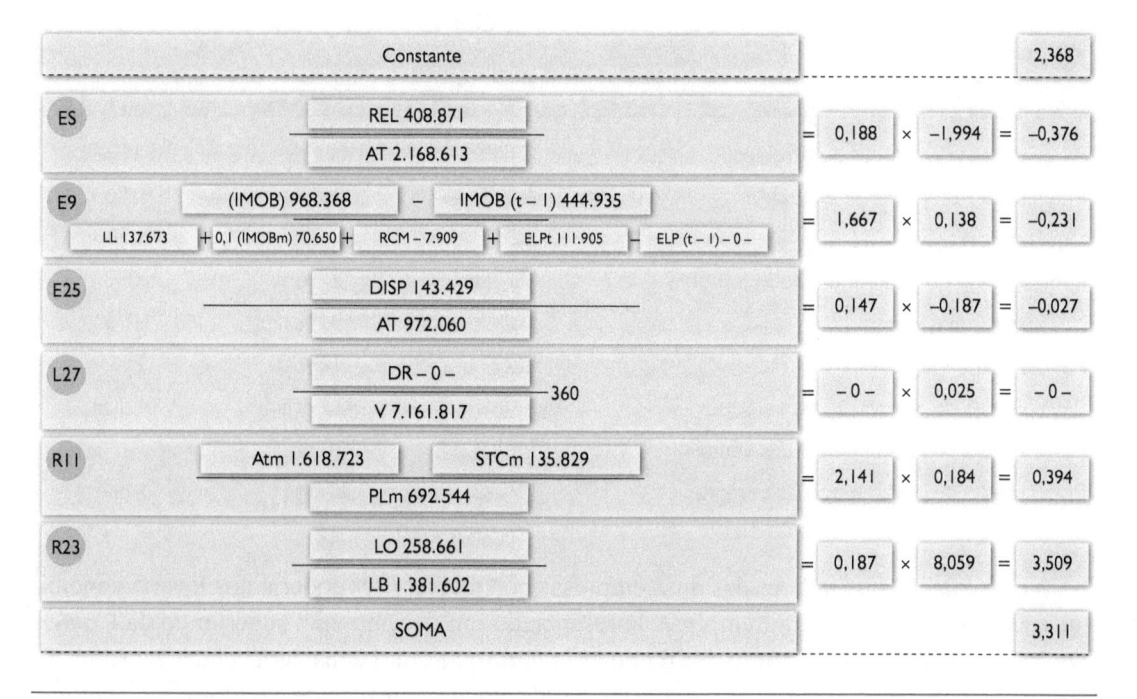

| | |
|---|---|
| Constante | 2,368 |
| E5: REL 408.871 / AT 2.168.613 | = 0,188 × −1,994 = −0,376 |
| E9: (IMOB) 968.368 − IMOB (t − 1) 444.935 ; LL 137.673 + 0,1 (IMOBm) 70.650 + RCM − 7.909 + ELPt 111.905 − ELP (t − 1) − 0 − | = 1,667 × 0,138 = −0,231 |
| E25: DISP 143.429 / AT 972.060 | = 0,147 × −0,187 = −0,027 |
| L27: (DR − 0 −) / V 7.161.817 · 360 | = − 0 − × 0,025 = − 0 − |
| R11: (Atm 1.618.723 STCm 135.829) / PLm 692.544 | = 2,141 × 0,184 = 0,394 |
| R23: LO 258.661 / LB 1.381.602 | = 0,187 × 8,059 = 3,509 |
| SOMA | 3,311 |

**FIGURA 11.4** Modelo $Z_{2c}$ aplicado para a empresa *Comercial B*.

Na Figura 11.3, temos a aplicação prática da função $Z_{1c}$, isto é, do modelo que chamamos de base para o próximo exercício, em relação ao que dispomos. Pela análise da Figura 11.3, observamos que a *Comercial B* obteve a nota 2,195, o que a classifica como boa, em razão da sua nota ter sido maior que zero, ou seja, positiva.

Na Figura 11.4, temos a aplicação prática da função $Z_{2c}$, isto é, do modelo que chamamos de base para até os próximos dois exercícios em relação ao que dispomos. Pela análise da Figura 11.4, observamos que a *Comercial B* obteve a nota 3,311, o que a classifica como boa, em razão de sua nota ter sido maior que zero, ou seja, positiva.

Como a empresa foi classificada como boa nos dois modelos, $Z_{1c}$ e $Z_{2c}$, sua classificação final será de uma empresa solvente, ou seja, boa.

## 11.2.4 Breve comentário sobre a aplicação dos modelos

Nos itens 11.2.3.1 e 11.2.3.2, foram aplicados os modelos da função apropriados para empresas industriais e empresas comerciais, respectivamente.

Essa primeira separação, em empresas industriais e comerciais, é de suma importância, pois podemos não obter resultados satisfatórios se efetuarmos a aplicação dos modelos de modo inadequado.

No Quadro 11.9, a seguir, apresentamos alguns dos índices financeiros calculados a partir das informações dos demonstrativos contábeis de cada uma das empresas utilizados na aplicação dos modelos, isto é, da *Industrial A* e da *Comercial B*.

**QUADRO 11.9** Índices financeiros das empresas *Industrial A* e *Comercial B*.

| Índices | | "Empresa Industrial A" | "Empresa Industrial B" |
|---|---|---|---|
| Participações de capitais de terceiros | CT/PL | 172% | 144% |
| Imobilização do patrimônio líquido | AP/PL | 60% | 91% |
| Liquidez corrente | LC | 1,26 | 0,78 |
| Rentabilidade do patrimônio líquido médio | LL/PLm | 27% | 20% |
| Margem bruta de vendas | LB/V | 61% | 19% |
| Rentabilidade das vendas | LL/V | 14% | 2% |
| Prazo médio de renovação de estoques | PMRE | 523 dias | 34 dias |
| Prazo médio de recebimento das vendas | PMRV | 128 dias | – |
| Prazo médio de pagamento das compras | PMPC | 93 dias | 51 dias |

A comparação dos índices das duas empresas no Quadro 11.9 poderia nos levar a concluir que a *Industrial A* é a melhor empresa, apresentando um desempenho superior ao da *Comercial B*. Entretanto, pela aplicação dos modelos, a *Industrial A* foi considerada insolvente em $Z_{1i}$ e solvente (com baixa nota) em $Z_{2i}$, o que lhe daria uma classificação de duvidosa. A *Comercial B* foi considerada boa, o que corresponde à realidade. Diante disso, conclui-se que:

a. Embora apresentando, à primeira vista, um desempenho superior, a *empresa Industrial A* vinha alocando seus recursos de forma inadequada, o que, com o auxílio do modelo, foi possível detectar.
b. Embora em situação que, à primeira vista, pareça menos favorável, a *Comercial B* alocou adequadamente seus recursos, proporcionando a continuidade de suas atividades de forma satisfatória.
c. Há disparidades significativas entre os ciclos financeiros das duas empresas; enquanto a *Industrial A* tem um ciclo financeiro de 631 dias, ou seja, ela tem de financiar suas operações por esse prazo, a *Comercial B* tem um ciclo financeiro negativo de 17 dias, ou seja, a conta de fornecedores, apenas, já é suficiente para financiar seus estoques e ainda permitir uma pequena sobra de recursos. Dessa forma, a *Comercial B* não necessita de recursos próprios para financiar suas aplicações em estoques e duplicatas a receber. Contudo, a *Industrial A* possui um elevado investimento nas contas de *duplicatas a receber* e *estoque*, sendo que as contas de *fornecedores* mais *salários*, *tributos* e *contribuições* não são suficientes para cobrir tais investimentos, o que requer a obtenção de recursos onerosos junto a instituições financeiras. O ciclo financeiro longo, num regime inflacionário, pode ocasionar sérios problemas à situação econômico-financeira da empresa.

Diversas outras conclusões podem ser tiradas numa análise complementar. No item 11.2.7, abordaremos as vantagens e as limitações dos modelos.

## 11.2.5 Modelos como avaliação de crédito

Até agora, vimos o uso de cada um dos modelos para classificar empresas como boas ou insolventes. Vimos também a utilização conjugada para $Z_1$ e $Z_2$, que possibilita a classificação como boa, insolvente ou duvidosa.

Neste tópico, apresentaremos os modelos como uma medida de probabilidade, fornecendo uma escala de classificação de risco de crédito como decorrência do valor obtido da função.

**Escala de classificação de risco**

| Z | -1,40 | | 0 | 1,40 | | 2,95 | | 5,00 | | Z |
|---|---|---|---|---|---|---|---|---|---|---|
| | (E) Risco elevado | | (D) Risco de atenção (dúvida) | | (C) Risco médio | | (B) Risco modesto | | (A) Risco mínimo | |
| P(S) | | 0,20 | | 0,50 | 0,80 | | 0,95 | | 0,99 | P(S) |

Sendo:  Z = valor da função Z ($Z_{1i}$, $Z_{2i}$, $Z_{1c}$ ou $Z_{2c}$) a ser obtido;
P(S) = probabilidade de solvência da empresa.

Observa-se que, associada a cada valor de Z, há uma probabilidade de a empresa ser solvente. Portanto, não estamos considerando apenas um ponto de separação em Z igual a zero. Estabelecemos, agora, cinco faixas de avaliação,[12] as quais permitem ao analista e ao gestor de

---
12. Estamos apresentando a escala de avaliação padronizada para empresas industriais e comerciais, como uma forma de simplificação de seu uso. Das empresas comerciais para as industriais, há pequenas diferenças nos pontos de separação, porém tais diferenças são irrelevantes. Por exemplo, o ponto de separação entre o risco médio e o de atenção é 2,94 para as empresas industriais e 2,96 para as empresas comerciais. Daí, por simplificação, padronizamos em 2,95, sem perda da qualidade do critério.

crédito uma melhor medida de avaliação de risco. Por este critério, a *Industrial A*, que utilizamos no exemplo do item 11.2.3.1, teve valor de $Z_{1i}$ igual a $-2,640$, o que a classificaria como risco elevado. Para a mesma empresa, $Z_{2i}$ foi igual a 0,222, o que a classificaria como risco de atenção para os próximos dois anos.

Para a empresa *Comercial B*, utilizada no exercício do item 11.2.3.2, obtivemos $Z_{1c}$ igual a 2,195, o que daria uma classificação de risco médio. Por outro lado, $Z_{2c}$ foi de 3,311, o que a classificaria como *risco modesto*.

Portanto, o leitor tem a opção de utilizar os modelos de diferentes formas:

I. Só $Z_1$, com separação entre as empresas solventes e as insolventes em zero, o que é muito simples e fácil de usar.
II. Conjugar $Z_1$ e $Z_2$, com ponto de separação também em zero, obtendo três classificações: insolventes, boas e duvidosas.
III. Usar $Z_1$ e $Z_2$ separadamente, obtendo as avaliações de A e E para cada caso.
IV. Outras conjugações podem ser montadas, restando comentar que os níveis de associação não devem prejudicar a praticidade de uso dos modelos.

## 11.2.6 Posição dos modelos no fluxo decisório

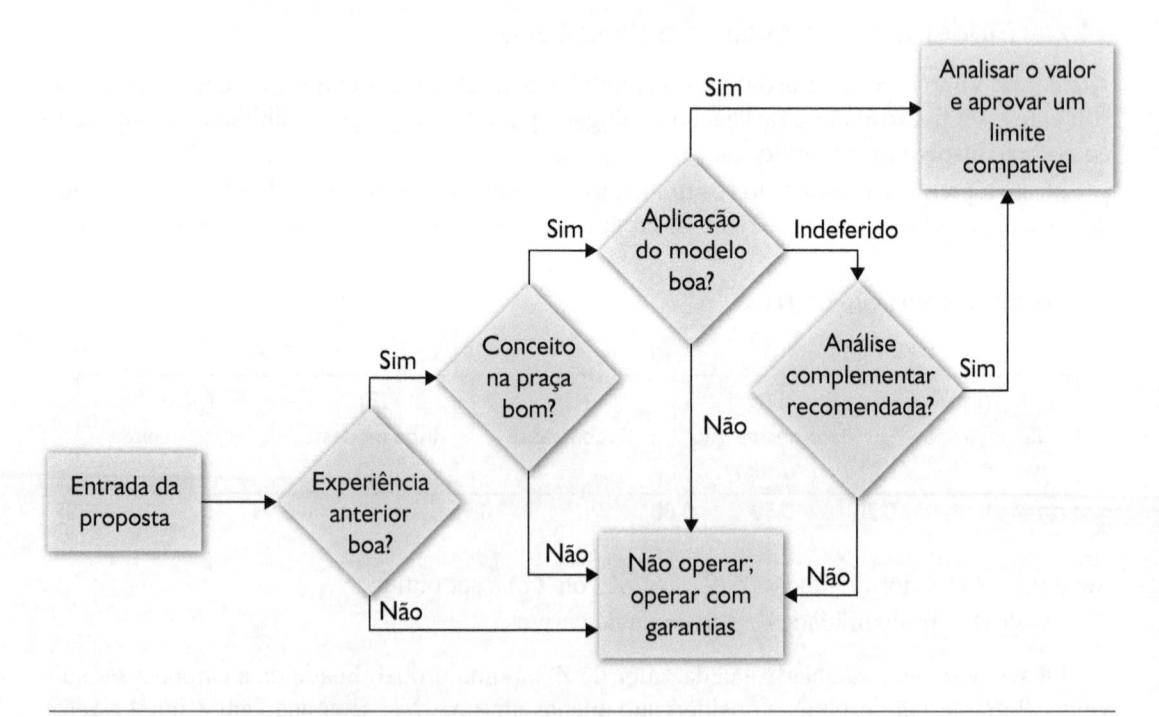

**FIGURA 11.5** Uma alternativa para o fluxo de análise.

De acordo com as suas necessidades e o seu nível de preocupação com a concessão de crédito, cada empresa possui uma estrutura e uma abordagem para a análise dos pedidos de crédito de seus clientes. No diagrama da Figura 11.5, indicamos uma das formas como os modelos podem ser utilizados com o propósito de classificar as empresas para fins de concessão de crédito.

Dessa forma, o fluxo decisório de uma análise de crédito compreende diversas etapas. Inicia-se com a entrada da proposta; vejamos outras etapas importantes:

**Experiência anterior**

Se a experiência anterior com o cliente recomendar que operemos, passaremos às etapas seguintes; quando, entretanto, o cliente não manteve um nível de pontualidade aceitável ou deixou de pagar sem demonstrar boa vontade para liquidar sua dívida, não há motivo para conceder o crédito; ou seja, só se deve conceder crédito se as garantias efetivas eliminarem os riscos. Quando se trata de um cliente novo, essa experiência anterior não existe.

**Conceito na praça**

Esse é outro dado importante. Em muitos casos, mesmo existindo uma boa experiência anterior com o cliente, as referências obtidas junto a fornecedores e instituições financeiras podem indicar que o solicitante de crédito se encontra em situação difícil e não gerando recursos para pagar seus compromissos. Em muitos casos, o cliente não deixa de pagar apenas por não querer fazê-lo, mas por falta de dinheiro. No Capítulo 4, abordamos os Cs do crédito, que elucidam o assunto.

**Aplicação do modelo**

No item 11.2.3, apresentamos uma sugestão para uso do modelo, de modo que determinada empresa seria classificada numa das categorias compreendidas entre *risco mínimo* e *risco elevado*.

Reafirmamos, mais uma vez, que cabe à própria empresa medir os níveis de riscos que quer assumir e definir seus padrões de análises de crédito. Durante todos os testes, nossos modelos apresentaram elevados níveis de acertos, o que lhes permitiu confiabilidade. Seguramente, conforme o perfil de sua clientela e os níveis de negócios, será necessário que, além da aplicação dos modelos, usar outros parâmetros adicionais de análises. Supondo que o único parâmetro seja a aplicação dos modelos e se, nesse caso, a empresa for classificada como insolvente, parece lógico que não se deva operar, a não ser que, mais uma vez, prevaleça a qualidade das garantias ou que o conhecimento de outros fatores permitam operar com relativa segurança.

**Análise complementar**

Quanto a uma eventual análise complementar, caberá ao responsável técnico pela área de análise, de acordo com a política da empresa ou do banco, a definição do tipo de análise complementar a ser efetuada. Essa análise pode compreender o dimensionamento da necessidade de capital de giro, uma averiguação da capacidade de geração de caixa pelas operações da empresa ou mesmo a intenção de aumento de capital (com entrada de dinheiro), assim como o exame da política de investimentos e de crescimento adotada pela empresa cliente.

**Aprovação do negócio**

Uma vez cumpridas as etapas anteriores, resta a análise do montante a ser aprovado. Nessa etapa, há dois fatores de maior relevância. O primeiro é o fator técnico, que envolve a análise da capacidade de geração de caixa pela empresa, objetivando saber se os prazos das operações são compatíveis com tal capacidade de geração de recursos. O segundo fator é de natureza política, que é decorrente de decisões superiores no sentido de direcionar a concessão de crédito. Dessa forma, poderão ser definidas algumas diretrizes, como:

- o limite de aplicações para determinado segmento da economia não pode ser superior a certo percentual das aplicações totais;
- nenhum cliente deverá ter aplicações superiores a certo percentual do patrimônio líquido da própria instituição que está concedendo crédito;
- só operar com clientes que apresentem um nível aceitável de risco de crédito, ou operar com clientes de risco elevado que, consequentemente, tragam maior retorno.

Diversas outras diretrizes podem ser definidas, além da existência de toda uma orientação governamental, conforme citamos no Capítulo 4.

A seguir, abordaremos as vantagens e limitações dos modelos.

## 11.2.7 Vantagens e limitações dos modelos

Apresentados os quatro modelos básicos, convém conhecermos algumas das vantagens e limitações dos modelos, o que faremos a seguir.

### 11.2.7.1 Vantagens do uso de modelos

Conforme abordamos neste capítulo, a utilização de um modelo para a classificação de empresas é um instrumento altamente valioso para quem vai conceder crédito. Os resultados que obtivemos com testes empíricos mostraram a validade do modelo, no entanto, cabe aos seus usuários uma adequada utilização. Do mesmo modo, outros profissionais, como auditores, analistas de mercado de capitais, contadores e executivos financeiros, poderão utilizar os modelos como guia adicional de orientação em suas atividades.

Relacionamos, a seguir, algumas vantagens dos modelos:

a. A utilização de um modelo desenvolvido a partir de uma amostra que contém um grande número de empresas e com confirmação empírica de sua validade, atribui certa segurança àquele que está decidindo.

b. A utilização de recursos estatísticos com o objetivo de selecionar os índices que, de modo geral, sejam os mais importantes, bem como a atribuição de pesos por meio de processos de análise discriminante, elimina a subjetividade de julgamento que varia de analista para analista, dando maior segurança à direção do banco ou da empresa que esteja utilizando os modelos. Dessa forma, a sensibilidade, o *feeling* do analista, será canalizado para as variáveis exógenas aos modelos. É normal encontrarmos analistas discutindo que determinado índice financeiro é mais importante que outro e vice-versa, assim como é possível que, dentro de um mesmo banco, duas decisões diferentes quanto à concessão de crédito possam ser tomadas em relação a uma mesma empresa, apenas em razão do ponto de vista de quem está analisando.

c. A agilidade que o banco ou a empresa que concede crédito ganha é altamente valiosa, pois, em vez de o analista ficar examinando e concluindo sobre cada um dos índices, poderá dedicar seu tempo a outros assuntos relevantes e que não possam ser sistematizados. O modelo classifica também as empresas que se encontram em péssima situação e com as quais não se deva operar. Assim, o tempo do analista de crédito e do dirigente será usado para analisar empresas que estiverem na região de *risco médio* e *risco de atenção*, para dedicar-se a grandes negócios, bem como para um melhor conhecimento da empresa cliente e seus produtos e para o acompanhamento do mercado e da economia como um todo. Sabemos, evidentemente, que o analista habituado a "sentir" a empresa, resistirá ao uso de um modelo, até que adquira confiança nele. Isso deve ser entendido como normal e até mesmo desejável.

d. Bancos e empresas que analisam grande quantidades diárias de propostas de negócios terão respostas ágeis quanto à solidez de seus clientes.

e. A confirmação de que alguns índices tidos como importantes não são necessariamente significativos na avaliação de uma empresa é altamente relevante, assim como é relevante saber que alguns enfoques da literatura norte-americana não necessariamente são adequados à realidade brasileira.

### 11.2.7.2 Limitações dos modelos

É preciso dizer que alguns cuidados são necessários, uma vez que é extremamente difícil um modelo cercar todos os possíveis fatores que influem no desempenho de uma empresa particular, pois, à medida que sistematizamos, estamos generalizando. Se os dados da empresa analisada, que entraram para calcular o valor de sua função Z, estiverem manipulados, o resultado poderá ser falho; nesse caso, deveria ter entrado a experiência do analista ao reclassificar o balanço para entrar no modelo. Ao mesmo tempo, o modelo fornece uma espécie de "luz verde" para a análise e a concessão do crédito, cabendo a quem decide a definição do valor, pois o limite de crédito depende de uma série de fatores, que vão desde as regras estabelecidas pelas autoridades monetárias, à política de diluição ou de concentração de risco (aplicações, no caso), passando pela disponibilidade de recursos para aplicar, bem como pela propensão do gestor de crédito nas decisões, com base em sua expectativa de retorno diante do risco assumido. Vejamos algumas das limitações:

a. O tempo (a época) é uma das principais limitações apresentadas pelos modelos desenvolvidos a partir do uso de análise discriminante. Com o decorrer do tempo, tanto as variáveis quanto seus pesos relativos sofrem alterações. As variáveis que, segundo a análise discriminante, são as que melhor classificam sob determinada conjuntura econômica, podem não ser em outras situações.

b. Os modelos não devem ser entendidos como verdade única, e mesmo tendo apresentado bons resultados, podem falhar numa determinada situação. Sabemos que 95% de acerto pode representar um excelente desempenho de um modelo, porém 5% de erro pode ser fatal para uma empresa que venda a prazo. Dessa forma, os modelos não devem pretender a substituição do julgamento do analista, mas devem ser entendidos como um instrumental complementar para o analista.

c. Se os modelos fossem utilizados como parâmetros únicos, alguém que os conhecesse poderia manipular as informações dos demonstrativos de uma empresa em estado de insolvência, a fim de obter uma avaliação de crédito aceitável. Dessa forma, adulterações dos demonstrativos contábeis poderão interferir no processo de classificação das respectivas empresas; daí requerer, mais uma vez, a presença do analista.

d. Pessoas não conhecedoras de análises, ao se depararem com modelos desse tipo, poderão utilizá-los de maneira inadequada. Para a utilização do modelo, é necessário que os demonstrativos contábeis das empresas sejam padronizados na mesma forma como foram as que serviram de base para o desenvolvimento da função. Por exemplo, no caso de nossos modelos, por não dispormos dos valores reais das depreciações, assumimos que elas seriam de 10% do imobilizado médio; se alguém que aplicar o modelo dispuser e usar o valor real das depreciações de uma empresa, estará usando erradamente e poderá prejudicar o processo de avaliação.

e. Os aspectos de região geográfica, bem como ramos de atividade com características peculiares, limitam o uso de um modelo único, sendo que o desenvolvimento de diversos modelos poderá exigir que se disponha de amostras muito grandes.

f. Em geral, os modelos são desenvolvidos *ex-post* e, ao serem aplicados posteriormente (para outros grupos de empresa), podem perder sua eficácia em razão do fator tempo (época).

g. O crédito deve ser entendido como parte dos negócios dos bancos ou das empresas e, desse modo, deve ser coerente com suas estratégias de negócios. Os modelos dão uma medida objetiva de avaliação, não ponderando os fatores estratégicos. É preciso, portanto, agregar esses fatores importantes.

## 11.3 Metodologia e validade dos modelos

O propósito deste tópico é fornecer ao leitor algumas das características das empresas que compuseram a nossa amostra e deram origem aos modelos. Forneceremos também breves comentários acerca das informações tiradas dos demonstrativos contábeis, bem como dos aspectos metodológicos adotados e dos testes de validade dos modelos.

### 11.3.1 Teste de validade dos modelos

Antes de entrarmos na metodologia utilizada, ressaltaremos os resultados obtidos com a aplicação dos modelos a partir dos testes realizados. Os modelos que foram apresentados no item 11.2.3 resultaram de grande número de testes e representam as composições mais simples e fáceis de serem aplicadas. São eles os conjuntos de seis variáveis: "Seleção C" ($Z_{1i}$ e $Z_{2i}$) para empresas industriais e "Seleção B" ($Z_{1c}$ e $Z_{2c}$) para empresas comerciais. Os demais modelos do Quadro 11.10, a seguir, representaram uma espécie de seleção dos modelos que se mostraram mais eficientes durante os testes.

O Quadro 11.10 mostra os percentuais de acertos em relação às empresas da amostra, separados por setor e região, de acordo com os índices e os modelos aplicados.

**QUADRO 11.10** Modelos que apresentaram os melhores resultados.

| Conjunto de variáveis | Modelos para | | | Número de variáveis | % Total de acertos |
|---|---|---|---|---|---|
| | Setor | Estado | Exercício | | |
| Rentabilidade* | Indústria | São Paulo | Último | 31 | 94,11 |
| Seleção A | Indústria | São Paulo | Último | 28 | 91,76 |
| Seleção B | Indústria | São Paulo | Último | 13 | 90,20 |
| Seleção C ($Z_{1i}$) | Indústria | São Paulo | Último | 6 | 87,45 |
| Rentabilidade* | Indústria | São Paulo | Penúltimo | 31 | 90,20 |
| Seleção A | Indústria | São Paulo | Penúltimo | 18 | 87,06 |
| Seleção B | Indústria | São Paulo | Penúltimo | 10 | 81,97 |
| Seleção C ($Z_{2i}$) | Indústria | São Paulo | Penúltimo | 6 | 80,39 |
| Rentabilidade* | Comércio | São Paulo | Último | 31 | 96,55 |
| Seleção A | Comércio | São Paulo | Último | 16 | 94,83 |
| Seleção B ($Z_{1c}$) | Comércio | São Paulo | Último | 6 | 91,38 |
| Rentabilidade* | Comércio | São Paulo | Penúltimo | 31 | 93,10 |
| Seleção A | Comércio | São Paulo | Penúltimo | 12 | 87,83 |
| Seleção B ($Z_{2c}$) | Comércio | São Paulo | Penúltimo | 6 | 84,48 |

*Os modelos compostos por índices de rentabilidade deram excelentes resultados.

De forma geral, os índices do último exercício apresentaram maior eficiência que os do penúltimo. Com o objetivo da adoção de um conjunto de variáveis que apresente relativa facilidade de uso, vemos que os modelos de seis variáveis [Seleção C: ($Z_{1i}$ e $Z_{2i}$) e Seleção B: ($Z_{1c}$ e $Z_{2c}$)] atenderam a esse propósito, mantendo um elevado grau de acerto. Cabe lembrar que, à medida que se reduz o número de variáveis, eleva-se o risco de erro de classificação.

Um critério mais rigoroso para se testar a validade de um modelo é aquele em que se divide a amostra de empresas em dois grupos. Um grupo é utilizado para desenvolver o modelo (cálculo dos coeficientes), enquanto o outro serve para teste de validade. Aplicamos esse critério para dois de nossos modelos e também para as variáveis que compuseram os estudos citados na introdução deste capítulo. Os resultados estão no Quadro 11.11.

Pela análise do Quadro 11.11, constata-se que a "Seleção C: $Z_{1i}$" do nosso teste superou os quatro modelos citados no item 11.1.2, cujo teste efetivamente teve como base os dados do último exercício de um conjunto de empresas industriais do Estado de São Paulo, exceto para a Seleção C – Comércio ($Z_{1c}$), que abrange outros Estados. Nesse teste, os coeficientes dos modelos foram recalculados, visando-se a sua atualização.

**QUADRO 11.11** Separação de amostra para testes de modelos.

| Modelos | Amostra que serviu de base para o cálculo das variáveis e dos coeficientes do modelo | | | | | | | Amostra que serviu para teste do modelo | | | | | | | |
|---|---|---|---|---|---|---|---|---|---|---|---|---|---|---|---|
| | Quantidade de empresas | | | | | | | Boas | | | | Insolventes | | | % |
| | Boas | Insolv. | Acertos | Erros | Soma | % de Acertos | | Acertos | Erros | Soma | % de Acertos | Acertos | Erros | Soma | % de Acertos | Total de Acertos |
| Kanitz | 139 | 39 | 44 | 11 | 55 | 80,00 | | 15 | 7 | 22 | 68,18 | | | | 76,62 |
| Altman | 139 | 39 | 46 | 9 | 55 | 83,64 | | 17 | 5 | 22 | 77,27 | | | | 81,82 |
| Elizabetsky | 139 | 39 | 41 | 14 | 55 | 74,55 | | 14 | 8 | 22 | 63,64 | | | | 71,43 |
| Matias | 139 | 39 | 39 | 16 | 55 | 70,31 | | 17 | 5 | 22 | 77,27 | | | | 72,78 |
| Seleção C indústria | 139 | 39 | 50 | 5 | 55 | 90,91 | | 19 | 3 | 22 | 83,36 | | | | 89,61 |
| Seleção C comércio | 24 | 19 | 19 | 2 | 21 | 90,48 | | 13 | 5 | 18 | 72,22 | | | | 81,05 |

É importante ressaltar que esses quatro trabalhos (Kanitz, Altman, Elizabetsky e Matias) são respeitáveis e se mostraram eficientes, conforme nossos comentários no item 11.1. Todavia, os nossos modelos apresentam uma nova abordagem e elaboração dos índices, o que, segundo nossos testes, nos permitiu melhores resultados.

Cabe, ainda, situar cada um dos trabalhos no tempo e no espaço. O trabalho de Altman tem quatro de seus cinco índices baseados no ativo total, o que, até certo ponto, pode caracterizar a preocupação dos norte-americanos com problema de retorno sobre os investimentos. Já o trabalho de Kanitz, desenvolvido em 1974, apresenta três índices de liquidez, entre os cinco índices que o compõem. O fato de o trabalho de Kanitz ter sido desenvolvido com dados da época do chamado "milagre brasileiro" (quando, naquela euforia de crescimento, o fator liquidez tinha uma peso significativo para suportar a expansão da atividade empresarial, que, normalmente, requer fortes investimentos em capital fixo e de giro) pode ter interferido no processo de seleção de seus índices. Quanto aos trabalhos de Elizabetsky e Matias, foram pesquisas que apresentaram bons resultados na época em que foram desenvolvidos, mas a margem de acerto que obtiveram já não é a mesma citada pelos autores.

Sem desprezar os índices financeiros tradicionais, nossa abordagem foi voltada para os aspectos de crescimento das empresas, para a eficiência da administração dos estoques e de duplicatas a receber, para a capacidade de geração de recursos da empresa e para sua rentabilidade operacional. A esses aspectos, associamos o fator inflação e isolamos o setor (comércio e indústria), bem como a região geográfica (Estado), criando, assim, uma abordagem básica que nos proporcionou resultados altamente satisfatórios.

Dessa forma, nosso propósito neste trabalho foi buscar instrumentos capazes de fornecer uma medida de avaliação da saúde financeira das empresas, integrando aspectos relativos aos seguintes pontos: liquidez, em termos de capacidade de saldar compromissos de curto prazo; solidez, em termos de relação entre capital próprio e de terceiros; vitalidade, em termos de capacidade de gerar recursos necessários à própria manutenção e crescimento.

## 11.3.2 Escolha da amostra e recursos utilizados

Como vimos no item anterior, os testes de validade dos modelos basearam-se em empresas industriais e comerciais. Para tanto, tivemos de escolher a amostra que melhor se adaptasse à aplicação desses modelos.

A escolha da amostra constitui uma das partes mais importantes para o desenvolvimento de um modelo visando à classificação de empresas para fins de concessão de crédito. As características regionais, os diversos ramos de atividades, bem como o porte das empresas são três fatores a serem considerados. Para compor nossa amostra, formamos duas categorias básicas de empresas: *boas* e *insolventes*. De forma geral, as empresas insolventes se concentraram naquelas de menor porte, as empresas com boa situação financeira tendendo para as grandes companhias. Isso exigiu um esforço adicional no sentido de reduzir tais discrepâncias. Tomamos, ainda, o cuidado com a identificação da região geográfica (Estado) e evitamos empresas cujos ramos de atividade tivessem características muito peculiares em seus ciclos operacionais.

Por fim, foi necessário que dispuséssemos de demonstrativos contábeis de, pelo menos, três exercícios sociais.

## 11.3.3 Composição da amostra

A nossa amostra foi composta por um grupo de empresas boas (compreende: ótimas e regulares) e um de empresas insolventes.

**A – Empresas ótimas**

Para essa classificação escolhemos basicamente as 10 melhores empresas de cada setor, entre as 500 empresas publicadas pela *Revista Exame* em sua edição especial de "maiores e melhores", publicada em setembro de 1980. Excluímos dessa amostra empresas agrícolas e de prestação de serviços, por terem características muito peculiares; excluímos, ainda, algumas empresas que, mesmo estando entre as 100 melhores de seu ramo, apresentaram prejuízo.

**B – Empresas regulares**

Compusemos esse grupo com empresas situadas numa faixa intermediária, isto é, entre as ótimas e as insolventes.

**C – Empresas insolventes**

Consideramos empresas insolventes, para o presente trabalho, aquelas que estiveram envolvidas em processos de concordatas (requeridas ou diferidas) ou de falências (requeridas ou decretadas).

Compuseram a nossa amostra de insolventes empresas falidas ou concordatárias a partir de 1977, conforme dados apresentados no Quadro 11.12, a seguir.

**QUADRO 11.12** Empresas insolventes de 1977 a 1980.

| Ano | Número de Empresas Insolventes | | |
|---|---|---|---|
| | São Paulo | Outros Estados | Soma |
| 1977 | 6 | 4 | 10 |
| 1978 | 21 | 19 | 40 |
| 1979 | 51 | 49 | 100 |
| 1980 | 1 | 9 | 10 |
| Soma | 79 | 81 | 160 |

As empresas dessa amostra são dos mesmos ramos de atividade daquelas citadas em A e B, e foram utilizadas apenas as que tínhamos os dados dos três exercícios que antecederam o da ocorrência da falência ou da concordata.

## 11.3.4 Total de empresas e suas características

Nossa amostra foi composta de um total de 419 empresas, sendo 337 empresas industriais e 82 comerciais. O Estado de São Paulo teve a maior participação, com 313 empresas, o que corresponde a 74,7% da amostra total.

O Quadro 11.13 mostra o número total de empresas por tipo (boas e insolventes), por região (São Paulo e outros Estados) e por setor de atividade (Indústria e Comércio).

**QUADRO 11.13** Classificação das empresas insolventes: tipo, região e setor.

| Empresa | Boas | | Insolventes | Soma |
|---|---|---|---|---|
| | Ótimas | Regulares | | |
| Indústria | | | | |
| • São Paulo | 110 | 84 | 61 | 255 |
| • Outros Estados | 7 | 13 | 62 | 82 |
| Comércio | | | | |
| • São Paulo | 19 | 21 | 18 | 58 |
| • Outros Estados | 3 | 2 | 19 | 24 |
| Soma | 139 | 120 | 160 | 419 |

O Quadro 11.14, a seguir, mostra as 419 empresas da nossa amostra, classificadas segundo ativo total, patrimônio líquido vendas, em faixas de grandezas, cuja unidade de medida adotada foi a Obrigação do Tesouro Nacional (OTN).

## 11.3.5 Algumas considerações teóricas acerca da escolha da amostra

As duas questões básicas relativas à escolha da amostra são:

- Qual o tamanho adequado da amostra?
- Como escolher os elementos que farão parte da amostra?

Quanto ao tamanho da amostra, não há uma regra precisa, mas é necessário que seja suficiente para proporcionar certa confiabilidade às estimativas. Vale acrescentar que, quanto maior a quantidade de indicadores (variáveis), maior deverá ser a amostra.

A outra questão refere-se à escolha dos elementos que, no nosso caso, são as empresas que participarão da amostra. Para fins de concessão de crédito, Mehta[13] cita três formas de selecionar a amostra:

a. A amostra é extraída de duas fontes: das contas incobráveis e das contas com comportamento de pagamento aceitável no passado. No que pese ser um método dos menos caros, isso exige que se tenha informações relevantes sobre cada uma das empresas da

---
13. MEHTA, Dileep R. *Administração do capital de giro.* São Paulo: Atlas, 1978.

**QUADRO 11.14** Porte das empresas em OTN.

| Classes (em OTN) | Frequência de empresas ||||||||||||
|---|---|---|---|---|---|---|---|---|---|---|---|---|
| | Ativo Total |||| Patrimônio Líquido |||| Vendas ||||
| | Ótimas | Regulares | Insolventes | Total | Ótimas | Regulares | Insolventes | Total | Ótimas | Regulares | Insolventes | Total |
| abaixo de 50.000 | 7 | 2 | 28 | 37 | 18 | 23 | 100 | 141 | 8 | — | 29 | 37 |
| de 50.001 a 100.000 | 15 | 14 | 37 | 66 | 24 | 23 | 29 | 76 | 10 | 3 | 45 | 58 |
| de 100.001 a 280.000 | 42 | 32 | 52 | 126 | 43 | 25 | 19 | 87 | 39 | 34 | 54 | 127 |
| de 280.001 a 460.000 | 21 | 10 | 19 | 50 | 6 | 10 | 6 | 22 | 17 | 22 | 15 | 54 |
| de 460.001 a 640.000 | 4 | 8 | 6 | 18 | 6 | 5 | 2 | 13 | 10 | 7 | 7 | 24 |
| de 640.001 a 820.000 | 1 | 4 | 1 | 6 | 5 | 1 | 2 | 8 | 2 | 2 | 3 | 7 |
| de 820.001 a 1.000.000 | 4 | 5 | 6 | 15 | 1 | 2 | 1 | 4 | 2 | 1 | 3 | 6 |
| de 1.000.001 a 5.000.000 | 24 | 23 | 10 | 57 | 22 | 24 | 1 | 47 | 30 | 31 | 4 | 65 |
| de 5.000.001 a 10.000.000 | 12 | 13 | 1 | 26 | 10 | 4 | — | 14 | 10 | 13 | — | 23 |
| acima de 10.000.001 | 9 | 9 | — | 18 | 4 | 3 | — | 7 | 11 | 7 | — | 18 |
| Somas | 139 | 120 | 160 | 419 | 139 | 120 | 160 | 419 | 139 | 120 | 160 | 419 |

amostra, daí a necessidade de se ter um bom cadastro de cada cliente. Esse cadastro, além de conter as características dos clientes, deve ser, na verdade, um banco de dados históricos. Alega-se que esse método pode ser deficiente quando a empresa tiver um pequeno volume de incobráveis, pois isso tornaria o histórico (perfil estatístico) pouco confiável. A outra limitação, do ponto de vista estatístico é que a empresa que concede o crédito costuma dispor de dados apenas de seus clientes, sem manter um registro adequado das operações negadas.

b. Outro método seria a manutenção de um registro das operações negadas, como uma tentativa de correção do viés citado na letra a. Nesse caso, manda que se faça uma estimativa subjetiva daqueles clientes que possivelmente não pagariam. Acreditamos que isso também não resolva o problema, pois a estimativa poderá ser bem diferente da situação real.

c. O terceiro método seria uma espécie de suicídio, consistindo em conceder crédito a todos os solicitantes durante certo tempo, a fim de observar o que aconteceria. Isso poderia propiciar uma ótima amostra, mas tenderia a levar a empresa que concede o crédito à falência. Aliás, cabe enfatizar que o próprio Mehta chama a atenção para esses perigos.

Finalizando essa parte de escolha da amostra, cabe enfatizar que o método utilizado nesse trabalho apresenta sua validade a partir do ponto em que admitimos que as empresas insolventes (falidas ou concordatárias) serão inadimplentes.

## 11.3.6 Recursos utilizados

Definida a amostra, optamos pelo Statiscal Analysis System (SAS), que é considerado um dos "pacotes" estatísticos mais evoluídos. Esse sistema foi desenvolvido pela SAS – Instituto da Carolina do Norte, nos Estados Unidos. Aquela versão do SAS foi desenvolvida para ser processada em equipamento IBM, sob sistema operacional OS ou OS/VS. Em nossa pesquisa, processamos o SAS em computador IBM 4341 MGI, de quatro Mega Bytes de memória.

## 11.3.7 Demonstrativos contábeis

De modo geral, o analista de crédito, como elemento externo à empresa que está analisando, encontra dificuldades na obtenção de informações; porém, quando analisa uma empresa em particular, poderá esclarecer suas dúvidas diretamente com a empresa. Para um trabalho nos moldes deste, cuja amostra contém um elevado número de empresas, seria inviável manter contato com cada uma delas. É por isso que padronizarmos os demonstrativos contábeis, conforme apresentamos a seguir, cujo detalhamento das contas é encontrado em quaisquer demonstrativos com relativo grau de qualidade. Poderia ter havido um esforço no sentido para se ter um maior detalhamento das contas, mas, seguramente, a aplicação do modelo ficaria prejudicada em razão de grande parte das empresas não apresentarem detalhamento superior ao que consta nas tabelas a seguir:

**Balanço**

| Ativo | | Passivo | |
|---|---|---|---|
| Disponível | DISP | Fornecedores | FORN |
| Duplicatas a receber | DR | Duplicatas descontadas | DDESC |
| Estoques | EST | Financiamentos instituições de crédito | FIC |
| Adiantamentos fornecidos | ADF | Salários, tributos e contribuições | STC |
| Outros ativos circulantes | OAC | Adiantamentos recebidos | ADR |
| ATIVO CIRCULANTE | AC | Outros passivos circulantes | OPC |
| Realizável a longo prazo | RLP | PASSIVO CIRCULANTE | PC |
| Investimentos | INV | Exigível a longo prazo | ELP |
| Imobilizado | IMOB | Resultados de exercícios futuros | REF |
| Diferido | DIF | | |
| ATIVO PERMANENTE | AP | Capital | CAP |
| | | Reservas + lucros suspensos | REL |
| | | PATRIMÔNIO LÍQUIDO | PL |
| Ativo total | AT | Passivo total | PT |

**Demonstração de resultados**

| | |
|---|---|
| Vendas | V |
| Lucro bruto | LB |
| Despesas financeiras | DF |
| Outras receitas e despesas operacionais | ODO |
| Lucro operacional | LO |
| Resultado não operacional | RNO |
| Resultado da correção monetária | RCM |
| Lucro antes do imposto de renda | Lair |
| Lucro líquido | LL |

Em todos os casos, os demonstrativos contábeis foram reclassificados para atender a um padrão de classificação único e permitir maior comparabilidade.

## 11.3.8 Escolha das variáveis

Iniciamos o trabalho de testes e escolhas das variáveis com base em um conjunto de 83 índices financeiros, com o propósito de selecionar o melhor conjunto de variáveis para a classificação de empresas como boas ou insolventes. Os modelos que apresentamos nos tópicos 11.2.3.1 e 11.2.3.2 representam o resultado final do conjunto de testes realizados. Tais modelos foram obtidos com o auxílio da análise discriminante, que é um instrumental estatístico que nos auxilia, entre outras coisas, na determinação de peso relativo de cada índice. A escolha dos índices foi feita com base no *stepwise*, que é uma metodologia que seleciona a composição de índices que, em conjunto, têm a maior representatividade para a classificação de empresas.

# QUESTÕES PARA RESOLUÇÃO E DISCUSSÃO

1. Cite os três estudos de autores diferentes, desenvolvidos no Brasil, sobre previsão de insolvências desenvolvidos e comente as características de cada um deles.
2. Faça uma aplicação prática dos modelos de Kanitz, Altman e Pereira ($Z_{1i}$ e $Z_{2i}$) para a *Reciclando S.A.* (quadros 9.1 e 9.2, Capítulo 9).
3. Explique as características temporais e regionais do modelo Pereira.
4. O que diferencia $Z_{1i}$ de $Z_{2i}$? Explique.
5. Como podemos conjugar os Modelos $Z_{1i}$ e $Z_{2i}$ para uso conjunto?
6. Comente as vantagens e as limitações do uso dos modelos de previsão de insolvência para fins de crédito.
7. Quais as composições de índices que demonstraram maior índice de acerto na classificação de empresas, segundo os testes realizados pelo autor?

apêndice

# Análise discriminante

## 1 Conceito de análise discriminante

A análise discriminante é uma ferramenta estatística utilizada para classificar determinado elemento E em determinado grupo entre os grupos existentes $\pi_1,..., \pi_2$. Para isso, é necessário que o elemento E a ser classificado pertença realmente a um dos i grupos, e que sejam conhecidas as características dos elementos dos dois grupos, de modo a permitir a comparação entre as características do elemento que desejamos classificar com as características dos elementos dos diversos grupos. Essas características são especificadas a partir de um conjunto de n variáveis aleatórias $(X_1,...., X_n)$. No processo de classificação, consideram-se os custos decorrentes de eventuais erros de classificação, bem como as probabilidades a priori de que o elemento pertença a cada um dos grupos.

Como exemplo, consideremos uma empresa que queremos classificar. Inicialmente, desconhecemos a condição de solvência dessa empresa. Vamos supor que os únicos índices financeiros existentes sejam os de *endividamento* [exigível total (ET) dividido pelo patrimônio líquido (PL)] e de *retorno sobre o patrimônio líquido* [lucro líquido (LL) dividido pelo patrimônio líquido (PL)]. Dessa forma calculamos os índices de *endividamento* e de *retorno* para a empresa que desejamos classificar e os comparamos com um conjunto de índices de empresas falidas e outro conjunto de empresas não falidas, com a finalidade de discriminar a empresa por meio dos índices, classificando-a em um dos dois grupos. A análise discriminante consiste em estabelecer o melhor critério de classificação, tendo em vista minimizar as consequências do erro de discriminação, isto é, evitar que uma empresa não falida seja classificada como falida ou vice-versa.

Cabe enfatizar que uma das vantagens do uso da análise discriminante é que os pesos a serem atribuídos aos índices são determinados por cálculos e processos estatísticos, o que exclui a subjetividade ou mesmo o estado de espírito do analista no momento da análise.

Consideremos, novamente, a existência de dois grupos de empresas: um composto de empresas falidas e outro, de empresas não falidas. Cada um desses grupos constitui uma população que denotamos por $\pi_1$ e $\pi_2$. De cada população, tomemos uma amostra, conforme os quadros 1 e 2.

CAPÍTULO 11                                          Modelos quantitativos e previsão de insolvências

**QUADRO 1** Amostra da população de empresas boas ($\pi_1$).

| $E_{ie}$ (Empresas) | $X_1$ (Endividamento) | $X_2$ (Retorno) |
|---|---|---|
| $E_{11}$ | 1,34 | 0,24 |
| $E_{12}$ | 1,21 | 0,20 |
| $E_{13}$ | 1,48 | 0,36 |
| $E_{14}$ | 0,81 | 0,15 |
| $E_{15}$ | 1,15 | 0,21 |
| $E_{16}$ | 0,66 | 0,20 |
| $E_{17}$ | 0,73 | 0,17 |
| $E_{18}$ | 0,69 | 0,29 |
| $E_{19}$ | 1,53 | 0,17 |
| $E_{110}$ | 0,30 | 0,12 |
| $\Sigma$ | 9,90 | 2,11 |
| Média | 0,99 | 0,21 |
| Desvio-padrão | 0,408684 | 0,070624 |

**QUADRO 2** Amostra da população de empresas falidas ($\pi_2$).

| $E_{ie}$ (Empresas) | $X_1$ (Endividamento) | $X_2$ (Retorno) |
|---|---|---|
| $E_{21}$ | 7,45 | – 0,14 |
| $E_{22}$ | 3,21 | – 0,02 |
| $E_{23}$ | 4,27 | 0,06 |
| $E_{24}$ | 1,85 | – 0,08 |
| $E_{25}$ | 1,45 | 0,11 |
| $E_{26}$ | 9,25 | – 0,62 |
| $E_{27}$ | 2,76 | 0,25 |
| $E_{28}$ | 3,54 | 0,01 |
| $E_{29}$ | 4,88 | 0,25 |
| $E_{210}$ | 4,41 | 0,08 |
| $\Sigma$ | 43,07 | – 0,10 |
| Média | 4,307 | – 0,01 |
| Desvio-padrão | 2,427532 | 0,248775 |

Conforme podemos observar nos quadros 1 e 2, cada amostra das populações $\pi_1$ e $\pi_2$ é composta por 10 empresas ($E_{ie}$), em que $i = 1$ ou 2 identifica a população, enquanto $e = 1,...,$ 10 identifica o indivíduo, isto é, a empresa dentro da amostra.

A cada empresa estão associados dois índices financeiros: $X_1$, que representa o *endividamento*, e $X_2$, que representa o *retorno sobre o patrimônio líquido*.

Pelos quadros 1 e 2, observa-se que os índices de endividamento apresentam valores maiores para as empresas da amostra de falidas, enquanto os índices de rentabilidade, de forma geral, são maiores para as empresas da amostra de boas. Esse comportamento dos índices, no exemplo, caracteriza uma forma de discriminação.

## 2 Representação gráfica

Antes de evoluirmos na discussão da análise discriminante, convém que observemos os gráficos 1, 2 e 3, referentes aos dados constantes nos Quadros 1 e 2.

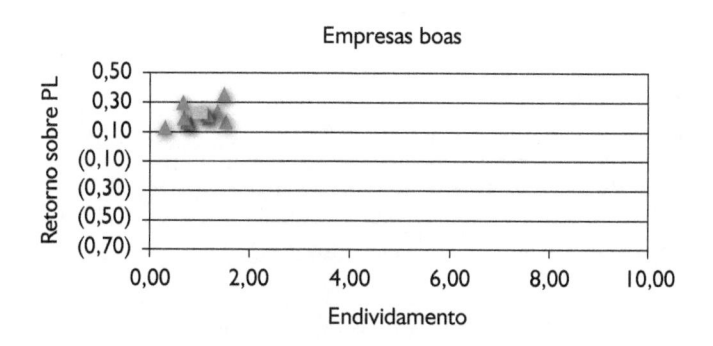

**GRÁFICO 1** Representação gráfica – Empresas boas ($\pi_1$).

O Gráfico 1 mostra a representação dos indicadores das empresas do grupo das boas ($\pi_1$), do Quadro 1. O eixo vertical representa o retorno sobre o patrimônio líquido, e o horizontal, o endividamento. Os pequenos triângulos indicam os pontos que representam o posicionamento de cada uma das empresas do grupo. O pequeno quadrado indica a média do grupo, ou seja, um endividamento médio de 0,99 (99%), enquanto o retorno médio foi de 0,21 (21%).

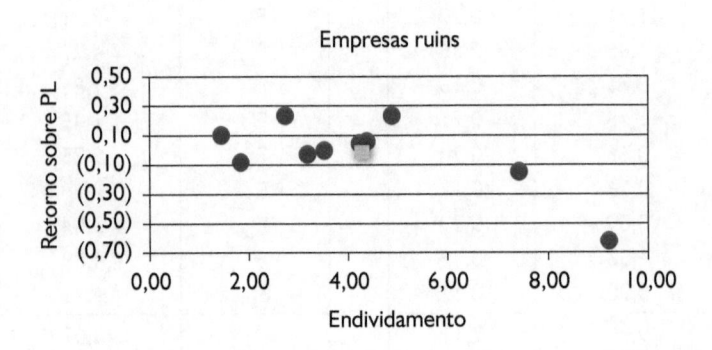

**GRÁFICO 2** Representação gráfica – Empresas ruins ($\pi_2$).

O Gráfico 2 mostra a representação dos indicadores das empresas do grupo das ruins ($\pi_2$), do Quadro 2. Os pequenos círculos indicam os pontos que representam o posicionamento de cada uma das empresas do grupo. O pequeno quadrado indica a média do grupo, ou seja, um endividamento médio de 4,31 (431%), com um retorno médio negativo de 0,01 (1%). Note que, além das médias muito diferentes nos índices dos dois grupos, a dispersão (desvio-padrão) é bem maior nas empresas ruins, conforme cálculos nos quadros 1 e 2.

O Gráfico 3 consolida as empresas boas e ruins, bem como mostra a média dos dois grupos. Os pequenos triângulos representam as empresas boas, concentradas na parte superior esquerda, com baixo endividamento e elevado retorno. Os pequenos círculos representam as empresas ruins. O pequeno quadrado representa a média geral dos dois grupos. O endividamento médio dos dois grupos foi de 2,65, ou seja, para cada $ 100 de patrimônio líquido, a dívida era de $ 265, afetado significativamente pelas empresas ruins. A lucratividade média dos dois grupos foi de 0,10 (10%), ou seja, para cada $ 100 de capital próprio, os sócios tiveram um ganho médio de $ 10.

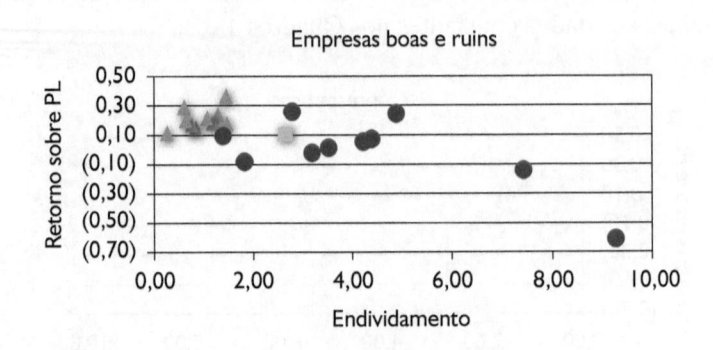

**GRÁFICO 3** Representação gráfica – Empresas boas ($\pi_1$) e ruins ($\pi_2$).

## 3  Função discriminante de Fisher

A função discriminante de Fisher é tida como a primeira solução específica para o problema da discriminação, assim como a própria análise discriminante, durante muito tempo, resumiu-se ao uso dessa função.

Para as situações de discriminação entre duas populações normais de mesma matriz de covariância, a função discriminante de Fisher apresenta propriedades ótimas. Para o escopo deste capítulo, uma breve apresentação da função discriminante de Fisher, cujo artigo original data de 1936, é o suficiente para fornecer uma ideia genérica do que seja esse valioso instrumento estatístico. Cabe, no entanto, frisar que, após Fisher, a análise discriminante evoluiu com a contribuição de outros estudiosos.

Usando nosso exemplo de empresas e índices financeiros, podemos dizer que a função discriminante[14] é uma combinação linear dos índices de endividamento ($X_1$) e de retorno ($X_2$), isto é, $\boxed{Z = aX_1 + bX_2}$, em que a e b são determinados de forma a maximizar o quociente entre a diferença ao quadrado entre os valores de Z calculados para as médias das amostras ($\pi_1$ e $\pi_2$) e a variância de Z estimada dentro das amostras, o que é equivalente a:

$$\frac{(\overline{Z}_1 - \overline{Z}_2)^2}{\sum(Z_{1i} - \overline{Z}_1)^2 + \sum(Z_{2i} - \overline{Z}_2)^2}$$

Daí, o que se procura é uma função Z que maximize a "distância" entre as populações $\pi_1$ e $\pi_2$. A maximização desse quociente leva à resolução de um sistema de equações lineares em $a$ e $b$. A solução (a, b) desse sistema define a função $Z = aX_1 + bX_2$ que atende ao objetivo. O sistema é:

$aS_{11} + bS_{12} = D_1$
$aS_{12} + bS_{22} = D_2$

Como $X_{ije}$ é o valor da variável $X_j$ (no caso, endividamento ou rentabilidade) associada a um $e$ elemento (empresa) da amostra da população $p_i$ (de empresas "boas" ou empresas "falidas"), temos:

$i = 1,2$
$j = 1,2$
$e = 1...,10$

Dessa forma, temos:

$S_{11}$ = Soma das somas dos quadrados dos desvios em relação à média, para o índice de endividamento, isto é,

$$S_{22} = \sum_{i=1}^{2}\sum_{e=1}^{10}(X_{i2e} - \overline{X}_{i1})^2$$

---

14. Segundo Sicsú, "Fischer não justificou o porquê da escolha de uma função linear e nem o porquê do quociente a ser maximizado. Cremos que as razões intuitivas que o levaram ao estabelecimento deste quociente podem ser interpretadas como a obtenção de uma função que maximize a distância entre as duas populações, distância esta padronizada em termos de desvio-padrão. Além disso, deve-se observar que está implícito na definição do quociente que a dispersão das duas populações $\pi_1$ e $\pi_2$ é considerada igual".

$S_{22}$ = Soma das somas dos quadrados dos desvios em relação à média, em cada uma das amostras das populações para o índice de rentabilidade, isto é,

$$S_{22} = \sum_{i=1}^{2}\sum_{e=1}^{10}(X_{i2e} - \overline{X}_{i1})^2$$

$S_{12}$ = Soma das somas dos produtos dos desvios em relação às médias em cada uma das amostras das populações para os índices de endividamento e rentabilidade, isto é,

$$S_{12} = \sum_{i=1}^{2}\sum_{e=1}^{10}(X_{i1e} - \overline{X}_{i1})(X_{i2e} - \overline{X}_{i2})$$

$D_1$ = Diferença entre as médias do índice de endividamento nas duas amostras das populações, isto é,

$$D_1 = (\overline{X}_{11} - \overline{X}_{21})$$

$D_2$ = Diferença entre as médias do índice de rentabilidade nas duas amostras das populações, isto é,

$$D_2 = (\overline{X}_{12} - \overline{X}_{22})$$

Vejamos os cálculos para obtermos os coeficientes $a$ e $b$, de $X_1$ e $X_2$, respectivamente, nos Quadros 3 a 6, bem como para determinarmos a própria função $Z$. Usaremos os dados dos Quadros 1 e 2 para empresas boas e falidas, respectivamente.

**QUADRO 3** Dados para cálculos das médias e desvios (empresas boas).

| Empresas boas | Endividamento | | | | Rentabilidade | | | |
|---|---|---|---|---|---|---|---|---|
| | A | B | C | D | E | F | G | |
| | ET/PL ($X_1$) | ($X_{11e} - \overline{X}_{11}$) | ($X_{11e} - \overline{X}_{11}$)$^2$ | LL/PL ($X_2$) | ($X_{12e} - \overline{X}_{12}$) | ($X_{12e} - \overline{X}_{12}$)$^2$ | (B × E) | |
| $E_{11}$ | 1,34 | 0,350 | 0,12250 | 0,24 | 0,029 | 0,00084 | 0,01015 | |
| $E_{12}$ | 1,21 | 0,220 | 0,04840 | 0,20 | -0,011 | 0,00012 | -0,00242 | |
| $E_{13}$ | 1,48 | 0,490 | 0,24010 | 0,36 | 0,149 | 0,02220 | 0,07301 | |
| $E_{14}$ | 0,81 | -0,180 | 0,03240 | 0,15 | -0,061 | 0,00372 | 0,01098 | |
| $E_{15}$ | 1,15 | 0,160 | 0,02560 | 0,21 | -0,001 | 0,00000 | -0,00016 | |
| $E_{16}$ | 0,56 | -0,330 | 0,10890 | 0,20 | -0,011 | 0,00012 | 0,00363 | |
| $E_{17}$ | 0,73 | -0,260 | 0,06760 | 0,17 | -0,041 | 0,00168 | 0,01066 | |
| $E_{18}$ | 0,69 | -0,300 | 0,09000 | 0,29 | 0,079 | 0,00624 | -0,02370 | |
| $E_{19}$ | 0,53 | 0,540 | 0,29160 | 0,17 | -0,041 | 0,00168 | -0,02214 | |
| $E_{110}$ | 0,30 | -0,690 | 0,47610 | 0,12 | -0,091 | 0,00828 | 0,06279 | |
| $\sum$ | 9,90 | 0,000 | 1,50320 | 2,11 | 0,000 | 0,04489 | 0,12280 | |
| Médias | $\overline{X}_1 = \dfrac{\sum X_1}{n} = \dfrac{9,90}{10} = 0,99$ | | | | $\overline{X}_2 = \dfrac{\sum X_2}{n} = \dfrac{2,11}{10} = 0,211$ | | | – 0 – | |

## CAPÍTULO 11 — Modelos quantitativos e previsão de insolvências

**QUADRO 4** Dados para cálculos das médias e desvios (empresas falidas).

| Empresas falidas | Endividamento | | | Rentabilidade | | | |
|---|---|---|---|---|---|---|---|
| | A | B | C | D | E | F | G |
| | ET/PL ($X_1$) | ($X_{21e} - X_{21}$) | ($X_{21e} - X_{21})^2$ | LL/PL ($X_2$) | ($X_{22e} - X_{22}$) | ($X_{22e} - X_{22})^2$ | (B × E) |
| $E_{21}$ | 7,45 | 3,143 | 9,87845 | -0,14 | -0,130 | 0,0169 | -0,40859 |
| $E_{22}$ | 3,21 | -1,097 | 1,20341 | -0,02 | -0,010 | 0,0001 | 0,01097 |
| $E_{23}$ | 4,27 | -0,037 | 0,00137 | 0,06 | 0,070 | 0,0049 | -0,00259 |
| $E_{24}$ | 1,85 | 2,457 | 6,03685 | -0,08 | -0,070 | 0,0049 | -0,17199 |
| $E_{25}$ | 1,45 | -2,857 | 8,16245 | 0,11 | 0,120 | 0,0144 | -0,34284 |
| $E_{26}$ | 9,25 | 4,943 | 24,43325 | -0,62 | -0,610 | 0,3721 | -3,01523 |
| $E_{27}$ | 2,76 | -1,547 | 2,39321 | 0,25 | 0,260 | 0,0676 | -0,40222 |
| $E_{28}$ | 3,54 | -0,767 | 0,58829 | 0,01 | 0,020 | 0,0004 | -0,01534 |
| $E_{29}$ | 4,88 | -0,573 | 0,32833 | 0,25 | 0,260 | 0,0676 | -0,14898 |
| $E_{210}$ | 4,41 | 0,103 | 0,01061 | 0,08 | 0,090 | 0,0081 | 0,00927 |
| $\Sigma$ | 43,07 | 0,000 | 53,03621 | -0,10 | 0,000 | 0,5570 | -3,84560 |
| Médias | $\overline{X}_1 = \frac{\Sigma X_1}{n} = \frac{43,07}{10} = 4,307$ | | | $\overline{X}_2 = \frac{\Sigma X_2}{n} = \frac{-0,10}{10} = -0,01$ | | | - 0 - |

**QUADRO 5** Médias e diferenças entre médias.

| | Boas | Falidas | Diferença |
|---|---|---|---|
| Média dos índices de endividamento ($X_1$) | 0,99000 | 4,30700 | -3,31700 ($D_1$) |
| Média dos índices de rentabilidade ($X_2$) | 0,21100 | -0,01000 | 0,22100 ($D_2$) |

**QUADRO 6** Dados para a matriz de covariância.

| | Boas | Falidas | Diferença |
|---|---|---|---|
| Soma dos quadrados (desvios) do endividamento = $\Sigma (X_{1e} - X_1)^2$ | 1,50320 | 53,03621 | 54,53941 ($S_{11}$) |
| Soma dos quadrados (desvios) da rentabilidade = $\Sigma (X_{2e} - X_2)^2$ | 0,04489 | 0,55700 | 0,60189 ($S_{22}$) |
| Soma dos produtos (desvios) entre endividamento e rentabilidade = $\Sigma (X_{1e} - X_1)(X_{2e} - X_2)$ | 0,12280 | -3,84560 | -3,72280 ($S_{12}$) |

Função: $\boxed{Z = aX_1 + bX_2}$

$S_{11}a + S_{12}b = D_1$
$S_{12}a + S_{22}b = D_2$
54,53941a + (-3,72280)b = -3,31700
-3,72280a + 0,60189b = 0,22100

Resolvendo esse sistema de equações, encontramos os coeficientes de $X_1$ e $X_2$, isto é, os valores de $a$ e $b$, respectivamente:

$a = -0,06188$
$b = -0,01557$

O que nos dá $\Rightarrow$ $\boxed{Z = -0,06188\, X_1 - 0,01557\, X_2}$

## 4 Interpretação e uso da função discriminante

Uma vez conhecidos os coeficientes de $X_1$ e $X_2$, podemos calcular os valores médios para Z em cada uma das amostras das populações $\pi_1$ e $\pi_2$. Assim, temos:

$Z_1 = -0,06188\,(0,99) - 0,01557\,(0,211) = -0,0645476$
$Z_2 = -0,06188\,(4,307) - 0,01557\,(-0,01) = -0,2663665$

Dessa forma, $Z_1$ representa o valor da função linear Z para a média da amostra das empresas boas, enquanto $Z_2$ representa o valor da função linear Z para a média da amostra das empresas falidas. Graficamente, temos:

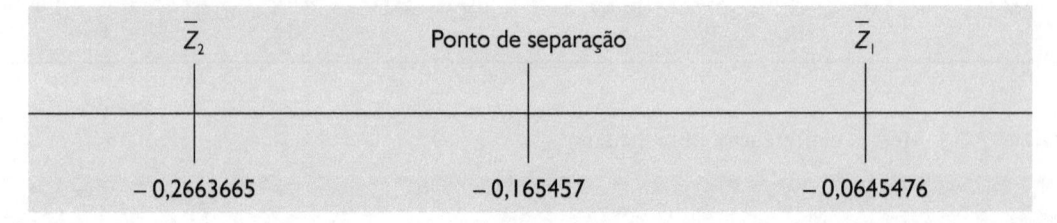

| $\overline{Z}_2$ | Ponto de separação | $\overline{Z}_1$ |
|---|---|---|
| – 0,2663665 | – 0,165457 | – 0,0645476 |

Vale acrescentar que, quando usamos a função discriminante de Fisher, que assume duas populações de mesma matriz de covariância, o ponto de separação entre essas duas populações é o ponto médio entre os valores que representam as funções para as médias das amostras das duas populações.

A aplicação da função discriminante $Z = -0,06188\, X_1 - 0,01557\, X_2$ para uma empresa em particular, a qual desconhecemos se é boa ou não, levará a um resultado que deverá ser comparado com os valores das funções que representam as médias das amostras das duas populações. Se o valor encontrado for maior que – 0,165457, a empresa será classificada como boa; se for menor, será classificada como falida.

No Quadro 7, apresentamos os valores de Z para as 20 empresas que estamos utilizando na montagem de nosso exemplo.

Observando as 10 primeiras empresas do Quadro 7, $E_{11}$ a $E_{110}$, que constituem a amostra da população de empresas boas, nota-se que todas apresentaram um Z maior que – 0,165457, o que corresponde a uma classificação correta de 100% desse grupo. Quanto às 10 empresas pertencentes à amostra da população de falidas, notamos que 8 apresentaram Z menor que o ponto de separação e apenas duas, $E_{24}$ e $E_{25}$, tiveram Z acima de – 0,165457. Para o grupo de falidas, o erro de classificação foi de 20%. De modo geral, nas 20 empresas, o erro foi de 10%.

**QUADRO 7** Valores de Z para as 20 empresas analisadas.

| Não falidas | | Falidas | |
|---|---|---|---|
| Empresas $E_{ie}$ | Z | Empresas $E_{ie}$ | Z |
| $E_{11}$ | −0,0866575 | $E_{21}$ | −0,4588350 |
| $E_{12}$ | −0,0779902 | $E_{22}$ | −0,1983272 |
| $E_{13}$ | −0,0971892 | $E_{23}$ | −0,2651668 |
| $E_{14}$ | −0,0524592 | $E_{24}$ | −0,1132346 |
| $E_{15}$ | −0,0744330 | $E_{25}$ | −0,0914404 |
| $E_{16}$ | −0,0439555 | $E_{26}$ | −0,5627477 |
| $E_{17}$ | −0,0478201 | $E_{27}$ | −0,1746845 |
| $E_{18}$ | −0,0472132 | $E_{28}$ | −0,2192151 |
| $E_{19}$ | −0,0973250 | $E_{29}$ | −0,3058726 |
| $E_{110}$ | −0,0204727 | $E_{210}$ | −0,2741416 |

Para duas populações ($\pi_1$ e $\pi_2$) normais, com a mesma matriz de covariância, temos a representação no Gráfico 4, a seguir.

Observando o Gráfico 4, notamos a existência de uma área de superposição, na qual temos:

$\alpha$ = probabilidade de classificar em $\pi_1$ um elemento pertencente a $\pi_2$.

$\beta$ = probabilidade de classificar em $\pi_1$ um elemento pertencente a $\pi_2$.

Classificar uma empresa boa (de $\pi_1$) como falida (de $\pi_2$) pode acarretar consequências; se estivermos numa época em que a demanda por empréstimos seja superior à oferta, a intensidade do efeito do erro de classificação pode não ser a mesma que seria numa época diferente.

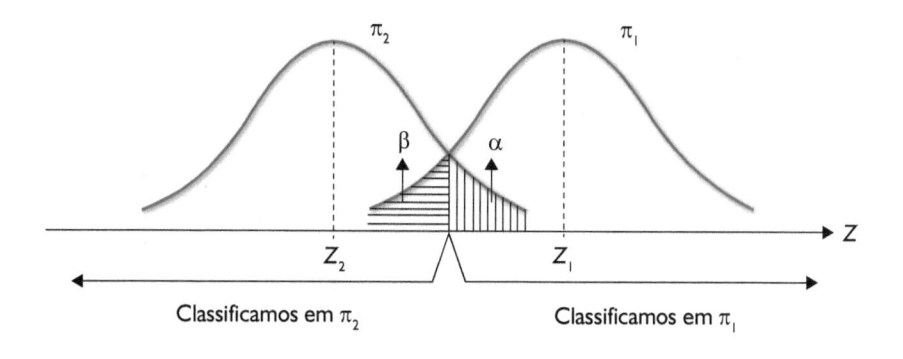

**GRÁFICO 4** Representação gráfica da função discriminante de Fisher.

De qualquer forma, esse tipo de erro pode fazer a instituição de crédito perder o negócio ou até mesmo o cliente, assim como pode trazer maiores problemas financeiros para a empresa que teve sua proposta de crédito recusada. Por outro lado, classificar uma empresa falida (ou prestes a falir) como boa pode representar um custo alto, que vai desde a perda do principal e dos juros até outras possíveis despesas, como cobrança judicial, por exemplo.

Quanto ao ponto de separação, a média entre $Z_1$ e $Z_2$ pode não ser a melhor forma de minimizar o risco de erro de classificação, uma vez que depende das probabilidades *a priori* e dos custos decorrentes do erro de classificação. Se assumirmos que o custo de classificar uma empresa falida como boa é o mesmo de classificar uma boa como falida, assim como iguais probabilidades *a priori* (0,5), então a regra é ótima.

## 5  Teste de significância da discriminação

Para conhecermos se a discriminação é boa ou não, Fisher sugere que se faça uma análise de variância. Esse teste é citado por muitos autores como "teste F", em razão de utilizar a distribuição $F$ de Snedecor para verificar a significância ou não do poder discriminatório das variáveis $X_1..., X_n$ consideradas. A descrição desses testes estatísticos foge ao escopo do presente Apêndice, cuja finalidade básica é fornecer uma ideia genérica do que seja a análise discriminante. Caso o leitor tenha interesse, poderá consultar as obras de Green e de Sicsú, citadas na referência bibliográfica deste Apêndice.

# capítulo 12

# Conglomerado (grupos e vínculos)

### OBJETIVOS DE APRENDIZAGEM

Apresentar o conceito de grupo econômico e de vínculos entre empresas e sócios para fins de análise de crédito, compreendendo:
- Conceito de coligação e controle de empresas com a finalidade de gestão e análise de risco crédito;
- Grupo de sociedades, incluindo a análise dos controles direto e indireto;
- Técnicas de consolidação de demonstrações contábeis, com vistas à análise de conglomerado de empresas.
- A importância da organização do grupo econômico como facilitador da sua visualização e da interpretação das malha de participações societárias.

## 12.1 Introdução ao conglomerado

No Capítulo 4, apresentamos $Cs$ tradicionais, isto é, Caráter, Condições, Capacidade, Capital, Conglomerado e Colateral. Neste capítulo, analisaremos com maior profundidade o Conglomerado, um novo $C$ do crédito (criado por este autor), que se refere à análise não apenas de uma empresa específica que esteja pleiteando crédito, mas do exame do conjunto, do conglomerado de empresas no qual a pleiteante de crédito esteja contida. Na avaliação do risco de crédito, não basta conhecer a situação de uma empresa específica; é preciso que se conheça a sua controladora (ou controladoras) e as suas coligadas para se formar um conceito sobre a solidez do conglomerado.

No Brasil, a Lei n. 6.404, de 15.12.76, em seus arts. 265 a 277, trata dos aspectos formais e legais do "Grupo de Sociedades". Para fins de análise de risco, no entanto, o aspecto econômico sobrepõe-se ao uso legal da denominação "grupo" ou "grupo de sociedade", sendo conveniente que, ao se estabelecer uma linha de crédito para determinada empresa, analisemos todo o conjunto de empresas no qual a solicitante de crédito está contida. Assim, tendo em vista o aspecto risco de crédito, a composição de um conglomerado pode ser identificada tanto dentro dos limites do conceito legal, quanto a partir de diversas outras formas de participações e vínculos, ou seja, mesmo não sendo caracterizado um grupo nas condições definidas na Lei n. 6.404/76, o fato de haver participação efetiva do ponto de vista econômico e de poder de mando nas empresas é suficiente para justificar a análise da malha de participações visando ao conhecimento do conjunto de empresas e à avaliação do risco em seu aspecto global.

## 12.2 Coligadas e controladas

Conforme a Lei n. 6.404/76 (modificada pelas Leis n. 11.638/2007 e n. 11.941/2008), são **coligadas** as sociedades nas quais a investidora tenha influência significativa. É presumida a influência significativa quando a investidora detiver 20% ou mais do capital votante da investida, sem chegar a controlá-la. O CPC 18, em seu item 7, diz:

> "A existência de influência significativa por investidor geralmente é evidenciada por uma ou mais das seguintes formas:
>
> a) representação no conselho de administração ou na diretoria da investida;
> b) participação nos processos de elaboração de políticas, inclusive em decisões sobre dividendos e outras distribuições;
> c) operações materiais entre o investidor e a investida;
> d) intercâmbio de diretores ou gerentes; ou
> e) fornecimento de informação técnica essencial."

Considera-se **controlada** a sociedade em que a controladora, diretamente ou por meio de outras controladas, é titular de direitos de sócio que lhe assegurem, de modo permanente, preponderância nas deliberações sociais e poder de eleger a maioria dos administradores.

Conforme determina o art. 15 (§ 2º), da Lei n. 6.404/76 (modificada pela Lei n. 10.303/ 2001), na composição do capital social de uma empresa, o número de ações preferenciais (sem direito a voto ou sujeitas a restrições no exercício desse direito) não pode ultrapassar 50% do total das ações emitidas. Portanto, numa situação em que uma empresa tenha seu capital composto por 50% de ações preferenciais e 50% de ações ordinárias, alguém que possua 51% das ações ordinárias (ou mesmo 50% mais uma ação) terá o mando da sociedade. O controle pode ainda ser exercido por via indireta, isto é, por meio de outras sociedades controladas. Daí, se a *Empresa A* controla a *Empresa B* e esta controla a *Empresa C*, tem-se que a *Empresa A*, indiretamente, controla a *Empresa C*.

## 12.3 Grupo de sociedades

Em seus arts. 265 a 267, a Lei nº 6.404/76 (e suas modificações) dá as características e natureza do grupo de sociedades. Vejamos:

> "Art. 265. A sociedade controladora e suas controladas podem constituir, nos termos deste capítulo, grupo de sociedade, mediante convenção pela qual se obriguem a combinar recursos

ou esforços para a realização dos respectivos objetos, ou a participar de atividades ou empreendimentos comuns.

§ 1º A sociedade controladora, ou de comando do grupo, deve ser brasileira, e exercer direta ou indiretamente, e de modo permanente, o controle das sociedades filiadas, como titular de direitos de sócio ou acionista, ou mediante acordo com outros sócios ou acionistas.

Art. 266. As relações entre as sociedades, a estrutura administrativa do grupo e a coordenação ou subordinação dos administradores das sociedades filiadas serão estabelecidas na convenção do grupo, mas cada sociedade conservará personalidade e patrimônios distintos.

Art. 267. O grupo de sociedades terá designação de que constarão as palavras 'grupo de sociedades' ou 'grupo'.

Parágrafo único. Somente os grupos organizados de acordo com este capítulo poderão usar designação com as palavras 'grupo' ou 'grupo de sociedade'."

Do art. 265 e de seu § 1º observam-se alguns pontos fundamentais, a saber:

- é necessário que haja uma sociedade controladora, que, com suas controladas, possam constituir grupos de sociedades;
- a sociedade controladora deve ser brasileira, podendo o controle das filiadas ser de forma direta ou indireta, desde que de modo permanente.

O exposto neste item mostra algumas das exigências legais para a constituição dos chamados grupos ou grupos de sociedades, o que torna reduzido o número efetivo dessas figuras. A seguir, apresentaremos algumas situações para as quais o gestor ou o analista de crédito deve estar atento, mesmo que não satisfeitas as condições legais.

### 12.3.1 Controle de mais de uma empresa por uma pessoa física

Mesmo não existindo qualquer vinculação jurídica entre as empresas, quando, para fins de crédito, duas ou mais empresas tiverem o controle exercido por uma única pessoa física (PF), é preciso fazer a análise global e proceder ao agrupamento:

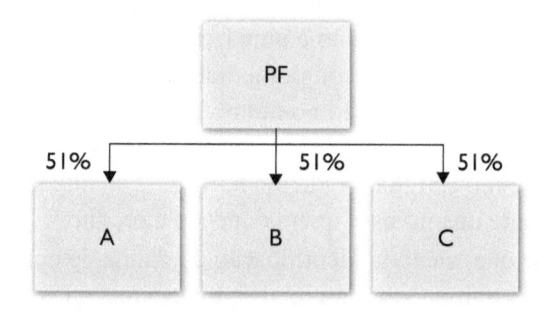

Nesse caso, a pessoa física (PF) possui 51% do capital votante de cada uma das empresas A, B e C, e faz prevalecer sua vontade. Adicionalmente, pode, ao mesmo tempo, haver operações comerciais e/ou financeiras entre as empresas que constituem o grupo. Poderia, portanto, qualquer uma das empresas captar empréstimos no mercado e repassar para as demais. São possibilidades que justificam a análise mais abrangente quando se tem um grupo de empresas, embora isso não queira dizer que haja, necessariamente, algo errado.

## 12.3.2 Controle de mais de uma empresa por um mesmo grupo de pessoas

A situação é análoga à anterior, com a diferença de ser um grupo de pessoas físicas que mantém o controle das empresas, conforme exemplo a seguir:

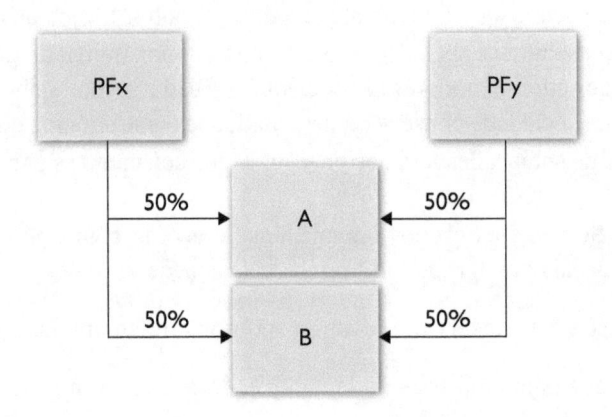

Alguns outros tipos de estrutura de composição societária poderiam ser feitos, como nos casos de diversas empresas que são controladas por determinada família. Cabe ressaltar que apenas o nome da família não basta para caracterizar um grupo, pois, em diversas situações, a família forma blocos distintos, e cada grupo de pessoas participa num conjunto de empresas, havendo, por vezes, concorrência e até rivalidades inconciliáveis entre os familiares que participam de diferentes grupos de empresas. É necessário cuidado com a tentativa de fazer o agrupamento para fins de concessão de crédito, pois pode ser embaraçoso agrupar empresas referentes aos blocos rivais da família quando o relacionamento entre esses blocos não for harmônico, ao mesmo tempo que não haja participação de qualquer um dos blocos no capital social das empresas dos outros blocos rivais. Há casos em que, mesmo não sendo harmônico, há convivência comercial, de modo que é possível fazer algumas composições e sobreviver em conjunto no comando de uma empresa ou num conjunto de empresas. Por fim, quanto à parte de grupos de empresas comandadas por famílias, o analista deve, necessariamente, além do nome da família, verificar a efetiva participação acionária e administrativa para compor quantos grupos sejam necessários. Isso não é uma tarefa muito fácil, porém não é impossível. É importante enfatizar que a análise do conglomerado, além de fornecer visão mais completa sobre a situação econômico-financeira do conjunto, possibilita melhor dimensionamento do volume de crédito a ser concedido, bem como possibilita que se dê tratamento uniforme a todas as empresas de um mesmo conglomerado em termos de condições gerais de crédito, sendo benéfico tanto para o cliente quanto para quem concede o crédito.

É importante lembrar que, além da identificação da malha de composição acionária, é necessário que se conheça as transações comerciais e financeiras que ocorrem entre as empresas do grupo ou conglomerado.

## 12.4 Demonstrações financeiras consolidadas

As empresas de capital aberto costumam publicar suas demonstrações financeiras, incluindo os valores relativos à empresa controladora e ao consolidado. O principal objetivo da consolidação das demonstrações financeiras é propiciar aos leitores e usuários dessas demonstrações uma visão econômica global acerca de um grupo, de um conglomerado de empresas, como uma entidade econômica, ainda que não seja uma entidade jurídica.

Entre os diversos usuários das informações contábeis estão os credores e os investidores, o que torna fundamental para os gestores e analistas de crédito o conhecimento da solidez de todo o grupo. É tarefa difícil para o analista observar um conjunto de empresas e firmar um conceito sobre esse conjunto se não dispuser de demonstrativos que consolidem as empresas que compõem o conglomerado. Adicionalmente, é comum algumas empresas do grupo desenvolverem atividades complementares em relação à controladora ou mesmo em relação a outras empresas de seu grupo. Assim, pode, por exemplo, haver uma empresa que tenha atividade de abate de gado, enquanto o processo de industrialização e enlatamento da carne caiba à outra. Outro exemplo seria o caso de uma usina de açúcar que compre cana-de-açúcar de sua controlada, uma empresa agrícola. Em ambos os exemplos, temos uma empresa do grupo vendendo para outra, também do grupo, e, portanto, parte da receita de uma pode não representar venda efetiva (para terceiros), pois é possível que a mercadoria se encontre no estoque da outra. Essa e outras dificuldades contábeis com as quais o analista de crédito se depara quando tenta analisar as demonstrações financeiras de cada uma das empresas são amenizadas pela análise a partir das demonstrações consolidadas. Cabe, evidentemente, enfatizar que não há necessariamente a obrigatoriedade de as atividades das empresas serem complementares, mas isso é relativamente frequente. Por outro lado, nem a existência de atividade complementar obriga à consolidação. Em resumo, podemos mencionar alguns dos pontos importantes numa consolidação, como: (a) a eliminação dos valores a receber e a pagar entre as próprias empresas que estão sendo consolidadas; (b) os ajustes relativos às vendas entre as empresas, cujos bens ainda se encontram em seus estoques; (c) a eliminação dos investimentos na investidora contra o patrimônio líquido da investida; e (d) a visão integrada que podemos ter a partir das demonstrações consolidadas. A análise das demonstrações consolidadas é necessária, mas não elimina a necessidade de análise da empresa específica com a qual vamos negociar.

## 12.4.1 Técnicas de consolidação

Suponhamos uma *Empresa A* que possua 90% da capital social da *Empresa B*. Logo, a *Empresa A* é controladora da *Empresa B*. Os 10% restantes do capital da *Empresa B* pertencem aos acionistas minoritários, conforme podemos observar no Diagrama 12.1.

Controladora e controlada

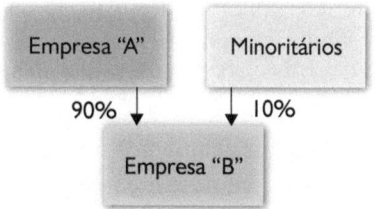

Empresa "A" — 90% → Empresa "B" ← 10% — Minoritários

"A" é titular de direitos de sócia de "B", o que lhe assegura, em caráter permanente, preponderância nas deliberações sociais e poder de eleger a maioria dos administradores

**DIAGRAMA 12.1** Participação acionária de "A" em "B".

O processo de consolidação costuma ser precedido pela avaliação dos investimentos da investidora na investida, por meio do chamado método de equivalência patrimonial. Supondo as duas empresas ilustradas no Diagrama 12.1, sendo o patrimônio líquido da *Empresa B* (investida) igual a $ 17.658, e considerando que a *Empresa A* detém 90% do seu capital; logo, o valor contábil do investimento é de $ 15.892, ou seja, 90% de $ 17.658. O Quadro 12.1 mostra a conta de investimentos na *Empresa A*, bem como a composição das contas que compõem o patrimônio líquido da *Empresa B*. Em seguida, separa a parte do patrimônio líquido da *Empresa B* que pertence a *Empresa A* (90%) e a parte que pertence aos acionistas minoritários, ou seja, aos acionistas não controladores.

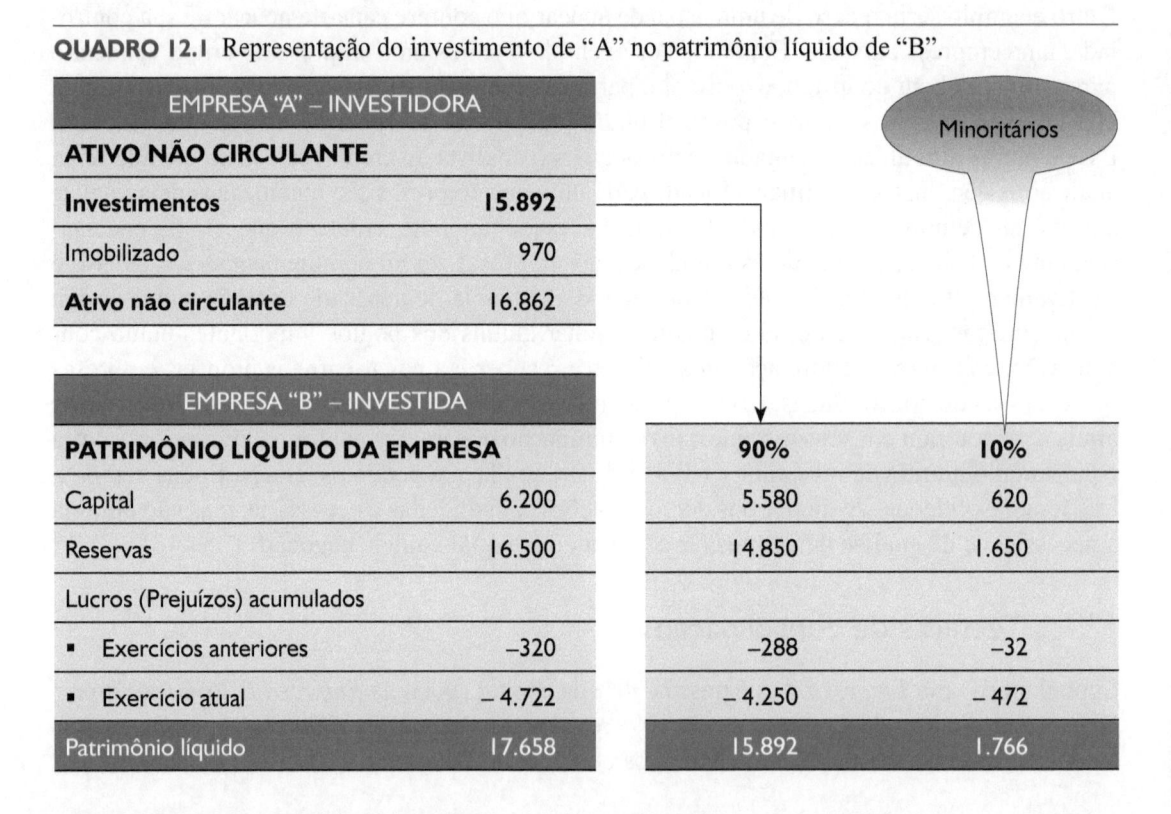

**QUADRO 12.1** Representação do investimento de "A" no patrimônio líquido de "B".

| EMPRESA "A" – INVESTIDORA | |
|---|---|
| **ATIVO NÃO CIRCULANTE** | |
| Investimentos | 15.892 |
| Imobilizado | 970 |
| **Ativo não circulante** | 16.862 |

| EMPRESA "B" – INVESTIDA | | 90% | 10% |
|---|---|---|---|
| **PATRIMÔNIO LÍQUIDO DA EMPRESA** | | | |
| Capital | 6.200 | 5.580 | 620 |
| Reservas | 16.500 | 14.850 | 1.650 |
| Lucros (Prejuízos) acumulados | | | |
| • Exercícios anteriores | –320 | –288 | –32 |
| • Exercício atual | – 4.722 | – 4.250 | – 472 |
| Patrimônio líquido | 17.658 | 15.892 | 1.766 |

(Minoritários)

Desse modo, para fins de ilustração, estamos apresentando um exemplo de consolidação de demonstrações contábeis que tem como alvo o usuário da informação consolidada. Caso o leitor tenha interesse em aprofundar-se mais no assunto, recomendamos consultar a Lei das Sociedades por Ações (arts. 249 e 275), CPC 36, Deliberação CVM 698/12 e a bibliografia especializada.

Utilizamos as duas empresas, às quais chamamos de *A* e *B*. No Quadro 12.2, mostramos os números do balanço patrimonial dessas empresas, e no Quadro 12.3, apresentamos os valores relativos à demonstração do resultado das duas empresas.

**QUADRO 12.2** Balanços patrimoniais – *Empresa A* e *Empresa B* (milhares de $).

| Ativo | Empresas A | Empresas B | Passivo + PL | Empresas A | Empresas B |
|---|---|---|---|---|---|
| Disponibilidades | 160 | 810 | Fornecedores | 1.300 | 4.650 |
| Duplicatas a receber | 2.720 | 6.250 | Duplicatas descontadas | 840 | 55 |
| Estoques | 2.800 | 7.600 | Financiamento inst. de crédito | 4.500 | 4.100 |
| Outros ativos circulantes | 1.400 | 1.300 | Salários e tributos | 340 | 680 |
| **Ativo circulante** | **7.080** | **15.960** | Outros passivos circulantes | 220 | 360 |
| | | | **Passivo circulante** | **7.200** | **9.845** |
| | | | Financiamento inst. de crédito | 525 | |
| | | | Credores diversos | 6.025 | 6.087 |
| Contas a receber | 4.800 | 7.500 | **Passivo não circulante** | **6.550** | **6.087** |
| Outros créditos | 1.190 | 1.330 | Capital | 2.150 | 6.200 |
| Realizável a LP | 5.990 | 8.830 | Reservas | 12.548 | 16.500 |
| Investimentos | 15.892 | 4.200 | ▪ Resultados acumulados | | |
| Imobilizado | 970 | 4.600 | ▪ Exercícios anteriores | – 40 | – 320 |
| **Ativo não circulante** | **22.852** | **17.630** | ▪ Último exercício | 1.524 | – 4.722 |
| | | | **Patrimônio líquido** | **16.182** | **17.658** |
| **ATIVO TOTAL** | **29.932** | **33.590** | **PASSIVO TOTAL + PL** | **29.932** | **33.590** |

Poderíamos analisar cada um dos balanços, ou seja, da *Empresa A*, que é a controladora ou investidora, bem como da *Empresa B*, que é a controlada ou investida. A ideia das demonstrações consolidadas é representar a posição do grupo de empresas como uma entidade econômica única. Mas, suponhamos que a *Empresa A* tenha uma dívida com a *Empresa B*, como fica essa situação? Mais adiante, trataremos desse assunto, ou seja, das eliminações dos recebíveis de uma empresa contra as dívidas da outra. Vejamos o Quadro 12.3, com as respectivas demonstrações dos resultados.

Ainda dentro da percepção de que as demonstrações financeiras consolidadas devem representar as transações das empresas do grupo com empresas e entidades externas (não entre elas mesmas), quais são as vendas consolidadas das duas empresas? Se somarmos as vendas da *Empresa A* ($ 12.910 mil) com as da *Empresa B* ($ 26.790 mil), teremos um montante de vendas igual a $ 39.700 mil. Por outro lado, se considerarmos que, no período, a *Empresa A* efetuou venda para a *Empresa B* no valor de $ 7.865 mil, concluiremos que o valor de $ 39.700 superestima as vendas efetivas do grupo, considerando as transações que não sejam entre suas próprias empresas.

**QUADRO 12.3** DREs – Empresa A e Empresa B (milhares de $).

| DRE | Empresas | |
|---|---|---|
| | A | B |
| • Vendas | 12.910 | 26.790 |
| • Custo dos produtos vendidos | – 7.380 | – 21.340 |
| • Lucro bruto | 5.530 | 5.450 |
| • Despesas operacionais | – 1.629 | – 6.527 |
| • Outras receitas operacionais | 2.298 | 0 |
| **Lucro operacional I** | **6.199** | **– 1.077** |
| • Despesas financeiras | – 425 | – 2.005 |
| **Lucro operacional II** | **5.774** | **– 3.082** |
| • Equivalência patrimonial | – 4.250 | – 1.640 |
| **Lucro operacional III** | **1.524** | **– 4.722** |
| • Impostos sobre o lucro | 0 | 0 |
| Lucro líquido | 1.524 | – 4.722 |

O processo de consolidação requer que somemos os dados das duas empresas para, em seguida, fazermos as devidas eliminações. Segue o Quadro 12.4 com os balanços patrimoniais das duas empresas e as somas de suas rubricas.

**QUADRO 12.4** Balanços patrimoniais de A, B e somas de A + B.

| Ativo | Empresas | | | Passivo + PL | Empresas | | |
|---|---|---|---|---|---|---|---|
| | A | B | A + B | | A | B | A + B |
| Disponibilidades | 160 | 810 | 970 | Fornecedores | 1.300 | 4.650 | 5.950 |
| Duplicatas a receber | 2.720 | 6.250 | 8.970 | Duplicatas descontadas | 840 | 55 | 895 |
| Estoques | 2.800 | 7.600 | 10.400 | Financiamento inst. de crédito | 4.500 | 4.100 | 8.600 |
| Outros ativos circulantes | 1.400 | 1.300 | 2.700 | Salários e tributos | 340 | 680 | 1.020 |
| **Ativo circulante** | **7.080** | **15.960** | **23.040** | Outros passivos circulantes | 220 | 360 | 580 |
| | | | | **Passivo circulante** | **7.200** | **9.845** | **17.045** |
| | | | | Financiamento Inst. de Crédito | 525 | | 525 |
| | | | | Credores diversos | 6.025 | 6.087 | 12.112 |
| Contas a receber | 4.800 | 7.500 | 12.300 | **Passivo não circulante** | **6.550** | **6.087** | **12.637** |
| Outros créditos | 1.190 | 1.330 | 2.520 | Capital | 2.150 | 6.200 | 8.350 |
| Realizável a LP | 5.990 | 8.830 | 14.820 | Reservas | 12.548 | 16.500 | 29.048 |
| Investimentos | 15.892 | 4.200 | 20.092 | Resultados acumulados | | | |
| Imobilizado | 970 | 4.600 | 5.570 | • Exercícios anteriores | – 40 | – 320 | – 360 |
| **Ativo não circulante** | **22.852** | **17.630** | **25.662** | • Último exercício | 1.524 | – 4.722 | – 3.198 |
| | | | | **Patrimônio Líquido** | **16.182** | **17.658** | **33.840** |
| ATIVO TOTAL | 29.932 | 33.590 | 63.522 | PASSIVO TOTAL + PL | 29.932 | 33.590 | 63.522 |

O Quadro 12.5 mostra as demonstrações dos resultados das duas empresas e as somas de seus itens de receitas, custos e despesas.

**QUADRO 12.5** Demonstrações dos resultados A, B e somas de A + B.

| DRE | Empresas | | A + B |
|---|---|---|---|
| | A | B | |
| • Vendas | 12.910 | 26.790 | 39.700 |
| • Custo dos produtos vendidos | – 7.380 | – 21.340 | – 28.720 |
| • Lucro bruto | 5.530 | 5.450 | 10.980 |
| • Despesas operacionais | – 1.629 | – 6.527 | – 8.156 |
| • Outras receitas operacionais | 2.298 | 0 | 2.298 |
| **Lucro operacional I** | **6.199** | **– 1.077** | **5.122** |
| • Despesas financeiras | – 425 | – 2.005 | – 2.430 |
| **Lucro operacional II** | **5.774** | **– 3.082** | **2.692** |
| • Equivalência patrimonial | – 4.250 | – 1.640 | – 5.890 |
| **Lucro Operacional III** | **1.524** | **– 4.722** | **– 3.198** |
| • Impostos sobre o lucro | 0 | 0 | 0 |
| Lucro líquido | 1.524 | – 4.722 | – 3.198 |

Partindo dos dados das demonstrações contábeis da *Empresa A* e da sua controlada *B*, estamos fornecendo as informações relativas às transações entre as duas empresas, bem como os valores referentes à participação de *A* no capital social de *B*, a fim de que seja possível procedermos às respectivas eliminações. Vejamos as informações adicionais:

a) A *Empresa A* tem a receber da *Empresa B* o valor de $ 100.000 pela venda de mercadorias.

b) O lucro não realizado na venda de mercadorias intercompanhias existentes nos estoques da *Empresa B* é de $ 105.000, na data das demonstrações.

c) A *Empresa B* tem a receber da *Empresa A* o valor de $ 5.865.000, decorrente de transações financeiras a longo prazo.

d) A *Empresa A* efetuou vendas no total de $ 7.568.000 para a *Empresa B* no período.

e) A *Empresa A* participa da *Empresa B* com 90% de seu capital social, conforme já informado.

Com base nas informações obtidas a partir dos valores das duas empresas, serão feitas as respectivas eliminações, uma vez que o principal objetivo da consolidação é mostrar qual a situação econômico-financeira das empresas consolidadas, como se ambas fossem uma só entidade.

Os quadros 12.6 e 12.7 apresentam a coluna com as somas das contas de $A$ e $B$ (provenientes dos quadros 12.4 e 12.5, respectivamente, para o balanço e a DRE), as colunas para as eliminações (débito e crédito), e a última coluna, que contém os valores consolidados para cada uma das contas.

**QUADRO 12.6** Eliminações no balanço patrimonial.

| Ativo | A + B | Eliminações Débito | Eliminações Crédito | Consolidado | Passivo + PL | A + B | Eliminações Débito | Eliminações Crédito | Consolidado |
|---|---|---|---|---|---|---|---|---|---|
| Disponibilidades | 970 | | | 970 | Fornecedores | 5.950 | 100 a | | 5.850 |
| Duplicatas a receber | 8.970 | | 100 a | 8.870 | Duplicatas descontadas | 895 | | | 895 |
| Estoques | 10.400 | | 105 b | 10.295 | Financiamento inst. de crédito | 8.600 | | | 8.600 |
| Outros ativos circulantes | 2.700 | | | 2.700 | Salários e tributos | 1.020 | | | 1.020 |
| **Ativo Circulante** | **23.040** | | **205** | **22.835** | Outros passivos circulantes | 580 | | | 580 |
| | | | | | **Passivo circulante** | **17.045** | **100** | | **16.945** |
| | | | | | Financiamento inst. de crédito | 525 | | | 525 |
| Contas a receber | 12.300 | | 5.865 c | 6.435 | Credores diversos | 12.112 | 5.865 c | | 6.247 |
| | | | | | **Passivo não circulante** | **12.637** | **5.865** | | **6.772** |
| | | | | | Participações minoritárias | | | 1.766 e | 1.766 |
| Outros créditos | 2.520 | | | 2.520 | Capital | 8.350 | 5.580 d | | |
| | | | | | | | 620 e | | 2.150 |
| Realizável a LP | 14.820 | | | 14.820 | Reservas | 29.048 | 14.850 d | | |
| | | | | | | | 1.650 e | | 12.548 |
| Investimentos | 20.092 | | 15.892 d | 4.200 | Resultados acumulados | | | | |
| Imobilizado | 5.570 | | | 5.570 | • Exercícios anteriores | – 360 | | 288 d | |
| | | | | | | | | 32 e | – 40 |
| **Ativo não circulante** | **40.482** | | **21.757** | **18.725** | • Último exercício | – 3.198 | | 4.617 * | 1.419 |
| | | | | | **Patrimônio líquido** | **33.840** | **22.700** | **4.937** | **16.077** |
| **ATIVO TOTAL** | **63.522** | | **21.962** | **41.560** | **PASSIVO TOTAL + PL** | **63.522** | **28.665** | **6.703** | **41.560** |

*Diferença entre débitos ($ 7.673) e créditos ($ 12.290) na DRE.

**QUADRO 12.7** Eliminações na DRE.

| DRE | A + B | Eliminações Débito | Eliminações Crédito | Consolidado |
|---|---|---|---|---|
| Vendas | 39.700 | 7.568 f | | 32.132 |
| Custo mercadoria vendida | – 28.720 | 105 b | 7.568 f | – 21.257 |
| **Lucro bruto** | **10.980** | **7.673** | | **10.875** |
| Despesas operacionais | – 8.156 | | | – 8.156 |
| Outras receitas operacionais | 2.298 | | | 2.298 |
| **Lucro operacional I** | **5.122** | | | **5.017** |
| Despesas financeiras | – 2.430 | | | – 2.430 |
| **Lucro operacional II** | **2.692** | | | **2.587** |
| • Equivalência patrimonial | – 5.890 | | 4.250 d | – 1.640 |
| **Lucro operacional III** | **– 3.198** | **7.673** | **11.818** | **947** |
| Participações minoritárias | | | 472 e | 472 |
| Lucro líquido consolidado | – 3.198 | 7.673 | 12.290 | 1.419 |

Comentaremos, a seguir, as eliminações realizadas para fins de consolidação, conforme identificado com as letras *a* a *f*:

- **Eliminação de duplicatas a receber contra fornecedores (a)** – O valor de $ 100.000, referente à venda a prazo de mercadorias da *Empresa A* para a *Empresa B*, é eliminado por representar uma operação entre as empresas do grupo. Portanto, não representa nem um direito nem uma obrigação do grupo em relação a terceiros (externos ao grupo). A eliminação desse valor é feita mediante um lançamento a crédito de duplicatas a receber na *Empresa A*. Para fins de consolidação, isso anula o valor que constava a receber no balanço de *A*; a contrapartida foi um débito de igual valor em fornecedores, para anular o valor da obrigação que constava no balanço de *B*.
- **Eliminação do lucro não realizado contido nos estoques (b)** – O valor de $ 105.000 refere-se à parcela de lucros auferidos pela *Empresa A*, decorrentes de vendas de mercadorias para a *Empresa B*, cujo valor ainda não foi realizado por esta última, ou seja, *B* ainda não vendeu para terceiros as mercadorias que adquiriu de *A*, nas quais está computado o lucro obtido por esta. Prevalece o raciocínio de que, se fosse uma única empresa, não haveria tal lucro, daí a eliminação do lucro de *A* computado no estoque de *B*. Cabe destacar que a totalidade das vendas de *A* para *B* no período, cuja eliminação será feita conforme veremos no item *f*, foi de $ 7.568.000. O lucro contido nos estoques de *B* deve ser estornado para deixar o estoque avaliado ao preço de custo (para o grupo), tendo como contrapartida o custo da mercadoria vendida.
- **Eliminação de contas a pagar contra contas a receber (c)** – Considerando que a *Empresa A* deve $ 5.865.000 para a *Empresa B* referentes à transação financeira entre as duas empresas, esse valor será eliminado, a fim de que, no consolidado, não apareça valor nem a receber nem a pagar entre as empresas *A* e *B*.

- **Eliminação de investimentos contra o patrimônio líquido (d)** – O valor de $ 15.892.000 refere-se ao investimento de *A* em *B*, correspondendo a 90% do patrimônio líquido de *B*. Esse valor é eliminado contra as respectivas contas do patrimônio líquido de *B*, na proporção de 90%, e os outros 10% constituirão a parcela dos minoritários. No Quadro 12.8 demonstramos o detalhamento das contas envolvidas.
- **Interesses minoritários na consolidação (e)** – O valor de $ 1.766.000 refere-se à participação dos acionistas minoritários (10%) no patrimônio líquido de *B*, que compreende tanto o capital quanto as reservas, os lucros/prejuízos acumulados e o resultado do exercício. A seguir, no Quadro 12.8, detalharemos os valores dos itens *d* e *e*.

**QUADRO 12.8** Investimento de A e patrimônio líquido de B (milhares $).

| Cartas envolvidas | Item d | Item e |
|---|---|---|
|  | "A" tem 90% de "B" | (10%) |
| Investimento de "A" em "B" | 15.892 |  |
| Minoritários em "B" |  | 1.766 |
| **Patrimônio líquido de "B"** |  |  |
| • Capital | – 5.580 | – 620 |
| • Reservas | – 14.850 | – 1.650 |
| • Prejuízos acumulados (anteriores) | 288 | 32 |
| **Resultado** |  |  |
| • Resultado equivalência patrimonial | 4.250 |  |
| • Participações minoritárias |  | 472 |

Na consolidação, o valor de investimento da *Empresa A* é eliminado contra o patrimônio líquido da *Empresa B* porque são substituídos pelos ativos e passivos de *B*, na proporção do investimento. O resultado da equivalência patrimonial é substituído pela incorporação das receitas, dos custos e das despesas de *B* no demonstrativo de resultados de *A*, excluindo-se a parcela relativa aos 10% dos minoritários no resultado de *B*.

- **Eliminação das vendas intercompanhias (f)** – O valor de $ 7.568.000 refere-se à venda de mercadorias da *Empresa A* para a *Empresa B* no período. Esse valor é eliminado das vendas de *A* e dos custos dos produtos vendidos de *B*, uma vez que se trata de vendas realizadas entre empresas consolidadas. Portanto, supondo-se que *A* e *B* fossem uma só empresa, seria uma transação de simples transferência de mercadorias internamente e, consequentemente, não haveria receitas nem custo de aquisição de mercadorias. Com essa eliminação, somente as vendas e os custos de operações realizadas com clientes fora do grupo ficaram registrados. Lembre-se de que essa transação deu origem à eliminação efetuada no item *b*, correspondente aos lucros pela venda de *A* contidos nos estoques de *B*.

O Quadro 12.9 mostra o balanço patrimonial da empresa controladora e o consolidado. Note que o balanço da controladora representa sua posição patrimonial num determinado momento. A controladora, a *Empresa A*, é uma entidade com personalidade jurídica e registro nos órgãos legais, incluindo o CNPJ (registro na Receita Federal). O mesmo acontece com a controlada, a *Empresa B*, cujas contas não são explicitadas nas demonstrações consolidadas. Por outro lado, o consolidado representa uma entidade fictícia sob uma perspectiva jurídica. Não se faz negócios com o consolidado, mas ele representa um conceito de entidade econômica.

Sob uma perspectiva de crédito, a controladora ou a controlada deve ser analisada e deve mostrar vitalidade para honrar seus compromissos, enquanto o consolidado fornecerá uma visão ampla e geral da situação econômico-financeira do conjunto. De modo mais amplo, é possível que as demonstrações consolidadas sejam mais informativas que a simples conta de "investimentos" (avaliados pelo método de equivalência patrimonial), que tem o significado de uma consolidação em uma linha só.

**QUADRO 12.9** Balanços patrimoniais – Controladora e consolidado.

| ATIVO | Controladora | Consolidado | PASSIVO + PL | Controladora | Consolidado |
|---|---|---|---|---|---|
| Disponibilidades | 160 | 970 | Fornecedores | 1.300 | 5.850 |
| Duplicatas a receber | 2.710 | 8.870 | Duplicatas descontadas | 840 | 895 |
| Estoques | 2.800 | 10.295 | Financiamento instituições de crédito | 4.500 | 8.600 |
| Outros ativos circulantes | 1.400 | 2.700 | Salários de tributos | 340 | 1.020 |
| Ativo circulante | 7.080 | 22.835 | Outros passivos circulantes | 220 | 580 |
| | | | Passivo circulante | 7.200 | 16.945 |
| | | | Financiamento instituições de crédito | 525 | 525 |
| | | | Credores diversos | 6.025 | 6.247 |
| Contas a receber | 4.800 | 6.435 | Passivo não circulante | 6.550 | 6.772 |
| Outros créditos | 1.190 | 2.520 | Participações minoritárias | | 1.766 |
| Realizável a LP | 5.990 | 8.955 | Capital | 2.150 | 2.150 |
| Investimentos | 15.892 | 4.200 | Reservas | 12.548 | 12.548 |
| Imobilizado | 970 | 5.570 | ▪ Resultados acumulados | | |
| | | | ▪ Exercícios anteriores | – 40 | – 40 |
| Ativo não circulante | 22.852 | 18.725 | ▪ Último exercício | 1.524 | 1.419 |
| | | | Patrimônio líquido | 16.182 | 16.077 |
| ATIVO TOTAL | 29.932 | 41.560 | PASSIVO TOTAL + PL | 29.932 | 41.560 |

O Quadro 12.10 mostra as demonstrações dos resultados da controladora e do consolidado. Note as diferenças entre os valores das vendas, dos custos e das despesas na controladora e no consolidado, assim como o surgimento da parcela dos minoritários no resultado consolidado. Note também que desapareceu a equivalência patrimonial na DRE consolidada.

**QUADRO 12.10** Demonstrações dos resultados – Controladora e consolidado.

| DRE – Controladora e Consolidado | | |
|---|---|---|
| Demonstração do Resultado | Controladora | Consolidado |
| Vendas | 12.910 | 32.132 |
| Custo mercadoria vendida | – 7.380 | – 21.257 |
| Lucro bruto | 5.530 | 10.875 |
| Despesas operacionais | – 1.629 | – 8.156 |
| Outras receitas operacionais | 2.298 | 2.298 |
| Lucro operacional I | 6.199 | 5.017 |
| Despesas financeiras | – 425 | – 2.430 |
| Lucro operacional II | 5.774 | 2.587 |
| • Equivalência patrimonial | – 4.250 | – 1.640 |
| Lucro operacional III | 1.524 | 947 |
| Participação minoritária | | 472 |
| Lucro líquido consolidado | 1.524 | 1.419 |

**Conciliação do Patrimônio Líquido e do Lucro Líquido**

Considerando que, teoricamente, os patrimônios líquidos, bem como os lucros líquidos da controladora *A* e do consolidado, deveriam ser iguais, estamos conciliando a diferença de $ 105.000 apresentada entre os dois grupos de valores, conforme segue:

**QUADRO 12.11** Conciliação do PL e LL.

| | Patrimônio Líquido | Lucro Líquido |
|---|---|---|
| • Posição consolidada | 16.077 | 1.419 |
| • Lucro não realizado da controladora decorrente de operações com a controlada* | 105 | 105 |
| • Posição da controladora (*Empresa A*) | 16.182 | 1.524 |

* É necessário que se faça esse ajuste na consolidação, para que, quando do cálculo da equivalência patrimonial, não seja eliminado do patrimônio líquido de *B* (controlada) o lucro não realizado contido em seus estoques, decorrente de compra de mercadorias da controladora (*Empresa A*).

## 12.4.2 Efeitos da consolidação sobre os índices financeiros

A título de ilustração, estamos demonstrando alguns índices financeiros para a *Empresa A*, para a *Empresa B*, para as somas simples (*A* + *B*) e para o consolidado.

**QUADRO 12.12** Alteração nos índices.

|   | Índices | A | B | A + B | Consolidado |
|---|---------|------|------|-------|-------------|
| a | CT/PL   | 85%  | 90%  | 88%   | 133%*       |
| b | AP/PL   | 104% | 50%  | 76%   | 61%         |
| c | AC/PC   | 0,98 | 1,62 | 1,35  | 1,35        |
| d | V/AT    | 0,43 | 0,80 | 0,63  | 0,77        |
| e | LL/V    | 12%  | –18% | –8%   | 4%          |
| f | LL/PL   | 10%  | –21% | –9%   | 10%         |
| g | EF/AT   | 20%  | 12%  | 16%   | 24%         |

\* Para o cálculo dos índices CT/PL, o valor de $ 1.766, referente à participação de minoritários, foi considerado Patrimônio Líquido; porém, nesse caso, em razão da irrelevância do valor, eles não se alteram.

**Legenda**

    CT = Capitais de terceiros
    PL = Patrimônio líquido
    AP = Ativo permanente (investimentos + imobilizado)
    AC = Ativo circulante
    PC = Passivo circulante
    V = Vendas
    AT = Ativo total
    LL = Lucro líquido
    FIC = Financiamentos instituições de crédito

**Comentários sobre os índices**

a) *CT/PL (Endividamento)* – Comparando os índices, podemos notar que a *Empresa B* apresentava uma dependência de capitação de terceiros superior à *Empresa A*; quando somados os dois balanços, esse índice vai apenas para 88%, em razão de o patrimônio líquido de *B* estar computado praticamente duas vezes (no patrimônio líquido de *A* já estavam refletidos 90% do patrimônio líquido de *B*, pela participação no capital). No entanto, feitos os ajustes necessários (eliminação dos investimentos de *A* em *B* e demais transações existentes entre ambos), o índice aumentou para 133%, portanto, diferente de 85% de *A*, 90% de *B* e 88% de *A* + *B*, indicando a real estrutura patrimonial do grupo, mesmo considerando minoritários no PL consolidado (para fins do índice).

b) *AP/PL (Imobilização do patrimônio líquido)* – Comparando-se os índices, podemos verificar que a *Empresa A* possuía recursos imobilizados superiores aos da *Empresa B*, representados na maior parte pelos investimentos feitos nesta última. No balanço *A* + *B*, esse índice é de 76%. No balanço consolidado, ele fica em 61%, pois, após eliminação do valor do investimento da *Empresa A* contra o patrimônio líquido da *Empresa B*, restou *praticamente* o ativo não circulante da *Empresa B* e o patrimônio líquido de *A*.

c) *AC/PC (Liquidez corrente)* – Comparando os índices, verificamos que a *Empresa A* apresentava um índice de liquidez corrente menor que a *Empresa B*; portanto, possuía mais obrigações que direitos a curto prazo. Quando somados os dois balanços, este índice se altera para 1,35, maior que o da *Empresa A*, em razão de terem sido adicionados mais direitos que obrigações ao seu balanço (decorrentes do balanço *B*). No consolidado, este índice não se alterou, pois foi eliminado do ativo e do passivo circulantes o mesmo valor ($ 100.000 referentes ao montante que *A* tinha a receber de *B* decorrente de venda de mercadorias).

d) *V/AT (Giro do ativo)* – Comparando os índices, verificamos que o giro do ativo de *B* foi superior ao de *A*, em razão do maior volume relativo de vendas. Na soma dos balanços, este índice passou para 0,63. O valor do ativo total (de *A* + *B*), pela sua quase duplicidade, está prejudicado pelo valor do investimento da *Empresa A* na *Empresa B*, estando também as vendas aumentadas pelo montante de vendas efetuadas por *A* para *B*. Após as eliminações, este índice passou para 0,77 (balanço consolidado), refletindo o giro do ativo do grupo.

e) *LL/V (Retorno sobre vendas)* – Conforme demonstram os índices, a *Empresa A* operou com lucro e a *Empresa B*, com elevado prejuízo. No balanço de *A* + *B* constou um prejuízo que representou 8% das vendas; porém, devemos nos lembrar de que, neste caso, o prejuízo da *Empresa B* está computado duas vezes, pois já está refletido na *Empresa A* por meio do "resultado de equivalência patrimonial". Nas vendas, em *A* + *B*, está contido o valor das vendas de *A* para *B*; portanto, efetuadas as eliminações, o resultado passou a ser de 4% positivo, refletindo o lucro sobre vendas apurado pelo grupo.

f) *LL/PL (Retorno sobre o patrimônio líquido)* – Aqui, vale parte do comentário do item *e*, ou seja, no balanço *A* + *B* foi apresentado um prejuízo que representou 9% sobre o patrimônio líquido; porém, devemos nos lembrar de que o prejuízo de *B* está computado duas vezes no resultado e que o patrimônio líquido está maior que o real em razão da quase duplicidade do patrimônio líquido de *B* (conforme mencionado no item *a*). Portanto, após efetuadas as eliminações, o percentual passou a ser de 10% positivos (balanço consolidado).

g) *EF/AT (Endividamento financeiro sobre ativo total)* – Comparando os índices, podemos verificar que a participação dos recursos provenientes de instituições de crédito representava 20% dos investimentos totais na *Empresa A* e 12% na *Empresa B*. No balanço de *A* + *B*, este índice é de 16%; porém, no consolidado, aumentou sensivelmente, atingindo 24%. Isso ocorreu porque, na consolidação dos balanços, foi eliminado o valor do investimento de *A* contra o patrimônio líquido de *B*. Portanto, com a adição das obrigações de *B* em *A*, esse índice aumentou, o que não ocorreu no balanço de *A* + *B*, em que o patrimônio líquido de *B* estava quase duplicado (conforme comentado no item *a*).

O leitor pode observar que há mudanças radicais nos índices financeiros e que, portanto, podemos chegar a conclusões errôneas se nos basearmos em outra posição que não a consolidada. Dessa forma, sem dispor das demonstrações consolidadas, fica difícil para o analista, ao examinar cada uma das empresas de um grupo, firmar um conceito seguro acerca do conglomerado. Considerando que, normalmente, quem elabora tais demonstrações é a própria empresa (cliente), que as fornece ao analista, cabe a este conhecer as técnicas básicas que orientam o processo de consolidação. Mais detalhes sobre consolidação poderão ser encontrados em obras específicas, como as citadas nas referências bibliográficas deste capítulo.

## 12.5 Análise do conglomerado e das participações

Para fins de análise de crédito, é necessário que tenhamos uma medida de avaliação das empresas que compõem um conglomerado. Então, o primeiro passo é saber quais são as empresas que compõem o grupo ou conglomerado. É preciso, também, que saibamos quem detém o controle acionário das empresas, bem como é fundamental definirmos quais empresas analisadas.

### 12.5.1 Identificação do grupo ou conglomerado

A identificação de um conglomerado pode basear-se em diversas fontes de informações, como: (i) as fichas cadastrais das empresas e das pessoas físicas, que, de modo geral, propiciam ao analista e ao gestor de crédito a identificação dos acionistas de uma empresa, bem como quais são as empresas em que o cliente mantém investimentos; (ii) as demonstrações financeiras e suas notas explicativas; (iii) os estatutos e contratos sociais; (iv) as notícias divulgadas pela imprensa; (v) as informações que as empresas podem e devem fornecer; e (vi) as publicações especializadas. Todas essas fontes propiciam o material necessário à montagem da "malha" de participação acionária. O Diagrama 12.2 exemplifica uma das formas mais práticas de visualização da "malha" de participação em um grupo.

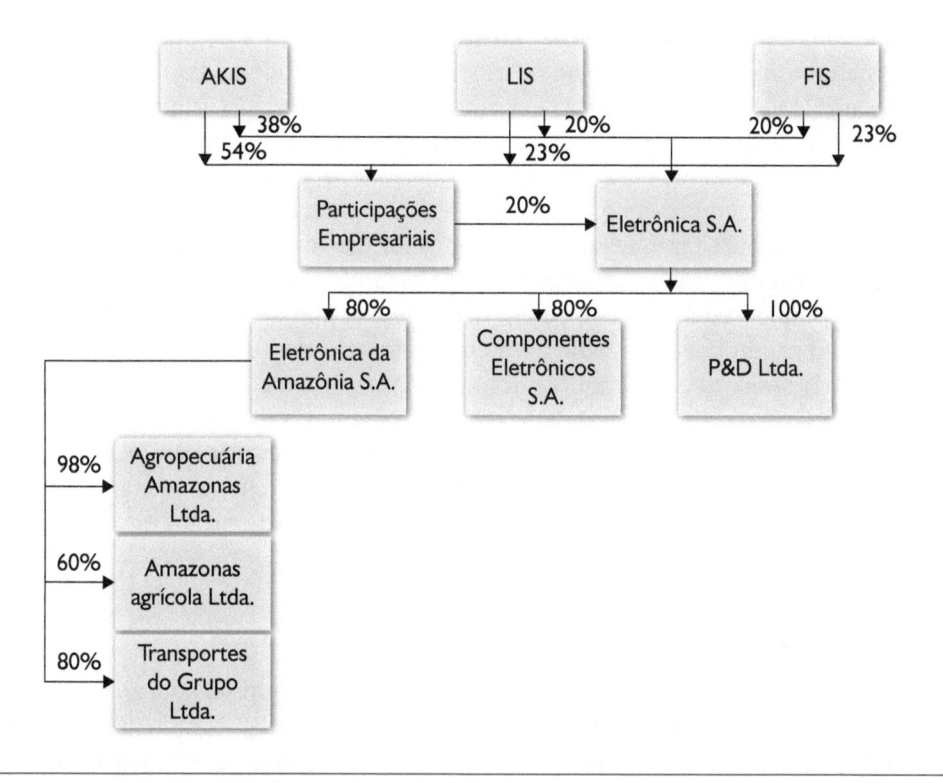

**DIAGRAMA 12.2** Composição de grupo econômico.

Supondo o grupo fictício representado pelo Diagrama 12.2, observamos a existência de oito empresas. A *Participações Empresariais S.A.*, que tem sua função de *holding*, ou seja, é apenas uma empresa de participação, é controlada basicamente pelo acionista AKIS, que detém 54%

do capital votante, enquanto cada um dos outros dois acionistas (LIS e FIS) detêm 23% das ações ordinárias da empresa de participações. Portanto, AKIS, FIS e LIS detêm 100% do capital votante da *holding*. Note que AKIS, sozinha, detém 54% do capital da *Participações Empresariais* e, portanto, tem o poder de mando. A *Participações Empresariais* tem 20% do capital da *Eletrônica S.A.*, que, somados aos 38% da participação direta de AKIS nessa empresa, resulta 58% do capital, o que dá à AKIS também o direito de mando na *Eletrônica S.A.* Por sua vez, a *Eletrônica S.A.* detém 80% do capital votante de três outras empresas – *Eletrônica da Amazônia, Componentes Eletrônicos* e *P&D* –, o que possibilita também à AKIS, pela via indireta, ou seja, por meio da *Eletrônica S.A.*, controlar e definir as regras para tais empresas. Por fim, a *Eletrônica da Amazônia* controla a *Agropecuária Amazonas,* com 98%; a *Agrícola Amazonas*, com 60%; e a *Transportes do Grupo S.A.,* com 80%. Fica claro que AKIS comanda o controle acionário das oito empresas, de forma que o analista, após a montagem do diagrama, se convence de que, qualquer garantia (aval, por exemplo) que tenha de ser solicitada, poderá dar preferência para AKIS. No entanto, observando melhor a composição acionária, por meio de outros dados disponíveis, o analista percebe que LIS e FIS são filhos de AKIS. São eles que, efetivamente, comandam os negócios, dividindo as responsabilidades, enquanto AKIS, após longo período de trabalho, já não pretende se envolver-se com os negócios. Tal particularidade pode levar os analistas e gestores de crédito a preferir o aval de LIS e FIS, com o propósito de envolvê-los mais no comprometimento com as operações de crédito do grupo.

Pelo diagrama, portanto, é possível identificar quem são os acionistas controladores, quais são as empresas controladas e quais são as coligadas. Pode-se também, se necessário, identificar participações dos acionistas em outras empresas fora do grupo principal. A composição do grupo, uma vez identificada, possibilita ao gestor de crédito o estabelecimento de um padrão no tratamento para as empresas de todo o grupo. Temos conhecimento de situações em que uma empresa de grupo efetua uma operação em determinada agência de um banco a determinada taxa de juros e, no mesmo dia, outra empresa do mesmo grupo obtém o mesmo tipo de financiamento por uma taxa menor em outra agência do mesmo banco. Esse tipo de desencontro ocorre em razão de o grupo de empresas não possuir uma administração financeira centralizada, como também pelo fato de o banco não ter definido regras para o atendimento do grupo. No âmbito interno do banco, a identificação e a montagem do grupo seria o primeiro grande passo para a melhoria da qualidade do atendimento de todo o grupo. Também para fins de solicitação de aval e garantias em geral, o diagrama presta alta contribuição. Há ainda outras utilidades, como propiciar contatos com as empresas do grupo que eventualmente não sejam clientes, visando ao maior relacionamento comercial com o conglomerado.

## 12.5.2 Como escolher as empresas a serem analisadas

Na prática, costumamos nos deparar com conglomerados que apresentam grande número de empresas. Teoricamente, as demonstrações financeiras consolidadas permitem que o gestor de crédito tenha uma visão geral e relativamente completa da situação de todo o grupo. Acontece, entretanto, que nem todas as empresas atendem às condições de participação acionária para ser consolidadas, ao mesmo tempo que é muito difícil analisar as empresas uma a uma e firmar um conceito integrado. Por outro lado, mesmo havendo o consolidado, muitas vezes o analista quer conhecer alguns dados adicionais de cada uma das empresas, com o intuito de ter um melhor "sentimento" acerca de cada uma delas e, para isso, é preciso identificar quais são as empresas mais relevantes do grupo. Essa tarefa pode ser simplificada mediante o uso de um quadro em que constem os dados mais relevantes de cada uma das empresas, como: data do balanço, ativo total, patrimônio líquido, vendas, lucro operacional, lucro líquido e avaliação de crédito. Vejamos o exemplo a seguir, do Quadro 12.13, que utiliza as empresas do Diagrama 12.2.

**QUADRO 12.13** Resumo de grupo de empresas.

| Empresas | Data das Dfs* | Ativo Total | PL | Vendas | Lucro Operacional | Lucro Líquido | Classificação |
|---|---|---|---|---|---|---|---|
| Participações Empresariais | Dez./X1 | 4.194 | 3.275 | 136 | – 94 | – 104 | Regular |
| Eletrônica S.A. Consolidado | Dez./X1 | 57.011 | 14.030 | 62.656 | 2.354 | 669 | – |
| Eletrônica S.A. | Dez./X1 | 23.308 | 13.944 | 58.514 | – 2.475 | 664 | Regular |
| Eletrônica da Amazônia S.A. | Dez./X1 | 47.207 | 23.867 | 51.888 | 8.734 | 4.672 | Boa |
| Componentes Eletrônicos S.A. | Dez./X1 | 35.149 | 4.312 | 26.570 | – 3.834 | – 4.083 | Sofrível |
| P&D Ltda. | Dez./X1 | 1.267 | 841 | 323 | 164 | 137 | Boa |
| Agropecuária Amazonas Ltda. | Dez./X1 | 1.541 | 1.237 | 1.109 | – 210 | – 141 | Regular |
| Agrícola Amazonas Ltda. | Dez./X1 | 1.723 | 1.598 | 1.264 | – 143 | – 134 | Regular |
| Transportes do Grupo Ltda. | Dez./X1 | 3.478 | 1.974 | 10.511 | 1.041 | 868 | Boa |

*Dfs = demonstrações financeiras.

O Quadro 12.13 é um facilitador, que nos permite visualizar, por exemplo, as empresas mais relevantes, as mais capitalizadas e as mais lucrativas.

Adicionalmente, as relações comerciais existentes entre as empresas do grupo possibilitam-nos um melhor entendimento acerca do desempenho do conjunto. Nesse sentido, cabe destacar que a *Componentes Eletrônicos S.A.* vende a quase totalidade de sua produção para a *Eletrônica Amazonas S.A.* (90%) e para a *Eletrônica S.A.* (10%), e que a *Eletrônica da Amazônia S.A.* vende a quase totalidade de seus produtos à *Eletrônica S.A.*, que, por sua vez, os coloca no mercado.

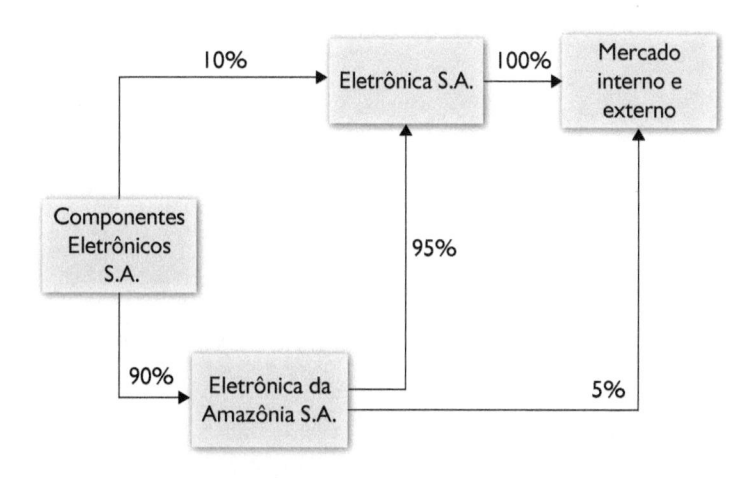

**DIAGRAMA 12.3** Fluxo das operações efetuadas entre as empresas do grupo.

## QUESTÕES PARA RESOLUÇÃO E DISCUSSÃO

1. Defina em que, no conceito legal, consiste um grupo de sociedades.
2. Em que consiste o conceito de conglomerado para fins de análise e concessão de crédito?
3. O que você entende por demonstrações financeiras consolidadas? Qual a sua utilidade para fins de análise e decisão de crédito?
4. Descreva como identificar as empresas de um grupo a serem analisadas.

capítulo 13

# Garantias nas operações de crédito

> **OBJETIVOS DE APRENDIZAGEM**
>
> Apresentar as principais garantias associadas à decisão de crédito, com o objetivo de:
> - Possibilitar ao profissional de crédito e de negócios uma visão abrangente sobre o papel e a importância das garantias;
> - Facilitar o diálogo das áreas de crédito e de negócios com as áreas jurídicas especializadas;
> - Destacar a importância das garantias como fator mitigador de risco nas operações de crédito;
> - Classificar as garantias em pessoais e reais e conceituá-las;
> - Mostrar os principais tipos de garantias em cada modalidade;
> - Auxiliar o leitor na escolha da garantia relativamente às características do risco da operação de crédito.

## 13.1 Introdução

Conforme descrevemos no Capítulo 4, na parte relativa aos chamados *Cs do Crédito*, o *Colateral* refere-se à capacidade de o cliente oferecer garantias complementares. A garantia é uma espécie de segurança adicional e, em alguns casos, a concessão de crédito precisará dela para compensar as fraquezas decorrentes dos outros fatores de risco. Uma empresa com excelente classificação de crédito, provavelmente, não estará disposta a oferecer garantias em operações de curto prazo, podendo ocorrer o contrário, ou seja, a empresa solicitar o cadastro e as demonstrações contábeis do banco para avaliar se este é sólido o suficiente para merecer suas aplicações. Entretanto, mesmo que a empresa mereça uma excelente classificação de risco, em se tratando do financiamento de um projeto de longo prazo, a tendência é que o credor solicite garantias, dada a incerteza em relação ao futuro. No outro extremo, porém, poderíamos encontrar uma situação cuja classificação de crédito da empresa é muito ruim, representando alto risco. Nessa situação, a garantia por si só poderia não justificar a decisão de crédito.

Alguns fatores são relevantes na definição da garantia: (a) o *risco* representado pela empresa e pela operação; (b) a *praticidade* em sua constituição; (c) os *custos* incorridos para a sua constituição; (d) o *valor* da garantia em relação ao valor da dívida, isto é, a garantia deve ser suficiente para cobrir o principal, os encargos e as despesas eventuais; (e) a *depreciabilidade* do bem objeto da garantia; (f) o *controle* do credor sobre a própria garantia; e (g) a *líquidez,* ou seja, a facilidade em se converter a garantia em dinheiro para liquidar a dívida.

O processo de crédito compreende as seguintes etapas fundamentais: (a) análise do risco intrínseco (conforme classificação adotada no Capítulo 4), (b) estruturação da operação de acordo com as necessidades do cliente e com os produtos da empresa, (c) análise do risco da transação, (d) análise das garantias, (e) análise do retorno propiciado pela operação e pelo cliente, (f) decisão de crédito de acordo com a política e com a cultura de crédito da organização, (g) formalização da operação e das garantias e (h) acompanhamento do crédito concedido. Por sua vez, as garantias classificam-se em *pessoais e reais*. São garantias pessoais o aval e a fiança. As garantias reais compreendem a hipoteca, o penhor, a anticrese e a propriedade fiduciária.

Entendemos que seja fundamental ao analista e ao gestor de crédito o conhecimento das noções básicas relativas às garantias (reais e pessoais), a fim de complementar seu trabalho no processo de análise das operações de crédito, bem como de facilitar o relacionamento com as áreas jurídicas especializadas na elaboração de contratos, na formalização e na execução de garantias. Considerando que as garantias envolvem certa complexidade jurídica, damos a este capítulo um caráter informativo.

Cabe ao profissional de risco identificar as fragilidades do devedor e da operação, bem como recomendar o tipo de garantia necessária, tendo em vista a liquidez e a segurança propiciadas por ela. Por outro lado, cabe às áreas jurídicas especializadas fornecer a orientação necessária para dar segurança à operação a ser realizada. É importante destacar que o novo Código Civil Brasileiro, em vigor a partir de 11 de janeiro de 2003, apresenta significativas mudanças relacionadas às garantias, se comparadas as novas normas com as contidas no Código de 1916. A visão retratada neste capítulo já está de acordo com as novas regras, valendo, portanto, a partir da mencionada data de vigência do novo Código.[1]

## 13.2 Garantias pessoais

A garantia pessoal ocorre quando se exige do devedor apenas a promessa de pagamento, contentando-se o credor com a garantia comum que lhe possa dar o patrimônio presente e futuro do devedor ou do garantidor (avalista ou do fiador). Cabe destacar que, enquanto na garantia real há um ou mais bens identificados e associados a uma dívida, nas garantias pessoais não há tal correspondência (dívida/bem), servindo todo o patrimônio do devedor ou do garantidor como cobertura da dívida. À primeira vista, poder-se-ia ter a ideia de que a garantia pessoal é melhor que a real, por ser mais abrangente e compreender todo o patrimônio do devedor. Isso não é verdadeiro, pois, no caso da garantia pessoal, não há preferência sobre o patrimônio do

---

1. Este capítulo contou com a leitura e a revisão jurídica da dra. Glória Maria Porchat, advogada especializada em Direito Empresarial, que dedicou profundo estudo ao Novo Código Civil Brasileiro.

devedor e, portanto, o credor assume a classificação de quirografário nas insolvências. Entre as garantias pessoais, temos o aval e a fiança.

## 13.2.1 Aval

O aval é uma garantia pessoal em que o avalista assume a mesma posição jurídica do avalizado, tornando-se solidário pela liquidação da dívida. O aval ocorre sempre em título cambial e constitui-se pela assinatura do avalista no verso ou no anverso do respectivo título. No aval, assim como na fiança, há necessidade da assinatura do cônjuge, sob pena de invalidação da garantia outorgada. Somente no caso de o regime de bens do casal ser o de separação absoluta é que a autorização é dispensada; contudo, nesse caso, onerará apenas o patrimônio possuído por aquele que avalizou. O aval é uma obrigação autônoma em relação à obrigação principal. Uma operação de crédito pode ter vários avalistas e, caso o devedor principal não cumpra com a obrigação, é facultado ao credor cobrar a dívida de qualquer um dos avalistas, inclusive sem precisar cobrar do devedor principal. Mesmo considerando que todo o patrimônio do avalista garanta a dívida, é necessário destacar que operações com aval não possibilitam nenhuma preferência, tratando-se de crédito quirografário.

## 13.2.2 Fiança

A fiança é um tipo de garantia pessoal em que o fiador promete satisfazer à obrigação de um terceiro para maior segurança do credor. Na fiança, poderá haver o denominado "benefício da ordem", isto é, o credor deverá acionar primeiro e diretamente o devedor e, após, o fiador, salvo se este renunciar o benefício. Do mesmo modo que o aval, a fiança prestada por pessoa física só tem validade se houver a concordância e a assinatura do cônjuge. Se se tratar de fiança prestada por empresa, é importante que as pessoas que assinarem o contrato ou a carta tenham poderes para tal ato previsto nos estatutos.

Em alguns casos, as empresas exigem de seus clientes fiança bancária. É uma forma de, não confiando na solidez de seu cliente ou não dispondo de uma estrutura de análise que lhes possibilite avaliar o risco de crédito, acobertarem-se com a fiança prestada pelo banco para determinados limites de crédito. Também a fiança é uma obrigação acessória, extinguindo-se quando cumprida a obrigação principal. A fiança é tratada nos artigos 818 a 839 do Código Civil, não havendo, a partir de 11 de janeiro de 2003, a incidência das normas sobre fiança contidas no Código Comercial, pois o novo Código Civil, por meio do artigo 2.045, as revoga.

## 13.3 Garantias reais

As garantias reais ocorrem quando, além da promessa de pagamento, o devedor confere ao credor o direito especial de garantia sobre uma coisa ou uma universalidade de coisas móveis ou imóveis. Portanto, no caso da garantia real, o garantidor destaca um ou mais bens de seu patrimônio para assegurar o cumprimento da obrigação. Dessa forma, a garantia real assegura ao credor, entre outras vantagens, o direito preferencial de receber a dívida, em relação aos demais credores, cabendo ressaltar que, em caso de falência, tal preferência está subordinada à classificação dos créditos. São garantias reais: (1) o penhor; (2) a hipoteca; e (3) a anticrese. A propriedade fiduciária é também um direito real, tratando-se de modalidade de garantia prevista no novo Código Civil com as mesmas características da alienação fiduciária a que se refere o art. 66 da Lei n. 4.728/65 e o Decreto-lei n. 911/69.

## 13.3.1 Penhor

O penhor é a garantia real que recai sobre bens móveis, suscetíveis de alienação, cuja posse, salvo no caso do penhor rural, industrial, mercantil e de veículos, deverá ser transferida ao credor. Ele poderá efetuar a venda, judicial ou amigável, do bem para liquidar a dívida, da qual o penhor é acessório.

O penhor poderá ser civil, mercantil, rural ou agrícola, industrial, de direitos e títulos de crédito e de veículos. Por fugir ao escopo deste livro, deixamos de tratar do penhor legal, objeto dos artigos 1.467 a 1.472 do Código Civil.

O penhor, como garantia de dívida, pode ser oferecido pelo devedor ou por terceiros, de modo que o credor, com ressalva das modalidades pignoratícias citadas, mantém a posse do bem com o propósito de garantia, sem, no entanto ser-lhe permitido seu uso. O credor pignoratício, portanto, é apenas depositário do bem que recebe. Ao mesmo tempo, se o devedor não pagar a dívida nas condições contratadas, poderá o credor pignoratício provocar a venda judicial ou, se assim contratado, a venda amigável, sendo vedado ao mesmo tempo apropriar-se do bem. O penhor permite, no caso de falência, que o credor seja pago preferencialmente em relação aos demais credores e desde que respeitado o rol legal de preferência dos créditos. Considerando a natureza acessória do penhor, uma vez liquidada a obrigação principal, isto é, a dívida, cessa também o penhor.

Há duas formas básicas de constituição do gravame:

1. Consensual, em que as partes definem a garantia pignoratícia, que frequentemente é acessória de um contrato de mútuo, isto é, de uma operação de crédito.
2. Legal, que é instituída diante de previsão no Código Civil e beneficia apenas alguns credores especialmente indicados na lei civil.

Como exemplo de credor pignoratício (legal) temos o dono de um prédio sobre os bens móveis de um inquilino, para fazer face aos aluguéis.

O penhor em que o devedor (ou terceiro) entrega ao credor (depositário) coisa móvel em garantia é chamado *penhor comum*. Há também o chamado penhor especial, que compreende o penhor agrícola e o penhor industrial, ambos recaindo sobre coisas móveis, de forma que, em ambos os casos (industrial e agrícola), não há a transferência da posse ao credor, ficando os próprios devedores como depositários. Quando o penhor incide sobre títulos de crédito, ele recebe a denominação especial de penhor de títulos de crédito, encarregando-se o credor de promover a cobrança das taxas cambiais até o cumprimento da obrigação que o penhor visa respaldar. Observe que, a partir de janeiro de 2003, não se aplica mais a denominação "caução" a essa modalidade de penhor, conforme previsto no antigo Código.

É comum, nas operações de crédito rural, que a garantia seja constituída por meio de cédula de crédito rural, a qual deve ser objeto de registro em cartório de registro imobiliário. Tal penhor pode recair sobre culturas, animais ou outros bens móveis, como máquinas e instrumentos de agricultura.

No penhor industrial e mercantil, também o devedor fica como depositário, não havendo a transferência da posse ao credor. Os objetos dessa modalidade de penhor são máquinas, aparelhos, materiais e instrumentos instalados e em funcionamento, com ou sem acessórios; animais utilizados na indústria; sal e bens destinados às salinas; produtos de suinocultura, animais destinados à industrialização de carnes e derivados; matérias-primas e produtos industrializados.

Quando se trata de bens incorpóreos, temos o chamado penhor de direitos (na legislação anterior era chamado de *caução*). A distinção entre o penhor sobre títulos de crédito e o que incide sobre direitos agora é clara no Código Civil, ao estabelecer que podem ser objeto de penhor direitos suscetíveis de cessão, sobre coisas móveis. A constituição da garantia dá-se mediante contrato, registrado no Registro de Títulos e Documentos, e mediante notificação do devedor dos direitos vinculados em garantia.

A seguir, relacionamos alguns títulos e direitos que podem ser vinculados como garantia em operações de crédito:

a. *Ações.* Título de propriedade negociável, representativo de uma fração do capital de uma sociedade anônima.
b. *Cédula hipotecária.* Título de crédito nominativo, endossável, garantido por hipoteca.
c. *Certificado de depósito.* Aplicação de dinheiro com prazo e rentabilidade prefixados, irresgatável até a data de seu vencimento. Pode ser transferido mediante endosso pelo depositante.
d. *Certificado de recebíveis imobiliários (CRI).* Título de crédito nominativo, de livre negociação, lastreado em créditos imobiliários, que constitui promessa de pagamento em dinheiro. O CRI é de emissão exclusiva das companhias seguradoras e seu registro e negociação somente se fazem por meio de sistemas centralizados de custódia e liquidação financeira de títulos privados.
e. *Debênture.* Documento de crédito formal e, por vezes, privilegiado, emitido em séries uniformes pelas sociedades anônimas ou em comandita por ações. É representativo de empréstimos amortizáveis, contraído a longo prazo, mediante garantia, ou não, de todo o ativo da sociedade. Pode ser trocado por ações, no vencimento, se assim tiver sido previsto na escritura de emissão.
f. *Duplicata.* Título de crédito formal, nominativo, emitido por empresário ou prestador de serviço e representativo de uma compra e venda de bens ou de prestação de serviço, destinado a aceite e pagamento por parte do comprador, circulável por meio de endosso e sujeito à disciplina do direito cambiário. Muito utilizado como garantia em operações de crédito.
g. *Letra de câmbio (cambial).* Título de crédito formal e completo, nominativo, circulável por endosso, em que alguém (sacador) ordena a outrem (sacado) que pague a um terceiro (tomador) ou a si mesmo, em certo tempo e lugar, determinada quantia. (Nota: emitida por qualquer pessoa natural ou jurídica.) Não é muito habitual seu uso em operações de crédito.
h. *Nota promissória.* Título de crédito formal que contém a promessa direta de pagamento feita pelo emitente (devedor) a favor do beneficiário (credor), sendo nominativa e circulável mediante endosso, salvo cláusula em contrário.
i. *Título de dívida pública.* Denominação atribuída a qualquer espécie de título emitido pelo Estado, ou mesmo por suas subunidades administrativas, na qualidade de empréstimos. São exemplos de títulos de dívida pública os, geralmente chamados, apólices, obrigações do tesouro e bônus.
j. *Warrants.* Por último, cumpre destacar um documento de crédito que consubstancia um penhor de mercadorias depositadas em armazém geral. Trata-se de *Warrants*, que, em sua origem, são emitidos com o conhecimento de depósito. A regulamentação desse documento encontra-se no Decreto n. 1.102, de 21.11.1903.

## 13.3.2 Hipoteca

A hipoteca também é outra modalidade de garantia real, acessória de uma dívida, que incide sobre bens imóveis. Na hipoteca, o bem hipotecado permanece em poder do devedor ou de terceiro. Como no penhor, o credor não pode apropriar-se do bem hipotecado, mas tem sobre este preferência para venda judicial, visando à liquidação da dívida. Apesar de o objeto da hipoteca ser bens imóveis, existem alguns casos especiais de hipoteca de bens que são móveis por essência, como aeronaves e navios. Por ter natureza acessória, a hipoteca extingue-se quando findo o contrato principal, entre outras hipóteses previstas na lei civil.

Cabe destacar que um mesmo bem pode ser hipotecado junto a vários credores simultaneamente, havendo preferência do credor pela ordem de registro. Após a primeira hipoteca, os credores sucessivos não podem promover a venda judicial antes de seu vencimento (da primeira hipoteca), entendendo-se que o credor da segunda hipoteca (e das sucessivas, se houver) terá direito sobre o que restar da primeira. Se o preço obtido na venda judicial não for suficiente para pagar a dívida da segunda hipoteca, seu credor (da segunda) passará à condição de quirografário.

Outra característica da hipoteca é conferir ao credor o chamado direito de sequela, ou seja, a eventual venda do bem não afeta o gravame, podendo o credor executar judicialmente a garantia, mesmo que o bem já esteja na propriedade de terceiros.

A hipoteca de um bem compreende, salvo cláusula em contrário, todas as suas benfeitorias. Deve a hipoteca ser registrada no cartório de imóveis da circunscrição de localização do bem, a fim de constituir o gravame e possibilitar o conhecimento aos interessados de que o imóvel está hipotecado.

## 13.3.3 Anticrese

A anticrese é um tipo específico de garantia real, em que a posse do bem imóvel é transferida ao credor, o qual fica com os rendimentos decorrentes da coisa em garantia até que a dívida seja paga. Difere do penhor em razão de recair sobre coisa imóvel. Entretanto, enquanto o credor pignoratício pode promover a venda judicial, na anticrese pode apenas reter o bem. Diferencia-se da hipoteca basicamente porque o devedor hipotecário permanece com a posse do bem, enquanto na anticrese há a entrega do bem ao credor. O credor anticrético pode ser, ao mesmo tempo, credor hipotecário, uma vez que a lei permite a combinação de suas garantias reais. Como nos demais casos de garantias reais, diante de sua natureza acessória, uma vez paga a dívida, extingue a anticrese. No que pese existir esse tipo de garantia, seu uso não é comum.

## 13.3.4 Propriedade fiduciária

Para fins de caracterizar as garantias reais, diante de sua natureza, devemos também examinar a propriedade fiduciária, que é uma forma especial de garantia próxima da real. Tem por objeto bens móveis perfeitamente identificáveis (infungíveis) e opera com a transferência da posse indireta (propriedade resolúvel)[2] do bem para o credor, ficando o devedor apenas com a posse

---

2. Segundo GUIMARÃES, Deocleciano Torrieri. *Dicionário técnico jurídico*. 5ª reimpressão: São Paulo: Rideel. "Propriedade Resolúvel ou Revogável – É a que contém em si mesma o princípio que a deve extinguir quando realizada a condição resolutória ou chegado a termo extintivo, seja por força de declaração de vontade, seja por determinação legal."

direta, isto é, o devedor alienante não é proprietário do bem alienado, mas tão somente faz uso dele. Uma vez liquidado o financiamento em que essa garantia foi oferecida, a posse indireta retorna às mãos do devedor, que se torna titular do domínio pleno do bem.

Difere do penhor em razão de o devedor pignoratício ter a propriedade do bem e apenas oferecê-lo em garantia, ficando a posse com o credor pignoratício, que é o depositário; na propriedade fiduciária, antes mesmo de adquirir o bem ou já o tendo adquirido, o proprietário fiduciário transfere ao credor (em garantia) a propriedade resolúvel da coisa móvel.

Na propriedade fiduciária, o bem não incorpora ao patrimônio do financiador ou credor. Caso o devedor não pague, o credor promoverá a venda do bem para recuperar o valor da dívida mais juros, comissões e demais despesas especificadas em contrato. A propriedade fiduciária é muito utilizada nas operações de crédito que objetivam financiar a aquisição de bens de consumo duráveis, especialmente automóveis e outros veículos automotores.

### 13.3.5 Alienação fiduciária de coisa imóvel

Criada pela Lei n. 9.514, de 20.11.1997, essa garantia, também de natureza real, é constituída por meio de negócio jurídico em que o devedor, ou fiduciante, com o escopo de garantia, contrata a transferência ao credor ou fiduciário, da propriedade resolúvel de coisa imóvel. Essa garantia pode ser contratada por pessoa natural ou por pessoa jurídica, podendo ainda ter como objeto imóvel concluído ou em construção, não sendo privativa de entidades que operam no Sistema de Financiamento Imobiliário.

## 13.4 Considerações gerais

Nosso objetivo foi transmitir as noções básicas sobre as garantias, a fim de facilitar o entendimento dos profissionais de crédito e de negócios sobre esse importante assunto relacionado à área de crédito. Entendemos que, por se tratar de um assunto especializado do Direito, é necessário que o profissional de crédito conte com um bom respaldo do Departamento Jurídico de sua empresa. Na análise de crédito, nossa principal preocupação é avaliar o risco do cliente quanto à sua capacidade de pagamento e utilizar as garantias como uma espécie de reforço para compensar possíveis fraquezas de outros componentes do crédito. Todavia, o suporte jurídico tem o fim de assegurar o direito do credor, de modo a reduzir os riscos da dependência da vontade e condições financeiras do devedor para efetuar o pagamento. Do ponto de vista operacional, o gerente de negócios deverá buscar garantias que possam dar maior segurança às operações de crédito, mas que atendam às condições de praticidade, de baixo custo para o cliente (se possível) e de elevada liquidez. Não há dúvida de que as garantias fidejussórias (aval e fiança) são, em princípio, as garantias mais simples de serem constituídas, uma vez que necessitam apenas da assinatura dos garantidores no título (aval) ou no contrato (fiança). Por outro, lado a hipoteca talvez seja a mais forte, porém mais trabalhosa, mais cara e, provavelmente, de menor liquidez que um penhor de título de crédito, como a duplicata. É parte da função dos profissionais de crédito buscar a segurança, mantendo na medida do possível a praticidade.

O Quadro 13.1 resume as principais características de cada uma das garantias, sem a pretensão de abranger completamente as diversas particularidades delas, mas tendo como finalidade principal mostrar aqueles traços que as diferenciam entre si.

**QUADRO 13.1** Resumo das garantias.

| GARANTIAS | |
|---|---|
| **PESSOAIS**<br>• Não vincula nenhum bem específico ao cumprimento da obrigação. | **AVAL**<br>• Constituída em um título de crédito.<br>• Precisa de assinatura do cônjuge.<br>• Credor pode acionar diretamente avalista<br><br>**FIANÇA**<br>• Garantia estabelecida em contrato ou carta.<br>• Precisa de assinatura do cônjuge.<br>• Credor aciona primeiro o devedor, se não houver a renúncia ao benefício de ordem. |
| **REAIS**<br>• Vincula um ou mais bens ao cumprimento da obrigação. | **PENHOR**<br>• Bens móveis, direitos ou títulos de crédito.<br>• Há transferência da posse do bem.<br>• Credor é depositário.<br>• Instrumento público ou particular.<br><br>**HIPOTECA**<br>• Bens imóveis.<br>• Registro no cartório de Registro de Imóveis.<br>• Não há transferência do bem ao credor.<br>• Comparecimento do cônjuge.<br><br>**ANTICRESE**<br>• Bens imóveis.<br>• Registro no cartório de Registro de Imóveis.<br>• Há transferência do bem ao credor, que fica com os rendimentos da coisa em garantia, até que a dívida seja paga.<br><br>**PROPRIEDADE FIDUCIÁRIA**<br>• Bens imóveis infungíveis.<br>• Transferência da propriedade resolúvel ao credor.<br>• Devedor é depositário.<br><br>**ALIENAÇÃO FIDUCIÁRIA DE IMÓVEL**<br>• Bens móveis.<br>• Transferência da propriedade resolúvel ao credor.<br>• Devedor é depositário. |

## QUESTÕES PARA RESOLUÇÃO E DISCUSSÃO

1. Descreva o que diferencia uma garantia real de uma garantia pessoal.
2. Estabeleça as principais diferenças entre o aval e a fiança.
3. No caso de ocorrência de insolvência (falência ou concordata) do devedor, qual a situação do credor quando ele estiver protegido por garantia pessoal? E quando a garantia for real?
4. Descreva o que é uma hipoteca e relacione algumas de suas vantagens e desvantagens como garantia de uma operação de crédito.
5. Estabeleça uma relação entre o penhor e a alienação fiduciária.
6. Cite e comente os principais fatores a serem considerados na escolha das garantias nas operações de crédito.

capítulo 14

# Crédito para pessoas físicas

> **OBJETIVOS DE APRENDIZAGEM**
>
> Apresentação das técnicas de análise de crédito para pessoas físicas, mostrando alguns produtos específicos para esse público, compreendendo:
> - Algumas características relativas aos perfis de tomadores de crédito, pessoas físicas, relevantes na definição da metodologia de análise e de gestão de risco;
> - Gestão do orçamento de uma pessoa física e sua capacidade de assumir compromissos financeiros;
> - Meios disponíveis no mercado para os indivíduos financiarem suas necessidades de consumo e de aquisição de bens;
> - Principais técnicas e processos de avaliação de risco de crédito de pessoas físicas, focando, principalmente, os processos quantitativos (*Credit Scoring*);
> - O limite de crédito a ser atribuído ao cliente, a gestão da carteira de crédito e a fase de cobrança.

## 14.1 Introdução ao crédito para pessoas físicas

O crédito é um dos principais meios de que as pessoas dispõem para adquirir e usufruir de uma grande gama de bens e serviços que a sociedade moderna oferece. O profissional que administra o processo de análise, concessão e acompanhamento do crédito ao consumidor precisa compreender a renda e a capacidade de pagamento do cliente, e também ser capaz de perceber determinadas sutilezas da natureza humana. Cada vez mais este mercado é concorrido.

As pessoas, individualmente, ou as famílias têm necessidades e desejos de adquirir bens e serviços para satisfazer suas necessidades de alimentação, vestuário, moradia, comunicação, locomoção, saúde, educação, lazer, *status* e aceitação pessoal. Essas necessidades atingem desde as pessoas de baixa renda até as mais ricas, com graus de intensidade diferentes. Na Tabela 14.1, podemos observar a tabulação de uma pesquisa do IBGE, com a distribuição da renda das pessoas físicas nas regiões urbanas do Brasil em 2004.

**TABELA 14.1** Distribuição da renda, sendo gastos principais e faixa de salário.

|  | 400 | 600 | 1.000 | 1.200 | 1.600 | 2.000 | 3.000 | 4.000 | 6.000 | > 6.000 |
|---|---|---|---|---|---|---|---|---|---|---|
| Alimentação | 29,8% | 27,6% | 23,8% | 22,2% | 20,1% | 18,4% | 15,9% | 14,3% | 11,7% | 9,0% |
| Habitação | 39,9% | 38,9% | 37,4% | 35,2% | 33,4% | 31,7% | 29,5% | 27,3% | 27,0% | 22,9% |
| Transporte | 7,2% | 8,7% | 10,5% | 11,3% | 13,3% | 14,1% | 16,9% | 18,6% | 17,9% | 17,3% |
| Saúde | 4,1% | 4,7% | 5,0% | 4,9% | 5,2% | 5,6% | 5,4% | 5,5% | 6,0% | 5,6% |
| Vestuário | 5,4% | 5,7% | 5,8% | 5,9% | 5,7% | 5,5% | 5,0% | 4,7% | 4,0% | 3,2% |
| Educação | 0,8% | 1,1% | 1,4% | 1,9% | 2,0% | 2,8% | 3,6% | 4,5% | 5,3% | 4,9% |

O gráfico da Figura 14.1 ajuda-nos a visualizar os itens de gastos que comprometem maiores parcelas da renda, segundo a faixa de renda. A primeira faixa compreende as famílias com renda até $ 400,00 em 2004. A segunda faixa vai de $ 400,00 a $ 600,00, e assim sucessivamente.

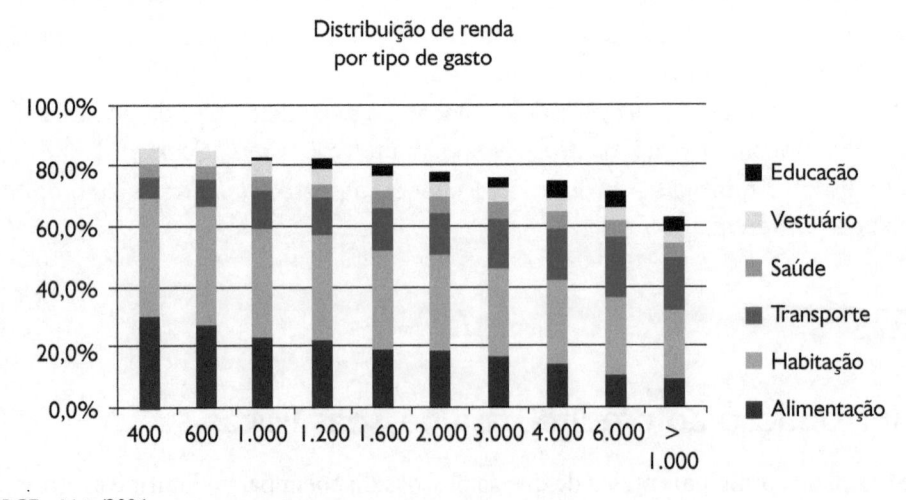

Fonte: IBGE – Maio/2004.

**FIGURA 14.1** Gráfico da distribuição da renda segundo os principais gastos fixos.

Na falta de uma pesquisa semelhante e mais recente, podemos utilizar os dados da Tabela 14.1 e da Figura 14.1 e observar que, quanto menor a faixa de renda, maior é o comprometimento do salário com habitação e alimentação. Indivíduos com renda mensal inferior a

$ 400 (na época) gastavam, em média, 39,9% da renda com moradia e 29,8% com alimentação. Indivíduos com renda superior a $ 6.000, gastavam em torno de 22,9% da renda com habitação e 9% com alimentação. Por outro lado, à medida que a faixa de renda aumenta, o item transporte mostra participação mais significativa, até atingir a faixa de $ 4.000,00. Note que o gráfico da Figura 14.1 retrata a partir de $ 400, por faixas, até chegar a $ 6.000 por mês, e outra faixa que compreende as famílias com rendas superiores a esse limite.

É parte da atividade de um gestor de crédito o acompanhamento dos indicadores de renda, do comportamento da economia e dos segmentos específicos em que a empresa que concede crédito ao consumidor opere. Uma adequada compreensão do próprio mercado de atuação poderá indicar os tipos de indicadores a serem utilizados.

Imaginemos um contexto em que as pessoas passam por aperto financeiro e, ao mesmo tempo, recebem um bombardeio de apelo de compra e de facilidade de obtenção de crédito. Diariamente, nas cidades brasileiras, funcionários de financeiras abordam transeuntes em frente às lojas de suas instituições para oferecer-lhes dinheiro. Bancos ligam para clientes e potenciais clientes oferecendo crédito. A competição é acirrada na oferta de dinheiro. Muitas vezes, as pessoas que precisam e/ou querem o recurso não estão atentas para o custo desse dinheiro.

Pela Figura 14.2, notamos que, no período de janeiro a dezembro de 2012 (colunas claras no gráfico), o índice de pessoas com endividamento variou no intervalo entre 55,9% (maio) e 60,7% (dezembro), com uma média anual de 58,3%. Para o período de janeiro a dezembro de 2011 (barras escuras), a variação foi entre 58,6% (dezembro) e 65,3% (fevereiro), com uma média anual da ordem 62%. O gráfico retrata, portanto, um índice expressivo de pessoas que utilizam produtos de crédito pessoal, como cheque especial, cartão de crédito, empréstimo pessoal e prestações em geral.

Fonte: Confederação Nacional do Comércio, Serviços e Turismo.[1]

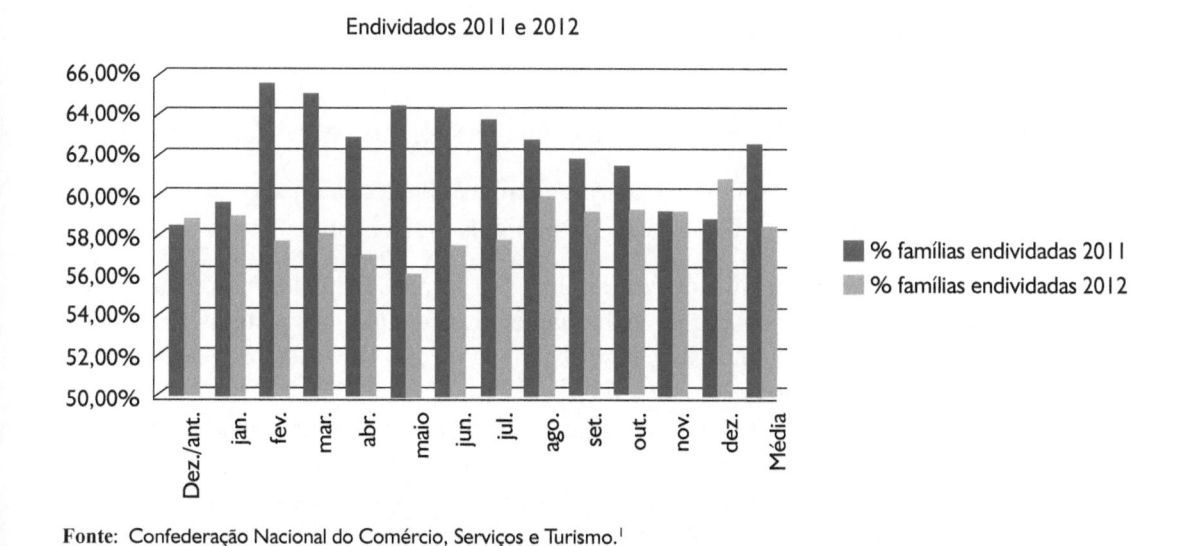

**FIGURA 14.2** Pessoas com dívidas e financiamentos.

---

1. Pesquisa de Endividamento e Inadimplência do Consumidor (PEIC), da Confederação Nacional do Comércio, Serviços e Turismo, a partir de uma coleta junto a cerca de 18.000 consumidores em todas as capitais dos Estados e no Distrito Federal.

Pela Figura 14.2, notamos o comportamento do percentual de endividamento das famílias, mês a mês, durante os anos de 2011 e 2012. As barras escuras retratam os níveis de endividamento de dezembro de 2010 a dezembro de 2011, quando a média mensal representou 62%. Em 2012, a média caiu para 58,3%. Podemos notar que o percentual da população endividada não se distribuiu de forma homogênea durante os meses em cada ano, nem durante os mesmos meses nos dois anos. Logo, podemos inferir que fatores sociais e macroeconômicos possam interferir de forma diferente de um ano para outro.

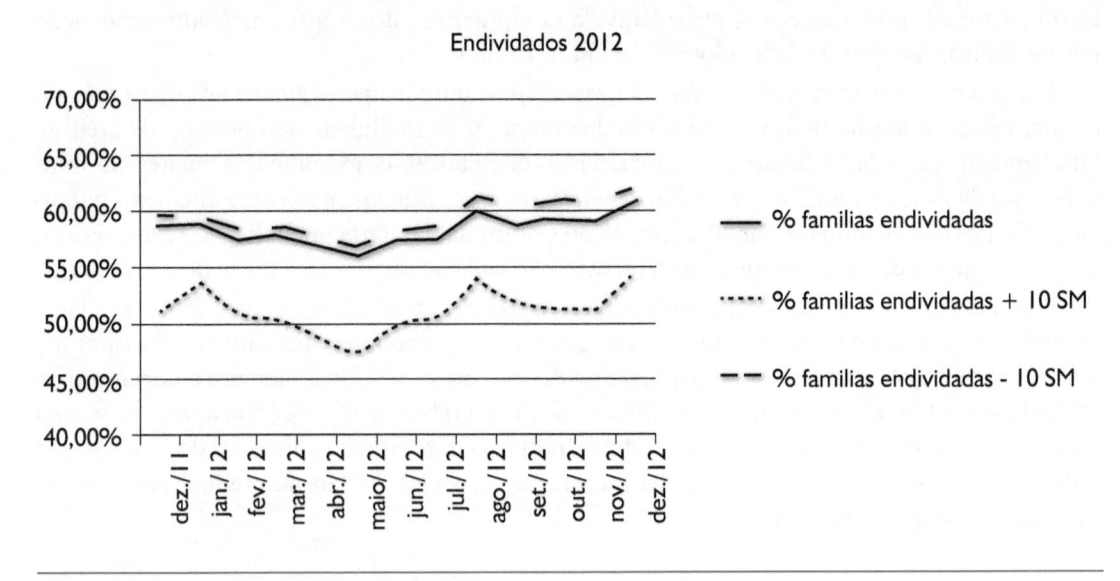

**FIGURA 14.3** Dívidas por faixa de renda.

Podemos observar que a Figura 14.3 separa as famílias por faixa de renda, ou seja:

- famílias com renda menor que 10 salários-mínimos: linha pontilhada cheia;
- famílias com renda maior que 10 salários-mínimos: linha pontilha fina.

A linha cheia representa a totalidade das famílias. No caso, as famílias com renda inferior a 10 salários-mínimos puxam a curva de endividamento para cima, enquanto as famílias de renda superior a 10 salários-mínimos situam-se abaixo da média. Vale destacar que esse comportamento prevaleceu também no ano de 2011.

A Figura 14.4 nos mostra os percentuais de contas em atraso, também separando por faixas de renda. Note que entre as famílias endividadas, as rendas inferiores a 10 salários-mínimos (linha pontilhada mais espessa) puxam a curva. As famílias com renda superior a 10 salários-mínimos representam uma parcela menor no volume dos atrasos. Em maio, ocorreu o maior percentual total de atrasos (23,6%), e em setembro, o menor (19,1%). A média geral anual de atrasos foi de 21,4%. Para as famílias com renda menor que 10 salários-mínimos, a média foi de 23,1%, e para as de renda superior a 10 salários-mínimos, foi de 11,7%.

CAPÍTULO 14 Crédito para pessoas físicas **345**

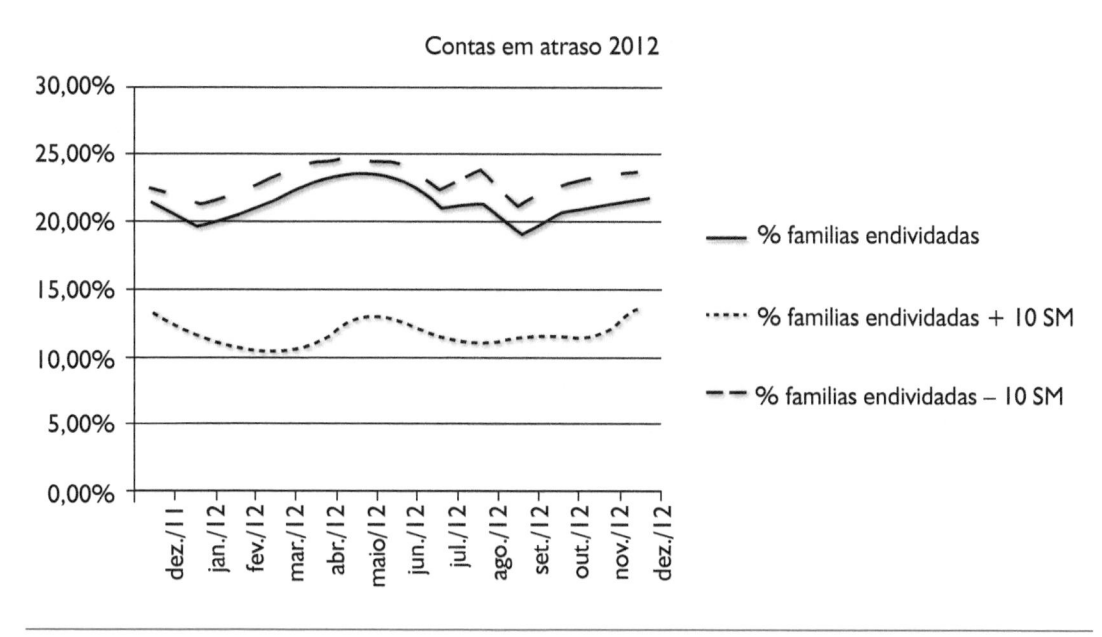

**FIGURA 14.4** Contas em atraso.

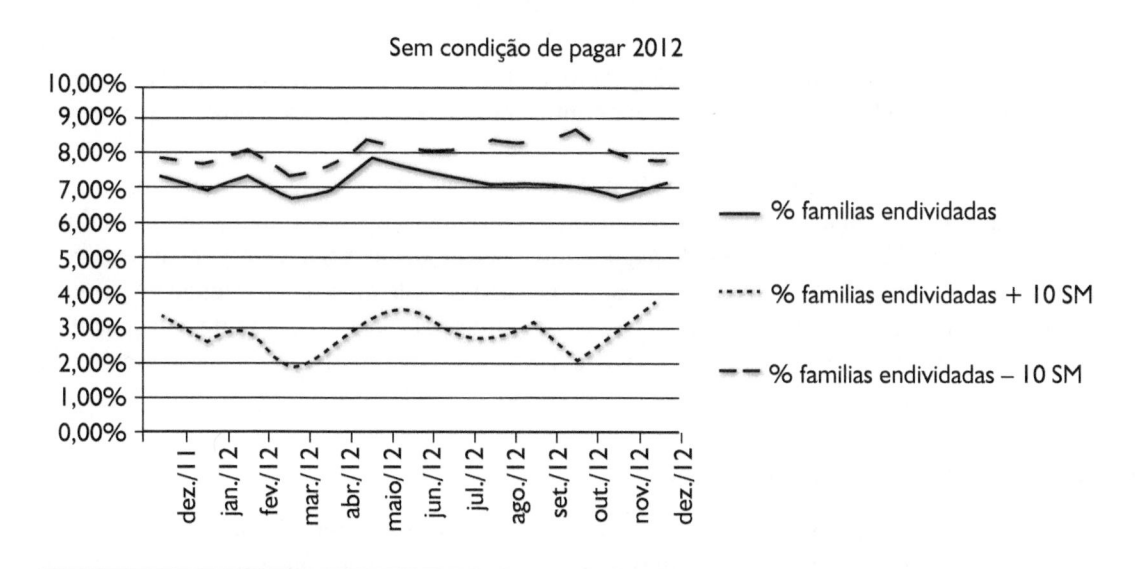

**FIGURA 14.5** Sem condição de pagar as contas em atraso.

A Figura 14.5 mostra os percentuais de devedores em atraso, em 2012, que se declararam sem condições financeiras para pagar suas dívidas. Também nessa tabulação, os devedores com renda inferior a 10 salários-mínimos representam a maioria. Em geral, foi no mês de maio que ocorreu o maior percentual de devedores que se declararam incapazes de pagar suas contas, ou seja, 7,8% daqueles que tinham dívidas em atraso, e o menor foi em março, com 6,7%. A média geral anual foi de 7,1%, sendo a média para baixa renda de 8,1% e para renda superior a 10 salários-mínimos, de 2,8%.

**Comprometimento da renda das famílias**

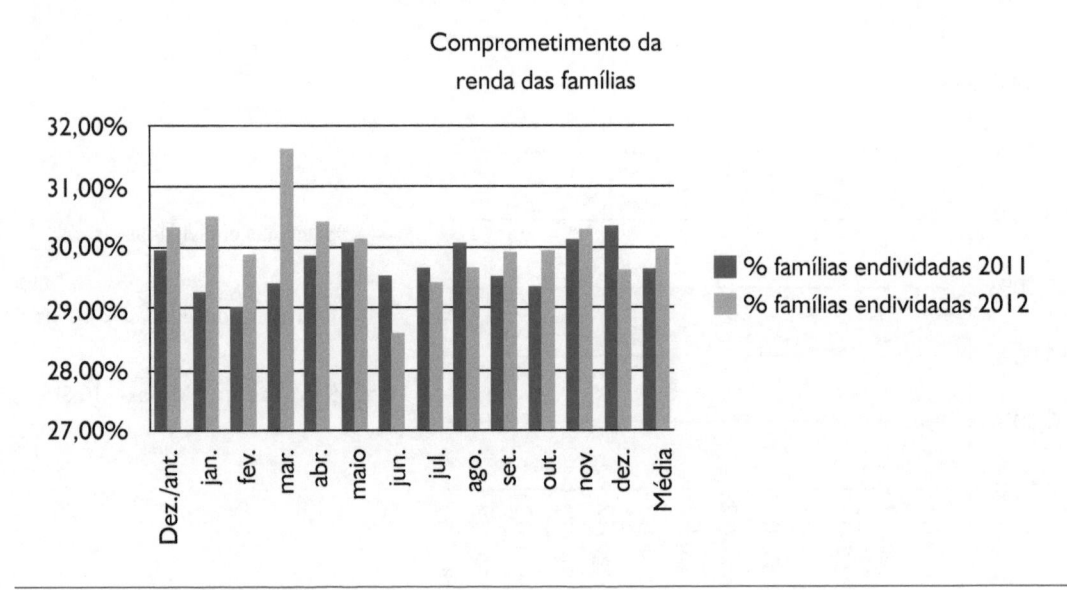

**FIGURA 14.6** Comprometimento da renda das famílias com o pagamento de dívidas.

Pela Figura 14.6, notamos que, em 2011, o comprometimento médio da renda com o pagamento de dívidas representou 29,6%, enquanto em 2012 representou 30%.

Várias análises podem ser feitas a partir da Pesquisa do Endividamento e Inadimplência do Consumidor (PEIC), da Confederação Nacional do Comércio, Serviços e Turismo (Figuras 14.2 a 14.6), podendo esta ser ampliada com outras pesquisas que possam agregar instrumentos de análise e decisão de crédito.

Adicionalmente, nos últimos anos, algumas instituições e pessoas têm se preocupado com a chamada educação financeira. Isto é um avanço, no sentido de levar o tomador de crédito a refletir sobre sua efetiva capacidade de pagamento a partir de uma visão completa de seu orçamento e da compreensão e da priorização de seus gastos diante de sua capacidade de geração de receita. Por outro lado, as metas de negócios das empresas que vendem fiado e das instituições financeiras que financiam bens e serviços podem ser incompatíveis com a racionalidade da análise do risco de crédito.

**Considerações de matemática financeira**

As transações a prazo envolvem aplicação de matemática financeira, visando à obtenção do valor da prestação a ser paga pelo comprador, que decorre do valor da compra, do prazo de financiamento e da respectiva taxa de juros. Esses componentes são importantes tanto para o financiador ou credor, quanto para o financiado. Algumas pessoas compram a prazo e não se preocupam com os juros embutidos no valor da prestação, tomando como base apenas o valor mensal a ser pago.

A Equação 14.1 é a ferramenta básica para calcular o valor da prestação, conhecidos o prazo e a taxa de juros.

$$R = P\,[(1 + i)^n\, i]/\{(1 + i)^n - 1\} \qquad \text{(Equação 14.1)}$$

Sendo: $R$ = valor da prestação
$P$ = valor do capital ou principal
$i$ = taxa de juros
$n$ = prazo ou número de parcelas

Vamos supor que a assistente administrativa Amélia de Verdade precise cobrir o déficit de seu orçamento e esteja estudando um empréstimo de $ 2.000 para pagamento parcelado em 12 meses. Amélia recebeu um folheto de uma instituição financeira informando a taxa competitiva de 6% ao mês e ficou entusiasmada com a possibilidade de obter recursos para cobrir seu déficit orçamentário, especialmente porque, na oferta de crédito, uma mensagem afirmava: "nossas taxas de juros são competitivas". Vamos aplicar a Equação 14.1 para calcular o valor da prestação, conforme segue:

$$R = \$\,2.000 \times \{[(1 + 0{,}06)^{12} \times 0{,}06]/[(1 + 0{,}06)^{12} - 1]\} = \$\,238{,}55$$

Amélia tem um salário de $ 1.360,00 por mês, que, após as deduções legais, fica reduzido a $ 1.220,00. Amélia conversou com o gerente financeiro da empresa em que ela trabalha e ele fez o cálculo do valor da prestação, conforme a Equação 14.1. Nessa condição, Amélia imaginou que iria pagar 12 parcelas mensais de $ 238,55, que representariam, praticamente, 20% de seu salário líquido. O valor total que ela imaginava pagar seria de $ 2.862,60. Isso representaria para Amélia o pagamento de juros de $ 862,60 durante o ano, um valor que ela achou muito, porém, dada sua necessidade, estava disposta a assumir.

Nota: O cálculo do valor da prestação (Equação 14.1) pode ser feito com o uso de calculadoras financeiras, conforme segue:

| Dados da operação | Digita | Digita | Visor |
|---|---|---|---|
| Valor presente | 2.000,00 | PV | 2.000,00 |
| Número de parcelas | 12,00 | n | 12,00 |
| Taxa de juros | 6,00 | i | 6,00 |
| Obtenção da prestação | | PMT | – 238,55 |

Ao chegar à instituição financeira, Amélia foi informada de que, além da taxa de juros mensal, de 6%, haveria uma cobrança de $ 210,00 referente ao cadastro e à abertura de crédito, mais 1,5% sobre o valor da operação, referentes ao imposto sobre operação financeira. Dos males, o menor, pois havia a possibilidade de incluir a taxa de $ 210,00 no valor da operação. Amélia quis receber líquido $ 2.000,00, e, para isso, assinou um contrato no valor de $ 2.243,65, conforme segue:

| Discriminação dos valores | Valores |
|---|---|
| Valor do empréstimo contrato | $ 2.243,65 |
| IOF de 1,5% | ($ 33,65) |
| Cadastro e abertura de crédito | (210,00) |
| Líquido recebido | 2.000,00 |

Nesse contexto, vamos calcular o novo valor da prestação:

$$R = \$\,2.243{,}65 \times \{[(1 + 0{,}06)^{12} \times 0{,}06]/[(1 + 0{,}06)^{12} - 0{,}06]\} = \$\,267{,}62$$

Para Amélia, o custo do dinheiro, que seria de 6%, subiu para 8,16% ao mês, depois de computadas as taxas e o imposto. O valor real da parcela a ser paga, $ 267,62, representa 21,9% da sua renda líquida. Apesar da maior representatividade do valor da prestação na renda, esse percentual está dentro da faixa de aprovação de crédito da instituição financeira, que é de 25% da renda líquida do tomador. Pela política de crédito daquela instituição financeira, Amélia poderia assumir uma prestação mensal de até $ 305,00.

Considerando os percentuais de distribuição de renda do IBGE, constantes na Figura 14.7, a renda de Amélia estaria comprometida, conforme segue:

**TABELA 14.2** Comprometimento de renda.

|  | % | Valor |
|---|---|---|
| Alimentação | 23,75% | 323,00 |
| Habitação | 37,40% | 508,64 |
| Vestuário | 5,80% | 78,88 |
| Transportes | 10,52% | 143,07 |
| Saúde | 4,99% | 67,86 |
| Educação | 1,36% | 18,50 |
| Outros | 16,18% | 220,05 |
| Soma | 100,0% | 1.360,00 |

A Tabela 14.2 mostra a distribuição da renda de Amélia, tomando como base as faixas de renda da Tabela 14.1. Amélia estaria classificada na terceira faixa de renda, que, em 2004, compreendia valores entre $ 600 e $ 1.000, e que, se considerarmos uma inflação de 50% no período, irá para valores entre $ 900,00 e $ 1.500,00, na qual classificaremos Amélia, que tem renda de $ 1.360. Temos consciência de que, com o passar dos anos, a distribuição da renda por tipo de gasto e por faixa de renda poderá sofrer alterações, porém, para fins do nosso exemplo, vamos admitir que tais alterações não sejam expressivas.

Note que, pela Tabela 14.2, de distribuição de gastos, Amélia não teria capacidade de pagamento de uma parcela mensal de $ 267,62, que representa 19,7% de sua renda bruta e 21,9% de sua renda líquida.

Poderemos avançar na análise e refletir se a Tabela 14.1, com as médias de distribuição de gastos para pessoas com renda mensal entre $ 600 e $ 1.000 (corrigida para $ 900 a $ 1.500,00), expressa efetivamente a situação de Amélia. Em termos figurados, podemos dizer que os indicadores de caráter macroeconômico são direcionadores gerais, que mostram "a característica da floresta, mas que podem não expressar o perfil de cada árvore". É difícil imaginar alguém gastando com educação $ 18,50 por mês. Por outro lado, Amélia recebe de sua empresa o chamado vale-refeição, equivalente a $ 220,00 e, por tomar duas conduções de casa até o trabalho, recebe $ 145,80 líquidos, referentes a vale transporte. Se Amélia morar com os pais e estes não precisarem da sua renda, a capacidade de pagamento dela será diferente de sua capacidade numa situação em que ela, efetivamente, tenha de pagar aluguel e arcar com todos os gastos necessários à sua sobrevivência. Se ela tiver filhos ou não, seu *status* financeiro muda. Então, a concessão de crédito à pessoa física torna-se fascinante. A educação financeira é importante para o tomador saber até quanto ele pode comprometer da sua renda. Por outro lado, quem concede o crédito precisa compreender um pouco sobre a vida financeira do tomador. As taxas de juros elevadas permitem-lhes assumir riscos maiores. Adicionalmente, as técnicas quantitativas prestam grande auxílio à decisão de crédito, conforme veremos neste capítulo.

## 14.2 Tipos de financiamentos às pessoas físicas

O crédito para pessoas físicas pode ser feito de várias formas e de acordo com as necessidades que as pessoas tenham de bens ou dinheiro. Pagar um táxi, uma despesa de restaurante, uma geladeira nova, comprar um carro ou uma casa ou um apartamento faz parte das transações financeiras praticadas por pessoas físicas. Conforme o tipo de compra ou de transação, há formas convenientes de pagamento para o comprador e de recebimento para o vendedor. Uma boa educação financeira levará o cidadão à análise da forma de pagamento ou de financiamento de sua conveniência.

A gestão de finanças pessoais precisa incluir uma cuidadosa análise das opções de pagamento. Em geral, para pequenos gastos, como uma curta corrida de táxi, pagamos com dinheiro. A despesa em um restaurante tende a ser paga com cartão de crédito, porque o estabelecimento, de modo geral, não concede desconto para pagamento em cheque ou com dinheiro. As pessoas carregam cada vez menos dinheiro (há exceções), por motivo, inclusive, de segurança. Na compra de roupas ou de eletrodomésticos de valor reduzido, muitas vezes a loja oferece um desconto para pagamento à vista, aceita três cheques ou parcela em três ou mais pagamentos no cartão de crédito sem juros. Para o dono da loja, a opção do cartão de crédito é a mais segura, pois o risco de crédito é da administradora do cartão. Por outro lado, há um custo, que é a taxa de administração cobrada pela administradora do cartão de crédito. Para o cliente comprador, cabe analisar desconto concedido para pagamento à vista, comparado ao parcelamento no cartão ou por meio dos três cheques pré-datados. Pode haver uma situação em que o limite de cheque especial do cliente já esteja totalmente tomado e seu cartão também esteja sem limite disponível. Há ainda a possibilidade de a loja trabalhar com uma financeira, para facilitar a venda aos clientes. Então, podemos notar que o consumidor (tomador de crédito pessoa física) pode ser usuário de diferentes formas de crédito.

### 14.2.1 Financiamento do próprio estabelecimento comercial

Algumas lojas e estabelecimentos comerciais costumam parcelar as compras de seus clientes mediante recebimento de cheques pré-datados. Muitas vezes, esses cheques são descontados para gerar caixa para a loja, com um custo financeiro. Algumas vezes, temos o fato curioso de a loja não conceder desconto ao cliente para pagamento à vista, porém descontar os cheques junto a instituições financeiras ou empresas de *factoring* (fomento comercial). Com maior raridade, há a possibilidade de uso de um carnê para pagamento das parcelas mensais. Há situações de empresas comerciais, como farmácias, por exemplo, que firmam convênios com empresas para a venda de produtos aos seus funcionários para desconto em folha de pagamento.

## 14.2.2 Financiamento de instituições financeiras

Os clientes correntistas de bancos podem contar com o chamado *cheque especial*, que é um limite concedido em conta-corrente para atender a necessidades de caráter ocasional. Normalmente, o custo desse recurso é alto.

*Empréstimos parcelados* constituem outra forma de os bancos atenderem seus clientes; trata-se de um produto com um formato adequado para cobrir defasagens no fluxo de caixa do cliente, com a vantagem de que este tem a possibilidade de ajustar o valor da prestação mensal à sua capacidade de pagamento.

*Financiamento de bens de consumo* é outra modalidade disponibilizada pelos bancos múltiplos ou pelas financeiras (companhias de crédito, financiamento e investimento) para a compra de bens, como roupas, calçados, material de construção, joias, geladeiras, televisores e automóveis, entre tantos outros bens possíveis de ser financiados. Viagens de turismo e aquisição de computadores também são exemplos de financiamentos parcelados. Muitas vezes, há um posto de atendimento do financiador no espaço físico do estabelecimento comercial.

*Antecipação de restituição de Imposto de Renda* é uma modalidade de empréstimo concedido a clientes que terão Imposto de Renda a ser restituído. Em geral esse tipo de empréstimo é feito em parcela única, com vencimento estimado para a época da restituição. Tecnicamente, esse tipo de operação não deveria carregar o limite de crédito normal do cliente.

*Antecipação de 13º salário* é uma modalidade de empréstimo com vencimento para dezembro, que é a época do recebimento do 13º salário. A antecipação do 13º salário também não pode carregar o limite normal do cliente, dependendo da política de crédito da instituição financeira.

*Empréstimo consignado* para desconto em folha de pagamento é outra modalidade que ganhou certo espaço no mercado de crédito. Nesse caso, é feito um convênio entre a instituição financeira e o empregador, para desconto em folha de pagamento. A taxa de juros é mais baixa em razão do menor risco de crédito. Situações como morte de devedor, perda de emprego ou crise financeira do empregador são fatores de risco. Os empréstimos consignados para aposentados da Previdência Social (INSS) têm característica parecida em seu formato. O credor deve estar atento para as regulamentações legais que possam restringir o montante a ser descontado dos proventos necessários à subsistência do empregado ou do aposentado.

*Financiamento de veículos* é feito por meio de financeiras ou de empresas de *leasing*. No financiamento do veículo, costuma haver uma parcela inicial, que é paga pelo cliente, e o restante é financiado para pagamento em parcelas mensais durante certo período. Os tomadores de financiamento podem ser pessoas físicas, como assalariados, autônomos e empresários. O valor do financiamento é um dado relevante, mas é o valor da prestação mensal que deve merecer maior atenção do financiador, de modo que o orçamento do financiado suporte o valor do novo compromisso mensal de pagamento. Em geral, o financiamento de um veículo é feito com alienação fiduciária,[2] que é um instrumento jurídico que transfere a propriedade resolúvel do bem ao financiador. Isso fortalece a qualidade do crédito, mas não elimina o risco. O bem financiado pode ser para uso pessoal ou para trabalho, como no caso do financiamento de um carro para táxi. Muitas vezes, as revendedoras de veículos preferem vender carros mediante financiamento, porque essa modalidade de pagamento proporciona comissão de venda de crédito para a loja revendedora. Na operação de *leasing* (arrendamento mercantil), o bem perma-

---

2. Sobre alienação fiduciária, veja Capítulo 13 deste livro.

nece como propriedade da instituição financeira (arrendadora), e o cliente (arrendatário) fica com a posse. No financiamento do veículo por meio do crédito direto ao consumidor (CDC), conforme já mencionamos, a garantia é feita pela chamada alienação fiduciária. Em ambos os casos (*leasing* e CDC), a propriedade do carro é registrada no Detran o que, até certo ponto, dá maior segurança ao financiador e permite-lhe operar com uma taxa de juros inferior à praticada nas outras modalidades de financiamento para pessoas físicas. Por outro lado, as instituições financeiras ligadas às montadoras exercem forte concorrência com as demais instituições do mercado, chegando a praticar taxas de juros próximas de zero.

*Financiamento de equipamento e instrumentos de trabalho*. É semelhante ao financiamento de veículos, e pode destinar-se a profissionais liberais, para a montagem de consultórios ou escritórios, por exemplo. A avaliação do crédito deve levar em consideração a receita gerada pelo equipamento que estiver sendo financiado e também o equilíbrio do fluxo de caixa atual da atividade.

*Financiamento imobiliário*. É destinado à aquisição de imóveis residenciais (novos ou usados) e também a reformas. As chamadas Companhias de Crédito Imobiliário exploram essa linha de negócio financeiro. Dado que o valor financiado tende a ter certa expressão na renda do financiado, essas linhas de crédito costumam ser de longo prazo, para pagamento parcelado e ajustado à renda mensal do financiado. Esse tipo de financiamento é feito tanto com hipoteca do imóvel como por alienação fiduciária, conforme legislação específica. A alienação dá mais segurança ao financiador, mas, seguramente, pode ser cruel com o devedor, caso este passe por uma dificuldade financeira.

### 14.2.3 Uso de cartões de crédito

O uso do cartão de crédito é outra forma de as pessoas obterem bens e serviços para pagamento na data de vencimento da respectiva fatura, com parcelamento da loja (sem juros) ou parcelado pelo próprio cartão de crédito, com os respectivos encargos financeiros. O mercado opera com cartões ligados às grandes bandeiras, como MasterCard e Visa e também com cartões de instituições financeiras, lojas ou redes de supermercados.

Notamos, portanto, que há um universo amplo de possibilidades de pagamento e de formas de financiamento para o consumidor de bens e serviços. Essas alternativas devem integrar a estratégia do próprio negócio do fornecedor e do financiador de pessoas físicas. Ao conceder crédito a tomadores de recursos, temos de estar atentos para a possibilidade de nossos clientes utilizarem as diversas formas de financiamento e de empréstimos. A dimensão desse uso pode alterar de forma significativa o risco de crédito. O fornecedor de produtos ou serviços para pessoas físicas deve criar condições facilitadoras para que seu cliente possa adquirir seus produtos. Adicionalmente, o financiador deve visualizar o seu produto, ou seja, o seu tipo de crédito, como um facilitador para ajudar tanto o vendedor quanto o comprador a atingirem seus objetivos. Conhecer quem concorre como alternativa de financiamento é parte de um cuidadoso processo de análise mercadológica do produto financeiro destinado a pessoas físicas.

## 14.3 Gestão de recursos humanos e tecnológicos

A gestão de crédito de pessoas físicas requer uma visão estratégica, organizacional e financeira. Na parte estratégica, é necessária uma adequada definição do público a ser atingido, dos produtos a serem lançados, das regiões geográficas a serem cobertas e dos canais de vendas a serem utilizados. Os riscos a serem assumidos e as taxas de juros a serem praticadas são parte desse contexto estratégico de negócio. Adicionalmente, será necessária uma adequada estrutura organizacional e tecnológica que possibilite a operacionalização dos negócios.

### 14.3.1 Recursos humanos

O sucesso de uma organização empresarial passa pela qualificação de seus colaboradores, que são as pessoas que farão as metas serem atingidas e os resultados, alcançados. No Capítulo 5, que trata de política de crédito, apresentamos algumas considerações de natureza estratégica, como análise do macroambiente e da estrutura organizacional, que são importantes pilares do negócio de crédito. No Capítulo 6, que trata do profissional e da estrutura de crédito, abordamos o perfil do profissional de crédito e de negócio, com foco em pessoas jurídicas. As características pessoais, como potencial e desempenho, automotivação, estabilidade emocional, diplomacia e empatia, saber ouvir com atenção, comunicação, atenção para detalhes, integridade, habilidade para negociar e capacidade de decisão aplicam-se perfeitamente aos gestores de negócios com pessoas físicas. Conhecimentos da atividade de crédito para financiamento a pessoas físicas, do uso de *credit scoring*, da legislação que regulamenta as transações e dos direitos do consumidor, domínio de técnicas de vendas e habilidade administrativa e de recursos humanos, completam o perfil do gestor de crédito a pessoas físicas. É necessária, por outro lado, uma gestão de recursos humanos adequada ao perfil das pessoas e dos respectivos cargos e dos negócios da organização, seja empresa comercial, seja financeira.

### 14.3.2 Tecnologia e base de dados

A gestão da base de dados de clientes é a parte mais relevante do negócio de crédito e da grande maioria das atividades empresariais. Avaliar oportunidades de negócios e risco de crédito, assim como desenvolver novos produtos para os clientes novos e atuais, exige informações estruturadas e de boa qualidade. Cada empresa precisa conhecer os hábitos de consumo de seus clientes e também seu comportamento de crédito. As decisões de crédito precisam ser cada vez mais rápidas e mais seguras. Usar recursos de Tecnologia da Informação e métodos quantitativos para simplificar e melhorar o processo é um desafio contínuo. O tipo de negócio e o tipo de cliente darão os vetores para a constituição da base de dados de clientes. A meta será sempre decidir com rapidez e segurança.

**Dados cadastrais** – Devem ser estruturados de acordo com a necessidade de informação e tendo em vista a praticidade do processo e do negócio. A empresa deve evitar riscos indevidos e não suportáveis pela atividade. No Capítulo 7, apresentamos modelo de ficha cadastral de pessoa jurídica (item 7.3). Para cadastro de pessoa física, são necessárias informações que possibilitem conhecer o cliente com um grau de detalhe suficiente para definir os agrupamentos (*clusters*) e também o uso de recursos quantitativos para a obtenção do *score* (pontuação) e do risco do cliente. Os dados cadastrais devem possibilitar a identificação do perfil do cliente em termos de risco e de potencial de negócio. Dados como nome, número do CPF (cadastro de pessoa física), documento de identificação, data de nascimento, endereço, tempo e tipo de residência, tempo e tipo de atividade ou emprego, escolaridade, profissão, referências bancárias e comerciais, cartões de crédito, número de dependentes, fontes de rendimento e respectivos valores, compromissos mensais fixos, informações sobre cônjuge e regime de casamento estão entre os itens normalmente solicitados. Dependendo do tipo de empréstimo ou financiamento e das taxas de juros praticadas, algumas instituições simplificam a exigência de algumas informações. Por outro lado, em casos, como no financiamento de um imóvel, outras exigências podem ser feitas.

**Comportamento de crédito** – Para maior segurança na concessão de crédito, é importante termos informação sobre o comportamento de crédito do cliente. A base de dados de clientes deve ter os registros relativos aos hábitos de pagamento e suas ocorrências. Os registros devem, também e principalmente, valorizar o bom comportamento de crédito. As agências de informações prestam grande auxílio no fornecimento de dados para orientar a análise e a decisão de crédito.

**Negócios atuais e propostas em andamento** – A política de crédito define qual o volume de negócios que a empresa ou a instituição financeira pretende junto a um cliente, o que torna necessário que o credor, ou potencial credor, saiba a qualquer momento qual o montante de créditos tomado em cada produto, suas características e o *status*, em termos de pontualidade e cobertura de garantias e documentos. Empresas ou instituições que operam em vários pontos de venda necessitam de uma adequada integração de sistemas que possibilitem identificar, de forma consolidada, as operações atuais e o estágio e o paradeiro das transações em processo de apreciação.

**Registro de garantias** – Essa é uma importante base de informação para facilitar a gestão das garantias associadas às operações existentes. As garantias afetam o risco da transação e necessitam de controle e acompanhamento, para possibilitar a identificação de registro e sua suficiência em relação ao valor da dívida.

## 14.4 Formas de avaliação de pessoas físicas

No Capítulo 4, abordamos os riscos de crédito e descrevemos que estes podem ser classificados em quatro grupos: (1) o risco do cliente ou risco intrínseco, que está associado a cada indivíduo; (2) o risco da transação ou da operação, que está associado ao tipo e ao uso desse produto; (3) o risco da concentração, que decorre de uma inadequada diversificação; e (4) o risco da administração de crédito, que decorre da capacidade de o credor avaliar e gerenciar riscos, e que é uma espécie de risco operacional do crédito que decorre de falhas de pessoas, processos ou sistemas, por exemplo.

A avaliação de pessoas físicas para a concessão de crédito passa pela tradicional observação dos chamados *Cs do Crédito*. Essa análise pode se dar por um critério **julgamental** ou por um processo **estatístico**, ou, ainda, por uma combinação desses dois critérios. A tendência é que no crédito massificado, ou seja, quando a empresa opera com grande quantidade de propostas de negócios de pequeno valor, sejam utilizados métodos estatísticos que possibilitem uma decisão rápida, com a expectativa de adequado nível de segurança. Pequenos negócios tendem a gerar pequenos ganhos, e suas margens podem não ser suficientes para absorver o custo de uma análise julgamental feita por um profissional sênior. Por outro lado, a decisão envolvendo um grande negócio pode e deve contar com uma análise estatística e também com a apreciação de uma analista.

### 14.4.1 Análise julgamental

A análise julgamental é aquela em que entra a experiência do analista ou do gestor de crédito, de forma geral. Nesse sentido, a experiência interna de crédito com o cliente, a análise das restrições e do seu comportamento de crédito no mercado é um ponto de análise, bem como os dados relacionados à atividade profissional e sua estabilidade, como renda e solidez da empresa empregadora, dados familiares, segmento econômico de atividade e equilíbrio entre renda e gasto. Os bens patrimoniais devem ser vistos com cuidado, uma vez que o gestor de crédito não efetua empréstimos ou financiamentos para executar os bens do cliente, mas para receber o principal e os encargos, conforme contratado.

### 14.4.2 Credit scoring

O sistema de *Credit Scoring* possibilita resposta rápida para a decisão de crédito massificado. Você insere os dados de seu potencial cliente no sistema e, imediatamente, o computador informa se o crédito foi aprovado. Na realidade, o método estatístico também leva em consideração a experiência da instituição com os clientes, conforme comentaremos adiante. As empresas e instituições podem utilizar metodologias e modelos estatísticos diferentes. Vamos apresentar um modelo simplificado, tomando como base a equação a seguir:

$$Theta = C + X_1 p_1 + X_2 p_2 + X_3 p_3 + X_4 p_4 + X_5 p_5$$

Equação 14.2

*Theta*, nesse exemplo, é o valor obtido pela soma de uma constante com os produtos resultantes da multiplicação de cada variável $X$ considerada no modelo pelo seu respectivo peso $p$.

Vamos supor que os atributos considerados por um modelo de *Credit Scoring* exemplificado e simplificado na Equação 14.2, sejam os da Tabela 14.3.

**TABELA 14.3** Constante e pesos das variáveis do score.

| Atributos | Dados | Pesos | Produtos |
|---|---|---|---|
| CONSTANTE (C) | – 5,544 | 1,000 | – 5,544 |
| VARIÁVEIS ($X_n$) | | | |
| • Idade ($X_1$) | | 0,023 | |
| • Dependentes ($X_2$) | | – 0,320 | |
| • Tempo de conta ($X_3$) | | 0,308 | |
| • Estado civil ($X_4$) | | 2,016 | |
| • Tipo de residência ($X_5$) | | 4,716 | |
| | | | Theta |
| | | | Score |

Note que, na primeira coluna (Atributos) da Tabela 14.3, constam a constante e as variáveis, que vão de idade ($X_1$) a tipo de residência ($X_5$). É necessário destacar que um modelo completo poderá ter mais e diferentes variáveis. Nosso propósito é mostrar a técnica. O desenvolvimento de um modelo requer um adequado estudo do perfil e do comportamento de crédito dos clientes da empresa ou da instituição financeira que o utilizará. Na coluna dados irão os valores relativos à constante e às respectivas variáveis, como idade ($X_1$), número de dependentes ($X_2$), tempo de conta ($X_3$), estado civil ($X_4$) e tipo de residência ($X_5$), esta podendo ser própria, alugada ou compartilhada, como quando se mora com a família, por exemplo, – estas são as qualidades ou os atributos de cada indivíduo ou cliente, e são esses atributos que irão fornecer o risco intrínseco. Os pesos refletem a importância relativa de cada variável e podem ter sinal positivo ou negativo. Esses pesos são obtidos por processos estatísticos. No uso da técnica de análise discriminante ou da regressão logística, os pesos são obtidos por processos estatísticos e são fixos. No caso da rede neural, que comentaremos mais adiante, é como se os pesos fossem constantemente atualizados, incorporando a informação de novas ocorrências de crédito.

Alguns autores entendem o *credit scoring* como uma aplicação direta do Teorema de Bayes, pois, em resumo, o que se deseja é, dados alguns atributos cadastrais (E/A), estimar a probabilidade de o cliente ser um bom pagador. Essa probabilidade deve ser estimada a partir de amostras de casos bons (A/E) e de casos ruins (A/C).

Pelo Teorema de Bayes, temos:

$$p(A/E) = [p(A/E)p(E)]/[p(A/E)p(E) + p(A/C)p(C)] \qquad \text{Equação 14.3}$$

Para facilitar a compreensão do uso do modelo, vamos supor a existência de dois potenciais clientes (A e B) tomadores de crédito, cujos dados constam na Tabela 14.4.

**TABELA 14.4** Dados dos clientes A e B.

| Variável (atributos) | Cliente A | Cliente B |
|---|---|---|
| Idade ($X_1$) | 33 | 20 |
| Dependentes ($X_2$) | 2 | 1 |
| Tempo de conta ($X_3$) | 4 | 1 |
| Estado civil ($X_4$) | Casado | Separado |
| Tipo de residência ($X_5$) | Própria | Alugada |

Inicialmente, vamos avaliar o *Cliente A*.

**TABELA 14.5** Aplicação do modelo de *credit scoring* para o Cliente A.

| Cliente A | Dados | Pesos | Produtos |
|---|---|---|---|
| CONSTANTE (C) | –5,544 | 1,000 | –5,544 |
| VARIÁVEIS ($X_n$) | | | |
| Idade ($X_1$) | 33 | 0,023 | 0,759 |
| Dependentes ($X_2$) | 2 | –0,320 | –0,640 |
| Tempo de conta ($X_3$) | 4 | 0,308 | 1,232 |
| Estado civil ($X_4$) | 1,33 | 2,016 | 2,681 |
| Tipo de residência ($X_5$) | 1 | 4,716 | 4,716 |
| | | Theta | 3,204 |
| | | Score | 0,961 |

A Tabela 14.5 ilustra a aplicação do modelo simplificado de *credit scoring* para o *Cliente A*. Note que na coluna "dados" constam os valores relativos a cada um dos atributos do *Cliente A*. As variáveis qualitativas "Estado civil" e "Tipo de residência" foram transformadas em variáveis quantitativas, para viabilizar a aplicação de técnicas estatísticas que permitam calcular os pesos de forma ótima. A transformação mais usual consiste em, simplesmente, substituir, a informação da variável qualitativa pela respectiva razão entre bons e maus clientes obtida da amostra.

A coluna "pesos" é a parte relevante do modelo, com números que expressam a importância relativa de cada uma das variáveis (no caso, $X_1$ a $X_5$). A coluna "produtos" é destinada à multiplicação do valor de cada atributo pelo seu respectivo peso. Na penúltima linha, *theta* representa a soma dos produtos.

Aplicando-se a técnica de discriminação logística, o *score* (pontuação) é dado por:

$$\text{Score} = e^{theta}/(1+e)^{theta} \quad \text{(Equação 14.4)}$$

Considerando que *theta* equivale a 3,204 (para o *Cliente A*), e que e equivale a 2,718281828 (base dos logaritmos neperianos), temos o *score* conforme segue:

$$\text{Score} = 2{,}718281828^{3{,}204}/(1+2{,}718281828)^{3{,}204}$$

A utilização dessa técnica tem a vantagem de padronizar o *score* em número que varia numa escala de 0 a 1 e que, com algumas ressalvas, pode ser entendido como a probabilidade de o cliente ser um bom pagador. Logo, 96,1% indica que o cliente A teve uma ótima classificação em seu risco intrínseco.

Considere agora o *Cliente B*.

**TABELA 14.6** Aplicação do modelo de credit scoring para o Cliente B.

| Cliente B | Dados | Pesos | Produtos |
|---|---|---|---|
| CONSTANTE (C) | – 5,544 | 1,000 | – 5,544 |
| VARIÁVEIS ($X_n$) | | | |
| • Idade ($X_1$) | 20 | 0,023 | 0,460 |
| • Dependentes ($X_2$) | 1 | – 0,320 | – 0,320 |
| • Tempo de conta ($X_3$) | 1 | 0,308 | 0,308 |
| • Estado civil ($X_4$) | 0,510 | 2,016 | 1,028 |
| • Tipo de residência ($X_5$) | 0 | 4,716 | 0,000 |
| | | Theta | – 4,068 |
| | | Score | 0,017 |

O *score* do *Cliente B* foi calculado pela aplicação da Equação 14.4, já explicada. Note que o modelo sugere que o *Cliente B* deve ser classificado como potencial mau pagador em razão de seu baixo *score*. A questão é quão baixo deve ser o *score* para que o crédito do cliente deva ser rejeitado. Essa questão consiste na definição do ponto de corte ótimo.

Comparando as pontuações obtidas nos dois exemplos, notamos que o *Cliente A* obteve 0,961, enquanto o Cliente B teve uma pontuação de 0,017. Nesse exemplo hipotético, a análise julgamental também nos mostra que o *Cliente A* tem melhor qualidade de risco intrínseco que o *Cliente B*, conforme o leitor poderá constatar analisando os dados da Figura 14.4. A metodologia estatística confirma, no exemplo, a qualidade dos riscos. Se o ponto de corte for em 0,5, ou seja, meio, o *Cliente B* não receberia crédito, enquanto o *Cliente A* o receberia. Repetimos que, no exemplo, os pesos e as variáveis são fictícios, tendo apenas um caráter ilustrativo e didático.

O **ponto de corte** é definido pela pontuação (*score*) mínima que a empresa ou a instituição financeira define como risco aceitável. A princípio, clientes que apresentarem pontuação inferior ao ponto de corte serão considerados riscos não aceitos, e os que estiverem acima do ponto de corte, serão aceitos. O Gráfico 14.1 mostra duas curvas, uma representativa dos clientes considerados maus e outra dos clientes considerados bons, e há uma faixa de pontuação em que clientes bons poderão ser classificados como clientes ruins ou o contrário. O chamado **erro do tipo 1** consiste em considerar ruim um cliente bom, e o custo desse tipo de erro será a perda do negócio, além de possíveis desgastes na relação com o cliente. Por outro lado, o **erro do tipo 2** consiste em considerar bom um cliente ruim, o que, a princípio, terá como custo a severidade da inadimplência. No desenvolvimento de uma modelagem de *Credit Scoring*, uma das decisões relevantes é definir o que é um bom ou um mau cliente, e isso não é apenas um processo intuitivo, pois requer uma adequada análise dos riscos e dos retornos esperados nos diversos níveis de pontuação. Como regra mais genérica, um mau cliente é aquele que causa prejuízo.

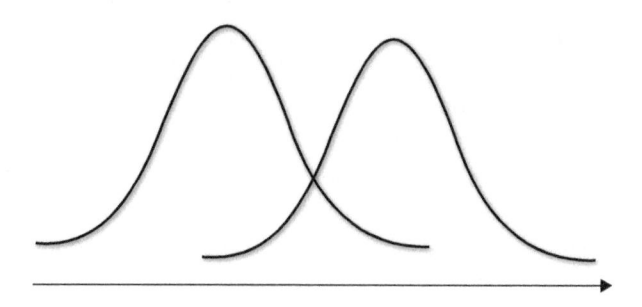

**GRÁFICO 14.1** Ponto de corte.

Como regra de decisão, quanto maior o risco, maior deve ser a taxa de juros cobrada num empréstimo ou financiamento para o cliente dentro de uma faixa de risco aceitável pela instituição e pelos reguladores. Por outro lado, quanto menor a pontuação, maior o risco. Nesse sentido, podemos ter pontos de cortes diferentes, de acordo com as taxas de juros ou com as margens de ganhos praticadas. Isso vale, evidentemente, para instituições financeiras, mas também para empresas não financeiras.

O ponto de corte pode ser determinado analisando-se os resultados do teste KS (Teste de Kolomogorov-Smirnov) que, grosso modo, consiste na análise do gráfico das frequências acumuladas dos *scores* para cada população amostral (bons e maus clientes). Quanto mais distantes forem os gráficos, melhor é a discriminação obtida pelo modelo.

**Análise discriminante**

Há diversas metodologias que podem ser utilizadas para o desenvolvimento de modelos quantitativos de avaliação de clientes pessoas físicas. O modelo de Fischer é o exemplo mais famoso de análise discriminante paramétrica. É baseado numa função linear, conforme exposto no Apêndice do Capítulo 11.

No exemplo deste capítulo (Tabela 14.4), aplicamos o modelo de *discriminação logística*, que é uma técnica que difere do modelo de Fischer, pois não requer que as variáveis sejam normalmente distribuídas para estimar pesos.

Há ainda as metodologias não paramétricas, cujo exemplo mais conhecido é a técnica chamada *rede neural,* que vem sendo utilizada e cuja estrutura é comparada ao comportamento do neurônio, estruturada a partir de uma função sigmoide, em que o modelo se readequa com a introdução de novos elementos ao longo do uso. Algumas pessoas dizem que o modelo aprende com o passar do tempo e com a contínua introdução de novos elementos para análise, enquanto outras contestam essa possibilidade e dizem que o processo apenas ajusta o modelo de saída, sem que isso represente um aprendizado.

**Modelos genéricos *versus* modelos personalizados**

Há duas alternativas principais de uso do *Credit Scoring*, que são os modelos genéricos e os modelos personalizados (customizados). Os modelos genéricos são baseados em experiência de diversos credores. Em 1984, a Fair Isac and Company lançou o "Prescore". A partir daí, os modelos genéricos tiveram rápido crescimento, com novos lançamentos e atualizações dos já existentes para o mercado norte-americano. Modelos personalizados são aqueles desenvolvidos especificamente para uma empresa, a partir de sua base de informações cadastrais e de seu histórico de crédito, contendo, portanto, a influência do perfil de seus clientes. Trata-se, então, de duas grandes linhas de opção de uso do *Credit Scoring*. Antes de refletirmos sobre a conveniência de cada uma delas, entendemos que o primeiro e grande passo para o uso do *credit scoring* é a necessidade de uma boa organização e de uma boa disciplina na obtenção e manutenção da base de dados cadastrais e de relacionamento do cliente. Muitas empresas não têm uma metodologia de avaliação de risco de seus clientes nem uma adequada base de informações cadastrais, e isso é cruel em termos de crédito e de negócios. No momento em que essas empresas tomarem a decisão de usar uma metodologia quantitativa, terão de passar por um processo de reeducação de gestão de informação de crédito, o que representa o primeiro e grande passo, seja para uso de modelo genérico, seja para uso do personalizado.

Em linhas gerais, o *modelo genérico* tem como característica a sua disponibilidade para qualquer tipo de empresa, mesmo de porte pequeno, independentemente de as empresas terem registros históricos de sua experiência de crédito e uma boa organização de informações.

Por outro lado, o *modelo personalizado* é mais acurado em razão de ser desenvolvido a partir da experiência do credor, de seus produtos e de seus clientes. Algumas vezes, utilizam-se mais de um modelo numa mesma empresa, em razão de perfis de produtos e de clientes diferentes. Esse tipo de modelo tende a manter maior sigilo das informações e não está disponível para a concorrência, além de ter maior flexibilidade para ajustes nas variáveis e atualizações nos seus pesos, para a definição de relatórios de gestão e para ações de prevenção de fraude.

**Uso do *Credit Scoring* e do *Behaviour Scoring***

A metodologia quantitativa pode ser utilizada para a seleção de clientes, conforme vimos até essa parte. Também pode ser utilizada ao longo do ciclo do negócio para aquisição de novas contas, prospecção de venda, gerenciamento de contas e cobrança e recuperação de crédito.

O *behaviour score*, ou pontuação comportamental, é uma aplicação da metodologia estatística que requer uma base de dados e recursos tecnológicos mais bem estruturados e que possibilitem a manutenção dos registros do comportamento de crédito dos clientes. Enquanto o *credit scoring*, é normalmente, utilizado para avaliar a aceitação do cliente, o *behaviour scoring* avalia o comportamento do cliente. A observação de mudanças de comportamento pode ser um sinal de alarme para uma revisão do relacionamento de crédito com o cliente.

## 14.4.3 Decisão e limite de crédito para pessoa física

O Capítulo 16 trata da decisão de crédito destacando a relação risco e retorno nas decisões de caráter financeiro. Trata ainda dos aspectos legais decorrentes dos reguladores, nos casos de instituições financeiras. A decisão de crédito, especificamente para pessoas físicas, segue as regras da política de crédito de cada empresa ou instituição financeira.

A avaliação do **risco intrínseco** do tomador pode ser obtida por um sistema de *credit scoring* que selecione clientes com uma pontuação que reflita um nível de risco aceito pelo credor.

O **produto** ou a linha de financiamento deve ser compatível com a necessidade do tomador, ou seja, numa instituição financeira, uma antecipação de Imposto de Renda é um produto diferente do financiamento de um veículo, de uma lancha ou de um apartamento. São produtos com formatações diferentes em termos de valores, prazos e garantias.

O **montante** de crédito a ser concedido é função do número de parcelas e da renda do tomador, de modo que o valor a ser pago mensalmente não ultrapasse uma porcentagem da renda do cliente.

A **forma de pagamento** pode ser em parcela única ou em várias parcelas, de modo que o valor a ser pago caiba no orçamento do tomador. Alguns bancos que têm vários produtos para pessoas físicas atribuem limites por produtos para seus clientes; porém, o limite global do cliente não é a soma de seus limites individuais. Vamos supor que um cliente A tenha uma renda mensal de $ 5.000,00 e que, numa escala de *score* de 0 a 1, ele tenha obtido 0,97, que, segundo a política de crédito do credor, daria um limite de crédito de 130% da renda mensal, com prestação mensal máxima de 25% da mesma renda. Portanto, segundo a política de crédito, o cliente A teria um limite de $ 6.500,00, com prestação mensal de até $ 1.250,00. O credor poderia ainda estabelecer um limite de crédito para financiamento de turismo no valor de $ 3.000,00, um limite para empréstimos parcelados de $ 4.000,00 e um limite em outro produto específico de $ 2.800,00. A soma dos três limites hipotéticos resulta em $ 9.800,00, que excede o limite global de $ 6.000,00. Nesse sentido, o cliente poderia utilizar os três limites, desde que não excedesse nenhum deles individualmente, e que a soma das utilizações não excedesse o limite global de $ 6.000,00. Também, a soma das prestações mensais não poderia exceder $ 1.250,00.

A **taxa de juros** cobrada dos clientes decorre de fatores como o custo de captação dos fundos para financiar os empréstimos e financiamento dos clientes. O risco de crédito dos tomadores é fator relevante. Quanto maior o risco assumido numa operação, maior deve ser a taxa cobrada para compensar as perdas prováveis na carteira de crédito. Os custos e as despesas operacionais precisam ser cobertos com os ganhos provenientes das operações, pois os acionistas desejarão obter um retorno que seja compensador e atrativo para seus investimentos e níveis de risco. Por outro lado, o mercado é competitivo, e várias outras instituições oferecem facilidades de crédito. Algumas instituições têm políticas de precificação de juros para crédito ao consumidor definidas e cobram as mesmas taxas em várias localidades, sem que seus operadores tenham flexibilidade para a negociação de taxas. Outras, por outro lado, trabalham com metas de resultado e permitem que seus operadores negociem taxas de juros diferentes, conforme a capacidade de barganha do cliente.

## 14.5 Gestão do ciclo do negócio com pessoas físicas

A gestão do ciclo do crédito envolve a harmonização de diversas políticas, atividades, sistemas, órgãos, processos e pessoas, o que, dentro das organizações, pode ser um processo de condução complexa, em razão de fatores como cultura da organização, conflitos de agência, e vaidades pessoais.

No Capítulo 17, trataremos do controle do crédito, descrevendo serviços de auditoria e de revisão de crédito. Trataremos também dos sinais de alarme (*red flags*), muitos dos quais são aplicáveis às pessoas físicas. A gestão do crédito deve ser entendida como parte importante e integrante do plano de negócio de cada empresa. Nesse sentido, se tomamos a decisão de abrir um estabelecimento comercial, devemos incluir em nosso plano de negócios (*Business Plan*) a gestão do capital de giro, que compreende a aplicação de recursos em estoques, recebíveis de clientes e outros ativos circulantes, bem como as origens de recursos de fornecedores, salários e tributos, entre outros. Pensar num sistema de *credit scoring* é necessário, porém insuficiente, pois isto é apenas uma ferramenta integrante da avaliação dos clientes. A empresa tem uma estratégia definida em termos de produtos, mercados e público-alvo. A gestão do capital de giro vai considerar as alternativas de recebimento das vendas, que pode ser à vista, por financiamento direto ao cliente, por recebimento de cheques pré-datados ou por cartão de crédito com parcelamento da loja ou financiado pela própria administradora do cartão de crédito com cobrança de encargos financeiros. Para venda a prazo, a empresa precisa de uma metodologia de análise de risco do cliente, a qual pode incluir procedimentos internos de análise, uso de agências de informações ou os dois, conjuntamente. Em se tratando de instituições financeiras, há necessidade de maior refinamento na concessão de crédito, pois crédito é o próprio negócio da organização, ao mesmo tempo em que há a figura do regulador (Banco Central do Brasil), que exige práticas seguras de concessão e gestão de crédito.

O Diagrama 14.1 é uma adaptação e ampliação de uma representação semelhante apresentada no livro de LAWRENCE, David B. *O negócio de crédito ao consumidor* (São Paulo: Citicorp, 1987). Usaremos esse recurso visual para demonstrar a integração do crédito com outras dimensões da organização, conforme veremos resumidamente nos tópicos seguintes.

### 14.5.1 Estratégia e estrutura, controle gerencial e risco

Iniciaremos com uma breve análise sobre **estratégia e estrutura**. Cada vez mais temos organizações buscando identificar e definir sua razão de ser, ou seja, buscando deixar claro sua missão.

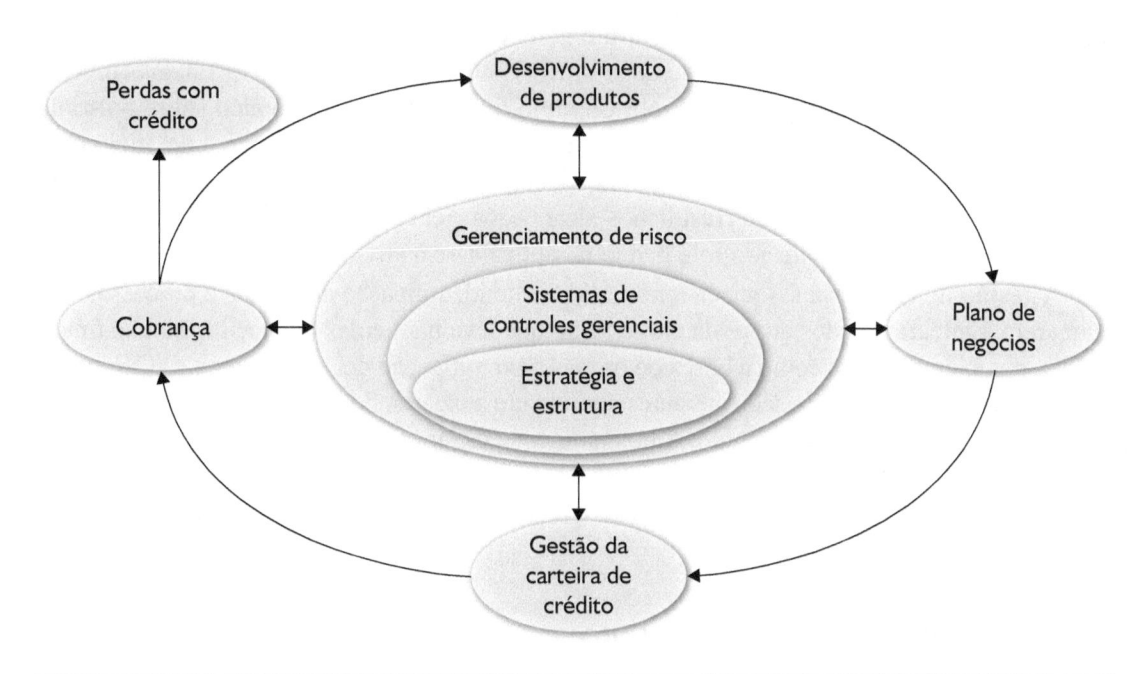

**DIAGRAMA 14.1** Ciclo do negócio de crédito.

Então, as diversas atividades da empresa buscam (ou deveriam buscar) alinhamento com as diretrizes estratégicas da organização. A opção de uma estratégia competitiva por diferenciação no atendimento ou por preço baixos, por exemplo, pode definir o tipo de estrutura organizacional e também os modelos e procedimentos de gestão de crédito. O Sistema de Controle Gerencial tem o papel de implantar e controlar a execução dos planos estratégicos. A Gestão de Risco tende a ser independente no organograma das instituições, porém é parte do controle.

A gestão estratégica do negócio de crédito para pessoas físicas nasce da análise do ambiente, envolvendo itens como oportunidade, riscos, concorrência e reguladores). A atividade de crédito deve ser integrada e harmonizada com o **ciclo do negócio**. A definição da **estrutura organizacional** necessária inclui políticas de recursos humanos para qualificar, manter e remunerar o quadro de funcionários, bem como recursos de Tecnologia da Informação (TI) que permitam ter agilidade com segurança nas decisões, podendo incluir recebimento de informações e vendas pela internet. A estrutura de análise e concessão de crédito, a gestão da base de dados de clientes e as políticas de crédito e cobrança são partes essenciais para operacionalização dos negócios. Ao departamento jurídico, cumpre a tarefa de elaborar contratos, orientar ou processar a formalização das garantias e tomar as providências jurídicas necessárias para recuperar os créditos problemáticos, entre outras atribuições. Juntamente com outras atividades, como as de auditoria, o sistema de *compliance* cumpre o papel de ajudar no controle do **risco operacional**, que é aquele decorrente de falhas humanas e de sistemas.

Especificamente quanto ao **controle gerencial**, uma organização envolve um conjunto de pessoas que trabalham para determinados fins, para atingir metas comuns, conduzida normalmente num sistema de hierarquia. O controle gerencial é um processo pela qual os gestores em todos os níveis garantem que as pessoas supervisionadas implantem as estratégias pretendidas (Antony e Govindarajan, 2008). No Capítulo 6, discorremos um pouco sobre o uso da tecnologia da informação na atividade de crédito. A tecnologia da informação é um meio para operacionalização de parte do controle gerencial, cuja dimensão envolve a implantação das estratégias, passa pelo controle dos resultados alcançados e chega aos sistemas de remuneração de pessoas. Essas práticas de controle gerencial aplicam-se à atividade de crédito.

A **gestão de risco** está associada à necessidade de identificação de pontos e processos que ameacem a integridade dos ativos da empresa ou que levem a perdas financeiras ou não financeiras, por exemplo, bem como à busca de proteção ou mitigação dos seus efeitos. O Capítulo 2 apresentou alguns tipos de riscos inerentes à atividade bancária, destacando inclusive os riscos de crédito, operacional e de mercado. Adicionalmente, o Capítulo 4 explorou o risco de crédito, detalhando quatro tipos, ou seja, o risco intrínseco relacionado a cada cliente, especificamente; o risco da operação; o risco da concentração e o risco da administração de crédito, e também tratou de *Rating* e de medidas de risco.

## 14.5.2 Desenvolvimento do produto

Do ponto de vista estratégico e de análise de risco, o ciclo do negócio inicia-se com o **desenvolvimento do produto**, formatando-o para determinado mercado e público-alvo. A análise do potencial de demanda do mercado deve ser complementada com a expectativa de lucratividade do produto. A metodologia de *credit scoring* pode ajudar na aquisição de carteiras de contas e na aceitação de clientes. Nos casos de instituições financeiras, o produto pode ser empréstimo para pagamento parcelado, em prestação única ou um limite rotativo; pode ser uma operação com garantias reais, como financiamentos de veículos ou de imóveis, ou sem garantia, como um limite de cheque especial. O crédito pode ser para financiar a aquisição de bens no comércio, com interveniência (responsabilidade pelo risco de crédito) ou não do lojista, e o prazo para pagamento pode ser curto, como um financiamento de bens de consumo em três parcelas, ou longo, como financiamento de imóveis, por exemplo. O pagamento pode ser feito por meio de boleto bancário (ficha de compensação), carnê ou cheques pré-datados. O desenvolvimento do produto inclui a percepção do **risco de mercado**, que decorre das mudanças nas taxas de juros e nos níveis de preço, por exemplo.

## 14.5.3 Plano de negócios

Os **planos de negócios** compreendem as metas e os canais de vendas, bem como níveis de **risco de crédito**. Os Cs do crédito (caráter, capacidade, condições capital, conglomerado e colateral), conforme apresentados no Capítulo 4, são partes importantes do risco de crédito. A investigação de crédito, como parte de um processo de obtenção de documentos e informações e de pesquisa de sua veracidade, auxilia na avaliação do risco de crédito e pode reduzir os níveis de fraudes. Também nessa fase, o *credit scoring* pode ser utilizado para avaliar o risco do cliente e definir o limite de crédito de cada cliente, de acordo com os níveis de risco e de retorno de cada produto ou de uma cesta de produtos. A gestão dos recursos humanos, compreendendo critérios de remuneração, deve levar em consideração a realização de negócios e os níveis de inadimplência e de severidade da inadimplência. Conforme já mencionamos, algumas instituições definem taxas de juros fixas por produtos, enquanto outras possibilitam a seus operadores a negociação de taxas e as remuneram pelo resultado alcançado nos negócios realizados. A quantidade de contratos formalizados, o montante de aplicações ou o resultado obtido, de forma isolada ou pela combinação (inclusive de outros fatores), são itens que poderão compor os parâmetros de remuneração dos operadores de negócios. Os critérios de aceitação de clientes decorrentes do risco que representam podem ser feitos pela modelagem de *credit scoring*, de modo que clientes com uma pontuação inferior ao ponto de corte não sejam aceitos, ou pode ficar definido que os clientes serão classificados por faixas de risco, as quais servirão de base para a precificação do crédito.

### 14.5.4 Gestão da carteira de crédito

Numa etapa seguinte, temos a **gestão da carteira de crédito**, que requer um forte apoio de tecnologia da informação estatística, tecnologia de crédito e conhecimento de negócios. A política de diversificação de risco, a definição e a escolha dos tipos de *clusters* (agrupamentos) de clientes, o mapeamento e o controle das migrações de classes de risco, os estudos de correlações e os sistemas de *behaviour scoring*, entre outros fatores, possibilitarão avaliar o desempenho de grupos de clientes para a adoção de retração, manutenção, busca de novos negócios ou atribuição de maiores limites. Nessa fase de gestão de carteira, há relevância da gestão do **risco da administração de crédito** (vide Capítulo 4), que é uma espécie de risco operacional do crédito. A amplitude do risco operacional vai além da gestão da carteira e compreende fatores como sistemas inadequados, falhas de gerência, controles deficientes, fraudes, erros humanos e riscos jurídicos. A formatação dos relatórios gerenciais constitui uma das peças mais relevantes para os gestores, de acordo com seus níveis hierárquicos: relatórios resumidos para os cargos mais elevados e relatórios detalhados para os níveis mais operacionais. A gestão da base de dados de clientes e da carteira de crédito constitui parte da estratégia de negócios da instituição e possibilita o agrupamento de clientes por perfis de demanda de produtos e ações de marketing, de fixação de limites de crédito, bem como de cobrança.

### 14.5.5 Gestão de cobrança de pessoas físicas

A cobrança é parte importante do ciclo do negócio e assume cada vez mais um papel relevante e reconhecido nas organizações empresariais e instituições financeiras. O contínuo desafio das empresas para manter ou aumentar sua participação no mercado requer uma política de cobrança focada em dois vetores principais, quais sejam, (i) maximização da cobrança, com o intuito de melhorar o fluxo de caixa da empresa e (ii) minimização das perdas de negócios futuros. A política de crédito e de cobrança deve manter uma adequada harmonia com os negócios e mercados envolvidos. As empresas mais organizadas têm sua política de crédito escrita e disponível para os usuários internos. Essas políticas de crédito e de cobrança podem ser diferentes de uma empresa para outra por vários motivos, e o primeiro deles é o estágio de cultura e organização de crédito. Crédito e cobrança são atividades relevantes e precisam ser conduzidas por profissionais treinados e experientes, com investimento em recursos humanos e materiais necessários para operacionalizar seus negócios de forma estruturada, o que leva à compreensão da atividade da empresa e do seu mercado de atuação como um todo. A Figura 14.7 ilustra como conjugar os dois vetores, ou seja, as ações de cobrança associadas ao risco de crédito.

```
                    Alto
         R  ┌─────────────────────┬─────────────────────┐
         I  │  Alto risco de      │  Alto risco de      │
         S  │  crédito            │  crédito            │
         C  │  baixo esforço      │  alto esforço       │
         O  │  de cobrança        │  de cobrança        │
            │                     │                     │
         D  │                     │                     │
         E  ├─────────────────────┼─────────────────────┤
         C  │                     │                     │
         R  │  Baixo risco de     │  Baixo risco de     │
         É  │  crédito            │  crédito            │
         D  │  baixo esforço      │  alto esforço       │
         I  │  de cobrança        │  de cobrança        │
         T  │                     │                     │
         O  └─────────────────────┴─────────────────────┘
           Baixo                                        Alto
                      ESFORÇO DE COBRANÇA
```

Fonte: Adaptado de *The Credit and Collection Manual*.[3]

**FIGURA 14.7** Políticas de crédito e ação de cobrança.

Observando a Figura 14.7, no *quadrante superior esquerdo*, temos uma política de crédito direcionada a clientes de alto risco com a aplicação de uma fraca ação de cobrança. A aceitação de clientes de alto risco pode levar à concessão de crédito para todos os pretendentes e pode demandar menor custo de análise de crédito, levando ao crescimento rápido da participação da empresa no mercado. Essa política pode levar a empresa a aumentar rapidamente sua participação no mercado (*Market Share*), mas irá requerer que ela opere com uma margem (*markup*) maior. Os baixos gastos com análise de crédito e com ações de cobrança serão compensados com o custo do maior investimento em recebíveis e com maior volume de perdas de crédito.

No *quadrante superior direito* temos uma política de crédito direcionada para clientes de alto risco, conjugada com aplicação de uma forte ação de cobrança. Semelhante à situação anterior, a aceitação de clientes de alto risco pode levar à concessão de crédito para todos os pretendentes e pode demandar menor custo de análise de crédito. Conforme já foi dito, essa política pode levar a empresa a aumentar rapidamente sua participação no mercado (*market share*), mas também irá requerer que ela opere com uma margem (*markup*) maior para cobrir os gastos com análise de crédito de clientes. A racionalidade diz que, operando com clientes de alto risco, precisaremos de critérios de análise um pouco mais rigorosos. Por outro lado, se não houver maiores gastos com análise de crédito, os baixos gastos com essa atividade tendem a ser compensados com maiores gastos no esforço de cobrança para reduzir perdas e investimentos em recebíveis.

No *quadrante inferior direito* temos a adoção de uma política orientada para a operação com clientes de baixo risco de crédito, combinada com uma ação de cobrança forte (agressiva) por parte do credor. Seria uma situação especial, na qual a empresa trabalharia com margem de lucro muito apertada. A empresa busca clientes com *rating* (classificação) de crédito de baixo risco. O esforço vigoroso de cobrança tem o intuito de evitar os custos do carregamento de maiores investimentos em recebíveis e das perdas não suportáveis pela sua baixa margem de lucro. Por outro lado, a seleção de clientes de baixo risco pode restringir o crescimento das vendas.

No *quadrante inferior esquerdo*, a política direciona as operações da empresa para clientes de baixo risco de crédito e, ao mesmo tempo, exerce uma ação de cobrança mais liberal.

---

3. Credit Research Foundation. *The Credit and Collection Manual*.

A premissa é de que bons clientes pagam bem e, portanto, a empresa pode relaxar nas ações de cobrança. Desse modo, a empresa pode concentrar suas ações na seleção de clientes com *rating* de crédito de boa qualidade de risco. Apesar de a empresa operar com clientes de baixo risco, o relaxamento no acompanhamento da carteira de recebíveis pode elevar o prazo médio de recebimento e, portanto, demandar maior volume de capital de giro, elevando o custo financeiro decorrente da captação de empréstimos. Isso pode requerer uma margem bruta de lucro maior nos produtos.

A ilustração do Quadro 14.13 conjuga o risco de crédito, que pode ser medido por um sistema de *rating* com uma política planejada de ações de cobrança, permitindo-nos fazer algumas inferências acerca das faixas de *markup* diferentes, conforme o quadrante observado. Adicionalmente, nos casos de empresas industriais com maior chance, há um efeito de alavancagem operacional que pode mudar de forma significativa o ponto de corte para a aceitação ou a rejeição de uma operação.

A política de crédito e de cobrança deve orientar de forma clara as regras para as áreas de vendas e para os clientes, porém, em razão da quantidade de variáveis envolvidas, essa política assume um papel estratégico quando suportar um grau de flexibilidade que viabilize negócios a partir de ajustes nos termos de vendas, como prazos da operação, descontos para pagamento à vista (nesse caso, exceto para operações financeiras), antecipação de pagamentos e instrumentos de crédito, entre outros fatores.

Há um contínuo processo de interação, de modo que a visão estratégica dos negócios e o estágio de consolidação da empresa no mercado irão contribuir para orientar a política de crédito, que, por sua vez, irá direcionar a política de cobrança, conforme observamos ao longo deste tópico. A política de crédito e de cobrança deve fazer parte de uma filosofia de relacionamento com o cliente.

A seguir, apresentamos alguns pontos importantes, que podem diminuir a dificuldade de recebimento e melhorar a qualidade do relacionamento: (i) as áreas de vendas devem tornar claro para o cliente a forma e as condições de pagamento, não deixando dúvidas; (ii) evitar desacordo com o cliente quanto ao valor da dívida e a qualidade das mercadorias ou dos bens entregues; (iii) manter uma agenda sobre os clientes negligentes, que se esquecem de pagar e que devem ser lembrados; (iv) manter controle sobre valores pequenos, a ponto de o cliente ignorá-los, ou mesmo de o fornecedor deixar acumular um maior volume de compras que justifique efetuar o faturamento; (v) manter atenção para os casos de clientes com fraca gestão de sua vida financeira, ou seja, o cliente é honesto, mas descontrolado nos gastos – esta pode ser uma oportunidade para o credor fornecer conceitos de educação financeira ou mesmo ajudá-lo a reestruturar sua dívida; (vi) identificar as situações de dificuldade financeira temporária de um bom cliente em decorrência de fatores extraordinários, como doença em família ou outro fator que o impeça de pagar – nesse caso, o credor deve buscar um acordo amigável e compatível com a capacidade de pagamento do cliente no futuro; (vii) identificar os casos de clientes que podem pagar, mas que só pagam sob pressão, muitas vezes retardando o pagamento para tirar proveito de uma negociação com desconto; (viii) identificar armadilhas ou "condições de trapaça", em que o cliente efetua pagamento parcial como tentativa de passar a ideia de que liquidou sua dívida – nesse caso, é necessário apresentar um extrato da conta com os lançamentos e saldo, mostrando não apenas que ele deve, mas que sua empresa tem controles eficientes; e (ix) identificar a condição de fraude, assunto sobre o qual faremos um breve comentário no item a seguir. Cabe, portanto, a busca de uma política de cobrança que seja orientada para uma relação com o cliente, respeitando a legislação (Código de Defesa do

Consumidor, por exemplo) e evitando demandas judiciais não produtivas para o credor. Esse cuidado é necessário, inclusive nos casos de terceirização dos serviços de cobrança, o que é uma prática cada vez mais comum.

As oscilações nos níveis de inadimplência podem ser indicadores (sinais de alarme) para ajustes na política de crédito. A área de cobrança pode identificar se os critérios de seleção de clientes e de concessão de crédito precisam ser reajustados. Mudanças nos níveis de inadimplência na carteira de crédito podem decorrer de momentos críticos de segmentos da economia, assim como podem ser fruto de uma inadequação na seleção e aceitação de clientes ou na determinação de limites de crédito. Desse modo, a integração entre crédito e cobrança pode realimentar as políticas de crédito, levando às correções necessárias.

A atividade de cobrança assume cada vez mais um papel relevante dentro das organizações, tornando-se uma atividade bastante profissionalizada. Para o bem ou para o mal, a atividade de cobrança torna-se um negócio dentro do próprio negócio em muitas empresas e instituições financeiras.

Considerando o nosso objetivo restrito de situar e destacar a atividade de cobrança, nossa exposição sobre o assunto não se aprofundará nos detalhes de suas políticas e procedimentos. Apenas para ilustração, cabe mencionar a chamada *Régua de cobrança,* que expressa a política de cobrança e de recuperação de crédito da empresa, indicando as ações a serem adotadas de acordo com os dias de atraso do cliente no pagamento da dívida.

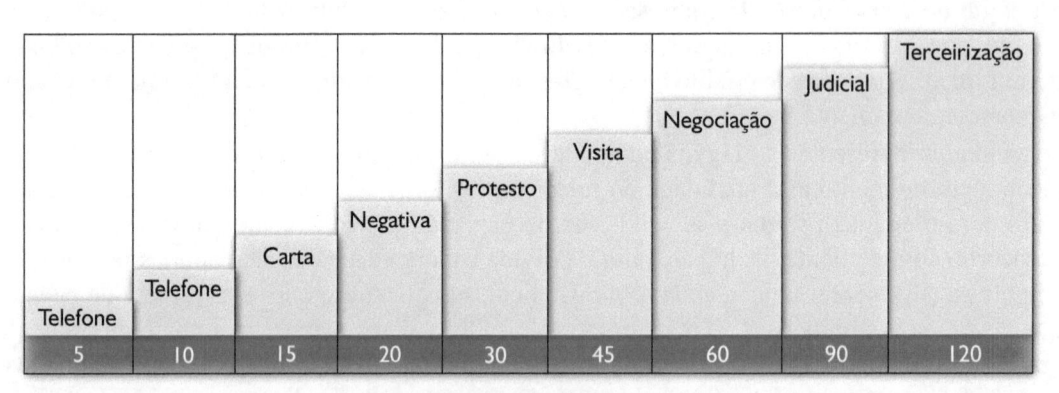

**FIGURA 14.8** Régua de cobrança.

Na Figura 14.8 temos um exemplo de *Régua de cobrança*, que servirá apenas para ilustrarmos o escalonamento dos tipos de ações. Portanto, os dias de atraso constantes no referido quadro, assim como a ordem das ações, não devem servir como sugestão de procedimentos para nenhuma empresa, especificamente. Além disso, uma mesma empresa pode ter mais de uma régua, de acordo com os perfis de clientes e de produtos, por exemplo. Note, no exemplo, que com cinco dias do vencimento da obrigação, a empresa fará o primeiro telefonema ao cliente, e para isso deverá ter um *script* adequado, que compreenda escolha de palavras, intensidade de voz e outros cuidados cabíveis. Cumpre destacar que um telefonema para um cliente novo que está atrasado pode ser uma condição necessária para manter um rigoroso acompanhamento do seu comportamento de crédito, enquanto um cliente tradicional poderá sentir-se desprestigiado com "a intolerância" do fornecedor. Isso não quer dizer que a empresa não tenha de cobrar um cliente tradicional, mas que poderá ter de fazer um adequado mapeamento e agrupamento de clientes para a aplicação de réguas adequadas aos perfis de cada cliente, de acordo com sua importância.

No exemplo, com dez dias de atraso, a empresa deverá fazer uma nova ligação telefônica, visando ao recebimento de seu crédito. Nesse estágio, também poderão ser suspensas as vendas ao cliente em questão ou cancelados seus limites de crédito. Com 15 dias, seguindo o exemplo, será enviada uma carta de cobrança, e com 20 dias será feita a negativação junto às agência de informações, tipo Serasa e SPC. A negativação é um instrumento de pressão sobre o devedor, com o intuito de fazê-lo apressar-se em pagar, mas poderá gerar efeito contrário e antecipar a quebra do devedor, na medida em que a existência de restrições de crédito dificultará a continuidade da atividade de uma empresa ou de um autônomo, por exemplo. O protesto, aos 30 dias de atraso, é uma medida mais forte, provando que prova a inadimplência do devedor, e também é uma forma de pressão. A visita de cobrança aos 45 dias de atraso (ou outro prazo, conforme a política do credor) é uma ação normalmente cara e sua eficácia precisa ser avaliada, conforme os volumes de recursos envolvidos. Aos 60 dias (ou antes, conforme a política, o valor e a estrutura da área de cobrança), poderá ser adotada uma ação de negociação com o devedor, com o fim de identificar suas condições de pagamento. Na realidade, a fase de negociação nunca termina, e deve começar o mais cedo possível. O insucesso na tentativa de negociação levará o credor a buscar os meios judiciais, que podem envolver eventuais garantias, mas essa fase é cara e pode não ser eficaz, caso o devedor não disponha de condições para o pagamento, pois não se tira de ninguém o que ele não tem. No exemplo, indicamos a terceirização após 120 dias de vencida a dívida. Muitas vezes, a empresa de cobrança terceirizada cuida da cobrança judicial ou adota uma postura de negociação junto ao devedor.

## 14.6 Considerações sobre fraude

Uma das preocupações das organizações que concedem crédito é evitar fraudes. Cada empresa possui seu próprio critério para aprovação de crédito e venda de suas mercadorias, produtos, serviços ou empréstimos e financiamentos, no caso de instituições financeiras. Em geral uma venda ou operação de crédito nasce na área de vendas e pode transitar por algumas pessoas ou órgãos com diferentes alçadas de decisão, até que o crédito seja aprovado e a venda seja realizada. Nos casos das empresas financeiras, estas, muitas vezes, mantêm terminais de computador e até mesmo funcionários nas lojas onde os financiamentos das compras são feitos aos clientes pessoas físicas. Isso ocorre em lojas de materiais de construção, de artigos de iluminação e de revenda de automóveis, por exemplo. A prevenção à fraude envolve múltiplos cuidados, e o conflito de interesses, associado à pressão de metas a serem cumpridas, aos desafios de bonificações e a um inadequado sistema de remuneração, pode, em algumas fases do processo de tramitação de crédito, estimular a prática da fraude dentro da própria organização, com o envolvimento de seus funcionários ou executivos ou até mesmo de parceiros comerciais. Em um determinado banco, o gerente, num dia de muito trabalho, forneceu sua senha para um estagiário imputar algumas propostas de crédito no sistema de aprovação de negócios; nos dias subsequentes, esse estagiário, com conhecimento da senha do gerente, aprovou algumas operações de crédito para seus amigos, e o banco teve perda com os créditos concedidos mediante uso indevido da senha do gerente. A internet é, sem dúvida, um extraordinário avanço tecnológico, que propiciou grande agilidade em muitas transações financeiras, porém abriu espaço para um novo tipo de fraude, decorrente da ação dos chamados *hackers*.

A fraude documental decorre de as pessoas fraudarem documentos para obterem crédito. Isso atinge, entre outros documentos, carteiras profissionais, CPF, holerite de pagamento, contas de água, luz e telefone e dados da ficha cadastral (nome, endereço, escolaridade, profissão, salário e emprego, por exemplo). Há técnicas de análise documental e de conferência de números de documentos para cálculos de dígitos de controle, consistência de números conforme a época e região geográfica, verificação de salários de acordo com a profissão, idade e tempo de formado, apenas para citar alguns exemplos. A grafotecnia estuda textos escritos à mão ou à máquina, a fim de identificar sua autenticidade. Adicionalmente, o uso da tecnologia da informação presta grande serviço mediante a aplicação de regras de consistência, formulação de sistemas de restrições e de parâmetros de presunção. As áreas de auditoria, prevenção de fraude, *compliance* e gestão de risco operacional estão entre os órgãos que se preocupam com a fraude nas organizações.

Consultas às agências de informações (Serasa e Equifax, por exemplo) e aos SPCs (Serviços de Proteção ao Crédito) completam as informações para a decisão de crédito. Alguns autores admitem que a fraude é motivada pela ganância e leva o fraudador a buscar oportunidade para tirar proveito diante da fragilidade dos sistemas de controle ou da boa-fé de partes envolvidas no processo. A fraude não estaria associada à pobreza ou à necessidade, mas, sim, ao caráter do indivíduo. Isoladamente, também a idade não discrimina o fraudador.

## QUESTÕES PARA RESOLUÇÃO E DISCUSSÃO

1. Faça uma correlação entre o comprometimento da renda da pessoa física com necessidades básicas (alimentação, habitação, transportes, educação e saúde, por exemplo) e sua capacidade de assumir compromisso financeiro.
2. Comente as taxas de abertura de crédito.
3. Cite e comente as principais fontes de crédito para pessoas físicas.
4. Qual a relevância da gestão de pessoas no negócio de crédito para pessoas físicas?
5. Comente a relação entre gestão de dados, avaliação de risco de crédito e realização de negócios.
6. Estabeleça a diferença entre análise julgamental e técnicas quantitativas de avaliação de risco de crédito.
7. Estabeleça a diferença entre modelos genéricos e modelos personalizados de *credit scoring*.
8. Na concessão de crédito para pessoas físicas, podemos afirmar que:
    a) (   ) As instituições concessoras de crédito estão usando o *credit scoring*, que é totalmente baseado na vivência dos gerentes de negócios.
    b) (   ) O *credit scoring* é um processo estatístico, baseado em técnicas internacionais que não exigem avaliação do histórico da carteira de clientes.
    c) (   ) As instituições concessoras de crédito usam análise discriminante, regressão logística ou rede neural, que são algumas das técnicas utilizadas para a modelagem de concessão de crédito ao consumidor. Essas técnicas são tão poderosas que dispensam auditoria dos procedimentos de concessão.
    d) (   ) A metodologia de *credit scoring* deve ser complementada com a parametrização de regras de consistência a fim de reduzir o risco a zero.
    e) (   ) Todas as alternativas estão corretas.

f) ( ) As alternativas anteriores estão erradas.
9. Comente a respeito da importância da fase de desenvolvimento do produto financeiro para pessoa física no contexto do ciclo do negócio.
10. Comente a respeito da relação entre metas de negócios e risco de crédito.
11. Comente a respeito da importância da gestão de carteira de crédito.
12. Como você situa a fase de cobrança no contexto do ciclo dos negócios?
13. Existe possibilidade de fraude no crédito para pessoas físicas?

# capítulo 15

# Estruturação do empréstimo

### OBJETIVOS DE APRENDIZAGEM

Comentar sobre as necessidades de empréstimos e sobre a adequação dos respectivos produtos financeiros para suprir tais necessidades, compreendendo:
- Principais grupos de necessidades de recursos financeiros, pelas empresas;
- Necessidades de recursos e de adequação de produtos financeiros para tais necessidades;
- Detalhamento dos aspectos relativos a prazos e condições de pagamento;
- Compreensão da estruturação completa de uma operação de financiamento, com todos os seus componentes.

## 15.1 Introdução

A estruturação de um empréstimo ou de um financiamento é uma das importantes partes do processo decisório do crédito. Conhecer a situação geral do cliente e de seu mercado; avaliar as relações de negócios já existentes com o cliente e com suas partes relacionadas; identificar as necessidades dos clientes que possam ser satisfeitas com os produtos do banco; e buscar produtos adequados para o cliente são a parte fundamental da estruturação do empréstimo. É isso o que faz o banco cumprir sua missão na sociedade. Do ponto de vista de estruturação, as áreas de crédito e de marketing se completam entre si. A matéria-prima para a estruturação e para decisão de crédito é a informação que deve ser obtida em relação ao cliente.

A primeira fonte de informação para a estruturação do empréstimo ou do financiamento é o próprio cliente. Durante as visitas realizadas ao cliente, é possível conhecer as instalações, as pessoas e os processos de produção, de comercialização ou de prestação de serviços. É possível identificar os níveis de produção do cliente e conhecer seus planos futuros. A pasta cadastral do cliente contém informações relevantes sobre o seu passado e o seu presente. Os sistemas de informações computadorizados devem ser capazes de informar os negócios e os relacionamentos existentes entre o banco e o cliente, incluindo o conceito de conglomerado. As pesquisas sobre restrições e sobre o relacionamento passado do cliente no âmbito de mercado e do próprio banco dão sinais quanto ao caráter e à situação financeira do cliente ou do pretendente de crédito. A análise financeira desenvolvida com base em métodos adequados à realidade do tipo de empresa, e complementada com dados não financeiros, como os relativos à capacidade (gerencial e tecnológica) e às condições (externas e macroeconômicas), fornecerá uma classificação (*rating*) que dimensiona o risco representado pela empresa. Esse conjunto de dados antecede a estruturação propriamente dita. No item 15.2, descreveremos parcialmente as necessidades de recursos dos clientes, e no item 15.3, apresentaremos alguns do produtos bancários voltados ao atendimento dessas necessidades. Isso nos facilitará a compreensão das condições gerais dos empréstimos e dos financiamentos a serem abordados no item 15.4.

## 15.2 Necessidades do cliente

Na condição de intermediário financeiro, um banco capta recursos junto aos agentes econômicos superavitários e os repassa aos agentes que necessitam de tais recursos para financiar suas necessidades de consumo ou de investimento. A receita principal de um banco tende a decorrer de sua atuação como fornecedor de fundos para seus clientes. As necessidades de recursos das empresas, a serem satisfeitas pelos bancos, podem ser reunidas em dois grandes grupos, quais sejam, giro e investimento.

### 15.2.1 Necessidade de capital de giro

Nesse grupo, classificaremos os recursos tomados pelas empresas para o atendimento de suas necessidades de giro. Basicamente, a tomada de recursos por uma empresa para atender às suas necessidades de giro decorre do seu nível de capitalização, do seu ciclo financeiro, do seu volume de vendas e da sua capacidade de geração operacional de caixa.

#### 15.2.1.1 Ciclo operacional do cliente

A análise e a decisão de crédito requer conhecimento das atividades dos clientes para melhor atender às suas necessidades de recursos e avaliar os riscos decorrentes das operações. Os bancos operam com clientes atuantes em diversos segmentos da atividade econômica, como indústria, comércio, serviços e agricultura.

No caso de uma **empresa industrial**, grosso modo, sua atividade consiste na compra de matéria-prima e sua transformação. Supondo uma hipotética fábrica de bebidas que tenha as seguintes características operacionais:

- Tempo médio de estocagem da matéria prima comprada: 15 dias.
- Tempo médio para o processo de transformação da matéria-prima em produto acabado: 5 dias.
- Giro médio do produto acabado: 5 dias.
- Prazo de pagamento para o fornecedor de matéria-prima: 30 dias.
- Prazo de pagamento do comprador das bebidas (distribuidor): 40 dias.

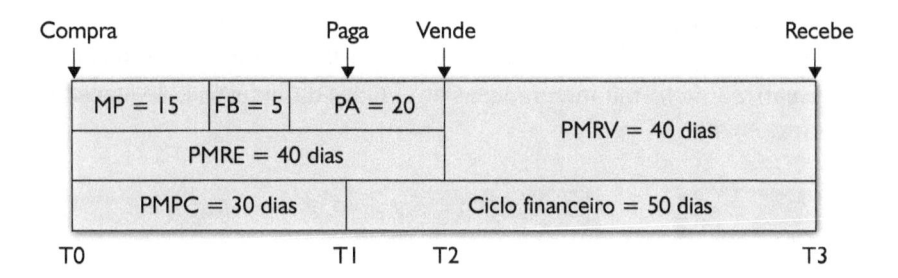

```
        Compra              Paga    Vende                          Recebe
          ↓                   ↓       ↓                              ↓
    ┌──────────┬──────┬──────────────┬──────────────────────────────┐
    │ MP = 15  │FB = 5│   PA = 20    │                              │
    ├──────────┴──────┴──────────────┤      PMRV = 40 dias          │
    │      PMRE = 40 dias            │                              │
    ├────────────────────────┬───────┴──────────────────────────────┤
    │      PMPC = 30 dias    │        Ciclo financeiro = 50 dias    │
    └────────────────────────┴──────────────────────────────────────┘
         T0                    T1      T2                            T3
```

Sendo: MP = estoque de matéria-prima
FB = estoque de produtos em fabricação
PA = estoque de produtos acabados

Note que há uma defasagem de 50 dias entre $T_1$ e $T_3$, ou seja, entre a saída e a entrada de caixa, respectivamente. Essa conjugação de prazo e o volume de vendas determinam o volume de recursos que a empresa aplica em suas atividades operacionais.

No caso do **comércio atacadista**, a atividade resume-se à compra, à estocagem e à venda. Vamos supor uma distribuidora de bebidas que compre do fabricante, estoque durante 20 dias e venda para uma adega com prazo de 25 dias.

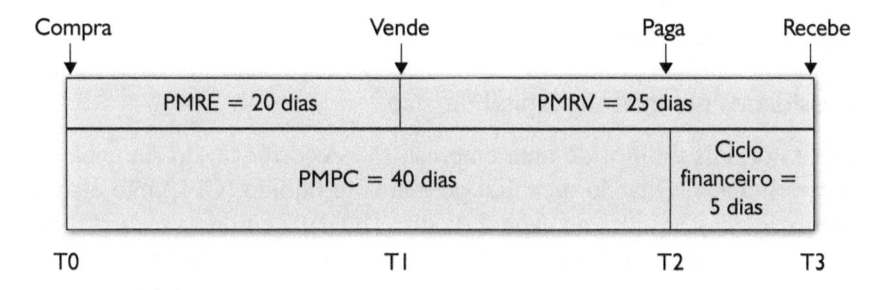

```
      Compra                       Vende                Paga     Recebe
        ↓                            ↓                    ↓        ↓
    ┌──────────────────────┬───────────────────────┬──────────────┐
    │   PMRE = 20 dias     │    PMRV = 25 dias     │              │
    ├──────────────────────┴───────────────┬───────┤    Ciclo     │
    │                                      │       │ financeiro = │
    │         PMPC = 40 dias               │       │   5 dias     │
    └──────────────────────────────────────┴───────┴──────────────┘
      T0                     T1                     T2             T3
```

Note que o atacadista paga ao fornecedor em $T_2$ e recebe em $T_3$, com um ciclo de apenas cinco dias. Supondo que o volume de vendas do atacadista fosse igual ao do fabricante, sua necessidade de capital de giro seria menor.

Para o **comércio varejista**, o processo é semelhante, ou seja, resume-se à atividade de compra, estocagem e venda. Suponhamos uma adega que compre as bebidas do distribuidor e as venda à vista aos consumidores finais. Seu prazo médio de rotação dos estoques é de 20 dias.

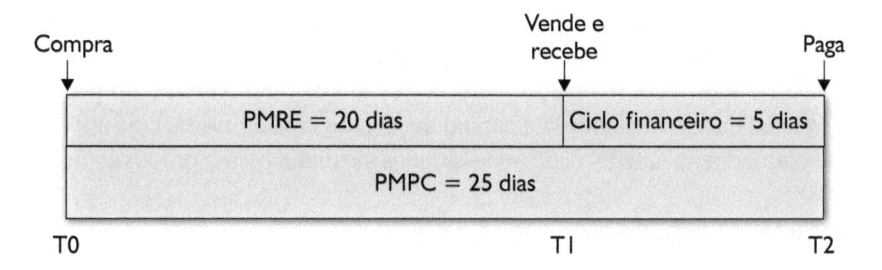

```
                                   Vende e
       Compra                      recebe                      Paga
         ↓                           ↓                          ↓
    ┌────────────────────────────┬─────────────────────────────┐
    │      PMRE = 20 dias        │  Ciclo financeiro = 5 dias  │
    ├────────────────────────────┴───────────┬─────────────────┤
    │           PMPC = 25 dias               │                 │
    └────────────────────────────────────────┴─────────────────┘
       T0                            T1                         T2
```

Note que a adega compra a prazo e vende à vista. Como o PMRE é inferior ao PMPC, a adega recebe cinco dias antes de pagar. Desse modo, quanto mais ela vende, de mais recursos dispõe.

Podemos visualizar, de forma integrada, as atividades da indústria, do atacadista e do distribuidor, conforme segue:

| INDÚSTRIA (Fabricante) | ATACADISTA (Distribuidor) | VAREJISTA (Adega) |
|---|---|---|
| • Compra matéria-prima<br>• Estoca matéria-prima<br>• Produz bebida<br>• Estoca a bebida<br>• Paga ao fornecedor<br>• Vende as bebidas ao distribuidor<br>• Recebe do distribuidor | • Compra as bebidas do fabricante<br>• Estoca as bebidas<br>• Vende as bebidas ao varejista<br>• Paga ao fabricante<br>• Recebe da adega | • Compra as bebidas do distribuidor<br>• Estoca as bebidas<br>• Vende as bebidas ao consumidor e recebe<br>• Paga ao distribuidor |

Daí, em cada uma das atividades, o ciclo operacional inicia-se com a compra da matéria-prima ou do produto e conclui-se com o recebimento das vendas. Todavia, o ciclo financeiro inicia-se com o pagamento ao fornecedor e finda com o recebimento das vendas.

Quando se trata de empresa de prestação de serviços, não há a compra de matéria-prima, nem estocagem, nem transformação.

### 15.2.1.2 Necessidades normais de capital de giro

As necessidades normais de giro de uma empresa são decorrência do seu ciclo financeiro e do seu nível de atividade. Quando o capital permanente líquido (CPL) não é suficiente para financiar as necessidades líquidas de capital de giro (IOG), a empresa recorre a empréstimos de curto prazo ou desconta duplicatas ou notas promissórias. Os chamados limites rotativos também são adequados para satisfazer tais necessidades, as quais devem ter um caráter ocasional. Em geral, esses empréstimos de curto prazo devem ser pagos com o caixa obtido a partir da realização de ativos circulantes.

### 15.2.1.3 Necessidades sazonais de capital de giro

As atividades de muitas empresas apresentam características sazonais que afetam suas necessidades de capital de giro relativamente a épocas, volumes e finalidades desses recursos. Um esmagador de soja utilizará recursos para a compra da colheita junto ao produtor rural. Outras atividades rurais, como cafeicultura ou fruticultura (maçã, pera e figo, por exemplo), estão sujeitas às épocas de suas colheitas. Os empréstimos para atender às necessidades sazonais devem ser pagos com o caixa obtido pela realização natural dos ativos circulantes. É importante destacar que a parcela sazonal das necessidades de capital de giro de uma empresa, cuja atividade não seja sazonal, não se enquadra na categoria de necessidades sazonais para o propósito de estruturação.

### 15.2.1.4 Necessidades especiais de capital de giro

Há situações em que determinadas empresas recebem encomendas para produção de bens, cujos volumes excedem os seus níveis habituais de produção, demandando uma necessidade especial de recursos para financiar o incremento no IOG. Nesses casos, a estruturação do empréstimo requer a compreensão da forma de operação da empresa e do impacto da demanda especial na sua necessidade de capital de giro. Também nessa situação, o empréstimo deve ser pago com o caixa decorrente da realização natural dos ativos circulantes.

### 15.2.1.5 Deficiência permanente de capital de giro

A deficiência permanente de capital de giro é caracterizada pela existência de um hiato permanente entre o *capital permanente líquido* da empresa (CPL) e seu *investimento operacional em giro* (IOG), conforme exposto no Capítulo 10. Como nos demais casos, após minuciosa análise financeira da empresa, um empréstimo para financiar esse tipo de necessidade deve ser preferencialmente por prazo longo o suficiente para compatibilizá-lo com a capacidade de pagamento da empresa. Portanto, o empréstimo deverá ser parcelado e será pago com caixa gerado pelo lucro da atividade operacional da empresa ao longo do período de financiamento.

## 15.2.2 Necessidades de financiamentos a longo prazo

A forma como uma empresa deve financiar seus investimentos é uma das decisões financeiras mais importantes e deve merecer, por parte da própria empresa e dos credores, uma adequada compreensão das consequências decorrentes das políticas adotadas. Isso requer uma perfeita avaliação das fontes de recursos a serem utilizadas, envolvendo fatores como custo dos recursos, prazos e riscos financeiros. Os financiamentos de longo prazo destinam-se a suprir as empresas com recursos para a aquisição de bens do ativo imobilizado. Nesse contexto, enquadram-se os projetos de diversas modalidades, como:

- *Implementação* de fábricas.
- *Ampliação* da capacidade instalada.
- *Modernização* do parque fabril e das estruturas administrativas e de apoio.
- *Relocalização* de unidades de produção, comercialização ou administração.
- *Diversificação* a partir de novos produtos ou mesmo de investimentos em outras empresas.

A implantação de uma indústria requer um completo estudo do macroambiente quanto às oportunidades e ameaças oferecidas. Uma adequada compreensão das oportunidades e da viabilidade dos negócios leva a empresa a decidir pela implantação de uma estrutura capaz de operacionalizar suas estratégias. Do ponto de vista financeiro, os fatores *risco* e *retorno* são fundamentais para a orientação da decisão de investimento.

## 15.3 Produtos do banco

Um banco é um tipo de empresa em que seu produto é sempre o mesmo, ou seja, dinheiro. Enquanto uma indústria compra matéria-prima e a transforma em produtos destinados à satisfação das necessidades de seus clientes, o banco capta fundos junto aos seus depositantes ou em outras fontes e os empresta aos clientes tomadores. Desse modo, pode fornecer fundos para uma empresa comprar uma nova máquina para uso na produção, com financiamento pelo prazo de cinco anos, assim como pode fazer um empréstimo rural para um plantador de feijão, que liquidará a dívida em cinco meses, e também pode abrir um limite de cheque especial para um cliente pessoa física. Em qualquer dessas três situações que estamos exemplificando, o banco forneceu fundos. Há, porém, diferenças importantes quanto às linhas de empréstimos e financiamentos com as quais os bancos trabalham. Os fundos destinados a atender às necessidades ocasionais do cliente pessoa física, por meio de um limite de *cheque especial*, não podem ser utilizados para financiar a máquina que a indústria está necessitando. Entre outras razões possíveis, o banco deve financiar a máquina por um prazo de cinco anos utilizando fundos que foram captados também a longo prazo. As diversas linhas de empréstimos e financiamentos bancários variam conforme as características operacionais dos respectivos bancos e quanto aos tipos de clientes e de produtos destinados a esses clientes. Há situações em que bancos estruturam operações para atender exatamente às necessidades de seus clientes no que diz respeito a montante, prazo e forma de pagamento, entre outros fatores. Ao mesmo tempo, há no mercado bancário diversos produtos que, mesmo identificados com nomes diferentes de um banco para outro, são praticamente iguais.

No tópico precedente, discutimos algumas das características das necessidades de empréstimos e financiamentos das empresas. Nos próximos tópicos, que seguem como detalhamento deste item 15.3, apresentamos alguns dos produtos bancários, como uma tentativa de auxiliar o leitor na compreensão da adequação desses produtos às necessidades de seus clientes.[1]

### 15.3.1 Contas garantidas

Grande parte dos bancos oferece as chamadas contas garantidas, que são contratos de abertura de crédito rotativo para empresas e para pessoas físicas. São os chamados cheques especiais. Consiste em atribuir um limite, dentro do qual a empresa pode emitir cheques que são honrados pelo banco, mesmo que não tenha provisão de fundos. Esse tipo de recurso deveria ser utilizado pela empresa para cobrir suas necessidades ocasionais de recursos financeiros, enquanto aguarda o recebimento de dinheiro em sua conta. O objetivo desse tipo de linha de crédito é cobrir emergências e, à medida que os recursos vão entrando na conta, o saldo devedor vai sendo reduzido, até que seja coberto totalmente. O banco cobra os encargos, basicamente, em função do volume e do tempo de uso dos fundos. A conta garantida é um facilitador para atender às necessidades imediatas de recursos do cliente. Sob a perspectiva do banco, representa um negócio de empréstimo, porém dificulta o dimensionamento da necessidade de recursos, uma vez que o banco não tem previsão de quanto nem de quando o cliente utilizará a conta garantida.

### 15.3.2 *Hot money*

O *hot money* um empréstimo por um prazo curtíssimo, para atender às necessidades, também de curtíssimo prazo, das empresas. É o caso, por exemplo, da cobertura de uma folha de pagamento no dia 5 de determinado mês, numa situação em que a empresa esteja esperando a entrada de recursos suficientes para liquidar o *hot money* nos próximos cinco dias. De certo modo, o *hot money* e a conta garantida têm finalidades parecidas. Há algumas diferenças operacionais: na conta garantida, o limite está disponível e pode ser utilizado a qualquer momento, enquanto no *hot money,* tende a ser necessário a formalização de cada operação a ser feita. O custo (a taxa de juros) da conta garantida tende a ser maior, porém o cliente paga juros e encargos pelo tempo de uso dos recursos. No *hot*, ele paga em razão do prazo e do valor.

---

1. Caso o leitor tenha interesse em informar-se mais sobre produtos financeiros, ver FORTUNA, Eduardo. *Mercado financeiro*: produtos e serviços. 18ª. ed. Rio de Janeiro: Qualitymark, 2011.

### 15.3.3 Desconto de duplicatas

O desconto de duplicatas também é uma fonte alternativa de recursos para atender às necessidades de giro da empresa. A empresa negocia as duplicatas com uma instituição financeira que as avaliza, ou seja, que se responsabiliza pelos seus pagamentos, caso os sacados não o façam. O banco cobra uma taxa de juros (desconto). O desconto de duplicatas é uma espécie de antecipação que o banco faz às empresas em troca de duplicatas a cobrar, ou seja, é uma forma de antecipar o dinheiro ao cliente. Em geral o banco, além de avaliar seu cliente, que é o cedente da duplicata, quer saber quem são os sacados, a fim de avaliar também a qualidade do risco das duplicatas. O prazo do desconto de duplicatas costuma variar entre 30 e 60 dias, conforme a atividade do cliente do banco e o contexto econômico que o país esteja vivendo. Caso o título não seja pago no vencimento, o banco pode debitá-lo na conta do cedente (que assume o papel de avalista) e, se for o caso, cobrar multa e juros de mora pelo atraso.

### 15.3.4 Desconto de notas promissórias

O desconto de notas promissórias assemelha-se ao desconto de duplicatas, com a diferença de que a duplicata se refere a uma operação mercantil entre uma empresa e seu cliente. O banco pode fazer um empréstimo de capital de giro com garantia de uma nota promissória emitida pelo seu cliente, pode descontar uma nota promissória para um cliente, que seja representativa de um direito desse cliente em relação a um terceiro, ou pode descontar uma nota promissória emitida pelo próprio cliente. Essa opção é a que melhor caracteriza o desconto desse tipo de papel, como um produto que pode atender às necessidades de suprimento de recursos dos clientes (pessoas jurídicas) do banco. A tendência é que qualquer operação respaldada por nota promissória tenha um custo superior ao de duplicatas mercantis.

### 15.3.5 Financiamento de tributos

O financiamento de tributos é uma espécie de empréstimo, por um prazo normalmente curto, que o banco concede ao cliente para recolher tributos. Para a empresa, esse tipo de operação é uma fonte de recursos que contribui para equilibrar seu fluxo de caixa, minimizando o impacto do recolhimento de tributos, seja federal, estadual ou municipal. Os órgãos governamentais estão cada vez mais reduzindo o prazo para as empresas recolherem os tributos, ao mesmo tempo que reduzem também o tempo que os bancos têm para lhes repassar tais recursos. Esse tipo de operação tende a ter um custo baixo para as empresas, em razão de o banco trabalhar durante algum tempo com os próprios recursos decorrentes do recolhimento.

### 15.3.6 Empréstimos de capital de giro

Os empréstimos para capital de giro são operações feitas pelos bancos para o fornecimento de recursos às empresas, a fim de atender às suas deficiências de capital de giro. Como nos demais casos citados nos itens anteriores, há, normalmente, um contrato que estabelece prazo, formas de pagamento, taxa e encargos em geral, valores e garantias. As garantias mais frequentes são constituídas por duplicatas (entre 120% e 150% do empréstimo mais encargos). Também pode haver outros tipos de garantia, como penhor mercantil, nota promissória e aval. Não é habitual a garantia de hipoteca em razão das dificuldades práticas e do custo de sua constituição. A tendência é que a hipoteca seja utilizada como garantia de operações de longo prazo. De modo geral, a tendência é que os empréstimos de capital de giro com garantia de duplicatas tenham taxas menores que nos demais casos. Na fixação das taxas, o banco pode levar em consideração todo tipo de reciprocidade que a empresa oferece no âmbito do relacionamento comercial.

### 15.3.7 Vendor finance

O produto *vendor finance* é também uma forma de suprimento de capital de giro para a empresa que efetua venda a prazo aos seus clientes e faz a cessão de crédito a um banco. Desse modo, a empresa vende a prazo e recebe a vista. Na operação *vendor*, a empresa vendedora transfere o crédito ao banco mediante uma determinada taxa de desconto e assume o risco de crédito do título. É um modo de financiamento do comprador. No *vendor*, há a tendência de que a taxa de juros para o comprador seja menor que as taxas normais de mercado praticadas para o financiamento direto. O faturamento é feito pelo valor da venda a vista, reduzindo a base de cálculos para impostos, e os encargos são pagos pelo comprador.

### 15.3.8 ACC/ACE

O chamado ACC (adiantamento sobre contratos de câmbio) é um produto destinado às empresas que praticam a exportação de seus produtos e consiste na antecipação, em moeda nacional, de recursos equivalentes aos valores em moeda estrangeira. Essa antecipação do equivalente em moeda nacional pode ser total ou parcial em relação aos valores totais a serem exportados. Trata-se de uma forma de incentivar a exportação, adiantando ao produtor brasileiro os recursos necessários para financiar a produção dos bens a serem exportados, daí o preço desse dinheiro para o produtor ter taxas inferiores às praticadas no mercado para capital de giro. Essas operações são cadastradas no sistema do Bacen como uma forma de acompanhar e controlar os adiantamentos feitos às empresas e as exportações efetivamente realizadas. Normalmente, o ACC tem um prazo de 180 dias, podendo haver prorrogação em determinadas condições.

Após a empresa exportadora produzir os bens e embarcá-los, o adiantamento deixa de ser ACC e passa a ser o ACE (Adiantamento sobre Contrato de Exportação). Nessa fase, pode haver a complementação do valor. O ACE pode ser solicitado até 60 dias após o embarque, aproveitando ao máximo possível a variação cambial. O prazo do ACE pode ser de até 180 dias da data do embarque.

Em razão de ACC ter um custo inferior às taxas praticadas no mercado, muitas vezes, as empresas exportadoras o utilizam, ainda que não precisem efetivamente dos recursos, e buscam aplicações que permitam ganhos superiores aos custos de captação.

### 15.3.9 Resolução 63

Essa linha de empréstimo recebe o nome da resolução do Bacen que, inicialmente, a regulamentou. Posteriormente, a regulamentação passou para a Resolução 3.844, de 23.03.10. Esse produto consiste na captação de recursos em moeda estrangeira por um banco brasileiro no mercado externo. Tais recursos são captados no exterior a longo prazo e são convertidos para moeda brasileira, gerando o *funding* necessário para os empréstimos do tipo Resolução 63, que são efetuados em prazos variados. Dada a característica de seu prazo, esse tipo de empréstimo pode ser uma fonte importante de recursos para as empresas cobrirem necessidades permanentes de capital de giro, entre outras alternativas de uso.

## 15.3.10 Carta de crédito

Nas transações comerciais em que empresas brasileiras estejam importando produtos ou bens do exterior, o banco brasileiro emite uma carta de crédito a favor do exportador, garantindo a este o recebimento de suas vendas. Contudo, o crédito para o exportador está condicionado ao cumprimento das exigências especificadas na referida carta de crédito. No caso de uma carta de crédito à vista, uma vez comprovado o embarque dos produtos ou bens e entregue os documentos ao banco em seu país, o exportador receberá o respectivo valor. Quando se tratar de carta de crédito a prazo, o exportador só receberá no vencimento. Entretanto, o banco que emite a carta de crédito assume o compromisso de honrá-la, devendo, portanto, avaliar o risco de crédito de seu cliente. A importação relacionada à carta de crédito pode ser de matéria-prima ou de bens de capital, o que pode requerer abordagens diferentes de análise de crédito.

## 15.3.11 *Factoring*

Uma operação de *factoring* envolve uma empresa de fomento mercantil e outra empresa qualquer que tenha certa quantidade de duplicatas a receber, e a primeira compra as duplicatas da segunda, mediante uma determinada taxa de desconto. Tradicionalmente, na operação de *factoring*, a empresa de fomento mercantil compra os títulos e assume o risco de crédito desses papéis. Em essência, é isso o que deferencia a operação de *factoring* de um desconto de duplicatas. As empresas de *factoring* também prestam outros serviços. Tecnicamente, deve haver uma reserva de *factoring* para cobrir eventuais duplicatas não recebidas em decorrência de vendas canceladas, por exemplo. Enquanto no desconto de duplicatas a ênfase do banco está na avaliação do risco do cedente, na operação de *factoring* a empresa deve enfatizar a análise no risco dos sacados. Em ambos os casos, entretanto, cedentes e sacados devem ser analisados. A tendência é que o *factoring* seja um produto utilizado pelas pequenas e médias empresas que, normalmente, têm maior dificuldade de obtenção de recursos para capital de giro junto aos bancos. É importante destacar que o *factoring* não é um produto bancário, porém alguns bancos têm suas próprias empresas de *factoring*.

## 15.3.12 *Commercial paper*

O *commercial paper* é uma forma de a empresa captar recursos a curto e médio prazos para atender às suas necessidades. Essa modalidade é tradicional em países desenvolvidos, mas a instabilidade econômica e a inflação que perduraram por muito tempo no Brasil dificultaram esse caminho para as empresas obterem recursos. Enquanto as debêntures têm prazos mais longos, o *commercial paper* tem suas emissões na faixa de 30 a 180 dias. Enquanto o *factoring* tem como alvo a pequena e média empresa, a tendência é de que o *commercial paper* seja colocado no mercado por empresas grandes e de boa reputação, de modo a dar segurança ao adquirente dos títulos. É importante destacar que o *commercial paper* não é um produto bancário, mas é uma das alternativas de recursos para empresas de grande porte. A instituição financeira presta serviço à empresa na colocação dessas notas promissórias.

## 15.3.13 *Leasing*

A operação de *leasing*, ou arrendamento mercantil, é caracterizada pela aquisição de um bem por uma empresa de arrendamento mercantil (arrendadora), que concede ao seu cliente (arrendatário) o uso desse bem por um determinado intervalo de tempo. A empresa arrendadora tem a propriedade do bem, enquanto a arrendatária tem a posse. A operação assemelha-se a um financiamento de médio ou longo prazos, com opção de compra ao final do período. Durante o prazo do contrato, a empresa arrendatária paga mensalmente uma parcela e, ao final do período, o arrendatário pode adquirir o bem pelo valor residual previamente definido. É uma forma de uma empresa atender às suas necessidades de uso de equipamentos, veículos e outros bens sem precisar imobilizar recursos. Conforme o Pronunciamento CPC 06 (Operações de Arrendamento Mercantil), a empresa arrendatária deve tratar os bens objeto de *leasing* financeiro como integrantes de seu ativo imobilizado, desde que a forma de contratação atenda certas regras estabelecidas.

### 15.3.14 Finame

Conforme mencionado no Capítulo 1, o Banco Nacional de Desenvolvimento Econômico e Social (BNDES), responde pela política brasileira de investimentos a longo prazo, visando ao desenvolvimento econômico e social do país, ao fortalecimento da empresa nacional e à criação de polos de produção, entre outras funções. O BNDES tem um conjunto de produtos (recursos), como o Finame, que visa atender às necessidades de investimento das empresas nacionais na aquisição de máquinas e equipamentos. Por meio do Finame, as empresas podem financiar certos percentuais de seus investimentos em ativo imobilizado. Para financiar investimentos de caráter permanente, o Finame é uma linha de recursos de longo prazo. Os bancos, na condição de repassadores de tais recursos, recebem uma comissão e assumem o risco de crédito. Como em qualquer operação de investimento, é necessário um projeto para demonstrar a viabilidade técnica e financeira do empreendimento. Nos diversos Estados brasileiros, as agências de desenvolvimento podem atuar como repassadoras dessa linha de financiamento, desde que devidamente credenciadas.

### 15.3.15 Outros fundos federais e estaduais

Conforme a região geográfica onde esteja situada a empresa, pode haver outros recursos federais ou estaduais, com a finalidade de estimular o desenvolvimento da economia local.

### 15.3.16 CDC

O CDC (Crédito Direto ao Consumidor) é destinado ao financiamento de bens e serviços. O financiamento de veículos é um exemplo típico desse tipo de operação. Outros bens de consumo duráveis, como geladeiras, televisores e equipamento eletrônicos, podem ser objeto de financiamento pelo CDC. O Capítulo 14, que trata do crédito destinado às pessoas físicas, aborda com profundidade o produto CDC.

### 15.3.17 Crédito rural

O chamado Crédito Rural compreende um conjunto de operações destinadas à agricultura e à pecuária. Tende a haver interferência do governo, por meio de políticas voltadas para agricultura e para suas metas de produção de alimentos. As linhas de crédito rural, normalmente, são operadas com uma porcentagem dos depósitos à vista e com recursos em trânsito dos bancos, ou com recursos especiais definidos pelo governo. Constam entre as modalidades de crédito rural: (1)

*Custeio agrícola e pecuário*: para operacionalização de atividades, cujo prazo de financiamento tende a ser de, no máximo 12 meses; (2) *Investimento agrícola e pecuário*: para investimento fixo e semifixo, com um prazo maior; e (3) *Comercialização agrícola e pecuária*: para fins de beneficiamento e estocagem de produtos agropecuários que serão comercializados.

## 15.4 Condições do empréstimo

Identificadas as necessidades de recursos do cliente e conhecendo-se os produtos do banco, pode-se caminhar rumo ao entendimento das condições do empréstimo, quanto aos seus pormenores. Alguns fatores são comuns a todos os empréstimos e devem ser esclarecidos. Como exemplo, podemos citar a finalidade do empréstimo, o montante pretendido pelo cliente, o prazo de vencimento, a forma de pagamento, as garantias e o custo do dinheiro para o cliente.

### 15.4.1 Finalidade do empréstimo

Na identificação da finalidade do empréstimo ou do financiamento, é preciso conhecer o destino que o cliente[2] pretende dar aos recursos. Conforme temos descrito, em geral, os fundos destinam-se a atender às necessidades de giro ou de investimento. Considerando que esses dois grupos são muito genéricos, mesmo sendo uma operação para atender a uma necessidade de giro, esta pode ter vários desdobramentos que interferem na definição do tipo de produto a ser oferecido à empresa.

### 15.4.2 Modalidade e montante

O destino que a empresa pretende dar aos recursos definirá o tipo de produto mais adequado ao atendimento da necessidade do cliente. A compreensão do gerente de negócios quanto às transações que a empresa vai financiar e quanto à forma como a empresa funciona em suas operações permitirá uma adequada avaliação relativamente ao montante de recursos que ela necessita. O risco de crédito do cliente e a Política de Crédito do banco vão definir se a instituição financeira está disposta a fornecer o volume de recursos que o cliente precisa.

### 15.4.3 Prazos e condições de pagamento

O tipo de necessidade de recursos é um dado que também define o prazo ideal para financiar o cliente. Em geral as operações de curto prazo destinam-se ao financiamento de necessidades de capital de giro das empresas, enquanto as de longo prazo tendem a financiar investimentos em ativos fixos. Há situações, como no caso de deficiência permanente de capital de giro, em que pode ser necessário uma linha de longo prazo e com pagamento parcelado para suprir de forma adequada as necessidades do cliente. A forma de pagamento, de modo geral, pode ser em parcela única no vencimento ou em várias parcelas, de modo a compatibilizar seus vencimentos com a capacidade de pagamento do cliente. Os encargos podem ser antecipados ou pagos ao final, quando se trata de vencimento em parcela única. Quando o pagamento ocorre em várias parcelas, muitas vezes, juntamente com as parcelas de amortização, o cliente vai pagando os encargos, mas estes também podem ser pagos no final.

---

2. Para facilidade de exposição, temos utilizado neste capítulo a denominação "cliente" com uma conotação mais abrangente, ou seja, com a ideia de caracterizar inclusive os tomadores de recursos que ainda não mantêm relação de negócios com o banco, mas que estejam negociando ou pleiteando operações.

## 15.4.4 Capacidade de pagamento

Todos os empréstimos e financiamentos devem ser concretizados a partir de uma boa expectativa da capacidade de pagamento do cliente. Nesse sentido, na fase de estruturação, o gerente de negócios já deve ter claro quais as fontes primárias de pagamento. Na ocorrência de enfraquecimento da fonte primária, fontes secundárias devem ser acionadas. Nas operações de curto prazo, a tendência é que a fonte primária de pagamento seja o caixa gerado pela conversão de ativos circulantes. Nas operações de longo prazo, a tendência é que a fonte primária seja o fluxo de caixa decorrente da atividade da empresa ao longo do tempo. A análise do fluxo de caixa da empresa e da evolução de seu saldo de tesouraria, seguramente, serão fatores decisivos na avaliação da capacidade de pagamento. A classificação de risco atribuída à empresa também deve ser um indicador de sua capacidade de liquidez. Além do fluxo de caixa e da geração de lucro ao longo do tempo, há outras fontes de pagamento, como venda de ativos ou aporte de capital pelos acionistas ou sócios.

## 15.4.5 Garantias

A classificação de risco da empresa e as caraterísticas da operação devem definir as garantias a serem solicitadas. Trata-se de uma forma de obtenção de maior segurança no cumprimento da obrigação por parte do devedor. Também é importante repetir que a garantia não deve ser considerada uma fonte primária de pagamento. No Capítulo 4, ao tratarmos dos chamados *Cs do Crédito*, referimo-nos às garantias e as posicionamos numa sequência lógica de um fluxo decisório relacionado ao crédito. No Capítulo 13, conceituamos as garantias pessoais e reais e destacamos alguns fatores relevantes na sua determinação, ou seja:

- O *risco* representado pela empresa e pela operação.
- A *praticidade* em sua constituição. Seguramente, a constituição de um aval é o processo mais simples para a formalização de uma garantia, pois se resume à assinatura dos avalistas no verso dos títulos. No entanto a hipoteca tende a ser a mais trabalhosa, envolvendo uma série de documentos e a necessidade de seu registro no Cartório de Registro de Imóveis. Não estamos querendo dizer que o fator praticidade deva definir o tipo de garantia, mas sim alertando para que não seja esquecido. Se fôssemos exigir hipoteca para uma operação de *hot money*, quando terminássemos de constituir a hipoteca, a operação já teria vencido há muito tempo. Contudo, se o aval não for suficientemente forte para compensar as fraquezas dos fatores de risco da empresa, talvez se possa efetuar a operação de *hot money* com caução de títulos ou, talvez, nem se deva fazer a operação.
- Os *custos* incorridos para sua constituição. Também aqui cabe o destaque para a hipoteca, que, além de trabalhosa, é onerosa para o cliente.
- O *valor* da garantia em relação ao valor da operação, que deve ser suficiente para cobrir o principal, os encargos e as despesas eventuais.
- A *depreciabilidade*. Alguns bens sofrem perda significativa de seu valor ao longo do tempo, como os artigos de confecções e eletrônicos. Mesmo um automóvel novo, que acaba de ser financiado, ao sair da loja, já sofreu uma respeitável desvalorização.
- O *controle* do credor sobre a própria garantia. Muitos bens dados em garantia permanecem em poder do devedor, como é o caso de penhores, quando o próprio devedor é

nomeado depositário. Independente das consequências jurídicas para o infiel depositário, é preciso que haja um acompanhamento mais próximo por parte do credor, para que este não venha a ter surpresas desagradáveis.
- A *liquidez*. A facilidade que se tem para converter a garantia em dinheiro para liquidar a dívida é, seguramente, um dos fatores mais importantes. Uma hipoteca de um imóvel é uma garantia que pode dar ao credor relativa segurança, mas, nem sempre é fácil a sua realização.

Por fim é preciso lembrar que as garantias devem ser formalizadas adequadamente.

## 15.4.6 Preço do empréstimo ou do financiamento

O preço da operação para o tomador compreende a taxa de juros e os demais encargos, como impostos e comissões cobrados pelo banco. Conforme temos mencionado, o banco capta recursos junto aos seus depositantes e os repassa aos clientes tomadores de fundos, para financiarem suas necessidades de consumo e de investimentos. Isso constitui a principal fonte de receitas do banco. Em outras situações, o banco repassa recursos de fontes oficiais e ganha "um prêmio" pelo risco que está assumindo, como no caso do Finame. Sob a ótica do banco, na fixação do preço de um empréstimo, é necessário que sua receita seja superior aos seus custos e despesas. Portanto, há necessidade de um sistema de avaliação da rentabilidade dos clientes do banco. Os conceitos de custo, inicialmente destinados a empresas industriais, hoje são plenamente utilizáveis em instituições financeiras, havendo bibliografias específicas sobre o assunto. Alguns fatores podem ser citados como parte do processo de fixação do preço de um empréstimo, como:

a. *Custo dos fundos*. Compreende o custo de captação no mercado, podendo ser por meio de depósitos à vista, depósitos a prazo, poupança, repasses de recursos governamentais e captação no exterior, entre outras possibilidades. Os grandes bancos com atuação no varejo, no âmbito nacional, tendem a ter na poupança e em depósitos à vista uma grande fonte de captação barata de recursos; porém, têm gastos maiores com as estruturas de suas redes de agências. Adicionalmente, a captação de recursos no exterior pode ser uma fonte com custo inferior à captação no mercado interno, mas exige que o banco apresente patrimônio e conceito de crédito (*Rating*) compatíveis com as exigências dos banqueiros internacionais.

b. *Classificação de risco do cliente*. O risco representado pelo cliente é, seguramente, um fator a ser considerado na fixação do preço de um empréstimo ou financiamento. No Capítulo 15, que trata de decisão de crédito, desenvolvemos diversos cálculos, mostrando o impacto do risco na rentabilidade que um banco pode ter, dependendo da classificação de risco do cliente. Desse modo, pode não ser conveniente ao banco aprovar a pretensão de crédito de um cliente que represente um risco elevado, mesmo que ele esteja disposto a pagar uma alta taxa de juros. Numa escala de classificação, à medida que o risco aumenta, é preciso que o banco cobre uma taxa de juros maior, a fim de compensar a maior probabilidade de perda.

c. *Custos e despesas do banco*. Cada instituição financeira tem sua estrutura para a realização de suas transações. O custo de operação da estrutura compreende uma série de gastos, muitos dos quais independem do volume de operações que venham a ser efetuadas. Num primeiro momento, cada operação deve gerar receita suficiente para cobrir seus custos diretos, como preço pago pelo banco na captação dos recursos, pesquisas de restrições, aquisição de análise de crédito, elaboração e registro de contratos e assim por diante. Adicionalmente, os bancos mantêm estruturas que desempenham funções como de administração geral, planejamento e marketing, recursos humanos, controladoria, finanças e crédito. As receitas do banco devem ser suficientes para cobrir todos os seus custos de despesas e ainda remunerar os acionistas. As metas de negócios devem ser estabelecidas dentro da capacidade operacional do banco e devem demonstrar que as receitas são suficientes para cobrir todos os gastos e gerar lucro. Tais metas, no entanto não podem desprezar a necessidade que o banco tem de competir no mercado; isso quer dizer que fixar taxas elevadas para cobrir estruturas ineficientes pode tirar a condição de competitividade do banco.

## 15.4.7 Receitas das operações de crédito

Quanto à receita, especificamente, o banco *cobra uma taxa de juros do cliente*, a qual pode ser fixa ou variável, dependendo de como seja contratada. A administração financeira do banco vai atuar no sentido de minimizar os riscos decorrentes das flutuações das taxas de juros. Se o banco capta recursos a taxas variáveis e empresta a taxa fixa, uma variação das taxas para mais levará os fornecedores de fundos a exigir melhores taxas ou a retirarem seus fundos do banco, aumentando, portanto, o risco da intermediação financeira.

Em geral, o cliente que toma um empréstimo ou um financiamento mantém conta corrente no banco, propiciando certo volume de *saldo médio,* o que caracteriza uma espécie de *reciprocidade*, reduzindo os custos de captação do banco. Esse saldo médio, entretanto, está sujeito a retenção de certo percentual na forma de depósito compulsório junto ao Banco Central do Brasil.

Desse modo, além da taxa de juros cobrada do cliente e do saldo médio, há ainda diversas taxas que o banco cobra, como *comissões de abertura de crédito, despesas de cadastro, taxas de serviços* e assim por diante. Isso nos permite concluir que não é um processo fácil para o banco avaliar a rentabilidade de um cliente. Do mesmo modo, não convém avaliar um serviço isolado que o banco esteja prestando ao cliente, porque pode ser que em determinado produto ou serviço o banco não esteja tendo um retorno satisfatório com o cliente, mas no conjunto global dos produtos e serviços utilizados pelo cliente, este propicie um ótimo resultado para o banco.

## 15.4.8 Políticas do banco e formalização do empréstimo

Conforme tratado no Capítulo 5, a política de crédito do banco é a base para a orientação de suas decisões e para a estruturação das operações de empréstimos ou financiamento. O maior ou menor rigor na aprovação do crédito será decorrência da política de crédito adotada pelo banco. No Capítulo 16, sobre decisão de crédito, comentaremos os fatores risco e retorno, bem como o limite de crédito. Adicionalmente, o gerente de negócios deve sempre dar muita atenção à necessidade de formalização das operações. Decorre daí a necessidade de o banco ter contratos bem elaborados e que definam claramente os direitos e as obrigações das partes. Pouco adianta a análise de risco de crédito ser bem elaborada se a operação for mal formalizada, ou seja, se o contrato não for assinado ou se as pessoas que o assinarem não tiverem poderes para representar a empresa, por exemplo. Se a operação for aprovada com garantia hipotecária, é preciso que a hipoteca seja registrada, para assegurar o direito do credor. Se se tratar de aval ou fiança, seguramente, haverá necessidade de assinatura do cônjuge. O departamento jurídico do banco deve ser um aliado do gerente de negócios e um facilitador de suas ações. Se o banco tiver um jurídico que demore para responder às consultas e para dar condições à formalização das operações, isso prejudicará a capacidade de competição do banco e irá expor sua carteira de crédito a riscos indevidos. Adicionalmente, é preciso que o banco também treine seus gerentes de negócios, passando-lhes os conceitos mínimos de direito, necessários a uma postura facilitadora do relacionamento desses profissionais com o seu departamento jurídico.

### QUESTÕES PARA RESOLUÇÃO E DISCUSSÃO

1. Explique a relação entre o ciclo financeiro da empresa e a sua necessidade operacional de recursos.
2. Qual a diferença entre uma necessidade sazonal e uma necessidade especial de recursos? Explique detalhadamente.
3. Conceitue deficiência permanente de capital de giro e oriente a forma de estruturação de uma operação para satisfazer esse tipo de necessidade.
4. Descreva o que determina uma necessidade de financiamento a longo prazo e como estruturar esse tipo de operação.
5. Entre os produtos bancários especificados no item 15.3, identifique aqueles que melhor suprem uma necessidade sazonal de recursos de uma empresa.
6. Entre os produtos bancários especificados no item 15.3, identifique aqueles que melhor suprem uma necessidade especial de recursos de uma empresa.
7. Entre os produtos bancários especificados no item 15.3, identifique aqueles que melhor suprem uma deficiência permanente de capital de giro de uma empresa.
8. Descreva os fatores determinantes do preço de um empréstimo ou financiamento.
9. Comente sobre as operações de crédito como fonte de receita para o banco.

## capítulo 16

# Decisão de crédito

### OBJETIVOS DE APRENDIZAGEM

Apresentar o conjunto de condições e ferramentas para a decisão de crédito, visando:
- À decisão de crédito com base nos riscos do tomador e no retorno esperado pela instituição concedente do crédito;
- À apresentação de parâmetros para fixação de limites de crédito para clientes;
- À fundamentação da decisão de crédito, considerando os efeitos das garantias e do caráter do cliente;
- À distinção entre a rentabilidade de uma operação e a rentabilidade do cliente como um todo.

## 16.1 Introdução

A tomada de decisão pode ser entendida como a escolha entre alternativas. Todas as pessoas, todos os dias, tomam decisões, optando entre as alternativas que conhecem e de que dispõem. O processo decisório pode requerer experiência anterior, conhecimento sobre o que está sendo decidido, bem como o uso de métodos, de instrumentos e de técnicas que auxiliem na tomada de decisão. Algumas das decisões que tomamos todos os dias podem não envolver ganhos ou perdas expressivas, e o fato de não escolhermos a melhor alternativa pode não trazer consequências que modifiquem nossas vidas. No campo da administração, a qualidade total é uma linguagem universal, e as pessoas caminham em direção a fazerem cada vez mais o melhor. Especificamente no campo da administração financeira, um erro pode representar a quebra da empresa ou do banco. No crédito, ao se tomar uma decisão, escolhendo entre as alternativas de emprestar ou não emprestar, haverá um impacto sobre o lucro do banco e sobre o relacionamento com o cliente. No próprio banco, há objetivos concorrentes entre si, pois poderá não ser possível maximizar as vendas e minimizar os incobráveis ao mesmo tempo. A decisão de conceder crédito numa empresa comercial ou industrial está relacionada ao volume de vendas que se quer atingir em determinado produto e em determinada época. Uma vez tomada a decisão de conceder o crédito, o gestor não encerrou o processo decisório, sendo necessário tomar outras decisões, como as relativas à cobrança, por exemplo. No Capítulo 5, tratamos da política de crédito, onde nos referimos aos diversos fatores que orientarão a tomada de decisão. No Capítulo 15, tratamos da estruturação dos empréstimos e financiamentos. Neste Capítulo daremos ênfase aos fatores risco e retorno implícitos na decisão de crédito.

## 16.2 Níveis de risco *versus* retornos esperados

Em termos de política de crédito, numa empresa comercial ou industrial, quanto mais rigorosos sejam seus critérios para seleção de clientes, menor poderá ser seu volume de vendas a prazo, podendo chegar ao extremo de só vender à vista. Entretanto, à medida que seus concorrentes forem mais flexíveis, estes poderão ganhar parte do mercado que seria da empresa. O grau de exigência "ideal" na seleção dos clientes é algo relativamente difícil, pois vender e não receber também levará a empresa à falência. Disso podemos concluir que o tomador de decisões de crédito numa empresa comercial ou industrial precisa ter uma visão ampla em relação aos clientes, ao lucro adicional no aumento das vendas, ao aumento dos incobráveis decorrentes de má seleção dos clientes e ao aumento do investimento em contas a receber e estoque. O comportamento do mercado, em termos de oferta e procura, também é importante, uma vez que o mercado como um todo afeta a empresa.

Num banco comercial, também a decisão de crédito abrange aspectos ligados ao nível de risco, ao prazo de operação, às taxas de juros e até mesmo às garantias. Considerando a premissa de que o objetivo da administração financeira é a maximização do valor da empresa, respeitados os demais objetivos sociais, deve a política de crédito ser orientada nessa direção.

Conforme especifica Solomon e Pringle,[1] "... o objetivo não é maximizar as vendas ou minimizar as perdas com devedores incobráveis. Para maximizar as vendas, a empresa venderia a prazo a qualquer pessoa; para minimizar as perdas com devedores incobráveis não venderia a ninguém". Esse mesmo raciocínio pode ser aplicado a um banco: se o objetivo é maximizar as aplicações, empresta dinheiro a quem "aparecer" até o limite da disponibilidade de recursos; se o objetivo for minimizar os incobráveis, não empresta a ninguém. É necessário que diante de uma proposta de negócio o banco compare o "custo de conceder" com o "custo de negar" a operação. Tal procedimento pode ser adotado para diversas atividades. Vejamos alguns exemplos:

### 16.2.1 Nos bancos comerciais

Para fins de exemplo, vamos supor que uma empresa procure determinado banco comercial e solicite um empréstimo de $ 100.000,00 pelo prazo de 30 dias, propondo-se a pagar uma taxa de juros de até 3%, sem garantia real. Para isso, o cliente entrega ao gerente do banco os demonstrativos contábeis e as demais informações cadastrais necessárias, a fim de ter uma resposta o mais rápido possível. O banco comercial possui e usa um modelo para classificar seus clientes em cinco categorias, segundo os percentuais históricos de incobráveis, conforme segue:

---

1. SOLOMON, Ezra; PRINGLE. John J. *Introdução à administração financeira*. São Paulo: Atlas, 1981.

| Categoria do cliente | Percentual de incobráveis |
|---|---|
| A | 0,0% |
| B | 0,5% |
| C | 1,0% |
| D | 1,5% |
| E | 2,0% |

Após a análise da documentação recebida, o banco classificou o cliente como categoria C, isto é, segundo seus registros, 1% dos clientes com as mesmas características não paga suas contas.

Dessa forma, se o banco não efetuar a operação, deixará de ganhar $ 3.000,00 de juros, com apenas a probabilidade de 1% de não receber, o que, a princípio, é um risco baixo. Em termos de esperança matemática ou ganho esperado, o banco teria um ganho de $ 2.970,00 ($ 3.000,00 × 0,99), isto é, os juros vezes a sua probabilidade de recebimento. Portanto, o custo de negar a operação seria de $ 2.970,00. Todavia, conceder a operação representa um risco de 1% de não receber nem juros e nem o principal. Haveria, ainda, a possibilidade de o banco comprar títulos do governo, com 2% de rendimento ao mês. A experiência do banco tem sido no sentido de que em média gasta $ 500,00 com contrato, cobrança e outras despesas para cada operação desse tipo realizada com clientes categoria C. Portanto, os prováveis "custos de conceder" a operação são:

| | | |
|---|---|---|
| Custo da perda: | $ 100.000,00 × 0,01 = | $ 1.000,00 |
| Custo do investimento:[2] | $ 100.000,00 × 0,02 = | $ 2.000,00 |
| Custo da cobrança: | | $ 500,00 |
| Custo a conceder | | $ 3.500,00 |

Logo, $ 3.500,00 > $ 2.970,00, isto é, o custo esperado de conceder a operação é maior do que o de negar.

Formalizando os conceitos, temos:

a.

$$CDC = P(I) \cdot VO + CI + CB$$

sendo: CDC = "custo de conceder"
P(I) = probabilidade de inadimplência ou risco de crédito
VO = valor original do empréstimo ou do financiamento (principal)
CI = custo do investimento, que é VO × taxa de títulos públicos
CB = custo da cobrança e outras despesas
Nota: P(I) . VO = custo da perda

b.

$$CDN = P(R) \cdot VO \cdot TJ$$

---

2. Estamos admitindo como custo do investimento o retorno que seria obtido se o banco adquirisse título do governo em vez de efetuar o empréstimo de $ 100.000,00 ao cliente categoria C. Caso o banco precisasse captar os recursos no mercado, o custo do investimento seria o custo da captação mais os gastos adicionais necessários para obtenção dos recursos.

sendo: CDN = "custo de negar"
P(R) = probabilidade de recebimento, de modo que P(R) = 1 − P(I)
VO = valor original do empréstimo ou do financiamento (principal)
TJ = taxa de juros

Logo, CDC < CDN deve ser uma condição.

No Quadro 16.1, mostramos os "custos de conceder" e os "custos de negar" uma operação de $ 100.000,00, considerando as cinco categorias de clientes e as taxas de juros variando de 3 a 5%.

**QUADRO 16.1** Custos de conceder e de negar, considerando o risco de crédito.

| Categorias de risco → | A | B | C | D | E |
|---|---|---|---|---|---|
| a) Custos de aceitar: | | | | | |
| Custo da perda = [VO x P(I)] | 0 | 500,00 | 1.000,00 | 1.500,00 | 2.000,00 |
| Custo do investimento = [VO x RTG] | 2.000,00 | 2.000,00 | 2.000,00 | 2.000,00 | 2.000,00 |
| Custos de cobrança (médio por risco) | 300,00 | 400,00 | 500,00 | 600,00 | 700,00 |
| Custo de aceitar | 2.300,00 | 2.900,00 | 3.500,00 | 4.100,00 | 4.700,00 |
| b) Custo de rejeitar: = P(R) x VO x Taxa de juros | | | | | |
| Juros de 3,0% | 3.000,00 | 2.985,00 | 2.970,00 | 2.955,00 | 2.940,00 |
| Juros de 3,5% | 3.500,00 | 3.482,50 | 3.465,00 | 3.447,50 | 3.430,00 |
| Juros de 4,0% | 4.000,00 | 3.980,00 | 3.960,00 | 3.940,00 | 3.920,00 |
| Juros de 4,5% | 4.500,00 | 4.477,50 | 4.455,00 | 4.432,50 | 4.410,00 |
| Juros de 5,0% | 5.000,00 | 4.975,00 | 4.950,00 | 4.925,00 | 4.900,00 |

Graficamente, podemos representar as informações do Quadro 16.1, conforme segue:

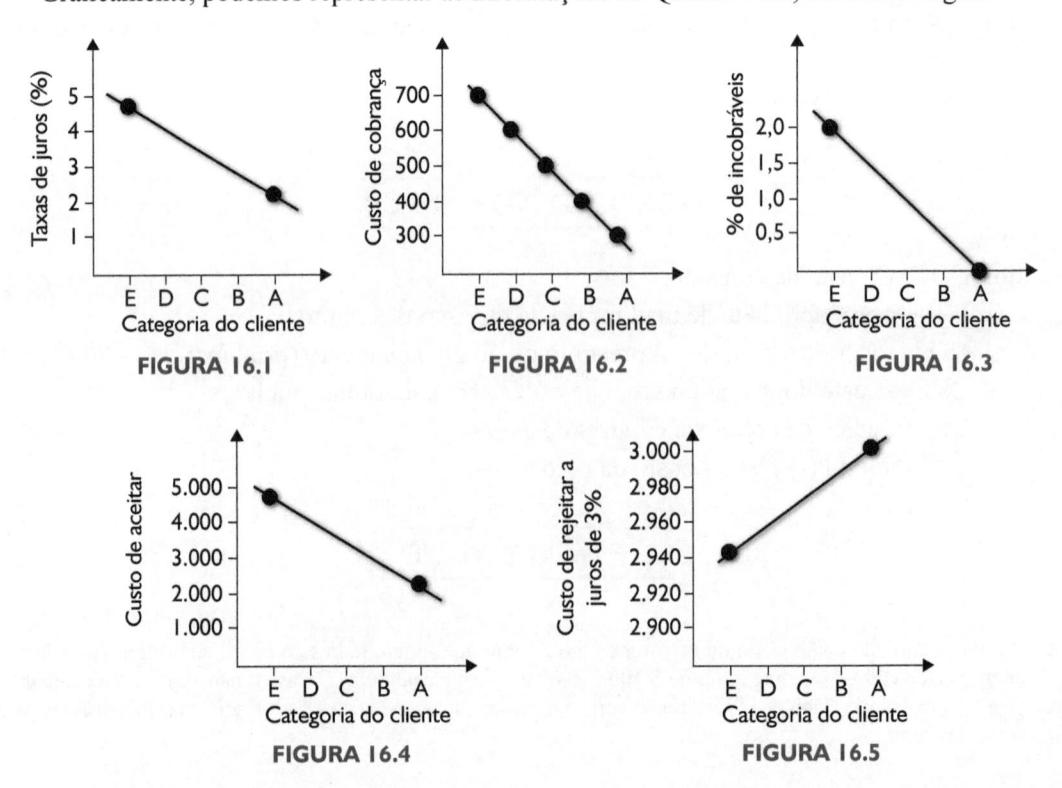

**FIGURA 16.1**

**FIGURA 16.2**

**FIGURA 16.3**

**FIGURA 16.4**

**FIGURA 16.5**

A representação que fizemos por meio das Figuras 16.1 a 16.5 é linear. Numa situação prática, isso não necessariamente deverá ocorrer. Os custos de cobrança, por exemplo, poderão crescer em proporções superiores aos riscos. De qualquer forma, o que pretendemos é mostrar a tendência ou o comportamento dos diversos fatores, quando trabalhamos com níveis de riscos diferentes.

Na Figura 16.6, estamos reproduzindo as informações do Quadro 16.1 sob a forma de árvore de decisão.

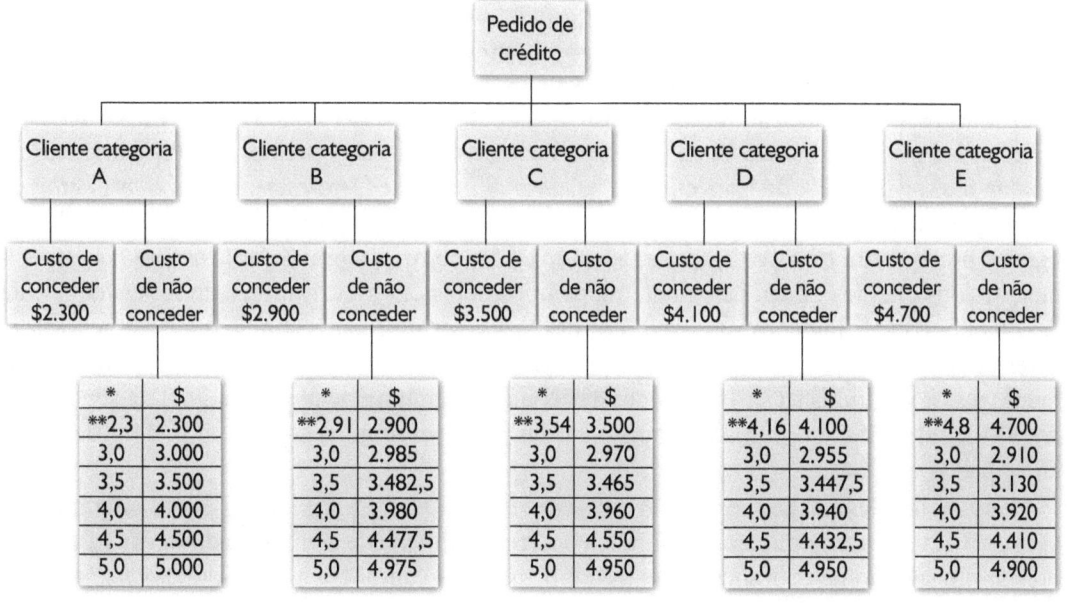

| | Cliente categoria A | | Cliente categoria B | | Cliente categoria C | | Cliente categoria D | | Cliente categoria E | |
|---|---|---|---|---|---|---|---|---|---|---|
| | Custo de conceder $2.300 | Custo de não conceder | Custo de conceder $2.900 | Custo de não conceder | Custo de conceder $3.500 | Custo de não conceder | Custo de conceder $4.100 | Custo de não conceder | Custo de conceder $4.700 | Custo de não conceder |
| * | ** | $ | ** | $ | ** | $ | ** | $ | ** | $ |
| | **2,3 | 2.300 | **2,91 | 2.900 | **3,54 | 3.500 | **4,16 | 4.100 | **4,8 | 4.700 |
| | 3,0 | 3.000 | 3,0 | 2.985 | 3,0 | 2.970 | 3,0 | 2.955 | 3,0 | 2.910 |
| | 3,5 | 3.500 | 3,5 | 3.482,5 | 3,5 | 3.465 | 3,5 | 3.447,5 | 3,5 | 3.130 |
| | 4,0 | 4.000 | 4,0 | 3.980 | 4,0 | 3.960 | 4,0 | 3.940 | 4,0 | 3.920 |
| | 4,5 | 4.500 | 4,5 | 4.477,5 | 4,5 | 4.550 | 4,5 | 4.432,5 | 4,5 | 4.410 |
| | 5,0 | 5.000 | 5,0 | 4.975 | 5,0 | 4.950 | 5,0 | 4.950 | 5,0 | 4.900 |

\* Taxa de juros
\*\* Taxa de juros no ponto de indiferença entre conceder e não conceder

**FIGURA 16.6** Árvore de decisão: conceder ou não o crédito.

Cabe enfatizar que as taxas de juros podem sofrer controle por parte do governo, assim como existirão situações nas quais um banco poderá não necessariamente decidir com base no conceito de maximização do lucro. Como exemplo, podemos citar um empréstimo que possa ser feito a taxas de juros reduzidas a um hospital de freiras em dificuldade financeira; esse tipo de decisão, apesar de não visar à maximização do lucro, poderá ser de extremo benefício à comunidade. Outro fator, de caráter socioeconômico e de difícil avaliação, é que a grande maioria das pequenas e médias empresas brasileiras tem carência de recursos, e um critério de taxas diferenciadas em função do risco beneficia apenas as grandes empresas e as multinacionais. Em determinada situação, negar um empréstimo a uma empresa poderá representar sua falência, o que pode não ser desejável para a economia do país como um todo.

## 16.2.2 Na empresa de *factoring*

A operação de *factoring* consiste na compra (por uma empresa de *factoring*) do faturamento de outra empresa com a responsabilidade pelo respectivo risco de crédito, isto é, se os clientes da empresa que vendeu suas duplicatas para a empresa de *factoring* não pagarem, não há regresso sobre o cedente dos títulos. Portanto, o risco é maior que numa operação de desconto de duplicatas por um banco, pois, neste caso, o banco tem possibilidade de regresso sobre o cedente (que avaliza as duplicatas), caso o sacado não as pague.

As operações de *factoring* envolvem diversos aspectos conceituais, porém o exemplo que apresentaremos aqui tem um propósito didático de análise de risco, não estando voltado, portanto, para os aspectos jurídicos desse tipo de operação.

Vamos supor que a *Factoring Forte*, uma empresa fictícia atuante em operações de *factoring*, pretenda firmar um contrato para compra do faturamento de uma pequena empresa industrial denominada "PME Industrial", cujas faturas apresentam prazo médio de recebimento de 90 dias. Supondo: (a) que a *Factoring Forte* tenha um custo de captação de recursos de 9% ao trimestre, com juros antecipados; (b) que o faturamento trimestral de "PME Industrial" seja de $ 300.000,00 e o valor médio das duplicatas seja de $ 1.000,00, o que gera 300 duplicatas por trimestre; (c) que o custo médio de processamento de dados e cobrança, por duplicata, para a *Factoring Forte*, é de $ 45,00; e (d) que o risco de crédito dos clientes da "PME Industrial" seja de 0,03, isto é, 3% de seus clientes sejam inadimplentes. Ao mesmo tempo, a *Factoring Forte*, pela análise dos demonstrativos contábeis da "PME Industrial", observou que 5% das vendas brutas eram devolvidas por razões diversas, como quebras, entregas fora das especificações dos clientes ou cancelamento de pedidos pelos clientes. Em face do índice de 5% de devoluções e cancelamentos de vendas brutas, a *Factoring Forte* estipula que será necessário fazer uma reserva de *factoring*[3] de 8% para se prevenir contra tais anormalidades no faturamento da "PME Industrial", isto é, com 8% contará com uma pequena margem de segurança. A "PME Industrial" propõe-se a pagar 11% de juros (desconto) ao trimestre, com desconto antecipado da taxa.

Para as duplicatas que comporão a reserva de *factoring*, a *Factoring Forte* cobrará uma taxa de $ 120,00 por duplicata. A cobrança ocorre em função de a empresa de *factoring* apenas prestar um serviço de cobrança sobre as duplicatas que compõem a reserva de *factoring*, uma vez que elas não são adquiridas na operação.

Organizemos, a seguir, dados para efetivação dos cálculos:

- Número total de duplicatas: 300 duplicatas × o valor médio de $ 1.000,00 por duplicata = $ 300.000,00, assim distribuídas:
- Operação de *factoring* (92%) = 276 duplicatas, $ 276.000,00
- Reserva de *factoring* (8%) = 24 duplicatas, $ 24.000,00
- Valor líquido da operação: a empresa de *factoring* precisará do valor líquido de $ 245.640,00 para pagar à "PME Industrial", conforme segue:

    | | |
    |---|---|
    | Operação de *factoring* | $ 276.000,00 |
    | Taxa antecipada de desconto | $ 30.360,00 |
    | Valor líquido da operação | $ 245.640,00 |

- Captação dos recursos pela empresa de *factoring*: considerando que a empresa *Factoring Forte* capta recursos a uma taxa trimestral de 9%, antecipada, e que precisa do valor líquido de $ 245.640,00 para pagar pela operação de *factoring* no ato da compra das duplicatas, temos:

---

3. A chamada reserva de *factoring* constitui-se num adicional de duplicatas que a empresa de *factoring* mantém em seu poder para repor eventuais vendas canceladas. Portanto, em princípio, não deveria repor duplicatas de clientes inadimplentes.

| | | |
|---|---:|---:|
| Valor bruto do empréstimo | $ 269.934,07 | 100% |
| Taxa antecipada de desconto | $ 24.294,07 | 9% |
| Valor líquido recebido | $ 245.640,00 | 91% |

- Custos de processamento e cobrança: considerando o custo unitário de processamento e cobrança, de $ 45,00 por duplicata, temos:

| | |
|---|---:|
| 276 duplicatas da operação de *factoring* × $ 45,00 | $ 12.420,00 |
| 24 duplicatas (reserva de *factoring*) × $ 45,00 | $ 1.080,00 |
| Total dos custos de processamento e cobrança | $ 13.500,00 |

Vejamos agora os custos de efetuar e os de negar a operação para a *Factoring Forte*:

a) Custos de efetuar a operação

| | |
|---|---:|
| Custo de investimento, isto é, custo de captação dos recursos pela *Factoring Forte*, conforme cálculos anteriores | $ 24.294,07 |
| Custo de perda, isto é, nível de inadimplência de 3% apresentado historicamente pelos clientes da "PME Industrial" vezes o valor do investimento ($ 245.640,00 × 0,03) | $ 7.369,20 |
| Custos de processamento e cobrança, compreendendo tanto as duplicatas adquiridas quanto as que compõem a reserva de *factoring*, conforme cálculos anteriores | $ 13.500,00 |
| Custo total da operação | $ 45.163,27 |

b) Custo de negar a operação

| | |
|---|---:|
| Parcela da operação de *factoring* descontada antecipadamente vezes a probabilidade de recebimento, isto é, $ 30.360,00 × 0,97 | $ 29.449,20 |
| Receita de prestação de serviços pelo processamento e cobrança das duplicatas que compõem a reserva de *factoring*, isto é, 24 duplicatas × $ 120,00 | $ 2.880,00 |
| Custo total de não efetuar a operação | $ 32.329,20 |

c) Comparação entre conceder e negar: o custo de efetuar a operação é de $ 45.163,27, portanto maior que o de negá-la, que é de $ 32.329,20; daí se conclui que a operação deva ser negada.

Da forma como o exercício foi montado, isto é, com o valor das duplicatas a ser recebido pela *Factoring Forte* no final do período, bem como pela captação dos recursos também para ser paga na mesma época, podemos visualizar a situação da referida operação em termos de fluxo de caixa. Para isso, apenas vamos admitir que os custos de processamento e cobrança ocorram também no final do período. Vejamos:

| | |
|---|---:|
| Valor a receber dos clientes da "PME Industrial" relativo às 276 duplicatas com valor de $ 1.000,00 cada uma | 276.000,00 |
| (–) Valor a pagar pela captação dos recursos | (269.934,07) |
| *Spread* da empresa de *factoring* | $ 6.065,93 |
| Inadimplência de 3% sobre os valores a receber, isto é, $ 276.000,00 × 0,03 | (8.280,00) |

Custos de processamento e cobrança das duplicatas adquiridas
(276 duplicatas × $ 45,00)     12.420,00
Resultado só da operação de *factoring*     (14.634,07)
Receita de prestação de serviço referente a processamento e
cobrança das duplicatas que compõem a reserva de *factoring*     2.880,00
Despesa de processamento e cobrança das duplicatas que
compõem a reserva do *factoring*     (1.080,00)
Resultado final da operação (*factoring* + serviços)     ($ 12.834,07)

O leitor pode observar que a *Factoring Forte*, efetuando a operação, chegaria a um prejuízo de $ 12.834,07, que, no caso, seria o fluxo de caixa negativo, gerado pela referida operação. Se compararmos a abordagem de fluxo de caixa com a anterior, que calculava os custos de efetuar e de negar a operação, chegaremos às mesmas conclusões. Vejamos:

- Custo de efetuar a operação     45.163,27
- (–) custo de negar a operação     32.392,20
- (=) Fluxo de caixa negativo     12.834,07

## 16.3 Limite de crédito

No Capítulo 5, sobre política de crédito, tratamos das alçadas de decisões, que são as fronteiras de decisão de crédito, delegadas pelas instituições aos órgãos e pessoas gestoras de crédito, para aprovar ou recusar operações de crédito (empréstimos, financiamentos e fianças), sem a necessidade de aprovações superiores. Destacamos que, nas instituições financeiras bancárias, normalmente, a alçada inicia-se na agência. A análise de crédito também deve ser iniciada pelo gerente de negócios, que será o gerente da agência ou o oficial de crédito, conforme o tipo de organização bancária. Nesse contexto, a análise de risco de crédito, a identificação das necessidades do cliente e dos produtos do banco que satisfaçam tais necessidades estão entre os fatores necessários à estruturação da proposta de limite de crédito.

A análise de crédito pode compreender um projeto de investimento em ativos fixos, uma operação de crédito para atender a uma necessidade do cliente, ou ainda pode propor um limite de crédito para o cliente. Da mesma forma que a alçada de decisão tem como finalidade principal imprimir maior velocidade às decisões de crédito e, portanto, propiciar maior competitividade ao banco, o limite de crédito também cumpre esse papel. Normalmente, fixa-se um limite de crédito para um cliente ou para um conglomerado de empresas com a finalidade de dentro das condições estabelecidas à área de negócios operar com maior rapidez e sem necessidade de análise caso a caso. Além da agilidade, o limite de crédito pode contribuir com a uniformidade nas condições de atendimento ao cliente ou ao conglomerado nas diversas localidades em que o banco os atenda.

Normalmente, o limite é estabelecido por determinado prazo que não deveria ser superior a um ano. A periodicidade de revisão do limite de crédito será definida pelas condições gerais de negócios e pela classificação de risco da empresa ou do grupo e também pelo contexto macroeconômico. A tendência é de que o limite de crédito seja aprovado em alçada superior à do gerente de negócios.

No limite de crédito não há delegação de poderes para tomada de decisão pelo gerente de negócios, uma vez que a decisão já foi tomada pela alçada superior. A área de negócios estará apenas operacionalizando aquilo que já foi decidido. O mercado vem distinguindo entre limite de crédito e limite cadastral. Este é obtido por meio de critérios relativamente automáticos e possibilita ao gerente de negócios, dentro de sua alçada de decisão, operar com empresas que satisfaçam determinadas condições. Aquele, entretanto, depende de uma análise mais elaborada e compreende valores maiores.

No caso de projetos de investimentos em ativos fixos, se relevantes, adiciona-se a análise prospectiva e aprova-se o projeto, que difere da aprovação de um limite de crédito.

Muitas vezes, os bancos aprovam limites globais para os clientes ou para conglomerados de empresas, sem especificar os tipos de operações ou as empresas que poderão utilizar o limite, o que pode possibilitar às áreas de negócios utilizarem tais limites para atender a qualquer tipo de necessidade do cliente ou do grupo. Isto, apesar de ser um ponto de partida para definir até quanto o banco está disposto a emprestar à empresa ou ao conglomerado, carece de uma abordagem mais elaborada. Mesmo na definição do limite de crédito, é preciso que o banco conheça as necessidades de seus clientes e identifique de forma clara quais são seus produtos que podem cumprir o papel de satisfazer tais necessidades. "Jogar" valores estratosféricos à disposição de clientes que não precisam de recursos pode ser tão inadequado quanto fixar limites irrisórios para clientes com qualidade de risco e potencial de negócios em níveis muito superiores àquilo que o banco está oferecendo. Ao menos para os maiores clientes, o banco deveria estruturar seus limites como se estivesse estruturando propostas específicas de negócios.

No capítulo anterior, mostramos algumas das necessidades de recursos das empresas que, basicamente, se referem a financiamento de ativos circulantes ou de ativos fixos. As três grandes fontes de orientação para fixação dos limites são: (1) as necessidades do cliente, (2) o risco de crédito que o cliente representa e (3) a política de crédito do banco. Esses três pilares dão a sustentação filosófica da fixação do limite de crédito. Já descrevemos sobre as necessidades do cliente ou do grupo. Quanto ao risco que o cliente representa, alguns bancos fatiam o limite de crédito por tipos de garantias. Isso já imprime um cunho analítico um pouco melhor. A análise de crédito vive, no Brasil, estágios muito diferenciados. Bancos com excelente cultura de crédito, bancos que "perderam" a cultura de crédito e bancos em busca de uma cultura de crédito. Analistas de crédito que nunca visitaram uma empresa e gerentes de negócios que detestam contabilidade e análise financeira devem refletir sobre a conveniência de mudarem de profissão. Buscar cultura de crédito com quem nunca decidiu crédito pode não ser o melhor caminho. Portanto, o estabelecimento de limite de crédito requer pessoas preparadas, inclusive no âmbito de cúpula dos bancos. A política de crédito vai harmonizar as necessidades dos clientes com os riscos que estes representam e com as estratégias de negócios do próprio banco. Retomando o direcionamento do limite de crédito, parece-nos que quebrar o limite em linhas de crédito específicas que atendam exatamente às necessidades do cliente é uma condição ideal.

Outra questão colocada por muitos dos profissionais em nossas palestras é se "o cliente deve ou não ser informado acerca de seu limite". Nesse sentido, cabe observar que o limite pode ser definido apenas para uso interno ou pode ser divulgado ao cliente. Alguns bancos alegam que, se informarem ao cliente sobre o limite, este tenderá a utilizá-lo e isso pode não ser conveniente em determinados contextos. Isso nos remete à necessidade de refletirmos sobre a adequacidade do próprio limite de crédito. Parece-nos que a não divulgação ao cliente deveria representar situações bem particulares. Observe que estamos tratando do limite de crédito e não do tal limite cadastral. A informação ao cliente sobre o limite de crédito pode ter caráter formal, em que o banco comunica ao cliente sobre o limite, documentando este, ou ainda com a existência de um contrato, como no caso de contas garantidas.[4] Do ponto de vista conceitual, a conta garantida tem mais característica de um produto do que de um limite de crédito. O limite de crédito pode compreender o limite da conta garantida e diversas outras linhas de crédito. Entretanto, pode não haver a contratação formal de uma linha, porém o banco informa ao cliente que este tem um limite interno aprovado. Nos casos de contas garantidas ou outras linhas formalmente estabelecidas, há a tendência de o banco cobrar comissões de abertura de crédito e outras taxas cabíveis, conforme o contexto.

Num curso sobre análise e concessão de crédito, formularam-nos a seguinte pergunta: "Qual o limite de crédito ideal para se atribuir a um cliente?". A resposta a essa pergunta também é procurada por gestores de crédito de diversos níveis hierárquicos, em várias instituições. Como se tratava de uma plateia composta de gerentes de banco, usamos uma situação hipotética de um pedido de empréstimo por um cliente de um banco para respondermos à questão. A suposição assumida foi de que um cliente procuraria o gerente para obter um empréstimo de $ 4.500,00 por 60 dias, apresentando em sua ficha cadastral dados que demonstravam uma renda mensal de $ 2.700,00; os gastos gerais e prestações somavam $ 1.620,00, resultando, portanto, numa "renda líquida" mensal de $ 1.080,00.

Baseado nesses dados, de uma situação simplista, o próprio gerente responderá que só aprovaria o empréstimo de $ 4.500.00 se o cliente tivesse outras rendas além das citadas na ficha cadastral, pois com uma "renda líquida" mensal de $ 1.080,00 em dois meses o cliente não geraria recursos para liquidar a operação pretendida. Perguntado, então, aos demais gerentes se emprestariam $ 60.000,00 àquele mesmo cliente, a maioria da classe respondeu que não parecia lógico emprestar os $ 60.000,00 se já tinham concluído que não era recomendável emprestar $ 4.500,00. Em seguida, acrescentamos um novo componente na operação de $ 60.000,00, ou seja, a operação seria para financiamento de "casa própria" pelo prazo de 15 anos, com uma prestação de aproximadamente $ 900,00 mensais. Nesta condição, o cliente com uma "renda líquida" de $ 1.080,00 absorveria um empréstimo de $ 60.000,00, com uma prestação de $ 900,00 por mês. Considerando ainda que deixaria de pagar aluguel.

Daí observamos que apenas o prazo e a forma de pagamento já são fatores que afetam a capacidade de endividamento de um indivíduo, o que frustra a expectativa de quem quer uma "receita de bolo" para aplicar ao crédito. É importante que se diga desde logo que uma instituição pode ter parâmetros definidos para limites de crédito a seus clientes, porém essa definição pode ser decorrência da adoção de uma política de crédito orientada para certo nível de risco considerado adequado para uma conjuntura.

Em outras ocasiões, em vez de se questionar quanto uma empresa merece de limite de crédito, caberia a quem vai conceder o crédito perguntar: quanto podemos atribuir de limite de crédito? Ou, ainda, quanto devemos conceder?

Certamente, são as três questões básicas que servirão para orientar a definição de crédito a ser fixado para um cliente.

- Quanto o cliente merece de crédito?
- Quanto podemos oferecer de crédito ao cliente?
- Quanto devemos conceder de crédito ao cliente?

*Quanto o cliente merece de crédito* é uma variável que pode assumir diversas grandezas, dependendo da qualidade do risco apresentado, da capacidade de pagamento e do porte do

---
4. Sobre conta garantida, veja capítulo anterior, item 15.3.1.

cliente. Na hipótese de duas empresas com idênticas características quanto ao risco e à capacidade de pagamento, porém de tamanhos diferentes, a que for maior fará jus a um limite de crédito superior em relação à menor.

*Quanto podemos oferecer de crédito ao cliente* é uma variável que decorre da capacidade de quem vai conceder o crédito. Um banco comercial de pequeno porte, ou mesmo uma pequena indústria, ao analisar uma grande empresa, poderá concluir que aquele cliente merece muito mais do que ele pode oferecer. Uma boa política de crédito deve definir o limite máximo que se deve conceder como crédito a um cliente, devendo tal limite sobrepor-se, inclusive, à capacidade de crédito do cliente.

*Quanto devemos conceder de crédito ao cliente* é uma variável que decorre da política de crédito adotada, com vistas à diversificação e pulverização da carteira de crédito. Pode-se analisar um cliente e concluir que este merece determinado limite, oferecendo aquele montante sem ultrapassar a fronteira estabelecida para atendimento a um cliente. Entretanto, fatores como ramo de atuação da empresa, ou mesmo a pouca experiência com ela, podem determinar que se tenha uma atitude cautelosa na fixação do limite de crédito.

Nos tópicos seguintes, abordaremos alguns parâmetros que podem orientar o estabelecimento de limites de crédito, bem como o efeito das garantias nas operações, do caráter do devedor e da rentabilidade do cliente e das operações.

### 16.3.1 Alguns parâmetros para definição de crédito

Temos afirmado que a apreciação de uma operação de crédito a longo prazo e de valor expressivo requer a análise do projeto, compreendendo diversos fatores, inclusive a viabilidade técnica e econômica do empreendimento. Quando falamos em limite de crédito, normalmente, estamos referindo-nos à fixação de um montante para operações de curto prazo, destinadas a cobrir uma necessidade de capital de giro.

Cabe destacar, portanto, que não é habitual emprestar dinheiro a curto prazo para uma empresa imobilizá-lo. Há exceção, entretanto, no caso de empresas que tenham projetos aprovados com financiamentos de longo prazo e que, para darem continuidade ao andamento de tais projetos, solicitam empréstimos "ponte" de curto prazo, até que ocorra a liberação dos recursos de longo prazo. Tais situações chegam a ser problema quando, por qualquer razão, o financiamento esperado atrasa ou não ocorre.

O limite de crédito é fixado para determinado período, que, normalmente, varia de seis meses a um ano. Dentro do período de validade do limite, opera-se de forma rotativa, isto é, pode ser feita nova operação à medida que uma operação vence e é liquidada, desde que esteja enquadrada dentro do limite fixado para a operação e obedeça às demais condições gerais preestabelecidas, por exemplo, garantias e prazos.

Ao estabelecer um limite de crédito, é necessário conhecer o destino que será dado à importância solicitada. Pode tratar-se de atendimento à necessidade de capital de giro de caráter sazonal, em que, terminado aquele período, a empresa liquidará a operação, assim como tratar-se de necessidade de caráter permanente, que decorre de deficiência na estrutura de capital da empresa, ou ainda de estratégia de captação de recursos de curto prazo, visando obter ganhos a partir da alavancagem financeira.[5]

---

5. O ganho decorrente da alavancagem financeira resulta do fato de o custo do empréstimo ser inferior ao retorno produzido pelos ativos da empresa. Daí o uso de capitais de terceiros poder ser benéfico, desde que o risco não seja afetado de forma significativa.

O ativo da empresa é composto por uma parte permanente (investimentos, imobilizado e intangível), pelo realizável a longo prazo e pelo ativo circulante. Por sua vez, o ativo circulante compreende aplicações de recursos em disponibilidades, duplicatas a receber, estoques, adiantamento a fornecedores e despesas do exercício seguinte, entre outras que possam surgir. Muitas vezes a empresa tem um problema de sazonalidade na obtenção de matéria-prima, o que a obriga a manter estoques elevados durante certo período do ano, como no caso de indústrias que dependem de safras agrícolas. É importante destacar que, em muitos casos, é preciso fazer adiantamentos ao fornecedor por conta da safra futura, para garantir o suprimento. Todavia, quando a sazonalidade ocorre nas vendas, temos uma situação em que o volume de estoques, numa primeira fase, e duplicatas a receber, num segundo momento, requerem grandes aplicações de recursos. Para todas essas necessidades de caráter sazonal a empresa pode buscar recursos de curto prazo. O emprestador de dinheiro, entretanto, precisa analisar a potencialidade de a empresa gerar lucros, saldando, assim, o empréstimo.

Se do ativo circulante tiramos as disponibilidades e as aplicações financeiras, o restante dos recursos comprometidos com duplicatas a receber, estoques, adiantamento a fornecedores e despesas do exercício seguinte, apesar de ser classificado como circulante, tem característica de permanente, do ponto de vista de absorção de recurso. Veja que é classificado como circulante, segundo a Lei nº 6.404/76, em face da possibilidade de realização (ou utilização) no exercício seguinte, o que difere do enfoque que estamos apresentando, baseado na aplicação, isto é, no comprometimento dos recursos.

Há, entretanto, algumas fontes de recursos também de caráter relativamente permanente e espontâneo, como é o caso de fornecedores, salários e encargos a pagar, impostos e tributos em geral a recolher, ou, ainda, adiantamentos recebidos de clientes. Tais fontes de recursos financiam parte das aplicações de caráter permanente (no ativo circulante) na maioria das empresas, enquanto os supermercados financiam mais que a totalidade das aplicações no ativo circulante.

Uma empresa que mantém a postura conservadora e de aversão ao risco adotará uma estrutura de capital, de modo que o ativo não circulante, mais o ativo circulante de caráter permanente subtraído das fontes espontâneas do passivo circulante sejam financiados também por recursos de caráter permanente, ou seja, por patrimônio líquido, mais dívida de longo prazo.

Se todas as empresas brasileiras apresentassem estruturas de capitais com tal caráter conservador, o risco de insolvências cairia de forma significativa, fazendo com que elas obtivessem empréstimos de curto prazo apenas para suprirem necessidades sazonais de capital de giro. No entanto, os bancos comerciais não teriam praticamente a quem emprestar dinheiro para capital de giro. A realidade, entretanto, na maioria das empresas, é que há carência de capital de giro, isto é, as chamadas fontes espontâneas (fornecedores, salários e encargos a pagar, tributos a recolher, mais adiantamentos de clientes) não são suficientes para cobrir as aplicações de caráter permanente no ativo circulante, ao mesmo tempo em que a empresa também não dispõe de recursos próprios (patrimônio líquido) nem de fontes de longo prazo (exigível a longo prazo)[6] para financiar tais aplicações no ativo circulante, obrigando-as, portanto, a recorrer a empréstimos de curto prazo junto a instituições financeiras.

---

6. A fonte de longo prazo muitas vezes constitui-se numa solução temporária para resolver o problema de liquidez, voltando o problema quando a empresa tiver de liquidar tais obrigações no vencimento. É preciso, portanto, que a empresa tenha capacidade para gerar recursos suficientes para satisfazer o cumprimento de tais obrigações.

Em poucos casos, há uma estratégia consciente, por parte da empresa, no sentido de utilizar eventuais fontes de curto prazo, que sejam de custo relativamente baixo e que lhe permitam ganhos pela chamada alavancagem financeira. Parece a este autor que a maioria das empresas que apresentam elevados níveis de endividamento de curto prazo junto a instituições financeiras são aquelas carentes de recursos e sem outras alternativas de obtenção de dinheiro. Quando essas empresas são eficientes na produção e comercialização de seus produtos, geram recursos para pagar os encargos da dívida e, às vezes, até para amortização do principal. Quando não são rentáveis, em níveis necessários, vão à quebra. Certamente, as piores empresas são aquelas que se dispõem a pagar maiores taxas de juros, representando, desse modo, maiores riscos para os credores.

Ao pretender fixar um limite de crédito para uma empresa, é necessário conhecer sua necessidade de recursos e sua capacidade de pagamento. Muitas vezes, o crescimento (ou a retração) brusco das vendas pode levar a uma necessidade de capital de giro superior à capacidade de geração de recursos pela empresa, induzindo-a à quebra.

Os parâmetros para estabelecimento de limites de crédito podem ser classificados em três grupos básicos: (1) legais; (2) ligados à política de crédito; e (3) técnicos. Vejamos:

### 16.3.1.1 Parâmetros legais

O crédito está regulamentado pelas normas legais, e as instituições financeiras estão subordinadas ao cumprimento das regras estabelecidas pelas autoridades monetárias, bem como aos diplomas legais que disciplinam o sistema financeiro. No Capítulo 2, item 2.3.6, mencionamos algumas das regras decorrentes da adaptação da legislação brasileira ao Acordo de Basileia. O Manual de Normas e Instruções (MNI), do Banco Central do Brasil, trata das normas relativas às operações bancárias. Há, portanto, a preocupação das autoridades quanto à segurança nas operações de crédito, no que diz respeito às exigências de seletividade, cadastro e conduta do cliente, inclusive na emissão de cheques sem provisão de fundos, ao mesmo tempo em que busca a pulverização das aplicações, não as concentrando num mesmo setor de atividade ou em poucos clientes.

### 16.3.1.2 Parâmetros ligados à política de crédito

Neste grupo de parâmetros, concentram-se as regras originárias da orientação da filosofia administrativa da instituição quanto às grandes diretrizes. Então, definem-se:

1. Qual será o limite máximo de empréstimos e financiamentos (aplicações) que será atingido junto às empresas e entidades governamentais, junto às empresas nacionais privadas e junto às empresas estrangeiras.
2. Quanto das aplicações será direcionado para cada uma das principais regiões geográficas da área de atuação da instituição.
3. Quanto das aplicações será direcionado para cada um dos setores da economia (indústria, comércio, serviços etc.), e nestes para os diversos ramos de atividade, em face dos riscos inerentes a tais atividades.
4. Se a política visa concentrar as aplicações em poucos clientes com operações de grandes valores ou se busca atuar com muitos clientes em operações de menores valores, pulverizando as operações de crédito.
5. Se a meta é operar basicamente com clientes de primeira linha e que ofereçam baixo risco de crédito, porém com maior capacidade de negociação, ou se objetiva operar com empresas menos sólidas e que ofereçam maior risco e maior retorno.

6. Se o mercado pretendido visa a grandes empresas, em cujo relacionamento são necessários oficiais de crédito de alto padrão, chegando alguns contatos a serem efetuados por executivos de topo, ou se a instituição objetiva o grande varejo de pequenas empresas, tendo para tanto uma estrutura direcionada para essa clientela.
7. Outras definições estratégicas e políticas poderão ser estabelecidas, como a maior e menor busca de clientes pessoa física, como a maior preocupação com o cliente, visando tornar-se o banqueiro do cliente e, portanto, estar ao seu lado para atendê-lo nos diversos tipos de empréstimo e financiamento (bem como em operações de captação junto ao cliente), ou se a instituição estará voltada para os produtos e, nesse caso, não será o banqueiro do cliente, mas terá alguns produtos que possam interessá-lo.

Todos esses parâmetros citados constituir-se-ão em guias de orientação, sem, entretanto, pretenderem tornar-se inflexíveis. Há grande número de instituições financeiras que tende a uma atuação mista, isto é, operando com grandes clientes por meio de suas plataformas específicas e no varejo por meio da rede de agências, da mesma forma que há os bancos com atuação direcionada exclusivamente para o varejo e os especializados em "pacotes" para atenderem à ampla necessidade do cliente.

### 16.3.1.3 Os chamados parâmetros técnicos

Os parâmetros técnicos estão ligados diretamente às chamadas áreas técnicas de análise de crédito nos bancos, cuja função básica consiste em apreciar uma proposta ou um limite de crédito e emitir um parecer sobre a viabilidade técnica de a empresa pagar o empréstimo na época do vencimento. Disso decorrem algumas questões:

1. Seriam esses "parâmetros técnicos" efetivamente técnicos?
2. São esses parâmetros tão precisos e objetivos quanto alguns gestores de crédito gostariam que fossem?
3. Qual o grau de subjetividade que está implícito nos parâmetros técnicos? Convém que a instituição adote apenas um parâmetro técnico (objetivo) para conceder crédito?

Outras questões, ainda, poderiam ser formuladas. Examinemos, inicialmente, alguns parâmetros utilizados para fins de limite de crédito:

**I. Limite de crédito como função do patrimônio líquido**

Por esse critério, a instituição financeira define que o limite máximo de crédito que concederá a uma empresa será certo percentual do patrimônio líquido da própria empresa-cliente. Suponhamos que determinada empresa XYZ solicita uma operação de crédito no valor de $ 100.000 e que a empresa não tenha qualquer outro débito junto à instituição financeira. O último balanço da solicitante de crédito tem a seguinte composição:

| ATIVO ($ mil) | | PASSIVO + PL ($ mil) | |
|---|---|---|---|
| Ativo circulante | XXX | Passivo circulante | |
| | | Passivo não circulante | 250 |
| Ativo não circulante | XXX | Patrimônio líquido | 250 |
| ATIVO TOTAL | 500 | PASSIVO TOTAL + PL | 500 |

Comparando-se o empréstimo solicitado pela empresa XYZ, no valor de $ 100.000,00, com patrimônio líquido de $ 250.000,00, observa-se que a efetivação da operação representaria um nível de atendimento de 40% (100.000,00 : $ 250.000,00 = 0,4 ou 40%). Pelos dados disponíveis (até aqui), não nos permitimos afirmar se é ou não possível conceder esse nível de crédito. Pelo menos, as seguintes informações adicionais seriam necessárias:

1. Saúde financeira (ou avaliação de crédito) da empresa XYZ, cliente que solicitou o crédito. Nesse caso, em se tratando de uma empresa categoria A (ótima), deveria receber uma posição muito mais favorável que uma categoria C (regular), ou outra inferior.
2. Características da operação de $ 100.000,00, principalmente quanto ao prazo, à forma de pagamento e às garantias oferecidas.
3. Utilização do empréstimo pela empresa. Considerando o valor do empréstimo, que representa 40% do patrimônio líquido da empresa, é fundamental que se conheça como (para que) ela utilizará o dinheiro, a fim de que o gestor de crédito possa analisar a operação frente à capacidade de a empresa pagar no vencimento.

Entretanto, é fundamental que o gestor de crédito tenha certo grau de segurança, no sentido de que a empresa não se tornará insolvente ou que não gerará um incobrável, o que não quer dizer que seja necessário que a empresa tenha condição de liquidar todas as suas operações de capital de giro no vencimento. Sabemos que essa é uma condição ótima de risco de crédito, mas que, desde que a empresa não esteja deteriorando-se financeiramente, poderá ser aceitável. Tratando-se de uma operação de longo prazo, para modernização ou ampliação de fábrica, contudo, é fundamental que as projeções indiquem que a empresa terá capacidade de gerar recursos para pagar o empréstimo no vencimento. Caso contrário, a não geração de recursos para liquidar operações de longo prazo implicará renegociação da dívida e poderá ser mais crítica que a situação de uma operação de capital de giro renovável nos limites aceitáveis de atendimento ao cliente.

O leitor observa que várias considerações adicionais foram feitas com o propósito de examinar a suposta operação.

Algumas vezes, outros parâmetros podem ser conjugados com o patrimônio líquido, como a experiência com o cliente e sua tradição no mercado. Suponhamos que, para clientes categoria C, a empresa estabeleça x% de seu patrimônio líquido e, à medida que melhore a qualidade do risco, aumente o limite de crédito. À medida que piorar o nível de risco, haverá redução do limite de crédito. A seguir, apresentamos a conjugação:

**QUADRO 16.2** Parâmetros para limite de crédito em função do patrimônio líquido.

| (a) | (b) | (c) | (d) |
|---|---|---|---|
| Categoria do cliente (rating) | % do PL | Empresas com mais de dez anos de idade e cliente com menos de três anos | Empresas com mais de dez anos de idade e cliente com mais de três anos |
| A (ótima) | 25% | 30% | 35% |
| B (boa) | 20% | 25% | 30% |
| C (regular) | 15% | 20% | 25% |
| D (duvidosa) | 05% | 10% | 15% |
| E (péssima) | 00% | 00% | 00% |

Pela análise do Quadro 16.2, observando-se suas colunas, temos:

- *Coluna a*: especifica a categoria do cliente (rating de crédito), isto é, o risco de crédito, sendo a categoria A a identificação de uma ótima empresa e com baixíssima probabilidade de insolvência, enquanto a categoria E caracteriza uma empresa com péssima saúde financeira e, portanto, com alta probabilidade de insolvência.
- *Coluna b*: identifica o nível de atendimento, isto é, o limite de crédito que a instituição está disposta a fornecer ao cliente, em função do patrimônio líquido da própria empresa. Os percentuais que constam no Quadro 16.2 são apenas alguns referenciais com propósitos didáticos, cabendo a cada empresa analisar as características de seus produtos e de sua clientela e definir seus próprios parâmetros de política de crédito.
- *Coluna c*: conjuga o critério da coluna b com a idade da empresa e atribui um adicional de 5% (no exemplo) em cada uma das categorias A e D. Para a categoria E, entretanto, permanece 0%, uma vez que nesse nível de risco se enquadram as empresas com péssima situação financeira e elevada probabilidade de insolvência, não justificando, a princípio, um limite de crédito. No caso, a coluna c conjugou apenas a idade da empresa, porque estamos considerando que a regra se aplica para clientes com os quais a empresa que vai conceder o crédito tem menos de três anos de experiência.
- *Coluna d*: acrescenta a experiência que se tem com o cliente e adiciona mais 5% (para o exemplo). No caso, evidentemente, assume-se que a experiência com o cliente seja positiva, uma vez que, sendo negativa, não há razão para estabelecimento de limites de crédito. Portanto, vê-se que, apenas baseado no seu patrimônio líquido, um cliente categoria C receberia um limite de 15% (coluna b); se essa empresa-cliente tivesse mais de dez anos de fundação, seu limite iria para 20%; se, além de ter mais de dez anos, for cliente há mais de três anos e nesse período tiver apresentado bom relacionamento (em nível de pontualidade), seu limite de crédito chegará a 25% do seu patrimônio líquido.

Como se pode observar, o principal mérito desse método é sua simplicidade. Ao mesmo tempo, permite que se compare quanto o credor (banqueiro ou fornecedor) está disposto a aplicar na empresa, em relação aos próprios proprietários. Entretanto, há uma série de restrições; entre elas destacamos:

- A empresa-cliente não paga dívida com seu patrimônio líquido. A dívida deve ser paga com dinheiro, e para isso a empresa deve ser eficiente na geração de caixa decorrentes de suas operações. Cabe destacar que a conjugação do patrimônio líquido com a classificação de risco representa melhora substancial no critério, uma vez que as empresas com melhores classificações são aquelas que apresentam maior vitalidade na geração operacional de caixa. De qualquer forma, não julgamos suficiente o patrimônio líquido como referencial único.
- No caso de um pequeno banco ou uma pequena indústria que esteja avaliando um cliente que tenha grande patrimônio líquido, chegará a um limite de crédito para aquele cliente, cujo valor supera a capacidade de recursos ou de fornecimento de quem vai conceder o crédito. Isto, além de exceder os limites legais para aplicação do pequeno banco, poderia levar a uma concentração de risco não desejada.
- Fatores como objetivo do empréstimo, prazos de operações, capacidade de a empresa gerar recursos no tempo certo, bem como eventuais garantias específicas, entre outras, poderão alterar a decisão de crédito, ainda que a proposta esteja enquadrada dentro

do limite de percentual do patrimônio líquido. De qualquer forma, o método é muito utilizado na prática, sem ao menos ser levada em consideração a classificação do risco.

**II. Limite de crédito como função das vendas do cliente**
Há bancos que adotam como referencial básico para estabelecimento de limite de crédito as vendas do cliente. Dessa forma, procuram fazer com que o nível de atendimento ao cliente não ultrapasse, por exemplo, 30 dias de vendas. Se todas as empresas fossem saudáveis financeiramente, poder-se-ia dizer que esse método continha certa dose de cautela, não permitindo que houvesse grande concentração de aplicação num cliente, em face de seu volume de vendas. Todavia, há situações de empresas que elevam seu grau de insolvência à medida que suas vendas crescem, isto é, o aumento das vendas gera necessidade de capital de giro muito superior à geração de caixa decorrentes do incremento no faturamento, fazendo com que a empresa entre num processo de deterioração financeira. Nestas condições, financiar "dias de vendas" significa gostar de viver perigosamente.

De qualquer modo, o volume de vendas poderá servir como referencial complementar, que permite uma comparação adicional. Supondo que uma empresa solicite um empréstimo de certo montante, correspondente a 50% de suas vendas anuais, será necessário que o executivo responsável pela decisão de crédito examine as características da operação, uma vez que, em se tratando de um empréstimo para capital de giro, raramente a empresa poderia liquidá-lo. Se isso ocorresse, a empresa estaria comprometendo seis meses de suas vendas; além disso, ressalte-se que a empresa possui uma série de custos e despesas operacionais que exigem desembolsos relevantes e indispensáveis. Outro fator seria o endividamento a curto prazo, nessa ordem de grandeza (50% das vendas), que poderia caracterizar um processo de deterioração financeira muito crítico, salvo condições especiais de algumas empresas sazonais. Nossos comentários até aqui, para o parâmetro do limite de crédito como função das vendas, foram dirigidos para uma provável operação de curto prazo. Se, entretanto, o pedido de financiamento se destinar a projetos de expansão, é evidente que o referencial das vendas perde seu significado, uma vez que o próprio financiamento também poderá contribuir para a geração de caixa para sua própria amortização. O parâmetro não é utilizado também para casos de empresas em fase pré-operacional, as quais não apresentam qualquer volume de vendas. Isoladamente, o método da fixação do limite de crédito como função de vendas, ou de "x dias de vendas", é também muito pobre.

**III. Limite de crédito como função do capital circulante líquido**
Algumas empresas, especialmente indústrias, estabelecem os limites de crédito para seus clientes tomando como base o capital circulante líquido (CCL) desses fregueses. A fundamentação tomada por aqueles que adotam o CCL como referencial para estabelecimento do limite de crédito supõe que, em sendo o ativo circulante da empresa superior ao seu passivo circulante, o CCL será positivo, uma vez que este decorre da diferença entre esses itens circulantes. Admitem, portanto, que o CCL representa uma espécie de "folga financeira" ou de "margem de segurança" apresentado pelo cliente. É esse mesmo raciocínio que leva algumas pessoas a crerem que o índice de liquidez corrente (ativo circulante dividido pelo passivo circulante) maior que 1 indica boa saúde financeira. Aqueles que adotam apenas o CCL como referencial para fixação do limite de crédito estão vulneráveis e só não se depararão com inadimplências de alguns clientes se, por mero "golpe de sorte", isso não acontecer. O método em si não resiste a um questionamento mais técnico, parecendo precário.

### IV. Limite em função da maior fatura atualizada

Há, ainda, algumas indústrias que adotam critério baseado no valor da maior fatura emitida contra o cliente, com seu valor atualizado e multiplicado por três. Como se pode notar, não suporta questionamento que vise identificar a capacidade de pagamento do cliente.

### V. Limite de crédito em face da expectativa de geração de caixa

A fixação de um limite de crédito, por certo período, em função da expectativa de geração operacional de caixa pela empresa, é a forma aparentemente mais segura, ao mesmo tempo em que pode ser a mais trabalhosa, exigindo que se faça uma projeção de caixa. No Capítulo 10, apresentamos as técnicas de elaboração do fluxo de caixa, baseado nas informações contidas nas demonstrações financeiras. Aquele capítulo trata do fluxo de caixa retrospectivo, isto é, relativo a um período que já ocorreu.

Para a decisão de crédito, é necessário que tenhamos uma estimativa sobre o fluxo de caixa futuro. Certamente, ao analisar a operação de custeio agrícola, a área de crédito rural do banco fará a análise do projeto, comparando os custos orçados com a receita esperada, isto é, decorrente daquela safra que está sendo financiada. Se o projeto for técnica e financeiramente viável, a operação pode ser concedida; caso contrário, isto é, se a receita não cobrir os compromissos, a instituição financeira o recusará. Da mesma forma, ao aprovar uma operação de crédito ou ao fixar um limite para um cliente, é sempre necessário que se conheça o fim a que se destina o dinheiro e que se tenha certo grau de segurança de que o cliente é capaz de pagar.

As técnicas de projeções de demonstrações financeiras envolvem relativa complexidade, o mesmo acontecendo com a projeção do fluxo de caixa. É possível, entretanto, fazer algumas "projeções rápidas", partindo-se dos dados históricos e assumindo-se algumas premissas. A análise histórica da evolução das vendas, da geração de recursos, do investimento operacional em giro, do capital de giro e da posição de tesouraria permite-nos fazer boas estimativas. O Capítulo 10 trata da análise do investimento operacional em giro, bem como dos tópicos de capital de giro e posição de tesouraria.

## 16.3.2 Garantias e caráter

No âmbito de instituições financeiras, é praxe a solicitação de garantias em operações de crédito, existindo, em geral, normas e manuais relativos a cada produto (empréstimo, financiamento ou fiança), as quais já especificam o tipo de garantia associado a cada tipo de operação. Na análise das alçadas de decisão para operações que apresentem garantias de duplicata, considera-se tal operação como autoliquidável. Em muitos casos, pode-se dilatar o limite de crédito em função do tipo de garantia, ou mesmo estabelecer limites associados aos tipos de garantias, por exemplo, definir que a "Empresa X" tem um limite de $ 1.000.000,00 para operar nas seguintes condições:

- operações com garantia de duplicatas e/ou títulos mobiliários, $ 400.000,00;
- operações com garantia real, de hipoteca e/ou alienação fiduciária, $ 400.000,00;
- outras garantias, $ 200.000,00.

A indústria e o comércio, entretanto, nem sempre podem exigir garantias, em face da concorrência e dos hábitos do segmento de mercado em que atuam. Há, entretanto, algumas grandes empresas industriais com produtos de categoria que lhes possibilitam exigir garantias de seus clientes nas operações de crédito. O outro fator que, ainda que difícil de ser medido, tem grande peso é o caráter do devedor. A empresa não paga suas dívidas apenas com a boa intenção (caráter), porém a segurança do credor quanto à idoneidade do devedor pode fazê-lo acreditar em seu empreendimento e elevar seu limite de crédito, desde que, evidentemente, acredite nas expectativas de mercado e em sua capacidade gerencial. Sabemos que, havendo más intenções, o devedor pode provocar sérias perdas aos seus credores, pois, quando concedemos crédito, temos sob nosso controle o limite que estaremos atribuindo para aquele cliente naquele momento, o que poderia permitir que tal cliente procurasse várias instituições ao mesmo tempo e todas elas (ou a maioria) lhes concedesse limites de crédito, acima, portanto, de sua capacidade de endividamento. Raciocínio análogo pode ser desenvolvido em relação aos parâmetros utilizados pelas grandes lojas, que definem que a prestação mensal numa venda deveria ser de no máximo 20% ou 30% da renda do cliente. Neste caso, se o cliente comprar em dez lojas, pelos limites máximos, sua renda não será suficiente para pagar as prestações assumidas. É nesse sentido, também, que entra o fator caráter, respeitando-se o peso da pressão exercida na vida do cidadão que tenha registros negativos de crédito.

### 16.3.3 Rentabilidade de uma operação e rentabilidade do cliente

Qual a rentabilidade de uma operação de crédito? No item 16.2, analisamos os custos de conceder ou de negar uma operação, considerando:

1. a probabilidade de inadimplência do cliente em face da sua categoria de risco;
2. a taxa de juros a ser cobrada do cliente;
3. o custo de captação dos recursos ou o custo de oportunidade para aplicação de recursos disponíveis;
4. os custos operacionais de processamento e cobrança.

Tal abordagem considera a operação de crédito isolada. No que pese sua validade como instrumento que auxilia no processo decisório, muitas vezes a negativa de uma operação traz como efeito colateral distanciamento comercial do cliente, que, não se sentindo satisfeito com seu limite de crédito, busca maior aproximação com outras instituições concorrentes. Nesse caso, é preciso que sejam analisadas as diversas formas de reciprocidade propiciada pelo cliente, por exemplo:

a. saldo médio em conta-corrente, tanto da empresa quanto de suas controladas ou controladoras;
b. saldo médio dos funcionários da empresa, que recebem seus pagamentos (ordenados) via depósito em conta-corrente;
c. cobrança bancária, que propicia a flutuação (do inglês *float*), isto é, a permanência do dinheiro no banco durante certo tempo;
d. recolhimento de ICMS, ISS, IPI e IR, bem como de outros tributos e contribuições como INSS, FGTS, PIS, água, telefone e contribuições sindicais. Todos esses recolhimentos permanecem na instituição financeira durante certo período, trazendo, assim, vantagens em termos de rentabilidade;
e. operações de seguro e, muitas vezes, financiamento do próprio seguro;
f. aplicações financeiras em CDB, letras de câmbio, LTN e até aquisição de ações;
g. Diversas outras operações existem e devem ser consideradas quando da análise de uma operação e/ou da definição de um limite de crédito.

## QUESTÕES PARA RESOLUÇÃO E DISCUSSÃO

1. O que você entende por decisão de crédito?
2. Explique as palavras risco e retorno e as associe à decisão de crédito.
3. Supondo que você deve fazer um empréstimo de $ 100.000,00 e tenha que optar entre dois clientes. O cliente A está disposto a pagar uma taxa de juros de até 1,5% ao mês. O cliente B aceita pagar taxa de 3% ao mês. Trata-se de uma operação de capital de giro. As probabilidades de inadimplência são de 0,1% e 0,2%, respectivamente, para A e B. Qual a melhor alternativa para o banco e por quê?
4. O que representam as expressões custo de conceder e custo de negar uma operação? Explique e diga quais os fatores a serem considerados nos cálculos desses custos.
5. Dê o conceito de limite de crédito e caracterize as condições ideais para fixarmos um limite para uma empresa.
6. Alguns bancos usam os conceitos de limite de crédito e limite cadastral. Explique cada um deles.
7. Qual a diferença entre alçada de decisão e limite de crédito?
8. Cite e comente três parâmetros técnicos utilizados pelo mercado para fixação de limite de crédito.
9. Comente as vantagens e a limitações do uso das vendas como referencial para fixação do limite de crédito.
10. Uma conta garantida pode ser um limite global de crédito? Explique.
11. Em sua opinião, o banco deve informar ao cliente sobre seu limite de crédito? Comente.

capítulo 17

# Controle e qualidade de crédito

> **OBJETIVOS DE APRENDIZAGEM**
>
> Apresentar a função e as condições para o exercício do controle buscando a qualidade da carteira de crédito, compreendendo:
> - Destaque da importância da qualidade da carteira de crédito;
> - Apresentação dos serviços de auditoria e de revisão de crédito;
> - Abordagem das principais causas e consequências de créditos problemáticos;
> - Apresentação dos grupos de sinais de alarme relativos a créditos potencialmente problemáticos;
> - Apresentação das ações necessárias à gestão de créditos;
> - Destaque para a recuperação judicial com o um dos caminhos que pode ser alcançado na relação com o cliente.

## 17.1 Introdução

A missão de um banco deve compreender o fornecimento de recursos para atender às necessidades de consumo e de investimento de seus clientes. Sem isso, seu papel de intermediário financeiro não se cumpre. Paralelamente, o acionista de um banco quer um retorno sobre o seu investimento compatível com os riscos que a atividade oferece. Na visão do cliente, ou de alguns clientes, o banco deveria exigir o menos possível de informações, liberar maiores volumes de recursos e cobrar sempre as menores taxas. É possível que, na visão de alguns profissionais bancários, o banco deva solicitar a maior quantidade de informações, aprovar os menores limites e cobrar as maiores taxas. No Capítulo 16, ao relacionarmos os riscos e os retornos, ficou claro que a maior taxa não representa o maior ganho. Do mesmo modo, um pequeno crescimento nos índices de perda e de inadimplência pode não ser um fato negativo para a rentabilidade do banco, dependendo do ganho marginal que tenha sido obtido pelo incremento dos negócios. É evidente que os índices de perda devem situar-se numa faixa que não prejudique a reputação do banco. A qualidade dos créditos do banco deve ser de tal forma que a carteira de crédito seja saudável e rentável. Muitas das variáveis que interferem no risco de crédito do cliente não são controláveis nem totalmente previsíveis pelo banco. Outras, entretanto, são controláveis e tecnicamente previsíveis. A fase que antecede a aprovação do crédito é, seguramente, o ponto crucial para a qualidade do crédito. A matéria-prima para a decisão de crédito é a informação, daí as entrevistas de crédito terem de ser suficientemente esclarecedoras sobre os diversos fatores relacionados ao tomador de crédito. As necessidades do cliente, os produtos do banco adequados àquelas necessidades, a investigação de crédito, a análise financeira na medida certa para o tipo de cliente e de operação, a compreensão sobre a estrutura organizacional e tecnológica da empresa, seu mercado e seus produtos são fatores relevantes. Adicionalmente, o contexto macroeconômico e outros eventos naturais irão interferir na qualidade da carteira de crédito do banco.

E nas **empresas que não são instituições financeiras**, a situação é diferente? Mantidas as devidas proporções e respeitadas suas particularidades, a lógica do processo é parecida. Os clientes tendem a não gostar de prestar informações, os acionistas querem retorno compatível com o risco da atividade do empreendimento, as áreas de negócios querem vender e ganhar suas comissões e bônus e as áreas de crédito tendem a ser conservadoras.

## 17.2 Controle e acompanhamento de crédito

A Tecnologia da Informação trouxe grande facilidade para a administração e para o controle de crédito, ao mesmo tempo que possibilitou novos tipos de fraude. Os sistemas de computação têm condições de impedir muitas operações cujos processos não estejam de acordo com as normas do banco, bem como podem gerar relações de exceção para a atuação da auditoria ou de outra área responsável pelo controle e pelo acompanhamento do crédito. A política de crédito vai definir os critérios de classificação de risco, as formas de acompanhamento e revisão do crédito, as alçadas de decisão para transferências de operações para crédito em liquidação, entre outros fatores relevantes. O banco pode ter normas, estruturas e recursos para controle e acompanhamento dos créditos, mas isso será eficaz na medida em que haja cultura e consciência de que o controle e o acompanhamento do crédito fazem parte de um processo contínuo e de responsabilidade de todas as pessoas envolvidas com crédito e negócios.

### 17.2.1 Serviços de auditoria de crédito

Muitos bancos têm uma área de auditoria de crédito composta por especialistas no assunto. Esses profissionais examinam as operações de crédito quanto aos seus aspectos formais e técnicos e emitem seus relatórios. A auditoria de crédito, normalmente, é orientada com base nas normas e políticas de crédito, bem como nos exames relativos ao cumprimento das normas emitidas pelas autoridades monetárias do país. Os levantamentos são desenvolvidos com base nos registros contábeis das operações dos clientes, em seus cadastros e nos sistemas computadorizados. Aspectos como formalização das operações e das garantias, alçadas de decisões e qualidade de crédito do cliente podem ser examinados. Este tipo de trabalho, para ser eficiente, requer competência técnica e independência dos auditores em relação às operações e às pessoas que estiverem sendo auditadas. Adicionalmente, é preciso que os trabalhos de auditoria tenham também uma função pedagógica, voltada para a orientação dos gerentes e outros profissionais envolvidos no processo de crédito. Outros bancos, entretanto, não dispõem de uma auditoria especializada em crédito, cabendo à sua auditoria interna ou inspetoria a função de examinar também os créditos. Para alguns bancos com estruturas e padrões de crédito mais evoluídos, o auditor de crédito pode inclusive modificar as classificações de risco atribuídas aos clientes. No Capítulo 6, item 6.3.3.3, tecemos alguns comentários acerca dos serviços de acompanhamento, controle e revisão de crédito.

## 17.2.2 Serviços de revisão de crédito

As áreas de revisão de crédito atuam como decorrência de um processo de acompanhamento. Nas fases anteriores, relativas à análise e à decisão de crédito, deve ser atribuída uma classificação de risco a cada cliente, e, dependendo dessa classificação, pode-se definir a periodicidade da revisão do cliente. Quanto melhor a classificação de cliente, maior pode ser o prazo para revisão de crédito. Adicionalmente, fatores macroeconômicos, setoriais e eventos da natureza podem provocar a revisão de um cliente, de um grupo de clientes ou de um ou mais segmentos. Temos dito que o acompanhamento de crédito é um processo contínuo e que é responsabilidade de todas as pessoas ligadas ao crédito e aos negócios com o cliente alimentar os registros, a fim de que o banco disponha de informações atualizadas. Desse modo, a qualquer momento, um sinal de alarme (*red flag*) poderá disparar uma revisão de crédito para um cliente ou para um grupo de clientes. A tarefa de revisão de crédito não deve ser entendida como uma espécie de "caça à desgraça". Os trabalhos de acompanhamento e revisão de crédito devem observar inclusive a melhoria na situação do cliente. Informações sobre a ampliação das atividades do cliente podem resultar novos e lucrativos negócios para o banco. Muitos profissionais de crédito vivem com sua energia canalizada para o negativo e resistem em ver as coisas boas, assim como alguns profissionais de negócios não querem enxergar evidências claras da deterioração de seu cliente.

## 17.3 Créditos problemáticos

Uma carteira de crédito saudável é uma meta perseguida pelos bancos, mas isso não pode ser obstinação em busca de inadimplência zero. No Capítulo 16, citamos a afirmativa de Solomon e Pringle: "[...] o objetivo não é maximizar as vendas ou minimizar as perdas com devedores incobráveis. Para maximizar as vendas, a empresa venderia a prazo a qualquer pessoa; para minimizar as perdas com devedores incobráveis, não venderia a ninguém".

O primeiro passo é saber exatamente o que é um crédito problemático. Temos situações que vão do atraso de um dia em relação ao vencimento, passando por prazos maiores (toleráveis), por atrasos estratégicos para o cliente, por acordos entre as partes, chegando à perda total do principal e dos encargos. Num raciocínio inverso, é possível termos operações atrasadas que não resultarão perdas, assim como operações não vencidas, mas que nunca serão recebidas. Algumas operações, aparentemente respaldadas por garantias reais, podem transformar-se em perda para credor. Seguindo um raciocínio muito simples, vamos entender como créditos problemáticos aqueles que apresentam dificuldades de serem recebidos e as consequentes perdas para o credor.

## 17.3.1 Causas dos créditos problemáticos

A atuação diante de créditos problemáticos é uma medida corretiva. Pelo menos tão importante quanto saber cuidar de eventuais créditos problemáticos é ter uma atuação preventiva eficaz. A identificação das causas que levam os clientes a se tornarem inadimplentes é o ponto de partida para orientarmos as pessoas, ajustarmos a estrutura e adequarmos as normas e políticas de crédito. No Capítulo 4, descrevemos os Cs do Crédito, o conjunto de seis variáveis que caracterizam o risco de crédito. A inobservância dessas variáveis pode ser uma das causas dos créditos problemáticos. George E. Ruth agrupou essas causas em três categorias: (I) erros por parte do credor, (II) práticas fracas de negócios, e (III) eventos externos adversos.

I. *Erros por parte do credor*. Nesse grupo estão as causas sobre as quais o credor tem relativo controle: uma *fraca entrevista de empréstimo*, decorrente de um contexto em que o credor não foi hábil para tirar as informações importantes do cliente – provavelmente, ao em vez de tratar de negócios, tratou de amenidades ou se sentiu inibido para fazer as perguntas certas; a *análise financeira inadequada*, decorrente do desconhecimento e do descrédito de muitos profissionais nesse tipo de análise, julgando que o seu *feeling* seja suficiente para decidir sobre crédito – é inquestionável a contribuição da análise financeira para a decisão de crédito; a *estruturação inadequada do empréstimo* também pode levar o cliente à inadimplência – a falta de identificação do tipo de necessidade de recursos dos clientes e a aprovação de operações com linhas inadequadas pode levar à inadimplência. Também nos contextos de renegociações de dívidas deve-se tomar o cuidado de propor uma nova formatação de contrato, com prazos compatíveis com a capacidade de pagamento do cliente, para tentar evitar a continuidade do processo de inadimplência. O *suporte inadequado ao empréstimo* é outro problema que decorre da aceitação de garantias sem uma adequada avaliação quanto aos fatores relevantes, como valor, controle e liquidez. Na parte relativa a documentação *inadequada*, Ruth cita a necessidade de inclusão de cláusulas de *covenants* que deixem claras as obrigações das partes, de modo a proteger o credor contra atitudes do devedor que ponham em risco o cumprimento da obrigação. Por último, vem o *gerenciamento inadequado*, que consiste na falta ou na inadequação do acompanhamento do crédito do cliente por meio de visitas e revisões periódicas da análise financeira. A esses fatores, mencionados por Ruth, podemos acrescentar as *interferências políticas* na aprovação do crédito, uma *frágil investigação de crédito*, a carência de treinamento das *equipes* de análise de crédito e de negócio e mesmo uma *estrutura de crédito mal definida*.

II. *Práticas fracas de negócios*. Neste grupo, Ruth incluiu aquilo que chamamos de *capacidade* (veja item 4.3, no Capítulo 4): o *mau gerenciamento*, em que falta formação técnica compatível para os diversos cargos, não havendo uma clara definição quanto à sucessão no comando dos negócios; a necessidade de planejamento de curto e *longo prazo; a deterioração dos produtos*, decorrente da falta de preços competitivos ou da qualidade inferior à concorrência; as *práticas fracas de marketing*, decorrentes da falta de planos bem definidos para anunciar, vender e distribuir, sendo necessário que a empresa seja capaz de antever o gosto do consumidor; e os *controles financeiros fracos*, no que diz respeito às contas a receber, aos estoques, às despesas e aos instrumentos para prevenir fraudes e roubos.

III. *Eventos externos adversos*. Correspondem às condições comentadas no item 4.5. Conforme já comentamos, isso é parte de uma percepção estratégica da empresa no sentido de, além de identificar as oportunidades de negócios, ser capaz de perceber as ameaças que o mercado oferece. Os *fatores ambientais*, como secas, inundações e sustentabilidade ambiental, ecologia, entre outros, passam a merecer a atenção dos profissionais de crédito. Os fatores econômicos podem afetar significativamente a vida das empresas, conforme suas características de estrutura de custos e elasticidade da demanda. Os *fatores competitivos* poderão provocar efeitos fortes nas empresas não preparadas para uma economia de mercado. Os *fatores reguladores*, que de certo modo decorrem da política econômica, têm efeitos inquestionáveis – política salarial, impostos, taxas de juros e prazos de financiamentos são exemplos de fatores reguladores. Os *fatores tecnológicos* referem-se ao grau de tecnologia das empresas, visando torná-las competitivas e competentes tecnicamente – esse é um ponto que merece a atenção de alguns empresários brasileiros, que não gostam de (ou não podem) investir em pesquisa e desenvolvimento; o *benchmarking* não é suficiente no mundo dos negócios, e investir em pesquisa e desenvolvimento pode representar a continuidade de muitas empresas.

## 17.3.2 Consequências dos créditos problemáticos

No Capítulo 16, sobre decisão de crédito, relacionamos os fatores risco e retorno. Essa relação fundamenta-se na premissa de que clientes com riscos maiores deverão pagar uma taxa de juros maior, de modo que essa taxa seja capaz de compensar um maior percentual de inadimplência. Desse modo, a inadimplência não representa, necessariamente, um desastre para o credor, desde que mantida em níveis tecnicamente suportáveis pelo credor. Entretanto, a relação risco/retorno não pode ser entendida como algo sem fronteira, porque as taxas de juros não poderão crescer indefinidamente para compensar elevadas probabilidades de perda.

A primeira consequência dos créditos problemáticos é a perda dos valores emprestados ou dos financiamentos feitos aos clientes. A perda pode ser do valor total do principal mais os encargos ou apenas uma perda parcial. Em geral nos períodos em que os volumes de inadimplências estão elevados, os bancos designam equipes especiais de diretores, gerentes e advogados para cobrar e negociar os créditos problemáticos. Há um custo direto decorrente dos salários e encargos desses profissionais e de suas estruturas alocadas na busca de resolução desses créditos. Adicionalmente, há um custo de oportunidade, decorrente daquilo que a equipe de profissionais deixa de fazer para gerar receitas para o banco. Os valores das perdas poderiam ser investidos em alternativas saudáveis e rentáveis para o banco.

Há todo um conjunto de pessoas efetuando levantamentos, controles, estatísticas e processos para a apreciação de comitês especiais, atendimentos a auditores internos e externos, bem como aos inspetores do Bacen.

Os processos formais e judiciais vão desde a elaboração de novos contratos à formalização e registro de novas garantias, ao envio de títulos para protesto, à execução de garantias e contratos e ao pedido da falência do devedor e dos garantidores. Nos casos em que o devedor entra com um plano de recuperação judicial (ou extrajudicial), pode haver necessidade de o credor alongar dívidas ou fazer concessões, reduzindo seus créditos. Custas processuais e honorários advocatícios são gastos adicionais decorrentes de créditos problemáticos.

Adicionalmente, há situações em que os clientes inadimplentes movem processos contra o credor, alegando que este seja o culpado pela sua crise financeira, que pode ter decorrido de elevadas taxas de juros cobradas pelo banco ou por qualquer outra razão que possa ser alegada contra o credor.

Na qualidade de depositário dos recursos de seus clientes, o banco precisa de uma carteira de crédito saudável para manter sua imagem positiva perante o mercado.

Essas situações exemplificaram as consequências dos créditos problemáticos.

### 17.3.3 Sinais de alarme dos créditos problemáticos

No Capítulo 11, comentamos sobre o trabalho de Fitz Patrick, em 1932, quando estudou 19 empresas que haviam falido no período de 1920 a 1929, com a finalidade de observar a tendência dos indicadores ao longo do tempo, para saber se eles indicavam mudanças que possibilitassem prever o futuro das empresas. Nos últimos tempos, tem-se falado muito de inteligência artificial, uma prática que consiste em passar o conhecimento do especialista para o computador, para que ele possa tomar as decisões com base naquele conhecimento. Muitos dos sinais de alarme (*red flags*) se contradizem entre si. A base do sinal de alarme consiste em observar determinadas ocorrências e, com base nessas observações, acionar um processo de revisão ou investigação de crédito. O sinal de alarme não pode ser entendido como indicador de uma relação de causa e efeito, ou seja, o fato de ocorrer um sinal de alarme não quer dizer, necessariamente, que existe um problema, mas que, na ocorrência dos problemas, costumam aparecer alguns tipos de sinais. O fato de as vendas da empresa crescerem ou caírem muito é um sinal de alarme que levará o profissional de crédito a investigar as causas que provocaram a variação, para poder julgar as possíveis consequências da saúde financeira da empresa. Entretanto, se a demonstração do resultado da empresa mostrar números exatamente iguais aos do ano anterior, isso também será um sinal de alarme, indicando que a empresa pode não ter tido um bom resultado e ter reproduzido as demonstrações do ano anterior. Portanto, nota-se que alguns sinais de alarme decorrem de determinado item ter mudado para mais ou para menos, ou de não ter mudado. É isso mesmo; apesar de parecer folclórico, os sinais de alarme podem ser extremamente úteis. Pelo menos nos obrigarão a conhecer e acompanhar o cliente. O uso dos sinais de alarme fundamenta-se na ideia de que o processo de deterioração da saúde financeira de uma empresa pode ser observado com certa antecedência e isso possibilitará ao gestor de crédito uma atuação mais rápida que os concorrentes, com a finalidade de salvar a totalidade ou parte dos créditos. Dados de demonstrações financeiras, comportamento de pessoas relacionadas à empresa, informações do mercado e visita ao cliente podem nos fornecer sinais de alarme importantes para nossas ações.

#### 17.3.3.1 Sinais de alarme provenientes das demonstrações financeiras

Nos Capítulos 9 a 11, apresentamos várias ferramentas de análise financeira, começando pela análise vertical e terminando com modelos quantitativos para a previsão de insolvências. Considerando que o leitor já deve ter conhecimento sobre os métodos de análise, podemos relacionar alguns dos sinais de alarme que podem ser observados a partir das demonstrações financeiras:

- Inadequada pontualidade e frequência na publicação ou na entrega das demonstrações financeiras pelas empresas.
- Variações expressivas nas vendas.
- Modificações na representatividade dos custos de produtos, mercadorias ou serviços, em relação às vendas.
- Modificações expressivas na representatividade das despesas operacionais (administrativas, vendas e gerais) em relação às vendas.

- Modificações na representatividade das despesas e receitas financeiras em relação às vendas, às dívidas e às aplicações financeiras.
- Resultado não operacional expressivo.
- Equivalência patrimonial negativa.
- Provisões para contingências.
- Distribuição de dividendos ou resultados em volumes incompatíveis com os lucros gerados.
- Mudanças significativas nos volumes e prazos de duplicatas a receber.
- Mudanças significativas nos volumes e prazos de rotação dos estoques.
- Mudanças significativas nos volumes e prazos de pagamento aos fornecedores.
- Participação expressiva de contas com rubricas genéricas, do tipo "outros valores a receber", "outros créditos", "outros valores a pagar".
- Crescimento e representatividade de itens intangíveis.
- Crescimento de valores a pagar relativos a impostos, tributos, salários e encargos sociais.
- Ausência de valores a pagar relativos a impostos, tributos, salários e encargos.
- Realizável a longo prazo expressivo e valores a receber de partes relacionadas.
- Modificações na representatividade das contas do ativo não circulante.
- Modificações na representatividade do patrimônio líquido.
- Modificações na representatividade e na composição do passivo não circulante.

### 17.3.3.2 Sinais de alarme provenientes do cliente

O relacionamento com o cliente é um processo contínuo e nos permite conhecer e observar sua forma de vida e seu comportamento em geral, tanto em relação ao pessoal, quanto ao banco. Isso nos possibilita tanto identificar qualidades que reforcem a relação de negócios quanto fragilidades que requeiram medidas corretivas por parte do banco. Vejamos alguns dos sinais de alarme:

- Hábitos relacionados a vícios que ponham em risco o patrimônio ou a vida do cliente, bem como jogos e outras práticas perigosas.
- Hábitos e vida social incompatível com a condição financeira do cliente.
- Mudanças no comportamento ou nos hábitos de pessoas-chave.
- Problemas conjugais e familiares que ponham em risco ou gerem instabilidade no gerenciamento dos negócios.
- Mudança brusca de atitude com relação ao credor ou aos profissionais da empresa credora, demonstrada por meio do excesso ou da falta de cooperação.
- Problemas financeiros pessoais demonstrados pelos sócios.
- Conduta que põe em dúvida o caráter dos sócios ou dos administradores.
- Mudanças de controle do capital da empresa ou de sua direção, bem como troca de contador.
- Ausência de uma estrutura que independa de uma única pessoa ou morte de algum membro da equipe-chave.
- Estrutura organizacional frágil quanto a pessoas, recursos materiais e instrumentos de administração, especialmente em situações de crescimento da empresa.
- Fábrica, equipamentos e espaços inadequados ou mal conservados e pessoas deprimidas e desmotivadas.

- Inexistência de um sistema de informação gerencial e de planejamento, com consequentes informações financeiras fracas e desatualizadas.
- Inexistência de uma estrutura que identifique de forma clara as atribuições e responsabilidades dos sócios e diretores.
- Falta de visão estratégica e de competência para avaliar oportunidades de negócios e prever os riscos decorrentes.
- Falta de formação acadêmica e de vivência prática para o desempenho das funções.
- Falta de visão mercadológica quanto a linhas de produtos, mercado e clientes.
- Pendências fiscais, trabalhistas e processos movidos por consumidores.
- Perda de clientes importantes ou de linhas e produtos-chave, franquias, direitos de distribuição ou fontes de suprimento.
- Aceitação de encomendas ou contratos que possam ir muito além da capacidade de produção existente.
- Postura especulativa com bolsa de valores ou de mercadorias, com estoque ou com outras atividades fora dos objetivos da empresa.
- Baixa qualidade dos estoques da empresa e de sua carteira de duplicatas a receber.
- Declaração aberta do cliente quanto à sua incapacidade de pagamento.

### 17.3.3.3 Sinais de alarme provenientes de terceiros

O acompanhamento do cliente pode possibilitar a identificação de um processo de deterioração de sua situação financeira, com base nos sinais de alarme provenientes de terceiros que estiverem interessados em informações sobre o cliente ou que estiverem tendo problemas com ele. Desse modo, em muitas situações, o cliente pode ter tido seu crédito suspenso por um fornecedor, o que o obriga a buscar novas fontes de suprimentos. Também pode ser que o cliente esteja buscando matéria-prima de melhor qualidade. Em ambas as situações, o sinal de alarme pode ter sua utilidade. Vejamos alguns sinais de alarme provenientes de terceiros.

- Pedido de informações por fornecedores atuais ou novos para avaliar o fornecimento de mercadorias ou produtos.
- Exigência, por parte de fornecedores, de pagamento antecipado, à vista ou contra apresentação, para fins de fornecimento de mercadorias ou produtos.
- Evidência de atraso no pagamento a fornecedores, bem como solicitação de aumento de prazos.
- Modificação ou ampliação de credores e bancos, especialmente com exigência adicional de garantia real.
- Cancelamento de apólices de seguro, de contratos de assistência médica ou de fornecimento de vale-refeição por não pagamento.
- Ações judiciais de qualquer tipo, especialmente por desrespeito ao cliente, por questões trabalhistas ou por não cumprimento de obrigações contratuais.
- Atraso no pagamento a funcionários ou pagamento com cheques sem fundos.

### 17.3.3.4 Sinais de alarme provenientes do credor

No nosso relacionamento com o cliente, podemos notar diversos fatores relevantes, que vão desde a aplicação de recursos por ele até a emissão de cheques sem fundos. Esse relacionamento frequente será um facilitador para desenvolvermos mais e melhores negócios, assim como nos será útil como sinal de alarme. Vejamos os sinais de alarme provenientes de um banco credor:

- Compras frequentes de cheques administrativos.
- Declínio dos saldos bancários ou aumento no uso de contas garantidas.
- Renovações sucessivas de empréstimos de curto prazo.
- Pagamento no caixa de duplicata descontada de clientes.
- Antecipação quanto à ocasião da solicitação de empréstimos sazonais.
- Evidências de que foram dados cheques sem fundos.

## 17.3.4 Atuação diante de créditos problemáticos

O primeiro fator é definir o que venha a ser um crédito problemático, e o segundo será o que fazer diante dessa situação. Muitos credores, um ou dois dias antes do vencimento, ligam para o cliente e avisam que no dia "tal" estará vencendo uma operação de "tal valor" e mantêm um acompanhamento passo a passo até que o depósito seja feito em conta corrente ou o pagamento seja efetuado para liquidação da operação vencida. Quando a operação não é paga, o credor vai fechando o cerco, às vezes reduzindo o nível de cordialidade na cobrança e podendo até chegar ao envio do título para cartório, à execução das garantias ou ao pedido de falência do devedor. Outras vezes, encontram alternativas intermediárias que atendem aos interesses das partes. Um adequado acompanhamento de crédito pode possibilitar ao credor um melhor conhecimento da realidade de seu cliente e lhe permitir atuações mais rápidas.

### 17.3.4.1 Avaliação do contexto

O negociador deve estar totalmente informado acerca do contexto geral, conhecendo seus pontos fortes e suas fraquezas para negociar com o devedor.

Durante muito tempo, algumas áreas de cobrança e os departamentos jurídicos dos bancos fundamentavam suas ações nas condições contratuais que foram inicialmente estabelecidas com o tomador. Esse enfoque nem sempre é eficaz, pois não adianta querer tirar de alguém aquilo que ele não tem para dar. O crédito compreende duas grandes dimensões, sendo uma de natureza jurídica, para assegurar ao credor o direito de receber do devedor, independentemente de sua vontade de pagar. A outra dimensão está relacionada à análise de crédito, cuja ênfase está voltada para uma estimativa da capacidade de pagamento do devedor. Análise financeira e Direito são as duas faces do crédito. Se o cliente pode pagar, mas o credor não dispõe de instrumentos formais para exigir o pagamento, o recebimento dos créditos estará na dependência exclusiva do caráter do devedor ou em algum tipo de capacidade de pressão do credor.

A avaliação do contexto deve começar pela análise da situação do devedor. Quando o credor detecta com antecedência o processo de deterioração financeira do devedor, é possível desenvolver uma negociação menos traumática, uma vez que o devedor poderá dispor de recursos para liquidar a dívida. No entanto se o credor chegar atrasado, o devedor já poderá ter negociado com outros credores ou mesmo os resultados negativos podem ter corroído o seu patrimônio e não restar recursos ou bens para o pagamento da dívida. Nessa condição, pouco adianta querer cobrar o principal e os encargos e despesas.

O acompanhamento do cliente deve ser um processo contínuo e não uma ação isolada num contexto de emergência. Um credor (banco ou empresa) com uma boa política de crédito terá informações atualizadas sobre seus clientes e poderá conhecer de forma integrada todo o seu relacionamento de negócios com eles. Saberá quem são os banqueiros e os credores de seus clientes. Mesmo que o cliente use diversos produtos e serviços do credor e que esses produtos e serviços sejam administrados por departamentos diferentes, os sistemas de gestão do credor devem permitir a identificação e a localização de todas as operações mantidas com o cliente. Para que possamos saber a posição geral do credor em relação ao cliente, precisamos de uma estrutura que facilite a integração das informações. Nessa fase do processo, é necessário que o credor saiba como está a formalização da operação e das garantias. Isso pode desequilibrar a força a favor de um dos lados no processo de negociação. Operações e garantias não formalizadas adequadamente constituem força para o devedor. Todavia, o fato de estarem bem formalizadas não caracteriza, necessariamente, um ponto forte para o credor.

A gestão das garantias não se restringe à sua formalização. Fatores como tempo para execução, localização das garantias e liquidez são relevantes. Na maioria das vezes, quando alguém avaliza uma operação, considera o aval uma mera formalidade burocrática; se tivesse consciência do compromisso que está assumindo, poderia não conceder o aval.

A política de crédito do banco ou da empresa fornecedora de crédito e o momento do contexto macroeconômico dão as diretrizes para a ação do profissional encarregado de negociar com o tomador inadimplente. Em muitos bancos, em condições normais, seus gerentes praticamente não têm autonomia para tomar decisões, salvo se for estritamente dentro das regras da casa. Por outro lado, a racionalidade dos negócios pode exigir que, em condições de inadimplência, o negociador precise de flexibilidade para decidir dentro das condições que resultem menor perda para o credor. Negociadores chegam a atribuir como causas de perda de condições razoáveis de recuperação de créditos (ou de parte dos créditos) a rigidez das normas de algumas empresas (credores) e também a lentidão dessas organizações para decidir quando o devedor propõe uma forma diferente das políticas internas para renegociação de dívidas. Isso é um fator realmente importante e complexo, pois nem sempre o credor pode delegar para cada negociador autonomia total para que ele faça a concessão que julgar conveniente.

Na retaguarda da negociação, o banco precisa de uma área jurídica ágil, de modo a possibilitar ao negociador a flexibilidade necessária sem deixar prescrever prazos e enfraquecer a posição de negociação do credor.

### 17.3.4.2 Negociação

Certa ocasião, ministrando um curso no Norte do país, uma participante comentou que determinado cliente não liquidara a dívida com o credor no vencimento e que ela teria juntado quatro "jagunços", que foram à fazenda do devedor, pegaram algumas cabeças de gado, venderam numa feira e liquidaram a operação. Em outra oportunidade, um gerente nos contou uma passagem curiosa: ao chegar ao devedor para cobrar, este sacou de uma arma e perguntou o que ele queria. A resposta foi imediata: "Nada, só estou passando aqui para ver se o senhor precisa de alguma coisa de nossa empresa". Um terceiro exemplo de relação com clientes inadimplentes nos foi relatado por um diretor de crédito, que fez uma operação com um cliente, com garantia hipotecária, porém, dada a "urgência" que o cliente tinha da liberação de recursos, o banco foi flexível, liberando os recursos antes da complementação da documentação para a formalização da hipoteca. Uma vez liberados os recursos, o cliente não entregou a documentação para formalizar a hipoteca. Posteriormente, esse cliente tornou-se inadimplente, conseguiu negociar o pagamento com desconto e deixou a ideia de que tinha dinheiro e tirou proveito da situação. Um quarto exemplo refere-se a uma pequena empresa que era cliente de um grande banco há 12 anos. Usava os produtos e serviços do banco, por vezes alternando como aplicadora ou como tomadora de recursos. Num dos diversos planos econômicos, a empresa teve alguns projetos suspensos e usou continuamente o limite de cheque especial. No terceiro mês, um novo gerente procurou a empresa para que cobrisse 40% do valor que estava usando. A empresa explicou as razões do uso e pediu uma linha de crédito que fosse compatível com as suas necessidades, ou seja, com pagamento parcelado e por um prazo compatível. A proposta do banco foi para que o cliente fosse procurar outro banco para liquidar a operação.

Os quatro exemplos são reais e poderíamos relacionar vários outros. Nos dois primeiros, as coisas aconteceram em ambientes em que o respeito à lei não orientou as ações. No segundo, um tirador de proveito pode ter feito prevalecer sua vontade, ameaçando o representante do credor. No terceiro, um devedor mau caráter tirou proveito da boa intenção do banco, que tentou facilitar a vida dele. No quarto, o gerente ou seu banco agiram com inadequado grau de profissionalismo. Seguramente, a negociação exige firmeza, mas não despreza a necessidade de compreensão do contexto. Muitas organizações gostariam que seus computadores tomassem todas as decisões e até renegociassem dívidas com credores inadimplentes. Em alguns casos, até existem produtos que podem ser contratados diretamente nos *sites* das organizações. Por outro lado, uma renegociação pode exigir ajustes e concessões por parte do credor e do devedor. Além da avaliação financeira e jurídica, é necessário ao negociador sensibilidade para captar as sutilezas de cada contexto de negociação. Conhecimento do perfil, das habilidades e dos objetivos da outra parte é o ponto de partida para uma boa negociação. Quando vamos para uma renegociação, precisamos ter claro para nós mesmos alguns pontos, como: (a) o que pode ser negociado (ou renegociado). Podemos alongar prazos, substituir garantias, rever as taxas de juros, encargos e multas, fazer descontos para pagamento a vista ou parcelar a dívida segundo um cronograma compatível com o fluxo de caixa do devedor. Quais são as alternativas para negociarmos esses componentes da dívida? (b) quais são os interesses que motivam as partes, como desejos e necessidades. Dentro dos interesses, o que é um bom resultado numa negociação? O melhor resultado para o credor seria receber imediatamente tudo que julga que tem direito ou que está contratualmente combinado. Pode, por outro lado, haver uma distância enorme entre o que queremos e que é possível. O possível está associado à vontade e à capacidade da outra parte. E o que é um bom resultado para a outra parte? Qual a condição mínima aceitável para nós? O interesse do devedor poderia ser de não pagar ou de pagar o mínimo possível. Por outro lado, chegar a um acordo com o credor pode ser interessante para o devedor continuar merecendo crédito junto a fornecedores e instituições financeiras, mantendo-se sem restrições de crédito no mercado; (c) a comunicação deve ser eficiente, não deixando dúvida sobre o que está sendo negociado e as condições propostas; (d) a formalização do compromisso assumido completa as etapas. É importante que, em todas as etapas, o devedor sinta que o compromisso assumido pelo credor é sério. Preferencialmente, que ao concluir a negociação nenhuma das partes se sinta perdedora ou enganada pela outra. O processo de condução de uma renegociação de dívida exige experiência e consciência de que a outra parte não é inimiga. No contexto da inadimplência, há o cliente que não quer contribuir para solução das pendências, assim como há pendências que são originárias de uma má concessão de crédito feita pelo próprio credor. O contato com o devedor inadimplente pode ser muito desgastante, e o clima pode variar do descaso à hostilidade, passando pela depressão, isso sem contar as situações em que não se consegue encontrar os devedores. Mas, independentemente do clima, o negociador deve buscar com o cliente as alternativas possíveis. A melhor opção para o credor é receber a dívida em dinheiro no menor tempo possível e a pior é não receber nada.

As políticas adotadas variam de organização para organização. Há credores que se mostram flexíveis e seus negociadores aceitam bens móveis ou imóveis em dação de pagamento, concedem desconto e resolvem a situação. Um negociador confidenciou que já recebera em pagamento de dívida uma grande quantidade de gravatas e que isso permitiu à sua empresa presentear seus melhores clientes. Imóveis, máquinas e equipamentos, obras de arte, títulos de clubes e diárias de hotéis estão entre as formas que aquele negociador encontrou para receber dívidas. Alguns credores com percepção mais abrangente têm analisado alternativas de contratação de consultorias externas para auxiliar na recuperação do devedor. Pode não ser interessante para o credor levar o devedor à quebra. A legislação de recuperação judicial é uma alternativa para a empresa elaborar um plano visando à preservação de sua atividade econômica e à manutenção dos empregos dos trabalhadores.

Esgotadas as possibilidades de renegociação, incluindo a consultoria externa, restam as alternativas de execução das garantias ou dos garantidores. A maioria dos negociadores com quem temos tido contato é favorável à busca de alternativas que não dependam de tribunais. Se for possível negociar, olhe o balanço do devedor, de cima para baixo, pela ordem de liquidez, e verifique que alternativas existem para satisfazer a dívida. Verifique também a situação de eventuais avalistas e fiadores. Ou, então, resta a ação de pedir a falência do devedor ou, simplesmente, esquecer.

### 17.3.5 Caminhos legais

Caso a negociação não seja possível, o caminho natural seria a execução das garantias ou dos garantidores, se houver. A esta altura dos acontecimentos, os advogados do credor já devem estar coordenando as ações jurídicas necessárias. Vejamos alguns comentários sobre protesto, recuperação e falência.

#### 17.3.5.1 Protestos

O principal *efeito do protesto* é que ele prova a impontualidade (inadimplência) do devedor, possibilitando, conforme o caso, o pedido de falência deste. Há, entretanto, prazos a serem observados para a prática do ato, de modo a assegurar o direito de cobrar a dívida dos denominados devedores de regresso (sacador, endossante e respectivos avalistas). Os prazos de protesto variam segundo a natureza dos títulos (nota promissória, duplicatas, cheques etc.) e segundo o vencimento (com vencimento certo e à vista).

#### 17.3.5.2 Recuperação e falência

A Lei n. 11.101, de 9 de fevereiro de 2005, trouxe significativas mudanças no direito falimentar brasileiro. Entre as mudanças, podemos citar as figuras da Recuperação Judicial e da Recuperação Extrajudicial como tentativas de manutenção da unidade produtiva e de seus benefícios sociais, como geração de riqueza, empregos e impostos, por exemplo. Desapareceu, por outro lado, o instrumento jurídico da Concordata, regido pela legislação precedente. No caso da Falência, houve significativas mudanças na classificação dos credores e no caso de alienação de ativos.

A Lei n. 11.101, em seu artigo 3º, define que "é competente para homologar o plano de recuperação extrajudicial, deferir a recuperação judicial ou decretar a falência o juízo do local do principal estabelecimento do devedor da filial da empresa que tenha sede fora do Brasil".

Outro dado relevante é que a lei define, em seu artigo 6º, que "a decretação da falência ou deferimento do processamento da recuperação judicial suspende o curso da prescrição e de todas as ações e execuções em face do devedor inclusive aquelas dos credores do sócio solidário". No caso da recuperação judicial, essa suspensão não excede o prazo de 180 dias.

O artigo 21 especifica que "o **administrador judicial** será profissional idôneo, preferencialmente, advogado, economista, administrador de empresa ou contador, ou pessoa jurídica especializada".

Nota-se, portanto, a possibilidade de profissionais com formação universitária em áreas diferentes e até mesmo de uma pessoa jurídica poder desempenhar o papel do administrador judicial, que é o representante do Poder Judiciário nos casos de recuperação judicial e de falência. Caberá ao devedor ou à massa falida arcar com as despesas relativas à remuneração do administrador judicial e das pessoas eventualmente contratadas para auxiliá-lo. O pagamento ao administrador judicial não excederá 5% do valor devido aos credores submetidos à recuperação judicial ou do valor da venda dos bens na falência.

Outra novidade é o **comitê de credores**, que tem a seguinte composição: (a) um representante indicado pela classe de credores trabalhistas, com dois suplentes; (b) um representante indicado pela classe dos credores com direitos reais de garantias ou privilégios especiais,[1] com dois suplentes; e (c) um representante indicado pela classe dos credores quirografários ou com privilégios gerais, com dois suplentes. A falta de indicação de representante de qualquer das classes não prejudicará a constituição do comitê, que funcionará com número inferior ao previsto. Caberá aos membros do comitê de credores indicar, entre eles, quem irá presidi-lo.

A **assembleia geral de credores** será composta pelas seguintes classes de credores: (i) titulares de créditos trabalhistas ou decorrentes de acidente do trabalho; (ii) titulares de crédito com garantia real e (iii) titulares de créditos quirografários, com privilégio especial, privilégio geral ou subordinados. Terão direito a voto na assembleia geral as pessoas arroladas no quadro geral de credores ou, na sua falta, na relação de credores apresentada pelo administrador judicial. A constituição do comitê de credores e a escolha de seus membros é uma das atribuições da assembleia geral de credores.

### 17.3.5.2.1 *Recuperação judicial*

O artigo 47 da Lei n. 11.101 define que "a Recuperação Judicial tem por objetivo viabilizar a superação da situação de crise econômico-financeira do devedor, a fim de permitir a manutenção da fonte produtora, do emprego dos trabalhadores e dos interesses dos credores, promovendo assim a preservação da empresa, sua função social e o estímulo à atividade econômica".

Nota-se que o objetivo do legislador foi nobre. A prática, por outro lado, vai mostrar se a maturidade dos agentes responderá aos objetivos propostos ou se outros fatores interferirão e com que intensidade. Em benefício do todo, cada um poderá ser chamado a dar sua parcela de contribuição.

A Lei define que poderá requerer a recuperação judicial o devedor que, no momento do pedido, exerça sua atividade há mais de dois anos e que atenda a algumas condições, como não ser falido e não ter, há menos de cinco anos, obtido concessão de recuperação judicial, entre outras.

---

1. Privilégio especial é o aquele que se mostra particular ou exclusivo à pessoa, física ou jurídica, em virtude de posição ocupada (ver art. 964 do Código Civil, Lei n. 10.406 de 10.1.2002).

Estão sujeitos à recuperação judicial todos os créditos existentes na data do pedido, ainda que não vencidos, conservando estes os seus direitos e privilégios contra coobrigados, fiadores e obrigados de regresso.

Conforme o artigo 50, constituem meios de recuperação judicial, observada a legislação pertinente a cada caso, dentre outros:

"I — concessão de prazos e condições especiais para pagamento das obrigações vencidas ou vincendas;

II – cisão, incorporação, fusão ou transformação de sociedade, constituição de subsidiária integral, ou cessão de cotas ou ações, respeitados os direitos dos sócios, nos termos da legislação vigente;

III – alteração do controle societário;

IV – substituição total ou parcial dos administradores do devedor ou modificação de seus órgãos administrativos;

V – concessão aos credores de direito de eleição em separado de administradores e de poder de veto em relação às matérias que o plano especificar;

VI – aumento de capital social;

VII – trespasse ou arrendamento de estabelecimento, inclusive à sociedade constituída pelos próprios empregados;

VIII – redução salarial, compensação de horários e redução da jornada, mediante acordo ou convenção coletiva;

IX – dação em pagamento ou novação de dívidas do passivo, com ou sem constituição de garantia própria ou de terceiro;

X – constituição de sociedade de credores;

XI – venda parcial dos bens;

XII – equalização de encargos financeiros relativos a débitos de qualquer natureza, tendo como termo inicial a data da distribuição do pedido de recuperação judicial, aplicando-se inclusive aos contratos de crédito rural, sem prejuízo do disposto em legislação específica;

XIII – usufruto da empresa;

XIV – administração compartilhada;

XV – emissão de valores mobiliários;

XVI – constituição de sociedade de propósito específico para adjudicar, em pagamento dos créditos, os ativos do devedor.

§ 1º Na alienação de bem objeto de garantia real, a supressão da garantia ou sua substituição somente serão admitidas mediante aprovação expressa do credor titular da respectiva garantia.

§ 2º Nos créditos em moeda estrangeira, a variação cambial será conservada como parâmetro de indexação da correspondente obrigação e só poderá ser afastada se o credor titular do respectivo crédito aprovar expressamente previsão diversa no plano de recuperação judicial."

O **pedido da recuperação judicial** é instituído mediante exposição das causas concretas da situação patrimonial do devedor e das razões da crise econômico-financeira, apresentação das demonstrações contábeis relativas aos três últimos exercícios sociais e das levantadas para instituir o pedido, compreendendo obrigatoriamente: balanço patrimonial, demonstração dos resultados acumulados, demonstração do resultado desde o último exercício social e relatório gerencial do fluxo de caixa e de sua projeção, bem como relação nominal de credores. Note que o pedido de recuperação judicial já exige que a empresa tenha uma estrutura contábil com certa organização para fornecer os dados requeridos. Relação integral de empregados com salários e direitos trabalhistas, relação de bens particulares de sócios, extratos bancários do devedor e de suas aplicações financeiras e certidões de cartórios de protestos, entre outros documentos, completam as exigências legais. Note que essas exigências poderão ou deverão fazer parte de uma preocupação do credor na hora da concessão do crédito.

O **plano de recuperação judicial** deve conter a discriminação de forma pormenorizada dos meios que a empresa utilizará em seu processo de recuperação, sua viabilidade econômica e o laudo de avaliação econômico-financeira dos bens e ativos do devedor. O plano será apresentado pelo devedor no prazo de 60 dias da publicação da decisão que deferir o processo de recuperação judicial, sob pena de convolação em falência.

O plano de recuperação não poderá prever prazo superior a um ano para pagamento dos **créditos derivados da legislação do trabalho**. Para valores até cinco salários-mínimos por trabalhador, relativos aos créditos de natureza estritamente salarial vencidos nos três meses anteriores ao pedido de recuperação judicial, o prazo não poderá ser superior a 30 dias.

Qualquer credor poderá manifestar ao juiz sua objeção ao plano de recuperação judicial no prazo de 30 dias contados da publicação da relação de credores. Nos casos de objeção de qualquer credor, o juiz convocará a assembleia geral de credores para deliberar sobre o plano de recuperação. Rejeitado o plano, o juiz decretará a falência do devedor.

O juiz poderá conceder a recuperação judicial desde que, de forma cumulativa, o plano tenha obtido: (a) aprovação de mais da metade do valor de todos os créditos presentes à assembleia, independentemente da classe; (b) aprovação de duas das classes de credores, ou, no caso de apenas duas classes de credores, uma aprove e (c) na classe em que houver sido rejeitado, o voto for de mais de 1/3 dos credores.

Um ponto relevante é que, se o plano de recuperação judicial aprovado envolver alienação de filiais ou de unidades produtivas isoladas, o objeto da alienação estará livre de qualquer ônus e não haverá sucessão do arrematante nas obrigações do devedor, inclusive de natureza tributária.

A negociação profissional por parte de devedor torna-se uma atividade de forte relevância no processo de recuperação judicial. Mostrar para os diversos grupos de credores que o interesse de todos pode estar condicionado à compreensão e à capacidade de concessão de cada uma das partes pode não ser tarefa fácil. Negociar com os trabalhadores ou com os sindicatos que representem seus interesses exigirá habilidade de convencê-los de que o plano de recuperação é viável e de que vale a pena para os trabalhadores abrirem mão de alguma coisa em benefício da continuidade do funcionamento da empresa e dos empregos. A tendência mais geral é que a maioria dos créditos com garantia real seja de bancos, que tendem a ter negociadores profissionais. Por outro lado, os créditos quirografários tendem a se concentrar em fornecedores.

No artigo 68, a Lei n. 11.101 diz que as Fazendas Públicas e o INSS poderão deferir, nos termos da legislação específica, parcelamento de seus créditos, em sede de recuperação judicial.

Quanto aos **benefícios da recuperação judicial**, além de permitirem a manutenção da fonte produtora, do emprego dos trabalhadores e dos interesses dos credores, têm como efeito prático: evitar a execução de garantias; não antecipar o vencimento de dívidas; evitar o bombardeio de ações judiciais de credores; e podem evitar transmissão fraudulenta de ativos. Por outro lado, a principal dificuldade pode residir no chamado *holdout*, em que as partes querem direitos totais.

As **microempresas e empresas de pequeno porte** deverão apresentar plano especial de recuperação judicial, que abrangerá exclusivamente os créditos quirografários. Deverá prever o parcelamento em até 36 parcelas mensais, iguais e sucessivas, corrigidas monetariamente e acrescidas de juros de 12% a.a. Preverá o pagamento da primeira parcela no máximo em 180 dias. O pedido de recuperação judicial com base em plano especial não acarreta a suspensão do curso da prescrição nem das ações e execuções por créditos não abrangidos pelo plano.

### 17.3.5.2.2 Recuperação extrajudicial

O devedor poderá propor e negociar com os credores plano de recuperação extrajudicial. No caso, não inclui os créditos de natureza tributária nem os trabalhistas, e também não poderá prever o pagamento antecipado de dívidas. O pedido de homologação do plano de recuperação extrajudicial não acarreta a suspensão de direitos, ações ou execuções nem a impossibilidade do pedido de decretação de falência pelos credores não sujeitos ao plano de recuperação extrajudicial. O devedor poderá requerer a homologação em juízo do plano de recuperação extrajudicial, juntando sua justificativa e o documento que contenha seus termos e condições, com a assinatura dos credores que a ele aderiram. Poderá também requerer a homologação de plano de recuperação extrajudicial que contenha a totalidade de uma ou mais espécies de crédito, desde que assinado por credores que representem mais de 3/5 de cada espécie por ele abrangidos. É importante destacar que a homologação do plano de recuperação extrajudicial constituirá título executivo judicial.

A lógica financeira do processo reside no fato de a empresa encontrar-se em dificuldade atual ou no curto prazo de honrar seus compromissos financeiros. A recuperação extrajudicial pode ser um caminho para empresas que passem por dificuldades transitórias, porém sejam viáveis; caso contrário, seria preferível a sua liquidação. Visualizamos a recuperação extrajudicial como uma alternativa para empresas que tenham pequeno número de credores e que sejam de relativa facilidade de negociação. Prorrogação de prazos, composição de dívidas ou a combinação das duas alternativas podem ser os principais caminhos e pode ser mais rentável para os credores que deixar a empresa devedora quebrar. Também, na recuperação extrajudicial, a principal dificuldade pode residir no chamado *holdout*, em que os credores querem direitos totais.

### 17.3.5.2.3 Falência

A legislação vigente a partir da Lei n. 11.101 trouxe algumas mudanças que objetivam tornar o processo mais rápido. Mesmo assim, é provável que, para o credor, o processo falimentar ainda seja o mais desgastante. A negociação direta com o devedor pode ser um caminho mais rápido e eficaz. A recuperação (judicial ou extrajudicial) tende a ser um caminho que traz algum resultado, podendo preservar o cliente, porém com um custo que pode ter dimensões variadas. Espera-se, entretanto, que esse custo seja menos traumático que uma falência. O Capítulo V da Lei n. 11.101, a partir do artigo 75, trata da falência. Ao contrário da recuperação judicial, em que os gestores da empresa podem continuar no seu comando, no caso da falência, o afastamento da direção da empresa objetiva preservar e otimizar a utilização produtiva dos bens, ativos e recursos produtivos, inclusive os intangíveis da empresa.

A decretação da falência determina o vencimento antecipado das dívidas do devedor e dos sócios ilimitada e solidariamente responsáveis, com o abatimento proporcional dos juros, e converte todos os créditos em moeda estrangeira para moeda do País, pelo câmbio do dia da decisão judicial.

A decisão da decretação de falência da sociedade com sócios ilimitadamente responsáveis também acarreta a falência destes, que ficam sujeitos aos mesmos efeitos jurídicos produzidos em relação à sociedade. Esta regra também se aplica aos sócios que tenham se retirado voluntariamente ou sido excluídos há menos de dois anos, caso as dívidas da data do arquivamento da alteração contratual da sua saída ainda não tenham sido resolvidas até a data da decretação da falência. A responsabilidade pessoal dos sócios de responsabilidade limitada, dos controladores e dos administradores da sociedade falida, estabelecidas nas respectivas leis, será apurada pelo próprio juízo da falência, independentemente da realização do ativo e da prova de sua insuficiência para cobrir o passivo.

O artigo 83 da Lei n. 11.101 determina a **classificação dos créditos nos casos de falências**, os quais obedecem à seguinte ordem:

"I – os créditos derivados da legislação do trabalho, limitados a 150 salários mínimos por credor e os decorrentes de acidentes do trabalho;

II – créditos com garantia real até o limite do valor do bem gravado;

III – créditos tributários, independentemente de sua natureza e tempo de constituição, excetuadas as multas tributárias;

IV – créditos com privilégio especial (como exemplo, os previstos no artigo 964 da Lei n. 10.406);

V – créditos com privilégio geral (como exemplo, os previstos no artigo 965 da Lei n. 10.406 e os créditos pertencentes a fornecedores de bens ou serviços que continuarem a provê-los normalmente após o pedido de recuperação judicial terão o privilégio geral de recebimento em caso de decretação de falência, no limite do valor dos bens ou serviços fornecidos durante o período da recuperação);

VI – créditos quirografários, como saldos de créditos não cobertos pelo produto da alienação dos bens vinculados ao seu pagamento, saldos da legislação do trabalho que excederem o limite de 150 salários mínimos;

VII – multas contratuais e as penas pecuniárias por infração das leis penais ou administrativas, inclusive as multas tributárias;

VIII – créditos subordinados, como exemplo, os créditos de sócios e dos administradores sem vínculo empregatício."

A lei define como **créditos extraconcursais**, que serão pagos com precedência aos da ordem de classificação: (i) a remuneração do administrador judicial e de seus auxiliares, créditos derivados da legislação do trabalho ou decorrentes de acidente do trabalho relativo a serviços prestados após a decretação da falência; (ii) quantias fornecidas à massa pelos credores; (iii) despesas com arrecadação, administração, realização do ativo e distribuição de seu produto, bem como custas do processo de falência; (iv) custas judiciais relativas às ações e execuções em que a massa falida tenha sido vencida; (v) obrigações resultantes de atos jurídicos válidos praticados durante a recuperação judicial ou após a decretação da falência, e tributos relativos a fatos geradores ocorridos após a decretação da falência.

A Lei n. 11.101 determina em seu artigo 94 algumas condições em que a **falência será decretada**, das quais destacamos:

"(I) – o devedor, sem relevante razão de direito, não paga, no vencimento, obrigação líquida materializada em título protestado que ultrapasse 40 salários-mínimos na data da falência;

(II) – o devedor executado por qualquer quantia líquida, que não paga, não deposita e não nomeia à penhora bens suficientes dentro do prazo legal;

(III) – o devedor que pratica atos, como a liquidação precipitada de seus ativos ou lança mão de meio ruinoso ou fraudulento para realizar pagamentos, retarda ou frauda pagamento, transfere estabelecimento a terceiros sem o consentimento de todos os credores e, sem ficar com bens suficientes para solver seu passivo, deixa de cumprir no prazo obrigação assumida na recuperação judicial."

O ponto relevante diz respeito à **realização dos bens** da massa falida, que pode ser: (i) pela alienação da empresa com a venda de seus estabelecimentos em bloco; (ii) com a venda de suas filiais ou unidades produtivas isoladamente; (iii) alienação em bloco de bens que integram cada um dos estabelecimentos do devedor ou (iv) alienação de bens individualmente considerados. Adicionalmente, o objeto da alienação estará livre de qualquer ônus e não haverá sucessão do arrematante nas obrigações do devedor, inclusive as de natureza tributária, as derivadas da legislação do trabalho e as decorrentes de acidente do trabalho.

O leitor percebe que a legislação traz uma série de alternativas e que será necessário um bom apoio do seu departamento jurídico ou de seus advogados especializados em direito falimentar. Em termos de análise, decisão e acompanhamento de crédito, seguramente, a falência é a instância menos desejada. Avaliar o risco do cliente e o da operação de forma cuidadosa e conseguir uma boa negociação nos poucos casos em que ocorram problemas deve ser uma meta contínua do dirigente de crédito.

### QUESTÕES PARA RESOLUÇÃO E DISCUSSÃO

1. O que você entende por acompanhamento de crédito?
2. Descreva o papel e a utilidade da auditoria de crédito.
3. Estabeleça a diferença entre acompanhamento e revisão de crédito.
4. Explique o que é um crédito problemático.
5. Cite e explique as causas de empréstimos problemáticos.
6. Cite e comente quatro consequências de créditos problemáticos.
7. Comente dez sinais de alarme provenientes de demonstrações financeiras.
8. Comente dez sinais de alarme provenientes de contatos com o cliente.
9. Comente cinco sinais de alarme provenientes de terceiros.
10. Comente cinco sinais de alarme provenientes do próprio banco.
11. Como o negociador deve atuar diante de créditos problemáticos?
12. Qual a utilidade do protesto?
13. Qual o papel do administrador judicial na recuperação judicial?
14. Como é constituído o Comitê de Credores?
15. Descreva o que é uma recuperação judicial.
16. O que é uma recuperação extrajudicial?
17. Cite e comente na ordem correta as quatro primeiras categorias de credores, no caso da falência.
18. No caso de falência do devedor, o que acontece com as operações com garantia real?

# Referências bibliográficas

ALTMAN, Edward L. Financial ratios, discriminant analysis and the prediction of corporation bankruptcy. *Journal of Finance*, v. 23, n. 4, 1968.

ALTMAN, Edward L.; BAIDYA, Tara K. N.; DIAS, Luiz Manoel Ribeiro. Previsão de problemas financeiros em empresas. *Revista de Administração de Empresas*, v. 19, n. 1, 1979.

ANSOFF, H. Igor. *Estratégia empresarial*. São Paulo: McGraw-Hill, 1977.

ANSOFF, H. Igor; DECLERCK, Roger P.; HAYES, Robert L. *Do planejamento estratégico à administração estratégica*. São Paulo: Atlas, 1981.

ANTHONY, Robert N. The trouble with profit maximization. *Harvard Business Review*, v.28, n.6, p.116-34, nov./dez.1960.

ANTONY, R. N.; GOVIDARAJAN V. *Sistema de controle gerencial*. São Paulo: McGraw Hill, 2008.

ANTONY, Robert N.; GOVINDAJARAN, Vijay. *Sistemas de controle gerencial*. São Paulo: Atlas, 2002.

ANUÁRIO Estatístico do Estado de São Paulo

ASSAF NETO, Alexandre. *Estrutura e análise de balanços*. 3. ed. São Paulo: Atlas, 1989.

BACKER, Morton; GOSMAN, Martin L. *Financial reporting and business liquidity*. Nova York: National Association Accounting, 1978.

BERENSTEIN, Leopold A.; WILD, John J. *Analysis of Financial Statements*. 5. ed. Nova York: McGraw Hill, 1999.

BIERMAN, Harold; HASS, Jerome E. *An introduction to managerial finance*. Nova York: Norton, 1973.

BOGGESS, William P. Screen. Test your credit risks. In: SMITH, Keith V. *Management of working capital*. Los Angeles: West Publishing, 1974. Reading 10.

BORGES, Andréa C. D. et al. *Nova lei de falências*. Campinas: LZN, 2005.

BRASIL, Haroldo Vinagre; FLEURIET, Michel. *Planejamento financeiro das* pequenas e médias empresas. Belo Horizonte: Fundação Dom Cabral, 1979.

BREALEY, Richard A.; MYERS, Stewart C. *Principles of corporation finance*. 3. ed. Nova York: McGraw-Hill, 1988.

BRIGHAN, Eugene F.; EHRHARDT, Michael C. *Financial Management*. 13. ed. USA: Cengage, 2009.

CARVALHO, Eduardo Jorge L. de. Gerenciamento do risco operacional em organizações financeiras. In: DUARTE JR., Antonio M.; VARGA, Gyorgy. *Gestão de riscos no Brasil*. Rio de Janeiro: Financial Consultoria, 2003. cap. 27. p. 457-488.

CARVALHO, Fernando Mauro et al. *Análise e administração financeira*. Rio de Janeiro: IBMEC, 1980.

COLE, Robert H. *Consumer and commercial credit management*. 8. ed. Chicago: Irwin, 1988.

COMPTON, Eric N. *Princípios das atividades bancárias*. São Paulo: IBCB, 1990. Tradução da 3ª edição publicada pela American Bankers Association.

CONSELHO REGIONAL DE CONTABILIDADE DO ESTADO DE SÃO PAULO. *Curso básico de auditoria:* normas e procedimentos. São Paulo: Atlas, 1989.

CONVERGÊNCIA INTERNACIONAL DE MEDIAÇÃO E PADRÕES DE CAPITAL, do Comitê de Basileia de Supervisão Bancária.

COSTA NETO, Pedro Luiz de Oliveira. *Estatística*. São Paulo: Edgard Blücher, 1977.

COSTALES, S. B.; SZUROVY, Geza. *The guide to understanding financial statements*. 2. ed. Nova York: McGraw-Hill, 1994.

COUETTE, John B.; ALTMAN, Edward I.; NARAYANAN, Paul. *Managing credit risk*. Chalange: John Wiley, 1998.

CREDIT RESEARCH FOUNDATION. *The credit and collection manual*. Maryland, 2002.

CROUHY, M.; GALAI, D.; MARK, R. *Fundamentos da gestão de risco*. Rio de Janeiro: Qualitymark, 2000.

CROUHY, Michel; GALAI, Dan; MARK, Robert. *Gerenciamento de risco*. Rio de Janeiro: Qualitymark, 2004.

CROUHY, Michel; GALAI, Dan; MARK, Robert. *Gerenciamento de risco*: abordagem conceitual e prática: uma visão integrada dos riscos de crédito, operacional e de mercado. São Paulo: Serasa, 2004.

CRUZ, Marcelo. Modelagem quantitativa de risco operacional. In: DUARTE JR., Antonio M.; VARGA, Gyorgy. *Gestão de riscos no Brasil*. Rio de Janeiro: Financial Consultoria, 2003. cap. 29. p. 489-506.

DONALDSON, Gordon. Financial goals: management vs. stockholders. *Harvard Business Review*, v.41, n.3, p.116-29, maio/jun. 1963.

DUARTE JR., Antonio M. A importância do gerenciamento de riscos corporativos em bancos. In: DUARTE JR., Antonio M.; VARGA, Gyorgy. *Gestão de riscos no Brasil*. Rio de Janeiro: Financial Consultoria, 2003. cap. 1. p. 3-12.

ELIZABETSKY, Roberto. Um modelo matemático para a decisão no banco comercial (Trabalho apresentado ao Depto. de Engenharia de Produção da Escola Politécnica da USP), 1976.

FIPECAFI, ARTHUR ANDERSEN. *Normas e práticas contábeis no Brasil*. São Paulo: Atlas, 1991.

FISCHER, Roger; URY, William; PATTON, Bruce. *Como chegar ao sim*. Projeto de Negociação da Harvard School. Rio de Janeiro: Imago, 1991.

FLEURIET, Michel; KEHDY, Ricardo; BLANC, Georges. *A dinâmica financeira das empresas brasileiras*. Belo Horizonte: Fundação Dom Cabral, 1980.

FLINK, Solomon J.; GRUNEWALD, Donald. *Administração financeira*. Rio de Janeiro: Livros Técnicos e Científicos, 1975. v. 1.

FORTUNA, Eduardo. *Mercado financeiro: produtos e serviços*. 18ª ed. Rio de Janeiro: Qualitymark, 2011.

FRANCIS, Jack Clark. *Investments analysis and management*. Nova York: McGraw-Hill, 1976. Cap. 12.

GARCIA, Valéria Salomão. Gerenciamento de risco em instituições financeiras e o Novo Acordo de Capital. In: DUARTE JR., Antonio M.; VARGA, Gyorgy. *Gestão de riscos no Brasil*. Rio de Janeiro: Financial Consultoria, 2003. cap. 2. p. 13-25.

GITMAN, Lawrence J. *Princípios de administração financeira*. 13. ed. São Paulo: Pearson, 2010.

_____. *Princípios de administração financeira*. 3. ed. São Paulo: Harbra, 1978.

GRAY, Jack; JOHNSTON, Kenneth S. *Contabilidade e administração*. São Paulo: McGraw-Hill do Brasil, 1977.

GREEN Donald. To predict failure. *Management accounting*, v. 60, n. 1, 1978.

GREEN, Paul E. *Analyzing multivariate data*. Hinsdale: Drayden Press, 1978.

HADJIMICHALAKIS, Milchael G.; HADJIMICHALAKIS, Karma G. *Contemporary money, banking, and financial markets*: theory and practice. Irwin: Chicago, 1995.

HASLEM, John A. *Commercial bank management*. Reston: Reston Publishing Company, 1985.

HEMPEL, George H.; SIMONSON, Donald, G.; COLEMAN, Alan B. *Bank management text and cases*. Nova York: John Wiley, 1999.

HIGGINS, Robert C. *Analysis for financial management*. 4. ed. Chicago: Irwin, 1995.

_____. *Analysis for financial management*. 6. ed.Chicago: Irwin, 2001.

HOWARD, John A. *Gerência de marketing*. São Paulo: Pioneira, 1970.

IUDÍCIBUS, Sérgio de. *Análise de balanços*. São Paulo: Atlas, 1978.

IUDÍCIBUS, Sérgio de; MARTINS, Eliseu; GELBCKE, Ernesto Rubens. *Manual de contabilidade societária*. São Paulo: Atlas, 2010.

IUDÍCIBUS, Sérgio de; MARTINS, Eliseu; GELBCKE, Ernesto Rubens; SANTOS, Ariovaldo. *Manual de contabilidade societária*. São Paulo: Atlas, 2010.

_____. Teoria da contabilidade. São Paulo: Atlas, 1980.

JUCIUS, Michael J.; SCHLENDER, William E. *Introdução à administração*. São Paulo: Atlas, 1979.

KANITZ, Stephen Charles. *Como prever falências*. São Paulo: McGraw-Hill, 1978.

KAPLAN, Robert M. Credit risks and opportunities. *Harvard Business Review*, v.45, n.2, p.83-8, mar./abr. 1967.

KOCK, Timothy W. *Bank management*. 3. ed. Nova York: Dryden, 1995.

KOTLER, Philip. *Marketing*. São Paulo: Atlas, 1980.

LAWRENCE, David B. *O negócio de crédito ao consumidor*. São Paulo: Citicorp, 1987.

LAZZATI, Santiago. *Contabilidad e inflación*. Buenos Aires: Macchi, 1978.

LEGISLAÇÃO E NORMAS CONTÁBEIS MENCIONADAS.

LEITE, Hélio de Paula. *Introdução à administração financeira*. 2. ed. São Paulo: Atlas, 1995.

LEITE, Luiz Lemos. *Factoring no Brasil*. São Paulo: Atlas, 1996.

LEONE, Maria Rosana de Oliveira. *Garantias bancárias*: uma abordagem prática. São Paulo: IBCB, 1995.

LEV, Baruch. *Financial statement analysis*: a new approach. Englewood Cliffs: New Jersey, Prentice-Hall, 1974.

LEVIN, Jack. *Estatística aplicada a ciências humanas.* São Paulo: Harbra, 1978.

LOPES, João do Carmo; ROSSETTI, José Paschoal. *Economia monetária.* 6. ed. São Paulo: Atlas, 1993.

MARRAH, George L. Managing receivables. In: SMITH, Keith V. *Management of working capital*. Los Angeles: West Publishing, 1974. Reading 8.

MARRIOTT, F. H. C. *The interpretation of multiple observation.* Londres: Academic Press, 1974.

MARTINS, Eliseu. *Análise de correção monetária das demonstrações financeiras.* São Paulo: Atlas, 1980.

MATIAS, Alberto Borges. *Contribuição às técnicas de análise financeira*: um modelo de concessão de crédito (Trabalho apresentado ao Depto. de Administração da Faculdade de Economia e Administração da USP), 1978.

MAYER, Thomas; DUESENBERRY, Jame. S.; ALIBER, Robert Z. *Moedas, bancos e a economia.* São Paulo: Campus, 1993.

MAYS, Elizabeth. *Credit risk modeling.* Nova York: Amacom, 1998.

MEHTA, Dileep R. *Administração do capital de giro.* São Paulo: Atlas, 1978.

MEIGS, Walter B.; JOHNSON, Charles E.; KELLER, Thomas F. *Advanced accounting.* Nova York: McGraw-Hill, 1966.

MORAIS, José Augusto de; ALMEIDA, Othon C. B. *A coragem de mudar.* Rio de Janeiro: Record, 1995.

MORROW, Vincent. *Handbook of financial analysis.* Englewood Cliffs: Prentice Hall, 1991.

NEMMERS, Erwin Esser; GRUNEWALD, Adolph E. *Basic managerial finance.* Nova York: Holt, 1970. Cap. 7.

NERY JUNIOR, Nelson. *Novo Código Civil e legislação extravagante anotados.* São Paulo: Revista dos Tribunais, 2002.

NORMAS do Bacen referenciadas.

PEREIRA DA SILVA, José. *Análise financeira das empresas.* 11. ed. São Paulo: Atlas, 2012.

_____. *Análise financeira das empresas.* 13. ed. São Paulo: Cengage, 2016.

PIROK, Kenneth R. *Managing credit department functions.* Chicago: Irwin, 1995.

POSNER, Martin. *Successful credit control.* 2. ed. Nova York: John Wiley, 1998.

REED, Edward W.; GILL, Edward K. *Bancos comerciais e múltiplos.* Rio de Janeiro: Makron Books/ABBC, 1995.

REQUIÃO, Rubens. *Curso de direito falimentar.* São Paulo: Saraiva, 1983. 2 v.

RICHERS, Raimar. Estratégia, estrutura e ambiente. *Revista de Administração de Empresas*, out./dez. 1981.

ROSS, Stephen A.; WESTERFIELD, Ramdolpho W.; JAFFE, Jeffrey F. *Administração financeira* – corporate finance. São Paulo: Atlas, 1993.

ROSS, Stephen A.; WESTERFIELD, Randolph W.; JAFFE, Jeffrey F. *Administração financeira:* corporate finance. São Paulo: Atlas, 1995. Tradução da 3ª edição de Corporate Finance.

RUTH, George E. *Empréstimos a pessoas jurídicas.* São Paulo: IBCB, 1991. Tradução da 2ª edição publicada pela American Bankers Association.

SALOMÃO NETO, Eduardo. *Direito bancário*. São Paulo: Atlas, 2005.

SAMUELSON, Paul A. *Introdução à análise econômica*. 8. ed. Rio de Janeiro: Agir, 1975. Tradução da 9ª edição em inglês.

SANDERS, Anthony. *Administração de Instituições Financeiras*. São Paulo: Atlas, 2000.

SCHWENCK, Paulo de Mello. *Manual prático de crédito e cobrança*. São Paulo: Sugestões Literárias, 1980.

SICSÚ, Abraham Laredo. *Análise discriminante*. Dissertação (mestrado em Estatística) apresentada ao Instituto de Matemática e Estatística. São Paulo: Universidade de São Paulo, 1975.

SILVA, José Pereira da. *Análise e decisão de crédito*. São Paulo: Atlas, 1993.

_____. *Análise financeira das empresas*. 5. ed. São Paulo: Atlas, 1995.

_____. Insolvências: causas e características. In: SILVA, José Pereira da. *O processo de deterioração da empresa nacional: suas causas, características, efeitos e alternativas para sua recuperação*. São Paulo: Abamec, 1983.

SMITH, Keith V. An overview of working capital management. In: SILVA, José Pereira da. *Management of working capital*. Los Angeles: West Publishing, 1974. Reading 1.

SMITH, Keith V. *Management of working capital*. Los Angeles: West Publishing Co., 1974.

SODERO FILHO, Fernando Pereira. *Garantias nas operações de crédito*. São Paulo: IBCB, 1995.

SOLOMON, Erza; PRINGLE, John J. *Introdução à administração financeira*. São Paulo: Atlas, 1981.

SOLOMON, Ezra. *Teoria da administração financeira*. Rio de Janeiro: Zahar, 1977.

STICNEY, Clude P.; WIL, Roman L. *Contabilidade financeira*. São Paulo: Atlas, 2001.

STIGUM, Bernt P.; STIGUM, Márcia L. *Economia*. São Paulo: Edgard Blücher, 1973, vol. 2.

TOPA, Leticia E. *La gestion de crédito*: bancaria y mercantil. Buenos Aires: Depalma, 1979.

TSUKAMOTO, Yuichi. Resultados econômico, monetário e de recursos financeiros. *Revista de Administração de Empresas*. São Paulo, v. 29, 1968.

VAN HORNE, James C. *Financial management and policy*. Englewood Cliffs: Prentice Hall, 1977.

VAN HORNE, James C. *Política e administração financeira*. Rio de Janeiro: Livros Técnicos e Científicos, 1974.

_____. *Funções e análises das taxas de mercado de capitais*. São Paulo: Atlas, 1972.

WEIL, Roman L.; SCHIPPER, Katherine; FRANCIS, Jennifer. *Financial accounting*. USA: Cengage Learning, 2014.

WELSHANS, Merle T. Using credit for profit making. *Harvard Business Review*, v.45, n.1, p.141-56, jan./fev. 1967.

WESTON, J. Fred; BRIGMAN, Eugene F. *Managerial finance*. Nova York: Holt Rinehart and Winston, 1972.

WOILER, Sansão; MATHIAS, Washington Franco. *Projetos*: planejamento, elaboração e análise. São Paulo: Atlas, 1992.

WRIGHTSMAN, Dwayne. Optimal credit terms for accounts receivable. In: SMITH, Keith V. *Management of working capital*. Los Angeles: West Publishing, 1974. Reading 9.

# Webgrafia

Associação Brasileira das Companhias Abertas (Abrasca). Disponível em: <www.abrasca.org.br>. Acesso em: 30 out.2016

Associação dos Analistas e Profissionais de Investimento de Mercado de Capitais (Apimec). Disponível em: <www.apimec.com.br>. Acesso em: 30 out.2016.

Banco Central do Brasil (BCB). Disponível em: <www.bcb.gov.br>. Acesso em: 30 out.2016.

BM&FBOVESPA. Disponível em: <www.bmfbovespa.com.br>. Acesso em: 30 out.2016.

Confederação Nacional do Comércio de Bens e Turismo (CNC). Disponível em: <www.cnc.org.br>. Acesso em: 30 out.2016

Conselho Federal de Contabilidade (CFC). Disponível em: <www.cfc.org.br>. Acesso em: 30 out.2016.

Comissão de Valores Mobiliários (CVM). Disponível em:<www.cvm.gov.br>. Acesso em: 30 out.2016.

Comitê de Pronunciamentos Contábeis (CPC). Disponível em: <www.cpc.org.br>. Acesso em: 30 out.2016.

Financial Accounting Standards Board (FASB). Disponível em: <www.fasb.org .br>. Acesso em: 30 out.2016.

FIPECAFI. Disponível em: <www.fipecafi.org.br>. Acesso em: 30 out.2016.

IFRS Foundation. Disponível em: <www.ifrs.org>. Acesso em: 30 out.2016.

Instituto dos Auditores Independentes (Ibracon). Disponível em: <www.ibracon.com.br>. Acesso em: 30 out.2016.

Receita Federal do Brasil - Ministério da Fazenda. Disponível em: <www.receita.fazenda.gov.br>. Acesso em: 30 out.2016.

Superintendência de Seguros Privados (SUSEP). Disponível em: <www.susep.gov.br>. Acesso em: 30 out.2016.

US Securities And Exchange Commission (SEC). Disponível em: <www.sec.gov>. Acesso em: 30 out.2016.

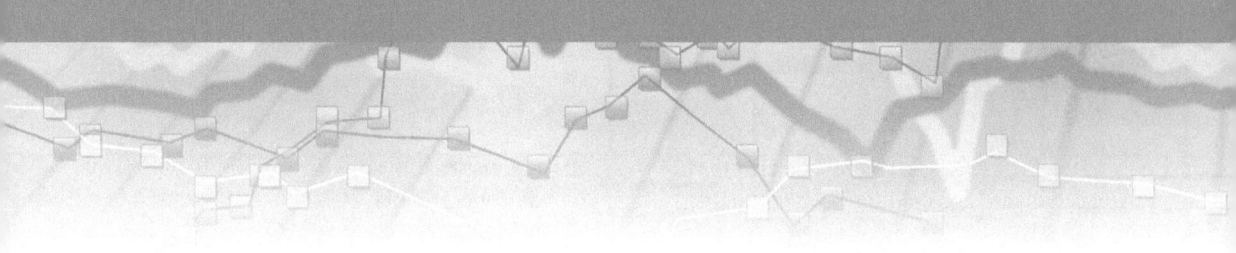

# Índice remissivo

## A

Abatimentos sobre vendas, 166
Abordagem da classificação interna (IRB Approach), 34
Abordagem padronizada, 34
Abrangência e utilidade do crédito, 46
ACC/ACE, 378
Acionistas/sócios, 132
Acompanhamento
    da visita, 138
    de crédito, 108
Adiantamento a fornecedores, 156
Administração e controle do crédito, 83
Administrador judicial, 419
Agências
    de informações, 65
    internacionais de *rating*, 62
Agentes
    econômicos, 2
    econômicos com orçamento superavitário, 5
Agrupamento dos riscos, 37
Alçada
    colegiada, 84
    conjunta, 84
    individual, 84
    individual e conjunta, 87
Alçadas de decisão de crédito, 84
Alguns estudos realizados no Brasil, 265
Alienação fiduciária de coisa imóvel, 337
Análise
    da estrutura de capitais e solvência, 193-194
    da liquidez, 200-201
    da lucratividade e desempenho, 180-181
    da necessidade de capital de giro, 230
    da tendência do IOG, 240-242
    de crédito, 92
    de rentabilidade, 107
    discriminante, 302, 358
    do conglomerado e das participações, 327-328
    do fluxo de caixa, 259-260
    dos ciclos financeiro e operacional, 187-189
    financeira, 133
    financeira avançada, 215
    financeira convencional, 172
    horizontal, 178
    julgamental, 353-354
    por meio dos índices financeiros, 180
    setorial, 133-135
    vertical, 174-177
    vertical e horizontal, 174-180
Anticrese, 336
Aplicações
    de liquidez imediata, 155
    de liquidez não imediata, 156
    globais, 87
Aptidões e cultura, 82
Assembleia geral de credores, 419
Atenção para detalhes, 100
Atividade, 126-127
Atividade bancária, 1
Ativo, 155
    circulante, 155
    circulante – AC, 240
    intangível, 161-162
    não circulante, 157
    operacional líquido ou capital operacional líquido, 218-220
    total sobre patrimônio líquido (ASPL), 187
Ativos operacionais e ativos não operacionais, 216-217
Atribuições
    de apoio111
    de cadastro e investigação de crédito, 112-115
    especializadas e de apoio, 108

técnicas de análise e controle de crédito, 105
Atuação diante dos créditos problemáticos, 415-418
Atualização das alçadas, 88
Automotivação, 99
Aval, 337-338
Avaliação
    da operacionalidade da empresa, 216
    de risco, 6

## B

Balanço patrimonial, 149-154
Balanços, relatórios e atas, 121-122
Banco
    Central do Brasil, 14
    do Brasil, 13-15-18
    Nacional de Desenvolvimento Econômico e Social – BNDES, 17
Bancos
    comerciais, 18
    conta movimento, 155
    de desenvolvimento, 19
    de investimentos, 19
    múltiplos, 20
Basileia I – O acordo de 1988, 31
Basileia II – O novo acordo, 34
Benefícios da recuperação judicial, 421
Bens imóveis da empresa, 129

## C

Caixa, 155
    das atividades de financiamento, 253-254
    das atividades de investimentos, 253
    operacional antes das despesas e receitas financeiras, 252
Caixas econômicas, 18
Cálculo
    das compras nas empresas comerciais, 191
    das compras nas empresas industriais, 191-192
Caminhos legais, 418
Capacidade
    administrativa, 59
    de decisão, 101
    de pagamento, 382
Capital, 73
    a integralizar, 164
    circulante líquido – CCL, 227-228
    de giro operacional líquido (CGOL), 220
    de giro operacional líquido (*net operating working* capital), 257
    permanente líquido – CPL, 228-229
    social, 164

Características
    da concorrência, 207
    pessoais, 99
Causas dos créditos problemáticos, 410-411
CDC, 380
Classes de risco do Bacen, 55
Ciclo financeiro da empresa, 234-236
Classes de risco e o respectivo provisionamento, 55
Classificação
    de risco e outras normas internas, 88
    do risco de crédito de um banco, 57
Colateral, 74-75
Coligadas e controladas, 312
Comerciabilidade, 15
Comissão de Valores Mobiliários – CVM, 18
Comitê de credores, 419
*Commercial paper*, 379
Como escolher as empresas a serem analisadas, 328-329
Componentes
    da demonstração do resultado, 165-166
    do balanço, 153-154
Composição
    do endividamento (CE), 195-196
    e formalização dos processos, 92-93
Compreensão de aspectos legais, 103
Conceito de análise discriminante, 302-303
Conceitos de capital de giro, 226-227
Conceituação do crédito, 45-46
Condições
    do empréstimo, 381
    externas, 69-70
Conglomerado, 74
    (grupos e vínculos), 329
Conhecimento
    bancário, 102
    de economia e atualidades, 102
    de idiomas, 103
    de técnicas de venda, 103
    geral de negócios, 102
Conselho
    de administração, 128
    Monetário Nacional, 17
Consequências dos créditos problemáticos, 411-412
Considerações
    sobre estratégia empresarial, 78-79
    sobre fraude, 367-368
Contas
    a receber de clientes, 155
    garantidas, 376

Controle
  de mais de uma empresa por uma pessoa física, 313
  de mais de uma empresa por um mesmo grupo de pessoas, 314
  e acompanhamento de crédito, 408
  e auditoria de crédito, 408-409
Convênios e fontes de informação, 64-65
Cooperativas de crédito, 93-94
Correspondências com o cliente, 121
Crédito, 45-46
  como função de finanças, 53-54
  como negócio, 46-49
  no contexto de finanças, 50
  para pessoas físicas, 341
  rural, 380-381
Créditos
  derivados da legislação do trabalho, 421
  problemáticos, 409
*Credit scoring*, 352, 357, 358, 359, 363, 368
Cultura e comportamento, 103-104
Custo dos produtos vendidos, 167
Custos
  de cobertura de riscos, 6
  dos produtos, mercadorias ou serviços vendidos, 170
  dos serviços prestados, 167

D

Debêntures
  a curto prazo, 163
  de longo prazo, 163
Decisão
  de crédito, 387
  e limite de crédito para pessoa física, 359-360
Decisões estratégicas da empresa, 66-67
Definição
  estratégica da instituição financeira, 80-81
  estratégica do banco, 83
Delegação de poderes, 83
Demandadores de fundos, 11
Demonstração
  das mutações do patrimônio líquido, 151-152
  do resultado do exercício, 151
  dos fluxos de caixa – DFC, 152
Demonstrações financeiras consolidadas, 314-315
Depósitos
  a prazo, 25
  à vista, 25
  de poupança, 25

Depreciações, amortizações e exaustões, 160-161
Desconto
  de duplicatas, 377
  de notas promissórias, 377
Desenvolvimento do produto, 362
Despesas
  administrativas, 168
  com vendas, 168
  do exercício seguinte, 157
  e receitas, 168
  e receitas financeiras (resultado financeiro), 168
  gerais, 168
  operacionais, 168
DFC pelo método indireto, 254
Diplomacia e empatia, 99-100
Direitos não classificados no ativo circulante, 158
Diretores ou sócios-gerentes, 128
Disponibilidade de recursos, 87
Duplicatas descontadas, 155-156

E

Ebitda e o Nopat, 221
Efeitos da consolidação sobre os índices financeiros, 325
Efeito tesoura, 243-244
Elaboração do fluxo de caixa, 249
Empresa de *factoring*, 391-394
Empresas
  médias, 107
  que não são instituições financeiras, 408
Empréstimos de capital de giro, 377-378
Endividamento financeiro sobre ativo total (EFSAT), 197-199
Entrevista
  de crédito e negócios, 136-137
  e visita de crédito e negócios, 136
Estabilidade emocional, 99
Estoques, 156
Estratégia e estrutura, controle gerencial e risco, 361-362
Estrutura
  das organizações e pessoal, 85
  organizacional da empresa, 67
  organizacional de crédito, 104-105
  organizacional do banco, 81-82
Estruturação do empréstimo, 371-372
Estudos realizados no exterior, 265-269
EVA – Economic Value Added
Exemplos de alçadas, 88-91

Experiência anterior, 119-120

**F**

Facilidade de obtenção de recursos, 6
*Factoring*, 379
Falência, 422-424
Famílias como demandadoras de fundos, 11
Fiança, 333
Ficha
    cadastral, 117
    cadastral e análises financeiras, 121
    de informações básicas de clientes, 131-132
Finalidade do empréstimo, 381
Finame, 380
Financiamento
    de instituições financeiras, 350-351
    de tributos, 377
    do próprio estabelecimento comercial, 349
Financiamentos, 163
Fluxo
    de caixa (*cash flow*), 245-249
    de caixa livre (*free cash flow*), 256
    de caixa operacional (*operating cash flow*), 258
Fontes dos recursos, 86
Formação escolar, 102
Formas
    de avaliação de pessoas físicas, 353
    de decisão de crédito, 83-84
Fornecedores, 162
Função
    criadora de moeda, 27-29
    de crédito, 26-27
    de depósito e o fundo garantidor de créditos, 24-26
    de intermediária de troca, 3
    de pagamento, 26
    discriminante de Fisher, 305-308
    social do crédito, 49
Funcionamento de alçada, 89-91
Funções de um banco, 24
Fundos federais e estaduais, 380

**G**

Garantias, 86, 382-383
    e caráter, 404-405
    nas operações de crédito, 331
    pessoais, 332-333
    reais, 333
Gestão
    da carteira de crédito, 363
    de cobrança de pessoas físicas, 363-367
    de recursos humanos e tecnológicos, 351-352
    do ciclo do negócio com pessoas físicas, 360-361
Giro do ativo (GA), 181-182
Governos como demandadores de fundos, 11
Grandes empresas, 107
Grupo
    de sociedades, 312-313
    econômico, notícias e sinopses, 121
Grupos de empresas, 88

**H**

Habilidade
    de comunicação, 100
    de ouvir com atenção, 100
    para negociar, 101
Habilidades
    administrativas e de recursos humanos, 103
    profissionais, 101
Hipoteca, 336
Histórico, 63
    e pontualidade, 63-64
*Hot money*, 376

**I**

Idade e porte das empresas, 68-69
Identificação
    da empresa, 125
    do grupo ou conglomerado, 327-328
Imobilização do patrimônio líquido (IPL), 196-197
Imobilizado, 158-160
Implementação do Novo Acordo – Basileia II, 36-37
Importância dos bancos, 24
Imposto sobre o lucro, 170
Impostos incidentes sobre vendas, 166
Incentivo à poupança, 6
Índice de cobertura de juros (ICJ), 206-207
Índices-padrões, 207-212
Influência do ramo de atividade, 71
Informações
    e desabonos, 121
    para crédito, 117-118
Instituições financeiras, 162-163
Integridade, 101
Intermediação financeira, 2-3
Intermediários
    financeiros, 4-5
    financeiros bancários, 14
    financeiros não bancários, 14

Introdução
　ao conglomerado, 311-312
　ao *Economic Value Added* (EVA), 223-226
Investigação de crédito, 63, 133
Investimento
　bruto de capital operacional (*gross investment in operating capital*), 258
　operacional em giro – IOG, 230-233
Investimentos, 158

L

*Leasing*, 379-380
Licenças e franquias, 161
Limite de crédito, 394-397
Limites
　de aplicação, 87
　de crédito, 91-92
Liquidez
　corrente (LC), 201-202
　geral (LG), 200-201
　seca (LS), 202-204
Lucro
　bruto, 168
　líquido do exercício, 170

M

Macroambiente operacional de um banco, 79-80
Maiores ganhos de eficiência, 7
Marcas e patentes, 161
Maturidade, 14
Mercado
　cambial, 14
　de ativos financeiros, 13
　de capitais, 14
　de crédito, 14
　monetário, 14
　primário, 13
Mercados secundários, 13
Métodos
　para a tomada de decisão, 118
　quantitativos, 118
Microempresas e empresas de pequeno porte, 422
Moda e essencialidade, 72
Modalidade e montante, 381
Modelo Pereira – classificação de empresas com vistas à concessão de crédito, 275-276
Modelos
　genéricos *versus* modelos personalizados, 358
　quantitativos e previsão de insolvências, 263

Moeda
　como instrumento de poder, 4
　como medida de valor, 3
　como padrão de pagamentos diferidos, 4
　como poder liberatório, 4
　como reserva de valor, 3
　e sua utilidade, 3

N

Necessidade de capital de giro, 372
Necessidades
　de financiamentos a longo prazo, 375
　do cliente, 372
Níveis de risco *versus* retornos esperados, 388
Nível de desconto de duplicatas (NDD), 199-200
Nopat, 215
Normas legais, 83
Notas explicativas, 152

O

Objetivos
　a serem alcançados, 83
　da administração financeira, 50-52
Ofertadores de fundos, 7-10
*Overtrade*, 244

P

Padrão
　interno, 207
　setorial, 207
Padronização das demonstrações financeiras, 105-106
Pagamento
　a fornecedores, 251
　de despesas financeiras, 252-253
Parâmetros para definição de crédito, 397-399
Parecer dos auditores, 152-153
Participação
　de capitais de terceiros (PCT), 194-195
　em outras empresas, 129-130
Participações, 170
　de acionistas, sócios e diretores, 130
　permanentes em outras sociedades, 158
Passivo
　circulante, 162
　e patrimônio líquido, 162
　não circulante, 163
Pasta cadastral, 120
Patrimônio líquido, 164
Pedido da recuperação judicial, 420-421
Penhor, 334-335

Pequenas empresas, 107
Perda estimativa para crédito de liquidação
    duvidosa (PEPCLD), 156
Pesquisa e desenvolvimento, 67,161
Planejamento da visita, 137
Plano
    de negócios, 362-363
    de recuperação judicial, 421
Política de crédito, 77- 79, 82-83
Políticas do banco e formalização do
    empréstimo, 384-385
    e normas, 83
Porte
    da agência, 85-86
    da empresa, 72-73
Posições orçamentárias, 4-5
Potencial, 99
Prazo
    médio de pagamento das compras, 190
    médio de recebimento das vendas,
        189-190
    médio de rotação dos estoques (PMRE),
        188-189
Prazos, 87
    e condições de pagamento, 381
Preço do empréstimo ou do financiamento, 383-384
Prejuízos acumulados, 165
Primeiro pilar, 34
Principais demonstrações contábeis, 141
Produto, 87
Produtos do banco, 375-376
Profissional
    de crédito e profissional de negócios,
        96-98
    e a estrutura de crédito, 95-96
Proposta de negócio, 139-140
Propostas de negócios e posição de cliente 120
Propriedade fiduciária, 336-337
Protestos, 418
    e outros desabonos, 64

R

*Rating* para decisão de crédito, 60-62
Realização da visita, 137-138
Realizável a longo prazo, 157-158
Recebimento de clientes, 259
Receita
    operacional, 166
    operacional bruta, 166
    operacional líquida, 166
Receitas das operações de crédito, 384

Recuperação
    e falência, 440, 419-420
    extrajudicial, 422
    judicial, 419-422
Recursos
    financeiros, 82
    humanos, 82
    tecnológicos, 82
Referências
    bancárias, 131
    comerciais, 130-131
Região geográfica, 73
Relatório
    da administração, 142-149
    da visita, 139
    de análise de crédito, 140
Rentabilidade de uma operação e rentabilidade
    do cliente, 425 405
Reservas
    de capital, 164
    de lucros, 164
    de reavaliação, 164-165
Resolução 63, 378
Resultado
    antes das receitas e despesas financeiras, 169
    antes dos impostos e participações, 170
    de equivalência patrimonial, 169
Resultados das atividades da empresa,
    168-169
Retorno
    sobre as vendas (RSV), 182-183
    sobre o ativo (RSA) – Método Du Pont,
        183-185
    sobre o patrimônio líquido (RSPL), 185-187
Risco
    da administração do crédito, 57, 60
    da estrutura de capitais – acordos de
        Basileia, 31-35
    da gestão dos fundos, 30
    da operação, 55
    da operação (*transaction risk*), 59
    de administração e controle, 30-31
    de concentração, 56, 61
    de crédito, 30, 37
    de crédito e *rating*, 56
    de liquidez e captação, 29-30
    de mercado, 38
    do cliente ou risco intrínseco (intrinsic risk),
        57-59
    e retorno, 115
    operacional, 38
Riscos

da atividade bancária, 29
de mercado e das taxas de juros, 31
*ROIC – Return on Invested Capital*, 225

**S**

Salários e encargos sociais, 162
Saldo
 de tesouraria, 236-239
 de tesouraria sobre vendas (STSV), 204-206
Sazonalidade do produto, 71-72
Segundo Pilar, 36
Seguros contratados, 130
Sensibilidade dos ramos de atividade, 70-71
Serviços
 de acompanhamento e controle de desabonos, 112-113
 de análise de empresas, 106-107
 de análise financeira para crédito, 105-106
 de análises de documentos, 113
 de análises setoriais, 109-110
 de arquivos, 112
 de auditoria, controle e revisão de crédito, 108
 de auditoria de crédito, 408-409
 de identificação e montagem de grupos econômicos, 108-109
 de leitura de periódicos e elaboração de sinopses, 110
 de pesquisa e desenvolvimento de crédito, 110-111
 de prestação e obtenção de informações, 112
 de revisão de crédito, 409
 de treinamento e desenvolvimento de analistas, 111
Simulações, 118-119
Sinais de alarme dos créditos problemáticos, 412
Sistema
 Du Pont de análise financeira, 184-185
 financeiro nacional, 16-17
Sociedades
 corretoras, 21
 de arrendamento mercantil (*leasing*), 20
 de crédito, financiamento e investimento, 19
 de crédito imobiliário, 20
 distribuidoras, 21
Subsistema
 normativo, 17-18
 operacionaL, 18-21

**T**

Técnicas
 de consolidação, 315-324
 para mitigação de riscos, 35
Terceiro Pilar, 36
Teste de Recuperabilidade ou *Impairment*, 159-160
Tipos de financiamentos às pessoas físicas, 349
Tratamento fiscal, 15
Tributos, 163-164

**U**

Uso
 da tecnologia da informação na análise de operações, 114
 da tecnologia da informação na análise financeira, 113-114
 da tecnologia da informação na atividade de crédito, 113
 da tecnologia da informação no cadastro, 114
 da tecnologia da informação no controle e revisão de crédito, 114-115
 da tecnologia da informação no desenvolvimento de crédito, 115
 da tecnologia da informação no registro de desabonos, 114
 de cartões de crédito, 351
 do *Credit Scoring* e do *Behaviour Scoring*, 359

**V**

Valores a receber, 157
Vendas canceladas, 166
*Vendor finance*, 378
Visitas a clientes, 137

**W**

(Weighted average cost of capital – WACC, 224